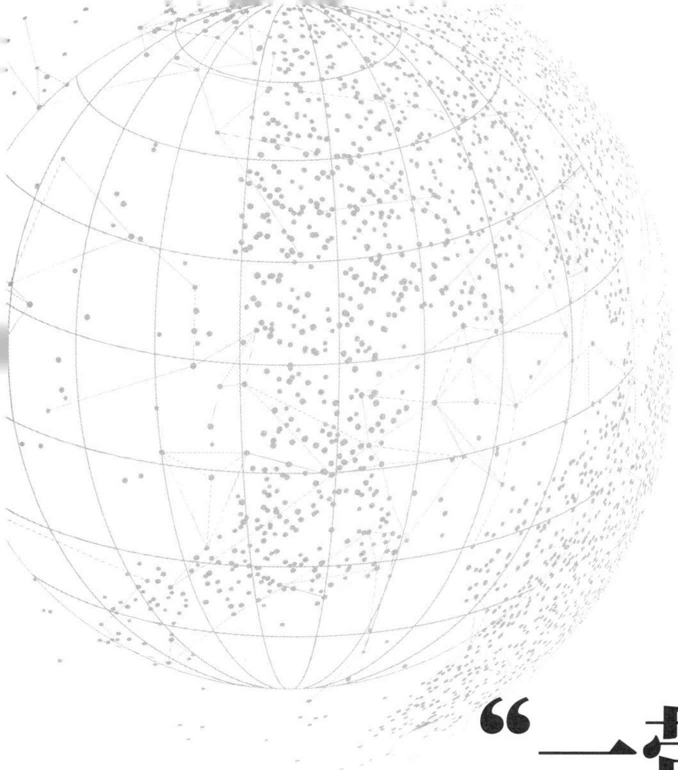

“一带一路”相关国家反垄断法汇编

上册

The Compilation of the Antimonopoly Law of Belt and Road Countries

国家市场监督管理总局反垄断局◎编

法律出版社 LAW PRESS · CHINA

前　言

自2013年习近平总书记提出建设“一带一路”合作倡议以来，我国与“一带一路”沿线国家合作不断走深、走实，成果超出预期。截至2021年1月，我国与171个国家和国际组织签署了205份共建“一带一路”合作文件，共建“一带一路”国家已由亚欧延伸至非洲、拉美、南太、西欧等区域。我国与沿线国家经贸合作取得显著成效，2020年我国与沿线国家货物贸易额达1.35万亿美元，同比增长0.7%，占总体外贸额29.1%。同时，我国对沿线国家非金融类直接投资达177.9亿美元，同比增长18.3%。

“一带一路”线长面广，国家众多，各国国情和经济发展水平不一样，文化传统和法律制度不尽相同。企业是“一带一路”建设的主力军，我国企业“走出去”必须主动遵守沿线国家的法律法规，其中包括做好反垄断合规工作。反垄断法是维护市场竞争秩序的基本法律，我国企业需要熟悉这些国家的反垄断立法，处理好业务发展与合规经营的关系，避免可能存在的反垄断法律风险。国家市场监督管理总局反垄断局组织编译的《“一带一路”相关国家反垄断法汇编》，系统介绍沿线国家反垄断立法情况、机构设置等情况，有助于企业深入了解沿线国家的反垄断法律环境，并能更好地在沿线国家开展贸易和投资活动。

我国《反垄断法》实施以来，特别是2018年机构改革以来，反垄断执法机构就非常重视开展反垄断国际交流合作。目前已经与俄罗斯、白俄罗斯、哈萨克斯坦、越南、罗马尼亚、泰国、欧亚经济委员会、蒙古、塞尔维亚、以色列、菲律宾等沿线国家竞争机构或国际组织竞争协调机构签署了28份反垄断合作文件或联合声明，建立了多双边合作机制，并与多个国家开展了反垄断执法合作。组织编译《“一带一路”相关国家反垄断法汇编》旨在进一步拓展与沿线国家的反垄断交流合作，为多双边经贸关系发展营造公平竞争的市场环境，为实现“一带一路”建设的共商、共建、共享提供有效的制度保障。

《“一带一路”相关国家反垄断法汇编》分上下册,共收集、整理、翻译了30个国家的反垄断基本立法,其中上册包括新加坡、马来西亚、越南、印度尼西亚、菲律宾、土耳其、巴基斯坦、以色列、沙特阿拉伯、埃及、印度、俄罗斯、波兰、捷克、匈牙利15个国家的反垄断基本立法;下册包括泰国、伊朗、斯里兰卡、哈萨克斯坦、乌兹别克斯坦、乌克兰、白俄罗斯、爱沙尼亚、斯洛伐克、斯洛文尼亚、克罗地亚、塞尔维亚、罗马尼亚、保加利亚、葡萄牙15个国家的反垄断基本立法。30个国家的反垄断法律虽然名称各有不同,但都是各国维护市场公平竞争秩序的反垄断基本立法,在各国反垄断法律体系中处于基础地位。

在本书出版过程中,山东大学做了上册相关国家立法的翻译工作,法律出版社对上册进行了审校,并组织开展了下册的翻译和审校工作,在此对翻译和审校人员的辛勤劳动表示感谢!

国家市场监督管理总局反垄断局

2021年6月

目　　录

上　　册

下　　册

新加坡共和国竞争法*

一部规定竞争和滥用市场支配地位的法律，并设立新加坡竞争与消费者委员会，以规定其职能和权力以及与此有关的事项。

第一章　一般规定

1. 标题

本法可称为《竞争法》。

2. 释义

(1) 在本法中，除非文意另有所指，否则：

"预期的合并"指正在进行或正在考虑中的安排，如果该安排生效，将导致第五十四条第(2)款所述的合并发生。

"集体豁免"具有第三十六条第(5)款赋予其的含义。

"集体豁免令"具有第三十六条第(3)款赋予其的含义。

"上诉委员会"指根据第七十二条设立的竞争上诉委员会。

"主席"指竞争与消费者委员会主席，包括竞争与消费者委员会的任何临时主席。

"行政长官"指竞争与消费者委员会的行政长官，包括以行政长官身份行事的任何个人。

"委员会"指根据第三条设立的新加坡竞争与消费者委员会。

"副主席"指竞争与消费者委员会副主席，包括竞争与消费者委员会的任何临时副主席。

---

* 2004 年第 46 号，2006 年 1 月 31 日修订。法律修订委员会根据修订后的《法律法案》（第 275 章）的授权编制和出版非正式合并，于 2018 年 5 月 16 日生效。

“文件”包括以任何形式记录的信息。

“商品”包括:

(a)建筑物和其他建造物;

(b)船舶、航空器和气垫船;

(c)煤气和电力;以及

(d)行动中的选择。

“信息”包括估计和预测。

“检查员”指竞争与消费者委员会根据第六十二条授权进行调查的检查员。

“调查人员”具有第六十四条第(1)款赋予其的含义。

“委员”指竞争与消费者委员会委员。

“参与合并的一方”指第五十四条第(2)款中所指的个人或实体,包括被合并的实体。

“拟合并的一方”是指在拟合并生效后成为第五十四条第(2)款所指的个人或实体的个人或实体。

“个人”包括任何实体。

“处所”不包括住宅房地,除非:

(a)它们用于实体的事务;或者

(b)与实体事务有关的文件存放在该处。

但包括任何车辆;

“公共利益考虑”是指国家或公共安全部门、国防部门根据《宪报》公布的命令所规定的其他考虑;

“第三十四条禁令”是指第三十四条第(1)款所指的禁令;

“第四十七条禁令”是指第四十七条第(1)款所指的禁令;

“第五十四条禁令”是指第五十四条第(1)款所指的禁令。

“服务”系指任何种类的服务,无论是工业、贸易还是其他服务。

“企业”是指能够从事与商品或服务有关的商业或经济活动的任何人,包括个人、法人实体、非法人实体或任何其他实体。

(2)第三十四条禁令在一定程度上并不适用于因本法规定的或根据本法规定的除外条款而导致的协定,这一事实并不要求在考虑该协定是否因其他原因而违反禁令时,对所涉及除外条款的规定不予考虑。

(3)就本法而言,要求提供信息的权力(该信息是以非易读形式记录的信息),包括要求以易读形式提供该信息副本的权力。

(4)本法授予任何人要求提供信息的任何权力,包括要求其认为可能包含该信息的任何文件的权力。

第二章　竞争和消费者委员会

第一节　委员会的设立、章程与构成

3. 竞争和消费者委员会的设立及章程

特此设立一个被称为新加坡竞争和消费者委员会的机构,该机构应是一个具有永久继承权的法人实体,并以该名称能够:

(a)起诉和被起诉;

(b)取得、拥有、持有和发展或处置财产,包括动产和不动产;以及

(c)从事和处置法人实体可能依法进行和处置的其他行为或事项。

4. 公章

(1)委员会应有一枚共同的印章,该印章可随时按委员会认为适当的方式予以毁坏、更改、修改或重新制造。

(2)所有需要委员会盖章的契约和其他文件均应加盖委员会公章。

(3)所有法院、法官和司法人员都应对任何文件上加盖的委员会公章给予司法注意,并应假定该公章已正式加盖。

5. 委员会构成

(1)委员会应由下列成员组成:

(a)1 名主席;以及

(b)部长可随时决定的不少于 2 名或不多于 16 名的其他成员。

(2)附一对委员会及其成员和程序均具有效力。

第二节　委员会的功能、职责和权力

6. 委员会的功能与职责

(1)按照本法案的规定,委员会的功能和职责应该是:

(a)维持和加强有效的市场运作,并促进新加坡市场的整体生产力、创新力和竞争力;

(b)消除或控制对新加坡竞争有不利影响的行为;

(c)促进和维持新加坡市场的竞争;

(d)在新加坡的经济中促进强大的竞争文化和环境;

(e)在竞争事务和消费者保护事务方面,以新加坡国家机构代表的身份在国际上行事;

(ea)促进供应商和消费者之间的公平交易,使消费者能够在新加坡作出明智的购买决策;

(eb)防止新加坡供应商采取不公平的做法;

(ec)执行《消费者保障(公平贸易)条例》(第五十二A章);

(f)就有关竞争事务及一般消费者保护事务的国家需要及政策,向政府、任何公共机构或任何消费者保护组织提供意见;以及

(g)执行任何其他成文法律或根据任何其他成文法律赋予委员会的其他职能及履行任何其他职责。

(2)委员会在执行第(1)款所规定的职能和履行职责时,须顾及:

(a)新加坡不同市场性质的差异;

(b)新加坡的经济、工业和商业需要;以及

(c)维持新加坡市场的有效运作。

(3)委员会可以承担部长分配给委员会的其他职能和职责,在此过程中,委员会应被视为与本法的目的相一致,本法的规定应适用于委员会的这些职能和职责。

(4)本条中的任何内容均不得解释为直接或间接地向委员会施加任何形式的义务或责任,而这些义务或责任可由不受其约束法院的诉讼程序强制执行。

7.委员会的权力

(1)在不违反本法规定的情况下,委员会可开展其认为对其有利、必要或方便的活动,以履行其在本法或任何其他成文法律项下的职能和履行其职责,特别是委员会可行使附二中规定的任何权力。

(2)本条不得解释为限制委员会根据任何其他成文法律或由任何其他成文法律所授予的任何权力。

(3)委员会应按部长要求的方式和时间提供有关其财产和活动的信息。

8. 部长的指示

部长可根据《2018 年公共部门(治理)法》第五条向委员会作出任何指示。

9. 委员的任命和授权

(1)委员会可自行决定从其本身的成员或非成员中任命其认为合适数量的委员,委员会由其成员或其他人员或其成员和其他人员组成,以达到委员会认为更易规管和管理该委员的目的。

(2)委员会可在其认为适当的条件或限制下,将本法或任何其他成文法律赋予委员会的全部或任何权力、职能和职责授予任何委员或主席,但规定或征收费用和费率以及借款的权力除外。

(3)委员会可在其认为适当的条件或限制下,将本法或任何其他成文法律赋予委员会的全部或任何权力、职能和职责委托给委员会的任何雇员或任何人,但规定或征收费用和费率以及借款的权力除外,而被委派的任何权力、职能或职责,均可由其成员或人员以委员会的名义及代表委员会行使、执行或履行。

(4)(由 2018 年第 10 号废止,2018 年 4 月 1 日起生效)

第三节　关于员工的条款

10. 行政长官、职员及雇员等

(1) 委员会设有一位行政长官,其任命、免职、惩罚和晋升必须符合《2018 年公共部门(治理)法》。

(2)根据《2018 年公共部门(治理)法》的规定,当行政长官发生以下情况时,委员会可委任 1 名成员在行政长官任期内担任临时行政长官:

(a)缺勤或不在新加坡;或者

(b)由于任何原因不能执行其部门职责。

(3)根据《2018 年公共部门(治理)法》,委员会可根据其确定的条款和条件,任命和聘用有效履行其职能所需的其他职员、雇员、顾问和代理人。

第四节　财政条款

11. 财政年度

委员会的财政年度自每年 4 月 1 日起至下一年度 3 月 31 日止,但委员会的第一财政年度自 2005 年 1 月 1 日起至下一年度 3 月 31 日止。

12. 部长对预算的批准

(1)所有年度收支预算和补充预算的副本必须在委员会通过后立即送交部长。

(2)部长可批准或不批准年度收支预算或补充预算中显示的任何项目或任何项目的一部分。

(3)部长必须将根据第(2)款修订的年度收支预算或补充预算退还委员会,委员会受部长决议的约束。

(4)但是,在部长批准的任何预算中,委员会可以将分配给一个支出项目的全部或部分款项转到同一支出项目下的任何项目。

13. 委员会追回或收取的款项

(1)除财政罚款外,根据本法收回的所有款项或收取的费用或组成款项均应支付给委员会,并构成委员会款项的一部分。

(2)根据本法收取的所有财政罚款均应存入综合基金。

14. 补助金

为了使委员会能够履行其在本法案下的职能和其职责,部长可时常从议会提供的款项中向委员会提供补助款项。

15. 借款权

(1)为履行其在本法或任何其他成文法律项下的职能或其职责,委员会可时常从政府或经部长批准,依照部长指示在新加坡境内外通过以下方式筹款:

(a)有或没有担保的抵押、透支或其他方式;

(b)对委员会根据本法或任何其他成文法律所拥有的任何财产,或委员会根据本法或任何其他成文法律所取得的任何其他应收款项,收取法律或公平上的费用;或者

(c)信用债券、担保债券或发行部部长批准的任何其他工具。

(2)就本条而言,筹款的权力应包括订立任何金融协定的权力,借以向委员会授予信贷便利以购买商品、材料或物品。

16. 股票发行等

根据本法将政府的任何财产、权利或债务授予委员会,或政府根据任何成文法向委员会注资或进行的其他投资,委员会可以按照财政部部长的指示,向其发行股票或其他证券。

17. 银行账户

(1)委员会须在其认为适当的银行开立及维持账户。

(2)每个此类账户均应由委员会授权的人员操作。

18. 款项使用

委员会的款项只适用于支付或清偿委员会的开支、责任和债务,以及支付委员会获授权或须支付的任何款项。

19. 投资

委员会可根据部长的一般或特别指示行事。

(a)以其认为合适的方式投资其资金;以及

(b)从事任何金融活动或参与任何金融安排,以管理或对冲因该投资引致或可能引致的任何金融风险。

20. 由 2018 年第 5 号废止,2018 年 4 月 1 日起生效。

21. 账目审计

(1)由 2018 年第 5 号废止,2018 年 4 月 1 日起生效。

(2)由 2018 年第 5 号废止,2018 年 4 月 1 日起生效。

(3)由 2018 年第 5 号废止,2018 年 4 月 1 日起生效。

(4)由 2018 年第 5 号废止,2018 年 4 月 1 日起生效。

(5)由 2018 年第 5 号废止,2018 年 4 月 1 日起生效。

(6)审计员应向部长和委员会提交其认为必要的或部长或委员会要求的定期和特别报告。

22. 由 2018 年第 5 号废止,2018 年 4 月 1 日起生效。

23. 由 2018 年第 5 号废止,2018 年 4 月 1 日起生效。

第五节　财产、资产、负债的转移和雇员的调动

24. 委员会财产、资产、负债的转移

(1)自 2005 年 1 月 1 日起,属于政府的、由财政部部长确定的、由贸易和工业部市场分析司(在本条中称为转让司)使用或管理的动产和不动产以及与转让司有关的政府的所有资产、利益、权利、特权、责任和义务应转让给委员会,并在没有进一步保证、行为或契约的情况下归属于委员会。

(2)如果出现关于是否根据第(1)款将任何特定的财产、资产、利益、权利、

责任或义务转让给或授予委员会的任何问题,由财政部部长签发的文件作为财产、资产、利益、权利、责任或义务转让或未转让或授予的结论性证据。

(3)根据第(1)款移交给委员会并归属于委员会的任何不动产,应由委员会根据任期和由总统确定的条款与条件持有。

(4)任何与政府在2005年1月1日前签署的任何转让财产有关的协定,无论该协定下的权利和责任是否可以转让,均应自该日期起生效,只要:

(a)委员会曾是这一协定的缔约方;以及

(b)对任何有关政府的提及,在2005年1月1日或之后要做的任何事项都被替换为对委员会的提及。

25. 雇员的调任

(1)自2005年1月1日起,部长可确定的在该日之前被政府雇用并被调职到调职部门的人员或类别,应按不低于其调职前享有的条件调至委员会任职。

(2)如果出现关于是否根据第(1)款将任何人员或类别的人员调职到委员会任职的任何问题,部长签发的文件应作为该人员或类别已被或未被调职的结论性证据。

(3)在委员会拟备服务条款及条件之前,其在政府内的服务计划、服务条款及条件,继续适用于根据第(1)款调至委员会任职的人员,犹如其仍在政府任职相同。

26. 对被调职人员服务等权利的保留

(1)委员会拟制定的条款及条件,须顾及根据第二十五条调任至委员会任职人员在受聘政府期间所享有的服务条款及条件(包括薪金及累积的休假权利)。

(2)任何与服务期有关的条款和条件均应适用于被调职人员在受雇于政府服务于委员会时的服务期。

(3)委员会拟制定的服务条款及条件,不得对调职到委员会任职人员适用的退休金、酬金或津贴条件[《退休金法》(第二百二十五条)中规定的],产生不利的影响。

(4)凡是已根据第二十五条调职到委员会任职的人员,政府有法律责任向委员会缴付该部分人员在退休时须向其支付的退休金、酬金或津贴,须按其在政府服务期间退休金的薪酬总额与他在政府及委员会服务期间的退休金的薪酬总额的比例计算。

(5)如果在委员会任职人员的情况不属于本条规定的退休金或其他计划的范围,在委员会任职期间退休或死亡,或被解雇的,委员会可向他或完全或部分依赖他的其他人,按委员会认为合适的方式,给予委员会决定的津贴或酬金。

27. 不得因部门的取消或重组而享有利益

尽管有《退休金法》的规定,根据第二十五条调职到委员会任职的人员,均无权以他已因委员会的设立和合并而取消或改组公职而退休为理由,根据该法要求任何利益。

28. 现有合同

2005 年 1 月 1 日前政府作为缔约方与根据第二十五条调职至委员会任职人员有关的契约、合同、计划、债券、协定、文书和安排,在该日期及之后继续有效,并须由委员会或针对委员会而非政府强制执行,即委员会已成为缔约方。

29. 纪律处分程序及其他法律程序的继续及执行

(1)如果在 2005 年 1 月 1 日,针对调职至委员会任职的政府雇员任何纪律处分程序仍在进行中,则该程序应由委员会进行并完成。

(2)如果在 2005 年 1 月 1 日,任何事项正处于听证或调查期间,或已由根据适当权限行事的某下属委员会进行了听证或调查,但该下属委员会并无就此作出命令、裁决或指示,则该下属委员会须完成听证或调查,就像其在该日期之前根据其所获的权力作出其所能作出的命令、裁决或指示那样对该事项作出命令、裁决或指示。

(3)某下属委员会根据本条作出的任何命令、裁决或指示,均应视为竞争与消费者委员会的命令、裁决或指示,并与竞争与消费者委员会根据本法赋予其的权力作出的命令、裁决或指示具有相同的效力或效果。

(4)在 2005 年 1 月 1 日前由政府或针对政府或代表政府行事的任何人员提出的未决或现存的涉及以下方面的任何诉讼程序或诉讼事项可由委员会继续、完成和执行:

(a)被转移的部门;

(b)根据第二十四条转移给委员会的财产、资产、权益、权利、特权、责任和义务的任何部分;或者

(c)根据第二十五条调职至委员会的任何人员。

员工在调职前的不当行为或玩忽职守

30. 委员会可以训斥、降级、退休、解雇或以其他方式对受雇于政府期间,且曾有任何不当或玩忽职守行为的人员进行处罚,而该行为本应使该人被训斥、降级、退休、解雇,如果该人继续受雇于政府且办法尚未颁布,则以其他方式予以解雇或处罚。

第六节 一般条款

31. 由2018年第5号替代,2018年4月1日起生效。

32. 委员会的符号或标志

(1)委员会应具有使用其选择或设计的符号或标志的专有权,然后在其活动或事务中展示此类符号或标志。

(2)任何人使用与委员会相同的符号或标志或与委员会类似的符号或标志,导致欺骗或造成混乱,或者可能导致欺骗或造成混乱,则应当被认为是犯罪,一经定罪,可处以不超过5000美元的罚款或不超过6个月的监禁或两者并罚;若在定罪后继续该罪行,则处以每天不超过250美元的罚款(不足1日的按1日计)。

第三章 竞争

第一节 一般条款

33. 本章的适用

(1)尽管:

(a)第三十四条所指的协定已在新加坡境外签订;

(b)该协定的任何一方均在新加坡境外;

(c)任何滥用第四十七条所提及的支配地位的实体均在新加坡境外;

(d)拟合并将在新加坡境外生效;

(e)第五十四条中提到的合并发生在新加坡境外;

(f)拟合并的任何一方或参与合并的任何一方在新加坡境外;

(g)因该协定、支配地位、拟合并或合并而产生的任何其他事项、实施或行动均在新加坡境外。

本章规定仍适用于该当事方、协定、滥用支配地位、拟合并或合并,如果:

(i)该协定违反或已违反第三十四条的禁令;

(ii)滥用违反或已违反第四十七条的禁令;

(iii)这种拟合并如果生效,将违反第五十四条的禁令;或者

(iv)该合并违反或已违反第五十四条的禁令;

将视情况而定。

(2)在本章适用于受另一监管当局监管和控制的行业或行业部门内:

(a)其他监管机构行使权力不得被解释为减损委员会行使权力;以及

(b)委员会行使权力不得被解释为减损其他监管机构行使权力。

(3)部长可为协调委员会根据本章行使权力和第(2)款所述的任何其他监管机构行使权力而制定规章,并可特别制定规章以规定应遵循的程序:

(a)就特定个案或特定类别的案件,决定是由委员会应行使其在本章中的权力,还是由其他监管机构行使其权力;以及

(b)委员会和其他监管机构可同时或联合行使其各自的权力。

(4)本章的任何规定均不适用于由以下各方进行的任何活动、达成的任何协定或进行的任何行为:

(a)政府;

(b)任何法定机构;或者

(c)任何代表政府或该法定机构就该活动、协定或行为行事的任何人。

(5)尽管有第(4)款的规定,本条仍适用于:

(a)该法定机构或代表该法定机构行事的人;或者

(b)法定机构或代表法定机构行事的人就该活动、协定或行为进行的活动、达成协定或采取行为;

由部长在公报上发布的命令规定。

(6)在本条中,“法定机构”指根据任何成文法律或在任何成文法律下成立的法人实体。

第二节　妨碍、限制或扭曲竞争的协定等

34. 妨碍、限制或扭曲竞争的协定等

(1)在第三十五条中,禁止以防止、限制或扭曲新加坡境内竞争为目的或效果的实体之间的协定、实体协会的决议或协调一致的做法,除非根据本章的规定予以豁免。

(2)就第(1)款而言,如果有以下情况发生时,则该协定、决议或协调一致的做法具有特别的妨碍、限制或扭曲新加坡境内竞争的目的或效果:

(a)直接或者间接确定买卖价格或者其他交易条件;

(b)限制或控制生产、市场、技术开发或投资;

(c)划分市场或供给的来源;

(d)与其他贸易方进行的同等交易使用不同的条件,从而使其处于竞争劣势;或

(e)使合同的订立受制于其他当事方对补充义务的接受,而补充义务因其性质或根据商业惯例与该合同的标的无关。

(3)第(1)款所禁止的任何协定或决议的任何条文,在 2006 年 1 月 1 日或之后,如与该款抵触,即属无效。

(4)除非另有要求,本法中明确适用于或与协议有关的规定,经必要修改后,应理解为同样适用于或与下述情形有关,即由企业协会或一致行动作出的决定。

(5)第(1)款适用于在 2006 年 1 月 1 日之前、当天或之后实施的协定、决议和协调行动。

35. 除外协定

第三十四条规定不得适用于附三中列明的事项。

36. 集体豁免

(1)如果委员会认为属于某一特定类别的协定,可能是第四十一条所述的协定,委员会可建议部长出于本条的目的颁布命令,要求具体说明这一协定。

(2)部长可下令实施该建议:

(a)以提出建议的形式;或者

(b)经他认为适当的修改后。

(3)根据本条作出的规定在本章中称为集体豁免令。

(4)属于集体豁免令所指明类别的协定,应豁免于第三十四条的规定。

(5)本条所指的豁免在本章称为集体豁免。

37. 集体豁免令

(1)集体豁免令可施加集体豁免生效的条件或义务。

(2)集体豁免令可规定:

(a)如果违反该命令所施加的条件,则自委员会指定的日期起,将会取消就该协定而作出的集体豁免;

(b)如果未能遵守该命令所施加的义务,委员会可借由书面通知,自其指定的日期起,取消就该协定作出的集体豁免;以及

(c)如果委员会认为某一指定协定并不适用于第四十一条,则可自委员会指定的日期起取消就该协定作出的集体豁免。

(3)整体豁免令可规定集体豁免的生效日期早于作出该命令的日期。

(4)整体豁免令可规定豁免令须于指定期限届满时失效。

(5)在本条中,“指定”是指在集体豁免令中指定的。

38. 反对集体豁免

(1)集体豁免令可规定,如果协定的一方不符合该命令所规定的集体豁免条件,但满足指定的标准,可就第(2)款将该协定通知委员会。

(2)根据第(1)款所载集体豁免令内的任何条文而获通知的协定,自通知期届满之日起,应视为属于集体豁免令所指定的类别,除非委员会:

(a)提出反对;以及

(b)在该期限结束前将其反对意见以书面形式通知有关当事方。

(3)如果委员会根据第(2)款发出反对通知书,则根据第(1)款发出的通知书须视为根据第四十四条发出的通知。

(4)在本条中:

“通知期”是指为了给予委员会足够时间考虑是否根据第(2)款提出反对意见而规定的时间;

“指定”是指在集体豁免令中指定的。

39. 集体豁免的程序

(1)在根据第三十六条第(1)款提出建议之前,委员会应:

(a)以委员会认为最适宜的方式公布建议的详情,以使可能受影响的主体注意到建议;以及

(b)考虑就向委员会建议的提议考虑陈述。

(2)如果部长提出在作出修改的情况下实施这一建议,他应将拟议的修改通知委员会,并考虑到委员会提出的任何意见。

40. 集体豁免令的更改和撤销

(1)如果委员会认为更改或撤销一项集体豁免令是适当的,委员会可就此向部长提出建议。

(2)第三十九条适用于根据第(1)款提出的任何建议。

(3)如果没有根据第(1)款提出任何建议,部长在行使其更改或撤销某一整体豁免令的权力之前:

(a)将提出的更改或撤销的建议通知委员会;以及

(b)考虑到委员会提出的任何意见。

41. 集体豁免的标准

第三十六条应适用于有助于以下方面的任何协定:

(a)改善生产或分配;或者

(b)促进技术或经济进步。

但是该协定没有:

(i)对有关实体施加对实现这些目标并非必不可少的限制;或者

(ii)向有关实体提供消除有关商品或服务的大部分供给竞争的可能性。

42. 请求委员会审查协定

(1)第四十三条和第四十四条规定,如果某协定方认为另一当事方可能违反第三十四条的禁令,则该协定应由委员会进行审查。

(2)部长可制定法规规定:

(a)下述主体须遵循的程序:

(i)根据第(1)款提出申请的个体;以及

(ii)审议此申请的委员会。以及

(b)关于第四十三条至第四十六条的适用以及第(a)项所指的程序,如果经明确的修改,在这种情形下委员会将:

(i)给出撤回除外的指示;或者

(ii)考虑是否发布这样一个指示。

43. 通知的指导

(1)协定的任何一方如申请依据本条审查该协定,则须:

(a)将协定通知委员会;以及

(b)向其申请指导。

(2)对于根据本条提出的申请,委员会可就其认为该协定是否可能违反第三十四条的规定给予申请人指导。

(3)如果委员会认为该协定如无豁免,则可能违反第三十四条的禁令,那么其指导可表明该协定是否可能在集体豁免下豁免于该规定。

(4)如果根据本条向委员会通知了适用于第三十四条禁令的一项协定,则该协定在以下期间内发生的违反规定的任何行为均不得在本条下予以处罚:

(a)从发出通知的日期开始;以及

(b)截止日期为委员会确定申请后向申请人发出的书面通知中指明的日期。

(5)根据第(4)款第(b)项发出的通知中规定的日期不得早于发出通知的日期。

44. 决议的通知

(1)协定的一方当事人申请根据本条对协定进行审查时,应:

(a)将该协定通知委员会;以及

(b)向委员会申请作出决议。

(2)对于根据本条提出的申请,委员会可就以下方面作出决议:

(a)是否违反了第三十四条的禁令;以及

(b)如果没有违反规定,是不是:

(i)因为除外的影响;

(ii)因为本协定豁免于该规定;或者

(iii)因为已根据第六十A条第(1A)款作出了保证。

(3)如果根据本条向委员会通知了适用于第34条禁令的一项协定,则该协定在以下期间内发生的违反禁令的任何行为均不得在本条下予以处罚:

(a)由发出通知的日期开始;以及

(b)截止日期为委员会在确定申请后向申请人发出的书面通知中指明的日期。

(4)第(3)款第(b)项下的通知书所指明的日期不得早于发出通知书的日期。

45. 指导的作用

(1)如果委员会已根据第四十三条就申请作出了决定,并给予以下指导,则本条适用于：

(a)该协定不太可能违反第三十四条的禁令,无论它是否被豁免;或者

(b)本协定可在集体豁免下获得豁免。

(2)对于适用于本条的协定,委员会不得就第三十四条的禁令采取进一步的行动,除非：

(a)有合理的理由相信,自提供指导以来,情况已经发生了重大变化;

(b)有合理的理由怀疑其作出指导所依据的信息在重大细节上是不完整,虚假或误导的;

(c)该协定的当事方之一申请根据第四十四条就该协定作出决议;

(d)非该协定当事方的人对该协定提出了申诉。

(3)对于适用于本条但违反了第三十四条禁令的协定,不得在本章下予以处罚。

(4)如属下列情况,委员会可撤销第(3)款所给予的豁免：

(a)在本章下,就第(2)款所述的情况之一采取行动;

(b)它认为该协定很可能违反第三十四条的禁令;以及

(c)它以书面形式通知对其申请指导的当事方,将从其通知中规定的日期起取消豁免权。

(5)如果委员会有合理的理由怀疑以下信息：

(a)作出指导所依据的;以及

(b)由从事该行为的实体提供、在重大细节上不完整、虚假或具有误导性的,在根据第(4)款第(c)项作出的通知中指定的日期可能早于发出通知的日期。

46.没有违反第三十四条禁令决议的影响

(1)本条适用于根据第四十四条提出的申请,而委员会作出了该协定没有违反第三十四条禁令的决议,则本条适用于该协定。

(2)委员会不得就第三十四条的禁令对该协定采取进一步行动,除非：

(a)有合理的理由相信自作出决议以来情况发生了重大变化;或者

(b)有合理的理由怀疑其作出决议所依据的信息在某重大细节方面是不完整的、虚假的或具有误导性的。

第三节　支配地位的滥用

47. 支配地位的滥用

(1)根据第四十八条,一个或多个实体的任何行为,如果构成在新加坡任何市场上支配地位的滥用,均属禁止。

(2)就第(1)款而言,如果行为包含以下内容,则构成滥用:

(a)对竞争对手的掠夺行为;

(b)限制生产,市场或技术发展以损害消费者的利益;

(c)对与其他贸易方的同等交易采用不同的条件,从而使它们处于竞争劣势;或者

(d)使合同的订立受制于其他当事方对补充义务的接受,而补充义务因其性质或根据商业惯例与该合同的标的无关。

(3)在本条中,"支配地位"是指在新加坡或其他区域的支配地位。

48. 除外情形

第四十七条的禁令不得适用于附三中指明的事项。

49. 请求委员会对行为进行审查

(1)第五十条及第五十一条规定,如果有人认为某人的行为可能违反第四十七条禁令,则委员会可就该人的申请,审议其的行为。

(2)部长可制定规章,规定应遵循的程序:

(a)任何人根据第(1)款提出申请;以及

(b)由委员会审议该申请。

50. 指导的通知

(1)根据本条申请审议某项行为的人须:

(a)将有关行为通知委员会;以及

(b)申请作出指导。

(2)对于根据本条提出的申请,委员会应该就其认为的该行为是否可能违反第四十七条的禁令给予申请人指导。

51. 决议的通知

(1)根据本条申请审议某项行为的人须:

(a)将有关行为通知委员会;以及

(b)申请作出决议。

(2)对于根据本条提出的申请,委员会可就以下方面作出决议:

(a)是否违反了第四十七条的禁令;以及

(b)如果没有违反禁令,是不是:

(i)因为除外的原因;或者

(ii)因为已根据第六十A条第(1B)款作出了保证。

52. 指导的作用

(1)如果委员会已经根据第五十条对一项申请作出裁决,并且通过指导说明该行为不可能会违反第四十七条的禁令,则本条亦适用于该行为。

(2)委员会不得根据第四十七条禁令就适用于本条的行为采取进一步的行动,除非:

(a)它有合理的理由认为,自从它给予指导以来,情况已经发生了重大的变化;

(b)它有合理的理由怀疑,作出指导所依据的信息在重大细节方面是不完整的、虚假的或是具有误导性的;或者

(c)已经就该行为提起诉讼。

(3)对于本条适用但违反了第四十七条禁令的行为,不得在本章下施加处罚。

(4)如果有下列情况,委员会可取消第(3)款所给予的豁免权:

(a)在本章下,就第(2)款所述的情况之一采取行动;

(b)它认为该行为很可能违反第四十七条的禁令;以及

(c)它以书面形式通知对其申请指导的当事方,将从其通知中规定的日期起取消豁免权。

(5)如果委员会有合理理由怀疑以下信息:

(a)作出指导所依据的;以及

(b)由从事该行为的实体提供。

在重大细节上不完整、虚假或具有误导性的,在根据第(4)款第(c)项作出的通知中指定的日期可能早于发出通知的日期。

53. 没有违反第四十七条禁令决议的影响

(1)如果委员会已经根据第五十一条对一项申请作出裁决,并且通过作出

一项决议说明该行为不可能会违反第四十七条的禁令,则本条亦适用于该行为。

(2)委员会不得根据第四十七条的禁令就该行为采取进一步的行动,除非:

(a)它有合理的理由认为,自从它作出决议以来,情况已经发生了重大的变化;

(b)它有合理的理由怀疑,作出决议所依据的信息在重大细节方面是不完整的、虚假的或是误导性的。

(3)对于本条适用但违反了第四十七条禁令的行为,不得在本章下施加处罚。

(4)如果有下列情况,委员会可取消第(3)款所给予的豁免权:

(a)在本章下,就第(2)款所述的情况之一采取行动;

(b)它认为该行为很可能违反第四十七条的禁令;以及

(c)它以书面形式通知对其申请决议的当事方,它将从其通知中规定的日期起取消豁免权。

(5)如果委员会有合理的理由怀疑以下信息:

(a)作出决议所依据的;以及

(b)由从事该行为的实体提供。

在重大细节上不完整、虚假或具有误导性的,在根据第(4)款第(c)项作出的通知中指定的日期可能早于发出通知的日期。

第四节　合并

54. 合并

(1)根据第五十五条,在新加坡境内的任何商品和服务市场上造成或可能造成竞争大幅度减少的合并是被禁止的。

(2)就本章而言,如果以下情况出现,则认为出现合并:

(a)两个或多个先前彼此独立的实体合并;

(b)一个或多个人或其他实体直接或间接地控制一个或更多其他实体的部分或全部;或者

(c)收购的结果是一个实体(第一个实体)取得另一实体(第二个实体)的资产(包括商誉)或资产的大部分,从而使第一个实体能够在商业活动中取代或大量取代第二个实体,或者在适当情况下,在收购前可以取代该实体从事的商业活动的有关部分。

(3)就本章而言,如因权利、合约或任何其他方式,或权利、合约或其他方式的任何组合,通过以下行为,对实体的活动产生了重大的决定性影响,则控制是被认为存在的:

(a)企业全部或部分资产的所有权或使用权;或者

(b)能够对实体机构的组成、表决或决定施加决定性影响的权利或合同。

(4)就本章而言,任何人或其他实体在以下情况下获得控制权:

(a)成为第(3)款提及的权利或合同的持有人,或有权使用第(3)款提及的其他方法;或

(b)虽然没有成为第(3)款提及的权利或合同的持有人或没有使用第(3)款提及的其他方法的权利,但却有权行使由此产生的权利。

(5)成立合伙企业以长期履行自治经济主体的所有职能,应构成第(2)款第(b)项范围内的合并。

(6)在决定第(3)款所提及的影响是否能够发生时,应考虑有关事项的所有情况,而不应只考虑已作出的任何文书、契约、转让、分配或其他行为的法律效力。

(7)就本章而言,在以下情况中,合并不应视为发生:

(a)取得控制权的人是代表其行事的接管人或清盘人,或代表其行事的承保人;

(b)所有与合并有关的实体,均直接或间接受同一实体的控制;

(c)控制权仅因遗嘱处置、无遗嘱死亡或共同租约下的生者对死者名下财产的享有权而获得;或者

(d)第(8)款中提及的实体在第(9)款指明的情况下取得了控制权。

(8)第(7)款第(d)项所指实体的正常活动包括为自己或他人的账户进行普通交易和证券交易。

(9)第(7)款第(d)项所指的情况是指:

(a)有关的控制权由实体临时持有在另一实体获得的证券构成的;以及

(b)在该控制权存续期间,企业对该等证券行使表决权的任何行为:

(i)是为了在指定期间内处置其他实体或其资产或证券的全部或部分的安

排;以及

(ii)并不是为了确定其他实体的任何活动,而是作为可能影响新加坡境内商品或服务市场竞争的目的而被实施的。

(10)在第(9)款中,“指定期间”指:

(a)从取得另一实体控制权之日起12个月内;或者

(b)如果在某一特定情况下,实体表明在第(a)项所述期间内无法合理地实施有关处置,则委员会应就该案件确定和指定较长期间。

55. 除外的合并

第五十四条的禁令不得适用附四中所指明的任何合并。

55A. 委员会对拟合并的保密建议

(1)拟合并的一方可向委员会申请,征询委员会的意见,以了解委员会是否认为拟合并可能违反第五十四条的禁令。

(2)在符合根据第(5)款订立的规章情况下,委员会可发出根据第(1)款作出的建议,如果委员会认为:

(a)拟合并的各方均打算使拟合并生效;

(b)在根据第(1)款提出申请时,与拟合并有关的信息并无在公众范围内公布;以及

(c)如在根据第(1)款提出申请后,有关拟合并的信息已进入公众范围,则申请人有充分理由不把有关的拟合并通知委员会,也不根据第五十七条向委员会申请作出决议。

(3)尽管有第(2)款的规定,但如果委员会认为,鉴于拟合并的事实和情况,拟合并的各方能够评估是否能在没有该等建议的情况下,根据第五十七条就拟合并提出申请,委员会可拒绝发出第(1)款所述的建议。

(4)委员会根据本条发出的建议对委员会不具约束力。

(5)部长可以制定规章来规定:

(a)委员会只可就订明的拟合并,根据本条发出建议;以及

(b)下列各方要遵循的程序:

(i)根据本条提出申请的任何一方;以及

(ii)审查该项申请时的委员会。

56. 要求委员会审议拟合并以及合并

(1)第五十七条规定,委员会应预期合并一方当事人的申请审议该预期合并,该方当事人认为预期合并如果生效,可能违反第五十四条的禁令。

(2)第五十八条规定,委员会应参与合并一方的申请审议合并,该方认为合并可能违反第五十四条的禁令。

(3)部长可以制定规章规定:

(a)只有订明的预期合并,才可根据第五十七条通知委员会;以及

(b)下列各方要遵循的程序:

(i)根据第五十七条或第五十八条提出申请的任何一方;以及

(ii)审查该项申请时的委员会。

57. 拟合并的通知

(1)申请根据本条予以审议的有关预期合并的一方,须:

(a)将拟合并通知委员会;以及

(b)向委员会申请决议。

(2)在不违反第(3)款和第(5)款及第六十 A 条第(1)款及第六十 B 条第(1)款的规定下,委员会可就根据本条提出的申请作出下列决议:

(a)如果拟合并生效,第五十四条的禁令是否会被违反;以及

(b)如果没有违反第五十四条的禁令,它是不是:

(i)因为如果拟合并生效将会适用于除外效应;

(ii)因为如果拟合并已生效,则可豁免于第(3)款所禁止的规定;或者

(iii)因为已根据第六十 A 条第(1)款作出保证。

(3)如果委员会拟作出决议,认为第五十四条的禁令会因拟合并的生效而被违反,则委员会须向申请就拟合并作出决议的一方发出书面通知,而该方可在收到该通知的 14 日内,以该拟合并生效之后可能带来的任何公共利益为理由,向部长申请拟合并豁免于第五十四条的禁令。

(4)部长根据第(3)款作出的决议为最终决议。

(5)如果部长根据第(3)款豁免一项拟合并,委员会可依据第(2)款第(b)项第(ii)目作出决议。

(6)部长可撤销根据第(3)款给予的拟合并豁免,如果他有合理的理由怀疑他作出决议所基于的信息在重大细节上是不完整的、不真实的或具有误导

性的。

(7)根据第(8)款的规定,如果委员会作出一项决议,认为拟合并如果生效的话并不会违反第五十四条的禁令,则委员会在其认为合适的情况下可声明该决定只在其指明的期间内有效。

(8)在第(7)款所提及的期限届满前,参与拟合并的各方均可向委员会提出申请,就根据本条所提及的拟合并提出申请,以延长该期限。

(9)如果根据第(1)款向委员会提出审议拟合并的申请,而拟合并在委员会根据第(2)款就该申请作出决议前已生效,则与该拟合并有关的申请:

(a)可被委员会视为是根据第五十八条提出的合并申请;以及

(b)委员会可根据第五十八条就合并事宜作出决议。

(10)就第(9)款而言,委员会可根据第五十八条第(2)款第(b)项第(ii)目[与第五十八条第(5)款同时解读]就第(9)款所指的合并作出决议,尽管部长根据第(3)款就拟合并给予了豁免。

(11)尽管有第(9)款的规定,委员会可拒绝就其中所提及的合并作出任何决议,并可要求任何参与合并的当事方根据第五十八条第(1)款向委员会提出审议该合并的申请。

(12)在本条中,"有关类型的拟合并"是指根据第五十六条第(3)款第(a)项所规定类型的拟合并。

58. 合并的通知

(1)参与合并的一方,如根据本条申请审议该合并,须:

(a)将合并通知委员会;以及

(b)向委员会申请一项决议。

(2)在不违反第(3)款及第(5)款及第六十A条第(1)款及第六十B条第(1)款的规定下,委员会可就根据本条提出的申请作出下列决议:

(a)第五十四条禁令是否被违反。以及

(b)如果第五十四条禁令没有被违反,是不是:

(i)因为除外的效应;

(ii)因为该合并根据第(3)款豁免于该禁令;或者

(iii)因为已经根据第六十A条第(1)款作出保证。

(3)如果委员会建议作出违反了第五十四条禁令的决议,则委员会应向以

下各方发送书面通知:

(a)申请就该合并作出决议的一方;或者

(b)第五十七条第(9)款适用的情况下,就拟合并(已生效)申请作出决议的一方,或在该方不再存在的情况下,合并后的实体,以及被委员会通知的当事方或合并后的实体,可在通知之日起14日之内,以公共利益考虑的缘由,向部长申请豁免于第五十四条的禁令。

(4)部长依据第(3)款作出的决议是最终的决议。

(5)在部长依据第(3)款作出豁免的情况下,委员会可依据第(2)款第(b)项第(ii)目作出决议。

(6)部长可撤销根据第(3)款给予的合并豁免,如果他有合理的理由怀疑作出决议所基于的信息在重大细节上是不完整的、不真实的或具有误导性的。

(7)本法任何条文对第五十八条下的申请或通知的提及,应包括对第五十七条下的申请或通知的提及,即委员会根据第五十七条第(9)款将其视为第五十八条下的申请或通知。

58A. 有关拟合并和合并通知的临时措施

(1)如果委员会有合理的理由怀疑根据第五十七条或第五十八条提出的申请:

(a)如果拟合并生效,则第五十四条的禁令将被违反;或者

(b)第五十四条的禁令因合并而被违反,但尚未完成对该事项的审议,委员会认为有必要根据本条采取行动:

(i)为了防止以下任何可能的损害:

(A)拟进行的合并或合并;或者

(B)根据第六十九条发出的指示。或者

(ii)处于紧急事项:

(A)为防止对某人或某一类人造成严重的不可弥补的损害;或者

(B)为保护公共利益。

委员会可为此目的作出它认为适当的指示。

(2)在根据本条作出指示之前,委员会应:

(a)以书面通知拟给予指示的人;以及

(b)为该人提供一个提出申诉的机会。

(3)根据第(2)款发出的通知,须指明委员会拟发出指示的性质及其发出指示的理由。

(4)在适用第(1)款的情况下,根据本条发出的指示将生效,但如情况许可,则可由第六十九条的指示取代。

(5)第六十九条第(2)款第(i)目及第(c)款第(i)目以及第八十五条亦适用于根据本条作出的指示。

59. 拟合并的决议如果生效,将不会违反第五十四条的禁令

(1)本条适用于委员会已经对根据第五十七条提出的拟合并决议的申请作出了一项决议,该决议认为如果拟合并生效将不会违反第五十四条的禁令。

(2)委员会不得就第五十四条有关拟合并(包括拟合并已经生效或如果委员会的决议在特定时间内有效而拟合并在该有效期内完成)的禁令采取进一步行动,除非:

(a)它有合理的理由认为作出决议所依据的信息(其中可能包括其获得保证所依据的信息)在重大细节方面是不完整的、虚假的或具有误导性的;或者

(b)它有合理的理由怀疑提供承诺的一方未能遵守承诺的一项或多项条款。

(3)就第(2)款所提及的情况可采取的行动,可包括撤销决议,该决议规定如果拟合并生效不会违反第五十四条的禁令。

(4) 适用于本条的拟合并生效,该拟合并是在委员会决议有效期间完成的,若是违反了第五十四条的禁令,则不得在本章下予以处罚。

(5)如属下列情况,委员会可撤销第(4)款所给予的豁免:

(a)其根据本章就第(2)款所述的情况之一采取行动;

(b) 认为如果拟合并生效,或由此产生的合并有可能违反第五十四条的禁令;以及

(c)它以书面形式通知提出决议申请的当事方,决定自其通知中规定的日期起取消豁免。

(6)如果委员会有合理的理由怀疑第(5)款第(c)项中的通知书所指明的日期可早于通知书发出的日期:

(a)其作出决议所依据的任何信息(包括其获得保证所依据的信息)以及拟合并一方提供给它的信息在重大细节方面是不完整的、虚假的或是误导性的;

或者

(b)提供保证的一方未能遵守保证的一项或多项条款。

(7)在以下情况下本条规定不应阻止委员会就第五十四条关于合并的禁令采取任何行动:

(a)委员会已作出决议,拟合并如果生效,将不会违反第五十四条的禁令;以及

(b)因拟合并而进行的合并与拟合并有的重大区别。

60. 未违反第五十四条禁令的合并决议的影响

(1)本条适用于委员会已经对根据第五十八条提出的合并决议的申请作出了一项决议,该决议认为合并不会违反第五十四条的禁令。

(2)委员会不得就第五十四条有关合并的禁令采取进一步行动,除非:

(a)它有合理的理由怀疑它作出决议所依据的信息(包括它获得保证所依据的信息)在重大细节方面是不完整的、虚假的或是误导性的;或者

(b)它有合理的理由怀疑提供保证的一方未能遵守保证的一项或多项条款。

(3)就第(2)款所述的情况可采取的行动,可包括撤销决议,该决议说明合并不会违反第五十四条的禁令。

(4)适用于本条的合并若是违反了第五十四条的禁令,不得在本章下予以处罚。

(5)如属下列情况,委员会可撤销第(4)款所给予的豁免:

(a)其根据本章就第(2)款所述的情况之一采取行动;

(b)它认为合并有可能违反第五十四条的禁令;以及

(c)它以书面形式通知:

(i)提出决议申请的当事方;或者

(ii)在第五十七条第(9)款适用的情况下,就拟合并(已生效)申请作出决议的一方,或在该方不再存在的情况下,合并后的实体,它将从其通知中指定的日期起取消豁免。

(6)如果委员会有合理的理由怀疑第(5)款第(c)项中的通知书所指明的日期可早于通知书发出的日期:

(a)其作出决议所依据的任何信息(包括其获得保证所依据的信息)以及合并

一方提供给它的信息在重大细节方面是不完整的、虚假的或是误导性的;或者

(b)提供保证的一方未能遵守保证的一项或多项条款。

第四A节　保证事项

60A. 保证

(1)委员会可在根据第五十七条或第五十八条的申请或根据第六十二条第(1)款第(c)项或第(d)项的调查作出决议之前的任何时间,就以下方面作出决议:

(a)如果拟合并生效,则第五十四条的禁令是否会被违反。或者

(b)第五十四条禁令已因合并而被违反,是否接受其认为适当的人对于采取或不采取其认为适当的行动,以补救、减轻或防止竞争的实质性减少或任何不利影响的承诺:

(i)如果拟合并生效,预期可能会产生的结果;或者

(ii)合并已经或预期可能导致的结果。

(1A)委员会可在根据第四十四条的申请或根据第六十二条第(1)款第(a)项的调查,对于一项协议是否违反了第三十四条的禁令作出决议之前的任何时间内,接受其认为合适的人作出的保证,即采取或不采取委员会认为适当的行动,以补救、减轻或防止该协议已经导致或预期可能导致的对竞争的阻碍、限制或扭曲。

(1B)委员会可在根据第五十一条的申请或根据第六十二条第(1)款第(b)项的调查对于任何行为是否违反了第四十七条的禁令作出决议之前的任何时间内,接受其认为合适的人作出的保证,即采取或限制采取委员会认为适当的行动,以补救、减轻或防止该行为已经导致或预期可能导致的在市场中对支配地位的滥用。

(2)一项保证应于委员会接受时指定的日期生效。

(3)在保证生效的任何时间,委员会可接受:

(a)保证的变更;或者

(b)另一替代保证。

就第(1)款、第(1A)款或第(1B)款所述的目的而言,以适用者为准,凡根据上述任何一款接受的保证,均包括根据本款提及的变更或替代的保证。

(4)委员会如有合理的理由认为该保证已不再需要或不再适合于第(1)款、第(1A)款或第(1B)款所述的目的,可撤销该项保证。

(5)委员会在接受、改变、替代或撤销保证前,除特殊情况外,应与它认为适当的人协商。

60B. 保证的效力

(1)如果委员会已根据第六十 A 条第(1)款接受保证,并在符合第(2)款的规定下,须作出以下决议:

(a)如果拟合并生效,第五十四条的禁令将不被违反;或者

(b)合并没有违反第五十四条的禁令。

视情况而定。

(1A)如果委员会已经接受了根据第六十 A 条第(1A)款对一项协议作出的保证,并且在不违反第(2)款规定的情况下,委员会须作出该协议没有违反第三十四条禁令的决议。

(1B)如果委员会已经接受了根据第六十 A 条第(1B)款对任何行为作出的保证,并且在不违反第(2)款规定的情况下,委员会须作出该行为没有违反第四十七条禁令的决议。

(2)在以下情况中,第(1)款、第(1A)款或第(1B)款的任何规定,均不得阻止委员会撤销已作出的决议,或继续任何调查,或作出决议或发出指示:

(a)有合理的理由怀疑其接受保证所依据的任何信息在重大细节上是不完整的、虚假的或具误导性的;或者

(b)它有合理的理由怀疑提供保证的一方未能遵守保证的一项或多项条款。

(3)如果委员会撤销第(1)款、第(1A)款或第(1B)款所述的决议,除另有说明外,保证应视为自撤销之日起已解除。

(4)委员会可在其认为适当的情况下,审查根据第六十 A 条接受的保证的效力。

第五节　执行

61. 执行部分的准则

(1)委员会可不时地在《宪报》刊登指导原则,说明委员会将如何解释及实

施本章的规定,并借此使任何人得以按照本章的规定来安排其事务。

(2)为准备第(1)款下的任何指导原则,委员会可与它认为适当的人员进行磋商。

(3)如果该指导原则适用于受另一监管机构监管或控制的行业或部门,则委员会在拟备该指导原则时,应咨询该监管机构的意见。

(4)根据本条发布的指导原则对委员会不具约束力。

61A. 要求文件或信息的权力

(1)当委员会:

(a)有合理的理由怀疑新加坡境内的商品或服务市场的任何特征或特征组合,会妨碍、限制或扭曲在新加坡境内供应或取得任何商品或服务时的竞争。

(b)在审议根据第四十四条、第五十一条、第五十七条或第五十八条提出的决议申请时,有合理的理由怀疑:

(i)协议违反了第三十四条的禁令;

(ii)行为违反了第四十七条的禁令;

(iii)任何拟合并如果生效会违反第五十四条的禁令;或者

(iv)会违反第五十四条禁令的任何合并;委员会可向任何人发出书面通知,要求该人向委员会出示文件,或提供委员会认为与该等目的有关的任何事项。

(2)第(1)款下的通知需要指明:

(a)委员会要求提供指明文件或指明信息的目的;以及

(b)由第七十五条至第七十八条所规定的违法行为的性质。

(3)委员会可在通知中指明:

(a)拟出示任何文件或提供任何信息的时间和地点;以及

(b)出示或提供的方式和形式。

(4)根据本条的规定,要求某人出示文件的权力包括以下方面:

(a)如果文件已经被出示:

(i)复制或摘录该文件;以及

(ii)要求该人,或其现任或前任的任何高级管理人员,或现在或之前被其雇用的任何人就该文件作出解释;或者

(b)如果文件没有被出示,要求这个人尽其所能说明文件的位置。

(5)就第(1)款第(a)项而言,凡是提及新加坡商品或服务市场的特征,均

应被解释为:

(a)相关市场结构或该结构的任何方面;

(b)1 名或多名人员在相关市场供应或获取商品或服务的任何行为(无论是否在相关市场进行);或者

(c)任何供应或取得商品或服务人员的客户在相关市场的任何行为。

在本款中,“行为”包括任何未采取的行动(无论是否有意)和任何其他非有意行为。

(6)在第(1)款和第(2)款中,“指明”是指:

(a)通知中指明或描述的;或者

(b)属于通知内指明或描述的类别。

62. 调查的权力

(1)如果委员会有合理的理由怀疑以下方面,则委员会可进行一项调查:

(a)协议违反了第三十四条的禁令;

(b)行为违反了第四十七条的禁令;

(c)拟合并如果生效会违反第五十四条的禁令;或者

(d)合并会违反第五十四条的禁令。

(2)出于第(1)款所述的目的,委员会可任命一个调查员进行此项调查。

63. 调查时的权力

(1)出于第六十二条所述调查的目的,委员会或调查员可以书面的形式通知任何人,要求其出示委员会或调查员所指定的文件或提供委员会或调查员指定的信息,该文件或信息是委员会或调查员认为与调查的任何事项有关的。

(2)第(1)款下的通知需要指明:

(a)调查的标的和目的;以及

(b)第七十五条至第七十八条所规定的违法行为的性质。

(3)委员会或调查员也应在通知中指明:

(a)出示文件或提供信息的时间和地点;以及

(b)出示或提供的方式和形式。

(4)根据本条的规定,要求某人出示文件的权力包括以下方面:

(a)如果文件已经被出示:

(i)复制或摘录该文件;以及

(ii)要求该人,或其现任或前任的任何高级管理人员,或现在或之前被其雇佣的任何人就该文件作出解释;或者

(b)如果文件没有被出示,要求此人尽其所能说明文件的位置。

(4A)为根据第六十二条进行调查,根据第六十四条第(1)款获授权进入任何处所的人,或根据第六十五条获授权进入授权令所指明的处所的人员,可:

(a)对在该处所内似乎熟悉与正在进行的调查有关的事实和情况的任何个人进行口头审查;以及

(b)要求其回答任何与调查有关的问题。

(4B)该人员根据第(1)款口头提供的任何信息,或个人根据第(4A)款作出的任何答复或陈述,必须:

(a)转化为书面形式;

(b)向该人宣读;

(c)如果该人不懂英文,应该以该人能够听懂的语言对其翻译;以及

(d)经改正(若有)后,由该人签字。

(5)在第(1)款中,"指明"是指:

(a)通知中指明或描述的;或者

(b)属于通知内指明或描述的类别。

64. 没有授权令时进入处所的权力

(1)根据第六十二条,可以进入任何处所进行调查:

(a)委员会授权的委员会人员(调查人员),以及委员会以书面形式授权的陪同调查人员(获授权人员)的其他人员;以及

(b)任何调查员及调查员可能要求的其他人。

(2)委员会的调查人员或调查员,或由调查员分别授权或要求的人员不得进入任何处所行使本条所赋予的权力,除非委员会的调查人员或调查员(视情况而定)已向该处所的占用人发出书面通知:

(a)对于拟进入的通知应该提前2日发出;

(b)指明调查的标的和目的;以及

(c)指明第七十五条至第七十八条规定的违法行为的性质。

(3)第(2)款不适用于:

(a)如果委员会的调查人员或调查员有合理的理由怀疑该处所是或曾经是

由因以下方面被调查的实体所占有的：

(i)第三十四条所指的协议；

(ii)第四十七条所指的行为；

(iii)第五十四条指的拟合并或合并；或者

(b)如果委员会的调查人员或调查员已采取所有合理的及切实可行的步骤发出通知，但却未能处理。

(4)在第(3)款适用的情况下，须行使第(1)款所赋予的进入权：

(a)如果属于委员会的调查人员及任何获授权的人员，须出示：

(i)委员会调查人员的被授权证明，以及陪同他的每名获授权人员的被授权的证明；以及

(ii)载有第(2)款第(b)项及第(c)项所述信息的文件。以及

(b)如果属于调查员及他所要求的任何人员，则须出示：

(i)调查员被任命的证明；以及

(ii)载有第(2)款第(b)项及第(c)项所述信息的文件。

(5)委员会的调查人员、被授权的人员、调查员以及调查员所要求的人员在本条下进入任何处所，须：

(a)随身携带他认为必要的设备。

(b)要求在处所内的任何人士：

(i)出示委员会的调查人员、被授权的人员、调查员以及调查员所要求的人员认为与调查中涉及的任何事项有关的任何文件；以及

(ii)如已出示文件，须作出解释。

(c)要求任何人提供第(b)项第(i)目所述的任何文件时，应尽其所能作出陈述。

(d)复制或摘录任何已出示的文件。

(e)要求以任何电子形式储存并可在该处所调取的，而他认为与调查所涉及的任何事项有关的任何信息，须以以下形式出示：

(i)可以取走的；以及

(ii)文件清晰可见的。

(f)为保存他认为与调查所涉及的任何事项有关的任何文件或防止对该文件的篡改而采取任何看起来有必要的步骤。

(6)委员会的调查人员、被授权人员、调查员以及调查员所要求的人员基于第(5)款第(b)项,要求在处所内的任何人员出示任何文件的权力包括要求出示该文件的时间和地点的权力,要求出示文件的形式和方式的权力。

65. 根据授权令进入处所的权力

(1)委员会或任何调查员可向法院申请授权令,法院在认为有以下情况发生时可发布该授权令:

(a)有合理的理由怀疑在任何处所有:

(i)根据第六十三条或第六十四条的规定而须出示的文件;以及

(ii)尚未按照要求出示的文件。

(b)有合理的理由怀疑:

(i)在任何处所有委员会或调查员基于第六十三条有权要求出示的文件;以及

(ii)如果要求出示文件,但却没有出示,而是将其隐藏、转移、篡改或销毁。或者

(c)委员会的调查人员、被授权人员、调查员以及调查员所要求的人员试图进入处所来行使基于第六十四条的权力,但是尚未能够实施,并且有合理的理由怀疑在该处所内有在本条下所要求出示的文件。

(2)根据本条发出的授权令须授权一名具名的委员会的调查人员,以及

(a)在委员会进行的调查中,委员会以书面形式授权的其他委员会人员或其他人士陪同该名具名的人员。以及

(b)调查员在进行一项调查时,调查员可能要求的其他人士须完成下列全部或其中任何一项:

(i)为进入授权令所指明处所而使用合理所需的武力。

(ii)如果有合理的理由相信任何人拥有任何与调查有关的文件、设备或物品,可在该处所内搜查该人。

(iii)搜查该处所,并索取第(1)款下的申请获批的任何文件(有关的文件)的副本或摘录。

(iv)持有任何看似相关的文件,如果:

(A)为了保存文件或防止对文件的篡改,这种行动似乎是必要的;或者

(B)在处所内索取文件副本不再合理可行;

(v)为达到第(iv)(A)款所述的目的,采取任何其他看起来是必要的步骤;

(vi)要求任何人就任何有关的文件作出解释,或在发现该文件时,尽其所能作出说明;

(via)规定该处所的任何人,在具名的委员会调查人员,或其他委员会调查人员或委员会以书面形式授权陪同该具名人员的其他人员或在第(b)款下调查员所要求的任何其他人员要求的时间和地点以及形式和方式,出示任何有关文件。

(vii)要求以任何电子形式储存并可在该处所查阅的,且认为与调查所涉及的任何事项有关的任何信息,须以以下形式被出示:

(A)它可以被取走;以及

(B)它是清晰可见的。以及

(viii)将与调查所涉及的任何事项有关的任何设备或物品移出该处进行检查。

(3)如果就根据第(1)款第(b)项发出的授权令而言,法院确信它有合理的理由怀疑在该处所内还存在其他与该调查有关的文件,则授权令还应授权对该文件采取在第(2)款中所述的行动。

(4)对于根据第(2)(iv)款或第(3)款具有的任何文件,该具名的委员会调查人员可应拥有该文件的人的要求,向该人提供该文件的副本。

(5)该具名的委员会调查人员可以允许任何与调查有关的设备或物品,在符合其要求的条件下,留在该处所内,而该等设备或物品在第(2)(viii)款的规定下可从该处所移走,以便进行检查。

(6)任何人士如果不遵守根据第(5)款施加的任何条件,即属犯罪。

(7)根据本条发出的授权令须指明:

(a)调查的标的和目的;以及

(b)第七十五条至第七十八条所规定的违法行为的性质。

并将继续有效,直至自授权令签发之日起1个月期间届满为止。

(8)除非出示根据本条发出的授权令,否则不得行使本条授予的权力。

(9)任何人凭根据本条发出的授权令进入处所,可随身携带他认为必要的设备。

(10)在该具名的委员会职员提出要执行该授权令时,处所内并无人在场,

在执行授权令之前,应:

(a)采取在所有情况下均属合理的步骤,通知拟进入的处所的占有人;和

(b)如果已经通知该占有人,则在执行授权令时,该占有人或其法律关系人或他的其他代表人有合理的机会在场。

(11)如果该具名的委员会职员不能通知拟进入的处所的占有人,则他在执行该授权令时,应该将授权令副本留在该处所的显著位置。

(12)在离开凭根据本条发出的授权令进入的任何处所时,如果该处所无人占有或占有人暂时离开,则该具名的委员会调查人员将该处所按其发现时妥善保管。

(13)根据第(2)(iv)款持有的任何文件,可保留3个月。

(14)在本条中:

“具名的委员会职员”是指:

(a)在手令中指明的委员会人员;或者

(b)在手令中指明的调查员,视情况而定;

就任何处所而言,“占有人”是指该具名的委员会职员有合理的理由认为的该处所的占有人。

66. 自证其罪并节省专业法律顾问的费用

(1)任何人不得以披露信息或文件可能会导致其被定罪为理由而免除其向委员会或委员会职员(视情况而定)披露信息或文件的义务,该信息或文件是这些委员会职员或委员会曾经以书面形式授权陪同委员会职员的人员,调查员或调查员所要求的人员根据本法条款所要求的。

(2)一个人声称,在作出声明之前,基于本法其被要求向委员会或委员会职员或委员会曾经以书面形式授权陪同委员会职员的人员,调查员或调查员所要求的人员(视情况而定)披露了相关信息,该声明可能会导致其被定罪,则该声明:

(a)在刑事诉讼中,除根据第五章提起的诉讼外,不得作为对他不利的证据予以采信;但(b)为免生疑问,应在民事诉讼,包括关于本法的诉讼中作为证据予以受理。

(3)本章的任何内容都不应:

(a)强迫1名专业法律顾问披露或出示由其或以其专业法律顾问身份所能

得到的信函或文件或其他材料。

(b)授权他人取得其拥有的任何该文件或其他材料。

(4)1 名专业法律顾问拒绝披露或出示在第(3)款中所述的信息或文件或其他材料,但是他应该有义务说明该材料的寄送地址(如果该法律顾问掌握这一信息)。

67. 临时措施

(1)如果委员会:

(a)有合理的理由怀疑第三十四条的禁令或第四十七条的禁令已被违反,但尚未完成对该事项的调查。以及

(b)认为它有必要根据本款作为紧急事项采取行动,以便:

(i)防止对某一人或某一类人造成严重的、无法弥补的损害;或者

(ii)为保障公众利益,委员会可为此目的而作出其认为适当的指示。

(1A)如果委员会有合理的理由怀疑第五十四条禁令:

(a)会被违反,如果一项拟合并生效;

(b)已经由一项合并违反。

但尚未完成对此事的调查,并认为有必要根据本条采取行动:

(i)出于防止可能对以下方面造成损害的任何行动:

(A)该项调查;或者

(B)根据第六十九条发出任何指示。或者

(ii)出于以下目的作为一项紧急事件:

(A)防止对某一人或某一类人造成严重的不可弥补的损害;或者

(B)保护公众利益。

委员会可出于此目的作出它认为适当的指示。

(2)在根据本条作出指示之前,委员会应:

(a)以书面的形式通知拟给予指示的人;或者

(b)给该人一个提出申诉的机会。

(3)根据第(2)款发出的通知,须指明委员会拟发出该指示的性质及其希望发出该指示的理由。

(4)在第(1)款或第(1A)款视情况而定适用时,根据本条发出的指示将会生效,但如果情况许可,可由第六十九条的指示取代。

(5)在涉嫌违反第三十四条禁令的情况下,第六十九条第(2)款第(a)项和第八十五条也应适用于根据本条作出的指示。

(6)在涉嫌违反第四十七条禁令的情况下,第六十九条第(2)款第(b)项和第八十五条也应适用于根据本条作出的指示。

(7)在涉嫌违反第五十四条禁令的拟合并(如果生效)或合并的情况下,第六十九(2)(ba)(i)款、第(c)(i)款及第八十五条亦适用于根据本条作出的指示。

68. 调查结束后委员会的决议

(1)在(a)审议其根据本章进行的调查过程中所作的陈述或所提供的文件或物品后;或者(b)在调查员进行调查的情况下,在审议了调查员的报告后,委员会提议作出决议,任何协议违反了第三十四条的禁令,任何行为违反了第四十七条的禁令,任何拟合并如果生效将会违反了第五十四条的禁令,或任何合并已违反了第五十四条的禁令,委员会应:

(i)向可能受该决议影响的人发出书面通知;或者

(ii)给予该人员向委员会提出申诉的机会。

(2)在符合第(3)款和第(5)款规定的情况下,委员会在审议了根据第(1)(ii)款向其作出的任何申诉后,可按其认为适当的方式作出下列决议:

(a)任何协议违反了第三十四条的禁令;

(b)任何行为违反了第四十七条的禁令;

(c)任何拟合并如果生效违反了第五十四条的禁令;或者

(d)任何合并违反了第五十四条的禁令。

(3)对于

(a)拟合并,委员会建议作出决议,即拟合并如果实施,将违反第五十四条的禁令;或者

(b)合并,委员会建议作出一项决议,即该合并将违反第五十四条的禁令,以及委员会已经根据第(1)(i)款向拟合并各方或合并的各方发出了书面通知,上述各方可在收到通知14日之内,基于公众利益的考虑向部长申请对该拟合并或合并豁免于第五十四条的禁令。

(4)部长基于第(3)款作出的决议是最终决议。

(5)如果部长豁免第(3)款下的拟合并或合并,则委员会可作出以下决议:

(a)如果该拟合并生效,不会违反第五十四条的禁令;或者

(b)合并不会违反第五十四条的禁令。

(6)如果部长有合理的理由怀疑,其作出决议所依据的信息重大细节方面是不完整的、错误的或是误导性的,则他可以撤销对第(3)款下的拟合并或合并作出的豁免。

69. 委员会决议的执行

(1)当委员会在作出以下决议时:

(a)任何协议已经违反了第三十四条的禁令;

(b)任何行为已经违反了第四十七条的禁令;

(c)任何拟合并如果生效的话将会违反第五十四条的禁令;或者

(d)任何合并已经违反了第五十四条的禁令,委员会可向它认为适当的人发出它认为适当的指示,终止第(c)项所述的违反禁令的行为或情况,并在必要时要求该人采取其指明的行动,以补救、减轻或消除此类违反禁令的行为或情况的任何不利影响,并防止此类违反禁令的行为或情况再次发生。

(2)第(1)款所述的指示可特别包括下列条款:

(a)如果决议是任何协议已经违反了第三十四条的禁令,则要求协议各方修改或终止该协议。

(b)如果决议是任何行为已经违反了第四十七条的禁令,则要求有关人员修改或停止该行为。

(ba)如果决议是任何拟合并如果生效将会违反第五十四条的禁令:

(i)禁止该拟合并生效;

(ii)尽管根据附三第十条,某协议已被排除在外,或委员会已经视情况而定根据第四十五条或第四十六条作出指示或决议,认为该协议不太可能违反或尚未违反第三十四条的禁令,但仍要求与该合并(拟合并生效将导致合并)的实施有直接关系且有必要的任何协议的任何缔约方修改或终止该协议;以及

(iii)尽管根据附三第十条,某行为已被排除在外,或委员会已经视情况而定根据第五十二条或第五十三条作出指示或决议,认为该行为不太可能违反或尚未违反第四十七条的禁令,但仍要求与该合并(拟合并生效将导致合并)的实施有直接关系且有必要的任何行为的任何当事人修改或终止该行为。

(c)如果决议是任何合并已经违反了第五十四条的禁令:

(i)要求以委员会指示的方式撤销或修改该合并;

(ii)尽管根据附三第十条,某行为已被排除在外,或委员会已经视情况而定根据第四十五条或第四十六条作出指示或决议,认为该行为不太可能违反或尚未违反第三十四条的禁令,但仍要求与该合并的实施有直接关系且有必要的任何协议的任何缔约方修改或终止该协议;以及

(iii)尽管根据附三第十条,某行为已被排除在外,或委员会已经视情况而定根据第五十二条或第五十三条作出指示或决议,认为该行为不太可能违反或尚未违反第四十七条的禁令,但仍要求与该合并的实施有直接关系且有必要的任何行为的任何当事人修改或终止该行为。

(d)如果决议是任何协议已经违反了第三十四条的禁令,任何行为已经违反了第四十七条的禁令或任何合并已经违反了第五十四条的禁令,则应向委员会支付委员会可决定的有关该等违反禁令行为的罚款;以及

(e)在任何情况下,要求违反了第三十四条禁令的协议的任何一方,任何违反了第四十七条行为的实施者,将会违反第五十四条禁令的拟合并的任何一方,或已经违反了第五十四条禁令的合并的任何一方:

(i)签订由委员会指定的、旨在防止或减少已产生的反竞争影响的具有法律效力的协议;

(ii)以委员会指定的方式处置该等实体的该等业务、资产或股份;以及

(iii)根据委员会所订立的条款及条件,提供履约保证金、保证书或其他形式的担保。

(3)就第(2)款第(d)项而言,委员会只有在确信该违反禁令的行为是在有意的或疏忽的情况下产生的,才可施加罚款。

(4)根据部长在公报中公布的命令,在违反禁令期间,委员会根据本条确定的罚款不超过实体在新加坡的每年业务营业额的10%或是其他的百分比,最长不超过3年。

(5)在要求支付罚款的指示上,委员会应指明支付该罚款的日期,并且该日期不得早于根据第七十一条对该指示提出上诉期限的结束时间。

(6)部长可根据在公报中公布的命令,就根据第(2)款第(d)项施加的任何罚款的未付金额,以及就根据第(2)款第(d)项施加的任何罚款的分期付款(委员会可酌情指示),规定应支付的利息。

70. 通知

委员会须在根据本章作出任何决议或指示的14日内,通知任何受该决议或指示影响的人员。

第四章　上诉

第一节　一般条款

71. 可上诉的决议

(1)委员会已就某项协议作出决议的该协议的任何一方、委员会已就其行为作出决议的任何人员、委员会已就某项拟合并作出决议的该拟合并任何一方,或委员会已就某项合并作出决议的该合并的任何一方,均可在指明的期限内就该决议向竞争上诉委员会提出上诉。

(1A)除第(1)款所述的人员外,任何人如果获得委员会根据第五十八A条、第六十七条或第六十九条发出的指示,均可在指明的期限内,就该指示向竞争上诉委员会提出上诉。

(2)除非因对施加罚款或罚款数额有异议而提出上诉,否则根据本条提出的上诉不得中止与上诉有关决议的效力。

(3)在第(1)款中,“决议”系指委员会关于以下方面的决议:

(a)第三十四条禁令是否被任何协议违反;

(b)第四十七条禁令是否被任何行为违反;

(c)第五十四条禁令是否会被任何生效后的拟合并违反;

(d)第五十四条禁令是否会被任何合并违反。

并包括根据第五十八A条、第六十七条或第六十九条发出的指示(包括根据第六十九条实施的任何罚款或关于任何此类罚款的金额)以及部长根据规章规定作出的其他决议。

第二节　竞争上诉委员会

72. 竞争上诉委员会

(1)为审理第七十一条第(1)款所述的上诉,应设立一个竞争上诉委员会,其成员不得超过30人,由部长根据其在行业、商业或行政方面的能力和经验或其专业资格或其在其他方面是否适合随时任命。

（2）竞争上诉委员会成员的任期应由部长决定，并可获得连任。

（3）部长可在任何时间免职竞争上诉委员会的任何成员而不用提出任何理由。

（4）竞争上诉委员会成员可以以书面形式通知部长辞职。

（5）部长应任命1名有资格担任最高法院法官的人担任竞争上诉委员会主席。

（6）竞争上诉委员会主席出席该委员会会议时，应当主持每次会议，在其缺席时，应由出席会议的委员推选出的委员担任主持。

（7）部长可任命1名竞争上诉委员会秘书，以及必要时，可任命竞争上诉委员会的其他职员和雇员。

（8）竞争上诉委员会的一切权力、职能和职责，均可由不少于3名的该委员会的成员组成的下属委员会行使、履行和执行，其中一人可以是该竞争上诉委员会的主席。

（9）任何此类下属委员会的任何行为、裁决或决议应被视为竞争上诉委员会的行为、裁决或决议。

（10）秘书应当随时召集由竞争上诉委员会主席提名的委员会成员组建一个下属委员会，以使本章的条款生效，该成员有责任在该召集所指明的时间及地点出席会议。

（11）在不违反第（12）款规定的情况下，如果竞争上诉委员会主席根据第（10）款被提名担任下属委员会的成员，则他应该主持该下属委员会的每次会议，并且当竞争上诉委员会主席没有被提名担任下属委员会成员时，该主席应该确定一个下属委员会成员主持该下属委员会会议。

（12）如果竞争上诉委员会主席或由他基于第（11）款所指定的该委员会成员在下属委员会会议中缺席时，可由出席会议的委员选出的该下属委员会成员担任会议的主持。

（13）竞争上诉委员会或其下属委员会在其任何会议上要处理的所有事项均应由出席会议的成员以多数票决定，在票数相等的情况下，竞争上诉委员会主席或其他主持会议的成员应有第二次或决定性的表决权。

（14）竞争上诉委员会成员可领取部长决定的薪酬、旅费和生活津贴。

（15）部长可以制定规章：

(a)规定可以提出上诉的期限;

(b)规定向竞争上诉委员会提出上诉的方式;

(c)规定竞争上诉委员会在听证上诉时须采用的程序,以及该委员会须备存的记录;

(d)规定竞争上诉委员会应听证上诉的地点和时间;

(e)规定就根据本章提出的任何上诉须缴付的费用;

(ea)允许竞争上诉委员会发出要求对任何由其施加、批准或更改的罚款支付利息的命令;

(f)规定任何在竞争上诉委员会议前进行的诉讼费用或附带费用的判给,或开支的判给,包括任何须支付给出席竞争上诉委员会人员的有关津贴;以及

(g)为更好实施本章规定的条款。

73. 竞争上诉委员会的权力和决议

(1)竞争上诉委员会须在通知委员会及上诉人时,指明听证上诉的时间及地点。

(2)竞争上诉委员会应拥有委员会履行其在本法下的职能和履行其职责所必需的权力和职责。

(3)竞争上诉委员会在听证诉讼时,具有由区域法院所赋予的权力、权利及特权,包括:

(a)强制要求证人出庭及以宣誓或其他方式讯问证人;

(b)强制要求出示文件;以及

(c)第七十二条第(15)款规定的费用或开支的裁定。

(4)由委员会授权的委员会成员签署的传票,应等同于在强制证人出庭和强制出示文件的诉讼中能够发出的任何正式程序。

(5)如果任何人士在委员会席前被正式传讯出席,而未能出席,即属违法行为。

(6)在委员会席前出庭作证的证人拥有与在区域法院出庭作证的证人相同的豁免或特权。

(7)凡根据本条提出的上诉,均须在合理可行的情况下,在顾及上诉的性质及复杂性的情况下,尽快作出决议。

(8)委员会可确认或撤销对该上诉所针对的决议或该决议任何一部分,

并可：

(a)将该事项下移至下属委员会；

(b)施加或撤销或改变罚款的金额；

(c)委员会本身可以作出的指示或采取的其他步骤；或者

(d)委员会本身可以作出的其他任何决议。

(9)委员会对上诉所作的任何决议，与下属委员会的决议具有同样的效力，并可以同样的方式执行。

(10)委员会如果确认上诉所针对的决议，仍可将该决议所依据的任何事实裁决作废。

(11)委员会应将其关于上诉的决议及其作出决议的理由通知上诉人。

74. 向高等法院及上诉法院提出上诉

(1)对委员会根据第七十三条作出的决议提出的上诉，或就该决议提出的上诉，须向高等法院提出：

(a)关于委员会的决议所引起的法律问题；或者

(b)委员会就罚款数额所作的任何决议。

(2)根据本条提出的上诉，只有在其身为委员会所作出的决议的诉讼程序的当事人的情况下才可提出。

(3)高等法院须听证及裁定任何该等上诉，并可：

(a)确认、修改或撤销委员会的决议；或者

(b)就该类上诉作出法院认为适当的或其他命令，无论是对于费用还是其他方面。

(4)对高等法院根据本条作出的决议，如该法院在行使其原有民事司法管辖权时所作的决定，则有进一步的上诉权。

第五章　违法行为

75. 拒绝提供信息等

(1)任何人如果不遵守第六十一A条、第六十三条、第六十四条或第六十五条的规定，即属违法行为。

(2)任何人如果根据第(1)款就出示文件的规定而被指控违反法律，则他为了辩护须证明：

(a)该文件不为他所拥有或不在其控制之下;以及

(b)他遵守该项规定并不合理可行。

(3)任何人如果根据第(1)款的规定被指控违反法律:

(a)须提供信息或回答向他提出的任何问题;

(b)须提供文件的解释;或者

(c)须说明文件的位置。

如能证明有合理的理由不遵守该项规定,即为免责辩护。

(4)如根据第六十一A条、第六十三条或第六十四条施加规定的人没有按照该条行事,则不构成违法行为。

76. 销毁或毁坏文件

根据第六十一A条、第六十三条、第六十四条或第六十五条被要求出示文件的任何人如出现下述行为,被视为违法:

(a)故意或者鲁莽地销毁或以其他方式处置、篡改或者隐匿该文件的;或者

(b)造成或允许销毁、处置、篡改或隐匿该文件的。

77. 虚假或误导性信息

(1)向委员会、委员会调查人员或调查员或任何被授权、被任命、被雇佣去协助委员会、委员会调查人员或调查员基于本法去履行其职能或职责提供信息任何人,如果有以下情况,则属于违法行为:

(a)该信息在重大细节方面是错误的或是误导性的;以及

(b)他知道该信息在重大细节方面是错误或误导性的,或对于该信息是否为错误或误导性的是不顾后果的。

(2)如果某人(a)向另一个人提供信息,但是了解该信息在重大细节方面是错误的或具有误导性的;或者(b)不计后果地向他人提供在重大细节方面属于错误的或误导性的信息,且了解该信息是用于向委员会、委员会调查人员或调查员或任何被授权、被任命、被雇用去协助委员会、委员会调查人员或调查员基于本法履行其职能或职责而提供信息的目的,应该是一种违法行为。

78. 妨碍委员会的工作人员等

任何人如果拒绝访问或攻击、妨碍或延误委员会授权的任何成员、委员会调查人员、雇员或代理人或协助委员会,或任何调查员或协助调查员依据本法履行其职责的人,均属于违法行为。除非在没有合理或可能的原因下扣押,否

则扣押所引起的任何费用、损害或其他救济均不可获得赔偿。

79. 任何人在任何法院的任何诉讼中，对于因行使或据称行使本法所授予的任何权力而扣押的任何设备、物品或文件，除非在无合理的理由的情况下扣押该设备、物品或文件，否则无权要求支付诉讼费用或任何损害赔偿或其他救济，除非有一项要求归还该设备、物品或文件或对其价值进行支付的命令外。

80. 执行的权力

(1)除本法或任何其他成文法律所赋予的权力外，委员会的职员或雇员可就本法下的任何违法行为，向其说明职位并出示行政长官所指示由委员会职员或雇员携带的身份证明：

(a)要求有理由认为已违反法律的任何人提供其身份证明；

(b)要求任何人提供其拥有的任何信息或出示其拥有的任何文件或副本，并且可无偿查阅、复制或摘录该等文件；以及

(c)通过书面命令，要求在新加坡境内的任何人出席会议，该人根据委员会职员或雇员提供的或以其他方式获得资料，似乎熟悉案件的情况。

(2)任何人如果：

(a)故意失实陈述或无合理辩解而拒绝提供任何信息，或出示任何文件或其副本，该信息、文件或其副本是委员会的职员或雇员基于第(1)款所要求该人提供的；或者

(b)未能遵从委员会的职员或雇员在基于本法履行其职责时所提出的合法要求。

应该被认为是一项违法行为，并应该处以不超过5000美元的罚款或处以不超过12个月的监禁或两者并罚。

81. 实体的违法行为等

(1)如果法人实体在本法下的违法行为已经被证实：

(a)在高级管理人员的同意或默许下已经作出保证；或者

(b)高级管理人员及法人实体归因于其自己的疏忽，应该属于一项违法行为，并且受到相应的起诉以及相应的惩罚。

(2)如果该法人实体的事务由其成员管理，则第(1)款应适用于该成员在其管理职能方面的作为与不作为。

(3)如果合伙企业在本法案下的违法行为已经被证实：

(a)在合伙人的同意或默许下已经作出承诺;或者

(b)归因于自己的疏忽造成的,该合伙人及合伙企业应该属于违法行为,并应受到相应的起诉与处罚。

(4)如果非法人实体(合伙企业除外)在本法下的违法行为已经被证实:

(a)在该非法人实体的高级管理人员或其管理层的成员同意或默许下已经作出保证;或者

(b)归因于自己的疏忽造成的。

该高级管理人员或管理层的成员以及该非法人实体应该属于违法行为,并应该受到相应的起诉与处罚。

(5)在本条中:

“高级管理人员”指:

(a)就法人实体而言,是指其任何董事、管理委员会的成员、行政人员、经理、秘书或该法人实体的其他类似职员,包括声称以该身份行事的任何人员;或者

(b)就非法人实体而言(合伙企业除外),是指其董事长、秘书或该非法人实体的委员会的任何成员或拥有类似于董事长、秘书或该非法人实体的委员会成员职位的任何人员,包括声称以该身份行事的任何人员。

“合伙人”包括声称作为合伙人行事的人。

(6)经部长批准,委员会可制定规章,规定本条的任何条款适用于根据新加坡境外法律成立的或认可的任何法人实体或非法人实体,但须作出适当修改。

82. 法院管辖权

尽管《刑事诉讼法》(第六十八章)有不同的规定,区域法院仍有审判权审理本法下的任何违法行为,并有权对该违法行为施加全部罚款或惩罚。

83. 一般处罚

任何人在本法下违反了没有明确规定刑罚的法律行为,一经定罪,可处以不超过 10,000 美元的罚款或不超过 12 个月的监禁,或两者并罚。

84. 构成犯罪

(1)任何违反下列法案的行为:

(a)本法;或者

(b)根据本法制定的任何附属立法。

如果该行为被订明为可复合的违法行为,可根据本条将该违法行为进行复合。

(2)为执行第(1)款的规定,委员会可经部长批准制定规章:

(a)将根据本法或根据本法制定的任何附属立法的违法行为规定为可能根据本条复合的违法行为。

(b)指定可以对该违法行为进行复合的人。以及

(c)指明可就该复合的违法行为所订明的最高罚款金额,但所订明的最高罚款金额不得超过:

(i)对该违法行为订明的最高罚款金额的一半;或考

(ii)5000 美元。

以较低者为准。

(3) 根据第(2)款第(b)项指定的人员,可借向合理地怀疑违反第(2)款第(a)项规定的人员收入一笔不超过根据第(2)款第(c)项就该行为而指明的最高罚款的款项。

第六章　其他事项

85. 在地区法院执行委员会的指示和保证

(1)为执行委员会根据第五十八 A 条、第六十七条或第六十九条作出的任何指示,或委员会根据第六十 A 条接受而尚未发布的任何保证,委员会可根据法院规则申请在地区法院注册该指示或保证,且该区地区法院应根据法院规则注册该指示或保证。

(2)自第(1)款中所述的任何指示或保证注册之日起,该指示或保证应该有相同的效力和影响,并可就该指示或保证采取必要的诉讼程序以强制执行,就像该指示或保证是在地区法院最初取得并有权强制执行的命令一样。

(3)地区法院有权根据第(2)款强制执行任何指示或保证,无论涉及的金额有多大规模,并可为执行该指示或保证而发出必要的命令:

(a)确保遵守指示或保证。或者

(b)要求任何人采取任何行动,以补救、减轻或消除由以下方面带来的任何影响:

(i)已经做了在指示或保证下不应做的任何事情;或者

(ii)没有做在指示或保证下应该去做的事情。

如果遵守了指示或保证,就不会发生上述情况。

(4)本条的任何规定不得解释为授予地区法院命令公司停业清算的任何权力。

86. 私人诉讼权

(1)任何人如因违反第三十四条禁令、第四十七条禁令或第五十四条禁令而直接遭受损失或损害,在根据本条在法院进行的民事法律程序中,对在任何关键时间作出或曾经作出该项违反一方的保证,有权提出济助诉讼。

(2)不得提起第(1)款适用的诉讼:

(a)直至第(3)款所述的决议确定第三十四条禁令、第四十七条禁令或第五十四条禁令已被违背;以及

(b)在第(4)款规定的期间内。

(3)根据本条所采取的诉讼而言,所能依赖的决议为:

(a)委员会根据第六十八条作出的决议;

(b)第七十三条下的竞争上诉委员会的决议(就委员会根据第七十一条作出的决议提出的上诉);

(c)第七十四条下的高等法院的决议(就竞争上诉委员会根据该条作出的决议提出的上诉);以及

(d)第七十四条下的上诉法院的决议(就高等法院根据该条作出的决议提出的上诉)。

(4)不得根据本条提起诉讼的期间为:

(a)就委员会的决议而言,根据第七十一条第(1)款向竞争上诉委员会提出上诉期间;

(b)第(a)款所述的委员会决议是向竞争上诉委员会提出诉讼的决议,则在竞争上诉委员会作出决议的期间内可根据第七十四条向高等法院提出进一步上诉;以及

(c)在高等法院的决议是向上诉法院提出进一步上诉的情况下,可根据第七十四条向上诉法院提出上诉的时间。

(5)根据第(4)款第(a)~(c)项提起的任何上诉,该款指明的期间包括上诉被裁定前的期间。

(6)第(1)款所适用的任何上诉,不得在第(4)款所指明的期间届满2年后提出。

(7)在裁定根据本条提出的上诉时,法院须接受第(3)款所述的任何证明有关禁令已被违反的决议为最终及不可推翻的决议。

(8)在根据第(1)款提起的诉讼中,法院可向原告授予下列全部或任何一种救济:

(a)通过禁令或声明的方式进行救济;

(b)损害赔偿;以及

(c)法院认为适当的其他救济。

(9)本条的任何内容均不得被解释为授予违反第三十四条禁令的协议的任何一方采取救济诉讼的权力。

87. 委员会与其他监管当局就竞争事宜进行合作

(1)委员会可与任何监管机构就以下事宜订立协议:

(a)就各实体之间的竞争而言,促进委员会和监管机构在履行各自职能方面的合作;

(b)避免委员会和监管机构间职能的重复,这些职能涉及确定已采取或拟采取的任何行动对竞争的影响;以及

(c)在切实可行的范围内确保委员会作出的决议或采取的其他步骤与监管机构之间的一致性,只要这些决议或步骤的任何部分涉及或包括对实体之间竞争的任何问题的裁定。

(2)根据第(1)款订立的协议在本条内称为合作协议。

(3)合作协议可包括:

(a)一项允许各方向另一方提供自己所拥有的信息的规定,如果该信息是另一方为了履行其任何职能而需要的;

(b)一项规定,使每一当事方在确信另一当事方正在就某一事项履行职能的情况下,能够不履行其与该事项有关的任何职能;以及

(c)一项规定,要求各方在履行任何职能之前,必须与任何其他方进行磋商,以便在各方各自履行有关职能的情况下,确定各自所涉及的实体之间的竞争问题的决议是彼此相同的或是在本协议中规定的属于此类问题同一类别的。

(4)在本条中:

“实体之间的竞争问题”包括通常在委员会或监管机构可能行使权力的职能部门中出现的实体之间的竞争问题,以及属于或可能属于委员会或监管机构行使权力的特殊情况下的实体之间的竞争问题;

“一方”是指合作协议的一方和另一方的提及(无论使用的是该表述还是“另一方”的表述),如果在该协议中有两个或两个以上的其他方,则应视为对其中一个或多个其他方或他们每一个的提及(视情况而定)。

88. 委员会与外国竞争机构间的合作

(1)在部长的批准下,委员会可与任何外国竞争机构签订协议,协议各方可:

(a)向另一方提供其拥有的信息,如果该协议的另一方为履行其任何职能而要求提供该信息;以及

(b)向另一方提供有助于另一方履行其任何职能的其他协助。

(2)委员会不得根据该等安排向外国竞争机构提供任何信息,除非它要求并从该机构获得一项书面承诺,保证它将遵守该项要求所指明的条款,包括与委员会披露该信息的任何其他成文法规定相对应的条款。

(3)委员会可向外国竞争机构作出承诺,承诺在以下情况中会遵守该机构向委员会作出的承诺中委员会所要求的特定条款:

(a)这些条款符合该机构所在国家或领土内任何现行法律的规定,是关于该机构披露第(b)项所述信息的规定;以及

(b)符合该规定是该机构根据第(1)款所述的安排,向委员会提供其拥有的信息的条件。

(4)在本条中,“外国竞争机构”是指根据另一个国家或领土内的法律,在实施或执行该国或领土内的关于实体(无论是在该国或领土内的特定经济部门还是在整个经济领域)间竞争的法律规定方面负有既定职能的主体。

89. 机密信息的保护

(1)根据第(5)款的规定,每一被指定人员须就以下事项保密及协助保密:

(a)与任何主体业务、商业或公务有关的所有事项。

(b)根据第(3)款被确认为机密的所有事项。以及

(c)与向委员会提供信息的人身份有关的所有事项。

被指定人员在履行其在本法下的职能和职责时可能得知的信息,并且不得

将任何此类信息告知任何人,除非以下情形:

(i)是履行任何该职能或职责所必需的;或者

(ii)是任何法院或竞争上诉委员会依法要求的,或根据本法或任何其他成文法律依法要求或允许的。

(2)任何人如果没有遵守第(1)款,则被认为是违法行为。

(3) 任何人在向委员会提供任何信息时,可指明他声称为机密信息的信息。

(4)每项根据第(3)款提出的声明,均须以书面说明为依据,应该在该书面说明中说明是机密信息的理由。

(5)尽管有第(1)款的规定,委员会可在以下情况中披露与第(1)款所述任何事项有关的任何信息:

(a)已取得与该信息有关的人的同意;或者

(b)出于以下目的:

(i)根据本法提起的诉讼;

(ii)在不违反第(6)款的情况下,使委员会能够执行本法案的任何规定;

(iii)使委员会、委员会职员或是调查员在本法下调查一项涉嫌违法行为或执行本法下的规定;

(iv)或在符合第(7)款所述条件的情况下,遵守新加坡与新加坡境外的国家或领土内(在本条中称为外国)之间的协议规定。

(6)如果委员会正在审查是否披露第(5)(b)(ii)款下的任何信息,则委员会须考虑:

(a)有必要在切实可行的范围内尽量排除认为披露会有违公众利益的信息。

(b)在切实可行范围内尽量排除;

(i)商业信息,委员会认为披露该等信息会或可能会严重损害其所涉实体的合法商业利益;或者

(ii)有关个人隐私的信息,委员会认为披露该等信息会或可能会严重损害其个人利益。以及

(c)就委员会建议披露信息的目的而言,披露该信息的必要程度。

(7)第(5)(b)(iv)款所述的条件为:

(a)委员会可以得到外国要求的信息或文件;

(b)除非政府另有规定,外国承诺对所提供的信息始终保密;以及

(c)信息的披露不太可能违反公众利益。

(8)在本条中,“指定的人员”为是或曾经是:

(a)委员会的成员、职员、雇员或是代理人;

(b)委员会的下属委员会的成员,或任何被授权、被任命、被雇佣去协助委员会的任何人;

(c)调查员或是被授权、被任命、被雇佣去协助该调查员的人;

(d)竞争上诉委员会的成员或是被授权、被任命、被雇佣去协助竞争上诉委员会的任何人。

90. 个人责任保护

对于下列任何个人,善意地、合理谨慎地执行或声称执行委员会的任何职能或行使或声称行使委员会在本法或任何其他成文法律项下的任何权力时所做的或声称要做的,或遗漏要做的任何事情,均不承担个人责任:

(a)行政长官;

(b)委员会的任何成员、职员、雇员或代理人;

(c)竞争上诉委员会的任何成员或是被授权、被任命、被雇佣去协助竞争上诉委员会的任何人;

(d)借调或附属于委员会的任何人;

(e)获委员会授权、任命、雇佣或指示,行使委员会的权力、执行委员会的职能或履行委员会的职责,或协助委员会行使委员会的权力、执行委员会的职能或履行委员会的职责的人;

(f)任何调查员或是被授权、被任命、被雇佣去协助该调查员执行该调查员的职能或职责的人。

91. 公务员

就《刑法典》(第二百二十四条)而言,所有调查员和竞争上诉委员会的所有成员均应被认为是公务员。

91A. 委员会职员进行的诉讼

(1)根据本法对违法行为的诉讼程序,经公诉人授权,可由行政长官以书面形式授权的委员会职员进行。

(2)尽管有法律规定,根据《法律职业法》(第一百六十一条)获辩护律师或

事务律师资格的委员会法务职员,可

(a)出现在任何涉及委员会基于任何成文法履行其职能或职责的民事诉讼中;以及

(b)代表委员会就民事诉讼程序安排和作出所有行为和申请。

92. 附三和附四的修正

根据《宪报》刊登的命令,部长可随时修订附三和附四。

93. 规章

(1)经过部长批准,委员会可在本法下出于任何目的制定所需要的规章,并通常是为执行本法案的目的和规定制定规章。

(2)在不影响第(1)款普遍性的情况下,经部长批准,委员会可就下列全部或任何事项制定规章:

(a) 委员会雇员的任命方式、行为方式、惩罚方式以及服务的条款和条件。

(b)设立基金,向委员会雇员发放酬金及其他福利。

(c)根据第三十八条第(1)款发出通知的形式和方式。

(d)向委员会提交下列投诉的形式和方式,任何协议违反了第三十四条的禁令,任何行为违反了第四十七条的禁令,任何拟合并如果生效的话将会违反第五十四条的禁令,或任何合并违反了第五十四条的禁令。

(da)保证的接受和保证的变更、替代或解除,包括可能申请变更、替代或解除保证的各方,以及向委员会提交申请变更、替代或解除保证的形式和方式。

(e)就委员会的决议和指示发出通知的形式和方式,以及通知的发送人。

(f)委员会根据本法或凭借本法提供的任何行为或任何服务应收取的费用,包括参照以下事项计算的费用金额:

(i)协议的全部当事方或任何一方的营业额(以规定的方式确定);

(ii)其行为需要委员会考虑的任何一方的销售额(以规定的方式确定);

(iia)拟合并的全部当事方或任何一方的营业额(以规定的方式确定);以及

(iii)合并的全部当事方或任何一方的营业额(以规定的方式确定)。以及

(g)在本法下可能规定或要求规定的任何事项。

94. 过渡性规定

部长可以制定规章以规定:

(a)撤销或修订在其看来与本法规定无关或与本法规定不一致的任何成文

法律。以及

(b)其认为必要或合宜的过渡性、节余性的及其他相应的、附带的及补充的规定,包括:

(i)就任何过渡期(不论是经申请批准的或以其他方式批准的),及其任何延期或提前终止。

(ii)不同的过渡期适用于:

(A)本法的不同规定;或者

(B)上述规定所涉及的不同的活动、协议或行为或不同类别的活动、协议或行为。以及

(iii)本法的任何规定不适用于过渡期的目的或与过渡期有关的目的,或以修改的形式适用于该目的,无论是一般性的还是与任何具体活动、协议或行为或活动类别、协议类别或行为类别有关的过渡期。

第七章　向委员会转让实体

95. 对本章的解释

在本章中,除非文意另有所指:

“资产”,就转让人而言,是指转让人在转让日前所拥有的任何种类的财产(无论是有形的还是无形的,无论是由票据产生的、根据票据产生的、创造的或证明的,还是票据的标的物,也无论是必然的还是偶然的),包括但不限于:

(a)动产或不动产的合法或公平权益,无论其是在新加坡境内还是其他地方;

(b)诉讼中的财产;

(c)货币或证券;

(d)厂房和设备,无论其是在新加坡境内还是其他的地方;

(e)知识产权;

(f)基础设施,无论其是在新加坡境内还是其他的地方;

(g)记录;以及

(h)权力。

“公平交易职能”是指下列职能:

(a)促进供应商和消费者之间的公平贸易,使消费者能够在新加坡作出明

智购买决定；

(b)防止新加坡的供应商采取不公平的贸易行为；

(c)就一般公平贸易事宜，向政府、任何公共机构或任何消费者保障组织提供建议；

(d)实施及执行《消费者保障(公平贸易)法》(第五十二A章)。

“负债”，就转让方而言，是指转让方在转让日前所承担的任何负债、责任或义务(无论是实际的还是或有的、已清算的还是未清算的，也无论是单独拥有的还是与任何其他人共同且各自承担的)。

“记录”，就转让方而言，是指转让方在转让日前夕存在的登记、文件、单据、会议记录、收据、账簿和其他记录，不论这些记录是如何编制、记录或储存的。

“权力”，就转让方而言，是指转让方在转让日前夕所拥有的任何权利、权力、特权或豁免权。

“转让日期”是指本章生效的日期。

“转让方”是指根据《标准、生产和创新委员会法》(第三百零三A章)设立的标准、生产和创新委员会。

96. 向委员会转让实体

(1)在转让日，转让方的全部资产和负债均转交给委员会，这些资产和负债只或主要与公平贸易职能有关。

(2)当转让方的任何资产或负债根据第(1)款转让时，下列规定生效：

(a)作为转让标的的资产，凭借本条归属委员会，无须再作任何转移、转让、分配或保证；

(b)转让标的的负债，凭借本条成为委员会的负债；

(c)在转让日期之前由转让方(或转让方的前任)提起或针对转让方(或其前任)提起并在紧接该日期之前待决的与该资产或负债有关的所有法律或其他法律程序，均视为委员会待决的或针对委员会的法律程序；

(d)与该资产或负债有关的任何法律程序或其他法律程序，如果在紧接转让日期前由转让方(或转让方的前任)提起或针对转让方(或转让方的前任)提起，可由委员会提起或针对委员会提起；

(e)在转让日期之前，由或针对转让方(或转让方的前任)取得有关该资产或负债的法院或其他仲裁处的裁决或命令，则可由委员会或针对委员会强制

执行;

(f)在转让日期之前,给或由转让方(或转让方的前任)送达的与该资产或负债有关的法律程序或其他诉讼程序的任何文件,在适当的情况下,针对或由委员会送达;

(g)在转让日期之前,由或针对转让方(或转让方的前任)做了的或忽略去做的任何行为、事件或情况(在该行为、事件或情况具有任何效力或效果的范围内)被视为由或针对委员会已经做了或忽略去做的任何行为、事件或情况;

(h)在任何成文法律中,根据任何法案、任何合约、协议、安排或承诺或任何种类的任何文件中提及转让方(或转让方的前任),而该等提及与该等资产或负债有关,均应被视为或包括对委员会的提及;

(i)与该资产或协议相关的协议且转让方(或转让方的前任)是该协议的当事方,则该协议可由或针对委员会强制执行。

(3)本条的执行:

(a)构成对任何法案或其他法律的违反,或构成其他民事或刑事错误;

(b)构成对保密责任的违反(无论是因合同、因权益、因惯例或任何其他方式引起的);

(c)构成违反任何禁止、限制或规管资产或负债的转让或移转或任何信息的披露的合约条文;

(d)终止协议或履行允许某人终止任何协议或义务的任何条件,或就任何协议或义务产生任何权利或救济;

(e)阻挠任何合约,或令任何合约或文书无效或无法执行;

(f)免除任何保证人、其他债务人或其他债权人的全部或部分债务;或者

(g)构成对任何合同或其他文书的违反或违约事件。

97. 雇员调任委员会

(1)在调任日,仅承担或主要承担公平交易职能的消费者权益保护处的雇员:

(a)不再是消费者权益保护处的雇员;以及

(b)按不低于该名雇员在转让日期前所享有的优惠条款,将该名雇员调任至委员会服务并成为委员会的雇员。

(2)由部长签署的证明书,证明该证明书内所列人员是否已经根据第(1)款

调任至委员会，在任何诉讼程序中，该证明书中所证明的事项均可作为证据被受理。

(3)根据第(1)款将消费者权益保护处的雇员调任至委员会：

(a)并不中断雇员服务的连续性；

(b)不构成消费者权益保护处对雇员的裁员或冗余；以及

(c)不能仅因为雇员停止受雇于转让方而使其有权获得任何补偿或其他付款或福利的权利。

(4)本条不影响：

(a)根据第(1)款调任委员会服务人员的任何雇用条款及条件，在调任日后的任何时间起，由或基于任何生效的法律、裁决或协议而被更改；

(b)根据第(1)款调任委员会服务的人员在调任日期后的任何时间的辞职应根据其当时适用的雇佣条款和条件。

(5)为免出现疑问，《雇佣法》(第九十一条)第十八、A 款不适用于将转让方的任何雇员根据本章调任至委员会。

98. 雇佣条款的一般保留等

(1)当转让方的雇员在第九十七条的规定下，调任到委员会提供服务(在本条中被称为转任雇员)，就所有目的而言，转任雇员在委员会的服务必须视为在紧接转让日期前继续为转让方服务。

(2)在调任日期：

(a)该转任雇员保留其所有的应计权益，就像他/她在委员会的工作是在转让方工作的延续一样；

(b)转让方对于转任雇员的应计休假权和退休金的责任成为委员会的责任；以及

(c)在紧接转让日期前对转任雇员已经生效的雇佣合同的提及，被视为或包括对委员会的提及。

(3)在委员会为转任雇员拟备雇佣条款及条件之前，委员会须被视为在转任日期前以与转让方相同的雇佣条款及条件聘用该雇员。

(4)委员会在制定的关于转任雇员服务年限的条款或条件时，须考虑该转任雇员为委员会提供服务而与转让方的服务年限(包括之前被视为与转让方之间的服务年限)。

(5)对于转任雇员在转让方的雇佣期间的任何行为,如果受到转让方的斥责、降级、退休、解雇或惩罚,则委员会可:

(a)对该雇员展开任何纪律惩戒程序;

(b)如果转让方对该雇员启动的任何纪律程序在转让日前仍悬而未决,则应继续并完成该等程序;以及

(c)斥责、降职、退休、解雇或以其他方式惩罚该雇员,就像委员会是该转让方一样。

(6)在转让日前,有关转任雇员在其受雇于转让方期间的行为的任何事宜:

(a)正在由转让方的委员会在适当授权下进行听证或调查;

(b)已经进行了听证和调查,但是上述委员会并未作出任何命令、裁决或指示,该上述委员会必须完成听证或调查,并作出该委员会在该日期前根据其所获授权本可作出的命令、裁决或指示,而该命令、裁决或指示须视为委员会的命令、裁决或指示。

99. 记录的转交

在转让日,转让方仅或主要涉及公平交易的记录成为委员会的记录。

100. 转交的确认

(1)如果有任何争议:

(a)关于资产或负债、雇员或记录是否根据第九十六条、第九十七条或第九十九条转让;或者

(b)关于根据第九十六条、第九十七条或第九十九条转让的任何或部分合同或文件是否涉及资产或负债、雇员或记录,负责财政的部长可以决定此事,并必须就该决定向有关各方发出书面通知。

(2)根据第(1)款,负责财政的部长的决定为最终决议,对转让方和委员会都有约束力。

附一　委员会的组成和程序

1. 主席和成员的任命

(1)委员会主席和其他成员应由部长任命。

(2)部长可委任行政长官作为1名成员。

(3)依照本条规定任命的人员,应当根据其在行业、商业、行政方面的能力

和经验,或者其专业资格,或者其在其他方面的适宜性来选定。

2. 副主席的任命:

(1)部长可依其职权任命委员会的任何成员为委员会的副主席。

(2)如此委任的副主席可在主席指示下,行使主席根据本法案可行使的全部权力。

(3)如主席因故不能行使职务或主席职位出缺,副主席可行使本法案赋予主席的全部权力,或履行本法案赋予主席的全部职责。

3. 委员会成员的任期

委员会成员的任期(根据部长所确定的条件和条款)应不少于 3 年和不超过 5 年,并应有资格获得连任。

4. 临时主席、副主席或成员

在因病或其他原因暂时丧失工作能力期间,或在主席、副主席或任何成员暂时不在新加坡期间,部长可根据具体情况任命任何人为临时主席、副主席或成员。

5. 撤销委任

部长可在任何时候撤销对主席、副主席或任何成员的任命,如果他认为为了委员会有效和经济地履行本法规定的职能或是为了公共利益,有必要这样做。

6. 辞职

委员会成员可随时通过至少提前 1 个月向部长发送辞职通知来辞去其职务。

7. 主席可授权职能

主席可以书面的形式授权委员会的成员行使本法案授予主席的任何权力或履行本法案赋予主席的任何职能。

8. 搬离办公室

1 名职员的席位应空出:

(a)已经死亡;

(b)如果无充分理由(委员会决定其理由是否充分)而连续 3 次未能出席委员会会议;

(c)如果他以任何方式丧失委员会成员资格;

(d)如果他辞职;或者

(e)如果撤销他的任命。

9. 填补职位空缺

如果委员会成员出现空缺,部长可在不违反第1款的情况下任命任何人填补空缺,这样任命的人应在空缺成员被任命的剩余任期内任职。

10. 取消成员的资格

任何人士如属下列情况,均不得获委任或继续担任成员:

(a)未清偿的破产人或与其债权人有任何协议的;

(b)被判处监禁6个月以上,尚未获得自由赦免;

(c)因身体或精神疾病而丧失行为能力;或者

(d)在其他方面不能或不适合履行成员的职能。

11. 由2018年第5号删除,2018年4月1日起生效。

12. 文件的盖印

(1)所有需要委员会盖印的契约和其他文件,均须在委员会正式授权代表该委员会行事的任何2名委员会职员面前盖上该委员会的公章,并由该2名委员会职员签字。

(2)该签名应充分证明委员会的公章已适时恰当地加盖,且该公章为委员会的合法公章。

(3)委员会可通过决议或其他方式任命1名委员会的职员、雇员或任何其他代理人,一般或在一个特定的情况下,在委员会的权力内代表委员会执行或签署任何未盖印协议或其他文书中的有关事项。

(4)《契据注册法》(第二百六十九章)第十二条不适用于据称已根据第(1)款执行的任何文书。

13. 支付委员会成员的薪金、费用及津贴

应从委员会的资金中向委员会成员支付部长可随时决定的薪金、费用和津贴。

14. 法定人数

(1)委员会每次会议的法定人数为委员人数的1/2。

(2)主席或在其缺席期间,副主席应主持委员会的会议,如果主席和副主席均缺席任何会议或部分会议,则出席会议的成员可选出的成员应主持该次会议

或部分会议。

(3)在委员会会议上作出的决议应由出席并参加表决的成员以简单多数票通过，但在票数相等的情况下，主持会议的主席或任何其他成员应在原有票数之外再投决定性一票。

(4)当不少于4个的委员会成员通过其签署的书面通知要求主席出于通知中指明的目的召集委员会会议，委员会主席应该在收到该通知的7日内召开该目的的会议。

15. 职位空缺

委员会可在其成员出现空缺时采取行动。

16. 会议的程序

(1)主席或其授权的任何其他职员应遵照委员会根据第(2)款可能作出的常设命令，召集委员会的所有会议以派遣业务。

(2)根据本法和《2018年公共部门治理法》，委员会可作出常设命令，对其自身的程序进行一般规范，特别是关于会议的召开、会议通知的发放及其程序，会议记录的保存、保管、制作和检查，以及账户的开立、保管、关闭和审计。

17. 行为或程序的有效性

委员会的任何行为或程序均不得因下列情形而受到质询：

(a)委员会的组成有任何空缺或缺陷；

(b)委任担任主席或成员的任何人员有任何缺点；或

(c)委员会的程序的遗漏、缺陷或不当之处，而不影响案件判决的正确性；

(d)由2018年第5号删除，2018年4月1日起生效。

附二　委员会的权力

1. 进行执行本法所必需的调查。

2. 要求任何人提供执行本法规定可能需要的申报表和信息。

3. 签发或作出安排，以批准与竞争有关的业务守则，以及对该等业务守则的批准或撤销批准。

4. 出版与竞争有关的教育资料或进行其他与竞争有关的教育活动；或（在财政上或其他方面）支持他人进行此类活动，或支持他人提供信息或建议。

5. 进行有关竞争的调查和研究，并举办与竞争有关的研讨会、工作坊和专题讨论会，或（在财政上或其他方面）支持他人进行有关的活动。

6. 经部长批准，以股东或合伙人或以任何身份组建或参与组建任何公司、合伙企业或合资企业。

7. 为履行其职能或履行其职责，订立必要的或适宜的合同。

8. 成为任何国际机构的成员或附属机构，其职能、目的或职责与委员会相似。

9. 取得和持有动产和不动产，并出售、出租、抵押或以其他方式处置该财产。

10. 由委员会特别批准的、出于可能提高委员会职员或雇员效率的目的，向委员会职员或雇员发放贷款。

11. 向委员会的任何职员或雇员批出或保证贷款，以供其购买房屋、土地或公寓，或翻新房屋或公寓，以供该职员或雇员及其家人（如有）使用或占用。

12. 本条旨在为委员会或委员会成立之前的机构的雇员或前任雇员编列酬金、退休金、津贴或其他福利。

13. 本条旨在为委员会的任何雇员提供专门培训，并为有意在这方面受训的学员提供奖学金，或以其他方式支付培训费用及所有附带开支。

14. 本条旨在向公众人士、委员会职员或雇员及其家庭成员提供助学金及奖学金，供他们在任何学校或高等院校学习。

15. 根据本法或任何其他成文法履行其任何职责所附带的任何事项。

附三　第三十四条禁令和第四十七条禁令的除外

1. 具有普遍经济利益的服务等

第三十四条禁令和第四十七条禁令均不适用于任何具有普遍经济利益的服务或具有垄断利润特征的委托经营，只要该禁令会在法律上或实际上阻碍该实体特定任务的执行。

2. 遵守法律要求

（1）第三十四条的禁令不得适用于为遵守法律规定而订立的协议。

（2）第四十七条的禁令不得适用于为遵守法律规定而从事的行为。

（3）在本条中，“法律要求”是指任何成文法律或根据任何成文法律规定的任何要求。

3. 避免与国际义务发生冲突

(1) 如果部长认为，为了避免第三章的规定与新加坡的一项国际义务之间的冲突，第三十四条的禁令不适用于：

(a) 特定协定；或者

(b) 任何特定类型的协议。

他可以命令将该协定或该类协定从第三十四条的禁令中排除。

(2) 根据第(1)款作出的命令可规定，只有在特定情况下，才可排除该命令所适用的一项或多项协议或其中可能指明的协议。

(3) 根据第(1)款下的命令也可规定，第三十四条的禁令将被视为从未适用于一项协议或多项协议，或其中可能指明的协议。

(4) 如果部长认为，为了避免第三章的规定与新加坡的一项国际义务之间的冲突，第四十七条的禁令不适用于特定的情况是适当的，则他可以作出命令规定该禁令不适用于该类被指明的情况。

(5) 根据第(4)款下的命令可规定第四十七条禁令将被视为从未适用于一项指明的行为。

(6) 就本款而言，与民用航空有关的国际安排以及由部长作出的命令所指明的国际安排应视为一项国际义务。

(7) 在本条中，“指明”是指命令中指明的。

4. 公共政策

(1) 如果部长认为有特殊和令人信服的公共政策理由，则第三十四条的禁令不应适用于：

(a) 特定协定；或者

(b) 任何特定种类的协议。

他可以命令将该协定或该种类的协定从第三十四条禁令中排除。

(2) 根据第(1)款作出的命令可规定，只有在特定情况下，才可排除该命令所适用的一项或多项协议或其中可能指明的协议。

(3) 根据第(1)款下的命令也可规定，第三十四条的禁令将被视为从未适用于一项协议或多项协议，或其中可能指明的协议。

(4) 如果部长认为，有特殊和令人信服的公共政策理由来说明第四十七条禁令不适用于特定的情况，则他可下令规定该禁令不适用于所指明的情况。

(5)第(4)款下的命令可规定,第四十七条禁令将被视为从未适用于该指明行为。

(6)在本条中,“指明”是指命令中指明的。

5. 其他竞争法规定的商品和服务

如果与竞争有关的任何其他成文法或根据任何成文法颁布的业务守则给予另一监管机构对该事项的审判权,则第三十四条禁令和第四十七条禁令将不适用于与上述货物或服务有关的任何协议或行为。

6. 指定的行为

(1)第三十四条禁令和第四十七条禁令不得适用于与任何指定的活动有关的任何协议或行为。

(2)在本条中,“指定的行为”是指:

(a)由根据《邮政服务法》(第二百三十七 A 条)获得许可并受管制的主体提供普通信件和明信片的服务;

(b)管道饮用水的供应;

(c)提供废水管理服务,包括收集、治理和处置废水;

(d)根据《2015 年巴士服务行业法》,由持牌巴士营办商提供巴士服务;

(e)根据《快速运输系统法》(第二百六十三 A 条),由持牌和受规管的人士提供的铁路服务;以及

(f)由根据《新加坡海事及港口管理局条例》(第一百七十 A 条)领有牌照并受其规管的人经营货物码头。

7. 清算所

第三十四条禁令和第四十七条禁令不得适用于与以下内容有关的任何协议或行为:

(a)根据《银行(清算所)规例》(第十九章第一条)设立的自动清算所进行的物品的清算和交换;或者

(b)新加坡清算所协会就其有关自动清算所的活动进行的任何活动。

8. 纵向协议

(1)第三十四条禁令不得适用于任何纵向协议,但部长可通过命令指定的纵向协议除外。

(2)在本条中,“纵向协议”指的是在两个或两个以上的实体之间达成的任

何协议,其中每个实体出于本协议的目的,在生产或分销链的不同层次上运行,并与各方购买、销售或转售某些货物或服务的条件有关,包括此类协议中涉及的向买方转让或买方使用知识产权的条款,但这些条款不构成本协议的主要目标,且与买方或其客户对货物或服务的使用、销售或转售直接相关。

9. 净经济效益协议

第三十四条禁令不适用于任何有助于以下方面的协议:

(a)改善生产或分配;或者

(b)促进技术或经济进步。

但未能:

(i)对有关的实体施加限制,而这些限制并非对实现这些目标是必不可少的;或者

(ii)使有关实体有可能消除与大部分货物或服务有关的竞争。

10. 与合并实施直接相关且必要的规定

第三十四条禁令和第四十七条禁令不得适用于任何与实施合并直接相关且有必要的协议或行为。

11. 合并

(1)第三十四条的禁令不得适用于任何协议(单独或与另一协议结合时),只要该协议导致合并,或如果实施该协议将导致合并。

(2)第四十七条禁令不得适用于导致合并的任何行为(单独或与其他行为一起)。

附四 第五十四条禁令的除外

1. 第五十四条禁令不得适用于下述合并:

(a)根据由任何成文法律对批准提出的要求,由部长或监管机构(委员会除外)批准;

(b)根据《新加坡金融管理局法》(第一百八十六章)第三条设立的新加坡金融管理局根据成文法律的批准;或者

(c)根据任何与竞争有关的成文法或根据任何成文法颁布的与竞争有关的业务守则,受其他监管机构(委员会除外)的管辖。

2. 第五十四条禁令不得适用于涉及与附三第六条第(2)款界定的任何指定

的活动有关的任何实体的任何合并。

3. 第五十四条禁令不适用于任何合并,如果该合并所产生的或可能产生的经济效率超过了在新加坡相关市场上竞争大幅减少而产生的不利影响。

马来西亚竞争法*

为保护竞争过程，促进经济发展，维护消费者利益，并就相关事宜作出规定，制定本法。

鉴于竞争过程有助于提高效率，促进创新以及可以鼓励促进竞争性价格，提高产品与服务的质量，为消费者提供更多选择的企业家精神的形成：

为实现以上福利，本法以禁止反竞争行为作为立法目的。

因此，马来西亚议会规定：

第一编　序言

第一条　简称与生效

(1)本法可以简称为《2010年竞争法》。

(2)本法自部长通过公报的公告日期起生效。

第二条　释义

本法中，除非语境中另有规定，则：

"协议"指经营者之间的任何形式的合同、事前约定、谅解备忘录，无论它们是否具有法律强制力；并且包括协会作出的决定以及协调一致的行动。

"主席"指根据《2010年竞争委员会法》(第713号)被任命的竞争委员会的主席。

"委员会"指根据《2010年竞争委员会法》成立的竞争委员会。

"委员会官员"与《2010年竞争委员会法》所说明的"委员会官员"具有相同含义。

"一致行动"指企业之间有意识地以实际合作代替竞争风险的任何形式的

* 2010年马来西亚法第712号。

协作,包括任何涉及企业之间直接或间接接触或沟通的行动,且行为的目的或效果为:

(a)影响某一市场上一个或者多个经营者的行为;或者

(b)披露一个经营者已决定或者预计在某一市场上采取的行为模式,而在正常竞争条件下不会作出此披露。

“消费者”指经营者在经营过程中所供应产品和服务的任何直接或间接的使用者,包括将此被供应的产品和服务用于自身业务的其他经营者、批发商、零售商以及最终消费者。

“指示”指委员会依据本法第三编或者第四编而作出的指示。

“文件”与1950年证据法(56号)所说明的“文件”具有相同含义。

“支配地位”是指一个或多个企业在市场上不受竞争对手或潜在竞争对手的有效约束,具有显著的调整价格、产量或交易条件的能力。

“经营者”指从事与商品或服务相关的商业活动的任何实体。且出于本法立法目的,尽管母公司与子公司是相互分离的法人实体,而如果其中子公司不享有可以决定其在市场上的行为的真正自主权,子公司与母公司将被视为一个经营者。

“商品”指无论有形或是无形的任何类型的财产。包括:

(a)所有类型的动产;

(b)建筑物或者其他结构体;

(c)船舶和车辆;

(d)公共设施;

(e)矿产、树木和农作物,无论其是否位于地下、地表或附着于土地;

(f)动物,包括鱼;以及

(g)无形动产。

“横向协议”指处于生产或销售链上属于同一层级的经营者之间签署的协议。

“违法”指违反本法规定的任何禁令的触犯法律的行为。

“市场”指位于马来西亚境内或马来西亚任何区域的市场,当“市场”一词被用于任何与产品和服务相关的情形时,包括此商品与服务所属的市场以及可替代此商品的与服务的,或者与此商品和服务有竞争关系的其他产品和服务的市场。

“部长”指对国内贸易和消费者事务负责的部长。

“价格”包括出于换取任何类型的任何商品或服务的目的而支付的任何形式的对价,无论是已经实际支付的对价,或者是被告知的对价,或是被声称若要换取此商品或服务,需要支付的对价。

“禁令”指本法中规定的任何的禁止事项。

“公布”指以委员会决定的任何形式或方式的公布,如果没有特定的模式要求。

“供应”包括:

(a)就涉及商品的情形,包括通过售卖,交换,出租,租用或分期付款购买的方式实现的商品的供应或再供应。

(b)就涉及服务的情形,包括通过出售,转让或授予的方式实现的服务的供应。

“本法”包括本法中制定的任何附属法律。

“纵向协议”指在生产或销售链上属于不同层级的经营者之间签署的协议。

第三条　适用

(1)本法适用于位于马来西亚境内的,以及符合第(2)款规定的位于马来西亚境外的任何商业活动。

(2)就本法在马来西亚境外适用情形而言,本法适用于在马来西亚境外交易的能够影响马来西亚境内任一市场的竞争的任何商业活动。

(3)本法不适用于被附一所规定的任何商业活动,且部长可通过公报公布命令修改附一。

(4)出于本法立法目的,“商业活动”指具有商业性质的任何活动,但不包括:

(a)直接或间接的,由政府行使职权的任何活动;

(b)基于互助原则而进行的任何活动;以及

(c)不是为了作为经济活动的一部分来提供商品和服务的、购买商品与服务的行为。

第二编　反竞争行为

第一章　反竞争协议

第四条　禁止横向和纵向协议

(1)如果一份横向协议或纵向协议具有显著阻止、限制或扭曲任何产品或服务市场竞争的目的或效果,则经营者之间达成的此类协议将被禁止。

(2)在不损害第(1)款规定的一般性的前提下,如果某一横向协议旨在:

(a)直接或间接地固定购买价格、出售价格或者使其他交易条件固定。

(b)划分市场或者供应来源。

(c)限制或控制:

(i)生产;

(ii)市场销路或市场准入;

(iii)技术或科技研;或者

(iv)投资。或者

(d)串通操纵投标行为,则此类经营者之间签署的横向协议将被视为具有显著阻止、限制或扭曲任何产品与服务市场竞争的目的。

(3)属于本条例所禁止的协议的缔约方的任何企业应对违反该禁令的行为负责。

第五条　责任免除

尽管存在第四条的规定,但企业作为协议的一方,可基于下列理由免除其对违反第四条规定的禁令的责任:

(a)协议会直接产生显著的、可识别的技术性、效率性或社会性效益;

(b)如果协议各方不通过此具有阻碍、限制或扭曲竞争效果的协议,就无法合理地提供此效益;

(c)协议对竞争的损坏效果与其所提供的利益是对应的;且

(d)协议不允许相关经营者就商品与服务的实质部分完全消除竞争。

第六条　个别豁免

(1)经营者可以就某一特定协议,向委员会申请豁免其受到的依据第四条所述的禁令。

(2)如果委员会认为协议适用于第五条的情形,可以通过依法发布公告以授予豁免。

(3)依据本条法令而被授予的豁免称为个别豁免。

(4)委员会授予的个别豁免可能:

(a)附带委员会认为应当施加或适用的任何条件或义务;并且

(b)拥有一个命令中指明的有限期限。

(5)个别豁免可以自豁免命令作出之前某一日起生效。

第七条　个别豁免撤销或变更

(1)如果委员会认为:

(a)与其授予个别豁免时相比,情形已发生决定性的变化;

(b)某项义务被违反,则委员会可以通过公报公布命令的方式:

(i)撤销个别豁免;

(ii)变更或移除任一条件或义务;或者

(iii)附加额外的条件或义务。

(2)如果委员会认为:

(a)委员会授予个别豁免所依赖的信息在某一关键细节上是虚假的或是具有误导性的;

(b)任一条件被违反,则委员会可以通过公报,以公布命令的形式撤销个别豁免。

(3)委员会在依据第(1)款所采取的任何行动均自作出命令日起生效。

(4)被撤销的个别豁免:

(a)如因第(2)款第(a)项被撤销,则自授予日无效;

(b)如因第(2)款第(b)项被撤销,则自违反条件日起无效。

第八条　集体豁免

(1)如果委员会认为属于某一特定类型的协议可能属于适用第五条的情形,则委员会可通过公报公布命令的形式对此特定类型的协议授予豁免。

(2)依据本条法律授予的豁免被称为"集体豁免"。

(3)属于集体豁免指定类型的协议不再适用第四条规定的禁令。

(4)委员会在授予集体豁免时可以施加使集体豁免生效的任意条件或义务。

(5)集体豁免可规定:

(a)如果违反了集体豁免被施加的条件,则委员会可以通过书面通知自违反条件日起撤销与协议有关的豁免;

(b)如果未能遵守集体豁免所施加的义务,则委员会可以通过书面通知撤销与协议有关的集体豁免;

(c)如果委员会认为某一特定协议并不适用于第五条的情形,则委员会可

通过书面通知,自委员会指定日期起撤销关于协议的集体豁免;

(d)集体豁免将于命令规定的期限结束时终止生效;或者

(e)集体豁免可以从早于作出命令之日的某一日期开始生效。

第九条　集体豁免的程序

委员会在授予集体豁免前应:

(a)公布委员会草拟的集体豁免的详情;

(b)公布时间至少应满30日以便公众就拟议的集体豁免提交任何意见;以及

(c)适当考虑所提交的任何意见。

第二章　滥用支配地位

第十条　禁止滥用支配地位

(1)禁止经营者单独或集体从事滥用商品市场或者服务市场支配地位的行为。

(2)在不损害第(1)款规定的一般性的前提下,滥用支配地位可包括:

(a)直接或间接地向任何供应商或消费者施加不公平的购买或出售价格或其他不公平交易条件。

(b)限制或控制:

(i)生产;

(ii)市场销路或市场进入;

(iii)技术或科技研发;或者

(iv)投资。

从而损害消费者:

(c)拒绝向某一特定经营者或者某一特定类型的经营者或集团提供产品或服务。

(d)对与其他贸易方的同等交易施加不同条件,从而某种程度上导致:

(i)阻止现有竞争者进入或扩大市场或进行投资;

(ii)强迫与处于主导地位的企业效率相当的现有竞争者退出市场或者以其他方式严重损坏现有竞争者;或者

(iii)处于市场支配地位的经营者破坏某一市场的竞争,或者破坏此市场的上游或下游市场的竞争。

(e)订立合同需要其他当事人接受补充条件,且此条件性质上或商业惯例上与合同标的物无关。

(f)任何对竞争者的掠夺性行为。或者

(g)处于市场支配地位的经营者在缺乏合理的商业理由买入满足自用的中间产品或资源的情形下,全部买下竞争对手需要的供给稀缺的中间产品或资源。

(3)本条并不禁止处于市场支配地位的经营者采取具有合理商业理由的任何措施,或者对竞争对手的市场进入或市场行为采取合理的商业反应。

(4)任何经营者的市场份额高于或低于某一特定水平,其本身并不构成该经营者在该市场上占有或不占有支配地位的决定性因素。

第三章　市场分析

第十一条　开展市场分析的权力

(1)委员会可以自行或者应部长要求对任何市场开展分析,以确定市场的任何特征或多项特征的集合是否阻止,限制或扭曲此市场的竞争。

(2)市场分析包括研究:

(a)相关市场结构;

(b)市场经营者行为;

(c)市场上经营者的供应商与消费者的行为;

(d)任何其他相关事项。

第十二条　市场分析的裁决

(1)完成市场分析后,委员会应公布其调查结果和建议报告。

(2)委员会的报告应向公众公开。

第四章　例外事项

第十三条　例外事项

(1)第二编中的禁令不适用于附二所述的事项。

(2)部长可通过公报公布命令的形式修订附二。

(3)在对附二进行修订前部长应:

(a)公布有关其拟作出修订及建议修订部分的通知;

(b)公布时间自通知日起应持续至少30日,以便公众就拟定的修订提交任何意见;以及

(c)适当考虑提交的任何意见。

第三编　调查和执行

第十四条　委员会调查

(1)如果委员会有理由怀疑任何经营者已经违反或正在违反本法规定的任何禁令,或者任何人实行了或者正在实行本法下的任何犯罪行为,委员会可开展任何其认为适当的调查。

(2)委员会应按部长指示对任何可疑的违反本法规定的禁令的行为,或对可疑的实行本法规定的犯罪行为进行调查。

第十五条　向委员会投诉

(1)委员会可根据个人投诉,对已经违反或正在违反本法规定任何禁令的任何经营者、协议或行为,或者对实施了或正在实施本法规定的任何犯罪行为的任何人展开调查。

(2)投诉应详细说明被投诉对象以及根据本法所指控的违法或犯罪的细节。

第十六条　调查终止

(1)如果发生了向委员会提交的,对第十五条所述的违法行为的投诉,委员会可以就投诉进行查询以决定是否应自行开展调查。

(2)如果在进行第(1)款所述的查询后委员会决定不调查此投诉,应尽早在可行时以其认为可行的方式通知投诉人此决定以及作出决定的理由。

(3)尽管存在第(1)款、第(2)款下的规定,但在决定调查第十五条所述的投诉后,如果委员会认为存在以下情况,则委员会可在任何时间决定终止对违反本法的行为进行的调查:

(a)依据第四十三条提供的保证,继续进行调查将不再适当;或者

(b)无论如何,继续进行调查将不再构成对委员会资源的最优化利用。

(4)在决定终止调查时,委员会应公布一份终止调查的声明,并简要说明委员会终止此调查的理由。

第十七条 调查的权力

(1)委员会官员应当享有本法规定的全部调查和执行权力。

(2)为避免产生疑惑,兹声明,出于本法立法目的,调查本法规定的任何犯罪行为的委员会官员拥有《刑事诉讼法》规定的警察在逮捕案件中拥有的全部与部分调查权力。

第十八条 要求提供信息的权力

(1)委员会可经由书面通知要求任何其认为熟悉案件事实和情况的人:

(a)在通知规定的时间内以通知所指明的方式,向委员会提供或出示与执行委员会行使职权有关的任何信息或文件;或者

(b)在通知规定的时间内以通知规定的方式向委员会提供声明,以解释第(a)项所述的任何信息或文件。

(2)如果委员会指示任何人出示第(1)款所述的任何文件,而此人并不保有文件,则此人须:

(a)就文件所在地点尽可能提供所知道的最可信的信息;

(b)尽其所知和所信,提供关于最后保有文件的人的信息,以及可以找到此人的地方。

(3)按照第(1)款或第(2)款的要求或指示提供信息的任何人应确保所提供的信息真实、准确、完整,且此人应提供明确的声明,包括保证其不知晓将导致所提供的信息不真实或具有误导性的其他任何信息。

第十九条 委员会可保留文件

(1)只要有其必要性,委员会可以取得或保存依据此部分规定的文件一段时间。

(2)提供文件的人有权在切实可行的情况下,尽早获得经委员会核证的,其提供的文件的副本。

(3)尽管存在其他成文法的规定,文件经过验证的副本仍可作为证据,视同文件原件。

(4)如果委员会确信没有必要再保留文件,则委员会可在切实可行的条件下,尽早向提供文件的人交还文件。

第二十条 查阅记录等

(1)任何人应在委员会指示的任何时候,允许委员会查阅其记录、账簿、账

目或其他物品,以保证委员会履行在本法中规定的任何职能或权力。

(2)未能遵守第(1)款所述指示的任何人构成犯罪。

第二十一条　保密

(1)任何人披露或使用基于本法任意条款而获得的关于某一特定经营者或某一个人事务的任何保密信息,则构成犯罪。

(2)在下述情况下,第(1)款中的任何规定均不阻止披露信息:

(a)经信息提供者的同意作出披露;

(b)对于履行委员会的权能而言披露是必要的;

(c)披露行为是在本法下的任何程序期间进行的合理披露,前提是进行此披露行为不违反委员会指示或者正在进行上诉的竞争上诉法庭的任何指示;

(d)此披露行为与本法所述的违法或者犯罪行为的调查有关;

(e)在委员会授权后,由于其他国家竞争主管机构请求协助而向此国家的任何竞争主管机关进行披露。

(3)就本条而言,“保密信息”指属于任何人的具有经济价值且通常不会被他人获取或由其他人知晓的贸易、业务或行业信息。

第二十二条　受保护的通信

(1)基于本部分的任何条款,任何人不得被要求提供或披露专业法律顾问与其客户之间受1950年《证据法》第一百二十六条保护而免于披露的任何通信。

(2)如果:

(a)基于第十八条,委员会就任何资料或文件向辩护律师和事务律师提出要求;且

(b)信息或文件含有该辩护律师和事务律师作为辩护律师和事务律师作出,收到或作为代表作出或收到的受特殊保护的通信,则辩护律师和事务律师有权拒绝遵守此要求,除非相应地收到通信、作出通信的人或此人的代表,或者如果该人系被破产托管的或正在被清算的法人,此人的托管人或清算人(视情况而定)同意辩护律师和事务律师遵守该要求。但如果辩护律师和事务律师拒绝遵守此要求,则辩护律师和事务律师应立即书面向委员会提供收到或作出通信的人的姓名和地址。

第二十三条　提供虚假,隐匿,损毁或涂改记录等

任何人如拒绝披露或遗漏了任何有关的资料、证据或文件,或提供了任何

他知道或有理由相信是虚假或具误导性的资料、证据或文件，以回应委员会给出的指示，即属违法。

第二十四条　提供虚假或者误导性信息，证据或文件

任何人出于欺骗委员会或阻止，推迟妨碍委员会基于本法进行调查或实行权力的目的：

(a)销毁、隐匿、损毁和涂改；或者

(b)发送、试图发送与任何其他人串通移除，或向马来西亚境外发送任何记录、账簿、账目、文件、计算机数据或出于欺骗委员会或阻止，推迟妨碍委员会基于本法进行调查或实行权力的目的保存维护的其他物品的，构成犯罪。

第二十五条　凭令状搜查和扣押

(1)如委员会官员提供的书面信息且经治安官进行其认为必要的查询后，委员会官员认为有合理理由相信：

(a)任何场所被用于；或者

(b)在任何场所内，存在必需的证据，以调查违反本法下的任何禁令或者实施本法下的犯罪行为，则治安官可签发令状授权令状中所指定的委员会官员在不分昼夜的任何合理时间内，经由或不经协助进入此场所，且若有必要时，可以强行进入场所。

(2)在不影响第(1)款规定的一般性的前提下，治安官签发的令状可授权搜查和扣押含有或被合理怀疑含有已实施的任何违法或犯罪的信息的任何记录、账簿、账目、文件、计算机数据或其他物品。

(3)出于调查违法或犯罪的目的，基于第(1)款进行调查的委员会官员可以搜查在场的任何人。

(4)按照第(3)款搜查某人的委员会官员可扣押或安全托管在此人身上发现的除必要衣物外的所有物品，并且可以将有合理理由认为系违法或犯罪工具或其他证据的任何物品予以扣留直至释放此人或宣布此人无罪。

(5)如必须对妇女进行搜查，则须由其他妇女进行搜查并且严格禁止出现有损被搜查者体面的行为。

(6)若因其性质、大小或数量导致移动本条下扣押的任何记录、账簿、账目、文件、计算机数据或其他物品是不可能的，则委员会官员应以任意方式封锁发现此物品的场所或容器。

(7)未经合法授权打破、篡改或损坏第(6)款所述的封锁的人,或者取走封存的任何记录、账簿、账目、文件、计算机数据或其他物品的人,或者试图实施以上行为的人,构成犯罪。

第二十六条　无令状搜查和扣押

如果委员会官员接到信息后确信其有合理的理由相信,如果因获取第二十五条所述的搜查令状造成的延误将导致对调查的不利影响,或者将导致篡改、移除、损坏或者破坏违法或犯罪证据,则委员会官员可进入场所,并在场所内就场所行使第二十五条所提及的所有权力,视同其拥有第二十五条下所签发的令状的授权充分行使此权利。

第二十七条　访问计算机数据

(1)根据本法进行搜查的任何委员会官员均有权获取储存在计算机或其他设备中的计算机化数据。

(2)出于本条目的,委员会官员有权获得必要的密码、加密代码、解密代码、软件或硬件,或为使其能够了解计算机化的数据而需要的任何其他工具。

第二十八条　尽管有瑕疵仍可采信令状

本法所述的搜查令,尽管在申请过程中存在任何缺陷,错误或遗漏,仍然有效和可强制执行,根据该令状扣押的任何记录、账簿、账目、文件、计算机数据或其他物品可以在依据本法进行的任何程序中作为证据被采纳。

第二十九条　被扣押的记录、账簿、账目等的清单

(1)除非属于第(2)款规定的情形,如果按照本法扣押了任何记录、账簿、账目、文件、计算机数据或其他物品,则实施扣押的委员会官员:

(a)应准备:

(i)被扣押的记录、账簿、账目、文件、计算机数据的列表清单,并在清单上签字;以及

(ii)列有理由的扣押书面通知,并须在通知书上签字。以及

(b)须在切实可行范围内尽快递送该名单的副本记录、账簿、账目、文件、计算机数据或其他东西的清单和扣押书面通知到此场所的所有者或其代理人或受雇人。

(2)如果在本法规定的旨在实施的程序的当事人在场或者财产的所有人或其代理人(视情况而定)在场的情况下进行了扣押,则不要求按照第(1)款第

(b)项送达书面通知。

(3)如果场所无人使用,则委员会官员应在场所醒目位置张贴一张被扣押的记录、账簿、账目、文件、计算机数据或其他物品的列表清单。

第三十条 被扣押的记录、账簿、账目等的扣押

如有任何记录、账簿、账目、文件、电脑资料或其他已根据本法查获的物品,当依据本法的任何程序或者任何其他成文法的任何诉讼程序不再需要它们时,执行扣押任务的委员会官员可以向其认为依法拥有资格的人公布记录、账目、文件、电脑化数据或其他物品。且在此情况下,如果扣押和解押此等记录、账目、文件、电脑化数据或其他物品是出于善意的,即使扣押和解押行为不是本法或其他成文法的立法目的所要求的,实施扣押的委员会官员以及联邦政府,委员会或代表联邦政府或委员会的任何人也均不对任何人提起的任何程序承担责任。

第三十一条 不可就扣押产生的费用或损失取得赔偿

关于行使或据称行使任何依据本法授予的权力而检获的任何记录、账目、文件、电脑化数据或其他物品,在任何法院进行的任何程序中,任何人均无权获得此程序的费用或者任何损害赔偿或其他救济,除非此扣押是在无合理理由的情况下实施的。

第三十二条 妨碍

任何人如果实施以下行为则构成犯罪:

(a)拒绝任何委员会官员进入委员会官员根据本法,或在执行依据本法规定的任何职责,或本法授予的任何权力有权进入的任何场所;或者

(b)妨碍、阻碍或延误任何委员会官员根据本法令有权进入,或为执行由本法授权的任何强制执行的职责或权力而有权进入的场所。

第三十三条 告密

(1)任何人如果实施以下行为则构成犯罪:

(a)知道或有合理理由怀疑委员会官员正在进行,或计划进行依据本法或出于本法目的的正在展开或即将展开的行动,并向任何人透露信息或任何其他事项从而可能导致不利于正在进行的调查或拟计划实行的调查的;或者

(b)知晓或有合理理由怀疑本法所述的委员会官员已经作出一项披露,并向任何其他人披露此信息或任何其他很可能会损害任何可能进行的调查的

事项。

(2)第(1)款的任何规定并不会使辩护律师或事务律师或其雇员向以下人员披露任何信息或其他事项的行为构成犯罪:

(a)在辩护律师和事务律师的专业工作中,为向客户提供咨询意见而向客户或其代表披露此信息或事项;或者

(b)向与法律程序相关,或参与到此法律程序的任何相关人士,或出于使法律程序进行的目的进行的披露。

(3)第(2)款并不适用于为促进任何非法目的而披露的任何资料或其他事项。

(4)在对某人因违反本条例而施行的法律程序中,对以下事项的证明将构成抗辩:

(a)他不知道或不怀疑第(1)款第(b)项所述的披露,很可能妨碍调查;或者

(b)他有合法的权力或合理的理由作出披露。

第三十四条　禁止威胁和报复

(1)任何人不得:

(a)强迫他人或试图强迫他人不作出第(3)款所提及的任何行为;或者

(b)使任何人处于任何商业性的或其他性质的不利地位,以此作为对作出适用于第(3)款所述行为的人的报复。

(2)出于第(1)款第(b)项的目的且在不损害其一般性的原则下,商业或其他性质的不利地位可能包括:威胁拖欠个人的正当欠款金额,针对此人提起或进行不合理的诉讼,取消与此人的订单,或从此人处取消业务或拒绝与此人进行交易。

(3)第(1)款所述的行为如下:

(a)根据第十五条向委员会提出申诉;以及

(b)与委员会合作,或就委员会进行的任何调查提出或同意与委员会合作。

(4)任何人如违反本条,则构成犯罪。

第四编　委员会的裁决

第三十五条　临时措施

(1)委员会依据第十四条已开展但未完成调查的情形适用于本条。

(2)如果委员会有合理理由相信本法规定的任何禁令已被违反或可能被侵犯,且委员会认为有必要作为紧急事项根据本条采取行动,以达到以下目的:

(a)防止对某一人或某一类人造成严重和无法弥补的经济或其他损害;或者

(b)保护公众利益。

则委员会可为此目的作出它认为适合和恰当的指示。

(3)依据第(2)款作出的指示可包括要求或导致任何人:

(a)终止被怀疑违反第二编所述的禁令的任何协议的效力并停止任何依照此协议行事;或者

(b)终止被怀疑违反第二编所述的禁令的任何事项;或者

(c)实施或不实施任何不得要求支付金钱的行为。

(4)在作出第(2)款所述的指示之前,委员会应:

(a)向拟给予指示的人递送书面通知;以及

(b)给此人在书面通知日起至少 7 日作出书面申述。

(5)第(4)款所述的通知应指明委员会拟议作出的指示的性质以及作出指示的理由。

(6)委员会可随时撤销依据第(2)款所作出的指示。

(7)在不与第(6)款冲突的前提下,依据第(2)款作出的任何指示应在以下日期下不再有效:

(a)完成依据第十四条的调查后委员会作出裁决之日;或者

(b)作出指示之后满 12 个月。

以上述者中较早的日期为准。

第三十六条　委员会拟议的裁决

(1)如果在调查结束后,委员会作出裁决认定第二编所定的禁令已经或正在被违反,委员会应向每个可能受到决策直接影响的企业书面通知其拟议的裁决。

(2)此通知应:

(a)充分详细地说明委员会所建议的决定的理由,使接到通知的企业真正和充分地知情,以就所此决定提出意见。

(b)规定委员会提议适用的任何处罚或救济行动。以及

(c)通知每一个接收通知的经营者,可在通知规定的合理时间内:

(i)向委员会提交书面申述;以及

(ii)表明其是否希望向委员会作出口头陈述。

第三十七条　口头陈述

如果经营者在根据第三十六条发出的通知中规定的期限内,通知委员会其希望作出口头陈述,则委员会应在作出任何相关裁决之前应当:

(a)在委员会决定的日期,时间和地点就口头陈述召开会议。

(b)向以下各方以书面通知的形式发送关于会议的日期、时间和地点信息:

(i)相关经营者;

(ii)就委员会调查的现象提出诉讼的任何人;以及

(iii)委员会认为有必要在口头陈述会议上出席的任何其他人员。

第三十八条　举行听证

(1)尽管存在第三十七条规定,委员会仍可随时举行听证会,以确定经营者是否已违反或正在违反第二编规定的任何禁令。

(2)如委员会决定将举行听证,则应至少提前 14 日以书面形式通知相关经营者以及其他相关的第三方,通知中:

(a)注明其举行听证的决定;

(b)指明举行听证的日期、时间及地点;以及

(c)说明听证将谈论的事项。

(3)委员会决定举行听证时,还应同时决定:

(a)是分别就经营者和其他利益相关的第三方举行个别听证,还是举行一次所有经营者和相关第三方都参加的听证会。以及

(b)是否举行一次:

(i)公开听证;或者

(ii)不公开听证,以达到保密的目的。

(4)听证须遵守由委员会公布的现行有效的程序规则,并按照此规则举行。

(5)在听证会上委员会须备存一份足以包含任何参与的人所提出的事项的听证记录。

(6)可以由以下人员代表经营者出席听证会:

(a)其任何获得授权的人员或雇员;

(b)任何代讼人及律师;

(c)出于保证听证会程序规则的目的,属于委员会的规定所指明的范围内的任何人;或者

(d)获得委员会主席同意的任何其他人。

第三十九条　无违法结论

如果委员会已作出裁决,并认定不存在违反根据第二编作出禁令的情况,则委员会须立即将该裁决通知到任何受该裁决的影响的人,并说明委员会作出此裁决的理由。

第四十条　有违法结论

(1)如果委员会裁定存在根据第二编禁令的违法行为发生,则:

(a)应当要求立即停止违法行为;

(b)可规定委员会认为违法企业应当采取的,委员会认为适当的措施;

(c)可作出罚金处罚;或者

(d)作出其认为适当的其他任何指示。

(2)委员会应在作出本条规定的裁决后的至少14日内,通知任何一个受裁决影响的人。

(3)委员会应整理并公布其依据本条作出的各项裁决的理由。

(4) 处罚额不得超过经营者在违法行为发生期间内全球营业额的10%。

第四十一条　宽大处理制度

(1)本法设立了宽大处理的制度,对于作出以下行为的经营者的案件,最高可减免100%的处罚。

(a)承认其参与违反任一根据第四条第(2)款作出的禁令;以及

(b)向委员会提供资料或其他形式的合作。这些资料或合作对查明或调查任何其他企业违反禁令的任何发现有重大帮助,或可能有重大帮助。

(2)宽大处理制度可允许对不同经营者进行不同比例的减免,具体取决于:

(a)经营者是不是第一个将被怀疑的违法行为提请委员会注意的个体。

(b)在调查阶段中:

(i)承认参与违法行为;或者

(ii)提供任何资料与其他合作事宜;或者

(c)委员会认为有必要考虑的其他情况。

第四十二条　指示或裁决的执行

(1)针对任何不遵从委员会根据第三十五条作出的裁决或根据第四十条作出的裁决的人,委员会可向高等法院提出诉讼。

(2)如高等法院裁定第(1)款所述的人没有遵从该指示或裁决,高等法院须作出命令,要求该人遵从此裁决或命令。

(3)出于第(2)款的立法目的,如果高等法院发现接受裁决的人未能遵守裁决,包括未能在指定的期限内缴纳罚款,则除了命令该人支付罚款外,高等法院应当命令此人支付除罚款外的利息,利息从付款到期日的次日起按正常诉讼利率计算。

(4)违反高等法院按照本条作出的命令应被视为藐视法庭。

第四十三条　接受承诺的权力

(1)委员会可根据其所施加的条件,接受经营者作出的从事或不从事委员会认为适当的任何行为的承诺。

(2)如委员会接受经营者根据第(1)款作出的承诺,则委员会应当以不作出任何的认定违法的裁定的形式,终止对相关违法行为的调查,且不得对经营者施加罚款。

(3)委员会根据本条例接受的任何承诺应以文件形式,以委员会决定的方式供公众查阅。

(4)委员会根据本条接受的任何承诺须由委员会强制执行,并且视同这些条款已经包含在按照第四十条向提供此承诺的经营者作出的裁决中。

第五编　竞争上诉法庭

第四十四条　设立竞争上诉法庭

本法设立了一个竞争上诉法庭,竞争上诉法庭拥有排他性管辖权并有权审议委员会在第三十五条、第三十九条、第四十条下作出的裁决。

第四十五条　竞争上诉法庭的构成

(1)竞争上诉法庭应由下列成员组成:

(a)1 名主席;以及

(b)根据部长的提名,由总理任命的 7 ~ 20 名成员。

(2)总理应根据部长的建议,经联邦首席法官提名,委任 1 名高等法院法官担任竞争上诉法庭的庭长。

(3)总理应任命其认为在相关行业,商业、经济、法律、会计或消费者事务方面拥有专业知识的人担任竞争上诉法庭的成员。

(4)在对总理推荐竞争上诉委员时部长应考虑拥有第(3)款所述的任何领域的专业知识的任何政府机关或任何其他机构的提议和推荐。

(5)竞争上诉法庭的主席和成员任期不超过 6 年。

第四十六条　津贴

根据第四十五条设立的竞争上诉法庭的主席和成员可以:

(a)在竞争上诉法庭任职期间获得每日会议津贴;

(b)住宿、旅行和伙食津贴;以及

(c)获得固定免津贴或其他津贴。

以上福利及津贴的发放由部长决定。

第四十七条　辞职与撤销任命

(1)竞争上诉法庭的主席或任何其他成员可提前 60 日以书面形式通知总理辞去其职务。

(2)总理可出于以下理由,随时撤销对主席或竞争上诉委员会的任何其他成员的委任:

(a)此人精神失常或以因其他理由无法履行其职责和管理职务。

(b)此人破产或无法偿还债务。

(c)有证据证明此人进行如下行为或就如下指控被定罪:

(i)涉及欺诈、失信或道德败坏的犯罪;

(ii)任何法律规定的贪污腐败犯罪;或者

(iii)可被判超过 2 年的监禁(单处监禁或者监禁并处罚金,或者以罚金形式替代的监禁)的任何其他犯罪。

(d)此人在职务上犯有严重不当行为。

(e)未能遵守其在第四十九条规定的义务。或者

(f)此人工作表现在相当长的一段时间内都不能令人满意。

第四十八条　职位空缺与重新或临时任命

(1)如有以下情况,竞争上诉法庭主席或其他任何成员的职位将出现空缺:

(a)此人死亡;

(b)在其任期届满前辞职或以其他方式离职;或者

(c)对此人的委任已根据第四十七条被撤销。

(2)在竞争上诉法庭主席或竞争上诉法庭成员出现空缺时,总理须根据第四十五条委任另一名人士接替主席或任何其他竞争上诉法庭成员。

(3)在出现以下情况时,总理可根据第四十五条临时委任另一名人士担任竞争上诉法庭的主席或任何其他成员:

(a)在主席或成员缺勤或位于马来西亚境外的任何期间;或者

(b)主席或成员因任何原因暂时无法履行其职责。

(4)竞争上诉法庭在行使其权力或履行其职责时所采取的任何行动或程序,均不应当因竞争上诉法庭的任何成员职位的空缺而受影响。

第四十九条　利益披露

(1)如果竞争上诉法庭的成员存在某一利益,此利益可能在特定事项中与其作为竞争上诉法庭成员的职责相冲突,则竞争上诉法庭的成员应在切实可行的条件下,尽早向主席披露其持有的任何利益(无论利益重大与否)。

(2)如果主席认为该成员的利益与该成员作为竞争上诉法庭成员的职责相冲突,则竞争上诉法庭主席应将此冲突通知到所有当事方。

(3)如果该事项的任何当事方均未对此冲突提出异议,竞争上诉法庭成员可继续履行其与该事项有关的,作为委员会成员应负的职责。

(4)如果与事项有关的任何一方对此冲突提出异议,则该成员不得继续履行他作为竞争上诉法庭成员的,与该事项相关的职责。

(5)如根据第(4)款的规定,该成员被禁止执行其职责,主席应任命另一名成员就此事宜在竞争上诉法庭履行职责。

(6)如主席在特定事项中存在任何利益(无论重大与否),只要此利益可能与他作为主席的职责相冲突,则主席不得就此事项履行主席的职责。

(7)如果主席未能按照第(6)款停止履行其职责或者某一成员未能披露其利益,则;

(a)竞争上诉法庭的判决无效,除非所有当事方均同意受约定的约束;或者

(b)根据第四十七条的相关规定,撤销对主席或成员的委任。

第五十条　竞争上诉法庭秘书及其他成员

(1)部长应当任命1位竞争上诉法庭秘书。

(2)部长可规定其认为适合的协助秘书的官员的数量。

(3)出于本法的立法目的,秘书和根据第(2)款指定的官员应视为竞争上诉法庭官员。

第五十一条　向竞争上诉法庭提起上诉

(1)任何人,如果其权力或权益受到委员会依据第三十五条、第三十九条、第四十条作出的裁决而受到损害或影响,可向竞争上诉法庭提交通知,向竞争上诉法庭提出上诉。

(2)上诉通知书须在上诉法庭自作出裁决之日起30日内,以书面形式向法庭发出,而上诉人须向委员会主席提供一份通知的副本。

(3)上诉通知书须简单总结并述明其上诉的委员会的裁决内容,应包括一个地址,以便向上诉人或其辩护律师送达与上诉有关的任何通知或文件,并且通知书应由上诉人或其辩护律师签字。

第五十二条　委员会裁决的记录

(1)根据第五十一条所述,其权益或权利受损失或影响的人可主动以书面形式要求委员会提供一份关于委员会的裁决理由的陈述。

(2)除非第(3)款另有规定,委员会收到根据第(1)款提出的书面要求,并在收到被支付的法庭费用后,应向权利或权益受到损害的人提供其理由说明的副本。

(3)如果此人按照第五十一条,已向竞争上诉法庭提交上诉通知,而委员会尚未按上诉人在第(1)款中要求的就通知中所述的事项写明作出裁决的理由,则委员会应书面记录其作出裁决的理由,且此书面理由构成竞争上诉法庭的诉讼记录的一部分。

第五十三条　上诉期间中止裁决

(1)在裁决被上诉到竞争上诉法庭之前,委员会的裁决应有效,具有约束力,并可强制执行,除非委员会作出的该项裁决被上诉人申请中止且申请已被竞争上诉法庭批准允许。

(2)暂停施行裁决所规定内容的申请应当以书面提出,并须于向竞争上诉法庭提交上诉通知日或之后向竞争上诉法庭提出。

第五十四条　竞争上诉法庭的组成

竞争上诉法庭的每项诉讼程序均须由3名成员,或竞争上诉法庭主席在任何特定案件中决定的3名以上(奇数)成员审理并处理。

第五十五条　竞争上诉法庭开庭

(1)竞争上诉法庭的开庭日期、地点由竞争上诉法庭主席决定。

(2)主席可取消法庭已根据第(1)款决定开庭的任何会议或决定将其延期,并可更改开庭地点。

(3)竞争上诉法庭应通过书面形式将会议日期、地点的任何更改通知上诉的当事方。

第五十六条　竞争上诉的程序

竞争上诉法庭可自行决定诉讼程序。

第五十七条　竞争上诉法庭的权力

(1)竞争上诉法庭拥有以下权力:

(a)传唤诉讼各方或任何其他人就上诉提供证据并出席听证;

(b)设法取得及收集经宣誓或认定的证据,无论其为口头的还是书面形式的,并对所有人进行其认为必要的询问;

(c)如有人被如此传唤,可要求出示其保管或控制的,竞争上诉法庭认为就上诉而言必需的任何信息、文件或其他物品;

(d)视情况需要而定,管理任何宣誓、认定或法定声明;

(e)在传唤某人时,准许支付此人与出席会议相关的任何合理开支;

(f)采信或拒绝举出的证据,无论证据是口头的还是书面的,并且无论按照当时有效的,关于证据采信的任何成文法的条款是否可以采信;以及

(g)普通地指示和处理所有必要或适当事项以便迅速作出上诉决定。

(2)根据《1948年下级法院法》,竞争上诉法庭应拥有下级法院的权力,以强制执行证人出庭、听取宣誓或誓词的证据以及处罚藐视法庭的行为。

第五十八条　竞争上诉法庭的裁定

(1)竞争上诉法庭对任何事项的裁决,均须以全体成员过半数通过。

(2)竞争上诉法庭可维持或撤销被上诉的裁定或其任意部分,且可以:

(a)将此事项转交委员会裁定;

(b)实施撤销、改变罚款的数额;

(c)发出委员会本身可以作出或采取的指示,或其他措施;

(d)作出委员会本身可以作出的任何其他决定;

(3)竞争上诉法庭的裁定是最终裁定,并对于上诉的各当事方具有约束力。

第五十九条　竞争上诉法庭裁定的执行

经高等法院许可,竞争上诉审裁处作出的裁定,可以与判决或命令具有同样效力予以强制执行,且一旦高等法院授予许可,则裁定立即生效。

第六十条　免于遭受诉讼和法律程序的保护

对于下列实体或人士出于善意依职权作出或未作出的任何行动,不得在任何法院针对其提起、启动或维持任何行动、诉讼、检控或其他程序:

(a)竞争上诉法庭;

(b)竞争上诉法庭的主席或任何成员;

(c)竞争上诉法庭的秘书或其他任何官员;或者

(d)被授权为代表竞争上诉法庭行事的任何人。

第六编　一般条款

第六十一条　一般处罚

如果任何人犯下了本法规定的任何罪行而本法未明确规定处罚的,则一经定罪,负有以下责任:

(a)如该人是法人团体,可处罚不超过500万林吉特的罚金,对于第二次或多次犯罪的,可处不超过1000万林吉特的罚款。

(b)如果此人并非法人,则可处罚不超过100万林吉特的罚金,或者单处或并处不超过5年的监禁,对于第二次或多次犯罪的,可处罚不超过200万林吉特的罚金,或者单处或并处不超过5年的监禁。

第六十二条　以罚金了结犯罪

(1)部长可根据条例将任何罪行规定为可了结的罪行,并可规定了结罪行的方式。

(2)委员会可经检察官书面同意,以书面形式向任何涉嫌违反本法的人提议,要求其在书面提议规定的时间内,向委员会缴付不超过最高罚款额50%的罚款,以此委员会可以与实施了本法中任何可以以罚金了结的犯罪的任何人以罚金了结犯罪。

(3)委员会可以在罪行发生后的任何时间内提出第(2)款所述的提议,但此时间应在对该罪行提出任何检控之前,而如果此提议所指明的金额款项未在提议所规定的时间内,或者委员会同意予以延长的时间内被缴付,则可在其后的任何时间对该提议对象提出检控。

(4)如果某项罪行已根据第(2)款了结,则不得就该罪行对了结对象提起检控,且在委员会根据提议施加的其认为适当的条款和条件已经得到遵循的前提条件下,委员会应解押与犯罪有关的记录、账目、文件、计算机数据或其他物品。

(5)委员会在依据本条收到的全部资金应缴纳至联邦综合基金。

第六十三条　法人犯罪

(1)如果法人违反了本法规定的条例,在犯罪时担任董事、首席执行官、首席运营官、经理、秘书或该法人团体的其他相类高级人员,或是声称以任何类似身份行事,或以任何方式或在任何程度上负责该法人团体的任何事务的管理工作或协助进行管理的任何人:

(a)可与该法人团体在同一诉讼中分别或共同受到指控;以及

(b)如果此法人团体被判定实施了罪行,此个人或群体须被视作已触犯此罪行。除非就此人以该身份行使的职能的性质,此人证明了存在以下情况:

(i) 犯罪行为是在他不知情、不同意或不默许的情况下进行的;并且

(ii)此人已采取一切合理的预防措施,以及适当的努力,以防止该罪行的发生。

(2)如果任何人如因其行为、没能施行某行为、疏忽或过失而需要承担根据本法施加的任何惩罚或罚款,如果此行为或没能施行行为、疏忽或过失是由以下人员作出的,则此人应当为其任何雇员或代理人,或该代理人的雇员的疏忽或过错,承担相同的惩罚或责任:

(a)在受雇期间实施犯罪的该人的雇员;

(b)在代表此人行事期间实施犯罪的代理人;或者

(c)在受雇于代理人期间实施犯罪的,代表此人的代理人雇员,或者以其他方式代表的代理人。

第六十四条　私人诉讼权

(1)因违反第二编规定的任何禁令直接遭受损失或损害的任何人拥有权力按照本条规定,针对现在或者过去的某一关键时间内曾是此违法行为当事方的任何经营者,在法院提起民事诉讼。

(2)第(1)款所述的任何人均可提起诉讼,无论此人是否与经营者存在直接或间接的商业往来。

第六十五条　制定条例的权力

(1)部长可制定必要的或合意的条例,以达成以下目的:

(a)使本法的规定得到完全实施;

(b)实施或实现本法的目的和目标;以及

(c)就与本法有关的任何补充、附带或结果事项作出规定。

(2)部长在制定这些条例之前可以:

(a)公布写有其拟制定此条例意向的通知;

(b)自发出通知起至少30日内,允许公众就拟议的条例提交意见;以及

(c)对提交的任何意见给予应有的、适当的考虑。

(3)根据本条订立的条例,可规定任何违反条例的行为或没能作出某一行为均属犯罪,并可规定不超过100万林吉特的罚金;或者单处或并处不超过5年的监禁。

第六十六条　发布指南的权力

(1)委员会可发布和公布为更好地执行本法规定而适宜或必要的准则。

(2)在不与第(1)款规定的一般性冲突的前提下,委员会可发布:

(a)用于根据本法确定案件的经济和法律分析准则;以及

(b)用以确定根据本法施加的任何处罚或救济的原则的准则。

(3)委员会可撤销、更改、修订或修订根据本条发出的指引的全部或任何部分。

第六十七条　1948年权力保护法

1948年"公共机关保护法"(第198号法)适用于起诉、诉讼或检控委员会、主席、任何委员会官员、任何委员会成员、委员会的受雇人或代理人,竞争上诉法庭的主席,秘书或任何成员、人员、受雇人或代理人对于其以自己身份作出的任何行为、疏忽,或过错,或没能作出某行动的情形。

附一

(第三条)

1. 1998年通信和多媒体法。

2. 能源委员会法。

附二

（第十三条）

不受第二编第一章和第二章限制的活动

本法第二编第一章和第二章不适用于：

(a)符合法律要求的协议或行为；

(b)关于雇用条款和条件,由同时包括雇主或雇员和设立目的在于代表雇主或雇员利益的组织的当事方之间谈判或缔结的集体谈判活动或集体协议；

(c)受委托经营具有公共经济利益的服务或具有财政垄断性质的经营者,只要符合第二编第一章和第二章在法律上或事实上妨碍对委托给此经营者的特定任务的执行。

越南竞争法*

根据1992年越南社会主义共和国《宪法》,该《宪法》经第十届国民大会2001年12月25日第51/2001/QH10号决议修订和补充。

本法的目的在于促进竞争。

第一章　一般条款

第一条　监管范围

本法规定了限制竞争行为、不正当竞争行为、处理竞争案件的规则和程序、处理违反竞争法行为的措施。

第二条　适用对象

本法适用于:

1. 商业组织和个人(以下统称为企业),包括生产、供应产品及提供公共事业服务的企业,在国家垄断部门和领域内经营的企业以及在越南经营的外国企业。

2. 在越南从事经营活动的专业协会。

第三条　术语解释

在本法中,术语解释如下:

1. 相关市场是指相关产品市场和相关地域市场。

相关产品市场是指在特征、使用目的和价格方面可以互相替代的商品和服务市场。

相关地域市场是指存在类似竞争条件下可以互相替代且与邻近地区有很大差异的商品和服务的特定地理区域。

---

* 越南第十一届国民大会第六届会议于2004年12月3日通过。

2. 专业协会包括商品行业协会和贸易协会。

3. 限制竞争行为是指企业削弱、扭曲和阻碍市场竞争的行为,包括限制竞争协议、滥用市场支配地位、滥用垄断地位和经济集中的行为。

4. 不正当竞争行为是指企业在开展业务过程中违背商业道德一般标准、损害或可能损害国家的利益以及其他企业或消费者合法权益的行为。

5. 企业在某种商品或服务市场中的市场份额,是指该企业的月度、季度、年度销售额与在相关市场上从事此类商品或服务的所有企业的总销售额之间的百分比,或该企业的月度、季度、年度采购额与在相关市场上经营此类商品或服务的所有企业的总采购额之间的百分比。

6. 合并市场份额是指参与限制竞争协议或经济集中的企业在相关市场上的总市场份额。

7. 商品或服务的生产总成本包括:

a. 商品或服务的生产成本;商品的采购价格。

b. 为消费者提供商品或服务的流通成本。

8. 竞争案件是指有迹象表明有违反本法规定的情形并由国家主管机关根据法律规定进行调查和处理的案件。

9. 竞争程序是指机构、组织和个人按照本法规定解决和处理竞争案件的规则和程序而进行的活动。

10. 商业秘密是指完全满足以下条件的信息:

a. 不同于常识;

b. 适用于商业活动,一旦使用将使此类信息的持有者处于优于此类信息非持有者或非使用者的位置;

c. 所有者通过采取必要措施使此类信息不被泄露和易于获取。

11. 多级销售是指满足以下条件的零售商品营销方法:

a. 零售商品的营销是通过多级销售中参与者的多层次、多分支网络进行的;

b. 商品通过多级销售中的参与者直接在客户的家、工作场所或参与者常规零售场所以外的其他地方销售;

c. 多级销售的参与者从他们自己和由他们自己组织并由多级销售企业批准的网络中的低级多级销售参与者的销售业绩中获得佣金、奖金或其他经济利益。

第四条　商业竞争权

1. 企业在法律框架内享有竞争的自由。国家保护合法的商业竞争权。

2. 竞争必须遵循诚信,不损害国家利益、公共利益以及企业、消费者的合法权益和遵守本法规定的原则。

第五条　本法、其他有关法律和国际协议的适用

1. 如果本法的规定与其他法律关于限制竞争行为、不正当竞争行为的规定有差异,则应优先适用本法的规定。

2. 已签署或加入的国际协议中有与本法不同的规定时,应优先适用该国际协议的规定。

第六条　禁止国家管理机构从事的行为

禁止国家管理机构采取以下阻碍市场竞争的行为:

1. 强迫企业、组织或个人向这些机构指定的企业购买、出售商品或提供服务,但在国家垄断领域的商品和服务或法律规定的紧急情况下除外;

2. 差别对待不同企业;

3. 迫使专业协会或企业相互配合,以排斥、限制或阻碍其他企业在市场上的竞争;

4. 其他阻碍企业合法经营活动的行为。

第七条　国家对竞争的管理职责

1. 政府对竞争实行统一的国家管理;

2. 贸易部应承担政府对竞争实行国家管理的职责;

3. 部委、部级机构、省/市人民委员会在各自的职权范围内,与贸易部协调,对竞争进行国家管理。

第二章　对限制竞争行为的控制

第一节　限制竞争协议

第八条　限制竞争协议

限制竞争协议包括:

1. 直接或间接固化商品或服务价格的协议;

2. 关于分销网点、货物供应来源、服务提供的协议;

3. 限制或控制生产、购买或出售商品或服务数量的协议;

4. 关于限制技术和技术发展,限制投资的协议;

5. 在签订货物或服务购销合同时对其他企业施加条件,或强迫其他企业接受与此类合同目的没有直接关系的义务的协议;

6. 阻碍、限制或禁止其他企业进入市场或发展业务的协议;

7. 将协议当事方以外的企业排除出市场的协议;

8. 使协议的一个或所有当事方中标从而得以提供商品或服务。

第九条　禁止的限制竞争协议

1. 禁止本法第八条第6~8款规定的限制竞争协议。

2. 当事方在相关市场上的总市场份额达到30%及以上时,禁止本法第八条第1~5款规定的限制竞争协议。

第十条　禁止限制竞争协议的豁免情形

1. 本法第九条第2款所规定的竞争限制协议,如果满足以下条件之一,则可以享受一定期限的豁免,从而降低消费者受益的成本:

a. 优化组织结构、业务模式,提高经营效率;

b. 促进技术进步,提高商品和服务质量;

c. 促进各种产品的质量标准和技术规范的统一;

d. 协调与价格和价格因素无关的业务、货物交付和付款条件;

e. 增强中小企业竞争力;

f. 增强越南企业在国际市场上的竞争力。

2. 授予豁免的规则、程序和豁免条款应符合本章第四节的规定。

第二节　滥用市场支配地位、滥用垄断地位

第十一条　拥有市场支配地位的企业、企业集团

1. 如果企业在相关市场上拥有30%及以上的市场份额,或者能够在很大程度上限制竞争,则视其拥有市场支配地位。

2. 如果企业集团采取一致行动以限制竞争,并属于以下情况之一,则应视其拥有市场支配地位:

a. 2家企业在相关市场上的总市场份额在50%及以上;

b. 3家企业在相关市场上的总市场份额在65%及以上;

c. 4家企业在相关市场上的总市场份额在75%及以上。

第十二条　拥有垄断地位的企业

在相关市场上，如果没有可与该企业所经营的商品或服务竞争的其他企业，则视其为垄断企业。

第十三条　禁止滥用市场支配地位的行为

禁止在市场上拥有支配地位的企业、企业集团采取以下行为：

1. 为了驱逐竞争者，以低于总成本的价格出售商品、提供服务；

2. 设定不合理的商品或服务买卖价格或确定最低转售价格，从而损害消费者利益；

3. 限制商品和服务的生产及分配、限制市场、阻碍技术发展，从而损害消费者利益；

4. 在类似的交易中设定不同的商业条件，从而造成不平等竞争；

5. 在签订货物或服务购销合同时对其他企业施加条件，或强迫其他企业接受与此类合同目的没有直接关系的义务；

6. 阻止新竞争对手进入市场。

第十四条　禁止滥用垄断地位的行为

禁止拥有垄断地位的企业采取以下行为：

1. 本法第十三条所规定的行为；

2. 对消费者设定不利条件；

3. 没有合理的理由，滥用垄断地位单方面修改或取消已经签署的合同。

第十五条　对在国家垄断领域中经营的企业、生产和提供公共产品及服务的企业的控制

1. 国家通过以下措施控制在国家垄断领域经营的企业：

a. 规定国家垄断领域的商品、服务的购买及销售价格；

b. 规定国家垄断领域中商品、服务的数量、容量及市场范围。

2. 国家根据规定的价格或费用，通过订购商品、分配计划或招标，控制生产和提供公共产品及服务的企业。

3. 企业在国家垄断领域外从事其他经营活动，生产和提供公共产品及服务的，不适用于本条第 1 款和第 2 款的规定，但仍适用本法的其他规定。

第三节　经济集中

第十六条　经济集中

经济集中包括企业的以下行为：

1. 企业之间的吸收合并；

2. 企业之间的新设合并；

3. 企业之间的收购；

4. 企业之间的合营；

5. 法律规定的其他经济集中行为。

第十七条　吸收合并、新设合并、企业收购及企业合营

1. 企业吸收合并是指一个或多个企业将其所有的财产、权利、义务和合法权益转让给另一企业，同时被合并企业终止存续的行为。

2. 企业新设合并是指 2 个或 2 个以上企业转让其所有的财产、权利、义务和合法权益来组建新企业，同时参与合并企业终止存续的行为。

3. 企业收购是指企业获得另一企业的全部或部分财产，同时足以控制或支配所购企业的全部或一项业务的行为。

4. 企业合营是指 2 个或 2 个以上企业共同为建立新企业投入其部分财产、权利、义务和合法权益的行为。

第十八条　禁止经济集中的情形

参与经济集中的企业在相关市场上的合计市场份额在 50% 以上的，禁止经济集中，但本法第十九条规定的情形或者实施经济集中后仍然属于法律规定的中小型企业的情形除外。

第十九条　禁止的经济集中情形的豁免

在下列情况下，可以考虑豁免本法第十八条规定的经济集中：

1. 经济集中的一个或多个参与者处于解散或破产的危险中；

2. 经济集中具有扩大出口或促进社会经济发展、技术进步的作用。

第二十条　经济集中的申报

1. 如果参与经济集中的企业在相关市场上的市场份额合计达到 30% ~ 50%，则其法定代表人必须在实施经济集中之前向竞争管理局申报。

参与经济集中的企业在相关市场上的合计市场份额低于 30%，或者在实施经济集中后，根据法律规定企业仍为中小规模的，则无须申报。

2. 有资格享有本法第十九条规定的豁免情形的参与经济集中的企业，应当按照本章第四节的规定提交豁免申请材料，从而代替经济集中申报。

第二十一条　经济集中申报材料

1. 经济集中的申报材料应当包括：

a. 根据竞争管理局设定的格式，提交经济集中的书面申请；

b. 所有参与经济集中的企业的营业执照的有效副本；

c. 依法经审计机构认证的参与经济集中的每家企业最近2年的财务报表；

d. 参与经济集中的各企业的附属机构清单；

e. 参与经济集中的各企业及其附属机构从事商品、服务的清单；

f. 参与经济集中的各企业最近连续2年在相关市场上市场份额的报告。

2. 提交经济集中申报材料的企业应当对材料的真实性负责。

第二十二条　经济集中申报材料的接收

竞争管理局在收到经济集中申报材料7个工作日内，必须书面通知提交材料的企业，保证材料的有效性和完整性。材料不完整的，竞争管理局应当明确指出必须补充的内容。

第二十三条　答复经济集中申报的期限

1. 收到完整的经济集中申报材料后的45日内，竞争管理局必须以书面形式答复提交申请的企业。竞争管理局的书面答复应当确定经济集中是否属于以下情形之一：

a. 经济集中不属于禁止情形。

b. 本法第十八条规定禁止的经济集中；禁止原因必须在书面答复中明确说明。

2. 当经济集中涉及许多复杂情况时，竞争管理局的负责人可以将本条第1款规定的答复时限延长不超过2次，每次不超过30日，并在不超过答复期限的3个工作日内书面通知申报材料的提交者，并清楚说明延期的原因。

第二十四条　经济集中的实行

依照本法第二十条第1款的规定申报参与经济集中的企业的法定代表人，只有在竞争管理局书面答复这种经济集中不属于任何禁止的情形后，才可以依企业法规中的规定到国家主管机关实行经济集中程序。

第四节　豁免情形的执行程序

第二十五条　决定豁免的权限

1. 贸易部长应对本法第十条和第十九条第1款规定的豁免进行审议并作出书面决定。

2. 总理应对本法第十九条第2款规定的豁免进行审议并作出书面决定。

第二十六条　豁免申请材料的提交主体

提交豁免申请材料的主体是打算参与限制竞争协议或经济集中的各方。

第二十七条　限制竞争协议或经济集中各方的法定代表人

1. 限制竞争协议或经济集中的当事方可以任命1名代表执行申请豁免的程序。代表的任命必须以书面形式进行,并获得有关各方的证明。

2. 代表方的权利和义务应由有关当事方确定。

3. 各方应在授权范围内对代表方的行为负责。

第二十八条　限制竞争协议豁免的申请材料

1. 限制竞争协议豁免的申请材料应包括:

a. 根据竞争管理局设定的格式完成的申请书;

b. 参与限制竞争协议的每家企业的营业执照的有效副本;当企业协会参与限制竞争协议时,应提供其章程的有效副本;

c. 依法经审计机构认证的参与限制竞争协议的每家企业最近2年的财务报表;

d. 参与限制竞争协议的各企业最近连续2年在相关市场上市场份额的报告;

e. 一份详细说明其满足本法第十条规定的豁免情形的报告;

f. 限制竞争协议的当事方对代表方的书面授权。

2. 材料提交者和限制竞争协议的当事方应对其材料的真实性负责。

第二十九条　经济集中豁免的申请材料

1. 经济集中豁免的申请材料应包括:

a. 根据竞争管理局设定的格式完成的申请书;

b. 参与经济集中的每家企业的营业执照的有效副本;

c. 依法经审计机构认证的参与经济集中的每家企业最近2年的财务报表;

d. 参与经济集中的各企业最近连续 2 年在相关市场上市场份额的报告；

e. 一份详细说明其满足本法第十条规定的豁免情形的报告；

f. 经济集中的当事方对代表方的书面授权。

2. 材料提交者和经济集中的当事方应对其材料的真实性负责。

第三十条　豁免申请材料的接收

1. 竞争管理局应负责接收豁免申请材料，并将其意见提交贸易部长决定或提交总理决定。

2. 竞争管理局在收到经济集中申报材料 7 个工作日内，必须书面通知材料提交企业其材料的有效性和完整性。材料不完整的，竞争管理局应当明确指出必须补充的内容。

3. 材料的提交者应当根据法律规定为评估豁免申请材料支付费用。

第三十一条　要求补充豁免申请材料

竞争管理局可以要求豁免申请材料的提交者补充与他们实施限制竞争协议或经济集中的意图有关的必要文件和信息，并对不清楚的事项进行补充解释。

第三十二条　相关方提供的信息

1. 竞争管理局可以要求有关组织和个人提供其正在进行的限制竞争协议或经济集中的相关信息。

2. 在接到竞争管理局的要求后的 15 日内，有关组织和个人应以书面形式答复要求。

第三十三条　豁免申请的撤回

1. 如果希望撤回其豁免申请，材料提交者应当书面通知竞争管理局。

2. 在本条第 1 款规定的情况下，竞争管理局不应退还评估豁免申请材料的费用。

第三十四条　作出决定的期限

1. 在收到完整的豁免申请材料后的 60 日内，贸易部长应作出以下决定之一：

a. 授予参与方豁免；

b. 拒绝授予参与方豁免。

2. 当涉及许多复杂情况时，贸易部长可以将本条第 1 款规定的答复时限延长不超过2次,每次不超过30日。

3. 如果经济集中由总理授予豁免,则作出批准或不批准豁免的决定期限为自收到完整的豁免申请材料之日起90日;涉及许多复杂情况时,作出决定的期限为180日。

4. 如果决定延期,竞争管理局应在不超过答复期限的3个工作日内书面通知申报材料的提交者,并清楚说明延期的原因。

第三十五条　授予豁免的决定

1. 授予豁免的决定应当包含以下主要内容:

a. 获准实施该行为的当事方的名称和地址;

b. 所要实施的行为的细节;

c. 各方享有豁免的期限、条件及其义务。

2. 竞争管理局应当根据政府的规定,公布授予豁免的决定。

第三十六条　实施享受豁免的限制竞争协议、经济集中

1. 享受豁免的限制竞争协议的当事方只有在贸易部长发布了授予豁免的决定后,才能实施其限制竞争协议。

2. 有资格获得豁免的经济集中参与者的法定代表人只有在总理或贸易部长发布豁免决定后,才可以依企业法规中的规定到国家主管机关实施经济集中程序。

第三十七条　授予豁免的决定的取消

1. 发布豁免决定的机构有权取消豁免决定。

2. 在下列情形下,应取消授予豁免的决定:

a. 发现豁免申请中的欺诈行为;

b. 享受豁免的企业在授予豁免决定中规定的期限内没有遵守相关条件和义务;

c. 授予豁免的条件不再存在。

第三十八条　有关授予豁免决定的申诉

对于授予豁免、拒绝授予豁免的决定或者取消授予豁免决定不服的企业,可以根据法律关于申诉和控告的规定提出申诉。

第三章　不正当竞争行为

第三十九条　不正当竞争行为

本法中的不正当竞争行为包括：

1. 误导性说明；

2. 侵犯商业秘密；

3. 经营限制；

4. 抹黑其他企业；

5. 干扰其他企业的经营活动；

6. 以不正当竞争为目的的广告；

7. 以不正当竞争为目的的促销；

8. 协会歧视；

9. 非法多级销售；

10. 根据本法第三条第 4 款确定的标准以及政府规定的其他不正当竞争行为。

第四十条　误导性说明

1. 为了维护竞争,禁止企业使用可能使商品名称、企业信念、企业商标、包装、地理标志和政府规定的其他元素产生混淆的信息作为商品和服务的说明。

2. 禁止使用本条第 1 款规定的误导性信息从事商品或服务业务。

第四十一条　侵犯商业秘密

禁止企业进行以下行为：

1. 通过破坏合法商业秘密所有者采取的安全措施来获取和收集属于商业秘密的信息；

2. 未经商业秘密所有者的许可而披露、使用属于商业秘密的信息；

3. 违反保密协议或欺骗、利用负有保密责任的人的信任来获取、收集或披露属于此类商业秘密所有者的商业秘密的信息；

4. 当他人根据有关商业的法律规定实施相关程序、实施产品流通程序或通过破坏国家机构采取的措施获取、收集属于他人的商业秘密的信息,或者将此类信息用于商业目的、申请商业执照、商品流通。

第四十二条　经营限制

禁止企业通过威胁或强迫他们不进行交易或停止与其他企业的交易来限

制其他企业的消费者及商业伙伴。

第四十三条　抹黑其他企业

禁止企业直接或间接发布严重损害其他企业的声誉、财务状况和商业活动的不真实信息,从而抹黑其他企业。

第四十四条　干扰其他企业的经营活动

禁止企业通过直接或间接地阻碍、破坏其他企业的经营活动来干扰其他企业的合法经营活动。

第四十五条　以不正当竞争为目的的广告

禁止企业开展以下广告活动:

1. 直接与其他企业的类似商品、服务进行比较。

2. 模仿其他广告产品误导消费者。

3. 在以下方面向客户发布虚假或误导性信息:

a. 价格、数量、质量,效用、设计、类别、包装、制造日期、使用期限、产地、制造商、制造地点、加工者、加工地点;

b. 使用情况、服务方式、保修期限;

c. 其他虚假或误导性信息。

4. 法律禁止的其他广告活动。

第四十六条　以不正当竞争为目的的促销

禁止企业开展以下促销活动:

1. 举办存在欺诈的有奖促销活动;

2. 组织不诚实或混淆商品、服务的促销活动,以欺骗消费者;

3. 在同一促销计划下,差别对待不同促销地点的相似消费者;

4. 免费向客户提供试用商品,但要求消费者用其他企业生产且其当前使用的同类商品进行交换;

5. 法律禁止的其他促销活动。

第四十七条　协会歧视

禁止专业协会进行以下行为:

1. 歧视行为,即拒绝接纳有资格加入的企业或者拒绝允许企业退出协会,使这些企业处于竞争劣势;

2. 不合理地限制成员企业的经营活动或其他与经营相关的活动。

第四十八条　非法多级销售

禁止企业采取以下行为从招募参与者进入多级销售网络中获取非法利润：

1. 要求希望参与者支付定金、购买一定数量的商品或支付一定金额的钱以获得参与多级销售网络的权利；

2. 不承诺至少以出售给参与者的价格的90%的价格回购商品；

3. 向参与者提供佣金，奖金或其他经济利益主要是源于吸引他人参与多级销售网络；

4. 为诱使其他人参与，提供有关参与多级销售网络好处的虚假信息以及有关商品的性质和效用的虚假信息。

第四章　竞争管理局、竞争委员会

第一节　竞争管理局

第四十九条　竞争管理局

1. 政府应决定建立竞争管理局并规定其组织和机构。

2. 竞争管理局具有以下职权：

a. 按照本法的规定控制经济集中的过程。

b. 负责接收豁免申请材料；并将其意见提交贸易部长决定或提交总理决定。

c. 调查与限制竞争行为和不正当竞争行为有关的竞争案件。

d. 处理和制裁不正当竞争行为。

e. 法律规定的其他任务。

第五十条　竞争管理局负责人

1. 竞争管理局的负责人应由总理根据贸易部长的提议任命或免职。

2. 竞争管理局的负责人必须组织和指导竞争管理局执行本法第四十九条第2款规定的职权。

第五十一条　竞争案件的调查员

1. 竞争案件的调查员（以下简称调查员）应由贸易部长根据竞争管理局负责人的提议任命；

2. 调查员应根据竞争管理局负责人的决定调查特定的竞争案件。

第五十二条　调查员的标准

完全符合以下条件的人员可以被任命为调查员：

1. 具有良好的道德素养,诚实、公正;

2. 具有法律,经济或金融学士学位;

3. 在本条第2款所规定的领域之一中工作了至少5年;

4. 经过专业调查技能的培训。

第二节 竞争委员会

第五十三条 竞争委员会

1. 竞争委员会是政府设立的机构。

竞争委员会应由总理根据贸易部长的提议任命或免职的11~15名成员组成。

2. 竞争委员会根据本法规定组织处理和解决涉及限制竞争行为的竞争案件的申诉。

第五十四条 竞争委员会主席

1. 竞争委员会主席应由总理根据贸易部长的提议在竞争委员会成员中任命或免职。

2. 竞争委员会主席应当组织竞争委员会的运作。

3. 竞争委员会主席应决定成立至少由5名竞争委员会成员组成的竞争案件处理委员会,其中1名成员应主持听证会,以处理特定的竞争案件。

第五十五条 竞争委员会成员的标准

1. 完全符合以下条件的人员可以被任命为竞争委员会成员:

a. 具有良好的道德素养,诚实、公正并具有社会主义法治意识;

b. 具有法律、经济或金融学士学位;

c. 在第b款所规定的领域之一中工作了至少5年;

d. 能够完成分配的任务。

2. 竞争委员会成员的任期为5年,可以连任。

第五章 竞争案件的调查、处理

第一节 总则

第五十六条 竞争程序原则

1. 涉及限制竞争行为的竞争案件的处理,应当遵守本法的规定。

2. 涉及不正当竞争行为的竞争案件的处理，应当遵守本法和有关处理行政违法行为的法律规定。

3. 在执行竞争程序的过程中，调查员、竞争管理局负责人和竞争委员会成员必须在各自的职权范围内，对企业的商业秘密保密，尊重相关组织和个人的合法权益。

第五十七条　竞争程序中使用的语言和文字

竞争程序中使用的语言和文字是越南语。竞争程序的参与者有权使用其母语和文字，在这种情况下，需要翻译。

第五十八条　竞争案件的申诉

1. 如果组织和个人认为违反本法规定的行为侵犯了他们的合法权益（以下称为申诉人），则可以向竞争管理局申诉。

2. 提出申诉的时效期限为 2 年，并自提出涉及违反竞争法的行为之日算起。

3. 申诉材料应当包括以下主要文件：

a. 根据竞争管理局设定的格式提出的书面申诉；

b. 违法行为的证据。

4. 申诉人应对其提供给竞争管理局的证据的真实性负责。

第五十九条　申诉材料的接收

1. 竞争管理局应当接收申诉材料。

2. 竞争管理局在收到申诉材料 7 个工作日内，应当书面通知申诉人其材料已被接收。

3. 申诉人应当根据法律规定预付处理竞争案件的费用。

第六十条　证据

1. 证据是调查员和竞争案件处理委员会用来确定是否存在违反本法规定行为的事实。

2. 证据有以下来源：

a. 物证，即用于进行违法行为的工具或手段、金钱和具有证明违反本法规定行为作用的其他事物；

b. 证人的证词，即有关组织和个人的解释；

c. 原始文件，经主管机构或组织合法公证、证明或提供的原始文件副本和翻译；

d. 专业结论。

第六十一条　行政预防措施的适用

1. 竞争管理局的负责人、竞争委员会主席可以在处理本法第七十六条第6款和第七十九条第4款规定的特定案件中的行政违法行为时,采用法律规定的一些行政预防措施。

政府应规定竞争管理局的负责人和竞争委员会主席可以采取的行政预防措施。

2. 以下人员可以建议采取行政预防措施:

a. 申诉人可以向竞争管理局的负责人和竞争委员会主席提出这样的建议;

b. 调查员可以向竞争管理局的负责人提出这样的建议;

c. 听证会的主持者可以向竞争委员会主席提出这样的建议。

3. 如果根据申诉人的建议采取行政预防措施,申诉人应当按照政府的规定支付保证金。

如果错误地采用行政预防措施,对被调查方造成损失,申诉人应当为此赔偿。赔偿额应由申诉人和被调查方协商确定;如果双方无法就此达成协议,则被调查方可以根据民事法规的规定向法院提起诉讼,要求赔偿损失。

4. 如果根据调查员或听证会主持者的建议采取行政预防措施,对被调查方造成损失,则竞争管理局或竞争委员会应当为此赔偿。赔偿额应由被调查方与竞争管理局或竞争委员会协商确定,如果不能就此达成协议,被调查方可以根据民事法规的规定向法院提起诉讼,要求赔偿损失。如果必须支付赔偿金,竞争管理局或竞争委员会应当确定提议者和相关人员的责任,包括财产责任,以便对此类人员施加适当的纪律处分并迫使他们赔偿竞争管理局或竞争委员会已向被调查方赔偿的金额。

5. 采取行政预防措施针对的当事方可以根据有关申诉和控告的法律规定,就该决定进行申诉。

第六十二条　竞争案件处理费

竞争案件的处理应收取竞争案件处理费。政府应根据有关收费的法律规定收费的水平、收取、支付、管理和使用。

第六十三条　竞争案件处理费用的承担

1. 被裁定违反本法规定的一方应当支付竞争案件处理费。

2. 被调查方不违反本法规定的，申诉人应当支付竞争案件处理费。

3. 依照本法第六十五条第2款的规定进行竞争案件处理的，被调查方不违反本法规定的，竞争管理局应当支付竞争案件处理费。

第二节　竞争程序的参与者

第六十四条　竞争程序的参与者

竞争程序的参与者包括：

1. 申诉人；

2. 被调查方；

3. 律师；

4. 证人；

5. 专家；

6. 翻译员；

7. 利益相关者。

第六十五条　竞争案件中的被调查方

竞争案件中的被调查方（以下称为被调查方）是在以下情形中根据竞争管理局的决定进行调查的组织或个人：

1. 根据本法第五十八条的规定受到申诉；

2. 自实施违法行为之日起2年内，被竞争管理局认定为正在实施或已发生违反竞争法的行为。

第六十六条　参与者的权利和义务

1. 被调查方具有以下权利：

a. 出示文件、物品；了解申诉人或竞争管理局出示的文件和物品。

b. 参与听证会。

c. 如果发现调查员、竞争案件处理委员会成员属于本法第八十三条规定的情形之一，可以要求更换。

d. 授权律师参与竞争程序。

e. 要求证人作证。

f. 提议竞争管理局要求专业意见。

g. 根据本法的规定，提议变更执行竞争程序的人员和竞争程序参与者。

2. 申诉人具有以下权利：

a. 本条第1款规定的权利。

b. 提议竞争管理局的负责人或竞争委员会主席对竞争案件采取行政预防措施。

3. 被调查方和申诉人应承担以下义务：

a. 及时提供与其建议或要求有关的完整、真实、准确的证据。

b. 应竞争管理局或竞争案件处理委员会的要求出席听证会。如果被要求出席却无合理理由缺席，竞争案件处理委员会应根据现有信息处理案件。

c. 遵守竞争管理局和竞争案件处理委员会的决定。

第六十七条　申诉人、被调查方的律师

1. 完全符合法律法规规定的程序参与条件并经申诉人或被调查方授权的律师，可以参与竞争程序，以保护其代表的当事方的合法权益。

2. 参与竞争程序时，律师应具有下列权利和义务：

a. 参与竞争程序的所有阶段。

b. 核实和收集并提供证据，以保护其代表的当事方的合法权益。

c. 研究竞争材料中的文件，并在材料中做笔记以及复制必要的文件，以保护其代表的当事方的合法权益。

d. 根据本法规定，代表当事方提议变更执行竞争程序的人员和竞争程序参与者。

e. 向其代表的当事方提供法律援助，以保护他们的合法权益。

f. 尊重事实和法律；不得贿赂、强迫或煽动他人提供虚假证词或提供不实文件。

g. 应竞争案件处理委员会的要求出席听证会。

h. 不得泄露他们在参与竞争程序的过程中获悉的调查秘密；不得使用其在竞争材料中所做笔记和文件副本侵犯国家利益以及组织、个人的合法权益。

第六十八条　证人

1. 了解与竞争案件有关情况的人可以应竞争案件处理委员会的要求以证人身份参与竞争程序，或者由竞争管理局应当事方的要求邀请其作为证人参与竞争程序。丧失民事行为能力的人不得充当证人。

2. 证人具有以下权利和义务：

a. 提供所有与处理竞争案件有关的文件、书面材料和物品；将其了解到与处理竞争案件有关的所有情况以口头或书面的形式向竞争管理局或竞争案件处理委员会作证。

b. 参与听证会并向竞争案件处理委员会作证。

c. 在为国家机构、组织或企业工作时，由竞争管理局或竞争案件处理委员会召集或作证时，应允许他们请假。

d. 报销其交通费用以及法律规定的其他费用。

e. 拒绝提供与国家秘密、职业秘密或个人隐私有关的证词，或给作为其亲属的申诉人或被调查方带来严重不良影响的证词。

f. 诚实地报告他们所知道的与处理竞争案件有关的情况。

g. 对因其虚假证词造成申诉人、被调查方或其他人损失的，赔偿损失并承担相应的法律责任。

h. 如果他们应当在听证会上公开作证，则应竞争案件处理委员会的要求出席听证会。

i. 向竞争管理局或竞争案件处理委员会保证行使其权利并履行其义务，但未成年证人除外。

3. 拒绝提供证词、提供虚假证词、提供虚假材料或在竞争案例处理委员会要求的情况下，无合理理由缺席的证人，应当根据法律规定承担责任，但在本条第 2 款第 e 项规定的情况除外。

4. 证人应受到法律保护。

第六十九条　专家

1. 专家是指具有必要的知识，在相关各方的要求被竞争管理局的负责人或竞争案件处理委员会接受后，应竞争管理局的负责人或竞争案件处理委员会要求，根据法律规定提供专业意见的人。

2. 专家具有以下权利和义务：

a. 审阅竞争案件材料中与专业意见相关的文件；要求专业意见咨询机构提供专业意见所需的材料。

b. 向竞争程序参与者提出有关专业意见的问题。

c. 应专业意见咨询机构的要求出席，以诚实、扎实和客观的方式就与专业意见以及专业意见结论有关的问题作出回答。

d. 需要专业意见的事项超出了他们的专业能力,或者所提供的文件不足、对专业意见无用,专家应以书面形式通知专业意见咨询机构无法提供专业意见。

e. 保存收到的文件,并将其连同专业结论或关于无助于专业意见的材料一起退还给专业意见咨询机构。

f. 不得自行收集有关专业意见的文件,如果这种接触影响专业意见结论的公正性,则不得私下联系其他竞争程序参与者。除要求专业意见决定的签署人外,不得在专业意见处理过程中泄露他们了解的信息,不得将其专业意见结论告知他人。

g. 如果不同意集体专业意见的结论,可以在结论中书面发表个人意见。

h. 报销其交通费用以及法律规定的其他费用。

3. 无合理理由拒绝给出专业结论或给出虚假的专业结论或专家意见咨询机构要求却无合理理由缺席的专家,则应根据法律规定承担责任。

4. 在以下情况下,专家应当拒绝参与竞争程序或进行更换:

a. 属于本法第八十三条规定的情形之一;

b. 以律师、证人或翻译员的身份参与同一竞争程序;

c. 以竞争案件处理委员会成员的身份在该案件中执行程序。

第七十条　翻译员

1. 翻译员是能够在竞争程序参与者无法使用越南语的情况下,将越南语以外的语言翻译成越南语的人,反之亦然。翻译员应根据有关各方的协议选择,并由竞争案件处理委员会接受及任命。

2. 翻译员具有以下权利和义务:

a. 应竞争案件处理委员会的要求出席听证会;

b. 以真实、客观和准确的方式进行翻译;

c. 要求进行竞争程序的执行人员和竞争程序参与者更清楚地解释内容以便更好翻译;

d. 如果这种接触可能会影响翻译的真实性、客观性和准确性,不得与其他竞争程序参与者联系;

e. 报销其交通费用以及法律规定的其他费用;

f. 向竞争案件处理委员会保证行使其权利并履行其义务。

3. 故意提供虚假翻译或竞争案件处理委员会要求却无合理理由缺席的翻译员，应根据法律规定承担责任。

4. 在以下情况下，翻译员应当拒绝参与竞争程序或进行更换：

a. 属于本法第八十三条规定的情形之一；

b. 以律师、证人或专家的身份参与同一竞争程序；

c. 以竞争案件处理委员会成员的身份在该案件中执行程序。

第七十一条　竞争案件的利益相关者

1. 利益相关者可以提出独立的主张或在申诉人或被调查方的立场上参与竞争程序。

2. 提出独立主张或在申诉人的立场上参与竞争程序的利益相关者或仅有相关利益的人应具有本法第六十六条规定的申诉人的权利和义务。

3. 提出独立主张或在被调查方的立场上参与竞争程序的利益相关者或仅有相关义务的人应具有本法第六十六条规定的被调查方的权利和义务。

第七十二条　拒绝专业意见、翻译或要求更换专家或翻译员的程序

1. 在听证会之前，拒绝专业意见、翻译或要求更换专家或翻译员，应以书面形式提出，并明确说明理由。

2. 在听证会进行过程中，拒绝专业意见、翻译或要求更换专家或翻译员，应当记载于听证会记录中。

第七十三条　更换专家或翻译员的决定

1. 在听证会之前，应由竞争委员会主席决定更换专家或翻译员。

2. 在听证会进行过程中，竞争案件处理委员会应在听取被要求更换人员和其他竞争程序参与者的意见后，决定更换专家或翻译员。

3. 如果有必要更换专家或翻译员，那么竞争案件处理委员会应发布决定推迟听证会。其他专家或翻译员的任命，应符合本法第六十九条和第七十条的规定。

第三节　竞争程序执行机构、竞争程序执行人员

第七十四条　竞争程序执行机构

竞争程序执行机构包括竞争管理局和竞争委员会。

第七十五条　竞争程序执行人员

竞争程序执行人员包括竞争委员会成员、竞争管理局的负责人、调查员和

听证员。

第七十六条　竞争管理局的负责人在执行竞争程序时的职权

竞争管理局的负责人在执行竞争程序时,应具有下列职权:

1. 决定指派调查员调查特定的竞争案件;

2. 检查竞争案件调查员的调查活动;

3. 决定修改或取消竞争案件调查员作出的毫无根据和非法的决定;

4. 决定更换竞争案件调查员;

5. 决定咨询专业意见;

6. 在将竞争案件材料移交给竞争委员会处理之前,决定适用、更改或取消行政预防措施;

7. 决定对在竞争管理局权限内的竞争案件进行初步调查、停止调查、正式调查;

8. 在调查阶段应有关各方的要求邀请证人;

9. 签署调查员提交的有关竞争案件调查的书面结论;

10. 在竞争案件涉及限制竞争行为的情况下,将竞争案件材料移交给竞争委员会;

11. 处理在竞争管理局权限内的申诉和控告。

第七十七条　调查员在执行竞争程序时的权力

调查员在执行竞争程序时,应具有下列权力:

1. 请求有关组织和个人提供有关竞争案件的必要信息和文件;

2. 要求被调查方提供有关竞争案件的文件并作出解释;

3. 提议竞争管理局的负责人咨询专业意见;

4. 提议竞争管理局的负责人对竞争案件采取行政预防措施。

第七十八条　调查员在执行竞争程序时的义务

调查员在执行程序时,应承担以下义务:

1. 将竞争管理局负责人的调查决定移交给被调查方;

2. 保守企业的商业秘密;

3. 保存提供的文件;

4. 调查由竞争管理局负责人指定的竞争案件;

5. 在竞争案件的初步调查或正式调查终止后作出调查报告;

6. 对竞争管理局的负责人负责,并按照法律规定履行其职权。

第七十九条　执行竞争程序时竞争委员会主席的职权

1. 根据本法第五十四条第3款的规定成立竞争案件处理委员会。

2. 根据本法第七十三条第1款、第八十三条和第八十五条第1款的规定,在开庭之前决定更换竞争案件处理委员会成员,听证员、专家或翻译员。

3. 决定任命竞争案件处理委员会成员、听证员以替换根据本法第八十五条第2款的规定在听证过程中更换的人员。

4. 在收到竞争案件材料时决定适用、更改或取消行政预防措施。

第八十条　竞争案件处理委员会

1. 在处理竞争案件时,竞争案件处理委员会应独立工作,并且必须遵守法律。

2. 竞争案件的处理决定应由竞争案件处理委员会以多数票通过。赞成与反对的票数相等时,应根据听证会主持者意见的一方作出决定。

第八十一条　听证会主持者的职权

听证会主持者具有下列职权:

1. 组织竞争案件材料的研究。

2. 在竞争案件处理委员会的决定基础上,签署给竞争委员会主席适用、更改或取消行政预防措施的提议;决定将竞争案件材料交还给竞争管理局,并要求进行进一步调查;决定处理解决竞争案件。

3. 在竞争案件处理委员会的决定基础上,签署召开听证会的决定。

4. 决定召集参与者参与听证会。

5. 签署并宣布关于竞争案件处理的决定以及竞争案件处理委员会的其他决定。

6. 在处理竞争案件时,在本法规定的权限内开展其他活动。

第八十二条　听证员

1. 听证员应具有以下职权:

a. 在听证会之前准备必要的专业工作;

b. 宣布听证会的规则;

c. 向竞争案件处理委员会报告召集参与人的出席情况;

d. 制作听证会的记录;

e. 执行听证会主持者指定的其他工作。

2. 在本法第八十三条规定的情况下,听证员应当拒绝执行竞争程序或进行更换。

第八十三条　竞争案件处理委员会成员、调查员、听证员、专家、翻译员的拒绝或更换情形

有以下情况之一的,竞争案件处理委员会成员、调查员、听证员、专家、翻译员应当拒绝行使职权或予以更换:

1. 是申诉人或被调查方的亲属;

2. 是竞争案件的利益相关者;

3. 还有其他明确的理由可以认为其在行使职权时不会保持公正。

第八十四条　竞争案件处理委员会成员、听证员拒绝执行竞争程序或要求更换的程序

1. 在听证会之前,竞争案件处理委员会成员、听证员拒绝执行竞争程序或要求更换,应当以书面形式提出,并明确说明其理由。

2. 在听证会进行过程中,竞争案件处理委员会成员、听证员拒绝执行竞争程序或要求更换,应当记载在听证会的会议记录中。

第八十五条　更换竞争案件处理委员会成员或听证员的决定

1. 在听证会之前,竞争案件处理委员会成员、听证员的更换,应由竞争委员会主席决定。

2. 在听证会进行过程中,竞争案件处理委员会成员或听证员的更换应由竞争案件处理委员会在听取拒绝人员或被要求更换人员的意见后决定。竞争案件处理委员会应闭门讨论并以多数票作出决定。

如果有必要更换竞争案件处理委员会成员或听证员,竞争案件处理委员会应发布决定推迟听证会。任命竞争案件处理委员会成员、听证员以替换应当更换的人员,应由竞争委员会主席决定。

第四节　竞争案件调查

第八十六条　初步调查

在下列情形下,竞争案件的初步调查应由竞争管理局的负责人决定进行:

1. 竞争案件的材料已被竞争管理局接收;

2. 竞争管理局发现违反本法规定的情形。

第八十七条　初步调查的期限

1. 自发布初步调查决定之日起,初步调查的期限为30日。

2. 在本条第1款规定的期限内,被指派负责调查竞争案件的调查员应当完成初步调查,并提议竞争管理局的负责人作出停止调查或进行正式调查的决定。

第八十八条　停止调查的决定、进行正式调查的决定

根据初步调查结果和调查员的提议,竞争管理局的负责人应发布以下决定之一:

1. 如果初步调查结果表明没有违反本法规定的行为,则停止调查;

2. 如果初步调查结果表明有违反本法规定的行为,则进行正式调查。

第八十九条　正式调查的内容

1. 对于限制竞争协议、滥用市场支配地位或滥用垄断地位或经济集中的情况,调查应包括:

a. 确定相关市场;

b. 确定被调查方在相关市场上的市场份额;

c. 收集和分析违法行为的证据。

2. 对于不正当竞争案件,调查员应当认定被调查方是否已经或正在实施不正当竞争行为。

第九十条　正式调查的期限

正式调查的期限规定如下:

1. 不正当竞争案件,自决定发布之日起,正式调查的期限为90日;如有必要,竞争管理局的负责人可将这一期限最多延长60日。

2. 对于限制竞争协议、滥用市场支配地位或滥用垄断地位或经济集中的案件,自决定发布之日起,正式调查的期限为180日;如有必要,竞争管理局的负责人可将这一时限延长不超过2次,每次最多延长60日。

3. 调查员应当在调查期限届满前7个工作日内将调查期限的延长通知所有相关方。

第九十一条　调查记录

1. 调查员在进行调查时,必须作出调查记录,清楚注明调查时间和地点、调查员、被调查方、调查内容以及被调查方的申诉和/或主张。

2. 调查员必须在签署调查记录之前向调查对象宣读调查记录。

3. 如果被调查方拒绝在调查记录上签字,调查员应当在调查记录中记录下来,并说明原因。

第九十二条　要求在调查过程中邀请证人

1. 在调查过程中,相关方可要求竞争管理局邀请证人。请求者有义务向竞争管理局说明邀请证人的理由。

2. 竞争管理局向证人的邀请必须清楚地说明被邀请人的全名和地址、作证的时间和地点、案件的当事方和相关方。

3. 调查员应当在调查记录中记录证人的证词,并在双方都签署调查记录之前向证人宣读证词。

第九十三条　调查报告

1. 调查终止后,竞争管理局的负责人应当将调查报告以及与限制竞争行为有关的整个竞争案件材料移交给竞争委员会。

2. 调查报告应包括以下主要内容:

a. 案情简介;

b. 经核实的事实和证据;

c. 提议的处理措施。

第九十四条　涉及犯罪的竞争案件材料的移交

如果通过调查发现竞争案件有犯罪行为,则调查员应当立即提议竞争管理局的负责人审核,并将有关材料移交给主管刑事案件处理国家机构。

第九十五条　在有理由不提起刑事案件的情况下交还材料

有权提起刑事案件的国家机构发现根据《刑事诉讼法》的规定有不提起刑事案件的理由时,应当将材料交还竞争管理局,使其根据本法规定进一步调查。本法第九十条规定的调查期限,自收到材料之日起算。

第九十六条　补充调查、补充调查的期限

1. 如果竞争案件处理委员会书面要求,竞争案件调查员应当进行进一步调查。

2. 自竞争案件处理委员会发出进一步调查的书面要求之日起,进一步调查的期限为60 日。

第九十七条　调查过程中的协调和支持义务

地方主管部门、警察机关及其他机关和组织应按照竞争管理局负责人的要求，协调和支持调查过程。

第五节　听证会

第九十八条　竞争案件应当通过听证会进行审议和处理

属于竞争委员会处理权限的竞争案件应当通过听证会进行审议和处理。

第九十九条　召开听证会的准备

1. 在收到调查报告和完整的竞争案件材料后，竞争委员会主席应决定成立竞争案件处理委员会。

2. 收到竞争案件材料后的 30 日内，竞争案件处理委员会应当作出以下决定之一：

a. 召开听证会；

b. 退还材料，进行进一步调查；

c. 停止处理竞争案件。

3. 在作出召开听证会决定 15 日内，竞争案件处理委员会应当召开听证会。

4. 如果将材料退还进一步调查，则在收到材料之日起 15 日内，竞争案件处理委员会应当作出本条第 2 款所要求的决定之一。

第一百条　退还材料进一步调查

如果发现所收集的证据不足以确定违反本法规定的行为，则竞争案件处理委员会应决定将材料退还以进一步调查。

第一百零一条　停止处理属于竞争委员会职权内的竞争案件

1. 在以下情况下，竞争案件处理委员会应决定停止处理属于竞争委员会职权内的竞争案件：

a. 如果没有足够的证据证明有违反本法规定的行为，竞争管理局的负责人提议停止处理竞争案件，且竞争案件处理委员会认为该提议是正当的；

b. 被调查方已自愿终止其违法行为并补救后果，申诉人已自愿撤回其书面申诉；

c. 对于根据本法第六十五条第 2 款的规定进行调查的案件，被调查方已自愿终止其违法行为并补救后果，同时建议竞争管理局的负责人停止处理竞争案件。

2. 应当将停止处理竞争案件的决定发送给被调查方和申诉人(如果有的话)以及竞争管理局。

第一百零二条　举行听证会的决定

1. 举行听证会的决定应当在不迟于举行之日 10 日前告知当事方。

2. 举行听证会的决定应当包含以下内容:

a. 被调查方;

b. 根据本法第六十五条第 2 款的规定进行调查的,包括申诉人或竞争管理局;

c. 违反本法条款;

d. 举行听证会的时间和地点;

e. 听证会公开或闭门举行;

f. 竞争案件处理委员会成员的全名;

g. 调查竞争案件的调查员及听证员的全名;

h. 律师的全名;

i. 证人的全名;

j. 专家的全名;

k. 利益相关者。

第一百零三条　召集应出席听证会的人

根据举行听证会的决定,竞争案件处理委员会应在不迟于举行之日前 10 日将召集命令传给应当出席听证会的人。

第一百零四条　听证会

1. 听证会应公开举行。听证会的内容与国家机密、商业秘密有关的,应当闭门举行。

2. 听证会的参与者,包括:

a. 竞争案件处理委员会成员、听证员;

b. 被调查方;

c. 申诉人;

d. 律师;

e. 竞争案件的调查员;

f. 在举行听证会决定中提到的其他人员。

3. 在听取了参与者在听证会上提出的意见和争论后，竞争案件处理委员会应进行讨论，进行秘密表决，并以多数票作出决定。

第六节 竞争案件处理决定的效力

第一百零五条 竞争案件处理决定

1. 竞争案件处理决定应包含以下主要内容：

a. 案情简介；

b. 案件分析；

c. 案件处理结论。

2. 听证会主持者应在案件处理决定上签字。

3. 竞争案件处理决定应当在签署之日起 7 个工作日内发送给相关方。

第一百零六条 竞争案件处理决定的效力

如果在竞争案件处理决定签署之日起 30 日内，没有本法第一百零七条规定的申诉提出，则该决定生效。

第七节 对于尚未生效的竞争案件处理决定申诉的处理

第一百零七条 竞争案件处理决定的申诉

1. 如果有关当事方不同意竞争案件处理委员会发布的部分或全部竞争案件处理决定，则可以向竞争委员会提出申诉。

2. 如果有关当事方不同意竞争管理局负责人发布的部分或全部竞争案件处理决定，则可以向贸易部长提出申诉。

第一百零八条 有关竞争案件处理决定的书面申诉

1. 有关竞争案件处理决定的书面申诉应当包括以下主要内容：

a. 申诉日期；

b. 申诉人的姓名和地址；

c. 申诉案件处理决定的序号和日期；

d. 申诉的原因和申诉人的要求；

e. 申诉人的签字和盖章。

2. 书面申诉应说明竞争案件处理决定的问题，并附上证明申诉是合法的补充证据(如果有)。

第一百零九条　有关竞争案件处理决定的书面申诉的接收

接收有关竞争案件处理决定的书面申诉后5个工作日内,发布此类决定的机构应当根据本法第一百零八条的规定,检查书面申诉的有效性。

第一百一十条　有关竞争案件处理决定的申诉后果

1. 竞争案件处理决定中被申诉的部分不得执行。

2. 在接收有关竞争案件处理决定的书面申诉后的15日内,接收此类书面申诉的机构应根据本法第一百零七条的规定审核,并将其与全部竞争案件材料以及有关书面申诉的建议一起移交给竞争委员会或贸易部长。

第一百一十一条　处理有关竞争案件处理决定申诉的期限

接收申诉文件后的30日内,竞争委员会或贸易部长应在权限内处理申诉。在特别复杂的情况下,处理申诉的期限最多可以延长13日。

第一百一十二条　竞争委员会在处理有关竞争案件处理委员会的竞争案件处理决定的申诉时的权力

在审议和处理有关竞争案件处理委员会的竞争案件处理决定的申诉时,竞争委员会有以下权力:

1. 如果认为申诉没有充分根据,则维持竞争案件处理决定。

2. 如果这些决定是非法的,修改部分或全部竞争案件处理决定。

3. 在以下情况下,取消竞争案件处理决定并将竞争案件材料移交给竞争案件处理委员会进行重新处理:

a. 证据尚未完全收集和核实;

b. 竞争案件处理委员会的组成违反了本法的规定,或有其他严重违反竞争程序的行为。

第一百一十三条　贸易部长在处理有关竞争管理局的竞争案件处理决定的申诉时的权力

贸易部长在审议和处理有关竞争管理局的竞争案件处理决定的申诉时,应具有本法第一百一十二条第1款和第2款所规定的权力,有权取消竞争案件处理决定,并在尚未充分收集和核实证据的情况下,要求竞争管理局按照本法规定的程序重新审理案件。

第一百一十四条　处理申诉决定的效力

处理关于竞争案件处理决定申诉的决定自签署之日起生效。

第一百一十五条　提起针对处理申诉决定的诉讼

1. 如果有关当事方不同意处理有关竞争案件处理决定申诉的决定，则可以在主管的省/市人民法院针对此类决定的全部或部分内容提起行政诉讼。

2. 如果法院根据本条第 1 款的规定接收了有关处理竞争案件处理决定申诉的书面诉讼，则贸易部长和竞争委员会主席应在接到法院要求后的 10 个工作日内，将竞争案件材料移交法院。

第一百一十六条　诉讼的结果

未在法庭上起诉的竞争案件处理决定的部分应继续执行。

第八节　违反竞争法行为的处理

第一百一十七条　制裁违反竞争法行为的形式和补救措施

1. 对于违反竞争法的各项行为，违反的组织或个人应受到以下主要制裁形式之一的制裁：

a. 警告；

b. 罚款。

2. 根据违反竞争法行为的性质和严重性，违反竞争法的组织或个人可能会受到以下附加制裁形式之一的制裁：

a. 撤销商业登记证、吊销营业执照和执业证书；

b. 没收用于实施违反竞争法行为的设备和工具。

3. 除本条第 1 款和第 2 款规定的制裁形式外，违反竞争法的组织或个人还可能受到以下一项或多项后果补救措施的制裁：

a. 重组滥用市场支配地位的企业。

b. 拆分吸收合并或混合合并的企业；强制转售被收购部分企业。

c. 公开认错。

d. 删除商业合同或交易协议中的非法规定。

e. 消除违法行为的限制竞争影响的其他必要措施。

4. 违反竞争法的组织或个人损害国家利益、其他组织合法权益的，应当依照法律规定赔偿损失。

第一百一十八条　违反竞争法行为所处的罚款额

1. 对于违反竞争法规定的限制竞争协议、滥用市场支配地位、滥用垄断地位或经济集中的行为,具有制裁权限的机构最高可处以违规组织或个人在他们实施违法行为的前一财政年度中所得总营业额的10%的罚款。

2. 对于违反竞争法规定的不正当竞争行为和除本条第一款规定之外的其他违反本法规定的行为,具有制裁权限的机构应当依照行政处罚法或相关法律规定处以罚款。

3. 政府应规定对违反本法规定的行为处以的罚款额。

第一百一十九条　制裁、处理违反竞争法行为的权力

1. 竞争案件处理委员会和竞争委员会应具有以下权力:

a. 发出警告;

b. 根据本法第一百一十八条第1款的规定处以罚款;

c. 没收用于实施违反竞争法行为的设备和工具;

d. 使用本法第一百一十七条第3款第c项、第d项、第e项规定的措施;

e. 要求国家主管部门撤销商业登记证、吊销营业执照和/或执业证书;

f. 要求国家主管部门采取本法第一百一十七条第3款第a项和第b项规定的措施。

2. 竞争管理局可以采取本法第一百一十七条第1款第a项、第2款第b项、第3款第c项和第一百一十八条第2款规定的措施。

3. 其他具有制裁权限的机构,应当根据行政处罚法的规定,制裁与知识产权有关的不正当竞争行为。

第一百二十条　国家官员和雇员的违法行为的处理

违反竞争法的国家官员和雇员,应根据其违法行为的性质和严重性,对其进行纪律处分或追究其刑事责任;造成损失的,应当依照法律规定赔偿损失。

第一百二十一条　竞争案件处理决定的执行

1. 竞争案件处理决定生效之日起30日后,如果有义务履行此决定的当事方未能自愿履行且未根据本章第七节的规定向法院提起诉讼,则执行竞争案件处理决定的受益方可以书面要求国家主管部门在其职权内组织执行竞争案件处理决定。

2. 竞争案件处理决定涉及有义务履行决定的当事方财产的,执行竞争案件处理决定的受益方可以要求有义务履行该决定的当事方总部、居住地或财产所在地的省或中心城市的民事判决执行机构组织执行竞争案件处理决定。

第六章　实施条款

第一百二十二条　实施效力

本法自 2005 年 7 月 1 日起生效。

第一百二十三条　实施指南

政府和最高人民法院应当详细规定和指导本法的实施。

本法于 2004 年 12 月 3 日经越南社会主义共和国第十一届国民大会第六次会议通过。

印度尼西亚关于禁止垄断行为和不正当商业竞争法*

第一章　总则

第一条

本法所称：

1. 垄断是指一个经营者或一个经营者团体对商品生产和/或销售的控制和/或对某些服务使用的控制。

2. 垄断行为是指一个或多个经营者集中经济力量，控制某些商品和/或服务的生产和/或销售，从而造成不正当的商业竞争，并可能损害公共利益。

3. 经济力量的集中是指一个或多个经营者对市场的实际控制，使它们能够决定商品和/或服务的价格。

4. 支配地位是指经营者在相关市场上相对于其控制的市场份额而言没有实质性竞争者，或一个经营者就其财务能力、获取原材料或销售商品和/或服务的能力以及对特定商品和/或服务的供需调整方面，在相关市场的其他竞争者中居于最高位置。

5. 经营者是指自然人或公司，采取法人或非法人实体形式，在印度尼西亚共和国管辖范围内成立、设立住所或开展业务，以协议方式单独或联合开展经济领域的各项业务活动。

6. 不正当商业竞争是指经营者在进行商品和/或者服务的生产和/或销售时，以不正当或者不合法的方式妨碍竞争。

7. 协议是指一个或多个经营者以书面或非书面形式，以任何名义与一个或

---

* 1999 年第 5 号法令。

多个其他经营者进行约束的行为。

8. 串谋或商业串谋是指一个经营者与其他经营者进行合作的形式,其目的是串谋经营者的利益而控制相关市场。

9. 市场经济是指买卖双方直接或间接进行商品和/或服务交易的经济制度。

10. 相关市场是指经营者就相同或类似类型的商品和/或服务或此类商品和/或服务的替代品所形成的与一定营销范围或区域相关的市场。

11. 市场结构是指对经营者行为和市场绩效有重大影响的指标所指示的市场状况,包括但不限于买卖双方的数量、进入和退出市场的壁垒、产品种类、分销体系、市场份额控制等。

12. 市场行为是指经营者以商品和/或服务的供应商或买方的身份所采取的行动,目的是实现公司目标,包括获取利润、增加资产、销售目标和所采用的竞争方法等。

13. 市场份额是指某一经营者在一定自然年内在相关市场上控制的某种商品或服务的销售或购进价值的百分比。

14. 市场价格是指当事人按照协议在相关市场上进行商品和/或者服务交易所支付的价格。

15. 消费者是指商品和/或服务的任何使用者或利用者,无论其是为了自己的利益还是为了他人的利益。

16. 商品是指消费者或经营者可以交易、使用、利用的任何有形或无形、可移动或不可移动的实物。

17. 服务是指在社会中以工作或演出的形式进行交易,以被消费者或经营者加以利用的任何服务。

18. 商业竞争监督委员会是指为了监督经营者开展业务活动,以保证其不从事垄断行为和/或不正当商业竞争而设立的委员会。

19. 地方法院是指在现行法律法规中提及的经营者住所地法院。

第二章　原则与目标

第二条

印度尼西亚的经营者必须在经济民主的原则上开展商业活动并考虑经营

者利益与公共利益之间的平衡。

第三条

制定本法的目的:

1. 把维护社会公共利益、提高国民经济效益作为增进人民福祉的工作之一;

2. 通过保证公平的商业竞争,创造一种有利的商业环境,以确保大、中、小型经营者享有平等的商业机会;

3. 防止经营者的垄断行为和/或不正当的商业竞争;以及

4. 创造商业活动的效益和效率。

第三章 禁止性合同

第一节 寡头垄断

第四条

1. 禁止经营者与其他经营者签订协议,共同控制可能造成垄断行为和/或不正当商业竞争的商品和/或服务的生产和/或销售。

2. 如果2个或3个经营者或经营者团体控制某类商品或服务75%以上的市场份额,则可怀疑或认定该经营者构成本条第1款所述的共同控制商品和/或服务的生产和/或销售。

第二节 固定价格

第五条

1. 禁止经营者与其竞争对手签订协议,控制在同一相关市场上的消费者或顾客支付的某些商品和/或服务的价格。

2. 本条第1款的规定不适用于:

(1)在合资企业范围内达成的协议;或

(2)根据现行法律签订的协议。

第六条

禁止经营者签订协议,使不同买方为同一商品和/或服务支付不同的价格。

第七条

禁止经营者与其竞争对手签订可能导致不正当竞争的低于市场价格的

协议。

第八条

禁止经营者与其他经营者签订协议,规定接收商品和/或服务的当事方不得以低于约定价格的价格转售或再供应已接收的商品和/或服务,从而可能导致不正当的商业竞争。

第三节　划分区域

第九条

禁止经营者与其竞争对手签订以划分市场区域或分配商品和/或服务市场为目的并可能造成垄断行为和/或不正当的商业竞争的协议。

第四节　联合抵制

第十条

1. 禁止经营者与其商业竞争对手签订协议,妨碍其他经营者出于国内或海外市场的目的从事同一类型业务。

2. 禁止经营者与其商业竞争对手签订协议,拒绝销售其他经营者的任何商品和/或服务,由此:

(1)给其他经营者造成损失或涉嫌给其他经营者造成损失;或者

(2)限制其他经营者在相关市场销售或购买任何商品和/或服务。

第五节　卡特尔

第十一条

禁止经营者与其商业竞争对手签订协议,意图通过安排某些商品和/或服务的生产和/或销售来影响价格,从而造成垄断行为和/或不正当商业竞争。

第六节　托拉斯

第十二条

禁止经营者与其他经营者签订协议,以通过建立合资公司或大型公司,保持和维持各自的公司或其成员的连续性来进行合作,以控制商品和/或服务的生产和/或销售,从而导致垄断行为和/或不正当商业竞争。

第七节　商品采购垄断

第十三条

1. 禁止经营者与其他经营者签订协议,共同控制供应品的购买或取得,以控制相关市场的商品和/或服务价格,从而导致垄断行为和/或不正当的商业竞争。

2. 如果 2 个或 3 个经营者或经营团体拥有某类特定商品或服务 75% 以上市场份额,则可怀疑或认定该经营者构成本条第 1 款所述的共同控制供应品的购买或取得。

第八节　纵向整合

第十四条

在某些特定商品和/或服务的生产链中,如果其中一种产品的生产直接或间接以其他产品的生产为前提,则禁止经营者与其他经营者签订协议来控制该产品链中的几种产品的生产,从而导致不正当的商业竞争和/或公共损害。

第九节　独家交易

第十五条

1. 禁止经营者与其他经营者签订协议,规定接收商品和/或服务的一方仅能向特定当事人或禁止向特定当事人和/或在特定地点供应上述商品和/或服务。

2. 禁止经营者与其他经营者签订协议,规定接受商品和/或服务的一方必须向供应商品和/或服务的一方购买其他商品和/或服务。

3. 禁止经营者就商品和/或服务的价格或者一定的价格折扣签订协议,要求从供货公司获取商品和/或服务的经营者:

(1)必须从供货公司购买其他商品和/或服务;

(2)不得向与该供货公司有竞争关系的其他供货公司购买相同或相似的商品和/或服务。

第十节　与境外方签订的协议

第十六条

禁止经营者与境外他方签订可能导致垄断行为和/或不正当竞争的协议。

第四章　禁止性活动

第一节　垄断

第十七条

1. 禁止经营者控制可能导致垄断行为和/或不正当商业竞争的商品和/或服务的生产和/或销售。

2. 如果存在以下情况,则可怀疑或认定经营者构成本条第 1 款所述的控制商品和/或服务的生产和/或销售:

(1)有关的商品和/或服务目前尚无可用替代品;或者

(2)致使其他经营者无法对相同的商品和/或服务展开竞争;或者

(3)一个经营者或经营者团体控制了某类商品或服务的 50% 以上的市场份额。

第二节　买方垄断

第十八条

1. 禁止经营者控制相关供应品的取得,或其是相关市场上商品和/或服务的唯一购买者,从而导致垄断行为和/或不正当的商业竞争。

2. 如果一个经营者或经营者团体控制了特定商品或服务的 50% 以上的市场份额,则可怀疑或认定该经营者构成本条第 1 款所述的控制相关供应品的取得或作为商品和/或服务的唯一购买者。

第三节　市场控制

第十九条

禁止经营者以下列方式,单独或者与其他经营者共同从事一项或者数项可能导致垄断行为和/或不正当商业竞争的活动:

(1)拒绝或妨碍其他经营者在相关市场上进行相同的商业活动;或者

(2)妨碍竞争对手的消费者或顾客与该等竞争对手建立商业关系;或者

(3)限制商品和/或服务在有关市场的分销和/或销售;或者

(4)对某些经营者采取歧视性做法。

第二十条

禁止经营者以低于成本的价格或者以极低的价格提供商品和/或服务,以消除或者破坏竞争对手在相关市场的业务,从而导致垄断行为和/或不正当的商业竞争。

第二十一条

禁止经营者以不公平的方式确定商品和/或服务的生产成本和作为价格构成的其他成本,从而导致不正当的商业竞争。

第四节　串谋

第二十二条

禁止经营者与其他方串谋,来确定可能导致不正当商业竞争的投标中标者。

第二十三条

禁止经营者与他人串谋,获取其竞争对手的属于公司机密的商业活动信息,从而导致不正当的商业竞争。

第二十四条

禁止经营者与其他经营者串谋,以降低相关市场上提供或供应的商品和/或服务的数量、质量和所需的及时性要求为目的妨碍竞争对手的商品和/或服务的生产和/或销售。

第五章　支配地位

第一节　一般规定

第二十五条

1. 禁止经营者直接或间接利用其支配地位从事:

(1)附加交易条件,以期在价格和质量方面防止和/或阻止消费者获得有竞争性的商品和/或服务;或者

(2)限制市场和科技的发展;或者

(3)阻碍潜在经营者进入相关市场。

2. 如果存在以下情况,则认为经营者拥有本条第1款所述的支配地位:

(1)一个经营者或经营者团体控制特定商品或服务50%以上的市场份额;或者

(2)2个或3个经营者或经营者团体控制特定商品或服务75%以上的市场份额。

第二节 兼任

第二十六条

担任公司董事或监事的人员,不得在另一家公司兼任董事或监事,如果上述公司:

(1)位于相同的相关市场;或者

(2)业务领域和/或业务类型密切相关;或者

(3)能共同控制相关商品和/或服务市场份额。

从而导致垄断和/或不正当竞争。

第三节 股份所有权

第二十七条

禁止经营者在同一相关市场同一领域从事同一业务活动的数家公司中持有多数股权,也禁止经营者在同一相关市场内设立具有相同业务活动的数家公司,如果该等所有权导致:

(1)一个经营者或经营者团体控制了特定商品或服务50%以上的市场份额;或者

(2)2个或3个经营者或经营者团体控制了特定商品或服务75%以上的市场份额。

第四节 吸收合并、新设合并与收购

第二十八条

1. 禁止经营者进行可能导致垄断行为和/或不正当竞争的吸收合并或新设合并。

2. 禁止经营者收购其他公司股份,从而导致垄断行为和/或不正当商业竞争。

3. 政府规章条例中详细列出了本条第 1 款所述的禁止公司合并以及第 2 款所述的禁止公司收购股份的规定。

第二十九条

1. 若第二十八条所述的公司合并或股份收购,导致其资产价值和/或出售价格超过特定金额,则相关经营者必须最迟在合并或收购之日起 30 日内向委员会提出报告。

2. 政府规章中规定了本条第 1 款所述的资产价值和/或出售价格的确定方法以及相关报告程序的履行。

第六章　商业竞争监督委员会

第一节　地位

第三十条

1. 设立商业竞争监督委员会(以下简称委员会),对本法的实施情况进行监督。

2. 委员会是一个独立机构,不受政府和其他势力的影响。

3. 委员会向总统负责。

第二节　委员

第三十一条

1. 委员会由 1 名主席、1 名副主席和不少于 7 名委员组成,其中主席和副主席兼任委员。

2. 委员会委员由总统任命和罢免,报人民立法大会批准。

3. 委员会委员的任期为 5 年,可连任一届。

4. 如委员会委员因任期届满而出现职位空缺,可将其任期延长至任命新委员时为止。

第三十二条

委员会委员的条件如下:

(1)印度尼西亚共和国公民,至少 30 岁,在任命时不超过 60 岁;

(2)忠诚于潘查希拉(印尼建国五原则)和1945年的《宪法》;

(3)信仰并献身于全能的上帝;

(4)诚实、公正、品行良好;

(5)居住在印度尼西亚共和国境内;

(6)有商业经验或具有法律和/或经济领域的知识和专业技能;

(7)无犯罪记录;

(8)从未被法院宣布破产;以及

(9)不与任何公司相关联。

第三十三条

委员会的委员资格因下列原因而终止:

(1)死亡;

(2)根据本人的要求辞职;

(3)居住在印度尼西亚共和国领土以外;

(4)患有身体或精神上的长期疾病;

(5)在委员会的任期届满;

(6)被解职。

第三十四条

1. 委员会的组成及其组织结构、职责和职能应由总统命令规定。

2. 为了顺利执行其职责,委员会将得到秘书处的协助。

3. 委员会可成立工作组。

4. 关于秘书处和工作组的组织结构、职责和职能的规定应在委员会的决定中进一步加以规定。

第三节 职责

第三十五条

委员会的职责包括以下几个方面:

(1)评估第四条至第十六条规定的可能导致垄断行为和/或不正当商业竞争的协议;

(2)评估第十七条至第二十四条中经营者可能导致的垄断和/或不正当商业竞争的行为和/或商业活动;

(3)评估本法第二十五条至第二十八条所述的可能导致垄断行为和/或不正当商业竞争的滥用支配地位的情况是否存在;

(4)根据委员会第三十六条的规定采取行动;

(5)就与垄断行为和/或不正当商业竞争有关的政府政策提供意见和建议;

(6)编制与本法有关的指南和/或出版物;

(7)定期向总统和人民立法大会提交关于委员会工作情况的报告。

第四节 职权

第三十六条

委员会职权应包括以下几个方面:

(1)接受公众和/或经营者关于存在垄断行为和/或不正当商业竞争的指控的报告;

(2)对可能导致垄断行为和/或不正当商业竞争的经营者的行为和/或经营活动的指控开展调查;

(3)对于公众或经营者的报告或基于委员会调查的结果对垄断行为和/或不正当商业竞争指控案件开展调查和/或审查;

(4)对调查和/或审查的结果,作出是否存在垄断行为和/或不正当商业竞争的结论;

(5)传唤涉嫌违反本法规定的经营者;

(6)传唤和引入证人、专家证人以及被认为知晓违反本法规定的任何人;

(7)寻求调查人员的协助,引入本条第 5 款和第 6 款中所指的不愿意听从委员会传唤的经营者、证人、专家证人以及任何人。

(8)要求政府机构提供对违反本法规定的经营者进行调查和/或审查的声明;

(9)为调查和/或审查而索取、查阅和/或评估信件、文件或其他证据文书;

(10)确定并决定其他经营者或者社会公众是否遭受了任何损失;

(11) 将委员会的决定通知涉嫌从事垄断行为和/或不正当商业竞争的经营者;

(12)对违反本法规定的经营者给予行政处分。

第五节　经费

第三十七条

与委员会履行职责有关的费用应由国家收支预算和/或现行法律和法规许可的其他来源承担。

第七章　案件处理程序

第三十八条

1. 任何知晓发生了违反本法情况的人或有理由怀疑发生了违反本法情况的人，都可以以书面形式向委员会报告，并附有关于发生违反情况的详细说明，并附上报告人的身份。

2. 当事人因违反本法的规定而遭受损失的，可以向本会提出书面报告，并就违法行为的发生和造成的损失作出完整、清晰的说明，并附报告人的身份。

3. 委员会必须对本条第 1 款所指的报告方的身份保密。

4. 本条第 1 款和第 2 款规定的报告程序应由委员会进一步明确规定。

第三十九条

1. 根据第三十八条第 1 款和第 2 款所提出的报告，委员会有义务进行初步审查，并在收到有关报告后 30 日内决定是否需要进行后续审查。

2. 在后续审查中，委员会有义务审查提出报告的经营者。

3. 委员会有义务对从经营者处获得的从属于公司机密的信息保密。

4. 如认为有必要，委员会可听取证人、专家证人和其他当事方的陈述。

5. 在进行本条第 2 款和第 4 款规定的活动时，委员会委员应提供授权书。

第四十条

1. 即使没有提出报告，如果有人指控发生了违反本法的行为，委员会也可以对经营者进行审查。

2. 本条第 1 款规定的审查应按照第三十九条规定的程序进行。

第四十一条

1. 经营者和/或其他被审查方有义务提交调查和/或审查所需的证据文书。

2. 经营者不得拒绝审查，不得拒绝提供调查和/或审查所需的资料，不得妨碍调查和/或审查的进行。

3. 委员会应将违反本条第2款规定的情况报告提交刑事调查员，由其按照现行规定进行刑事调查。

第四十二条

委员会调查中的证据文书应采用下列形式：

(1)证人证言；

(2)专家证言；

(3)信件和/或文件；

(4)迹象；

(5)经营者陈述。

第四十三条

1. 委员会有义务在第三十九条第1款规定的后续审查开始后60日内完成后续审查。

2. 如有需要，本条第1款所规定的后续审查的时限可延长不超过30日。

3. 委员会有义务在完成本条第1款或第2款规定的后续审查后30日内确定是否发生了违反本法的行为。

4. 委员会在本条第3款所作出的决定，必须在向公众开放的会议中宣读，并须立即通知有关经营者。

第四十四条

1. 在相关经营者收到第四十三条第4款规定的委员会决定的通知之日起30日内，相关经营者有义务执行该决定并向委员会提交执行报告。

2. 相关经营者可在收到上述决定通知后的14日内，向地方法院提出上诉。

3. 在本条第2款规定的时限内未提出上诉的经营者应视为接受了委员会的决定。

4. 如果有关经营者没有执行本条第1款和第2款的规定，委员会应根据现行法律和法规的规定，将该决定提交刑事调查人员进行刑事调查。

5. 第四十三条第4款所指的委员会决定应作为刑事调查员进行调查的初步充分证据。

第四十五条

1. 有关地方法院必须自收到有关上诉之日起14日内，审查经营者根据第四十四条第2款的规定提出的上诉。

2. 地方法院必须在上述上诉的审查开始后30日内作出裁决。

3. 对本条第2款所述的地方法院作出的决定有异议的当事方可在14日内向印度尼西亚共和国最高法院提出上诉。

4. 最高法院必须在收到上诉后30日内作出裁决。

第四十六条

1. 如果没有上诉,委员会按照第四十三条第3款的规定作出的决定应具有永久的法律效力。

2. 地方法院应按要求执行本条第1款所述的委员会决定。

第八章　制裁

第一节　行政措施

第四十七条

1. 委员会有权对违反本法规定的经营者采取行政措施予以制裁。

2. 本条第1款所指的行政措施可采取下列形式:

(1)撤销本法第四条至第十三条、第十五条和第十六条所述的协议;和/或

(2)命令经营者按照第十四条的规定停止纵向整合;和/或

(3)命令经营者停止垄断行为和/或不正当商业竞争和/或对社会有害的活动;和/或

(4)责令经营者停止滥用支配地位;和/或

(5)撤销本法第二十八条项下的公司吸收合并、新设合并和收购股份;和/或

(6)处以损害赔偿;和/或

(7)征收最低1,000,000,000卢比、最高25,000,000,000卢比的罚款。

第二节　刑事处罚

第四十八条

1. 违反第四条、第九条至第十四条、第十六条至第十九条、第二十五条、第二十七条和第二十八条的规定,应处以最低25,000,000,000卢比,最多100,000,000,000卢比的刑事罚金,或最长6个月的刑事监禁。

2. 违反本法第五条至第八条、第十五条、第二十条至第二十四条和第二十

六条的规定处以最低 5,000,000,000 卢比,最高 25,000,000,000 卢比的罚金,或最长 5 个月的刑事监禁。

3. 违反本法第四十一条的规定,处以最低 1,000,000,000 卢比、最高 5,000,000,000 卢比的刑事罚金,或最长 3 个月的监禁。

第三节　附加刑事处罚

第四十九条

根据《刑法》第十条的规定,除第四十八条规定的刑事处罚外,还可采取下列方式实施附加刑事处罚:

(1)吊销营业执照;或者

(2)禁止被证实违反本法规定的经营者在最少 2 年最多 5 年内不得担任董事或监事职位;或者

(3)终止其给其他方造成损害的活动或行为。

第九章　其他规定

第五十条

不受本法约束的情形:

(1)为执行现行法律、法规而采取的行动和/或达成的协议;或者

(2)与知识产权相关的协议,如许可、专利、商标、著作权、工业产品设计、集成电路、商业秘密以及特许经营协议;或者

(3)不限制和/或不阻碍竞争的商品和/或服务的技术标准的协议;或者

(4)其中未规定以低于合同约定的价格转售商品和/或服务的经销合同;或者

(5)为提高或改善整个社会的生活水平而在研究领域达成的合作协定;或者

(6)政府批准的国际协定;或者

(7)不扰乱国内需求和/或供应的以出口为导向的协定和/或行动;或者

(8)属于从事小规模团体的业务经营者;或者

(9)仅为其成员服务的合作经营活动。

第五十一条

对于能够影响社会生计以及对国家具有战略重要性的商品和/或服务的生

产和/或销售的垄断和/或集中应受本法规定,并由国有企业和/或政府设立或指定的专门机构实施。

第十章　过渡性条款

第五十二条

1. 自本法生效之日起,凡有关垄断行为和/或商业竞争的一切法律、法规,只要不与本法抵触或不为新的法律、法规所取代,均应宣布继续有效。

2. 经营者订立协议和/或进行不符合本法规定的活动和/或采取不符合本法规定的行为的,应当自本法施行之日起 6 个月内作出调整。

第十一章　最终条款

本法自颁布之日起 1 年后开始生效。

关于印度尼西亚共和国
《关于禁止垄断行为和不正当商业竞争法》
1999 年第 5 号法令的说明

概要

第一个长远发展计划已带来国家经济发展的巨大进步和社会福利的显著提高,这得益于各个领域发展政策的支持,其中包括《国家政策基本纲要》和《五年发展计划》中所规定的经济领域政策以及其他各种经济政策。

尽管第一个长远发展计划取得了实质性进展,尤其是在经济高速增长方面,但自 20 世纪 90 年代初以来,在经济全球化和私营企业的快速发展下,特别是在经济发展领域,仍存在许多挑战和尚未解决的问题。

实际上,在过去的 30 年中创造的商业机会并没有确保社会的各个阶层参与到经济发展的各个领域。在上述时期,私营部门的发展,一方面,以各种形式导致市场扭曲的不合适的政府政策为标志;另一方面,私营部门的发展实际上主要是不公平商业竞争条件的结果。

上述现象不断发展并得到决策者和经营者之间直接或间接的关系的支持,导致局势进一步恶化。国民经济的运行并未完全遵守 1945 年《宪法》第三十三条的规定,并表现出高度垄断的趋势。

接近权力掌控者的商人获得了更多的便利,造成了社会鸿沟。不受真正企业家精神支持的企业集团和强大商人们的出现一直是导致经济弹性变得极度脆弱和缺乏竞争力的因素之一。

鉴于上述情况和条件,我们有必要研究和重组印度尼西亚共和国的商业活动,使企业能够以公平、适当的方式成长和发展,从而创造公平的商业竞争环境,并避免以对社会有害的垄断行为和不正当商业竞争的形式,将经济权力集中在某些个人或群体之中,这与社会正义的理想相矛盾。

因此,有必要制定《关于禁止垄断行为和不正当商业竞争法》,以维护法治并为每个经营者提供平等的保护,以创造公平的商业竞争。

该法为进一步促进经济的发展以改善总体福利水平以及为实施 1945 年《宪法》的精神和灵魂提供了法律保障。

为了有效实施本法律并根据其原则和目标执行其法规,有必要组建商业竞争监督委员会,即不受政府和其他各方影响的独立机构,进行商业竞争监督并施加制裁。这种制裁应采取行政措施和刑事处罚的形式,而刑事处罚应在法院的授权之下。

一般而言,《关于禁止垄断行为和不正当商业竞争法》的实质由以下 6 部分组成,它们的具体规定如下:

1. 禁止性协议;
2. 禁止性活动;
3. 支配地位;
4. 商业竞争监督委员会;
5. 法律实施;
6. 其他规定。

该法是根据潘查希拉原则和 1945 年《宪法》制定的,它是基于经济民主原则,并保持经营者利益与公共利益之间的平衡。其旨在维护公众利益,保护消费者;通过建立公平的商业竞争来营造有利的商业环境,并确保每个人享有平等的商业机会;防止经营者引起的垄断行为和/或不正当商业竞争;在提高国民经济效率的背景下,在商业活动中创造效力和效率,这是在提高人民福利的背景下作出的努力之一。

逐条说明

第一条

无须说明。

第二条

无须说明。

第三条

无须说明。

第四条

无须说明。

第五条

无须说明。

第六条

无须说明。

第七条

无须说明。

第八条

无须说明。

第九条

协议本质上可以是纵向的也可是横向的。禁止此类协议是因为经营者通过划分销售领域或分配市场来消除或减少竞争。销售区域可以指印度尼西亚共和国的领土,或印度尼西亚共和国的部分领土,如摄政统治区、省或其他地方区域。划分销售区域或分配市场是指为了获取或提供商品、服务或商品和服务,确定获取或提供商品、服务或商品和服务的主体。

第十条

无须说明。

第十一条

无须说明。

第十二条

无须说明。

第十三条

无须说明。

第十四条

所说的控制产品链中几种产品的生产,通常也被称为纵向整合,是指对特定产品从上游到下游的系列生产过程的控制,或对某特定经营者的特定服务的连续生产过程的控制。尽管纵向整合做法可能会导致低价格商品和服务,但仍可能导致不公平的商业竞争,从而损害社会经济的根基,禁止这种做法是因为它们会导致不正当的商业竞争或对社会有害。

第十五条

第1款

所谓供应,应包括在买卖、租赁、租赁购买和租赁活动中以商品或服务形式的供应品。

第2款

无须说明。

第3款

无须说明。

第十六条

无须说明。

第十七条

第1款

无须说明。

第2款

(1)无须说明。

(2)“其他经营者”是指有能力在相关市场开展实质竞争的其他经营者。

(3)无须说明。

第十八条

无须说明。

第十九条

(1)禁止以不合理的方式或出于非经济原因,如由于不同民族、种族、社会地位等原因而拒绝或阻碍某些其他经营者。

(2)无须说明。

(3)无须说明。

(4)无须说明。

第二十条

无须说明。

第二十一条

以期获得低于实际成本的生产要素成本,而以不公平的方式确定生产成本和其他成本的,是违反现行法律法规的。

第二十二条

投标应是为采购货物或提供服务而承包特定工程的行为。

第二十三条

无须说明。

第二十四条

无须说明。

第二十五条

无须说明。

第二十六条

(1)无须说明。

(2)如果公司在生产、销售或生产与销售过程中相互支持或直接联系,则应视为密切相关。

(3)无须说明。

第二十七条

无须说明。

第二十八条

第 1 款

商业实体指以法人实体(如有限责任公司)形式或非法人实体形式注册的公司或其他商业形式,从事永久性和连续性的业务以产生利润。

第 2 款

无须说明。

第 3 款

无须说明。

第二十九条

无须说明。

第三十条

无须说明。

第三十一条

第 1 款

委员会主席和副主席应从委员会委员中选出。

第 2 款

无须说明。

第 3 款

无须说明。

第 4 款

延长委员会委员的任期是为了避免职位空缺,延长时间不得超过 1 年。

第三十二条

(1)无须说明。

(2)无须说明。

(3)无须说明。

(4)无须说明。

(5)无须说明。

(6)无须说明。

(7)无犯罪记录是指未因严重的犯罪行为或违反道德而受到刑事处罚。

(8)无须说明。

(9)“不与任何公司相关联”是指自成为委员会委员之日起,其不能是:

(a)公司的监事会和董事会成员;

(b)合作社执行委员会成员或审计师;

(c)为公司提供服务的当事方,如顾问、会计师和评估师;

(d)公司多数股份的所有人。

第三十三条

(1)无须说明。

(2)无须说明。

(3)无须说明。

(4)疾病情况应由授权的医生以声明的形式加以陈述。

(5)因不满足第三十二条所述的委员会委员任职要求而被解职。

第三十四条

第1款

无须说明。

第2款

秘书处应是支持或协助委员会履行职责的组织单位。

第3款

工作组应是委员会任命的专业团队,以协助委员会在特定时间执行某些任务。

第4款

无须说明。

第三十五条

无须说明。

第三十六条

(1)无须说明。

(2)无须说明。

(3)无须说明。

(4)无须说明。

(5)无须说明。

(6)无须说明。

(7)调查人员应为1981年第8号法律所规定的调查人员。

(8)无须说明。

(9)无须说明。

(10)无须说明。

(11)无须说明。

(12)无须说明。

第三十七条

原则上,国家应通过国家收支预算以资金的形式提供支助,负责委员会职责的实际执行。但是,考虑到委员会职责的范围广泛性,委员会可以从与现行法律和法规不相抵触的其他来源获得资金,这些法律和条例在本质上没有约束力,也不会影响委员会的独立性。

第三十八条

无须说明。

第三十九条

无须说明。

第四十条

无须说明。

第四十一条

第 1 款

无须说明。

第 2 款

无须说明。

第 3 款

委员会不仅应将本条第 2 款所指的犯罪行为或罪行提交调查人员,而且应将委员会正在调查和审查的主要案件提交调查人员进行调查。

第四十二条

无须说明。

第四十三条

第 1 款

无须说明。

第 2 款

无须说明。

第 3 款

委员会按照本条第 3 款的规定作出的决定应在至少由 3 名委员会委员组成的理事会会议上进行。

第 4 款

所指的通知是将委员会决定的副本送达有关的经营者。

第四十四条

第 1 款

所指的 30 日应从经营者或其代理人收到委员会决定副本之日起算。

第 2 款

无须说明。

第 3 款

无须说明。

第 4 款

无须说明。

第 5 款

无须说明。

第四十五条

无须说明。

第四十六条

无须说明。

第四十七条

第 1 款

无须说明。

第 2 款

(1)无须说明。

(2)终止纵向整合应通过(包括但不限于)解除协议、将公司的一部分转让给其他经营者或改变生产线的形式来实现。

(3)责令停止的对象是有关经营者的特定活动或行为,而非经营者的全部业务活动。

(4)无须说明。

(5)无须说明。

(6)对造成损失的,应当给予赔偿。

(7)无须说明。

第四十八条

无须说明。

第四十九条

无须说明。

第五十条

(1)无须说明。

(2)无须说明。

(3)无须说明。

(4)无须说明。

(5)无须说明。

(6)无须说明。

(7)无须说明。

(8)被称为小规模团体的经营者应符合1995年第9号法律所归类的小规模团体经营者。

(9)为其成员服务指不为公众提供服务,仅向其成员提供服务使成员获得基本需求和生产设施需求,包括信贷和原材料,以及向其他成员提供经销成员产品的服务,该等服务不会导致垄断行为和/或不正商业竞争。

第五十一条

无须说明。

第五十二条

无须说明。

第五十三条

无须说明。

印度尼西亚共和国《国家公报》补编第3817号。

菲律宾竞争法及实施规则

菲律宾竞争法*

一项规定国家竞争政策、禁止反竞争、滥用支配地位和反竞争的合并及收购的法令,设立菲律宾竞争委员会并为此拨出经费。

由菲律宾参众两院在国会共同制定:

第一章　一般条款

第一条　短标题

本法被称为《菲律宾竞争法》。

第二条　政策宣言

市场竞争是分配商品和服务的一种效率机制,这是一个公认的准则。国家认识到,过去为使经济中的关键部门自由化而采取的措施,需要通过保护竞争条件的措施予以加强。国家还认识到,向所有人提供平等的机会可以促进企业精神,鼓励私人投资,促进技术发展和转让,并提高资源生产力。不受阻碍的市场竞争也符合消费者的利益,因为它使消费者能够对市场上提供的商品和服务行使选择权。

按照《宪法》规定的国民经济目标,更公平地分配机会、收入和财富;国家为造福人民而不断增加的商品和服务;扩大生产力是提高所有人的生活水平的关键,特别是下层人民的生活水平;以及宪法规定,在公共利益需要时,国家应管制或禁止垄断,不允许任何限制贸易或不公平竞争的结合,国家应:

(a)提高经济效率,促进贸易、工业和所有商业经济活动的自由和公平竞

* 菲律宾共和国法令第 10667 号。

争,并制定一项国家竞争政策,由菲律宾共和国政府及其所有政治机构作为一个整体执行;

(b)预防将控制生产、分配、贸易或工业的经济集中,这种经济集中将过度地抑制竞争,减少、操纵或限制自由市场的纪律;

(c)处罚各种形式的反竞争协议、市场支配地位的滥用和反竞争的并购活动,以保护消费者福利,促进国内外贸易和经济发展。

第三条　范围和应用

本法对在菲律宾共和国从事任何贸易、工业和商业的任何个人或实体均可执行。同样,它也适用于对菲律宾共和国的贸易、工业或商业产生直接、实质性和合理可预见的国际贸易,包括因在菲律宾共和国境外的行为而产生的影响。

本法不适用于工人或雇员的联合或活动,也不适用于与雇主签订的协议或安排,但前提是这种联合、活动、协议或安排完全是为了在就业条件方面促进集体谈判。

第四条　条款的定义

在本法中的通常定义:

(a)收购是指为了获得以下实体的控制权而通过合同或其他方式购买证券或资产:

(1)一个实体对另一个实体的全部或部分控制权;

(2)两个或两个以上实体对另一实体的控制权;或

(3)一个或多个实体对一个或多个实体的控制权。

(b)协议是指任何类型或形式(无论是正式或非正式、明示或默示、书面或口头)的合同、安排、理解、集体建议或协调行动;

(c)行为是指任何类型或形式(无论是正式或非正式)的经营、集体建议、独立或一致的行动或做法;

(d)委员会是指根据本法设立的菲律宾竞争委员会;

(e)保密商业信息是指与经营、生产、销售、装运、购买、转让、客户识别、库存,或任何收入、利润、损失、支出的金额或来源有关的信息;

(f)控制是指通过合同、代理或其他方式,对实体的行为或决定施加实质性影响或指导的能力;

(g)支配地位指的是一个或多个实体所拥有的经济实力,使其能够独立于

下列任何一种或几种情况的组合而控制相关市场:竞争者、客户、供应商或消费者;

(h)实体是指任何形式的个人、自然人或法人、独资企业、合伙企业、联合企业或协会,无论其是否在国内或国外注册,包括那些由政府拥有或控制、直接或间接从事任何经济活动的人;

(i)市场是指与竞争对象具有足够的互换性或替代性的一组商品或服务,以及提供这些商品或服务的地理区域;

(j)合并是指两个或两个以上的实体合并成一个现有的实体或形成一个新的实体;

(k)相关市场是指特定商品或服务的销售市场,是相关产品市场和相关地理市场的组合,定义如下:

(1)相关产品市场包括所有由于货品及/或服务的特性、价格及用途而被消费者或客户视为可互换或可替代的货品及/或服务;和

(2)相关地理市场包括有关实体参与商品和服务的供求的地区,在这些地区,竞争条件是充分同质的,并且由于地区间的竞争条件的不同,可以与邻近地区区分开来。

第二章 菲律宾竞争委员会

第五条 菲律宾竞争委员会

为了实施国家竞争政策和达到本法的目标和宗旨,应该据此创建一个独立的准司法机构,该准司法机构就是所谓的"菲律宾竞争委员会"(PCC),以下简称委员会。委员会应该在本法施行之日起60日内成立。委员会成立后,修订司法部为竞争事务管理局指定的第45号行政命令。但是,司法部部长办公室下属的竞争办公室(OFC)应予以保留,并根据本章第十三条修改其职权。

该委员会应该是总统府的附属机构。

第六条 委员会的组成

委员会应由1名主席和4名委员组成。主席和委员应是菲律宾公民和居民,具有良好的道德品质、公认的廉洁和独立,必须在下列任何领域的公共、公民或学术服务中表现突出:经济、法律、金融、商业或工程。

委员会成员必须在其专业领域有至少10年的积极实践,并且在紧接之前的

选举中,无论是在常规的还是特别的选举中,都不能成为任何国家或地方选举的候选人。成为委员会成员的前提是至少有1人是菲律宾律师协会的成员,在积极的法律实践方面至少有10年的经验,并且至少有1人是经济学家。

主席、委员的级别分别相当于内阁秘书、副秘书,由总统任命。

第七条　任期

主席和委员的任期为7年,不得连任。在第一批被任命者中,主席的任期为7年,在前4名的委员中,2名委员任期为7年,另外2名委员任期为5年。如果在任期届满之前出现空缺,则对该空缺的任命应只在前任的未届满任期内有效。

主席和委员在任期内应享有任期保障,除法律规定的正当理由外,不得停职或免职。

第八条　禁止和不合格

委员会成员在任期内不得担任其他任何职务。在其任职期间,除以教师身份从事教学活动外,不得直接或间接从事任何职业,不得参与任何商业活动,不得在由政府或其任何分支机构、代理处(包括政府拥有和控制的公司或其附属公司)签订的任何合同,或授予的任何专营权或特权中获取经济利益。他们在履行职责时应严格避免利益冲突。他们将没有资格在其离任后立即参加选举中任何职位的竞选,但是本协议所提及的选举不是巴兰基选举或桑古宁·卡巴坦选举。但在他们离任后的2年内,不得允许他们以律师或代理人的身份亲自出庭或就委员会尚未决定的任何事项执业。

任何委员、委员会主席和执行委员的第四民事等级内的亲属或配偶或有血缘或亲缘关系的亲属,在其任职期间和离任后2年内,均不得就委员会处理中的任何事项担任顾问或代理人,也不得直接或间接地处理其中的业务。

第九条　委员会成员及工作人员的薪酬及其他薪酬

委员会成员和工作人员的薪酬和其他薪酬不受第6758号共和国法案的管辖,该法案也称为“工资标准化法案”。为此,委员会主席、委员和其他工作人员的薪酬和其他薪酬在设置客观分类的系统的基础上,要综合考虑相关职位的重要性和责任,并且报请菲律宾总统批准。

第十条　法定人数

委员会的3名成员即可构成法定人数,通过委员会的任何规则、裁定、命令、决议、决定或其他行为必须有 3 名成员的赞成票。

第十一条　工作人员

委员会应任命工作人员、确定报酬，并确定适当工作人员的地位、资格和职责，其中应包括委员会的 1 名执行委员。执行委员应由委员会任命，并应在法律、经济、商业、管理、金融或工程的任何领域具有至少 10 年的相关经验。

除从事纯文书工作的人员外，技术人员应至少具有下列专业之一的学士学位，即经济、法律、金融、商业、工程、会计或管理。

第十二条　职权

委员会对本法各项规定及其实施细则与规章的实施和执行具有原始和主要的管辖权。委员会应该施行以下职权：

(a)对违反本法和其他现行竞争法的案件进行调查、听证和裁决，或在接到利害关系方经核实的投诉或有关监管机构的移送后进行调查、听证和裁决，并提起适当的民事或刑事诉讼程序。

(b)审查拟议的合并和收购，确定申报的门槛，确定申报的要求和程序，并在行使其审查权力后，禁止实质上阻止、限制或减少相关市场竞争的合并和收购。

(c)监督并与利益相关者和受影响的机构进行磋商，以了解市场行为。

(d)在适当的申报或听证后，基于大量证据表明某个实体已经达成反竞争协议或滥用其支配地位的，应通过颁布禁令、要求撤资以及根据本法的规则和条例规定的合理参数追缴超额利润来制止和纠正该行为。补救措施应不仅局限于以上 3 种情况。

(e)进行行政诉讼，对不遵守或违反本法及其实施细则和条例(IRR)的行为实施制裁、罚款或处罚，并对其处以藐视法庭罪。

(f)委员会可发出传票和作证传票，要求出示与调查有关的任何事项的簿册、记录或其他文件或数据，并出席委员会会议，传唤证人，主持宣誓，并依施行本法之规章制度，经适当通知及听证后，发布事由指示、停止令等临时命令。

(g)经法院命令，对有合理理由怀疑存有与调查事项有关的账簿、税务记录或者其他文件的单位，对其营业场所和其他办公场所、土地和车辆进行检查，防止账簿、记录或者其他文件被移动、隐匿、篡改或者销毁。

(h)依本法施行细则及条例规定的方式及条件，发布调整或资产剥离令(包括公司重组或资产剥离令)。作为结构性补救措施的调整或资产剥离令只应在下列情况出现时被施加：

(1)没有同等有效的行为补救措施；或者

(2)对相关企业而言，任何同等有效的行为补救措施都比结构性补救措施更为繁重。在侵权行为发生之前对企业结构所作的改变，只会与企业结构本身所产生的持久或重复侵权的重大风险成比例。

(i)代表政府的任何或所有的执法机构，或争取任何私人机构、公司、实体或协会援助和支持，以行使其职权。

(j)监察有关个人或实体关于禁令的停止或执行的合规性。

(k)就有效实施本法的竞争事项发表咨询意见和指导方针，并向国会提交年度和特别报告，包括有关商业、贸易或工业的立法建议。

(l)监督和分析影响菲律宾经济的市场竞争行为；实施和监督促进透明度和问责制的措施；确保遵守竞争法提出的禁令和要求。

(m)主导、出版和传播关于反竞争行为和协议的研究和报告，以告知和指导行业和消费者。

(n)干预或参与由证券交易委员会、能源管理委员会和国家电信委员会等政府机构发起的需要审议的本法规定的行政和管理程序。

(o)与有关机构和部门协商，协助国家经济和发展管理局拟定国家竞争政策。

(p)担任菲律宾政府在国际竞争事务中的官方代表。

(q)提高能力建设，与其他与竞争有关的机构分享最佳实践经验。

(r)通过以下方式倡导政府的竞争政策：

(1)自行或应要求审查经济和行政法规，以了解它们是否会对相关的市场竞争产生不利影响，并且针对此类法规向有关部门提出建议；

(2)就政府行动、政策和项目的竞争影响向行政部门提供咨询意见。

(s)收取合理费用，以支付所提供服务的行政费用。

第十三条　竞争办公室(OFC)的权力和职能

司法部下属的竞争办公室(DOJ－OFC)应根据本法第七章第三十一条的规定，对根据本法和其他与竞争有关的法律所产生的所有刑事犯罪进行初步调查和提起诉讼。竞争办公室应根据需要重新组织和分配资源，以便有效地行使这一职权。

第三章 禁止性行为

第十四条 反竞争协议

(a)禁止在竞争者之间或竞争者当中签订以下协议：

(1)在价格或其组成部分或其他贸易条件方面限制竞争；

(2)在拍卖或任何形式的投标(包括封底投标、抑标、轮调和市场分配以及其他类似的操纵投标的做法)中固定价格。

(b)禁止在竞争者之间或竞争者当中签订以实质性地阻止、抑制或减少竞争为目的或效果的协议：

(1)设置、限制或控制生产、市场、技术开发或投资；

(2)不论以销售额或购买量、地域、商品或服务的类型、买方或卖方或任何其他方式来划分或共享市场。

(c)除了本条第(a)项和第(b)项规定的协议外,以实质性地阻止、限制或减少竞争为目的或效果的协议也应该禁止,但是那些有助于改善产品和服务的生产或分配或促进技术或经济进步,同时允许消费者公平地分享由此产生的利益的行为,不一定被视为违反本法。

一个实体控制或被控制,或处于另一个实体或多个实体的控制之下,拥有共同的经济利益,并且在其他方面不能相互独立地作出决定或采取行动的实体,不应被视为本条所述的竞争者。

第十五条 支配地位的滥用

禁止一个或者多个实体通过在实质上妨碍、限制或者减少竞争的行为来滥用其市场支配地位：

(a)以低于成本的价格出售商品或服务,以排挤相关市场的竞争。但委员会在评估这一事实时,应当将该实体或该实体是否有此目的或是否确定的价格是善意的,以满足或与在同一市场销售相同或类似质量的产品或服务的竞争对手的较低价格竞争的情况纳入考虑。

(b)设置进入壁垒或采取行动阻止竞争者以反竞争的方式在市场中成长,但因优质的产品或工艺、商业敏锐性或合法权利或法律而在市场上发展的除外。

(c)根据其性质或是商业惯例,要求其他各方接受与该交易无关的其他义务为交易标的。

(d)设置价格或其他条款或条件,从而不合理地区分拥有同样的商品或服务的客户或卖家,在客户和卖家依据类似的条款或条件同时进行交易的情况下,其效果可能会大大减少竞争,但是在以下情况中应当考虑允许的价格差异:

(1)为竞争能力弱的部门进行社会化定价;

(2)价格差异合理地或近似地反映了由于不同的方法、技术条件或向买方或卖方出售或交付货物或服务的数量而产生的制造、销售或交付成本的差异;

(3)因应对竞争者竞争性价格的支付、服务或设施的改变而提出的价格差异或销售条款;和

(4)因应对市场情况、商品或服务的适销性或数量而作出的价格变动。

(e)对货物或服务的租赁或销售合同或交易进行限制,包括货物或服务在何处、向何人或以何种形式出售或交易,如定价、给予优惠折扣或回扣,或设置条件,不与竞争实体进行交易,而上述限制的目的或效果是防止、限制或大大减少竞争,但是本法的规定不得对以下协议禁止或使之违法:

(1)允许的特许经营、许可经营、独家销售或独家经销协议,如给予各方单方面终止协议的权利的协议;

(2)有关知识产权保护、保密信息或商业秘密的协议。

(f)特定商品或服务的供应依赖于和向供应商购买与供应的主要货品或服务没有直接联系的其他货品或服务。

(g)直接或间接对被边缘化的农业生产者、渔民,微型、中小型企业和其他被边缘化的服务提供者和生产者等的产品或服务实行不公平的低价收购。

(h)直接或间接地将不公平的购销价格强加于竞争者、顾客、供应商或消费者,但因优质的产品或工艺、商业敏锐性或合法权利或法律而在市场上形成的价格不得被视为不公平价格。以及

(i)限制生产、市场或技术发展以损害消费者的利益,但由于优质的产品或工艺、商业敏锐性或合法权利或法律而在市场上发展的限制不被视为违反本法。

但本法的任何规定不得被解释为禁止在相关市场上占有支配地位,或禁止通过实质上不阻止、限制或减少竞争的合法手段获取、维持和增加市场份额。

此外,如任何行为有助于改善相关市场内的产品或服务的生产或分配,或

促进技术和经济进步,而让消费者公平地分享由此产生的利益,则可不将其视为滥用支配地位。

最后,上述规定不得限制委员会或相关监管机构采取本法规定的促进公平竞争或更多竞争的措施。

第四章 合并与收购

第十六条 合并与收购的审查

委员会有权基于其认为相关的因素对合并与收购进行审查。

第十七条 强制申报

在前一条所述的合并或收购协议中,交易价值超过 10 亿比索的当事方,在向委员会提交申报的 30 日内,不得完成其协议,申报的形式和包含的特定信息由委员会发布的法规规定。但是委员会应当颁布其他标准。例如,在相关市场上增加市场份额,超过最低限值,这可能特定适用于一个部门,或是跨部门或是所有部门,在本章的规定下,各方是否合并或是否收购的决议应当向委员会申报。

违反向委员会申报这一规定而达成的协议应被视为无效,并对双方处以交易金额 1% ~5% 的行政罚款。

如委员会认为有必要,可在 30 日期限届满前,要求本协议各方提供与第二十条下的禁令直接相关的、合理必要的进一步信息。该等要求的发出将使本协议不能完成的期限延长 60 日,自各方收到信息要求之日起计算,但在任何情况下,由委员会审查的该相关协议的总期限均不得超过双方最初通知后的 90 日。

上述期限届满后,无正当理由未作出决定的,被视为批准合并或者收购,各方可以继续实施或者完善合并或收购。在本条中所有由委员会提供或发出的通知、文件和信息应遵循本法第三十四条下的保密原则,除非经通知实体同意,或法律或有合法管辖权的法院的有效命令或政府或监管机构(包括交易所)的有效命令,强制要求披露其中所载的信息。

在银行、银行机构、建筑和贷款协会、信托公司、保险公司、公共事业、教育机构和其他受特别法律管辖的特殊公司的合并或收购的情况下,委员会作出的有利或无异议的裁决,不应被解释为免除有关政府机构根据《菲律宾公司法典》第七十九条提出有利建议的要求。

具有竞争授权的政府机构所作的有利建议将引起争议性的推定,即拟议的合并或收购不违反本法。

第十八条　申报的影响

如果在上一条规定的有关期间内,委员会根据第二十条确定禁止这种协议,但不符合根据本章第二十一条作出的豁免,则委员会可:

(a)禁止执行该协议;

(b)禁止执行该协议,直到该协议依据委员会规定的变更而作出修改;

(c)禁止执行该协议,直到相关方或各方达成委员会指定的具有法律效力的协议。

第十九条　申报的限值

委员会应时常通过并公布以下规定:

(a)交易价值限值和受本法第十七条申报约束的其他标准;

(b)申报合并或收购必须要提供的信息;

(c)申报要求的例外或豁免;和

(d)与申报程序有关的其他规则。

第二十条　禁止合并和收购

禁止在相关市场或由委员会决定的商品或服务市场上实质性阻止、限制或减少竞争的合并或收购协议。

第二十一条　禁止合并和收购的豁免

本章第二十条禁止的合并或收购协议,在双方确定下列任何一项时,可免予被委员会禁止:

(a)集中化所带来的或可能带来的效率收益,大于合并或收购协议所带来的或可能带来的对竞争限制的影响;或者

(b)合并或收购协议的一方面临实际或即将发生的财务风险,而该协议是对破产的实体资产的已知替代用途中不违反竞争的安排;

但在不违反本法规定的情况下,不得禁止实体继续拥有或持有其在本法批准前已取得的另一家公司的股票或其他股本或资产,或通过该等方式获取或维持的其在相关市场上的份额;

此外,还不得禁止仅出于投资目的而取得一家或多家公司的股份或其他股本,且该等股份或股本并不用于投票或行使控制权,亦不会以其他方式导致或

企图导致有关市场上的阻止、限制或减少竞争。

第二十二条　举证责任

第二十一条规定的举证责任在于寻求豁免的当事方。寻求依靠第二十一条(a)规定的豁免的一方必须证明,如果不执行该协议,就不会取得重大的效率收益。

第二十三条　对合并和收购的最终裁决

除根据欺诈或虚假的重要信息作出的裁决外,从委员会获得有利裁决的合并和收购协议,不得在本法款项下受到质疑。

第五章　处置情况

第二十四条　相关市场

为确定相关市场,除其他外,须考虑下列因素,该因素影响构成该市场的货物或服务之间的可替代性,以及该市场边界地理区域的划定:

(a)考虑到技术上的可能性,考虑到消费者可以得到何种程度的替代品以及得到这种替代品所需的时间,考虑到可以用国内或国外的其他产品或服务来代替所涉商品或服务的可能性。

(b)考虑到运费、保险、进口税和非关税限制,从其他地区和国外分配货物或服务及其原料、补充物和替代物的成本;考虑到由经济代理人或其协会施加的限制;考虑到从这些地区向市场供应所需的时间。

(c)考虑到用户或消费者寻找其他市场的成本和可能性。以及

(d)考虑到用户或消费者选择替代供应商或供应商选择替代消费者受到国家、地区或国际上的限制。

第二十五条　对实体的控制

在决定一个实体的控制权时,委员会应考虑下列事项:

当母公司通过子公司直接或间接拥有一个实体超过1/2的投票权时,控制被认为是存在的,除非在特殊情况下,可以清楚地证明这种所有权不构成控制。即使一个实体拥有另一个实体1/2或更少的投票权,在以下情况中,控制仍然存在:

(a)根据与投资者的协议,有超过1/2的投票权;

(b)有权根据法规或协议指导或管理实体的财务和经营政策;

(c)有权任命或罢免董事会或同等管理机构的多数成员；

(d)有权在董事会或同等管理机构的会议上投多数票；

(e)拥有对该实体全部或重要部分资产的所有权或使用权；

(f)拥有对该实体决策具有决定性影响的权利或契约。

第二十六条　反竞争协议或行为的确定

在确定是否存在反竞争协议或行为时,委员会应:

(a)根据本章第二十四条列出的原则,界定据称受反竞争协议或行为影响的相关市场;

(b)确定所称的协议或行为是否对相关市场的竞争产生了实际或潜在的不利影响,以及这种影响是否重大,是否超过了该协议或行为所带来的实际或潜在的效率收益;

(c)以宽广及具前瞻性的视野,认识到未来的市场发展,用商品或服务满足消费者和大型基础设施投资的需要,符合法律的规定并能满足国内的经济应对国际竞争的需要。但也要考虑当事方过去的行为和当前的市场条件;

(d)确保竞争不受阻碍或不受到实质上的限制,并确保竞争效率、生产力创新符合国家总体利益的优先领域或产业的发展不因过分或不当干预而受到阻碍的风险的平衡;

(e)评估实体是否更有可能从事反竞争协议或行为的全部证据,包括该实体的行为是否出于合理的商业目的,但不限于逐步淘汰产品或关闭企业,或作为对竞争者的行为或市场准入的合理商业回应。

第二十七条　市场支配地位

就本法而言,委员会在确定一个实体是否具有市场支配地位时,应考虑以下因素:

(a)该实体在相关市场的份额,以及在相关市场上是否能够单方面定价或控制供给;

(b)壁垒的存在和可以预见改变这些壁垒与竞争者供给的因素;

(c)竞争者的存在和市场势力;

(d)竞争者或其他实体取得其投入要素的可能性;

(e)其消费者转向其他商品或服务的可能性大小;

(f)其近期行为;以及

(g)本法规定的其他标准。

如果一个实体在相关市场上的市场份额至少为50%,则应存在可辩驳的市场支配地位的推定,除非委员会为该特定部门确定了新的市场份额限值。

委员会应不时地确定并公布在相关市场中可能产生支配地位推定的支配地位限值或最低份额水平。在作出这种决定时,委员会将按照本条第(a)项至第(g)项的规定,审议有关市场的结构、一体化程度、取得最终用户的机会、技术和财政资源以及影响市场控制的其他因素。

委员会不得认为,通过合法手段获取、维持和增加市场份额,但不实质地阻止、限制或减少市场竞争的行为(但不限于拥有高新的技术、提供优质的服务、生产或经销高质量的产品、具有商业敏锐性,以及享有和使用受保护的知识产权等)是违反本法的。

第二十八条　宽免政策

如果委员会作出以下决定,则其可在一段有限的时间内,不将本法的全部或部分规定、全部或特定情况适用于一个实体或一组实体的全部或具体情况:

(a)为了实现本法的政策目标,不需要强制执行;

(b)宽免既不会妨碍寻求豁免的某个实体或实体集团所在的市场上的竞争,也不会妨碍相关市场上的竞争;以及

(c)宽免是符合公众利益和消费者的利益和福利的。

应举行公开听证会,协助委员会作出这一决定。

委员会关于本条规定作出的有关实体或实体集团的豁免令应予公布。如果委员会认为有适当的条件可有利于确保消费者的长远利益,则可附加该宽免条件。

如果发出豁免令的依据不再有效,则委员会可撤销该命令。

第六章　罚款和处罚

第二十九条　行政处罚

(a)行政罚款。根据本法第三章第十四条和第十五条、第四章第十七条和第二十条的规定进行调查时,经适当的通知和听证,委员会可对任何违反上述规定的实体处以下列行政罚款:

第一次违反规定,罚款1亿比索;

第二次违反规定，罚款不低于1亿比索，但不超过2.5亿比索；

在确定罚款数额时，委员会应同时考虑违规的严重程度和持续时间。

(b)没有遵守委员会的命令。某实体未能遵守或拒绝遵守委员会提出的裁决、命令或决议，应该就每项违反行为支付不低于5万比索且不超过200万比索的罚款，此后每天支付相同数额的罚款，直至该实体完全遵守委员会的裁决、命令或决议为止。但这些罚款应仅在收到上述裁决、命令或决议后的45日内每日累计。

(c)提供不正确或误导性的信息。如果任何实体有意或无意地在提交给委员会的任何文件、申请书或其他纸质文件中提供了不正确的或误导性的信息，或在一个有约束力的裁决申请、同意判决的提议、与呈请理由令有关的诉讼中，或在修改委员会裁决的申请中提供了不正确的或是误导性的信息，则委员会还可以对该上述实体最高处以100万比索的罚款。罚款的具体金额应该视情况而定。

(d)对本法有关规定未明确规定处罚的其他违法行为，处以不低于5万比索不高于200万比索的罚款。

但本条所列罚款数额，委员会应每5年增加一次，以保持其自设定之日起的实际价值。

第三十条　刑事处罚

根据本法第三章第十四条第(a)项和第(b)项订立任何反竞争协议的实体，对每一项违反法令，均应被处以2~7年监禁，并处以不低于5000万比索不高于2.5亿比索的罚款。对该实体的高级管理人员和董事处以监禁的处罚。

如果所涉实体为法人，则处以罚款。

对明知并故意为之的高级管理人员、董事或担任管理职务的雇员，应处以监禁。

第七章　执行

第三十一条　实况调查;初步调查

委员会自行或依据利害关系方提出的经核实的申诉，或在监管机构的转介下，应具有唯一性和排他性的权利，其可以基于合理的理由就本法的执行情况发起并进行实况调查或初步调查。

委员会在审议了在实况调查或初步调查过程中所作的陈述或提出的文件或物品后,应作出以下决议:

(a)未发现违反或者侵害本法行为的,作出责令停止调查的决议;或

(b)基于合理的理由,发布进行全面的行政调查的决议。

委员会经适当的申报和听证,并根据提出的事实和证据,可发出命令,要求被调查实体暂时停止或停止执行某些行为。如果继续执行这些行为,将对消费者或相关市场的竞争产生重大和不利的影响。

如果证据确凿,则委员会可以就违反本法或相关法律的行为向司法部门提起刑事诉讼,以便在相关的法院提起初步调查和起诉。司法部门应根据修订后的《刑事诉讼规则》开展此类初步调查。

在所有情况下,初步调查应在提交经核实的申诉、转介或委员会自行发起之日起的90日内完成。

除本法第二章第十二条第(i)项的规定外,任何执法机关不得对与竞争有关的事项进行任何形式的实况调查、询问或查处。

第三十二条　与部门监管机构的关系

委员会对所有与竞争有关的问题的执行和管制,应有最原始的和主要的管辖权。

如果该问题同时涉及竞争和非竞争问题,则委员会仍应具有管辖权,但在委员会就任何案件作出决定之前,应咨询有关部门监管机构,并给予其合理机会就该问题提出自己的意见和建议。

在适当情况下,委员会和部门监管机构应共同发布规则和条例,以促进竞争、保护消费者,并防止各自部门内的主要参与者滥用市场权力。

第三十三条　调查、执行命令及决议的权力

委员会应通过宣誓、发出传票、出庭受审令、传召证人和委托顾问或专家进行调查。

它应根据现行法律和程序,通过使用任何临时或其他可用手段(包括惩罚藐视法庭和处以罚款的权力)来确定是否违反了本法的规定。

第三十四条　保密信息

不得以任何方式直接或间接披露、公布、转移、复制或传播实体提交的与根据本法进行的任何质询或调查以及相关审议有关的保密商业信息。同样,委员员

会在发出通知、公告、裁决和其他文件时,应尽可能使这些资料遵守本条所规定的保密规则。但是,如果所涉实体同意披露,或文件或信息被法律或有裁决权的法院或政府、监管机构(包括交易所)的有效命令强制披露,则保密性规则不适用。在匿名情况下向委员会提供资料的人的身份应保持保密,除非这些人明确放弃这种保密。

若违反本规定,则被处以不低于100万比索不高于500万比索的罚款。

第三十五条　宽大处理

委员会应当开发一个宽大处理程序,将其授予任何实体,使其免于诉讼或减少任何罚款。但前提是,这些参加了本法第十四条(a)和(b)所述的反竞争协议的实体,在满足特定条件之前或是在案件调查或初步调查阶段主动披露该协议的信息。

对于在实况调查或者初步调查开始前举报违反竞争的实体,如果符合下列条件,则应给予诉讼豁免:

(a)在该实体提出时,委员会尚未从任何其他来源收到关于该活动的资料;

(b)该实体发现非法活动后,立即采取有效行动终止其参与;

(c)该实体坦白完整地报告错误行为,并在整个调查过程中提供充分、持续和完全的合作;以及

(d)该实体没有强迫另一方参加该活动,而且显然不是该活动的领导者或发起者。

即使在调查或初步调查开始后,委员会已经收到了关于非法活动的资料,只要符合上述条件的第(b)项和第(c)项及下列附加条件,报告实体也将获得宽大处理:

(a)该实体是第一个站出来并有资格获得宽大处理的;

(b)在该实体提出指控时,委员会还未拥有可能导致该实体被定罪的足够证据;以及

(c)委员会决定给予该实体宽大处理,不会对他人不公平。

该程序应该包括对受影响方和第三方的任何诉讼或指控的豁免、免除,对罚金或/和处罚的分级,并应给予提交证据的实体优先权。就正在进行的调查与委员会合作或向委员会提供资料、文件或数据的实体不得遭受任何形式的报复或歧视。这种报复或歧视行为应被视为违反了本法,须受本法规定的制裁。

如果实体向委员会报告虚假、误导性或恶意信息、数据或文件，损害被调查实体的业务或完整性，则认为其违反了本条。本条不排除对其的起诉。若实体被发现报告了虚假、误导性或恶意的信息、数据或文件，则可被处以罚款，罚款金额不低于被投诉实体违反本条规定的罚款。

如果之前已经有一项初步调查待定，那么，司法部下属的竞争办公室（DOJ－OFC）也可以根据本条的规定给予宽大处理或豁免权。

第三十六条　无罪申诉

在刑事诉讼中受到依据本法第十四条（a）和（b）提出的指控的实体，可以提出无罪申诉，在申诉中他既没有同意也没有否认对指控的责任，但同意接受惩罚，就等同于他已认罪。该申诉不得被用来作为针对被告实体在刑事诉讼理由中提起的民事诉讼或其他诉讼中的证明责任。这个前提是，无罪申诉只有在传讯期间被提出，随后只有在获得法院许可的情况下才可以提出，而法院只有在权衡其对各当事方、公众和政府的决策力的影响后才能受理。

第三十七条　非对抗性补救

作为一项实施和执行政策，委员会应根据其规定的规则和条例，在采取行政、民事或刑事诉讼之前，通过向有关各方提供下列和其他类似的非对抗性行政补救，鼓励各方自愿遵守本法和其他竞争法：

（a）约束裁决。如果事先未提起任何投诉或调查，任何实体对拟采取的行为、行为过程、协议或决策是否符合、是否豁免或是否违反本法、其他竞争性法律及其实施条例或规则的任何规定有疑问，都可书面要求委员会就此作出约束裁决。但是该裁决适用于某一特定时期，并须视委员会的决定而延期，且须以实质性证据为根据。

如果对某一行为、过程或协议或决议作出不利的约束裁决，则申请人应获得合理的期限（任何情况下该期限不得超过 90 日）以执行委员会的裁决。除非申请人未能遵守本法的规定，否则不受行政诉讼、民事诉讼或刑事诉讼的约束。

（b）呈请理由令。根据自行作出的初步调查结果，或利害关系方经宣誓提出的书面投诉，认为任何实体以可能不符合本法或其他竞争法规定的方式全部或部分开展业务。委员会如果认为发出呈请理由令符合公众利益，便须向该实体或该等实体发出及送达其被投诉的业务行为的书面描述，事实、数据及资料的陈述，以及有关证据的摘要，并发布要求该等实体在规定的期限内作出呈请理由的命令,而非要求该人员停止或者终止其已认定的经营行为,或者支付其所指定的行政罚款,或者重新调整其经营行为或者做法。

(c)同意令。在委员会作出调查结论之前的任何时间,任何被调查的实体可在不以任何方式承认违反了本法或其他竞争性法律的情况下,向委员会提交一份同意令登记的书面承诺,并在其中详细说明拟议的同意令的条款和条件,其中应包括以下内容:

(1)在本法规定的罚款范围内支付金额;

(2)本法规定的合规报告以及实体定期报送的合规报告;

(3)向任何可能受到损害的私人/团体支付损害赔偿;以及

(4)为有效实施本法或其他竞争法,委员会认为适当和必要的其他条款和条件:

但是如果某行为持续性或重复性进行,则同意令不得禁止对相同或类似行为的任何质询。

(d)合规监控。委员会应监控有关实体、其高级管理人员和雇员遵守最终和已生效的有约束力的裁决、停止和终止命令或同意判决的情况。在利害关系方提出请求后,委员会应发出一项证明或决议,表明有关实体已遵守或未遵守一项最终的和待执行的裁决、命令或批准(视情况而定)。

(e)刑事诉讼中证据的不可接受性。具有约束力的裁决的要求、呈请理由令、同意令的提议;有关实体所载或随后提供的事实、数据和信息;由他们作出的违背其利益的书面或口头的承诺;他们提供的所有其他文件,包括他们在委员会审议程序中提出的证据;就此所作出的判决或命令;在对该等实体及其高级管理人员、雇员和代理人作出约束裁决、呈请理由令或同意令的前提下,不得在任何因同一行为而引起的刑事诉讼中被作为证据予以接受。

第三十八条　藐视

对于藐视法庭罪,委员会可立即处以不超过30日的监禁或不超过10万比索的罚款,或同时处以这两种处罚,即任何实体在委员会出席的场合有此种不当行为,包括实体无正当理由故意不遵守或拒绝服从传票(传票是委员会在出席听证、诉讼、开庭或调查时依法发出的)、拒绝作为证人宣誓或回答问题或提供信息等这些依法需要做的事情,以致严重中断其当前进行的任何听证、开庭或任何诉讼。

第三十九条　对委员会决议的上诉

对委员会的决议应可根据《法院规则》向上诉法院提出上诉。除非上诉法院根据其认为公正的条款和条件另有指示，否则上诉不得中止要求复审的命令、裁定或决定。在上诉中，委员会应作为案件的当事方被包括在内。

第四十条　执行令

在具有约束力的裁决、命令、决议、决定、判决或规则或条例最终确定后，委员会可以集体发出执行令，以强制执行其决定，并缴纳前款规定的行政罚款。

第四十一条　基本生活必需品和主要商品

如果违法行为涉及经修正的第 7581 号共和国法令所界定的基本必需品和主要商品的贸易或运转，则委员会或法院应根据情况对该行为处以 3 倍的罚款。

第四十二条　免于诉讼

委员会主席、委员、高级管理人员、雇员及代理人在执行职务及行使权力时，如有任何作为或遗漏（除因明显的失信或重大疏忽而作出的作为或遗漏外），则不得就该等作为或不作为被提出索偿或要求。

第四十三条　赔偿

除非委员会或其主席、其任何委员、高级管理人员、雇员和代理人的行为被发现故意违反本法，有明显的恶意或重大过失，否则，委员会、其主席、任何委员、高级管理人员、雇员和代理人在法律允许的最大范围内不承担任何责任，不受任何损害，并且他们应就因行使其权力和履行其职责和职能而可能产生的任何和所有责任、损失、债权、要求、损害赔偿、缺陷、成本和费用被给予赔偿。

委员会应当承担或预付诉讼费用和开支，包括法律费用和外部法律顾问的其他费用，或就任何民事、刑事、行政或其他任何程序或诉讼对其主席及其任何委员、高级管理人员、雇员和代理人提供法律援助，但前提是在上述诉讼中，上述人员是由于行使本法或根据本法行使职权或履行职责而成为当事方的。但该等法律保护不适用于委员会可能对该等主席、委员、高级管理人员、雇员或代理人提起的任何民事、刑事、行政或其他任何诉讼或程序。此外，主席、委员、高级管理人员、雇员或代理人如须辞职、退休、调往其他机构或从本部门中分离出去，委员会须继续就其在本处任职或受雇期间因善意而作为或遗漏的任何行为，提供法律保护。最后，请注意，在发生和解或妥协的情况下，且受偿人没有任何过失或不当行为时，应仅就和解所涉及的事项提供赔偿，该等事项应由法律顾问通知委员会。

如果委员会最终确定主席、委员、高级管理人员、雇员或代理人无权获得本条规定的赔偿,则在其或其代表作出预先支付的承诺前,为上述行动、诉讼或程序进行的辩护而产生的费用和开支,可由委员会在该等行动、诉讼或程序的最后处理之前支付。

第四十四条　地方初级法院的审判权

在实体或任何实体的商业行为或活动构成了案件的标的物的情况下,其主要商业活动场所所属的市级或省级的地方初级法院有原始的和专属的审判权,而不论所有涉及违反本法和其他与竞争有关的法律的刑事和民事案件所涉及的处罚和罚款如何。如果被告或任何人以公司或其他法律实体的董事、高级管理人员、股东、雇员或代理人的身份被起诉,而上述人员明知并故意授权犯下被起诉的罪行,则该公司或法律实体主要营业地所在的市或省级地方初级法院具有审判权。

第四十五条　私人行动

任何人如因任何违反本法的行为而受到直接伤害,则可在委员会完成第三十一条规定的初步调查后,提起单独和独立的民事诉讼。

第八章　其他规定

第四十六条　诉讼时效

因违反本法任何规定而引起的任何诉讼应被永远禁止,除非在以下开始时间的5年内:

(a)对于犯罪行为,是指被害人、有关部门或其代理人发现违法行为的时间;

(b)行政诉讼和民事诉讼的诉讼事由发生的时间。

第四十七条　禁止发出临时禁令、初步禁令及初步强制禁令

除上诉法院和最高法院外,任何其他法院均不得对委员会行使其职责或职能发出任何临时禁令、初步禁令或初步强制禁令。但本禁令应适用于私人方提起的所有案件、争端或争议,包括但不限于实体或通过实体主张拥有权利的人提起的案件。但在涉及宪法问题的事项极为紧急,以致不发出临时限制令将导致严重不公正和对公众造成无法弥补的伤害时,不适用此项禁令。此外,申请人应提交保证金,数额由法院确定,但在任何情况下数额不得超过本法第六章第二十九条规定的可征收罚款的20%。最后,如果法院最终裁定申请人无权获得所申请的宽免,则该保证金应由委员会所有。

任何违反本条规定而发出的临时禁令、初步禁令或初步强制禁令均属无效,并无任何法律效力。任何法官违反本条规定的,除依法受到其他刑事、民事或行政处罚外,还应当至少停职停薪1年。

第四十八条　贸易协会

本法的任何内容均不得被解释为禁止为促进质量标准和安全问题而组织的行业协会的存在和运作,但这些协会不得以任何方式被用来为违反本法的任何行为辩护。但是,利用协会作为论坛,讨论或促进与该行业有关的质量标准、效率、安全、保障、生产力、竞争力和其他共同利益的问题,并不违法,前提是这样做没有任何反竞争的效应或影响。

第四十九条　国会监管委员会

为了监管本法的实施,应该创建一个由参议院商务贸易、经济事务和金融委员会主席,众议院经济事务、贸易和工业及财政委员会主席以及来自参议院和众议院的各2名议员(分别由参议院主席和众议院主席指定)组成的关于竞争的国会监管委员会(COCC),但是2名参议员之中的1名和2名众议员之中的1名应该分别由参众两院少数党领袖提名之。国会监管委员会由参议院商务贸易委员会和众议院经济事务委员会的主席共同主持。国会监管委员会副主席由参议院经济事务委员会和众议院贸易和工业委员会的主席共同担任。

关于竞争的国会监管委员会秘书处应该由组成国会监管委员会的参议院和众议院委员会的现有人员组成。

第九章　最后条款

第五十条　执行规则和条例

在本法生效后的180日之内,委员会应与司法部下属的竞争办公室(DOJ-OFC)和有关部门监管机构协商,颁布实施本法所需的实施细则和条例;但是,如果委员会认为有必要,那么它可修订实施细则和条例;但是,经修订的实施细则和条例应在两份大众发行的报纸上刊登后的15日内生效。

第五十一条　经费、收费和罚款的拨款和使用

兹拨出3亿比索的委员会初步预算经费。

委员会收取的一切费用、罚款和罚金均不得由委员会保留,应该汇入国库并且归于一般基金收入。

委员会持续有效地运作所需的经费应列入《年度一般拨款法》。

第五十二条　透明条款

委员会的最终决议、命令和裁决应在不违反本法第三十四条的情况下在官方网站上公布。

公共诉讼记录应在本法第三十四条规定的范围内提供给公众。

第五十三条　过渡条款

为了使受影响方有时间重新谈判协议或重组其业务以符合本法的规定,现有的业务结构、行为、惯例或任何可能违反本法的行为,只有在本法生效后2年内仍未纠正或仍在继续时,才应受到本法规定的行政、民事和刑事处罚;但本条不适用于在本法生效前针对反竞争协议或行为、滥用支配地位和反竞争并购提起的行政、民事和刑事诉讼。此外,在上述2年内,政府应开展宣传计划,将本法规定告知公众。

第五十四条　可分性条款

如果本法的任何条款、判决、章节或部分由有合法审判权的法院判定为无效,则该判决不应影响、损害或使本法的其余部分无效,但其适用范围应仅限于与争议直接相关的条款、判决、章节或其部分。

第五十五条　废止条款

下列法律,以及所有其他法律、法令、行政命令和法规,或与本法任何规定不一致的部分,特此废止、修改或作其他相应修正:

(1)第3815号法令第一百八十六条,也称经修订的《刑法典》:但是在本法生效之前违反经修订的《刑法典》的第一百八十六条的行为仍可以继续受到起诉,除非这些行为已经按照规定被废止,并符合本法第三十一条规定的程序。

(2)第138号共和国法令第四条。

(3)第9136号共和国法令的第四十三(u)条关于电力研究中心(ERC)职能的规定,其标题为“电力工业改革法,针对某些特定法律或其他目的进行修订的法案”,又称“2001年电力工业改革法”,其规定与本法不符;

(4)第9502号共和国法令的第二十四条关于非法操纵价格行为的规定和第二十五条关于非法操纵价格行为处罚的规定,其标题为“提供廉价和高质量药品的法令，针对第8293号共和国法令或知识产权法、第6675号共和国法令或1988年仿制药法和第5921号共和国法令或药学法或其他目的进行修订的法案”，又称“2008年普遍可获得的廉价和高质量药品法案”，其规定与本法不符。

(5)2011年系列第45号行政命令，指定司法部为竞争主管部门，2015年系列第005号司法部通告，以及其他与本法规定不一致的相关指示。

第五十六条　有效条款

本法应在其在官方公报或至少2份全国性大众发行的报纸上刊登后的15日内生效。尽管本法中有规定，但是它不具备追溯效力。

菲律宾竞争法实施规则

为了有效执行第10667号共和国法令(《菲律宾竞争法》)的规定，菲律宾竞争委员会根据该法案赋予其的权力，特此颁布以下实施规则。为了有效执行该法案各项规定，委员会认为有必要时可以修订和补充，并发布与之相关的准则、通告。

规则一　标题和范围

第一条　标题

本规则称为《第10667号共和国法令实施规则》。

第二条　范围

(a)本规则适用于在菲律宾共和国从事贸易、工业或商业的任何实体，或在菲律宾具有直接、实质性和合理可预见影响的国际贸易、工业或商业的任何实体，包括因在菲律宾境外的行为而产生影响的实体。

(b)当工人或雇员的组合或活动、与雇主订立的协议或安排的订立纯粹为了就雇佣条件促进集体谈判的时候，本规则不适用。

规则二　定义

以下术语定义适用于本规则：

(a)收购是指为了获得以下实体的控制权而通过合同或其他方式购买证券或资产：

(1)一个实体对另一个实体的全部或部分控制权;

(2)两个或两个以上实体对另一实体的控制权;或者

(3)一个或多个实体对一个或多个实体的控制权。

(b)协议是指任何类型或形式(无论是正式或非正式、明示或默示、书面或口头)的合同、安排、理解、集体建议或协调行动。

(c)行为是指任何类型或形式(无论是正式或是非正式)的经营、集体建议、独立或一致的行动或做法。

(d)委员会是指根据该法案设立的菲律宾竞争委员会。

(e)保密商业信息是指与经营、生产、销售、装运、购买、转让、客户识别、库存,或任何收入、利润、损失、支出的金额或与来源有关的信息,也可能对提供这些信息的人或信息的来源造成严重损害的信息,在这种情况下为保持其机密性而作出合理努力的信息。这些信息通常不被公众所知道,也不为其他能够从披露或使用这些信息中获得经济价值的人所知。

(f)控制是指通过合同、代理或其他方式,对实体的行为或决定施加实质性影响或指导的能力。

(g)支配地位指的是一个或多个实体所拥有的经济实力,使其能够独立于下列任何一种或几种情况的组合而控制相关市场:竞争者、客户、供应商或消费者。

(h)实体是指任何形式的个人、自然人或法人、独资企业、合伙企业、联合企业或协会,而无论其是否在国内或国外注册,包括那些由政府拥有或控制、直接或间接从事任何经济活动的人。

(i)“合营企业”是指一个实体或一组实体出资、提供服务、提供资产,或上述任何一项或全部的组合,以从事投资活动或特定项目的一种商业安排,其中每个实体有权指导和管理与之相关的政策,并通过实体的协议来分享利润和风险及损失。

(j)市场是指与竞争对象具有足够的互换性或替代性的一组商品或服务,以及提供这些商品或服务的地理区域。

(k)合并是指两个或两个以上的实体合并为一个现有的实体或形成一个新的实体,包括合营企业。

(l)相关市场是指特定商品或服务的销售市场,是相关产品市场和相关地

理市场的组合,定义如下:

(1)相关产品市场包括所有由于货品及/或服务的特性、价格及用途而被消费者或客户视为可互换或可替代的货品及/或服务;和

(2)相关地理市场包括有关实体参与商品和服务的供求的地区,在这些地区,竞争条件是充分同质的,并且由于地区间的竞争条件的不同可以与邻近地区区分开来。

(m)“最高母公司实体”是指直接或间接控制一方的交易且不受任何其他实体控制的司法实体。

规则三　禁止性行为

第一条　反竞争协议

(a)禁止在竞争者之间或竞争者之中签订下列协议:

(1)限制价格或其组成部分或其他贸易条件方面的竞争;

(2)在拍卖或任何形式的投标(包括封底投标、抑标、轮调和市场分配以及其他类似的操纵投标的做法)中固定价格。

(b)禁止在竞争者之间或竞争者当中签订以实质性地阻止、抑制或减少竞争为目的或效果的协议:

(1)设置、限制或控制生产、市场、技术开发或投资;

(2)以销售额或购买量、地域、商品或服务的类型、买方或卖方或任何其他方式来划分或共享市场。

(c)除了本条第(a)款和第(b)款规定的协议外,以实质性地阻止、限制或减少竞争为目的或效果的协议也应该禁止,但是那些有助于改善产品和服务的生产或分配或促进技术或经济进步,同时允许消费者公平地分享由此产生的利益的行为,不一定被视为违反该法案。

(d)就本条而言,控制、被另一个或多个实体控制,或与另一个或多个实体处于共同的控制之下,有共同的经济利益并且在其他方面不能相互独立作出决定或采取行动的实体,不应被视为竞争对手。

第二条　支配地位的滥用

(a)禁止一个或者多个实体通过在实质上妨碍、限制或者减少竞争的行为来滥用其市场支配地位:

(1)以低于成本的价格出售商品或服务,以排挤相关市场的竞争:但是,委员会在评估这一事实时,应当将该实体或这些实体是否有此目的或是否确定的价格是善意的,以满足或与在同一市场销售相同或类似质量的产品或服务的竞争对手的较低价格竞争的情况纳入考虑。

(2)设置进入壁垒或采取行动阻止竞争者以反竞争的方式在市场中成长,但因优质的产品或工艺、商业敏锐性或合法权利或法律而在市场上发展的除外。

(3)根据其性质或是商业惯例,要求其他各方接受与该交易无关的其他义务为交易标的。

(4)设置价格或其他条款及条件,不合理地区分拥有同样的商品或服务的客户或卖家,在客户和卖家依据类似的条款或条件同时进行交易的情况下,其效果可能会大大减少了竞争,但是在以下情况中应当考虑允许的价格差异:

(i)为经济中不那么走运的部门进行社会化定价;

(ii)价格差异合理地或近似地反映了由于不同的方法、技术条件或向买方或卖方出售或交付货物或服务的数量而产生的制造、销售或交付成本的差异;

(iii)因应对竞争者竞争性价格的支付、服务或设施的改变而提出的价格差异或销售条款;以及

(iv)因应对市场情况、商品或服务的适销性或数量而作出的价格变动。

(5)对货物或服务的租赁或销售合同或交易进行限制,包括货物或服务在何处、向何人或以何种形式出售或交易。例如:

(i)定价;

(ii)给予优惠折扣或回扣;或者

(iii)设置条件以不与竞争实体进行交易。

限制的目的或效果是防止、限制或大大减少竞争,但在以下情况中,该法案的规定不得禁止该行为或使之违法:

(i)允许的特许经营、执照经营、独家销售或独家经销协议。例如,给予各方单方面终止协议的权利的协议,除非委员会发现产生了实质性的反竞争的影响;

(ii)保护知识产权、保密信息或商业秘密的协议。

(6)特定商品或服务的供应依赖于和向供应商购买与供应的主要货品或服

务没有直接联系的其他货品或服务。

(7)直接或间接对被边缘化的农业生产者、渔民、微型、中小型企业和其他被边缘化的服务提供者和产品生产者等的产品或服务实行不公平的低价收购。

(8)直接或间接地将不公平的购销价格强加于竞争者、顾客、供应商或消费者,但因优质的产品或工艺、商业敏锐性或合法权利或法律而在市场上形成的价格不得被视为不公平价格。以及

(9)限制生产、市场或技术发展以损害消费者的利益,但由于优质的产品或工艺、商业敏锐性或合法而在市场上发展的限制不应视为违反该法案。

(a)该法案的任何规定不得被解释为禁止在相关市场上占有支配地位,或禁止通过实质上不阻止、限制或减少竞争的合法手段获取、维持和增加市场份额。

(b)如任何行为有助于改善相关市场内的产品或服务的生产或分配,或促进技术和经济进步,而让消费者公平地分享由此产生的利益,则可不将其视为滥用支配地位。

(c)上述规定不得限制委员会或相关监管机构采取本法规定的促进公平竞争或更多竞争的措施。

第三条　例外的确定

在第二条第(a)款的第(2)项、第(8)项、第(9)项中援引该例外的有关实体应该明确确立使委员会满意的条件,进入壁垒或反竞争行为是优质的产品或工艺、商业敏锐性或合法不可或缺的自然结果。

规则四　合并与收购

第一条　合并与收购的审查

委员会自行或根据本规则规定的申报,基于委员会认为相关的因素,有权审查对菲律宾的贸易、工业或商业产生直接、实质性和合理可预见影响的并购交易。

(a)在进行这项审查时,委员会应该:

(1)评估拟议的合并或收购是否可能在有关市场或由委员会决定的货品及服务市场上,实质性地抑制、限制或减少竞争;以及

(2)考虑到拟议的合并或收购各方提出的任何切实有效的效率,这些效率

可能来自该交易。

(b)委员会在评估合并或收购的竞争效果时,应尽力将合并或收购后可能产生的竞争条件与未合并或收购时可能出现的竞争条件进行比较。

(c)委员会在进行评估时,可逐案审议各种可能的实际情况以及在不同交易中可能产生的特定竞争影响。例如:

(1)相关市场的结构;

(2)有关实体的市场地位;

(3)相关市场内外的实体的实际竞争或潜在竞争;

(4)供应商和用户可用的替代品,以及该替代品供应或进入市场的机会;

(5)任何法律或其他因素影响进入壁垒。

第二条　实体申报

(a)符合本规则第三条要求的合并或收购的各方,必须在执行与该交易有关的最终协议之前向委员会提交申报。

(b)如果合并或收购需要向委员会提交申报,则所有收购方和被收购方在收购前的最终母公司实体或由最终母公司实体授权代表其提交申报的任何实体均必须提交一份申报表并遵守本规则第五条中规定的程序。

(c)合营企业的成立(与合并或收购有关的除外),其出资方应视为收购方,合营企业应视为被收购方。

第三条　强制通知的要求

在下列情况下,并购方需要提交申报:

(a)至少一个收购或被收购实体(包括最终母公司实体直接或间接控制的所有实体)的最终母公司实体,从菲律宾境外流入或来自菲律宾的年度总收入或其在菲律宾的资产价值超过10亿比索(P1,000,000,000.00)。以及;

(b)在下列第(1)项、第(2)项、第(3)项或第(4)项所述情况中,交易金额超过10亿比索(P1,000,000,000.00):

(1)对于拟议的在菲律宾进行的合并或收购,如果有:

(i)在拟议交易中收购的菲律宾资产总价值超过10亿比索(P1,000,000,000.00);或者

(ii)在菲律宾取得的资产在菲律宾产生的总收入超过10亿比索(P1,000,000,000.00)。

(2)对于拟议的在菲律宾境外进行的合并或收购,如果有:

(i)收购实体在菲律宾的资产总价值超过10亿比索(P1,000,000,000.00);以及

(ii)在菲律宾境外获得的资产在菲律宾境内或向菲律宾流入的总收入超过10亿比索(P1,000,000,000.00)。

(3)对于拟议的在菲律宾境内外的合并或收购,如果有:

(i)收购实体在菲律宾的资产总价值超过10亿比索(P1,000,000,000.00);以及

(ii)在菲律宾境内收购的资产以及在菲律宾境外地区收购的任何资产在菲律宾境内产生的或向菲律宾境内流入的总收入超过10亿比索(P1,000,000,000.00)。

(4)关于下述(i)中法人实体表决权股份和(ii)中非法人实体权益的拟收购:

(i)由法人实体或非法人实体或其控制的实体在菲律宾拥有的资产(除上述任何一家公司的股份以外的资产)的总价值超过10亿比索(P1,000,000,000.00);或者

(ii)法人实体或非法人实体或其控制的实体的资产(除上述任何一家公司的股份以外的资产)在菲律宾境内产生的或流入菲律宾的销售总收入超过10亿比索(P1,000,000,000.00);以及

(iii)如果

A. 作为拟议收购法人实体拥有表决权股份的结果,收购股份的实体及其关联实体将拥有法人实体的表决权股份,这些股份加在一起,将超过法人实体所有已发行的表决权股份所附带的以下百分比的投票权:

(Ⅰ)35%;或者

(Ⅱ)如果一个实体或多个实体在拟收购之前已经拥有超过35%的股份,那么该种状况下应该是50%;或者

B. 作为拟议收购非法人实体权益的结果,获得该权益的实体及其关联实体将拥有该非法人实体的总权益,该等权益使该实体在该非法人实体解散时,可获得超过以下百分比的该非法人实体的利润或资产:

(Ⅰ)35%;或者

(Ⅱ)如果一个实体或多个实体在拟收购之前获得的权益已经超过了35%,

那么应该是50%。

(c)当一个实体已经购买的表决权股份或购买的非法人实体的权益已经超过了35%的限值,如果该实体再进一步购买法人实体的表决权股份或非法人实体的权益后会超过50%,则应该再次发出申报。

(d)在需呈报的合营企业交易中,如果下述(1)中将在菲律宾合并的或拟议的合营企业的资产总价值超过10亿比索(P1,000,000,000.00),或(2)中的由在菲律宾合并的资产或是拟议的合营企业的资产在菲律宾产生的总收入超过10亿比索(P1,000,000,000.00),则在确定合营企业的资产时,应该包括以下几个方面:

(1)任何促成合营企业成立的实体已同意转让的所有资产,或已达成协议供合营企业随时取得的所有资产,而无论该实体是否符合该法案的要求;

(2)任何促成合营企业形成的实体同意在任何时候延长或担保合营企业的信贷或义务。

(e)由连续交易构成的合并、收购,或者在1年内由同一方或者其控制的、被控制的、与其他实体共同控制的任何实体之间进行的部分合并、收购,应当视为一项交易。如果具有约束力的初步协议规定了此类连续交易或部分收购,则各实体应根据此类初步协议进行申报。如果没有具有约束力的初步协议,则应在双方执行与最后一笔交易有关的协议时发出申报。该协议与之前的交易一起执行时,应满足本节规定的限值。

(f)计算申报限值:

(1)菲律宾境内资产的总价值应按照最近一次定期编制的资产负债表或最近一次的审计财务报表的规定进行核算;

(2)一个实体的销售收入总额应是该实体最近一次定期编制的年度收入和费用报表上的金额。

(g)如果交易达到规定的限值,但不符合第五条规定的申报要求和等待期间,则该交易将被视为无效,并将对交易双方处以交易价值1%~5%的行政罚款。

(h)银行、银行机构、建筑和贷款协会、信托公司、保险公司、公用事业、教育机构和其他受特别法律管辖的特殊公司的合并或收购,委员会作出的有利或无异议的裁决不得被解释为免除了有关政府机构根据《菲律宾公司法》第七十九条提出有利建议的要求。

(i)具有竞争授权的政府机构提出的有利建议应产生一个有争议的推定，即拟议的合并或收购不违反该法案或本规则，但该建议必须直接源于该机构为确定拟议的合并或收购的任何反竞争效果而行使的授权。

第四条　提交申报前的磋商

(a)如果拟合并或收购的各方须按本规则提交申报，则可将其拟进行的合并或收购向委员会提交申报，并要求其事先与委员会的工作人员进行磋商。

如果要求召开会议，则双方必须以书面形式提供以下信息：

(1)有关实体的名称和业务联系方式；

(2)交易的类型；以及

(3)拟合并、收购的市场范围或者业务线。

(b)在申报前进行磋商时，各方可就申报中要求提供的具体信息征求非约束性的意见。

第五条　申报和审查程序

(a)被要求向委员会申报的并购方应提交申报表并支付由委员会决定的适用费用。本条第(b)款提及的申报表的电子副本和证书的扫描件(包含在安全的电子存储装置中)应连同上述纸质副本一起交给委员会。

(b)该表格必须由合伙企业的普通合伙人、公司的高级管理人员或董事签署，或对于一个自然人来讲，则由该自然人或他/她的法定代表人签署，并证实该表格的内容是真实的、是基于准确的个人信息或是真实的记录作出的。

(c)双方可以根据具有约束力的初步协议，以任何形式(如协议备忘录、条款清单或意向书)进行申报。每一个被收购实体和收购实体必须提交一份附带申报表的宣誓书，以证明一份有约束力的初步协议已经生效，且各方均有善意完成拟议交易的意向。

(d)该证书及宣誓书必须经公证或以其他方式认证。

(e)除下文所述外，在所有申报实体提交了各自的表格以及相应的证书和宣誓书，并由委员会通知该表格已完成之后，等待期开始。

在收购有表决权的证券时，可通过投标要约、第三者收购和公开市场交易等方式。其中收购实体是拟向被收购实体的股东购买有表决权的证券，而不是向该实体本身购买。

(i)收购实体须向该等股份的发行人送达通知,以确保被收购实体知悉其申报义务。

(ii)只有收购实体必须提交一份宣誓书。收购实体必须在宣誓书中声明其有善意完成拟议交易的意向,并已就其可能的报告义务向被收购实体送达通知(在投标要约中,收购实体也必须确认其已公开宣布进行投标要约的意向)。以及

(iii)在收购实体提交了完整表单之后,等待期开始。

(f)提交表单后,委员会应当在15日内确定该表格和其他相关要求是否已按照适用的规则或准则完成,并应将其可能未能提供的其他信息和/或文件告知各方,或向各方发出通知,说明该通知已足够用于对启动合并或收购的第一阶段审查。

(g)本条所述的等待期只有在委员会确定申报已按照适用的规则和条例完成后开始。

(h)在开始第一阶段审查的30日内,如果有必要,则委员会应该通知各当事方需要在第二阶段审查下对合并或收购进行更全面和详细的分析,并要求其提供与审查有关的其他资料和/或文件。

(i)前项要求的发出,将使该协议不得完成的期限再延长60日。额外的60日期限应自各当事方收到要求信息之日起计算;但是在任何情况下,由委员会审查该协议的总期限不得超过90日[本条第(f)款规定的自各当事方的首次申报表被视为完成之日起计算]。此外,如果各当事方未能在收到要求后15日内提供所要求的信息,则该申报应被视为已过期,各当事方必须重新提交申报。或者,如果各当事方希望在15日期限之外提交要求的信息,则各当事方可以要求延长时间,以便在此期间遵守要求提供更多信息。在这种情况下,审查期限应相应延长。

(j)被审查的拟议交易的各方应将该交易的任何实质性修改通知委员会。委员会应根据其所提供的资料,决定是否需要提交新的申报。

(k)在不需要提交一项交易的申报的情况下,以上规定的委员会结束审查的期限将不再适用。

(l)委员会可酌情决定在期限届满之前终止一个等待期。

(m)当任一等待期在周六、周日或假日结束时,等待期将延长至下一个工

作日。

(n)上述期限届满,无论出于何种原因未发布决议的,应被视为批准合并或者收购,各当事方可以继续实施或者完善该合并或者收购。

(o)根据本规则第四条和第五条向委员会提交或发出的所有申报、文件和信息,均应遵守该法案第三十四条和本规则第十三条中的保密规则,除非出于执行该法案或本规则的目的,或经申报实体同意,或法律或有审判权的法院、政府或监管机构(包括交易所)的有效命令强制要求公开披露其所载的信息。

第六条　申报的效力

如果在前面规定的相关期限内,委员会基于该法案的第二十条和本规则的第九条确定该合并或收购协议是被禁止的,并且其不符合该法案第二十一条和本规则第十条所述的豁免,则委员会可:

(a)禁止该协议的实施;

(b)禁止该协议的实施,直到其按委员会指定的更改要求对该协议进行了修改;或者

(c)禁止该协议的实施,直到相关方或各方达成了委员会指定的具有法律效力的协议。

第七条　申报概要的公布

(a)当各当事方已提交委员会出于对已申报的合并或收购进行第二阶段审查的目的而要求的其他资料或文件时,委员会应根据各当事方提交的表格在其网站上公布与通知与下列有关的信息:

(1)涉及的实体名称;

(2)交易的方式;

(3)拟合并或收购的市场范围或业务线;以及

(4)收到完整的申报的日期。

(b)委员会在公布该信息时,应考虑各当事方保护其商业秘密和其他机密信息的合法利益。

第八条　修改强制申报的限值

委员会应不时发布采用、修改、废止或以其他方式更改的条例:

(a)交易价值限值和此类其他强制性申报的标准;

(b)合并或收购的申报必须提供的信息;

(c)规定的例外或豁免;以及

(d)与申报程序有关的其他规则。

第九条　禁止合并和收购

禁止签订实质上阻止、限制或减少在菲律宾境内的相关市场或由委员会确定的商品或服务市场上竞争的合并或收购协议。

第十条　被禁止的合并和收购的豁免

尽管如此,在当事方确定下列任何一项时,可豁免于委员会依据该法案第二十条和本规则第九条对合并或收购协议提出的禁止:

(a)集中化所带来的或可能带来的效率收益大于合并或收购协议所带来的或可能带来的对竞争限制的影响;或

(b)合并或收购协议的一方面临实际或即将发生的金融破产,而该协议是对破产实体资产的已知替代用途中不违反竞争的安排。

但不得禁止实体继续拥有或持有其在该法案批准前已取得的另一法人实体的股票或其他股份或资产,或在不违反该法案和本规则规定的情况下,通过该等方式获取或维持其在相关市场的份额。

此外,不得禁止仅为投资的目的而取得的一家或多家法人实体的股份或其他股票,且该等股份或股票不被用来行使表决权或控制权,也不以任何其他方式造成或企图造成在相关市场上对竞争的阻止、限制或减少。

第十一条　举证责任

本规则第十条所涉及的举证责任在于寻求豁免的各方。寻求该法案第二十一条第(a)款或本规则第十条第(a)款规定的豁免的一方必须证明,如果不执行该协议,就不会获得显著的效率收益。

第十二条　合并和收购裁决的终局性

已经从委员会获得有利裁决的合并或收购协议,除非该裁决是基于欺诈或虚假的重要信息而获得的,否则不得根据该法案或本规则对此裁决提出异议。

第十三条　机密信息的处理

(a)如果资料(包括文件)载有商业秘密或其他机密信息,而委员会认为在进行审核时无须披露该等资料,则委员会不得传达或提供该等资料。

(b)向委员会提供资料(包括文件)的任何实体或当事方应明确指出它认为属于机密的任何材料,并为其要求对所提供信息进行机密处理和要求对该信息保密的时间期限提供正当理由，并在委员会设定的日期之前提供一份单独的非机密版本。

(c)委员会可要求合并或收购的各方及其他利害关系方确认委员会通过的决议或案件摘要(如果有)的任何部分，该部分在他们看来包含商业秘密或其他机密信息。确认为商业秘密或者其他保密信息的，并购各方和其他利害关系方应当在委员会规定的日期前提出要求保密处理的正当理由，并提供单独的非机密版本。

(d)当委员会根据本规则第十三条第(c)款认为当事方提供的要求保密处理的理由不足或没有根据时，委员会应将作出的披露该资料的决议通知利害关系方。

(e)如果在多个司法审判区对该合并或收购进行审查，则交易各方可以放弃本规则所包含的保密保护，使委员会可以与其他国家的竞争管理机构交换其他受保护的信息。

规则五　确定相关市场

第一条　为确定相关市场，除其他因素外，应考虑以下因素，其中包括影响构成该市场的商品或服务之间的可替代性，以及划定市场边界的地理区域的因素：

(a)考虑到技术上的可能性，考虑到消费者可获得的替代品的程度和获得这种替代品所需的时间，考虑到用国内或国外来源的商品或服务替代有关产品或服务的可能性。

(b)考虑到在运费、保险、进口税和非关税的限制下，从其他地区和国外供应货物或劳务、其原材料、其互补品和其替代品的费用；考虑到经济代理人或其协会所施加的限制；以及考虑到从这些地区向市场供应所需的时间。

(c)考虑到用户或消费者寻找其他市场的成本和可能性。以及

(d)考虑到国家、地区或国际上对用户或消费者选择替代供应商，或供应商选择替代消费者的限制。

规则六　控制的确定

第一条　构成实体控制权的因素

控制是指通过合同、代理或其他方式，对实体的行为或决策施加实质性影

响或指导的能力。

在确定一个实体的控制权时,委员会可审议下列事项:

(a)当母公司通过子公司直接或间接地拥有一个实体 1/2 以上的投票权时,控制权被认为是存在的,除非在特殊情况下,可以清楚地证明这种所有权不构成控制权。

(b)即使一个实体拥有另一个实体 1/2 或更少的投票权,当以下情况发生时也认为控制权是存在的:

(1)通过与投资者达成协议,拥有超过 1/2 投票权的权力;

(2)有权根据法规或协议指导或管理实体的财务和经营政策;

(3)有权任命或罢免董事会或同等管理机构的多数成员;

(4)在董事会或同等管理机构的会议上,有权投多数票;

(5)对该实体的全部或重要部分的资产拥有所有权或使用权;或者

(6)拥有对该实体的决策具有决定性影响的权利或合同。

规则七　反竞争协议或行为的确定

第一条　一项反竞争协议或行为的确定

在确定反竞争协议或行为是否在实质上阻止、限制或减少竞争时,除其他外,委员会在适当情况下,应该:

(a)根据该法案第二十四条和本规则第五条规定的原则,界定据称受反竞争协议或行为影响的相关市场;

(b)确定所称的协议或行为是否对相关市场的竞争产生了实际的或潜在的不利影响,以及这种影响是否重大,是否超过了该协议或行为所带来的实际或潜在的效率收益;

(c)采用广泛的和前瞻性的角度,认识到未来的市场发展,为消费者提供货物或服务的迫切需要,大型基础设施投资的需要,法律的要求,和国内经济应对国际竞争的需要,但也要考虑有关各方过去的行为和当前的市场条件;

(d)对于确保竞争不受阻碍或实质上受到限制的需要,以及竞争效率、生产力、创新或符合国家总体利益的优先领域或产业的发展可能因过分热情或过度干预而受到阻碍的风险的平衡;以及

(e)评估实体是否更有可能从事反竞争协议或行为的全部证据,包括该实

体的行为是否出于合理的商业目的。例如,不限于逐步淘汰产品或关闭企业,或作为对竞争者的市场准入或行为的合理商业回应。

规则八　支配地位的确定

第一条　支配地位的存在

支配地位可以存在于一个实体(单个优势)或两个或多个实体(集体优势)上。

第二条　支配地位的评估

在确定一个实体是否具有该法案和本规则所述的支配地位时,委员会应酌情考虑下列具有说明性和非详尽的标准:

(a)该实体在相关市场上的份额,以及该实体在相关市场上单方面定价或控制供给的能力;

(b)在相关市场上其他参与者的市场份额;

(c)进入壁垒的存在和可以预见地改变这些壁垒和竞争者供给的因素;

(d)竞争者的存在和其市场势力;

(e)实际竞争者未来扩张或潜在竞争者进入的可信性威胁(扩张和进入);

(f)实际竞争者的市场退出;

(g)顾客的议价能力(抗衡力);

(h)竞争者或其他实体取得其投入要素的可能性;

(i)其消费者转向其他商品或服务的能力;

(j)其最近的行为;

(k)其对不易复制的基础设施的所有、拥有或控制;

(l)与其他竞争者相比,其技术优势或优越性;

(m)容易或有特权进入资本市场或获取金融资源;

(n)其规模经济和范围经济;

(o)其纵向一体化;以及

(p)高度发达的分销和销售网络的存在。

第三条　支配地位的推定

如果一个实体在相关市场的市场份额至少为50%,则应存在可辩驳的市场支配地位推定,除非委员会为该特定部门确定了新的市场份额限值。

第四条　为支配地位设置限值

委员会应不时地确定并公布,在相关市场中可能产生支配地位推定的最低

市场份额或支配地位限值。在这一决议中,委员会应考虑:

(a)相关市场的结构;

(b)一体化的程度;

(c)接触的最终用户;

(d)技术和财政资源;以及

(e)本规则第二条规定的影响市场管制的其他因素。

第五条　例外

委员会不得认为通过合法手段取得的、维持的市场份额的增长违反了该法案和本规则。该合法手段并不会在实质上阻止、限制或减少市场竞争,但不限于拥有优越的技能、提供优质的服务、生产或经销高质量的产品、具有商业敏锐性、享有的知识产权的保护。但援引该例外的有关实体应明确使委员会接纳其符合该例外的事实,即进入壁垒或反竞争行为是优质产品或工艺、商业敏锐性或合法不可或缺的自然结果。

规则九　宽免政策

第一条　委员会的宽免

如果委员会确定以下情况,则在开始调查之前,委员会自行或根据申请,可在一段有限的时间内,不将该法案或本规则的全部或部分规定适用于一个实体或一组实体的全部或具体情况:

(a)为实现该法案的政策目标,不需要强制执行;

(b)宽免既不会妨碍寻求豁免的某个实体或实体集团所在的市场上的竞争,也不会妨碍相关市场上的竞争;

(c)宽免是符合公众利益和消费者的利益和福利的;以及

(d)从经济的角度来讲,宽免是合理的。

但这种宽免的最长期限为1年。对这一期限的任何延长必须得到委员会的明确批准。延长的宽免期限不得超过1年。

第二条　公开听证会

(a)为协助委员会根据本规则的第一条作出决议,应举行公开听证会。

(b)委员会依照本规则对有关实体或者实体集团作出豁免令,应当予以公布。

(c)如发出豁免令的依据不再有效,则委员会可撤销该命令。

规则十　最后条款

第一条　本规则的修订

委员会可在其认为必要时,并在与受影响的利害关系方进行适当协商后,修订这些规则。

第二条　可分性条款

若本协议的任何条款后来被宣布违宪,但这并不会影响其他条款的有效性或合法性。

第三条　生效

本规则应在至少两份大众发行的报纸上刊登后的 15 日内生效。

土耳其保护竞争法

第一编　目的、范围、定义

第一条　目的

本法的目的在于通过必要的规制和监督，对阻碍、扭曲或限制商品和服务市场竞争的协议、决议和行为以及主导企业滥用市场支配地位的行为加以限制，从而维护公平竞争。

第二条　范围

本法适用于任何阻碍、扭曲或限制在土耳其共和国商品和服务市场上经营或对其产生影响的企业之间的竞争的协议、决议和行为；主导企业滥用市场支配地位的行为；任何能够显著限制竞争的具有并购性质的合法交易和行为；以及为保护竞争而采取措施、作出决定、进行规制和监督的活动。

第三条　定义

实施本法时，有如下定义：

部，指海关和贸易部（根据2011年10月24日颁布的第661号法令第五十三条修订）①；

竞争，指在商品和服务市场上的企业之间的竞争，这可使企业自由地作出经济决策；

支配地位，指在特定市场中的一个或多个企业独立于竞争对手和客户决定价格、供给、产量和销量等经济参数的能力；

企业，指在市场上生产、交易和销售商品或提供服务的自然人和法人，其可以独立作出决策并构成单个经济主体；

企业协会，指企业为实现特定目的而组织的具有或不具有法人资格的

---

① 第4054号法令，1994年12月7日颁布。

协会;

商品,指作为交易对象的各种动产和不动产;

服务,指为换取报酬或收益而进行的脑力或体力活动或二者兼有的活动;

管理局,指竞争管理局;

委员会,指竞争委员会。

第二编

第一章　禁止性行为

第四条　限制竞争的协议、一致行动和决议

在一个特定的商品或服务市场上,具有或可能具有以直接或间接的方式阻碍、扭曲和限制竞争目的或效果的企业间协议、一致行动以及企业协会的决议和行为是非法的,也是被禁止的。

特别禁止以下行为:

(a)固定购买或销售商品或服务的价格、包括成本或利润在内的价格构成要素,以及其他购买或销售的条件;

(b)分割商品或服务市场,以及共享或控制市场资源和要素;

(c)控制市场中商品或服务的供求数量,或在市场之外确定;

(d)对竞争企业的行为形成限制或造成困扰,通过抵制或其他行为将其排除出市场,或阻止潜在的新进入者进入市场;

(e)除排他性交易协议外,对在相同交易地位下具有平等的权利、义务和行动的交易对象使用不同的交易条件;

(f)违反协议本质或商业惯例,要求其他商品或服务必须与某种商品或服务一起购买,或搭售中间商所要求的某种商品或服务作为其向购买的条件,或就商品或服务的再供应提出条款。

如果无法证明协议存在,若价格变动、供求平衡或相关企业的经营范围与竞争被阻碍、扭曲或限制的情形相似,则认定企业间已构成一致行动。

各方可以根据经济和理性事实证明其没有采取一致行动,以免除责任。

第五条　豁免

如果以下所有条件都成立,竞争委员会可以决定豁免适用于第四条的企业间协议或一致行动或企业协会的决议(根据 2005 年 7 月 2 日颁布的第 5338 号法令第一条修订)[①]：

(a)有利于商品生产或销售以及服务提供中产生新发展和进步或经济、技术进步；

(b)使消费者从上述行为中获益；

(c)没有消除相关市场很大一部分的竞争；

(d)对竞争的限制没有超过为实现第(a)款和第(b)款规定目标应有的限度；

可以在特定期限内授予豁免，授予豁免可能要遵守特定条款和/或特定义务一样。豁免决定自达成协议、采取一致行动、执行企业协会作出的决定或满足条件(如已与条件挂钩)之日起有效。

(根据2005年7月2日颁布的第5338号法令第一条修订)[②]如果上述第(a)款的条件得到满足，竞争委员会可以发布一个公告，对特定种类的协议进行集体豁免并指明满足豁免所应具备的条件。

第六条　滥用市场支配地位

在整个国内市场或一定地域市场上，一个或多个企业单独或通过协议、一致行动滥用支配地位的行为是非法和被禁止的。

特别是以下的滥用行为：

(a)以直接或间接的方式阻止其他企业进入其商业活动领域，或旨在对竞争者的活动造成困扰的行为；

(b)通过对具有相同且平等的权利、义务和行动的购买者施加不同的交易条件，以在具有相同交易地位的购买者之间进行直接或间接的差别待遇；

(c)其他商品或服务必须与某种商品或服务一起购买，把搭售中间商所要求的某种商品或服务作为其向购买者展示其他商品或服务的条件，或对在转售时的买卖条款加以限制，如限定最低出售价格；

(d)利用由特定市场上的支配地位产生的资金、技术和商业优势，在其他商品或服务市场上进行旨在扭曲竞争条件的行为；

---

① 该条涉及的“应有关方面的请求”的表述已从本条规定中删除。

② 修订前的条款为“豁免决定最多可批准5年。豁免的授予可能取决于特定条款和/或特定义务的履行。如豁免期满后，豁免条款仍继续有效，则可应有关各方的申请，续期豁免决定”。

(e)通过限制生产、交易或技术进步损害消费者利益的。

第七条　合并和收购

一个或多个企业的合并以及某个企业或自然人对另一企业的收购，继承获得的情况除外，无论是收购企业的资产或全部或部分股份，还是以其他方式控制另一企业，只要产生或加强了其支配地位，从而显著地妨碍了全国或部分地区的商品服务市场上的竞争，则该合并、收购行为是非法和被禁止的。

竞争委员会应该发布公告宣布必须向竞争委员会申报并获得许可才能合法生效的合并与收购的种类。

第二章　竞争委员会的权力

第八条　豁免证明

根据企业或企业协会申请，竞争委员会在已掌握事实的基础上，可以颁发豁免证书，来证明协议、决议、相关行动或合并、收购等并不违反本法第四条、第六条、第七条的规定。

竞争委员会在颁发豁免证书后，可以根据第十三条设定的条件随时撤销其决定，在此种情况下，只有在作出撤销豁免决定之后，竞争委员会才能对相关当事人实施惩罚性制裁。

第九条　违法行为的终止

如果竞争委员会根据告发、申诉、海关和贸易部的要求或自身的职权，发现违反本法第四条、第六条、第七条规定的行为，应依据本法第四编的规定，将包含其应为和应当避免行为的决定，告知有关企业或企业协会，以建立竞争并恢复至违法行为发生前的状态。

有合法利益的自然人或法人有权提出申诉。

竞争委员会根据第一段规定作出决定之前，应书面告知有关企业或企业协会关于如何终止违法行为的建议。

如果在竞争委员会作出最终决定之前，已产生不可挽回的严重损失，为了恢复违法行为发生前的状态，其可以采取在最后决定范围之内的临时性措施。

第十条　(……)[①]企业间合并或收购向竞争委员会的申报

(根据2005年7月2日颁布的第5338号法令第二条,废止了第一段)[②]在收到第七条规定范围内的合并或收购协议申报后,竞争委员会应在15日内进行初步审查,并批准相关合并或收购行为,如果竞争委员会决定进行最终审查,应及时告知当事人相关合并或收购已被终止且直到最终决定作出才能生效的事实,以及其认为的其他必要措施。在这种情况下,应适用本法第四十条至第五十九条的规定。

如果竞争委员会在规定时间内未对合并或收购申请作出回应或采取任何行动,则合并或收购协议应自申请之日起30日后生效。

第十一条　未向竞争委员会申报的合并或收购

企业未向竞争委员会申报必须申报的合并或收购,当竞争委员会通过其他任何方式获知时,应依据其职权调查该合并或收购。可以作出以下调查结论:

(a)认定相关合并或收购不在第七条第一段规定范围之内的,应允许合并或收购。但应对未履行申报义务的当事人处以罚款。

(b)认定相关合并或收购在第七条第一段规定范围之内的,应决定终止相关合并或收购并处以罚款,所有非法情形都应消除;企业应在竞争委员会规定的条件和期限内,把所有股份和资产返还给先前所有者,若不能返还,就分割并转让给第三方;在把股份和资产返还给先前所有者或转让给第三者之前,收购方不能参与企业的经营管理,竞争委员会也可以采取其他必要措施。

第十二条　申报

申报应准确而全面地包含竞争委员会制定的申报表中要求的信息。任何一方当事人都可提交申报,并应告知另一方相关当事人。申报应附有全部相关文件,自其存入竞争委员会档案之日起视为已提交。

第十三条　豁免和豁免证明决定的撤销

在以下情况下,可以撤销豁免和豁免证明决定,或禁止当事人的特定行为:

---

① 根据2005年7月2日颁布的第5338号法令第2条,从该标题中删除了两者之间涉及的“协议”一词。

② 被废止的第一段为“属于第四条的协议、一直做法和决定应在缔结后1个月内向委员会申报。豁免条款不适用于未申报的协议。对未按时发出申报给予豁免的,豁免自申报之日起生效”。

(a)构成该决定基础的任何事实发生变化；

(b)未能遵守决定中的义务或条件；

(c)决定是根据相关协议的不正确或不全面的信息而作出的。

撤销决定应在第(a)款规定情形发生变化之日起生效。其他情况下,则在作出豁免或豁免证明决定之日起生效。

若第(c)款规定的不正确或不全面信息是故意提供或由于相关企业的欺骗而获得的,则豁免或豁免证明决定始终无效。

第十四条　信息要求

竞争委员会履行本法赋予的职责时,可以要求所有公共机构和组织,企业和企业协会提供其所需要的信息。

机构、企业和企业协会的人员应该在竞争委员会指定的期限内提供所需要的信息。

第十五条　现场调查

竞争委员会在履行本法赋予的职责时,必要时可以对企业和企业协会进行调查,为此,其有权:

(a)检查企业或企业协会的账簿、所有类型的文件和其他记录,必要时可以复印这些文件;

(b)对特定问题要求书面或口头解释;

(c)对企业的所有资产进行现场调查。

调查应由竞争委员会授权的专家实施。在调查时,专家应携带表明调查主题和目的的授权证书,并对提供错误信息的企业施加行政性罚款。

(根据2003年8月1日颁布的第4971号法令第二十五条补充)有关人员有义务提供所要求的信息、文件、账簿和其他文书的副本。如果现场调查受阻或很可能受阻,则现场调查由刑事裁决法官决定进行。

第三章　行政性罚款

第十六条　行政性罚款

(根据2008年1月23日第5728号法令第四百七十二条修订)①在以下情况下:

(a)在豁免和豁免证明申请以及合并和收购的授权申请中提供了虚假或误导性的信息或文件;

(b)必须获得授权的合并和收购在没有授权的情况下生效;

(c)在实施本法第十四条和第十五条时,在确定的期限内提供不完整、虚假或误导性的信息或文件,或者根本没有提供信息或文件;

(d)现场调查受阻和遭遇困扰。

竞争委员会应对具有经营性质的自然人和法人以及该企业协会或该协会的会员处以该企业和企业协会或该协会成员的年度总收入的1‰的罚款。罚款数额在决定前的财政年度结束时或在最接近决定日期的财政年度结束时产生,如果无法计算,对于第(a)款、第(b)款、第(c)款提到的行为,则由竞争委员会决定其数额,对第(d)款提到的行为,按相同方式计算的其总收入的51‰产生。但是,根据该原则确定的罚款不得少于1万土耳其里拉。根据本条第(b)款,对合并交易中的各方均施加行政性罚款,而在收购交易中仅对收购方施加行政性

---

① 修订前的版本:罚款 第十六条　委员会可对具有企业性质的自然人和法人以及企业和/或此类协会的成员处以以下罚款:(a)1亿里拉,如果在合并或收购豁免、豁免结关证明和许可申请中,以及在与本法生效前签订的协议有关的通知和申报中提供了误导性或不正确的信息;(b)1亿里拉(根据2005年7月2日颁布的第5388号法令第二条补充),如果委员会决定要求提供信息或进行现场检查时,不提供信息或提供不完整、不正确或误导性信息;(c)5000万里拉(根据2005年7月2日颁布的第5388号法令第二条修订),未经竞争委员会授权进行须经授权的并购交易;d)6000万里拉,如果委员会根据本法第五条第三段作出的豁免决定中的义务没有得到履行。

对委员会决议违反本法第四条和第六条规定的禁止行为的主体,以及违反本法第十一条第(b)款规定的主体,处以最低2亿里拉,最高为具有企业性质的自然人和法人以及企业和/或此类协会的成员上一财政年度末产生的年度总收入的10%,具体由委员会决定。

对具有法人资格的事业单位、协会,依照第一段的规定处以罚款的,对其管理机构中的自然人,处以该法人罚款10%以下的罚款。

在决定罚款额时,委员会应考虑以下因素,也即行为的意图、过失的严重性、被处罚企业的市场势力以及潜在损害的严重性等。

如果他们没有明确违反本法的规定,在委员会作出最终决定之前,罚款不适用于在规定时间内申报的协议和决定。

罚款。

通过法院裁决来实现现场检查,不能妨碍本法规定的因现场调查受阻和遭遇困扰的行政性罚款的施加。

对那些实施本法第四条、第六条和第七条所禁止行为的当事人,最高可处以企业和企业协会的年度总收入的10%的行政性罚款,或对该协会的成员处以罚款。罚款数额在决定之前的财政年度结束或最接近决定日期的财政年度结束时产生。如果无法计算,则由竞争委员会决定其数额。

如果对企业或企业协会处以第三段所述的行政性罚款,则对被认定对违法行为具有决定性影响的企业或企业协会的管理者或雇员施加罚款额5%的行政性罚款。

在根据第三段决定行政罚款时,委员会可根据2005年3月30日颁布的第5326号法令《轻罪法》第十七条第2款的规定,考虑重复违法行为、持续时间、企业或企业协会的市场势力、其在违法行为实施过程中的决定性影响、是否遵守所做的保证以及已经发生或可能发生的损坏的严重程度。

对于为揭露违反本法的行为而与竞争管理局进行积极合作的企业或企业协会或其管理者和雇员,考虑到合作的质量、效率和时机,并明确表明其根据时,不应施加第3段和第4段所述的处罚,也可以减少相应的处罚。

在根据本条应施加的行政性罚款时应考虑的问题,合作情况下的豁免或减免条款以及与合作有关的程序和原则应由竞争委员会发布的规则来确定。

第十七条　比例行政性罚款

(2008年1月23日根据第5728号法令第四百七十三条修订)[①]在不影响第十六条第一段规定的处罚的前提下,竞争委员会应每日对企业和企业协会处以相关企业和/或企业协会成员的年度总收入5‰的行政性罚款,罚款额在决定前的财政年度结束时产生或在最接近决定日期的财政年度结束时产生,如果无法计算则由竞争委员会决定罚款额,如果:

---

① 修订前的版本规定:定期罚款 第十七条　委员会可每天对企业和企业协会处以下列定期罚款,罚款从决议中提及的日期开始计算;

(a)5000万里拉,如果没有遵守根据第九条作出的关于终止侵权行为的决定和其他措施;

(b)2500万里拉,如果没有履行第十一条第(b)款中规定的委员会决议和措施;

(c)2500万里拉,用于执行第十三条第一段所禁止的行为;

(d)2000万里拉,如果阻止委员会根据第十五条进行现场检查。

(a)不遵守由最终决定或临时措施决定而产生的义务或作出的承诺;

(b)现场调查受阻或遭遇困扰;

(c)在实施本法第十四条和第十五条时,没有在规定的期限内提供所要求的信息或文件。

根据第(a)款和第(c)款,从为遵守这些条款所指决定中确定的义务而确定的期限届满之日起,可处以行政性罚款。如果在引入义务的决定中没有确定持续时间,则与第(a)款中的行为有关的行政性罚款可在作出本决定公告后的第二日起施加,第(b)款可从进行该行为的次日起施加。

第十八条　罚款的性质和适用

(根据2008年1月23日颁布的第5728号法令第五百七十八条废止)①。

第十九条　罚款和定期罚款的时效

(根据2008年1月23日颁布的第5728号法令第五百七十八条废止)②。

第三编　机构

第二十条　竞争管理局

出于为商品和服务市场的形成和发展提供一个自由、健康的竞争环境,对本法的实施进行监督并履行本法赋予的职责的目的,设立具有公共法人资格和行政、财政自主权的竞争管理局。

(2011年10月24日根据第661号法令第五十三条修订)③海关和贸易部应与竞争管理局建立联系。

---

① 废止的条款为:

本法规定的罚款具有行政性质,罚款或定期罚款分别适用于违反本法的各方。

对处以定期罚款决定提出上诉的,对定期罚款作出暂停执行决定的,自上诉之日起,不适用于定期罚款。

② 废止的条款为:

委员会罚款和定期罚款的权力须受到以下时期的约束:

(a)违反关于申报与企业或企业协会相关材料、提供信息或现场检查有关规定的,期限为3年;

(b)其他情形为5年。

期限自违法行为发生之日起计算。如果存在持续或重复的违法行为,则从违法行为结束之日或最后一次重复之日起开始计算。委员会为审查或调查目的而就该违法行为采取的任何行动,在将该项行动通知有关一方时,均会中断上述时效期。

对该决议提出上诉会终端上述时效期。

③ 修订前版本为“工业和贸易部”。

竞争管理局在履行职责过程中应具有独立性，任何组织、机构和个人不能向其发布影响最后决定的命令或指令。

竞争管理局的总部设在安卡拉。

第二十一条　竞争管理局的组织机构

竞争管理局由下列机构组成：

(a)竞争委员会；

(b)主席办公室；

(c)服务部门。

第一章　竞争委员会

第二十二条　竞争委员会的组成

(2011 年 10 月 24 日根据第 661 号法令第五十四条修订)①竞争委员会是竞争管理局的决策机构，由包括主席和副主席在内的总共 7 名成员组成。

部长会议在每 2 名候选人中任命 1 名竞争委员会成员，为每个空缺职位指定的候选人从下列机构内部或外部产生：3 名成员来自海关和贸易部的提名，1 名成员来自发展部的提名，1 名成员来自土耳其商会和商品交易联盟的提名；1 名成员来自最高法院和州议会内部提名的 2 名候选人中。在海关和贸易部的配额中的 1 名成员是在竞争管理局的人员中任命的。

部长会议从竞争委员会成员中任命主席和副主席。

第二十三条　任命条件

竞争委员会主席和成员应具备土耳其国内或国外法律、经济学、工程学、工商管理或财政学学士学位，拥有足够的专业知识和经验，以及在公共或私人部门中与其专业相关领域工作了至少 10 年。成员还应符合第 657 号法令《公务员法》第四十八条第 A 款中第 1 项、第 4 项、第 5 项、第 6 项和第 7 项规定的条件。

---

① 修订前的版本为：(2005 年 7 月 2 日根据第 5338 号法令第三条修订)竞争委员会由 7 名成员组成，其中 1 名主席，1 名副主席。

部长会议从 2 名候选人中选举和任命成员，从下列机构内部或外部为每一空缺成员提名：竞争委员会 2 名成员，工业和贸易部 1 名成员，国家计划组织副部长所属的国家部委 1 名成员，最高上诉法院、国务院和土耳其商会和商品交易所联盟各 1 名成员。

部长会议应任命委员会提名的 3 名候选人中的 1 人为主席。

副主席/副总裁由委员会成员选举产生。

第二十四条　任期

竞争委员会主席、副主席和成员的任期为 6 年。任期结束后可连选连任。应每 2 年更换 1/3 的成员。在更换期间,应考虑竞争委员会组成的规定数量和比例。任职届满前,若出现竞争委员会主席或其他任何职位的空缺,除更换外,应在 1 个月内完成空缺职位的选举和任命。在上述情形下,被任命成员应任职至其替换成员任期届满为止。

竞争委员会主席和成员在任期届满前不能被无故免职。但在竞争委员会主席或其他成员不具备任职资格或发生违反本法第二十五条规定的行为或法院判决宣告其犯有与职务相关的罪行时,竞争委员会可以终止其任职。

第二十五条　禁止行为

除基于特定法律外,竞争委员会主席和成员不得担任任何官方或私人职位,不得参与商业活动或持有公司股份。

竞争委员会主席和成员在就职之前,应该根据资本市场法律的规定处置其所拥有的除国库券之外的所有证券。受让人不能与主席或成员有三代以内直系血亲和两代以内有姻亲关系。在 30 日内未能执行上述规定的竞争委员会成员将被视为已辞职。

成为以社会援助或教育为目的的社团和基金会的成员,以及非营利性公司的成员,则不适用于上述规定。

竞争委员会成员和其他工作人员,即使在其离任后也不能因自身或他人利益而泄露和利用与竞争管理局相关的机密信息,以及他们在实施本法期间获悉的企业和企业协会的商业秘密。

第二十六条　宣誓

竞争委员会成员在上任之前,应在最高法院首席法官面前宣誓,任职期间将绝对勤勉和忠实地履行竞争委员会的职责,不违反并且不允许他人违反本法规定。

向最高法院宣誓的申请应提前递交。在未宣誓前,竞争委员会主席和成员不得开始履行职责。

第二十七条　竞争委员会的权力和义务

竞争委员会的权力和义务如下:

(a)经申请或依职权对本法所禁止的活动和合法交易进行审查,查询和调

查;在确定违反本法规定的情况下,采取必要的措施终止违法行为,并对相关责任人处以行政性罚款;

(b)评估有关当事人豁免和豁免证明申请后,对合法协议给予豁免或颁发豁免证书;

(c)对与豁免和豁免证书相关的市场进行持续性调查,在市场或当事人情况发生变化时,重新评估当事人的申请;

(d)批准合并和收购行为;

(e)(2011年10月24日根据第661号法令第五十五条修订)[①]根据主席的提议任命副主席和首席法律顾问;

(f)发布公告和制定实施本法的必要规则;

(g)直接或应海关和贸易部的要求,对竞争法修正案作出说明;

(h)了解其他国家关于限制竞争协议和决议的立法、惯例、政策和措施;

(i)制定和监督竞争管理局的人事政策,任命其成员,批准年度预算,收支决算和主席办公室制定的年度工作计划。必要时,决定预算转账;

(j)(根据2011年10月24日颁布的第661号法令第五十五条废止)[②];

(k)发布关于工作、其职责领域内情况及发展的年度报告;

(l)讨论和决定购买、出售和出租动产、不动产及其他资产的提议,并制定相应的必要规则;

(m)决定竞争管理局对第三方的信贷、权利和义务;

(n)履行本法规定的其他义务。

第二十八条　竞争委员会的工作程序规则

竞争委员会主席主持工作并担任代表。如果主席因休假、疾病、旅行或其他原因而缺席,则由副主席主持工作并担任代表。

竞争委员会主席,在主席缺席时,副主席应当主持会议并在会议前向竞争委员会成员告知其确定的议程。

竞争委员会成员不得参与讨论和投票决定有关其自身及其三代以内直系血亲、两代以内姻亲的事项。

---

① 修订前版本为"(e)选举委员会副主席"。

② 废止前版本为"决定由管理局提名的空缺的委员会成员候选人"。

第二章

第二十九条　主席办公室

主席办公室应由竞争委员会主席、副主席组成。

主席是竞争管理局最高执行官,负责整体管理,并代表竞争管理局。

其责任包括在总体上对竞争管理局的活动进行规制、监督和评估及必要时向公众发布公告的职责和权力。

第三十条　主席办公室的职责和权力

主席办公室的职责和权力如下:

(a)确保最高级别的组织和协调,使作为竞争管理局决策机构的竞争委员会和服务部门以统一、高效、有纪律和有序的方式开展工作,解决竞争管理局各服务部门之间在职权方面可能出现的问题;

(b)确定竞争委员会会议的议程、日期和时长并召开会议;

(c)确保竞争委员会决定的履行并监督这些决定的执行情况;

(d)完善服务部门的建议,并将其提交给竞争委员会;

(e)编制并向竞争委员会提交竞争管理局的年度预算、收支决算和年度工作报告,确保竞争管理局预算的执行、收入的汇总和支出的花费;

(f)对竞争政策制定和相关立法提出建议;

(g)协调竞争管理局与海关和贸易部及其他组织的关系;

(h)在官方和私人组织面前,代表竞争管理局;

(i)保证竞争委员会的最后决定、竞争管理局的公告和规则的发布;

(j)确定有权代表竞争委员会主席签署文件的人员的权力和职责范围;

(k)(根据2011年10月24日颁布的第661号法令第五十六条补充)任命除副主席和首席法律顾问之外的竞争管理局人员。

第三十一条　副主席

为在履行职责中向主席提供帮助,可任命2名副主席。副主席有义务履行职责并完成主席交给的任务,并确保不同层级的组织和相关服务部门之间的统一及合作。

第三十二条　服务部门

竞争管理局的服务部门,由主要服务机构、组织机构、咨询机构和辅助性服务机构组成。

第三十三条　监督

竞争管理局的账目应受土耳其审计法院监督。

第三章

第三十四条　竞争管理局职员的地位

竞争管理局要求的基本和永久性职责应由根据行政服务合同雇佣的人来执行。竞争管理局可以雇佣足够数量的专家和特定的非专业人员。

竞争管理局的职员除报酬和财务权利之外，受第 657 号《公务员法》的约束，竞争委员会可以根据需要自由规定职位的组成和地位，也可以撤销旧的职位或者设立新的职位。

主席办公室应决定临时性服务或需要特定专业知识的服务，上述职位适用于代理和特殊工作合同条款。不应削减依本项规定雇佣的人员每日从社会保障机构中得到的收入。

也可以根据主席办公室制定的规则雇用外国专家，这些规则竞争委员会批准后即可生效。

第三十五条　任命助理竞争专家

被任命为助理竞争专家，应具备以下资格：

(a)(根据 2005 年 7 月 2 日颁布的第 5388 号法令第四条修订)①具有国内或国外法律、经济学、政治学、管理学、经济和行政学、工程管理或工业工程学士及以上学位；

(b)(根据 2005 年 7 月 2 日颁布的第 5388 号法令第四条修订)②通过上款所列分支机构的联合考试或单独考试；

(c)通过英语、法语或德语考试；

(d)考试年 1 月 1 日当天，年龄不得超过 30 岁。

竞争委员会可以在考试规则中设定其他必要要求。

---

① 修订前版本为“法律、经济、政治、管理、经济和行政学、工业工程、工程管理或与之相当的国外高等院校经济管理专业毕业”。

② 修订前版本为“通过所举行的竞争性考试”。

第三十六条　竞争专家

根据第三十五条任命的助理竞争专家,在工作至少3年并有良好工作记录,其应当准备或已经准备的和其领域相关的专业论文被竞争委员会认可,则竞争委员会应授予其竞争专家的头衔。

竞争专家和助理竞争专家具有专业官员的头衔和权力。

第三十七条　报酬和其他财务权利

竞争委员会主席和成员的月薪应由部长会议根据海关和贸易部的提议作出决定(根据2011年10月24日颁布的第661号法令第五十三条修订)①,全部报酬不得超过最高级公务员薪金的2倍,对最高级官员支付的薪金免征个人所得税的,根据本法规定的也免征。

竞争管理局职员的报酬和其他财务权利由主席办公室提议,并由竞争委员会根据第一段中关于薪金及其调整原则决定。

第三十八条　退休和服务期限的评估

竞争委员会主席、成员和其他人员受退休金法的约束。受第657号法令《公务员法》约束并曾担任竞争委员会主席、成员以及曾在竞争管理局工作的人员于其任期结束后,可从事原来的公务并担任合适职位。在上述情形中,应依第657号法令《公务员法》计算其在竞争管理局工作的时间。

在不影响获得学术头衔的必要要求的情况下,上述条款同样适用于来自大学的竞争委员会主席、成员、专家或其他人员。

有关退休的规定,竞争委员会主席与海关和贸易部副部长地位相等,其成员与副部长助理地位相等,部门主管与海关和贸易部总局长地位相等。竞争管理局其他人员的退休规定由主席办公室发布规则并经竞争委员会批准后生效。

第三十九条　竞争管理局的收入

竞争管理局的收入决定其预算,包括如下项目:

(a)海关和贸易部预算中保留的拨款;

(b)(根据2003年1月8日颁布的4971号法令第二十五-B条废止)②;

---

① 修订前版本为“工业和贸易部”。

② 废止前的条款为“委员会根据本法第十六条和第十七条所处罚款的25%”。

(c)(根据2004年9月17日颁布的第5234号法令第二十九条补充)[①]新成立的股份有限公司的资本金以及在增资的情况下增加的资本金的4‱;

(d)从出版或其他方式中得到的收入。

竞争管理局的收入应存入土耳其共和国中央银行或国有银行账户(根据2003年8月1日颁布的第4971号法令第二十五-B条废止了最后一句)[②]。

第四编 竞争委员会审查和调查程序

第四十条 初步审查

竞争委员会根据职权或申请可以决定直接调查或先进行初步审查以确定是否需要进行调查。

如果决定进行初步审查,竞争委员会主席应从专业官员中任命一个或多个专家作为报告人。

负责进行初步审查的报告人应在30日内以书面的形式将获得的信息和全部证据,及其对相关事件的看法报告竞争委员会。

第四十一条 初步审查的结论

在提交初步审查报告后10日内,竞争委员会应召开会议评估所获得的信息,并决定是否需要进行调查。

第四十二条 通知申请人

收到举报或申诉后,如果竞争委员会认为该要求情况严重并且证据充分,则应书面通知举报人或申诉人其要求被视为情况严重并已进行审查。

竞争委员会明确拒绝申请或规定时间内未告知申请人而拒绝申请,则具有直接或间接利益的当事人可以就竞争委员会的拒绝决定向司法机关提起诉讼。

第四十三条 竞争委员会进行调查

(根据2005年7月2日颁布的第5388号法令第五条对第一句进行了修订)[③]如果竞争委员会决定进行调查,则指定一个或多个调查员在相关部门负责

---

① 根据2004年9月17日颁布的第5234号法令第二十九条,本条增加了第(c)款,并将原有的第(c)款重新编号为第(d)款,置于其后。

② 废止前的版本为"第(b)款所述的收入,在罚款成为最终罚款后,存入财政部出纳办公室期间,拨入管理局的有关账户"。

③ 修订前版本为"如果决定进行调查,委员会还要指定1名或多名委员会成员与受托的1名或多名调查员一起进行调查"。

人的监督下进行调查。调查最迟应在6个月内结束,如果认为有必要,竞争委员会可再延长1次,且不超过6个月。

竞争委员会应在发布进行调查决定之日起15日内告知有关当事人调查已进行,并要求当事人在30日内提交首次书面答复。为了进行授予当事人的第一个书面答复期,竞争委员应将此告知函寄给有关当事人,并附上与要求类型及性质相关的足够信息。

竞争委员会进行调查的决定是最终决定。

第四十四条　收集证据并告知当事人

竞争委员会任命(根据2005年7月2日颁布的第5388号法令第五条进行了修订)[①]和委托的调查员代表竞争委员会在调查阶段行使本法第十四条规定的要求提供信息的权力及本法第十五条规定的现场调查的权力。在此规定期限内,其可要求当事人和其他相关方面提供所有必要信息和文件。在竞争委员会调查阶段,被认定违反本法的个人可随时向竞争委员会提交对决定产生影响的信息和证据。

在要求举行听证会之前,被告知进行调查的当事人可以要求获得竞争管理局所有与其相关的文件的副本,可能情况下可要求查看所有已获得证据的副本。

若未告知或未授予当事人辩护权,竞争委员会不得作出决定。

第四十五条　告知和答复

调查结束时准备的报告应告知竞争委员会的所有成员和有关当事人。

竞争委员会应告知被认定已违反本法的人在30日内提交书面答复。负责调查的人员应在15日内针对当事人的书面答复提交书面附加意见并将此告知竞争委员会成员和有关当事人。当事人应在30日内对此意见进行答复。如果当事方有正当理由,该期限可最多再延长30日,但仅限1次。

当事人未在指定期限内所作的答复不予考虑。

第四十六条　听证会

听证会是在相关当事人在其答复书或辩护中的要求时举行的。此外,竞争委员会可自行决定举行听证会。

---

① 本条中删除了“委员会成员以及”的表述。

听证会应在调查结束后的30日内进行,最长不得超过60日。听证会通知书最迟应在听证会举行前30日发送给相关当事人。

第四十七条　听证会的原则

听证会应公开举行。出于保护公共道德或商业秘密的考虑,竞争委员会可决定非公开举行听证会。

听证会由竞争委员会主席主持,主席缺席时由副主席主持。听证会在竞争委员会主席或副主席及至少(根据2005年7月2日颁布的第5388号法令第五条进行了修订)[①]4名竞争委员会成员出席时举行。

听证会以不得超过5场连续性会议完成,1日内举行的多次会议视为1场会议。

当事人应在听证会举行前至少7日告知竞争委员会在听证会时其将使用的举证方法。不得使用未在指定期限内告知的方法。

当事人可利用民事诉讼法第二部分第八章提到的所有证据类型和举证方法。被认定违反本法的当事人或其代表人、在会议前向竞争委员会证明有直接或间接利益的当事人或其代表人可以出席听证会。

第四十八条　最后决定

最后决定应在听证会完成后当天作出。若当天未能作出,最后决定应在15日内连同其理由一并作出。

若当事人未要求举行听证会、竞争委员会也未决定自行举行听证会,则最后决定应根据对文件的检查,在调查结束后30日内作出。

若当事人未能出席已决定举行的听证会,竞争委员会应根据对文件的检查,在确定的会议日期后的一星期内作出决定。

第四十九条　会议保密

竞争委员会的决定是保密会议的结果,并应公开发布。竞争委员会成员不得投弃权票。除有正当理由外,参与听证会的竞争委员会成员必须参与会议。

第五十条　会议程序

竞争委员会主席或在其缺席时副主席应主持会议并确定待解决的问题。在对待解决问题自由讨论后,由主席收集选票并最后投票。

---

① 对本条中的"7"一语作了修订,并对条款进行了修订。

第五十一条　会议和决策的法定人数

在作出最后决定时,竞争委员会应至少召集包括主席或副主席在内的(根据2005年7月2日颁布的第5388号法令第五条进行了修订)[①]5名成员召开会议。作出决定时,出席会议的人员中应至少有(根据2005年7月2日颁布的第5388号法令第五条进行了修订)[②]4人赞成。

若第一次会议无法达到作出决定所需法定人数,竞争委员会主席应确保所有竞争委员会成员都参加第二次会议。若无法实现,则决定应由出席会议人员以简单多数通过。在这种情况下,会议的法定人数不得少于上款规定人数。若第二次会议票数相等,主席投票具有决定性。

除最后决定外的其他决定,特别是临时措施决定和建议性决定,应至少有1/3竞争委员会成员出席会议,并由出席会议人员以简单多数通过。

第五十二条　决定包含的条目

决定应由下列条目组成:

(a)参与作出决定的竞争委员会成员的姓名;

(b)进行调查和审查人员的姓名;

(c)当事人姓名、职务、住所和其他可区分的特征;

(d)当事人主张的摘要;

(e)检查及讨论的法律和经济问题的摘要;

(f)报告人的意见;

(g)所有提交的证据和答复的评估;

(h)决定的理由和法律依据;

(i)结论;

(j)如果有,写下反对票。

竞争委员会应明确写出决定内容和对当事人施加的义务及授予的权利,以免产生疑虑和不确定性。

第五十三条　撰写决定

决定应由竞争委员会主席或由其委任的竞争委员会成员撰写。决定应由出席会议全体竞争委员会成员签署。投反对票的成员可以联合或者单独写出

---

① 对本条中的“8”一语作了修订,并对条款进行了修订。

② 对本条中的“6”一语作了修订,并对条款进行了修订。

自己的意见。决定原件应保存在竞争委员会档案中,决定的一份副本应交给当事人并获得其签名。决定另一份副本应交给竞争管理局的出版部门以进行发表。

(根据2003年8月1日颁布的第4971号法令第二十五条进行了修订)①竞争委员会的决定应在(根据2004年9月17日颁布的第5234号法令第二十九条进行了修订)②竞争管理局网站上发布,并且不得泄露当事人的商业秘密。

第五十四条　期限开始日期

在竞争委员会的决定中,期限自其将决定及告知当事人之日起开始。

第五十五条　对竞争委员会决定的司法审查

(根据2012年7月2日颁布的第6352号法令第六十三条进行了修订)③应向主管行政法院提起针对行政制裁的诉讼。针对竞争委员会决定提起的所有类型诉讼均应视为优先事项。

对竞争委员会决定进行的司法审查不得影响决定的执行,以及后续跟进和收取行政性罚款。

第五编　私法限制竞争的后果

第五十六条　违反本法的协议和决议的法律性质

违反本法第四条的所有企业协会的协议和决议都是无效的。上述协议或决议产生的债务不能要求执行,已经执行的可以要求对方返还。因协议或决议无效而有返还义务的当事人应遵守《债务法》第六十三条和第六十四条的规定。

《债务法》第六十五条不适用于本法引起的纠纷。

第五十七条　赔偿权

利用违反本法的行为、决议、合同或协议,阻碍、扭曲或限制竞争或滥用其在特定商品服务市场上的支配地位的任何当事人,应赔偿受损失者的全部损失。若损害是由多个当事人造成的,则由他们共同负责。

第五十八条　损害赔偿

因阻碍、扭曲和限制竞争而受损的当事人可以要求,数额相当于其付出的

① 本段中删除了"定稿后"一词。

② 修订了本段中的"官方公报"一词,并对条款进行了修订。

③ 修订前版本为"(根据2008年1月23日颁布的第5728号法令第四百七十四条进行了修订)对委员会的最后决定、判定决议和行政罚款决定不服的无效诉讼,在国务院进行听证"。

成本与未限制竞争时其应付出的成本的差额的赔偿。受限制竞争影响的竞争性企业可要求限制竞争的一个或多个企业赔偿其全部损失。在确定损失时,也应考虑到根据前几年的资产负债表计算的受损企业的所有预期利润。

若因当事人的协议、决议或严重过失而受损,法官可根据受损当事人要求,决定赔偿额为实际损失额的或造成损失当事人所获或可获利润的 3 倍。

第五十九条　举证责任

受损当事人向司法机关提供证据,证明协议的存在和市场竞争扭曲的现象,特别是提供关于市场实际划分、市场价格的长期稳定性、市场上企业在短时间内提价的证据。企业未参与一致行动的举证责任在于被告。

限制竞争的协议、决议或行为的存在可由所有类型的证据证明。

第六编　最后条款

第六十条　竞争管理局在资金、文件和财产方面的犯罪行为

(根据 2008 年 1 月 23 日颁布的第 5728 号法令第四百七十五条进行了修订)[①]竞争管理局的资金、文件和财产属于国家财产。竞争委员会主席、成员和其他工作人员的职务犯罪视为公务员职务犯罪行为。对竞争委员主席、成员及其他工作人员的犯罪罪行,应视为对公务员的犯罪行为。

上述职务犯罪不适用于 1999 年 2 月 12 日的第 4483 号法令的规定。

第六十一条　公告

依本法对相关各方所作的公告应遵守第 7201 号公告的规定。

第六十二条　细则

除本法规定的内容外,竞争管理局行使权力的原则、竞争管理局的管理和工作原则、收入汇总、费用支出及上述活动监管的原则和程序、月薪调整原则、聘用外国专家的原则、所需动产和不动产招标和采购的规则以及竞争管理局会计制度的规则应由竞争委员会制定,由部长会议通过生效。

根据本法制定的细则应在本法发布后 1 年内公布。

---

① 修订前版本为“管理局的资金、文件和所有财产都具有国家财产的性质。委员会主席、成员及其工作人员违反职务的行为,将与公务员受到同样的处罚。对委员会成员及职员所犯的罪行,须当作对公务员所犯的罪行”。

第六十三条　不适用条款[①]

竞争管理局不受第1050号法令《审计法》、第2886号法令《政府采购法》、第6245号法令《津贴法》及其附件和修订案的约束。

竞争管理局的捐赠和援助收入免征机构税、继承和转让税，代表竞争管理局进行的交易中产生的收益免征银行和保险交易税，出售不动产免征各种税及其他财政义务，为竞争管理局购买的交通工具免征车辆购置税和印花税。

临时条款第1条　竞争委员会成员的第一次任命应遵守第二十二条规定的原则。因此，竞争委员会提名候选人的规定不适用。

第一次任命，总理和工商业部部长而非竞争委员会分别提名2名候选人。

第二年和第四年年终，竞争委员会更换的部分成员由竞争委员会最后会议抽签决定。竞争委员会主席应由部长会议从工商业部部长提名的2名候选人中任命。主席和副主席任期为6年，不参与抽签。

临时条款第2条　根据临时条款第一条的原则组建竞争委员会由官方发布公告宣布完成。公告日已存在的所有协议和决议，应在其后6个月内向竞争委员会申报。

临时条款第3条　本法生效后1年内，竞争委员会可一次性从公共或私人机构中任命不具备第三十五条和第三十六条规定资格的专家在竞争管理局工作。

但是，任命专家应符合第三十五条第(a)款和第(c)款的所列资格并且至少具有5年专业经验，且不超过41岁。从公共机构中任命的专家应通过竞争和能力测试后任职。

竞争管理局成立前，可暂时任命相关部委的人员履行其职责。

(根据2005年7月2日颁布的第5388号法令第六条补充)

临时条款第4条　在竞争委员会成员人数减少到7人之前，不得选举和任命空缺的成员。

(根据2006年7月1日颁布的第5538号法令第十三条补充)

临时条款第5条　竞争委员会最多可召集7名成员参加会议并作出决定。如果竞争委员会成员人数超过7名，则竞争委员会主席应确定依次不让哪个成

---

① 关于本条的适用，参见2003年12月10日颁布的第5018号法令第八十一条以及2004年12月28日颁布的第5277号法令第三十七条。

员参加会议。

第六十四条　生效

关于行政性罚款的第十六条和第十七条规定于本法公布 1 年后生效,其他条款自本法公布之日起生效。

第六十五条　执行

本法条款应由部长会议执行。

巴基斯坦竞争法*

此法案旨在为商业和经济活动的所有领域中提供自由竞争,以提高经济效率,保护消费者免受反竞争行为的侵害。

鉴于有必要作出规定以确保在商业和经济活动的所有领域进行自由竞争,以提高经济效率,并保护消费者不受反竞争行为的影响,特规定设立巴基斯坦竞争委员会,以维持和加强竞争以及与之有关的事项。

现制定如下:

第一章　总则

第一条　标题、范围、申请及生效日期

(1)本法可称为《2010 年竞争法》;

(2)涉及范围为整个巴基斯坦;

(3)它应适用于在巴基斯坦境内发生的一切企业、一切行动或事项,以及在巴基斯坦境内的不正当竞争;

(4)它将立即生效。

第二条　相关定义

(1)除非在上下文中有任何矛盾之处,否则以下为本法的正式定义:

(a)"收购"指通过收购股份、资产或任何其他方式改变对企业的控制权。

(b)"协议"包括任何安排、理解或实践,无论其是否以书面形式或是否具有法律强制力。

(c)"主席"指委员会主席,包括代理主席。

(d)"主导地位"指如果一个或多个企业有能力在一定程度上独立于竞争

* 2010 年第XIX号法案,2010 年 10 月 13 日公布。

者、顾客、消费者和供应商,且其在相关市场的份额超过40%,则认为其处于主导地位。

(e)“货物”包括为了获得报酬而出售的任何物品、原料、产品或副产品。

(f)“委员”指委员会成员。

(g)“并购”指将两个或者两个以上的企业或者其中的一部分并购、收购为现有的企业或者形成新的企业;“并购”一词根据不同的情况表达为并购、获取、并购、连接等。

(h)“部长”是指联邦财政部部长,其缺席时,指的是总理的财政顾问。

(i)“条例”指《1984年公司条例》(1984年第XLVII号)。

(j)“相关市场”是指由委员会参照产品市场和地域市场而决定的市场。产品市场被认为是消费者因产品特点、价格和预期用途而可以互换或替代的包含所有产品或服务的市场;地域市场包括该地区有关企业可以参与产品或服务的供应中,或者具有足够同质的竞争条件,并且因为这些区域的竞争条件明显不同,从而可以区别于邻近的地理区域。

(k)“零售商”,指就任何货物的销售而言,将货物出售给其他人的人,而不再转售。

(l)“条例”系指委员会根据本法制定的条例。

(m)“规则”系指联邦政府根据本法制定的规则。

(n)“服务”系指任何种类的服务,无论是工业、贸易、专业或其他服务。

(o)“上诉法庭”指本法第四十三条规定的竞争上诉法庭。

(p)“企业”系指以任何方式直接或间接从事生产、供应、分销货物或提供或控制服务的任何自然人或法人、政府机构(包括监管机构、法人团体、合伙企业、协会、信托或其他实体),并应包括协会或企业。

(q)“批发商”,指就任何货物的销售而言,购买货物并将其转售给他人的人。

(2)本法所使用但未定义的词语,其含义分别与本法以上所赋予的词语含义相同。

第二章 禁止滥用市场支配地位、特定协议、欺骗性营销行为和对并购的批准

第三条 禁止滥用支配地位

(1)任何人不得滥用支配地位。

(2)如果有包括阻止、限制、减少或扭曲相关市场竞争的行为,则应被视为已经造成、维持或继续滥用支配地位的行为。

(3)第(2)款中提到的"行为"一词包括但不限于以下情况:

(a)限制生产、销售,不合理涨价或者其他不公平的交易情况;

(b)在缺乏可以证明不同价格合理的客观理由的情况下,对不同顾客的相同商品或服务收取不同价格的价格歧视;

(c)以购买其他商品或者服务为条件销售商品或者提供服务的搭售;

(d)订立须由其他各方接受按其性质或按商业用途,与合同的主题无关的补充义务的合同;

(e)将不同的条件应用于其他方的等价交易,使它们处于竞争劣势;

(f)通过掠夺性定价使竞争对手退出市场,阻止新企业进入,从而垄断市场;

(g)抵制或拒绝任何其他企业生产、分销或销售任何商品或提供任何服务;

(h)拒绝交易。

第四条 禁止滥用特定协议

(1)禁止企业或企业的联合达成任何具有防止、限制、减少市场竞争目的或者影响的有关商品的生产、供应、经销、收购、控制或者提供服务的协议与决定。

(2)这些协议包括但不限于以下情况:

(a)对任何商品的销售、分销或任何服务的提供操控售价或者施加任何其他限制性贸易条件;

(b)按地区、销售额、购买量,或按所售货物与服务的类型以及按任何其他方式来分割或共享货物与服务市场;

(c)通过货物或提供服务的方法来规定或设定生产、分配或销售的数量;

(d)在生产、分销、销售任何货物或提供任何服务方面限制技术开发和投资;

(e)为了出售、购买或采购任何货物或服务而串通投标;

(f)与其他贸易方进行等价交易时运用不同的条件,从而使它们处于不利地位;

(g)订立合同时,要求其必须接受其他方面所承担的补充义务,而这些补充义务在性质上或按商业上的用途来看,都与合同的主体无关。

(3)违反第(1)款的规定而订立的任何协议均属无效。

第五条　个别豁免

(1)如协议或惯例的一方已向委员会提出豁免要求,且该协议适用于本法第九条,则委员会可就特定的惯例或协议给予第四条规定的豁免。

(2)对于本条第(1)款下的豁免,可根据委员会认为适当施加的条件而给予,并在委员会认为适当的期间内生效。

(3)这段时间必须在豁免书中指明。

(4)个别豁免可使其于获批日期之前的某日起生效。

(5)对于以第五十五条规则注明的方式而提出的申请,委员会可延长豁免生效的期限;但是如果有规定,委员会只能在特定情况下行使此项权利。

第六条　对个别豁免权的取消等规定

(1)如委员会有合理理由相信给予个别豁免后,情况有重大改变,可借书面形式告知其:

(a)取消免税;

(b)更改或取消任何条件或义务;

(c)强加一个或多个附加条件或义务。

(2)如委员会有合理理由怀疑其给予的个别豁免权所依据的资料不完整、不真实或具误导性,委员会可借书面通知采取第(1)款所述步骤。

(3)违反条件同样取消豁免。

(4)如未能履行某项义务,委员会可借书面通知采取第(1)款所述的任何步骤。

(5)在本条下,委员会可自行或根据任何人提出的投诉采取行动。

第七条　整体豁免

(1)如委员会认为属于某一类协定适用本法第九条,委员会可作出一项整体豁免令,给予这类协定豁免。

(2)整体豁免令可施加整体豁免生效的条件或义务。

(3)整体豁免令规定:

(a)违反该法案所施加的条件,会导致取消就协议而言的整体豁免;

(b)如未能遵守该法案所施加的义务,委员会可借以下书面通知来取消与协议有关的整体豁免;

(c)如果委员会认为某一特定协议不适用第九条的规定,则委员会可取消该协议的整体豁免。

(4)整体豁免令规定在整体豁免令所指明的期间结束时,整体豁免令失效。

第八条　整体豁免的程序规定

(1)委员会在作出整体豁免令前,必须做到:

(a)以委员会认为最适宜的方式公布其拟议法案的详情,以便相关者提前知悉;

(b)考虑到就此向委员会提出的任何申述。

(2)整体豁免令可规定整体豁免在作出该法案的日期之前生效。

第九条　个别及整体豁免的准则

(1)委员会可就实质上有助于以下情况的协议给予个别或整体豁免:

(a)改进生产或分销;

(b)促进技术进步与经济发展,同时让消费者公平分享由此带来的好处;

(c)由此项豁免所带来的正面效应明显大于不给予豁免所带来的负面效应,或者减少了竞争。

(2)根据本法申请豁免将由寻求豁免的企业承担责任。

第十条　欺骗性营销行为

(1)任何企业不得从事欺骗性营销行为。

(2)具有以下行为则被视为欺骗性营销行为:

(a)散布可能损害另一企业商业利益的虚假或误导性信息;

(b)向消费者发布虚假或误导性信息,包括与商品的价格、性质、生产方法或地点、性质、使用的适宜性或与质量有关的、缺乏合理依据的信息;

(c)在广告宣传过程中对商品进行虚假或者误导性的比较;

(d)欺诈性使用他人的商标、商标名称、产品标签或包装。

第十一条　并购的批准

(1)任何企业不得通过在相关市场上建立或加强支配地位,进行实质上削弱竞争的并购。

(2)但本法也有规定,如果一个企业打算收购另一个企业的股份或资产,或者两个或两个以上的企业打算并购他们的全部或部分业务,并满足委员会规定的法规中所设置的收购通知条件,那么此类企业可向委员会申请批准拟并购。

(3)一旦有关经营者在原则上同意或签署不具约束力的并购意向书,应尽快向委员会提交并购前的申请。

(4)第(3)款所提及的申请须按照委员会所规定的方式并连同手续费一并提交,有关经营者在未获得委员会批准前,不得着手进行并购。

(5)委员会应通过第三十一条来决定拟进行的并购是否符合第三条所确定的相关条件,该法案应在收到申请后30日内作出。

(6)如经确定,委员会应展开第二阶段的审查,为使其能够作出必要的决定,委员会可要求相关企业提供必要的资料。

(7)未能在规定的30日内作出第一阶段审查的决定,意味着委员会对拟进行的并购没有异议。

(8)启动第二阶段的评审委员会应当在90日内收到在本条第(6)款中所要求的信息,同时对并购进行审查,以评估其是否通过在相关市场通过创造或加强支配地位而大大减少竞争,并作出决定。如相关企业未能提供所要求的资料,委员会可拒绝有关申请。

(9)如未能在90日内作出决定,应被视为委员会对拟进行的并购没有异议。

(10)如第二阶段复核后,虽然委员会认为拟进行的并购可创造或加强支配地位,从而大大减少竞争,但如有证据显示交易有以下情况,委员会仍可批准该交易:

(a)它大大提高了生产、分配货物或提供服务的效率;

(b)这种效率不可能通过限制较少的竞争手段合理地实现;

(c)由这种效率所带来的正面效应显然超过缺乏或减少竞争所带来的负面效应;

(d)当其中一个企业面临实际或即将发生破产时,这是对该企业的资产所作出的最不反竞争的选择,但举证责任应由寻求批准的企业承担。

(11)如委员会裁定所审查的交易不符合第(10)款所指明的准则,委员会可以：

(a)禁止交易的完成；

(b)按照委员会在其法案中规定的条件批准此类交易；

(c)批准该交易的条件是，该企业必须与委员会在其法案中指定的具有法律效力的协议相一致。

(12)如一企业在不遵守第(1)款至第(4)款的规定下完成并购，委员会应在给予企业聆讯的机会后，根据第三十一条作出适当法案。

(13)若委员会根据以上条件批准了某项并购，但有理由相信有关市场或企业的情况已改变，以致有需要重新审查所施加的条件时，该委员会可在1年内对并购的批准令自行或者对有关经营者的申请进行审查。

(14)如委员会裁定某项并购的批准是基于企业提供了虚假或具误导性的资料，或者委员会有关法案所订立的条件未获充分遵守，委员会可在给予有关企业聆讯的机会后：

(a)撤销该并购；

(b)按原法案的规定修改或增加内容。

第三章　巴基斯坦竞争委员会

第十二条　委员会的设立

(1)兹设立一个委员会，称为巴基斯坦竞争委员会。

(2)委员会是具有永久继承权和公章的法人团体，可以以自己的名义起诉和被起诉，订立法案并受该法案约束，可订立合同、可取得、购买、占有、持有和享有各种动产和不动产，可根据其认为合适的条款，转让、让渡、交出、放弃、押记、抵押、转管、重新分配、转让或以其他方式处置或处理其拥有的任何动产、不动产或无形权益。

(3)委员会应在行政和职能上独立，联邦政府应尽最大努力促进、加强和保持委员会的独立性。

第十三条　总部

委员会总部设在伊斯兰堡，委员会可在其认为必要的巴基斯坦其他地方设立和关闭办事处。

第十四条　委员会的组成

(1)委员会应由不少于5人至不多于7人组成，但联邦政府可以视情况随时增减其认为适当之成员人数。

(2)委员会成员由联邦政府任命,联邦政府从委员会成员中任命主席。

(3)委员会所有成员均应全职服务。

(4)联邦政府雇员不得超过2名委员会成员。

(5)任何人不得被推举成为委员会成员,除非其在某些相关领域(包括工商、经济、金融、法律、会计或公众)有不少于10年的诚信、专业知识、名望和经验;但联邦政府可按其规定的方式规定该等成员的资格、经验和任命方式。

(6)任何人如有下列情况,均不得获委任或继续成为委员:

(a)因道德败坏而被定罪;

(b)已经破产或被裁定破产;

(c)已由联邦政府委任的注册医生宣布因身体、心理或精神不适而不能履行职务;

(d)未获委员会许可连续3次缺席委员会会议;

(e)未在本法规定的披露时间内披露任何利益冲突,或违反本法规定,披露了未经授权的信息;

(f)因其他原因不能执行职务的。

(7)委员会的任何行为或程序均不得因委员缺席、委员中有任何空缺或体制中有缺陷而无效。

(8)在委员会成员或官员作出确认保密和忠诚的声明之前,不得担任其职务。

第十五条　主席

(1)主席应为委员会的行政长官,并会同其他委员负责委员会的行政管理工作。

(2)主席可根据其认为适当的条件,随时将其全部或部分权力和职能转授予任何成员。

第十六条　代理主席

当主席的位置处于空缺状态,或主席由于任何原因不能履行他的职责时,联邦政府应指定资深的委员成为代理主席,直到主席的任命处于正常状态。

第十七条　任期

委员会主席和成员应按联邦政府根据规则规定的薪金、服务条款和条件任命,任期为3年;但主席及委员可以在此期间连任,至65岁或任期届满为止停止担任公职,以较早者为准。

第十八条　对主席和其他成员的雇用限制

在主席和其他成员停止担任公职后1年内,不得接受任何此前在本法案下进行过调查的企业的有关行政或管理岗位的雇佣。

第十九条　成员的委任终止

(1)根据本条第(2)款,如发现任何成员或主席根据第十四条第(6)款应被取消资格,联邦政府随时可撤销对其的任命,并可下令将其撤职。

(2)根据联邦政府制定的规则,若没有经过由法案规定的人或团体进行的调查,且没有为该成员或主席提供在被告方进行听证的合理机会的情况下,任何委员或主席不得被免职或撤销其委任,除非第(1)款所提及的取消资格是根据任何有关法律条文拥有合法司法管辖权的法院或审裁处的判决或法案所引致。

(3)成员或主席可随时以书面形式通知联邦政府进行辞职。

(4)委员会的任何成员或主席因死亡、辞职或免职而出现空缺,联邦政府应在出现空缺后30日内填补该空缺。

第二十条　委员会基金

(1)此项基金称为"中央结算基金",该基金应归属于委员会,并由委员会用于支付与委员会运作有关的费用,包括支付委员会主席、委员、人员、官员、专家、顾问的薪金及其他酬金。

(2)基金应包括:

(a)联邦政府的拨款或补助金;

(b)委员会收取的费用:

(c)经联邦政府批准的地方和外国捐助者或机构的捐助;

(d)委员会的投资回报和资产收益;

(e)所有其他以任何方式可向委员会支付或归属委员会的款项;

(f)巴基斯坦境内其他管理机构征收的费用百分比应符合联邦政府与委员会协商后规定的比例,此比例不得对委员会不利。

(3)委员会应对基金的支出和投资作出规定。

(4)委员会可视情况随时在指定银行开立及维持账目。经联邦政府批准,委员会可开立和维持外币账户。

第二十一条　账目及审计

(1)委员会须备存适当的账目,并在每一财政年度结束后,在切实可行范围内尽快为该财政年度所备账目,其中应包括资产负债表和收支账目。

(2)在每一财政年度结束后60日内,委员会的年度财务报表应由巴基斯坦审计长或由巴基斯坦审计长提名的特许会计师事务所审计。

(3)审计员应就资产负债表及账目向委员会提出报告,并在该报告中陈述他们认为该资产负债表是否为完整及公平的资产负债表,是否包含所有必要的详情,并妥为拟订,以便对委员会的事务提出真实和正确的看法,如他们要求委员会作出任何解释或提供资料,要报告他们所提供的资料是否完备并且是否令人满意。

第二十二条　年度报告

(1)委员会须在每一财政年度结束后90日内,就委员会在该财政年度的活动(包括委员会的调查、宣传活动、查询及并购审查)拟备一份报告。

(2)委员会应当在每个财政年度结束时120日内发送一份在第(1)款下的委员会年度报告副本、一份经审计人员核证的委员会账目报表副本、审计员向联邦政府提交的报告,这些文件必须在官方公报上公布,并在收到后2个月之内送交议会两院。

第二十三条　委员会的任命

(1)委员会可委任其认为有必要的人员、官员、专家、顾问,以执行委员会所规定的职能,并按其视情况而定的权力及条款与条件行事。

(2)委员会可借宪报公告,就其雇员的服务条款及条件制定规例。

第二十四条　委员会会议

(1)在不违反本条规定的情况下,主席可在他认为合适的时间和地点召开委员会会议。

(2)每次委员会会议应由主席主持,在主席缺席的情况下,各成员可选举一名成员主持会议。

(3)委员会每届会议应由3名成员组成。

(4)在委员会任何会议上产生的所有问题应由出席并参加表决的成员以过半数投票决定。

(5)在票数相等的情况下,主席拥有决定性的一票。

(6)在不违反本法规定的情况下,主席可就委员会会议上或与会议有关的任何事项作出指示。

第二十五条　成员利益的披露

(1)任何人如对某事物有任何利益(金钱利益或其他利益),即被视为与该事物有利害关系,在该等事项下,由于其在履行本法规定的职责与该等利益之间产生了冲突,使他无法公正地考虑和决定任何问题,也无法无偏见地提供任何建议。

(2)对委员会拟讨论或决定的任何事项有任何利害关系的成员,应在讨论该事项之前,书面向委员会披露其利害关系的事实及其性质。

(3)有关第(2)款下利益的披露,应在委员会就该事项进行讨论或作出决定之前,以及在披露后,在委员会的会议记录中记录,该成员:

(a)除第(4)款至第(6)款所述的情况外,不得参与或出席委员会的任何审议或决定;

(b)不占用委员会的法定人数名额。

(4)如委员并非主席,而主席发觉委员有利益冲突,主席须:

(a)如果主席认为该成员不应参加或继续参加(视情况需要而定),则在决定该事项时应相应告知该成员;

(b)在任何其他情况下,使该成员的利益向有关人士披露,包括那些申请尚待作出决定或由委员会裁决的任何人士,而根据第(a)项接收指示的成员须遵从该指示。

(5)如该委员是主席,他须向有关人士,包括任何申请正在等待委员会决定或裁决的人,披露其利益。

(6)根据第(4)款,任何与某项事务有利益关系的主席或委员不得参与或继续参与该项事务的决定(视情况而定),除非委员会所有有关人士同意其参加(视情况而定)。

第二十六条　委员会成员的利益呈报

(1)下列人员如果:

(a)作为委员会的官员执行职务或行使权力。

(b)作为雇员履行职能或提供服务。

(c)以某种身份履行职能或提供服务,对委员会或委员会官员提供协助与意见;均须考虑与他有利害关系的事项,该人员须立即向委员会发出书面通知,说明他须考虑该事项及与该事项有利害关系,并列明有关详情。

(2)第(1)款所述人员亦须在为避免利益冲突而有需要时,根据该款说明其利益。

第二十七条　官员和雇员等作为公务员

获授权执行本法任何职能或行使任何权力的委员会主席、成员、雇员、专家、顾问应被视为1860年《巴基斯坦刑法》第二十一条(1860年第XLV号法令)所指的公务员。

第四章　委员会的职能和权力

第二十八条　委员会的职能和权力

(1)委员会的职能和权力为:

(a)根据本法的程序提起诉讼,并在出现违反本法规定的情况下发布法案;

(b)加强研究以促进商业经济活动各部门的竞争;

(c)在本法案有需要时,就任何企业的事务进行查询;

(d)向相同企业的经营者提供意见,以确定该经营者拟采取的任何行动是否符合本法的规定、规则或命令;

(e)倡导竞争;

(f)采取所有其他为执行本法目的可能需要的行动。

(2)委员会可在其认为适当的条件下,将其全部或任何职能和权力授予其认为适当的任何成员或官员。

第二十九条　倡导竞争

委员会应通过宣传促进竞争,其中应包括:

(a)提高认识,对竞争问题进行培训,并采取可能有助于促进竞争文化的行动;

(b)对联邦政府和省政府审查促进竞争的政策框架,并就修订本法和任何其他影响巴基斯坦境内竞争的法律提出适当建议;

(c)就影响巴基斯坦竞争状况或影响本国商业活动的任何事项举行公开听证会,并就这些问题公开发表意见;

(d)在其网站上公布所有作出的决定、正在审查和完成的查询、并购准则、教育材料等。

第三十条　违反规定的情况

(1)如委员会认为曾有或可能有违反第二章任何条文的情况,可在第三十一条下作出一项或多项它认为适当的规定,在有违反第二章规定的情况下,委员会还可按第三十八条规定的标准处以罚款。

(2)在根据第(1)款作出法案前,委员会须:

(a)通知其拟作出该命令的意图,说明其认为可能违反该项规定的理由。

(b)给予企业在通知中指明的日期进行聆讯的机会,并将支持其论点的事实和材料提交委员会,但是,如果企业没有利用该机会,委员会可以单方面决定案件。

(3)委员会应在官方公报上公布其法案,以供公众参考。

(4)根据第(1)款作出的法案,即使在任何其他现行有效的法律或合同、备忘录或公司章程中有任何相反的规定,也应具有效力。

(5)根据本条发出的任何命令应包括该命令所依据的理由。

第三十一条　委员会的命令

委员会可就以下情况行使命令:

(a)滥用支配地位,要求有关经营者采取本法所指明的需要恢复竞争的行动,并且不得重复本法所指明的禁止行为,或具有类似效果的任何其他行为。

(b)禁止协议、撤销协议或要求有关企业修改协议或相关惯例,不得重复第四条中规定的禁止行为或某项具有类似目的或效果的协议与实践。

(c)欺骗性的营销行为,需要:

(i)该企业采取该命令中规定的可能必要的行动,以恢复以前的市场状况,并不得重复第十条中规定的禁令;

(ii)没收或者销毁具有危险、有害影响的货物。

(d)除第十一条所记载的规定外,进行并购需:

(i)按照规定批准并购(可能注明收购条件);

(ii)如果认为某项并购不符合第二章的内容,可展开第二阶段审查;

(iii)撤销或禁止并购,但仅作为第二阶段审查的结论。

第三十二条　签发临时法案的权力

(1)在第三十条下,委员会认为在诉讼程序中发出最后命令可能需要时间,在此期间可能会造成严重或不可挽回的损害,为了公众利益,有必要在作出临时命令的情况下,委员会可以在给予有关企业聆讯的机会后,命令该企业做/不做/继续做该命令规定的任何行为或事项。

(2)根据第(1)款作出的法案可随时由委员会加以审查、修改或取消。除非其被正式取消,否则,在第三十一条作出的最后法案的日期之后,在第三十一条所规定的期间内仍然有效。

第三十三条　委员会有关诉讼或调查的权力

(1)为根据本法进行诉讼或调查,根据1908年《民事诉讼法》(1908年第五法案),委员会在审理下列案件时,应享有与民事法院相同的权力:

(a)传唤并强制任何证人出庭作证,并让其宣誓;

(b)调查任何可以作为证据的文件或其他实物;

(c)接受宣誓书上的证据;

(d)向法院或办事处索取“公开记录”;

(e)签发一份委任状,以供查阅证人、文件,或两者皆可。

(2)委员会制定的任何程序应被视为巴基斯坦《刑法》第193节和第228节(1860年第XLV号法令)所指的司法程序;就1898年《刑事诉讼法》(1898年第V号法案)第195节和第×××章而言,该委员会应被视为民事法院。

(3)为根据本法进行诉讼或查询,委员会可要求任何企业做出以下行为:

(a)生产之前,允许由委员会指定的1名人员作为代表,对企业保管或控制的任何账簿、账册或其他文件根据需要而进行检查和保管,此类文件是与本法所必须审查的任何事项有关的文件;

(b)为了本法需要,须向官员提供其所持有的与任何事项有关的具体的信息。

第三十四条　进入及搜查处所的权力

(1)即使其他现行有效的法律中有规定,在合理的理由被书面记录的情况下,委员会有权授权任何人员进入和搜查任何处所,以执行某一法案的任何条款。

(2)就第(1)款而言,委员会:

(a)可完全自由查阅任何处所、存放账目、文件或电脑;

(b)可对根据第(a)项获得的任何账目、文件或计算机存储的信息加盖印章，或进行摘录复制；

(c)可扣押任何账目或文件，并因本法需要而长期保留；

(d)如未能取得储存在电脑上的资料，可否扣押及保留电脑，直至所需的资料复制期届满；

(e)可对根据第(a)项获得查阅权的任何处所或地方发现的任何物品进行清查。

(3)委员会人员如要行使进入和搜查处所的权力，须提供证据，证明其有权代表委员会行事。

(4)委员会可授权任何估价师进入任何处所或地方，检查其评估资产时，为本法所需的账目和文件。

(5)根据第(1)款要求进入的任何处所或地方的居住人，须提供一切合理的设施和协助，以确保有效行使进入该处所或地方的权利。

(6)根据第(2)款及第(3)款扣押及保留的任何账目、文件或电脑，须由委员会或获授权人员签署。

(7)企业书的账目、文件或电脑已根据第(2)款被扣押和保留，企业可在委员会的监督下，在正常办公时间内查阅，并摘录或复制。

解释——在本条中，有关任何处所或地方的“居住人”一词指包括所有者、管理者或在场的任何其他人。

第三十五条　强行进入

(1)如企业无合理理由，拒绝委员会行使第三十四条规定的权力，委员会的调查人员可在有需要时，以任何2名委员签署的书面法案，强行进入任何地方或建筑物；

(2)即使有第(1)款的规定，委员会的调查人员如无2名委员签署的委员会书面法案，不得使用武力进入任何住处。

(3)按照规定，如果发现调查人员根据第(2)款行使其权力是无理的、过分的或是恶意的，该官员将被解雇并被审讯，一经定罪，可处50万卢比的罚款或不超过1年的监禁，或两者兼而有之。

(4)当刑事法庭根据第(3)款施加罚款时，应命令将同等于已追回的全部或部分罚款的一笔款项支付给被指控的调查人员，如果未追回罚款，则应从基金中支付该款项。

(5)根据第(4)款所支付的任何款项均不得损害受害人根据法律享有的任何其他救济的权利,但在与同一事项有关的任何后续诉讼中,在作出赔偿时,法院应考虑从罪犯身上追回并支付给受害人的相应款项。

第三十六条　索取企业资料的权力

尽管其他现行法律中有规定,委员会可通过一般命令或特别命令,要求企业不定期或在必要时提供有关企业全部活动的任何资料,包括与组织、会计、商业、贸易惯例、管理和与委员会认为对本法有必要或有用的所有有关的信息。

第三十七条　调查和研究

(1)根据联邦政府的指示,委员会可根据自己的意愿,对与本法宗旨有关的任何事项进行调查。

(2)委员会从企业或已登记的消费者协会收到关于可能构成违反第二章规定的书面申诉时,除非认为申请是无聊的、无理的或是基于不充分的事实,否则应予以受理。经初步证据证实后,应就投诉所涉及的事宜进行审查。

(3)委员会可以以合约方式聘用顾问外包其研究工作。

(4)如根据第(1)款或第(2)款所作的审查已完结,委员会认为审查的结果对公众利益有需要时,则须根据第三十条展开法律程序。

第五章　罚款和上诉

第三十八条　惩罚

(1)在给予有关企业聆讯的机会后,委员会可下令指示任何企业或企业的任何董事、管理人员或雇员以罚款的方式支付命令中所规定的金额,此类企业:

(a)被发现从事本法禁止的任何活动;

(b)未能遵守委员会根据本法作出的法案;

(c)未能提供协议或本法规定或委员会要求的任何其他文件和信息的副本;

(d)企业知道或有理由相信其向委员会提供任何资料或作出任何声明是虚假的,或委员会认为是不准确的;

(e)故意滥用职权,以任何方式干扰、妨碍、危害或妨碍委员会的进程。

但对委员会的工作或委员会在任何程序完成后发出的任何命令,以善意和符合公众利益的方式作出公正的评论,不得施加罚款。

(2)委员会可按下列税率征收罚款:

(a)如违反本法第二章的任何规定,由委员会根据情况决定数额不超过7500万卢比或不超过企业年营业额的10%的罚款;

(b)不遵守委员会的任何法案、通知或要求的,视具体情况由委员会决定处以不超过100万卢比的罚款;

(c)对于第(1)款第(e)部分,委员会可根据情况决定不超过100万卢比的罚款。

(3)如果有连续不断违反委员会法案的情况,委员会可以命令再支付一笔罚款,在第一次违反法案后,每天可增加100万卢比。

(4)根据本法施加的任何处罚均可根据第四十条的规定获得赔偿。

(5)尽管本法或任何其他现行有效的法律中有规定,不遵守委员会的命令将构成刑事犯罪,可判处1个月的监禁,但刑期可延长至1年,罚款可提高至2500万卢比,委员会可在根据本法规定的处罚之外,或者代替本法,向有管辖权的法院提起诉讼。

第三十九条　宽大处理

(1)如果委员会认为某些企业是被禁止协定的一方,并且被指控违反了第二章的禁令,则其可就指称的违反情况作出全面和真实的披露,对该等企业施加适当的比第三十八条所规定的较轻的处罚。

(2)只有当企业是被禁止的协议的一方,且其首先根据本条作出了充分和真实的披露,才可免除处罚或者从轻处罚。

(3)如果认为根据第(1)款获得宽大处理的任何企业未能遵守被处以较轻处罚的条件,提供虚假证据的,委员会可撤销宽大处理规定,对企业处以第三十八条规定的处罚。

第四十条　惩罚恢复

(1)某些企业惩罚恢复后,委员会可以将规定的通知副本送达有关人员或者该企业的行政总裁、董事,要求其在通知规定的时间内支付有关款项。

(2)如第(1)款下的通知书所提及的款额未能在规定期限内缴付,委员会可通过下列任何一种或多种方式,向违约的个人或企业追讨上述金额:

(a)扣押不动产或出售任何动产,包括个人或企业的银行账户。

(b)指定接管人管理个人或企业的动产或不动产。

(c)通过地区税务主任追讨拖欠的土地收入。

(d)以书面形式要求下列人员在指定日期或之前扣除及缴付通知指明的款项:

(i)任何企业到期或可能到期的款项;

(ii)持有、控制或可能随后持有或控制属于企业或因企业原因而收到或处置的任何款项;

(iii)负责向企业支付任何款项。

(3)任何银行、接管人、地区税务主任或企业按照第(2)款下的通知支付任何款项,应视为已就该企业向委员会支付了该款项,以该收据所注明的款额为限收到款项后,该银行、接管人、地区税务官员或企业的责任将得到充分免除。

(4)收到通知的银行、接管人、地区税务官员或者企业,未按照通知所列明的数额收取、追偿、扣除、支付的,该银行、接管人、地区税务官员或企业应被视为违约方,且上述通知中规定的金额应可向违约方追讨,具体情况可由委员会依照本法的规定予以追讨。

(5)委员会可指示第(4)款所述的任何银行、接管者、地区税务主任或企业,以罚款的方式支付命令所指明的金额,在给予银行、接管人、地区税务官员或企业聆讯的机会后,确定该银行、接管人、区税务官员或企业是否故意不遵守委员会的命令。

(6)为收回第(2)款下的款额,委员会应具有与民事法院根据 1908 年《民事诉讼法》(1908 年第五法案)所授予的权力。

(7)委员会可订立规则,规定根据本条追讨款项的程序,以及与本条的运作有关的任何其他事项。

(8)根据本法追回的所有罚款应计入联邦的公共账户。

第四十一条　向委员会上诉法庭提出上诉

(1)就委员会任何成员或授权人员所作出的法案,可向委员会上诉法庭提出上诉。受该法案影响的人可在法案通过后 30 日内,向委员会上诉法庭提出上诉。

(2)委员会应设立不少于 2 名成员的上诉法庭,以审理根据第(1)款提出的上诉。

(3)如果上诉法庭由 2 名以上法官组成,则应一致或以多数票作出决定,如出现分庭裁决，原向委员会提出上诉的命令仍然有效，并作为委员会的最后命令。

(4)任何参与作出被上诉决定的人不得被列入上诉法庭。

(5)根据规则制定申诉的形式、费用和其他有关事项。

第四十二条　向法庭上诉

任何人因为由2名或2名以上委员或委员会上诉法庭成员组成的委员会命令而认为自己权利受到侵害的，可在传达命令后60日内，向竞争上诉法庭提出上诉。

第四十三条　竞争上诉法庭

(1)在该法案生效后30日内，联邦政府应尽快成立竞争上诉法庭，该法庭须由1名主席和2名技术官员组成，主席应当为最高法院的法官或退休的高等法院首席法官，技术官员应具有10年以上国际贸易、经济、法律、金融、会计等方面的专门知识和专业经验，有能力并且诚实守信。

(2)主席和技术官员的任期为3年，并可获得同样任期的连任，年满68岁或任期届满时(以较早者为准)终止任期。

(3)主席和技术官员有权享受联邦政府根据规则规定的工资和其他服务。

(4)竞争上诉法庭在与联邦政府协商后，制定规则规范法庭的诉讼程序。

(5)竞争上诉法庭应在向法庭提交申诉后6个月内迅速作出裁决。

第四十四条　向最高法院上诉

任何受竞争上诉法庭法案侵犯的人可在60日内向最高法院提出上诉。

第六章　一般条款

第四十五条　公章

(1)委员会应具有公章，由主席或委员会规定授权的其他人员保管。

(2)需要或允许使用印章签署文件，应按照法规授权方式进行指定和认证。

第四十六条　通知书及其他文件的送达

就本法而言，如果按照1908年《民事诉讼法》(1908年第五法案)规定的送达传票的方式或按照委员会的规定进行送达，则要求送达企业的任何通知、请求、信件或命令均应视为已妥善送达企业。

第四十七条　补偿

(1)任何企业都无权因协议或雇佣关系的终止，股份、财产的转让或根据本法规定的命令采取的其他行动而遭受的任何损失与伤害,获得由委员会支付的任何损害赔偿。

(2)本条第(1)款的任何规定,均不得妨碍企业因协议或雇佣关系的终止,股份、财产的转让或根据本法规定的命令采取的其他行动而遭受的任何损失与伤害而向任何其他方要求赔偿或损害。

第四十八条　保障

根据第三十五条第(3)款,不得针对委员会或委员会所有成员、官员或雇员根据本法或根据本法制定的任何规定或命令善意地进行或计划进行的任何事项,发起任何诉讼、起诉或其他法律程序。

第四十九条　信息交换协议

经联邦政府批准,委员会可与世界任何地区的竞争机构达成协议,就其履行本法规定的职能提供交流和援助。

第五十条　共享和提供信息

为了使委员会能够获得与履行其职能有关的资料,并为实施本法:

(a)联邦政府和省政府的所有办公室和机构应免费提供委员会在执行本法规定的职能时所要求的信息;

(b)巴基斯坦国家银行、巴基斯坦证券交易委员会、中央税务局、联邦统计局和所有监管机构应在委员会履行本法规定的职能时,根据委员会的要求,随时安排向委员会提供法律允许的必要信息。

第五十一条　保密义务

(1)在本条规定下,任何现在或者曾经是以下人员的人:

(a)作为委员会的成员;

(b)受聘为委员会的职员或雇员;

(c)授权代表委员会执行或行使委员会的任何职能或权力,或以顾问的身份向委员会提供服务。

除非为执行公务,直接或间接地履行或行使上述职能或权力外,不得复制,不得向任何人披露他因获任、聘用或授权而取得或已取得的任何资料,将该资料用于除执行其公职或执行或行使其职能或权力之外的任何目的。

(2)任何人违反第(1)款的规定,即属犯罪,可处以1年以下的监禁或100万卢比以下的罚款,或两者兼而有之。

(3)委员会应采取一切合理措施,防止其使用或披露因履行职能或行使权力而获得未经授权的保密信息。

(4)就第(1)款而言,根据巴基斯坦或任何其他司法管辖区现行有效的任何法律的要求允许披露信息,应被视为被授权使用和披露的信息。

(5)根据本条第(1)款,任何人为下列目的而披露资料,应视为被授权使用和披露的信息:

(a)使用以下身份履行其职能:

(i)委员会的成员或雇员;

(ii)高级人员、雇员或获授权执行或行使委员会的职能或权力或代表委员会的人。

(b)作为委员会成员或官员履行职能或提供服务。

(6)主席认为特定的信息:

(a)可使委员会得以或协助其执行或行使其任何职能或权力;

(b)可使或协助联邦政府或联邦政府的机构履行职能或行使权力;

(c)可使或协助联邦政府、联邦政府的机构或外国机构履行其职能或行使该国现行法律赋予的权力。

由主席授权人员向该人员披露资料,即视为已获授权使用及披露该信息。

(7)主席可就根据第(6)款披露的信息施加须予遵守的条件。

(8)主席可将其在第(6)款及第(7)款下的全部或任何职能及权力,授权给委员会委员或官员。

(9)就第(1)款而言,第(4)款、第(5)款、第(7)款和第(8)款中的任何内容均不应限制其他可能构成授权使用或披露信息的行为。

第五十二条　允许披露

第四十九条的任何规定均不妨碍某人有:

(a)在根据本法、现行有效的法律或其他法律进行的任何刑事诉讼过程中,向法院出示文件;

(b)在第(a)项所述的任何诉讼过程中向法院披露他或她在履行公务或行使本条所述的职能或权力时所注意到的任何事项;

(c)向相关人员出示文件或披露资料,此类文件、资料的披露在委员会看来是符合公众利益的;

(d)根据具体情况,制作或披露巴基斯坦现行有效的任何法律或任何其他司法管辖区要求或允许的文件或信息;

(e)向委员会出示文件或披露资料。

第五十三条　向委员会提供协助和咨询

(1)委员会可向任何个人、当局或机构寻求协助,以履行其在本法下的职能。

(2)委员会在其职权范围内或在其能力范围内,应向其寻求协助以执行其职务所有官员或其他人提供此种协助。

(3)根据第三十五条第(3)款,任何人或当局在向委员会或其工作人员提供证据过程中所作的陈述,除非该人或当局因提供虚假证据而被检控,否则不得对该人或当局使用,或使该人或当局受到民事或刑事法律程序的检控。

第五十四条　豁免的权力

联邦政府可通过官方公报的形式并在规定的期限内豁免:

(a)为国家安全或公共利益需要而豁免的任何类别的企业;

(b)由巴基斯坦根据与其他国家的条约、协定或公约承担的义务而产生的并由此而达成的协议或协定;

(c)代表联邦政府或省政府行使主权职能的企业。

第五十五条　本法不适用于工会

本法的规定不适用于工会或其成员根据现行有关工会的法律行使其职能。

第五十六条　联邦政府发布指令的权力

联邦政府认为必要时,可向委员会发布政策指示,但不得与本法的规定相抵触,委员会应遵守该指示。

第五十七条　制定规则的权力

(1)根据本条第(2)款,委员会可经政府公报公布并经联邦政府批准,就其需要或以执行本法为宗旨所进行的事项制定规则。

(2)本条所赋予制定规则的权力,除第一次外,须受先前公布的条件所限制,而在制定任何规则前,该规则的草案须在政府公报中刊登,以便在自公布之日起不少于30日的期间内,就草案征求公众的意见。

第五十八条　制定规例的权力

(1)根据第(2)款,委员会可通过政府公报,制定为施行本法而可能需要的规例。

(2)本条所赋予制定规例的权力,除第一次外,须受先前公布的条件所限制,而在制定任何规例前,该规例的草案须在两种广泛发行的报纸中刊登,以便在自公布之日起不少于30日的期间内,就草案征求公众的意见。

第五十九条　覆盖其他法律

即使与任何其他法律中的规定有所抵触,本法案的规定仍将具有法律效力。

第六十条　解决困难

如在实施本法的规定时出现任何困难,委员会可为解决困难而发布其认为必要的命令,但不得与本法的规定相抵触。

第六十一条　废止和保存

在本法施行时:

(a)1970年制定的《垄断和限制性贸易惯例(控制和预防)条例》(1970年第5号)(以下简称《废止法案》),予以废止。

(b)解散在《废止法案》下设立的垄断管理机构。

(c)所有资产、权利、权力、职权、特权和财产、动产和不动产、现金和银行余额、储备基金、投资和所有其他权益,以及在其解散之前存在的任何类型的垄断控制机构的所有债务、负债和义务应移交并归属于根据本法设立的巴基斯坦竞争委员会。

(d)任何官员、雇员、职员或任何其他与垄断控制机构事务有关职位的人员都无权被任命到根据本法设立的巴基斯坦竞争委员会的任何职位。

(e)官员、雇员、职员或任何其他与垄断控制当局的事务有关职位的人员,如果不被委员会考虑任命,则可选择支付可接受的救济津贴后被解雇,或者财政部根据他们的职务,以不低于他们在垄断控制机构中所享有的福利给予报酬。除非很快能够为其他部门所接收,否则,他们将继续从委员会领取在垄断控制机构任职时所领取到的薪金、津贴、补贴或其他福利。

(f)除(c)部分另有规定外,本法施行前,垄断控制机构所发生之债务、契约或取得的权利,与垄断控制机构所订立之事项,都应根据实际情况,视为已由或为该委员会而承担、订立、获得或参与。

(g)在本法实施之前,由或针对垄断控制当局提起的所有诉讼和其他法律程序,都应根据实际情况,视为由或针对巴基斯坦竞争委员会提起的诉讼和程序。

第六十二条　行为的有效性

委员会或其官员在 2007 年 10 月 2 日或之后至本法开始生效之前所做的任何事项、采取的行动、通过的命令、发出的文书、发布的通知、达成的协议、提起的诉讼、发起的程序或通信,授予、承担或行使的权力,均应被视为已有效达成、制定、发布、采取、发起、授予、承担和行使。本法的实施和规定应具有并应视为始终具有相应的效力。

以色列经济竞争法*

第A章　定义

第一条　定义

在本法中：

"竞争法庭庭长"包括竞争法庭副庭长。

"行业协会"是指一个团体，不论其是否注册成立，其全部或部分目的是促进其成员的商业利益。

"消费者组织"是指代表消费者的组织，且司法部部长已根据法律批准该组织。

"网站"是指竞争管理局的网站。

"法庭"是指根据本法设立的竞争法庭。

"限制贸易行为"是指限制性协议、垄断或公司合并。

"协议"包括明示或暗示的，书面、口头还是通过行为形式的，是否具有法律约束力的。

"公司"是指根据《公司条例》（新版本）（1983 年第 5743 号）成立并注册的公司，包括按照上述方式注册的外国公司，根据《合作社条例》注册的合作社，根据《非营利组织法》（1980 年第 5740 号）注册的非营利组织以及根据《合伙企业条例》（新版本）（1975 年第 5735 号）注册的合伙企业。

"子公司"是指由另一家公司控制的公司。

"公司合并"包括另一家公司收购一家公司的主要资产或另一家公司收购一家公司的股份，这会使收购公司获得该公司 1/4 以上已发行股票面值或表决权、任命 1/4 以上董事或分享公司 1/4 以上利润。收购可以是直接或间接的，也

---

* 2019 年 1 月颁布。

可以是通过合同授予的权利。

“总干事”是指根据第四十一条任命的竞争总干事。

“资产”是指动产、不动产和权利。

“商业”是指从事资产的生产、销售、营销、购买、进口或出口,也指提供或接受服务。

“控制”是指持有以下控制手段之一的1/2以上:

(1)在公司的股东大会上或在另一公司的相应机构中的投票权;

(2)任命公司董事的权力。

“部长”是指经济部长。

第B章 限制性协议

第A节 什么是限制性协议

第二条 限制性协议

(a)限制性协议是指在从事商业活动的人之间签订的协议,在这种协议下,至少有一方当事人以某种方式限制自己,以阻碍或削弱其与协议的全部或部分其他当事人之间或非协议当事人之间的商业竞争。

(b)在不影响第(a)款规定一般性的前提下,限制涉及以下事项之一的协议应视为限制性协议:

(1)需求、提供或支付的价格;

(2)将产生的利润;

(3)根据营业地点、人数或其打交道的人的类型来划分整个或部分市场;

(4)商业中资产或服务的数量、质量或类型。

第三条 非限制性协议

尽管有第二条的规定,但以下协议不应视为限制性协议:

(a)所有限制是由法律规定的协议。

(b)所有限制涉及以下资产之一的使用权的协议:专利、外观设计、商标、版权、表现权或耕种权,但须满足以下两个条件:

(1)该协议是在上述资产的所有者与使用权的接受方之间签订的;

(2)如果上述资产应当依法进行注册,该资产已注册;

(c)授予不动产权利的人与购买权利的人之间的,所有限制都涉及权利购买者处理的资产或服务的类型的协议。

(d)第二条第(a)款所有限制都涉及以下类型的本地农产品的种植和批发销售的协议:水果、蔬菜、大田作物、牛奶、鸡蛋、蜂蜜、牛、绵羊和山羊、家禽或鱼(以下简称农产品),且适用以下条件之一:

①该协议的所有当事方都是与该协议有关的所有农产品的种植者;

②该协议的所有当事方都是与该协议有关的农产品的种植者,但前提是该协议的任何一方都不是该农产品的批发商人或与该农产品的批发商人有关联,而且其销售的上述农产品中有1/2以上来自其他种植者,如果是种植者公司,则其销售的上述农产品中有1/2以上来自非公司所有者的种植者。

③该协议的当事方是一个或多个种植者和种植者的农产品购买者,并且其中所有限制均与种植者出售给购买者的农产品的批发销售有关。

(1)第二条第(a)款的规定不适用于由农产品生产的产品。

(2)经农业和农村发展部长同意并经以色列议会经济事务委员会批准,经济部长可发布命令将农产品的种类增加到第二条第(a)款所列种类中或从中减去。

(3)在本款中:

"相关人员"指以下任何一项:

①控制公司的人;

②第①项所述的由人控制的公司;

③由第①项和第②项所述者之一控制的公司;

"控制手段""持有"和"控制" 是指《证券法》(1968年第5728号)的规定。

"种植者"是指为了销售而从事农产品种植的人或种植者公司。

"种植者公司"是指为了销售而从事农产品种植的人至少拥有75%的控制手段和获利权的公司,并且以下适用所有规定:

①如果它是一家从事农产品批发销售的公司,并且拥有控股股东或者某人有权获取其一半以上的利润,则与不控制该公司的其他持有人的种植量相比,上述控股股东或个人种植的农产品占该公司销售的农产品的份额最大。

②不是为了销售而从事农产品种植的人不控制公司并且无权获取超过1/2的利润。

③不是为了销售而从事农产品种植的人如果是农产品的批发商或零售商

或与二者之一相关联的,不持有公司的任何股权。

农产品的“类型”是指第(a)款中所列的农产品类型之一,或该类型的任何部分,如果竞争总干事为避免对竞争造成损害而决定的话。竞争总干事指定一个类型的部分的决定应于其在官方公报上发布后30日生效。该决定应在网站上发布。

(e)公司与其子公司之间的协议。

(f)已删除。

(g)所有限制均涉及国际航空运输或空运和陆运国际联合运输的协议,所有当事方为:

(1)航空承运人;或者

(2)交通部部长已为此目的批准的航空承运人和国际航空公司协会。

该项公告应以交通部部长规定的方式向其提交。交通部部长每年应将此类公告向以色列议会经济事务委员会提交。

(h)如果承诺不违反合理和公认的惯例,卖方可以对买方承诺不从事该类型的业务。

(i)工会或雇主组织作为参与方的、所有限制都涉及雇员的雇佣和雇佣条件的协议。

第三A条　航空承运人之间的协议

(a)尽管有第三条第(7)款的规定,但如果满足下列第(1)项至第(3)项中列出的任何条件,则该部分中所述的协议应被视为限制性协议:

(1)协议的当事方是以色列航空承运人。

(2)协议的当事方是航空承运人,其中至少有一个是以色列的,至少有一个不是以色列的。

(3)满足以下两个条件:

①协议的当事方是非以色列航空承运人,其中至少有一个在以色列开展业务或拥有代表机构;

②该协议的要点之一是往返以色列的航空运输,该协议中的限制涉及任何当事方在以色列境内的经营或退出经营。

(b)第(a)款第(2)项或第(3)项的规定不适用于本款所述的协议,前提是该协议已得到外交部部长和交通部部长的合理决定批准,原因是防止损害以色列的对外关系，包括其对外经济贸易关系或为了确保以色列与其他国家之间航空权的连续性。此类批准应在与财政部部长协商并在获得竞争总干事对此事的立场后作出。

第B节　限制性协议的禁止

第四条　限制性协议的禁止

任何人不得全部或部分成为限制性协议的当事方，除非已根据第九条获得竞争法庭的批准、根据第十三条获得临时许可、根据第十四条获得豁免或根据第十五A条规定该协议的所有限制的集体豁免获得豁免；如果批准、临时许可、豁免或集体豁免是有条件的，则必须满足其条件，否则它们将无效。

第五条　行业协会一致行动的确定

行业协会为其成员或一些成员确定或推荐的、可能阻碍或削弱他们之间商业竞争的一致行动，应视为第二条所述的限制性协议，该行业协会及其按照该协会决议行事的成员均应视为限制性协议的当事方。

第六条　实施适应限制性协议的行为

开展业务并且在知道存在限制性协议的情况下，将其行为全部或部分调整适应该协议的人，应视为该协议的当事方。

第C节　限制性协议的登记和批准

第七条　限制性协议的批准申请

(a)希望订立限制性协议的任何人，应在根据第(b)款将申请副本登记后，按照条例规定的方式，向竞争法庭提交批准该限制性协议的申请。

(b)申请人应将申请书的副本交付竞争总干事。竞争总干事应根据第四十二条的规定在登记簿中记录该申请，并应在官方公报和两份日报上发布该公告。公告的详细内容及其方法应在法规中规定。

第八条　听取竞争总干事陈述和异议

(a)应召集竞争总干事向竞争法庭陈述其关于申请的立场和意见。

(b)可能受到限制性协议损害的人、行业协会和消费者组织，可以在第七条第(b)款官方公报发布公告后的30日内，向竞争法庭提出书面和合理的反对意见。

第九条　竞争法庭的决定

如果竞争法庭认为限制性协议符合公共利益,则可以决定部分或全部批准限制性协议,并规定批准条件。

第十条　对公共利益的考虑

出于本章的目的,竞争法庭在考虑公共利益时,应特别考虑限制性协议对下列事项的贡献,以及对公众的预期利益是否会大大超过可能对全部公众、部分公众或非协议当事方造成的损害。事项如下:

(1)提高资产或服务的生产和销售效率,确保其质量或降低其对消费者的价格;

(2)确保向公众提供足够的资产或服务;

(3)防止非协议当事方进行不正当竞争,而这种竞争会导致协议当事方资产或服务的提供受到限制;

(4)使协议当事方能够以合理的条件从提供了相当一部分供应的人那里获得资产或服务的供应,或以合理的条件向购买相当一部分资产或服务的人提供资产或服务;

(5)防止对国家经济重要部门的严重损害;

(6)保障某地区工厂的持续存在使其成为就业的来源,在该地区工厂的关闭或减产可能造成大量失业;

(7)通过减少进口或降低价格或通过增加出口及其盈利能力来改善国家的国际收支。

第十一条　批准期限

竞争法庭的批准应在其确定的期限内进行。如果竞争法庭未确定期限,则应在当事方确定的期限内或3年内(以较短者为准)批准该协议。

第十二条　批准的撤销及更改

(a)如果确信在批准时存在的情况发生了重大变化,竞争法庭可依竞争总干事的申请,撤销其已作出的批准,或改变其条件;

(b)可能受到限制性协议损害的人、消费者组织及行业协会认为批准协议时的情况下发生了重大变化,可以向竞争总干事申请根据第(a)款行使其权力。如果竞争总干事认为情况不能证明行使上述权力是正当的,则应在收到申请之日起30日内以书面形式将其告知申请人并说明理由。

第十三条　临时许可

(a)如果已经提出申请批准限制性协议,并且竞争总干事提议,确信该协议明显符合第十条中所指的公共利益。则竞争法庭庭长可依当事方的申请,给予临时许可使其能按照协议行事。许可的有效期不得超过1年或者直到竞争法庭根据第九条作出决定之前(以两者较早者为准)。竞争法庭庭长可以规定许可的条件。

(b)竞争总干事应向根据第八条提出反对意见的人告知协议获得临时许可。

(c)竞争法庭庭长依竞争总干事或对该项协议提出反对意见的人的申请,可以撤销其授予的临时许可或更改其期限,但限制性协议的当事方、竞争总干事及撤销的申请人也有机会提出自己的看法。

第十四条　限制性协议的豁免

(a)竞争总干事依限制性协议当事方的申请并与第二十三条规定的豁免与合并委员会(以下简称委员会)协商后,可以通过合理的决定使限制性协议的当事方免于获得竞争法庭批准协议所应承担的义务,如果其确信以下所有内容均适用:

(1)限制性协议中的限制不会损害受该协议影响的市场中大部分的竞争,或者会影响但不会严重损害该市场中大部分的竞争;

(2)限制性协议的主要目的不是削弱或阻碍竞争,它不包含对于实现其目标必不可少的限制。

(b)竞争总干事与豁免与合并委员会协商后,可以规定豁免的条件,并可以更改或撤销。

(c)豁免及其条件的公告,更改其条件和撤销豁免的公告应告知协议当事方和竞争法庭庭长,并应在官方公报上发布。

(d)如果已经针对某政府部门管辖范围内的事项提交了豁免申请,则竞争总干事应将该申请告知该部的竞争总干事,并且不得在告知申请之日起14日之内对该申请作出决定。

(e)提交免除获得竞争法庭批准协议所应承担的义务的申请的前提要支付经济部长和财政部长确定的费用。部长们可以在本款中规定更新费用的方式。

第十四A条　竞争总干事作出决定的日期

竞争总干事应在根据第十四条提出申请之日起30日内作出决定,除非其发现对豁免申请进行的审查表明有理由将该期限延长一段时间,但累计期限不得超过120日。竞争总干事应就此延期合理地书面告知当事方。

第十五条　豁免的撤销

(a)可能受到根据第十四条给予豁免的限制性协议损害的人、行业协会和消费者组织可以就竞争总干事给予豁免的决定或不撤销其已给予的豁免的决定,以书面形式合理地向竞争法庭庭长提出申诉。

(b)如果竞争法庭庭长认为限制性协议不符合第十四A条规定的条件,则其应撤销豁免。撤销自竞争法庭庭长作出决定的日期起生效。

(c)在协议当事方和竞争总干事有机会陈述其观点之前,竞争法庭庭长不得作出决定。

第十五A条　集体豁免

(a)经豁免与合并委员会批准,竞争总干事可以制定所有当事方均应获得竞争法庭批准(以下简称集体豁免规则)的限制性协议类型的规则,前提是满足以下所有条件:

(1)协议中的限制不会损害受该协议影响的市场中大部分的竞争,或者会影响但不会严重损害该市场中大部分的竞争;

(2)协议的主要目的不是削弱或阻碍竞争,它不包含对实现其目标必不可少的限制。

(b)竞争总干事应至少在提交前60日在两份日报上发布关于其打算提交集体豁免规则使豁免与合并委员会批准的公告,并应将规则文本公之于众。

(c)如果收到与集体豁免规则有关的公众反对意见,则在提交规则使豁免与合并委员会批准时,竞争总干事应阐明其对反对意见的回应。

(d)如果豁免与合并委员会批准了集体豁免规则,则竞争总干事应将其提交经济部长签署。经济部长应在规则上签字,除非出于特殊原因使他确信不应批准这些规则。

(e)集体豁免的有效期为5年,除非集体豁免规则中规定了更早的日期。

(f)经豁免与合并委员会批准,竞争总干事可不断修改集体豁免规则,并可每次将其有效期延长不超过5年。本款的规定也应适用于规则的修改或更新。

(g)竞争总干事可决定集体豁免规则所授予的豁免自其确定之日起不适用于特定的限制性协议,并可根据第九条规定使其当事方获得竞争法庭的批准。

第十六条　限制性协议的更改

(a)竞争法庭批准的限制性协议、根据第十三条授予临时许可的协议或根据第十四条授予豁免的协议中的重大细节的更改应视为新的限制性协议,应在更改之日起30日内根据第七条规定申请批准、根据第十三条规定申请临时许可或根据第十四条规定申请豁免。

(b)已废止。

(c)在本条中,"更改"包括在协议中增加当事方或从中移除当事方。

第C章　公司合并

第A节　合并的适用和禁止

第十七条　适用

(a)本章的规定应适用于下列任何一项的公司合并:

(1)合并的结果是,合并公司将成为第二十六条第(a)款第(1)项所指的垄断者;

(2)在合并前的会计年度中,合并公司的合并销售营业额超过3.6亿新谢克尔;

(3)合并公司之一是第二十六条第(a)款第(1)项所指的垄断者。

(b)(1)第(a)款第(2)项规定的金额应在每年的1月1日(以下简称更新日期)根据指数与基础指数相比的变化率进行更新。

(2)上述更新金额应四舍五入至10,000新谢克尔的最接近倍数。

(3)竞争总干事应在更新日期之后不久在网站和官方公报上发布上述更新金额的公告。

(4)在本款中:

"指数"是指中央统计局公布的消费物价指数;

"新指数"是指更新日期之前发布的最后一个指数;

"基础指数"是指上次更新日期之前发布的最后一个指数,并且对于第一次更新日期,该指数于2018年9月公布。

(c)经以色列议会经济事务委员会批准,经济部长可以在法规中规定确定第(a)款第(1)项所述的公司市场份额以及第(a)款第(2)项所述的营业额的方法。

(d)已废止。

第十八条　与在国外经营的公司合并

与在以色列境内外同时开展业务的公司合并时,本章的规定仅适用于该公司在以色列的销售营业额,以及该公司在以色列资产的生产、销售、购买和营销售以及服务的提供或接受中的市场份额。

第 B 节　合并的申请和竞争总干事的许可

第十九条　禁止的公司合并

除非首先提交合并申请并且获得竞争总干事的许可,如果竞争总干事的许可是有条件的,则必须满足条件,否则公司不得合并。

第二十条　合并的申请

(a)拟合并的每个公司都应向竞争总干事提交申请,应按照法规规定说明申请的详细内容(以下简称合并申请)。竞争总干事可要求提供其认为是审查申请所必需的其他细节。

(b)在收到所有拟合并的公司的合并申请之日起 30 日内,竞争总干事应告知公司其是否同意合并,或对同意合并施加条件(应在公告中注明)。除非根据第(b1)款或第三十八条将日期延长,则在 30 日内未发布此类公告就等同于同意申请。

(b1)如果竞争总干事认为审查合并申请有必要延长第(b)款所述的期限,则可以再延长两次,每次期限为 30 日。如果竞争总干事将期限延长了 60 日,则可在与豁免和合并委员会协商后,将期限再延长 60 日。竞争总干事应通过书面形式合理地将延期决定告知当事方。

(c)如果合并申请已提交给竞争总干事,而拟合并的公司的活动领域属于其他政府部门的管辖范围,则竞争总干事应将申请书的副本转发给该部的总干事。

(d)向竞争总干事提交合并申请的前提是要支付经济部长和财政部长确定的费用。部长们可以在本款中规定更新费用的方式。

第二十一条　竞争总干事的决定

(a)竞争总干事应反对公司合并或对其提出条件,如果其合理地认为拟进行的合并通过以下任何一项使该部门的竞争受到严重损害或使公众受到损害:

(1)资产或服务的价格水平;

(2)资产或服务质量差;

(3)供应的资产数量或服务范围,或供应的规则和条款。

(b)竞争总干事决定许可公司合并、反对公司合并或对其施加条件的公告,应由竞争总干事在官方公报、网站和两份日报上发布。

第二十二条 对竞争总干事决定的申诉

(a)如果竞争总干事反对公司合并,或规定了其许可合并的条件,则拟合并的每个公司均可在收到竞争总干事决定之日起30日内向竞争法庭提出申诉。

(b)如果竞争总干事有条件地或无条件地同意公司的合并,则任何可能受到合并损害的人,行业协会和消费者组织可以于竞争总干事在两份日报上发布其决定之日起30日内向竞争法庭提出申诉。

(c)竞争法庭可以维持、撤销或更改竞争总干事的决定。

(d)除非已根据第三十六条发出命令,否则根据第(b)款提出的申诉不得延迟合并。

第二十三条 豁免与合并委员会

(a)应当成立豁免与合并委员会。

(b)经济部长应确定名成员的名单,这些成员是在经济、会计、商业管理或法律方面具有知识和专长的公务员(在本条中,即豁免与合并委员会的活动领域),以及8名成员的名单,这些成员是公众的代表,包括:

(1)4名在豁免与合并委员会活动领域的研究和教学方面享有盛誉的成员;

(2)4名来自公众、在豁免与合并委员会的活动领域拥有学位并在上述领域具有至少7年的累积经验和知识的成员。

(b1)豁免与合并委员会成员应包括:

(1)至少5名女性;

(2)至少3位法学家。

(c)经济部长应从代表公众的豁免与合并委员会成员中任命豁免与合并委员会主席。豁免与合并委员会主席及其成员的任命公告应在官方公报上发布。

(d)豁免与合并委员会主席应从以下成员中任命豁免与合并委员会小组成员:

(1)批准集体豁免规则——总共7名成员,包括豁免与合并委员会主席在内的代表公众的成员是其中的4名成员，豁免与合并委员会主席为该小组的主席；

(2)第十四条规定的合并和豁免申请的公告——总共3名成员，代表公众的成员是其中的2名成员，二者之一应被任命为小组主席；

(3)根据第G1章进行的货币制裁——总共3名成员，其中至少1名为法学家，代表公众的成员是其中的2名成员，代表公众的成员之一应被任命为小组主席。

(e)豁免与合并委员会主席可从豁免与合并委员会成员中任命小组，以履行豁免与合并委员会的职能。

(f)收到第十五A条第(c)款与集体豁免规则有关的公众反对意见应提交豁免与合并委员会或豁免与合并委员会主席任命的小组审议。如果任命了这样的小组，则其结论和建议应在讨论规则批准的日期至少7日前提交小组成员。

第二十三A条　利益冲突

(a)任何经常直接或间接地在担任豁免与合并委员会成员的职能与其个人、其亲属或其个人及其亲属为利益相关方的公司之间发生利益冲突的人，不得担任豁免与合并委员会成员。就本条而言：

“亲属”是指配偶、父母或子女其中之一或任何在经济上依赖他的人；

“利益相关方”是指《证券法》(1968年第5728号)中的规定。

(b)可能直接或间接地与豁免与合并委员会小组讨论的事项有利益关联的豁免与合并委员会成员，应在知悉此情况后立即将其告知豁免与合并委员会主席，并且不得出席任何关于这一事项讨论的会议。

第二十三B条　程序

(a)豁免与合并委员会会议的法定人数是小组的大多数成员。

(b)豁免与合并委员会的决定应以出席该次会议并在该会议上投票的小组成员的多数票作出；在票数相等的情况下，委员会主席拥有额外一票。

(c)在豁免与合并委员会会议上，应准备会议记录，应记录会议上展示的文件和所作决定。在批准集体豁免规则的会议上，讨论摘要也应记录下来。在有关货币制裁的会议上，应完整记录会议的全过程。会议记录应开放供公众审查，前提是所发布的信息不包括根据《信息自由法》(1998年第5758号)第九条规定不应提供的信息或者是没有义务提供的信息。

(d)应邀请竞争总干事参加豁免与合并委员会的每次讨论。在关于货币制裁的豁免与合并委员会会议上,竞争总干事应向委员会成员陈述其观点,包括其依据的主要要点、违法方根据第五十G条以书面形式提交的观点以及针对违法方行为口头辩论的记录。

(e)在本节未规定的范围内,豁免与合并委员会主席应规定豁免与合并委员会的工作程序。

(f)委员会的存在、其权力和其决定的有效性不受成员空缺的影响。

第二十三C条　非公务员身份的豁免与合并委员会成员的地位

非公务员身份的豁免与合并委员会成员在以下法律中应具有与公务员相同的地位:

(1)《公共服务(馈赠)法》(1979年第5740号);

(2)《刑法》(1977年第5373号)中关于公务员的规定;

(3)《民事侵权法》(新版本)。

第二十三D条　终止和停止任职

(a)豁免与合并委员会成员的任期为3年,可连任,但不得超过3个连续任期。

(b)在发生以下情况时,豁免与合并委员会成员应在其任期结束前停止任职:

(1)其已向豁免与合并委员会主席提出辞职;

(2)其无法履行职责,经济部长在获得豁免与合并委员会主席的同意后,以书面公告形式将其免职;

(3)由于行为的性质、严重性或情节,其被判犯有罪,使其不适合担任豁免与合并委员会成员;

(4)其不再符合被任命为豁免与合并委员会成员的条件。

(c)如果发生针对豁免与合并委员会成员提起的申诉,且经济部长认为其行为明显属于第(b)款第(3)项规定的罪行,则经济部长可令其停职,直到对此事作出最终判决。

第二十四条　协商职责

(a)在与豁免与合并委员会协商之前,竞争总干事不得有条件或无条件地同意公司合并。

(b)竞争总干事收到合并申请后,应立即向豁免与合并委员会主席提供一份合并申请的副本。

第C节　公司的拆分

第二十五条　竞争法庭拆分已合并公司的权力

(a)如果竞争法庭根据竞争总干事的申请认为有合理的怀疑,违反本法规定的公司合并如第二十一条所述将使该部门的竞争受到严重损害或将使公众受到的损害,可以下令拆分已合并公司。

(b)合并公司的拆分应通过恢复合并以前的状况、将一些股份转让给合并公司选择的与其无关的机构、建立新公司以转让部分资产或者竞争法庭认为的其他适当方式进行。

(c)拟合并的公司的活动领域属于其他政府部门的管辖范围,则竞争总干事应将申请书的副本转发给该部的总干事。

(d)本条的规定不得违反第三十一条的规定。

第D章　垄断

第二十六条　垄断和垄断者

(a)在本法中,“垄断者”是以下之一:

(1)在资产总供给或总购买、服务总提供或总购买中所占份额超过一半的人;

(2)在资产总供给或总购买、服务总提供或总购买中具有重大市场势力的人。

(a1)竞争总干事应在官方公报和网站上通过公告宣布存在垄断者。公告应根据第四十三条第(a)款作出。并适用于第四十三条第(b)款至第(e)款的规定。

(b)垄断可以在特定区域。

(c)已废止。

(d)已废止。

(e)每6个月,竞争总干事应将垄断者名单报送以色列经济事务委员会。

(f)在本条中,“个体”包括公司及其子公司,一个公司的子公司以及由其控制的个人和公司。

第二十七条 已废止。

第二十八条 已废止。

第二十九条 不合理的拒绝

垄断者不得无故拒绝提供或购买垄断资产或服务。

第二十九A条 滥用垄断地位

(a)垄断者不得以可能削弱商业竞争或损害公众的方式滥用市场地位。

(b)在以下情况中,垄断者被视为滥用市场地位,且可能会削弱商业竞争或损害公众:

(1)为垄断资产或服务设定不公平的购买或出售价格水平;

(2)减少或增加垄断者提供的资产数量或服务范围,但不在公平竞争活动范围内;

(3)为类似交易设立不同的合同条款,可能使某些消费者或供应商在竞争中享有不公平的优势;

(4)为垄断资产或服务设定性质上或根据公认的商业条款不涉及合同标的的合同条款。

本款的规定是对第(a)款的补充。

第三十条 垄断经营的管制

(a)如果竞争总干事认为垄断存在或垄断行为导致商业竞争受到损害或公众受到损害,则为了避免损害,竞争总干事可以采取必要的步骤对垄断者发出指令。

(b)如果竞争总干事认为垄断行为导致商业竞争受到严重损害或公众受到严重损害,则为了避免损害,竞争总干事可以采取必要的步骤对垄断者发出指令。

(c)与下列任何事项有关的损害,均视为对商业竞争的损害或对公众的损害:

(1)资产或服务的价格。

(2)资产或服务的质量。

(3)资产的数量或服务的范围。

(4)资产或服务的供应、规则或条款。

(5)部门进入障碍或部门流动障碍。就垄断资产或服务的供应而言,“部门流动障碍”是一种限制消费者在一个部门的供应商之间的转移能力的障碍;就垄断资产或服务的购买而言,“部门流动障碍”是一种限制供应商在一个部门的消费者之间的转移能力的障碍。

本款的规定是对第(a)款及第(b)款的补充。

(d)竞争总干事应至少提前14日在两份日报和网站上公布其根据本条发出指令的意向,并应将指令文本公开以供公众审查。

(e)竞争总干事应向垄断者发出指令,且应公布在两份日报和网站上。所发出的指令文本应根据第四十二条的规定计入垄断登记簿。如果竞争总干事认为出于公共利益需要将指令文本发布,则应将其发布在上述报纸和网站上。

(f)收到总干事指令的垄断者、消费者组织以及受这些指令损害的人,可以在第(e)款所述的在报纸上发布指令之日起30日内以书面形式向竞争法庭提出对竞争总干事指令的反对意见,并明确说明理由。在听取当事方的意见后,竞争法庭可以维持、撤销或更改竞争总干事的指令。

(g)竞争总干事的指令应在第(e)款所述的两份日报上发布之日起30日后生效,或于其设定的较晚日期生效。如果垄断者对指令提出反对意见,则竞争法庭可以暂停指令生效,直到作出对反对意见的决定的日期或由竞争法庭确定的另一个日期为止。

(h)本条的规定是对第三十六条的补充。

第三十A条　通过垄断出售资产

(a)依竞争总干事的申请,竞争法庭可以命令垄断者出售其持有的全部或部分资产,前提是该措施可以防止损害或担心对商业竞争或公众造成重大损害。

(b)在不损害第(a)款一般性的前提下,第三十条第(c)款所列事项引起的损害应被视为对商业竞争的损害或对公众的损害。

第三十一条　垄断组织的解散

(a)如果竞争法庭根据竞争总干事的申请认为,垄断的存在将使公众受到第三十条所列事项之一或以其他任何方式的损害,通过第三十条或第三十A条中的管制垄断行为的措施不能有效防止损害,只能将垄断组织分为两个或多个独立的商业公司,才可以命令将垄断组织解散。

(b)垄断组织的解散可以通过将一些股份转让给垄断组织选择的与其无关的机构、建立新公司以转让垄断组织的部分资产或者竞争法庭认为的其他适当方式进行。

(c)垄断组织的活动领域属于其他政府部门的管辖范围,则竞争总干事应将申请书的副本转发给该部的总干事。

第D1章　集中群

第三十一A条　本章定义

在本章中:

"个体"是根据第二十六条第(f)款的规定;

"部门转换障碍"就资产或服务的供应的集中群而言,是一种限制消费者在一个部门的供应商之间的转换能力的障碍;就资产或服务的购买的集中群而言,"部门转换障碍"是一种限制供应商在一个部门的消费者之间的转换能力的障碍。

第三十一B条　集中群

(a)竞争总干事可以根据第四十三条第(a)款第(6)项的规定,将一小部分从事商业活动的个体划分为一个集中的小组(在本章中称为集中群),这些个体的手中集中了一半以上的资产供应量、服务提供量或资产或服务的购买量,并且上述每个个体都是集中群的成员,前提是其发现以下所有条件均适用:

(1)集中群成员之间或所在部门之间的竞争很少,或者少量的竞争也是有条件的;

(2)采取第三十一C条所述的步骤是因其可能会防止损害或担心对公众、集中群成员之间或经营所在部门中的商业竞争造成重大损害,或者可能会显著增加该部门中的竞争或为显著增加部门竞争创造条件。

(b)就第(a)款第(1)项而言,进入一个行业的障碍满足以下所列的两个或多个条件,可认为在该集中群成员之间或其经营的部门中几乎没有竞争的条件:

(1)部门中的转换障碍;

(2)一个个体对在该部门经营的另一个体拥有任何权利,并且其中至少有一个是集中群的成员,或者在该部门经营的两个个体(其中至少有一个是集中群的成员)对第三个个体拥有任何权利,或一个个体对在该部门经营的两个或多个个体拥有任何权利(其中至少有一个是集中群的成员);

(3)集中群成员在该部门的资产或服务的供应或购买中拥有相似的市场份额;

(4)集中群成员所提供或购买的资产或服务在很大程度上是相似的;

(5)集中群成员向该部门的大量客户或供应商提供资产或服务,或从大量客户或供应商购买此类资产或服务;

(6)集中群的每个成员或大多数成员,都能够了解客户或供应商与集中群的其他大多数成员之间在该部门中资产的提供或购买的主要合同条款。

第三十一C条　集中群的运作的规制

(a)竞争总干事可指令集中群的全部或部分成员采取必要步骤,以防止损害或担心对公众、集中群成员之间或经营所在部门中的商业竞争造成重大损害,显著增加集中群成员之间或该部门中的竞争或为显著增加部门竞争创造条件,包括:

(1)责成消除或削弱由于集中群成员的作为或不作为而导致的部门的进入障碍或部门的流动障碍;

(2)命令停止集中群某一成员的特定行为,前提是其认为该行为可协助集中群成员的行为与集中群其他成员的行为相适应;

(3)禁止在集中群成员之间或集中群成员与其他个体之间转移或发布信息,前提是这种转移或发布可以协助集中群成员的行为与集中群其他成员的行为相适应。

(b)如果根据竞争总干事的申请,竞争法庭认为一个个体对在该部门经营的另一个体拥有任何权利,并且其中至少有一个是集中群的成员,或者在该部门经营的两个个体(其中至少有一个是集中群的成员)对第三个个体拥有任何权利,或一个个体对在该部门经营的两个或多个个体拥有任何权利(其中至少一个是集中群的成员),其可以命令出售全部或部分上述权利,并设定出售日期,前提是其发现该措施可以防止损害或担心对公众、集中群成员之间或经营所在部门中的商业竞争造成重大损害,显著增加集中群成员之间或该部门中的竞争或为显著增加部门竞争创造条件。

(b1)根据竞争总干事的申请,竞争法庭可命令出售集中群成员的全部或部分资产，前提是其发现该措施可以防止损害或担心对公众、集中群成员之间或经营所在部门中的商业竞争造成重大损害，显著增加集中群成员之间或该部门中的竞争或为显著增加部门竞争创造条件。

(c)对于集中群的活动领域属于其他政府部门的管辖范围或法律已赋予另一机构制定其运作规则的权力的情况，则适用以下规定：

(1)总干事应与该部门或机构协商根据第(a)款发出指令，以防止损害或担心对公众、集中群成员之间或经营所在部门中的商业竞争造成重大损害并根据第(b)款或第(b1)款向法庭提出的申请。

(2)总干事应征得该部或机构的同意，根据第(a)款发出指令，以显著增加集中群成员之间或该部门中的竞争，或为显著增加部门竞争创造条件。

(d)第三十条第(c)款至第(h)款的规定应根据实际情况适用于竞争总干事根据第(a)款发出的指令。

第三十一 D 条　银行和保险领域集中群的特殊规定

(a) 竞争总干事打算将一小部分个体划分为集中群时，应与以色列银行行长和银行监管人进行协商，并告知其打算根据第三十一 C 条第(a)款发出指令，以防止损害或担心对公众、集中群成员之间或经营所在部门中的商业竞争造成重大损害，前提是根据《以色列银行法》的规定，此类决定或指令涉及的个体的活动领域属于以色列银行的管辖范围。如果以色列银行行长或银行监管人在收到本条规定的公告后认为，发出这样的指令会损害某个银行的稳定性或银行体系的稳定性，则应将此观点告知竞争总干事，其也应避免发出这样的指令。

(b)竞争总干事打算将一小部分个体划分为集中群时，应与资本市场总干事进行协商，并告知其打算根据第三十一 C 条第(a)款发出指令，以防止损害或担心对公众、集中群成员之间或经营所在部门中的商业竞争造成重大损害，前提是此类决定或指令涉及的个体的活动领域属于资本市场总干事的管辖范围。如果资本市场总干事在收到本条规定的公告后，认为发出这样的指示会损害某个保险公司的稳定性或保险和养老金储蓄体系的稳定性，则应将此观点告知竞争总干事，其也应避免发出这样的指令。

(c)(1)如果竞争总干事由于以色列银行行长、银行监管人或资本市场总干事根据本条规定发出的公告而拒绝发出指令，其应在收到公告后无任何理由立即在其网站上发布收到公告的事实及其原因——并且自收到公告后存在6个月。

(2)尽管有第(1)项的规定,但如果竞争总干事与以色列银行行长、银行监管人或资本市场总干事(视情况而定)共同认为,该项中提及的公布的内容可能损害第(a)款和第(b)款中提及的机构或系统的稳定性,总干事应将所有或部分内容的发布推迟到他们之间商定的日期。

(d)在本条中:

“以色列银行法”是指《以色列银行法》(2010年第5770号);

“保险公司”是指《金融服务(保险)监督法》(1981年第5741号)的规定;

“资本市场总干事”是指《金融服务(保险)监督法》(1981年第5741号)所规定的资本市场、保险和储蓄总干事;

“银行监管人”是指根据1941年《银行业条例》第五条任命的银行监管人;

“银行”是指《银行(许可)法》(1981年第5741号)的规定。

第D2章　向直接进口商发出指令——临时规定

第三十一E条　定义

在本章中:

“个体”是指第二十六条第(f)款的规定。

“个人进口”是指个人进口的商品,其目的不是供应、生产或提供服务,也不是商业活动的一部分,但其进口量必须符合个人或家庭的合理使用量。

“平行进口”是指由非直接进口者将不是个人进口的商品进口到以色列。

“直接进口商”是指适用以下情况之一的个体:

(1)根据与外国货物制造商的协议,其向以色列进口货物或分销已进口到以色列的货物;

(2)其根据与外国人的协议在以色列生产商品。

第三十一F条　向直接进口商发出指令

(a)如果竞争总干事认为,由于直接进口商的地位或行为,将导致平行进口或个人进口受到严重损害或者直接进口商经营所在行业的竞争受到重大损害,其可以向直接进口商发出指令,并说明为防止这种损害直接进口商必须采取的步骤。

(b)第三十条第(c)款至第(h)款的规定应根据实际情况适用于竞争总干事根据第(a)款发出的指令。

第E章　竞争法庭

第三十二条　法庭的设立及其成员的任命

(a)特此设立竞争法庭。

(b)竞争法庭成员不得超过17名。

(c)竞争法庭庭长及副庭长应由司法部部长与最高法院首席法官协商后从地区法院法官中任命。

(c1)如果竞争法庭庭长或副庭长在不超过1年内不能履行其职责，则司法部部长在与最高法院首席法官协商后，可以在此期间或其中部分时期从地区法院法官中任命其替代者。

(d)竞争法庭的其他成员应由司法部部长根据经济部部长的提议任命，并应至少包括3名消费者组织的代表和3名经济组织的代表。成员中公务员人数不得超过全体成员人数的1/3。

(e)竞争法庭成员的任期为3年。任期已届满的成员可以连任，但非法庭庭长或副庭长的成员不得有3个以上连续任期。

(f)法庭成员的任命公告应在官方公报上发布。

第三十三条　法庭小组

竞争法庭应由3名成员组成，但在初步听证会中进行裁决的法官可以命令听证会由竞争法庭庭长或副庭长担任单名法官举行。听取当事方意见后才可作出由单名法官举行听证会的决定。

第三十四条　利益冲突

(a)从事其他工作可能会与其在特定程序中担任竞争法庭小组成员的职能产生利益冲突或在程序中具有个人利益的人，不得担任该裁决程序的竞争法庭小组成员，并应向法庭庭长提交一份声明。

(b)如果竞争法庭小组成员对是否产生利益冲突存有疑问，应将该情况告知竞争法庭庭长。

第三十五条　辅助权力

如果竞争法庭已就提出的事项作出决定，则其可以在该决定或其他决定中发出必要的任何命令，以确保其决定将得到执行。

第三十六条　临时命令

对于已提交竞争法庭或竞争法庭庭长的任何事项，竞争法庭或竞争法庭庭长可以根据情况发布临时命令。

第三十七条　证据和程序

(a)法庭和法庭庭长不受证据相关法律的约束,但《证据条例》(新版本)(1971 年第 7313 号)第 C 章所述的关于作证豁免和证据特权的规定除外。

(b)在召集证人和收集证据方面,竞争法庭庭长应具有地区法院在民事案件中的权力,竞争法庭对于执行命令和藐视法庭行为发出的指令应具有与地区法院在民事案件发出的指令相同的地位。

第三十八条　期限的延长

如果认为有特殊理由,法庭庭长可以在竞争总干事或利益相关者的申请后将根据本法确定的期限延长,即使期限已经结束。

第三十九条　申诉权

受到法庭裁决(包括根据第三十条作出的决定和临时命令或竞争法庭庭长根据第十三条给予的临时许可)损害的诉讼人,可以在自收到公告之日起 45 日内向最高法院提起申诉,就临时命令提出的申诉、就法庭根据第四十三条作出的决定提出的申诉或就临时许可提出的申诉均应由 1 名法官审理,除非最高法院首席法官另有决定。

第四十条　程序

(a)竞争法庭和竞争法庭庭长应按照司法部部长根据第(b)款确定的程序进行裁决。如果没有这样的程序,其应以对其来讲最有效的方式进行裁决,以便作出公正、迅速的决定。

(b)司法部部长可以制定程序规则。

(1)对竞争法庭或竞争法庭庭长举行的听证会,包括有关以下方面的规定:

①可以代表诉讼人争论、进行答辩,或者在作出决定之前必须听取其意见的人和组织;

②听证的连续性;

③成本费用、律师费和证人出席津贴;

④公务费。

(2)最高法院审理根据第三十九条提出的申诉。

第F章 竞争管理局和竞争总干事的职能和权力

第四十一条 竞争总干事

(a)政府应根据经济部长的提议任命1名竞争总干事。竞争总干事应为公务员。

(b)任命公告应在官方公报上发布。

第四十一A条 管理局

(a)特此设立竞争管理局(以下简称管理局)。

(b)竞争总干事为管理局局长。

(c)管理局的预算应通过《预算法基本准则》(1985年第5745号)中的单独预算条款纳入《预算法》。就上述法律而言,本预算条款的管理人应为管理局局长。

(d)为了实施本法的规定,管理局局长应被授权与管理局的会计师一起,在《国家资产法》(1951年第5771号)第四条和第五条所述的交易(不动产交易除外)中代表政府,并代表国家签署有关这些交易的文件。

第四十一B条 管理局的雇员

(a)管理局的雇员应为公务员,应适用《公务员(任命)法》(1959年第5719号)的规定,但经经济部部长的批准,管理局局长可以被授权与管理局会计师一起代表国家与雇员签订特殊合同。

(b)管理局的雇员应按照管理局局长的指令行事并接受其监督。

第四十二条 进行登记和在官方公报上发布公告

(a)竞争总干事应保存一份限制性协议申请和已批准的限制性协议的登记簿、一份临时许可的登记簿、根据第十四条授予的豁免的登记簿、一份竞争总干事同意或竞争法庭批准的公司合并的登记簿、垄断的登记簿和集中群的登记簿。

(b)登记簿应接受公众审查。但竞争法庭出于国家安全、外交关系或其他重大利益(包括某人在商业秘密中的利益),则可以下令禁止对特定事项进行公开审查。

(c)竞争总干事应在官方公报上发布竞争法庭裁决和最高法院对申诉裁决的公告,包括以下事项:

(1)根据第九条对限制性协议的批准;

(2)根据第二十二条对公司合并提出申诉的裁决;

(3)根据第三十条对垄断者的指令;

(4)根据第三十一C条对集中群成员的指令。

第四十三条　竞争总干事的决定

(a)竞争总干事可以决定是否:

(1)协议或当事人希望达成的协议是限制性协议;

(2)行业协会确定或推荐的、或希望确定或推荐的一系列行动是限制性协议;

(3)在公司合并中,适用第十七条的条件;

(4)已删除;

(5)根据第二十九A条的规定,垄断者滥用了其在市场中的地位;

(6)一小部分个体构成第D1章所述的集中群。

(b)竞争总干事的决定公告应发给限制性协议的当事方、公司合并的当事方、垄断者和集中群的成员(视情况而定),也应在官方公报中发布。如果总干事认为出于公共利益需要公开发布决定,则应在送达公告30日后,将决定发布在官方公报和两份日报上。

(c)根据第(b)款已收到公告的一方对决定或决定的一部分有异议的,可自向其送达公告之日起30日内向竞争法庭申诉。申诉人有向竞争法庭举证的责任。

(d)竞争法庭在听取当事各方的意见后,可以维持、撤销或更改总干事的决定。

(e)竞争总干事的决定应是其在任何法律程序中确定的事项的初步证据。

(f)竞争总干事根据本条使用或不使用其权力,不得阻止起诉任何违反本法规定的人。

第四十三A条　预先裁定

竞争总干事可以作出预先裁定,并可以制定和发布作出预先裁定的程序。本节的规定不得影响竞争总干事是否作出裁定的决定权,在这方面,总干事还可以考虑到事项的具体情况和竞争管理局在其业务中的优先事项。

第四十四条　竞争总干事向竞争法庭的申请

竞争总干事如发现以下情况,应向法庭申请根据第二十五条、第三十A条、

第三十一条或第三十一 C 条第(b)款或第(b1)款行使其权力：

(1)可以合理认为由于违反本法规定进行的公司合并，该部门的竞争将受到严重损害，或者公众将受到第二十一条第(a)款所列方式之一的损害。

(2)已删除。

(3)第三十条所述的损害不能通过监管垄断来阻止，而只能通过第三十一条所述的解散来阻止。

(3a)如第三十 A 条所述，命令垄断者出售资产可以防止损害或担心对商业竞争或公众的重大损害。

(4)如第三十 C 条第(b)款所述，一个个体对在该部门经营的另一个体拥有任何权利，并且其中至少有一个是集中群的成员，或者在该部门经营的两个个体(其中至少有一个是集中群的成员)对第三个个体拥有任何权利，或一个个体对在该部门经营的两个或多个个体拥有任何权利(其中至少一个是集中群的成员)，命令出售全部或部分上述权利，可以防止损害或担心对公众、集中群成员之间或经营所在部门中的商业竞争造成重大损害，显著增加集中群成员之间或该部门中的竞争或为显著增加部门竞争创造条件。

(5)如第三十 C 条第(b)款所述，命令出售集中群成员的全部或部分资产，可以防止损害或担心对公众、集中群成员之间或经营所在部门中的商业竞争造成重大损害，显著增加集中群成员之间或该部门中的竞争或为显著增加部门竞争创造条件。

第四十四 A 条　测试不同部门的竞争水平

(a)竞争总干事可对经济各部门的竞争水平进行测试，包括竞争失败和竞争障碍的存在，并可将其测试的合理结论和建议转发给负责测试内容的部长及财政部部长，而在由法律规定受另一机构监管的部门中，也包括该机构的负责人。

(b)竞争总干事应在网站上发布其测试结论以及其认为合适的任何其他方式。

第四十五条　搜查和查封

(a)如果有理由认为这样做对于确保本法的实施或防止违法行为是必要的，总干事或为此目的授权的 1 名公务员可以：

(1)在任何商业场所进行搜查。但是，除非获得主管法院的搜查令，否则其不得进入居住场所。《刑事程序(逮捕和搜查)条例》(新版本)(1969年第5726号)第二十六条至第二十九条的规定,应根据适用于根据本款规定进行的搜查。

(2)根据上述条例的规定,查封有理由相信可以作为上述违法行为的审判证据的任何物品。

(b)根据第(a)款查封的物品,可保留至与该物品有关的违法行为已被提起公诉的法院决定应如何处理为止,如果尚未提起公诉,直至与该物品有关的违法行为被提起公诉的法院作出决定为止。如果在查封之日起6个月内未提出此类公诉或申请,则应退还该物品。如果对将其归还给谁有疑问,查封该物品的管辖区域的地方法院应根据主张权利的人的申请、竞争总干事及其授权的人的申请,作出决定。

(b1)根据竞争总干事的申请,地方法院可以有条件地延长第(b)款所述的期限。

(c)(1)在本法中,“文件”包括《计算机法》(1995年第5755号)中定义的计算机文件;

(2)如果已根据第(a)款查封某人的文件,则查封人员应按其的请求允许该人复制文件;

(3)竞争总干事如认为复制文件可能会干扰与本法所述违法行为的调查,则可在查封之日起3个月内拒绝执行第(2)项所述的请求;

(4)根据竞争总干事的申请,地方法院可以有条件地延长第(3)项所述的期限。

(c1)文件被查封的人可以就竞争总干事根据第(c)款作出的决定向地方法院申诉。

(d)根据第(a)款查封的物品的持有人应如同所有者一样对待该物品。如果其不这样做并使该物品被破坏或损坏,应从国库向其所有人支付赔偿。

(e)在竞争总干事下或其授权的人的申请下,或在对物品主张权利的人的申请下,查封该物品的管辖区域的地方法院可以命令将该物品交付给在其中主张权利的人或另外的人,或者应按照法院的命令,在其规定的条件下以其他方式处理。

第四十五A条　调查员的任命

竞争总干事不得授权于第四十五条第(a)款所述的调查员,除非其是公务员且满足以下两个条件：

（1）在管理局提出申请后1个月内，以色列警察局未发出公告表明出于公共安全原因反对其的任命；

（2）根据竞争总干事和以色列警察局的决定，已经接受了适当的培训。

第四十六条　调查和信息提供

（a）如果怀疑已经有违反本法规定的行为，或者由于调查违反本法规定的行为而怀疑有违反《刑法》（1977年第5737号）第二百四十二条、第二百四十四条、第二百四十五条、第二百四十六条、第二百四十九条规定的行为，并且与正在调查的违法行为有关，竞争总干事或其授权的人（以下简称调查员）可以调查与上述违法有关或向违法人员提供信息的任何人，并要求此类人参与并协助其进行调查，并向其提供有关该违法行为的所有细节、文件和信息。《刑事诉讼程序（证据）条例》第二条和第三条的规定适用于该调查。

（b）每个人都有义务根据竞争总干事或其授权的公务员的要求，提供竞争总干事认为可以确保或促进本法的实施的信息、文件、登记簿和其他记录。

（c）第四十五条的规定应根据实际情况适用于根据第（b）款交付的文件的保存和归还。

（d）对于可根据第（a）款进行调查的违法行为，且该行为可根据《刑事诉讼程序（执行权力—逮捕权）法》（1996年第5756号）（以下简称《逮捕法》）予以逮捕，竞争总干事及其授权的管理局调查部门负责人及其副手和其他调查员拥有第二十三条第（a）款第（2）项、第（3）项和第（6）项，第二十三条第（b）款和第（c）款，第二十七条，第六十七条规定的拘留、逮捕和释放的权力（除拘留可能要实施违法行为的人的权力外），并且《逮捕法》第六十八条以及《逮捕法》第B章的规定应作必要的变通。

（e）为此目的，管理局调查部门的负责人及其副手应被视为《逮捕法》规定中的"主管官员"，而根据竞争总干事命令设立的管理局办公室应被视为"警察局"，但当时没有受到讯问的被拘留者，不得在20:00之后被拘留在管理局办公室，而应被带到警察局。

第F1章　已废止

第四十六A条　已废止。

第四十六 B 条 已废止。

第四十六 C 条 已废止。

第四十六 D 条 已废止。

第四十六 E 条 已废止。

第四十六 F 条 已废止。

第四十六 G 条 已废止。

第四十六 H 条 已废止。

第四十六 I 条 已废止。

第四十六 J 条 已废止。

第 G 章 罚金和补救措施

第四十七条 罚金

(a)任何人从事以下行为之一:

(1)已删除。

(2)不符合批准限制性协议或给予临时许可或豁免的条件。

(3)违反了第 C 章的规定,没有发出公司合并的公告,或作出了完全或部分合并的行为。

(4)不符合批准合并规定的条件。

(4a)第二十九 A 条规定的滥用市场地位,但前提是已证明其意图减少商业竞争或损害公众。

(5)违反了第三十条、第三十一 C 条或第三十一 F 条的指令或第二十五条或第三十一条的命令。

(6)不遵守第三十五条或第三十六条的命令。

可处以 3 年监禁或《刑法》(1977 年第 5737 号)第六十一条第(a)款第(4)项(以下简称《刑法》)规定的罚款额 10 倍的罚款,并且竞争总干事根据第四十三条发出公告后,违反第(3)项的行为还在持续,则每天处以《刑法》第六十一条第(c)款规定的罚款额 10 倍的附加罚款(以下简称附加罚款),对于公司而言,罚款或附加罚款(视情况而定)应加倍。

(a1)任何未获得第九条规定的正式批准、第十三条规定的临时许可、第十四条的豁免或第十五 A 条规定的集体豁免的限制性协议的当事方,可处以 5 年监禁或《刑法》规定的罚款额10倍的罚款，并且竞争总干事根据第四十三条发出公告后，违法行为还在持续，则每天处以《刑法》第六十一条第(c)款规定的附加罚款，对于公司而言，罚款或附加罚款(视情况而定)应加倍。

(b)违反本法其他规定的任何人，应处以1年监禁或《刑法》第六十一条第(a)款第(3)项规定的罚款额10倍的罚款，如果违法行为还在持续，则每天处以附加罚款。对于公司而言，上述罚款或附加罚款(视情况而定)应加倍。

第四十七A条　情节严重

任何人在情节严重的情况下有违反第四十七条第(a)款规定的行为，应处以5年监禁或第四十七条第(a)款结论部分所述的罚款。就本条而言，"情节严重"是指可能由于以下一项或多项原因而造成对商业竞争重大损害的情况：

(1)被告在受违法行为影响的部门中的市场份额和地位；

(2)违法行为发生的时间；

(3)违法行为对公众造成或预期对公众造成的损害；

(4)被告获得的利益。

第四十八条　负责人的责任

(a)公司负责人有义务进行监督，并尽一切可能防止公司或其任何雇员违反本法。违反本规定的任何人将被判处1年监禁，并为此处以个人罚款。

(b)如果公司或其任何雇员存在违反本法规定的行为，则应认定该公司的负责人未能履行第(a)款规定的职责，除非证明自己已尽一切可能履行其职责。

(c)在本条中，"负责人"是指公司的积极管理者、有限合伙人以外的合伙人或管理违法行为的公司负责人。

第四十九条　雇员和代理人的辩护

根据本法，对被指控有违法行为的雇员或代理人的有效辩护，是指其能证明自己代表其雇主或委托人并按照他们的指示行事，并且真诚地相信自己的行为没有违反本法。

第五十条　侵权行为

(a)违反本法规定的作为或不作为，等同于《民事错误条例》(新版本)中的侵权行为。

(b)就《民事错误条例》(新版本)第六十三条而言，竞争总干事的指令或其根据本法施加的条件应被视为一项法定规定。

第五十 A 条　禁止令

根据竞争总干事的申请,竞争法庭庭长,在其缺席时耶路撒冷地区法院的另一名法官可以:

(1)命令任何人避免违反本法规定的行为并为此提供保证;

(2)命令采取必要措施防止这种违法行为。

第五十 B 条　同意令

(a)具有裁定违反本法行为的管辖权的法院或竞争法庭(在本条中简称法院)可依竞争总干事的申请,同意授予在竞争总干事与另一人之间发出命令的权力(以下简称同意令),来取代根据第二十六条、第四十三条、第四十七条、第四十八条或第五十 A 条或第 G1 章的规定进行的诉讼。此类同意令在授权之前不发生效力,包括向国库缴纳费用以及履行任何作为或不作为的义务。

(b)竞争总干事申请同意令的理由应当合理,并应特别说明他所考虑的同意令的替代方案。

(c)法院批准的同意令应具有地方法院判决的所有效力。

(d)只有在满足以下所有条件后,法院才能审理批准同意令的申请:

(1)竞争总干事至少在提出申请前 30 日,已在网站和两份日报上发布了一份其打算提交同意令以供法院批准的公告。在上述公告中,受同意令损害的任何人和任何消费者组织、行业协会可以向竞争总干事提出对该同意令的异议;

(2)总干事已附上批准同意令的申请书、根据第(1)项向其提出的异议的细节以及其对这些异议的答复。

(e)在以下情况之一中,法院可随时更改同意令的规定:

(1)法令的所有当事方均已同意更改法令的申请;

(2)竞争总干事或与竞争总干事达成同意令的人已提出更改该法令的申请,而且法院确信在授予同意令时的情况已经发生了重大变化。

第(d)款的规定应适用于根据第(1)项提交或由竞争总干事根据第(2)项提交的同意令规定的更改申请。

(f)如果法院决定不批准同意令,则该法令、听证会上为获得批准而陈述的所有内容,以及竞争总干事拟与之达成同意令的人依竞争总干事的要求为听证会准备的任何文件不得作为另一法律程序的证据,但未批准同意令并不妨碍竞争总干事根据本法开始另一程序。

第五十 C 条　公告发布

竞争总干事根据本法应当在两份日报中发布的任何公告,应在至少一份广为传播的希伯来语日报和至少一份在以色列广泛传播的阿拉伯语日报或周报中发布,并且该公告也应在网站上发布。

第 G1 章　货币制裁

第五十 D 条　货币制裁

(a)如果某人违反了本法的以下任何规定,则竞争总干事可根据本章的规定对其处以最高额为 1,035,730 新谢克尔的货币制裁。如果违法方是一家在实施违法行为的前一会计年度的销售营业额超过 1000 万新谢克尔的公司,则竞争总干事可对其处以最高额为销售营业额的 8% 的货币制裁,但制裁金额不得超过 1 亿新谢克尔:

(1)是一个未获得许可、临时许可、豁免或集体豁免、违反获得许可、临时许可或豁免规定的任何条件或违反第四条规定的限制性协议的全部或部分当事方;

(2)实施了不符合第 C 章规定的完全或部分合并的行为,包括违反了竞争法庭或竞争总干事根据第二十一条第(a)款或第二十二条第(c)款规定的条件;

(3)违反了第二十九条的规定而构成不合理地拒绝提供或购买垄断资产或服务的行为,或者违反了第二十九 A 条规定而构成了滥用市场地位的行为,前提是该行为属于竞争总干事已在官方公报中确定了其内容的类型;

(4)违反竞争总干事根据第三十条作出的关于垄断的指令;

(5)违反竞争总干事根据第三十一 C 条作出的关于集中群的指令;

(6)违反竞争总干事根据第三十一 F 条作出的关于直接进口商的指令;

(7)违反根据第五十 B 条作出的同意令的任何规定。

(b)如果某人违反根据第四十六条第(b)款作出的提供信息、文件、登记簿或其他记录的要求,则竞争总干事可根据本章的规定对其处以最高额为 310,720 新谢克尔的货币制裁。如果违法方是一家在实施违法行为的前一会计年度的销售营业额超过 1000 万新谢克尔的公司,则竞争总干事可对其处以最高额为销售营业额 3% 的货币制裁,但制裁金额不得超过 2,285,810 新谢克尔。

(c)在本条中,"销售营业额"(作必要修改后)是指第十七条中的规定。

第五十 E 条　确定货币制裁额时的注意事项

根据第五十 D 条确定施加的货币制裁的金额时,竞争总干事应特别考虑以下情况和因素(视情况而定):

(1)违法行为的期限;

(2)违法行为可能对竞争或公众造成的损害程度;

(3)违法方在违法行为中的角色及其对违法行为的影响程度;

(4)是否存在先前的违法行为和实施的日期;

(5)违法方为防止违法行为再次发生或制止该行为而采取的任何行动,包括自行报告违法行为,或为纠正违法行为后果而采取的行动;

(6)对于作为个人的违法方,其财务状况,包括其从与该违法行为有关的公司获得或应得的收入,以及违法行为导致的个人情况或困难的个人情况合理证明不宜对其进行严厉处罚;

(7)对于作为公司的违法方,应当重点关注的是,由于实施制裁,违法方将无法偿还其债务,并且其运营将被终止。

第五十 F 条　拟实施制裁的公告

(a)如果竞争总干事有理由认为如第五十 D 条所述某人违反了本法任何规定(在本章中指违法方),并且其打算根据该条对违法方施加货币制裁,则其应当向违法方发出打算对其施加货币制裁的公告(在本章中指拟实施制裁的公告)。

(b)在拟施加制裁的公告中,总干事应特别注明以下内容:

(1)构成违法的作为或不作为;

(2)其打算根据第五十 D 条对违法方施加的货币制裁的金额及其支付期限;

(3)违法方有权根据第五十 G 条的规定向竞争总干事提出其观点。

第五十 G 条　发言权

(a)根据第五十 E 条的规定已经向其发出制裁意图公告的违法方,可在竞争总干事发出公告之日起 60 日内起以书面形式向竞争总干事提出其观点,以说明其对制裁意图及其金额的看法。提出书面观点的违法方也可以口头向竞争总干事提出观点。

(b)总干事可将第(a)款所述的期限延长不超过 90 日,但延长原因应记录下来。

第五十H条　竞争总干事的决定和支付要求

(a)(1)竞争总干事应在考虑了根据第五十G条提出的观点并在与豁免与合并委员会协商后,决定是否对违法方施加货币制裁以及应施加的货币制裁金额;

(2)竞争总干事的决定应在第五十G条第(a)款或第(b)款规定的期限结束后的30日内作出(以较晚者为准),但如果竞争总干事认为有必要进一步的审查以作出决定,他应在完成必要的审查之日起30日内作出决定。

(b)如果总干事根据第(a)款的规定作出决定:

(1)如果决定对违法方施加货币制裁,其应向违法方提出支付货币制裁的书面要求(在本章中为支付要求)。在支付要求中,竞争总干事应特别说明货币制裁的最新金额及其支付期限。

(2)如果决定不对违法方施加货币制裁,应对此进行书面公告。

(c)在根据第(b)款要求支付或发出公告时,竞争总干事应说明其作出包括货币制裁的金额在内的决定的理由。

(d)如果违法方在自发出拟制裁公告之日起60日内或在第五十G条第(b)款规定的较长期限(如果有固定期限)内未按照第五十G条的规定提出其观点,在上述期限结束时,拟实施制裁的公告应视为在上述日期已向违法方发出的支付要求。

第五十I条　货币制裁的最新金额

(a)货币制裁应按照支付要求发出之日的最新金额,对于未按第五十G条规定向竞争总干事提出其观点的当事方,应按照发布有意实施制裁公告之日的最新金额。如果根据第五十M条或第三十九条提出申诉,并且延迟了货币制裁的支付,则货币制裁应以对申诉作出决定之日的最新金额为准。

(b)第五十D条中规定的货币制裁金额应根据更新日期已知的指数与2011年12月的指数相比的增长率,在每年的1月1日更新(在本款中称为更新日期)。上述金额应四舍五入至10个新谢克尔的整数倍。在这里“指数”是指中央统计局公布的居民消费价格指数。

(c)竞争总干事应在官方公报上发布关于第(b)款中最新货币制裁金额的公告。

第五十 J 条　支付货币制裁的日期

(a)货币制裁应在第五十 H 条所述的支付要求发出之日起 30 日内支付。

(b)尽管有第(a)款的规定,在违法方申请并考虑到违法方的特殊情况后,总干事可将制裁的支付推迟 30 日,并可以决定分期付款,但分期数不得超过 10 个月。

第五十 K 条　联动差额和利息

如果未按时支付货币制裁,则应在欠款期间增加《利息和联动法裁决》(1961 年第 5721 号)中规定的联动差额和利息(在本章中指联动差额和利息),直到付款为止。

第五十 L 条　征收

应当为国库征收货币制裁,并应适用《税收(征收)条例》。

第五十 M 条　向竞争法庭申诉

(a)违法方可以在收到发出的支付要求之日起 30 日内向竞争法庭就支付要求提出申诉,并且在作必要的修改后,第四十三条第(c)款的规定应适用于该申诉。

(b)根据第(a)款向竞争法庭提出的申诉或根据第三十九条向最高法院提出的针对竞争法庭决定的申诉不得延迟支付货币制裁,除非竞争总干事同意或竞争法庭或法院另有命令。

(c)如果竞争法庭决定通过根据第(a)款提出申诉,或者最高法院决定通过根据第三十九条提出申诉,则在根据本章规定支付了货币制裁后,应退还货币制裁,并加上从付款之日到退款之日的联动差额和利息。

第五十 N 条　发布

(a)如果竞争总干事已根据本章的规定实施了货币制裁,其应为确保在行使作出施加货币制裁决定的权力时的透明度发布以下细节:

(1)实行货币制裁的事实;

(2)施加货币制裁的违法行为的性质及其情况;

(3)施加的货币制裁的金额及施加该金额的主要原因;

(4)违法方的相关细节;

(5)违法方的名称——如果其为公司。

(b)如果已根据第五十 M 条向竞争法庭提出申诉,或已根据第三十九条向最高法院提出申诉，则竞争总干事应发布已提出申诉的事实及其结果。

(c)尽管有第(a)款第(5)项的规定，竞争总干事如果认为有必要向公众发出警告，可以公布个人违法方的姓名。

(d)尽管有本节的规定，竞争总干事不得发布构成根据《信息自由法》(1998年第5758号)第九条第(a)款禁止公共机构提供的信息的细节，并且允许他不根据本条发布构成根据上述法律第九条第(b)款规定的公共机构没有义务提供的信息的细节。

第五十O条　保留刑事责任

(a)支付货币制裁不得减低个人对违反第五十D条所列本法任何规定的行为的刑事责任，如果该行为构成犯罪。

(b)尽管有第(a)款的规定，但如果违法方已为该款所述的违法行为支付了货币制裁，则不得针对同一行为对他提起公诉，除非已发现可以证明提起公诉正当性的新的事实或证据。

(c)如果针对某人如第(a)款所述构成犯罪的违法行为提起公诉，则该人无须为此违法行为支付货币制裁。如果违法方已支付货币制裁并在第(b)款所述情况下已对其提起公诉，应退回其已支付的货币制裁，并加上从付款之日到退款之日的联动差额和利息。

第五十P条　禁止赔偿和保险

(a)尽管有任何法律的规定，并且不违反《公司法》第二百六十二条至第二百六十四条的规定：

(1)本章中的程序(在本条指程序)不得直接或间接地获得保险；

(2)涉及保险事件为程序的保险合同无效；

(3)公司不得赔偿，也不得直接或间接支付在程序中对其控股股东、高级管理人员或雇员施加的货币制裁；

(4)公司的控股股东不得赔偿，也不得直接或间接支付在程序中对公司、公司的负责人或雇员施加的货币制裁；

(5)因程序而作出赔偿的指令或承诺是无效的。

(b)(1)尽管有第(a)款的规定，公司或其控股股东可以向某人赔偿或保险与该人有关的程序所发生的费用，包括合理的诉讼费用及辩护人的费用，并且也通过提前赔偿的方式进行；

(2)根据第(1)项对公司高级管理人员进行赔偿或保险的承诺是无效的,除非公司章程中有允许上述行为的规定。

第H章　杂项规定

第五十一条　实施和规制

经济部部长负责实施该法律,经以色列议会经济事务委员会批准,其可以制定有关实施法律的规定。

第五十二条　豁免

在与以色列议会经济事务委员会协商后,如果经济部部长认为出于外交政策或国家安全的原因而有必要,则可将限制性贸易行为从本法的全部或部分规定中豁免。

第五十三条　已废止

特此废止《限制性贸易行为法》(1959年第5719号)(以下简称旧法)。

第五十四条　生效

本法自发布之日起3个月生效。

第五十五条　过渡性规定

(a)根据旧法批准限制性协议或授予临时许可,应视为已根据本法的规定进行。

(b) 如果限制性贸易行为委员会在本法生效之前已根据旧法进行了审议,则在本法生效后,其仍应根据旧法完成审议。

第五十五A条　在情况严重下限制性协议违法行为的过渡性规定

(a)在本条中:

“第21号修正案”是指限制性贸易行为法(第21号修正案)(加强执法和减轻监管负担)(2019年第5779号);

“生效日期”是指第21号修正案的生效日期。

(b)尽管有第21号修正案第二十二条的规定,在生效日期之前违反第四十七条第(a)款第(1)项规定的限制性协议应受第四十七条第(a)款生效日期前的形式的约束,并且如果该违法行为是在第四十七A条所述的情况严重下实施的,则应适用第四十七A条的规定。

(c)如果在生效日期之前犯了本法所规定的违法行为,就《刑法》第四条而言,第21号修正案对第四十八条所作的修正不应视为已被废止,并且其生效后的形式适用于该违法行为。

第五十六条　发布

本法应在通过之日起30日内在官方公报上发布。

沙特阿拉伯竞争法

第一条

除非另有规定,以下术语无论在何处提及,在本法中均具有以下指定含义:

法律:竞争法。

GAC:竞争总局。

董事会:竞争总局董事会。

董事长:竞争总局董事会董事长。

董事:竞争总局董事。

条例:法律实施细则。

实体:从事经济活动的自然人或法人。这些活动包括商业、农业、工业和服务活动以及商品和服务的买卖。

市场:一群当前和潜在的买卖双方在指定时间内会面的地点或途径。

支配地位:一个实体(或一组实体)控制着一定比例的市场,在该市场中,它从事经营活动或具有影响力,或两者兼而有之。条例应根据董事会批准的标准确定该百分比。

经济集中:根据条例所规定的规则和标准,将某一实体的资产、权利、权益、股份或义务的所有权全部或部分转让给另一个实体,或将两个或两个以上的行政当局合并到一个联合行政机构的任何行为。

委员会:违法行为裁决委员会。

第二条

本法旨在保护和鼓励公平竞争,打击和防止影响合法竞争或消费者利益的垄断行为;改善市场环境和促进经济发展。

第三条

1. 在不影响其他法律规定的情况下,本法规定应适用于以下方面:

(1)王国境内的所有实体。

(2)根据法律规定,在王国境外发生的对王国境内公平竞争产生不利影响的行为。

2. 如果公共机构和国有公司是完全由政府授权在某一领域提供商品或服务的,则应将其排除在本条第1款之外。

3. 在适用本法律规定时,GAC对由此产生的可能与其他政府机构的管辖权不一致或重叠的任何事项具有管辖权。

条例应明确规定在适用本条时应遵守的控制措施。

第四条

商品和服务的价格应符合市场规则和自由竞争原则,但部长会议决议或法律规定的商品和服务价格除外。

第五条

如果其目的或结果有损于竞争,那么包括实体间的协议或合同(无论是书面或口头、明示或暗示)在内的做法应予以禁止,特别是以下几种行为:

1. 确定或提议商品价格,服务费用以及买卖条款等。

2. 确定所生产商品的尺寸、重量、数量或服务的性能。

3. 通过非法藏匿、储存或拒绝在市场内交易,限制商品和服务全部或部分自由进出市场。

4. 任何排除或阻碍实体进入市场的行为。

5. 拒绝一个或多个特定实体获得全部或部分市场上可用的货物和服务。

6. 划分销售或购买商品和服务的市场,或者按照任何标准来指定市场,特别是下列标准:

(1)地理区域。

(2)配送中心。

(3)客户类型。

(4)季节和时间段。

7. 停止或限制制造、开发、分销、营销和所有其他投资活动。

8. 以干扰竞争的方式合谋或协调政府招标、拍卖等活动中的投标或报价。

第六条

禁止具有市场支配地位或者重要地位的一个或多个实体利用该地位破坏

或限制竞争,具体包括以下情形:

1. 以低于总成本的价格出售商品或服务,从而使实体退出市场或使其遭受严重损失或阻碍潜在实体进入市场。

2. 决定转售或征收商品或服务的价格或条件。

3. 减少或增加可获得的产品数量以控制价格,造成虚假的产品过剩或短缺。

4. 对在商品价格、服务费用或买卖条件方面具有类似合同的实体存在歧视。

5. 无客观原因拒绝与其他实体交易,从而限制其进入市场。

6. 禁止某一实体与另一实体进行交易。

7. 以承担义务或者接受那些性质或商业用途与原始合同或交易无关的货物或服务为条件,销售货物或提供服务。

第七条

如果寻求参与经济集中交易的实体年度销售总额超过条例所规定的金额,则该实体必须在交易完成前至少 90 日内通知 GAC。

第八条

根据条例规定的条件和条款,如果将改善市场绩效,或者能够从产品质量、技术开发、创新效率或者兼有的方面提高实体绩效,那么,董事会可根据为此目的而成立的技术委员会建议,批准该实体免于遵守本法第五条、第六条和第七条规定的请求。这种豁免给消费者带来的好处应该大于限制自由竞争所产生的影响。

第九条

1. 条例应当明确规定申报经济集中应当遵循的程序,包括所需的申报内容、申报信息和申报文件。

2. GAC 可以查阅和获取与经济集中有关的实体的所有记录、数据、档案和文件的副本。

第十条

董事会应以下列形式之一发布关于经济集中通知的决议:

1. 批准。

2. 有条件的批准。

3. 拒绝。

有条件的批准或拒绝的决议必须是合理的。

第十一条

本法第七条所称实体,除下列情形外,不得办理经济集中手续:

1. 如果 GAC 以书面形式告知已经批准该实体。

2. 如果自通知之日起 90 日内未收到 GAC 关于董事会批准或拒绝的书面通知。

第十二条

1. 禁止 GAC 或董事会成员从事经营活动,但根据自身情况选定的成员除外。禁止 GAC 员工从事与 GAC 工作及其目标相违背的任何职业。董事会应制定并遵循披露和透明度规则。

2. 不得向 GAC 提供礼品、捐赠、捐款、遗产等各项捐助,但政府机构提供的除外。

第十三条

1. GAC 雇员和董事会成员应在收集证据或调查过程中对从实体获得的信息、记录、数据、档案和文件进行保密,不得转移给其他各方,除非经 GAC 批准。

2. 主席、理事或董事会成员如有利益关系,或通过血缘或婚姻与当事一方有关系,或代表过某位相关人员, 则不得出席关于某宗案件或事宜的商议,亦不得参与该宗个案或事宜。条例应规定必要的控制措施。

第十四条

1. 对于违反本法律规定的控告和倡议,委员会应发布决议,批准对其进行询问、搜查、证据收集、调查、刑事诉讼或结案的程序,但须有合理正当理由。

2. 在紧急情况下,主席或总督可发布决定,对反竞争行为采取询问、搜查、收集证据或调查的程序,但该决定须在发布后的第一次会议上呈交董事会。

第十五条

由董事会任命的官员应承担以下职责:

1. 调查、搜查、收集证据,记录违反本法的行为。他们应有司法记录职责。他们还应有权在正常工作时间进入实体、其办事处和分支机构的所在地,有权审查其账簿和文件,并有权根据记录时在场的那些官员和代表所签署的会议记录复印这些账簿和文件。在与竞争有关的案件里,他们可以使用一切举证手段,包括电子和计算机生成的数据、电话录音、传真机来往信件和电子邮件。条例应当规定其职权和业务规则。

2. 若发现违反法律规定的行为,应采取必要的调查和问责措施并提起公诉。

第十六条

1. 实体不得阻止执法人员或者调查人员按照法律授予的权限执行交给他的任务,也不得拒绝向其提供信息,不得提供误导性信息,或者隐瞒或销毁有利于调查的文件。

2. GAC 可在必要时寻求主管当局(包括安全当局)的协助,以使执法人员能够履行赋予他们的职责。

第十七条

GAC 可要求相关官方机构定期向其提供与市场上经营实体有关的报告,或在必要时按照条例的规定提供报告。

第十八条

1. 经主席提名,由 5 名成员组成的专家委员会应该经董事会决议后组成,任期 3 年,但其中须有 3 名法律专家。除第十二条第 1 款和第二十四条所述的违法行为外,委员会应裁定违反法律和条例的行为,并依照法律规定进行处罚。此次董事会决议还应决定委员会主席,且必须是 1 名法律专家。委员会应召开会议并以少数服从多数原则发布其决议。条例应确定委员会的工作规则。

2. 如果委员会席位出现空缺,可委任另一委员,直至委员会任期届满为止。

3. 违反者收到委员会决议通知之日起 30 日内,可向主管法院提出上诉。决议被推翻的,由主管法院根据法律规定对违法行为进行审理,并给予适当的处罚。

第十九条

1. 在不影响本法律第二十四条规定的前提下,违反本法第五条、第六条、第七条、第十一条规定的,应处以不超过违法年销售总额的 10% 的罚款。无法估计年销售额的,罚款不超过 1000 万里亚尔。委员会可酌情对违法者处以不超过其违法行为所得的 3 倍的罚款。

2. 在不影响本条第 1 款规定的前提下,如果违反本法第十六条规定,应处以不超过年销售额的 5% 的罚款。无法估计年销售额的,罚款应不超过 500 万里亚尔。

3. 若违法者再犯同一违法行为，委员会可根据第一次的罚款金额翻倍处以罚款。自第一次违法行为解决之日起3年内，违法者发生同样违法行为的，应视为累犯。

4. 对本条所述违法行为的决议，应当在其居住地发行的地方性报纸或者其他适当的媒体上刊登，费用由违法者承担，但应在作出最终判决或决议之后刊登。

5. 董事会应发布一项决议，具体说明本条第4款规定的出版许可的情况。条例应具体规定决议中应遵守的控制措施。

第二十条

在不影响本法第十二条第1款、第十九条和第二十四条规定的情况下，任何人违反本法律或本条例的任何其他规定，应处以不超过200万里亚尔的罚款。

第二十一条

在不影响本法第十九条规定的情况下，如果发现有违反本法规定的行为，董事会可采取下列一项或多项措施：

1. 责令违法者限期改正其违法行为。

2. 根据委员会的处罚决议，董事会可采取下列一项或多项措施：

(1) 要求违法者处置一定的财产、股份或财产权利，或者采取任何其他措施来确保违法行为得以改正。

(2) 要求违法者在董事会决议规定的期限内每日缴纳不超过1万里亚尔的罚款，直至违法行为在董事会决议规定的期限内改正为止。逾期不改正的，加倍处罚直至改正。

(3) 如果违规行为继续存在，则该实体应在董事会通知该实体改正违规行为之日起90日内暂时关闭，期限不超过30日。条例应确定实施这些措施所必要的规则。

第二十二条

在实施本法第十九条、第二十条和第二十一条所述的处罚和措施时，应遵守以下规定逐步处理：

1. 如果该实体开展的活动各不相同，应根据违法行为所涉活动的性质估算罚款。考虑到违法行为所针对的活动。

2. 违法行为的条件和情况。

3. 违法行为的严重性。

4. 违法行为的影响。

第二十三条

董事会可决定不将违反本法规定的实体提交委员会,前提是该实体能主动提供证据来揭露存在违法行为的同伙。董事会也可以接受与违法实体和解。条例应当具体规定必要的控制和要求,以及补偿受害人的机制。

第二十四条

在不影响本法或任何其他法律规定的更严厉处罚的情况下,对向董事会成员或 GAC 员工披露与其工作有关的秘密以获取物质或精神利益的任何人,处以不超过 100 万里亚尔的罚款。

第二十五条

任何自然人或者法人若因违反本法律的行为而受到损害,可以在主管法院申请赔偿。

第二十六条

本法应取代 2004 年 5 月 4 日第 M/25 号皇家法令颁布的竞争法。

第二十七条

董事会应在本法在政府公报刊登之日起 180 日内颁布本条例,自其生效之日起施行。

第二十八条

本法自政府公报刊登之日起 180 日内施行。

埃及保护竞争和禁止垄断行为法*

保护竞争和禁止垄断行为法

第一条

经济活动应当依照法律规定,以不妨碍、不限制或者不损害竞争自由的方式进行。

第二条

为了适用本法,下列术语应分别具有以下含义:

(1)个人是指自然人和法人、经济主体、工会、金融协会和团体、团体(无论它们以何种方式成立),以及与本法律规定及宗旨同时执行的执行条例中所提到的其他关联方。

(2)产品是指商品和服务。

(3)管理局是指根据本法规定设立的保护竞争和禁止垄断行为管理局。

(4)董事会是指保护竞争和禁止垄断行为管理局的董事会。

第三条

适用本法规定的相关市场,是指由相关产品和地理区域两个要素构成的市场。相关产品是指我们所认为的客观存在的相互替代的产品。地理区域是指在竞争条件相同时考虑到潜在竞争机会的特定地理区域,所有地理区域均符合执行条例规定的标准,并且符合本法的宗旨和规定。

第四条

在适用本法规定时,在相关市场上的支配地位,是指个体拥有的能力,这种能力体现在,占有上述市场25%以上的市场份额;能够对市场上的价格或供应量产生实际影响,但其竞争对手没有能力限制此行为。

---

* 2005年第3号法律。

管理局应当依照本法的执行条例所规定的程序确定支配地位。

第五条

如果在国外实施的行为导致埃及境内的竞争自由受到阻碍、限制或损害，并且构成本法规定的犯罪，那么本法规定应适用于这些国外实施的行为。

第六条

在任何相关市场中，如果旨在造成以下任何一种情况，则竞争者之间的协议或合同应当予以禁止：

1. 提高、降低或者固定买卖交易标的物的价格。

2. 根据地理区域、配送中心、客户类型、商品、季节或时间段划分或分配产品市场。

3. 在继续参与或不参与招标、拍卖、谈判和其他采购要求方面进行协调。

4. 限制生产、分销或营销活动，或限制服务种类或数量的分销，或对其可用性施加限制或条件。

第七条

如果个人与其任何供应商或客户之间的协议或合同旨在限制竞争，则应当禁止此类协议或合同。

第八条

禁止在相关市场中处于支配地位的个体从事以下任何一项活动：

1. 采取某种行动导致在特定时期内不制造、不生产或不分销产品。

2. 拒绝与任何人就某项产品进行买卖交易，或完全停止与该人进行交易，从而导致该人随时进入或退出市场的自由受到限制。

3. 根据地理区域、配送中心、客户、季节或时间段，在具有纵向关系的人员之间限制特定产品的分销。

4. 将接受与原始交易或协议的性质或商业惯例无关的义务或产品，作为订立产品买卖合同或协议的强制性条件。

5. 不公平对待在买卖价格或交易条款方面具有相似商业地位的买卖双方。

6. 拒绝生产或供应在特定情况下稀缺的产品，尽管该产品的生产和供应在经济上是可行的。

7. 命令与其有经营往来的人拒绝向其竞争对手提供公用设施或服务，尽管这在经济上是可行的。

8. 以低于边际成本或平均可变成本的价格销售产品。

9. 强制供应商不得与竞争对手打交道。

执行条例应当规定执行本条规定的条件和程序。

第九条

本法规定不适用于国家管理的公用事业。

管理局可应有关当事方的请求，豁免第六条、第七条和第八条中关于受“私法”管辖的公司所管理的公共事业的某些或全部行为，如果这些行为符合公共利益，或者使消费者获得的利益超过了限制竞争自由的效果。这项工作应按照本法执行条例的规定和程序进行。

第十条

内阁在征求管理局意见后，可颁布法令，以确定特定时期内一种或多种基本产品的售价。

政府为执行这些价格而缔结的任何协议均不应被视为反竞争行为。

第十一条

设立“保护竞争和反垄断行为管理局”。管理局设在开罗，并具有公共法人资格。管理局隶属于主管部长，并且应具有下列权力：

1. 受理询问、检查、收集信息或发布命令的请求，以启动与反竞争协议和行为有关的此类行动。这些行动应遵循执行条例规定的程序进行。

2. 在个人获取资产、所有权、使用权、股份，成立工会，兼并、合并或两人及以上共同管理时，应立即通知管理局。本法执行条例应当明确规定通知日期、资料、所附文件以及报送程序。

3. 建立一个关于经济活动的综合数据库，定期更新和开发该数据库，以便在与保护竞争有关的方面为管理局服务。建立数据库并进行必要的研究和调查，以查明对竞争有害的行为。

4. 采取本法第二十条规定的措施。

5. 对有关竞争规则的法律法规草案发表意见。

6. 就共同关心的问题同其他国家的对口单位进行协调。

7. 组织培训和教育活动，以期提高对本法规定和一般自由市场原则的认识。

8. 发行载有管理局所采纳和推行的决定、建议、程序、措施以及与管理局有关其他事项的期刊。

9. 编制管理局活动年度报告及其未来计划和建议,经董事会批准后提交至主管部长。其副本应送交至人民议会和修罗理事会。

对于违反本法规定的行为,本法的执行条例应当确定管理局调查和证明该行为所应遵循的程序。

第十二条

管理局应由董事会管理,董事会的组成应根据主管部长的法令遵循如下规定:

1. 一位经验丰富的专职主席。

2. 国务院参事,副主席级,由国务院主席选举产生。

3. 由主管部长提名的代表有关部门的 4 名成员。

4. 3 名专家和专家成员。

5. 分别代表商会总联合会、埃及工业联合会、银行业联合会、民间协会总联合会、消费者保护总联合会和埃及总工会的 6 名成员。每个联合会或工会应当任命自己的代表。

6. 董事会任期 4 年,可连任。

7. 关于设立董事会的法令应当载明主席和董事会成员的薪酬。

第十三条

董事会受主席邀请,每月至少召开一次会议,同时在任何必要的时候也应当召开会议。董事会会议的法定人数为 10 人,并且决议应当以董事会成员的多数票通过。

如果董事会成员与董事会正在审议的案件存在利益关系,或者他/她是任何一方的四级亲属,或者他/她目前代表或曾经代表任何一方,则他/她没有资格参加该案件的审议或表决。

董事会可邀请其希望寻求协助的专家参加会议。这些专家不应有投票权。

执行条例应当明确规定与法律规定一致的董事会权限、会议邀请程序和业务规则。

第十四条

管理局应按照公共服务机构的模式编制独立预算。预算中的任何盈余应从一个财政年度转入另一个财政年度。管理局的资源包括:

1. 在国家总预算中指定给管理局的拨款。

2. 管理局所接受的且不违背其目标的赠款、捐赠及任何其他资源。

3. 本法规定的费用收入。

第十五条

管理局应有 1 名专职执行董事,其任命、薪酬和权责应由主管部长根据管理局主席的建议决定。

执行主任应在法院和第三方面前代表管理局。

执行董事应出席董事会会议,但无表决权。

管理局董事会应发布有关管理局工作安排的规定,并制定适用于其雇员的财务和行政规则,但不受适用于国家雇员的规章制度的限制。这些条例应由主管部长颁布。

第十六条

禁止管理局雇员披露在审查、采取行动和作出决定期间提交或传阅的与本法范围内案件有关的任何信息、数据或其来源。

这些信息和数据及其来源不得用于提交目的以外的任何目的。

管理局雇员自雇用期满起 2 年内,不得与被审查或处于审查阶段的人共事。

第十七条

经主管部长同意并经由董事会建议,管理局雇员应根据司法部部长颁布的法令予以指定,并且应被授予适用本法规定的执法官员地位。

这些雇员应有权审查记录和文件,并有权从任何政府或非政府机构获得任何资料或数据,以便审查管理局审议案件。

第十八条

执行条例应当确定管理局所提供服务的应付费用类别。每个案件的应付费用不得超过 10,000 埃及镑。

第十九条

任何人均可向管理局举报任何违反本法规定的行为。

第二十条

一旦确定违反本法第六条、第七条和第八条的任何规定,管理局应命令违法者重新调整立场,并立即或在管理局规定的期限内纠正违法行为,否则,违反本法第六条和第七条的协议或合同将被视为无效。

董事会可立即作出停止该违法行为的决定,或在重新调整立场或纠正违规行为的期限届满后作出停止该违法行为的决定。

上述规定应适用于所有由于此类违约而产生的责任。

第二十一条

除非主管部长或其代表人提出请求,对于违反本法规定的行为,不得提起刑事诉讼或采取任何程序。

在作出最终判决前,主管部长或其代表人可以处理任何违法行为,并可以获得不低于最低罚款 2 倍且不高于最高罚款 2 倍的回报。

和解应视为放弃刑事诉讼立案请求,同时会导致与同一诉讼案件有关的刑事诉讼失效。

第二十二条

在不影响任何其他法律所规定的更严厉处罚的情况下,若违反本法第六条、第七条和第八条的任何规定,应当处以不少于 30,000 埃及镑但不超过 1000 万埃及镑的罚款。

法院可下令处以相当于违约产品标的物价值的替代罚款,而不是下令没收。

第二十三条

在不影响任何其他法律所规定的更严厉处罚的情况下,若违反本法第十六条的规定,应处以不少于 10,000 埃及镑但不超过 50,000 埃及镑的罚款。

第二十四条

关于本法第二十二条所规定行为的最终定罪判决结果,应当在政府公报和两份广泛传播的日报上公布,且费用由被定罪人承担。

第二十五条

法人的实际管理责任人,如果能够确定该人已实际知悉某项违法行为,且该违法行为是由于该人没有履行作为管理责任人的职责而导致的,对于违反本法的行为应处以同等处罚。

如果违法行为是由一名雇员以法人名义或代表法人作出的,则该法人应对所支付的罚款和赔偿金承担连带责任。

印度竞争法*

为了国家经济发展，本法规定设立一个委员会，以防止对竞争产生不利影响的行为，促进和维护市场竞争，保护消费者权益，确保印度市场中其他参与者的交易自由，并对其他相关或附带事项作出规定。议会于印度共和国53年颁布。本法内容如下：

第一章 序言

第一条 简称、适用范围及生效

（1）本法可称为《2002年竞争法》。

（2）除查谟和克什米尔外，本法适用于印度全境。

（3）本法自印度中央政府在官方公报中规定之日起生效，如果本法的不同条款可以规定不同的日期，则任何此类提及本法生效的条款均应解释为该条款生效的提及。

第二条 定义

在本法中，除非上下文另有规定：

（a）“收购”指直接或者间接获得，或者同意获得：

（i）任何企业的股份、表决权或资产；或者

（ii）对任何企业的管理或者资产的控制权。

（b）“协议”包括任何一致的安排、协定或者行动：

（i）无论上述一致的安排、协定或者行动是正式的或者书面的；或者

（ii）无论上述安排、协定或者行动是否拟通过法定程序强制执行。

由2017年5月26日起实施的2017年《金融法》取代。在取代之前，自2007

---

* 2003年第12号法案（2019年1月13日）。

年10月12日起生效的2007年《竞争法(修订)》插入的第(ba)款规定如下:

(ba)上诉法庭指第五十三A条第(1)款所指的公司法上诉法庭。①

(c)“卡特尔”包括生产商、销售商、分销商、贸易商或者服务提供商的协会,他们通过相互之间的协议,限制、控制或者意图控制生产、分销、销售、产品价格或者贸易,或者服务的提供。

(d)“主席”指根据第八条第(1)款任命的委员会主席。

(e)“委员会”指根据第七条第(1)款设立的印度竞争委员会。

(f)“消费者”指任何符合下列条件的人:

(i)购买任何货物,该货物已支付对价或者已作出承诺,或者部分支付且部分承诺支付对价,或者在任何延期付款条件下,以及包括任何使用该货物的人,但若该货物的使用已经上述购买人同意,则不包括已支付对价或者已作出承诺,或者部分支付且部分承诺支付对价,或者在任何延期付款条件下购买该货物的人,无论购买货物的目的是转售、任何商业目的,还是个人使用。

(ii)雇用或者使用任何服务,该服务已支付对价或者已作出承诺,或者部分支付且部分承诺支付对价,或者在任何延期付款条件下,以及该服务的任何受益人。但若该服务的使用已经上述第一人同意,则不包括已支付对价或者已作出的承诺,或者部分支付且部分承诺支付对价,或者在任何延期付款条件下购买该货物的人,雇用或者使用该服务无论是商业目的,还是个人使用。

(g)“局长”指根据第十六条第(1)款任命的局长,包括根据该条任命的任何候补、联席代理及副职局长。

(h)“企业”指现在或曾经从事下列活动的个人或者政府部门:与产品或货物的生产、储存、供应、分销、采购或管理有关,提供任何形式的服务,从事投资,直接从事或通过其一个或多个单位、部门或者分支机构从事任何其他法人团体的股票、债券或其他证券的获取、持有、承销或者处理事务,无论该单位、部门或者分支机构与该企业所在地是否位于相同地点,但不包括与政府主权职能有关的任何政府行为,包括中央政府部门从事的有关核能、货币、国防和航天的所有活动。

---

① 由2017年5月26日起实施的2017年《金融法》取代。在取代之前,2007年10月12日起生效的2007年《竞争法(修订)》插入的第(ba)款规定为:“(ba)上诉法庭”指第五十三A条第(1)款所指的竞争上诉法庭。”

解释——在本条中：

(A)“活动”包括专业或者职业。

(B)“产品”包括新产品，“服务”包括新服务。

(C)与企业有关的“单位”或者“部门”，包括：

(ⅰ)为产品或货物的生产、储存、供应、分销、采购或者管理而设立的车间或者工厂；

(ⅱ)为提供服务而设立的分支机构或者办事处。

(i)“货物”是指1930年《货物买卖法》(1930年第8号)所定义的货物，包括：

(A)制造、加工或开采的产品；

(B)分配后的债券、股票或者股份；

(C)在印度供应、分销或管理的货物，以及进口到印度的货物。

(j)“成员”指根据第八条第(1)款规定任命的包括委员会主席在内的委员会成员。

(k)“公告”指政府公告中发布的公告。

(l)“人”包括：

(ⅰ)自然人；

(ⅱ)印度不可分割的家庭；

(ⅲ)公司；

(ⅳ)商行；

(ⅴ)团体或者自然人组成的实体，无论其在印度或印度以外是否注册成立；

(ⅵ)根据任何中央、邦或者地方性法律设立的任何公司，或者是由1956年《公司法》(1956年第1号)第六百一十七条所定义的政府公司；

(ⅶ)根据印度以外国家的法律注册成立的法人团体；

(ⅷ)根据与合作社有关的任何法律注册的合作社；

(ⅸ)地方当局；

(ⅹ)每个不属于上述任何条款的人为法人。

(m)“行为”包括与个人或者企业进行交易有关的任何行为。

(n)“法定”是指根据本法制定的规则规定的。

(o)“价格”指与销售任何货物或者履行任何服务有关的价格，包括直接、间接,或递延的每项有价值的对价,并包括实质上与销售任何货物或者履行任何服务有关的任何对价,尽管表面上与其他事项或事物相关。

(p)“公共金融机构”指1956年《公司法》(1956年第1号)第四A条规定的公共金融机构,包括国家金融、工业或投资公司。

(q)“规章”指委员会根据第六十四条制定的规定。

(r)“相关市场”指由委员会参照相关产品市场或者相关地理市场,或者参照上述两种市场所确定的市场。

(s)“相关地理市场”指由具有以下特征的市场构成的地理区域:与货物供应、服务提供或者货物和服务需求的竞争条件明显同质,且能与盛行相邻地区的条件进行区分。

(t)“相关产品市场”指包含下列所有产品或服务的市场:消费者根据产品或者服务的特性、价格和预期用途认为其可以互换或者替代。

(u)“服务”指向潜在用户提供的各种服务,包括任何与工业或商业事务相关的服务,如银行、通信、教育、融资、保险、小额基金、不动产、运输、仓储、物质处理、加工、供电或其他能源、膳宿、住宿、文艺、娱乐、建筑、维修、资讯、广告。

(v)“股份”指拥有表决权的公司股本中的股份,包括:

(i)任何使持有者有权获得表决权股份的证券;

(ii)股票,除非股票与股票之间的区别已经用明示或者暗示的方式表达出来。

(w)“法定机构”指由任何中央、邦或者地方性法律设立的或根据任何中央、邦或者地方性法律设立的任何机关、部门、法人、协会、研究所、大学或者任何其他法人团体,其目的是管理货物的生产和供应或者服务的提供及货物和服务市场,以及与其相关的其他事项。

(x)“交易”指与货物生产、供应、分销、仓储或管理以及服务提供有关的交易、经营、工业、专业或者职业。

(y)“营业额”包括货物和服务的销售价值。

(z)本法使用而未加定义的和1956年《公司法》(1956年第1号)中定义的用词及表达应具有该法分别赋予它们的相同含义。

第二章　禁止特定协议、滥用市场支配地位以及规制合并

禁止特定协议

第三条　反竞争协议

(1)任何企业、个人或者企业、个人间的联合体不得订立与货物生产、供应、分销、仓储、采购或管理,或者服务提供有关的任何协议,这些协议会对印度国内竞争造成或者可能造成明显的不利影响。

(2)任何违反第(1)款规定而达成的协议均属无效。

(3)任何在个人之间、企业之间、个人的联合体之间或者企业的联合体之间,或者任何个人和企业之间达成的协议,或者由从事相同或者类似货物交易或者服务提供的个人联合体或者企业联合体,包括卡特尔在内,作出的决定或实施的行为,如果具有下列特征,则应推定对竞争具有明显的不利影响:

(a)直接或者间接地确定购买或者销售价格;

(b)限制或者控制生产、供应、市场、技术进步、投资或者服务提供;

(c)通过分配市场的地理区域、货物或服务的种类、或者市场中消费者的数量以及其他相似方式分享产品或者服务提供的市场或者资源;

(d)直接或者间接地操纵投标或者串通投标。

如果一项合营协议能够提高货物生产、供应、分销、仓储、采购或者管理以及服务提供的效率,则本款规定不适用。

本款中,“操纵投标”是指第(3)款所指的从事相同或者类似货物生产或交易以及服务提供的企业之间和个人之间订立的协议,该协议消除或者减损了不同投标者之间的竞争,或对投标过程产生不利影响,或操纵投标过程。

(4)不同市场中位于生产环节不同阶段和水平的企业之间或者个人之间订立的与货物生产、供应、仓储、分销、销售、价格、贸易或者服务提供有关的协议,包括:

(a)搭售协议;

(b)排他性供应协议;

(c)排他性分销协议;

(d)拒绝交易;

(e)转售价格维持。

如果该协议对印度国内竞争造成或者可能造成显著的不利影响,将被视为违反第(1)款规定的协议。

本款中:

(a)“搭售协议”包括要求货物的购买者在购买某种货物时以购买其他某种货物为条件任何协议;

(b)“排他性供应协议”包括限制买方在交易过程中以各种方式或其他方式与卖方以外的人或任何其他人取得或买卖任何货物的任何协议;

(c)“排他性分销协议”包括限制、约束或者抑制任何货物的产出和供应,以及为货物的处置或销售分配任何区域或市场的任何协议;

(d)“拒绝交易”包括通过各种方式限制或者可能限制向其出售货物或向其购买货物的人员或者人员类别的任何协议;

(e)“转售价格维持”包括任何销售货物的协议,条件是买方在转售时收取的价格应是卖方规定的价格,除非明确说明允许低于规定价格。

(5)本条中的任何规定不得限制:

(i)任何人制止侵权行为或施加合理条件的权利,以保护由下列法律已经赋予或可能赋予的权利:

(a)1957 年《版权法》(1957 年第 11 号);

(b)1970 年《专利法》(1970 年第 39 号);

(c)1958 年《贸易和商标法》(1958 年第 43 号)或者 1999 年《商标法》(1999 年第 47 号);

(d)1999 年《货物地理标志(注册及保护)法》(1999 年第 48 号);

(e)2000 年《工业设计法》(2000 年第 16 号);

(f)2000 年《半导体集成电路布图保护法》(2000 年第 37 号)。

(ii)任何人从印度出口货物的权利,其协议范围仅涉及货物生产、供应、销售或者管理,或为该出口提供服务。

禁止滥用市场支配地位

第四条　滥用市场支配地位

(1)任何企业和集团不得滥用其市场支配地位。①

① 根据 2007 年《竞争法(修订)》,替代了“任何企业不得滥用其市场支配地位”。

(2)如果企业或集团有下列行为[1],则构成第(1)款所述的滥用市场支配地位:

(a)直接或者间接地在下列方面施以不公平待遇或者歧视待遇:

(i)货物或者服务的购买或出售条件;或者

(ii)货物或服务的购买或出售价格(包括掠夺性定价)。

本款中,(i)中所述购买或出售货物或者服务的不公平或者歧视条件和(ii)中所述购买或出售货物或者服务的不公平或者歧视价格(包括掠夺性价格)不包括为满足竞争所采用的歧视性条件或者价格。或者

(b)限制或约束:

(i)货物的生产、服务的提供或者货物、服务对应的市场;或者

(ii)与损害消费者的货物或服务有关的技术或科学发展。或者

(c)纵容以任何方式[2]妨碍市场进入的行为或实践;

(d)订立合同时,须由其他当事人接受补充义务,而该补充义务根据其性质或根据商业惯例,与合同标的无关;或者

(e)利用其在一个相关市场中的支配地位进入或者保护其他相关市场。

本条中:

(a)"支配地位"指企业在印度相关市场上所享有的优势地位,从而使企业能够:

(i)独立于相关市场上的主要竞争力量进行运作;或者

(ii)为其自身利益影响其竞争对手、消费者或者相关市场。

(b)"掠夺性价格"指为削弱竞争或者消除竞争对手,以低于法定的货物生产或者服务提供成本的价格出售货物或提供服务。

(c)"集团"的含义与第五条第(b)款赋予该词的含义相同。[3]

规制合并

第五条　合并

一人或多人对一个或多个企业的收购,以及企业间的吸收合并或者新设合

---

① 根据 2007 年《竞争法(修订)》,替代了"如果是一个企业"。

② 根据 2007 年《竞争法(修订)》,插入了"以任何方式"。

③ 根据 2007 年《竞争法(修订)》,插入本款。

并,应视为该企业与个人或企业间的合并,如果:

(a)任何收购满足下列条件:

(i)收购双方——收购人和企业,其控制权、股份、表决权或者资产已被收购或者正在被收购——拥有:

(A)在印度国内,其资产值超过 100 亿卢比或者交易额超过 300 亿卢比。或者

(B)在印度或印度之外,其资产值总计超过 5 亿美元,其中在印度至少 50 亿卢比,或者交易额总计超过 15 亿美元,其中在印度至少 150 亿卢比。[①] 或者

(ii)其控制权、股份、资产或者表决权已被收购或者正在被收购的企业在收购发生之后所属的集团共同拥有或者将共同拥有:

(A)在印度国内,其资产值超过 400 亿卢比或者交易额超过 1200 亿卢比;或者

(B)在印度或印度之外,其资产值总计超过 20 亿美元,其中在印度至少 50 亿卢比,或者交易额总计超过 60 亿美元,其中在印度至少 150 亿卢比。[②] 或者

(b)收购企业控制权的人已经直接或者间接地控制了从事相同、类似或者可替代性货物的生产、分销,或者从事相同、类似或者可替代性服务的另一家企业,如果:

(i)已被取得控制权的企业和收购者已直接或者间接控制的企业的资产总计达到:

(A)在印度境内的资产价值超过 100 亿卢比或者营业额超过 300 亿卢比;或者

(B)在印度或印度之外,其资产总值超过 5 亿美元,包括在印度至少 50 亿卢比,或者营业额超过 15 亿美元,包括在印度至少 150 亿卢比。[③] 或者

(ii)已被收购或者正在被收购的企业被收购后,其所属集团的资产水平:

(A)在印度国内,其资产值超过 400 亿卢比或交易额超过 1200 亿卢比;

---

① 根据 2007 年《竞争法(修订)》,替代了“在印度或印度之外,总资产价值超过 5 亿美元或交易额超过 15 亿美元”。

② 根据 2007 年《竞争法(修订)》,替代了“在印度或印度之外,总资产价值超过 20 亿美元或交易额超过 60 亿美元”。

③ 根据 2007 年《竞争法(修订)》,替代了“在印度或印度之外,总资产价值超过 5 亿美元或交易额超过 15 亿美元”。

或者

(B)在印度或印度之外,其资产总值超过20亿美元,其中在印度至少50亿卢比,或者营业额超过60亿美元,包括在印度至少150亿卢比。[①] 或者

(c)任何吸收合并或者新设合并符合下列条件:

(i)根据具体情况,吸收合并后存在的企业或者由于新设合并所创设的企业拥有:

(A)在印度国内,其资产值超过100亿卢比或者交易额超过300亿卢比;或者

(B)在印度或印度之外,其资产值总计超过5亿美元,其中在印度至少50亿卢比,或营业额超过15亿美元,其中在印度至少150亿卢比。[②] 或者

(ii)根据具体情况,吸收合并后存在的企业或由于新设合并所创设的企业在吸收合并或新设合并之后所属的集团拥有或者将拥有:

(A)在印度国内,其资产值超过400亿卢比或交易额超过1200亿卢比;或者

(B)在印度或印度之外,其资产值总计超过20亿美元,包括在印度至少50亿卢比,或交易额超过60亿美元,包括在印度至少150亿卢比。[③]

本条中:

(a)"控制"包括通过下列方式控制事务或管理:

(i)一个或者多个企业,共同或者单独,(控制)另一个企业或者集团;

(ii)一个或者多个集团,共同或者单独,(控制)另一个集团或者企业。

(b)"集团"指两个或者多个企业,能够直接或者间接地:

(i)在另一企业中行使26%或以上的表决权;或者

(ii)任命另一企业50%以上的董事会成员;或者

(iii)控制其他企业的管理或者事务。

(c)资产价值的确定,应当以企业经审计的会计账簿上载明的资产的账面

---

① 根据2007年《竞争法(修订)》,替代了"在印度或印度之外,总资产价值超过20亿美元或交易额超过60亿美元"。

② 根据2007年《竞争法(修订)》,替代了"在印度或印度之外,总资产价值超过5亿美元或交易额超过15亿美元"。

③ 根据2007年《竞争法(修订)》,替代了"在印度或印度之外,总资产价值超过20亿美元或交易额超过60亿美元"。

价值为依据,在拟议合并日期所处财政年度的上一个财政年度内,减去所有折旧,并且资产价值应当包括品牌价值、商誉价值、著作权价值、专利、许可使用、集体商标、注册所有人、注册商标、注册用户、同名地理标志、地理标志、工业设计或外观设计,或第三条第(5)款提及的类似其他商业权利。

第六条　合并控制

(1)任何个人或企业不得进行对印度国内相关市场的竞争造成或者可能造成明显不利影响的合并行为,否则此类合并应属无效。

(2)在不违反第(1)款规定的前提下,拟进行合并的任何个人或者企业,应[①]于下列日期起的30日内[②],按照规定的形式和费用向委员会提出申报,并披露拟议合并的细节:

(a)对于第五条第(c)款所述的吸收合并或者新设合并的提议,获得与此类合并有关的企业的董事会的批准之日起;

(b)执行第五条第(a)款所述的合并协议或其他文件之日起,或者获得第五条第(b)款所述的控制权之日起。

(2A)根据第(2)款向委员会发出通知之日或委员会根据第三十一条通过命令之日起的210日内,以较早的日期为准,任何合并均不得生效。[③]

(3)委员会应在收到根据第(2)款规定提交的申报之后,按照第二十九条、第三十条和第三十一条的规定处理该申报。

(4)本条规定不适用于公共金融机构、外国机构投资者、银行或者风险投资基金根据贷款协议或者投资协议,进行的股份认购、融资或者任何收购。

(5)第(4)款中所述的公共金融机构、外国机构投资者、银行或者风险投资基金,应当视各自的具体情况,在并购之日起7日内,按照条例规定的形式,向委员会提交收购详情,包括控制权的详细情况、行使控制权的情况,以及因该贷款协议或者投资协议而产生的违约后果。

本条中:

(a)“外国机构投资者”的含义与1961年《个人所得税法》(1961年第43号)第115AD条第(a)项赋予该词的含义相同;

---

① 根据2007年《竞争法(修订)》,替代了“可自行选择”。

② 根据2007年《竞争法(修订)》,替代了“7日内”。

③ 根据2007年《竞争法(修订)》插入。

(b)“风险投资基金”的含义与1961年《个人所得税法》(1961年第43号)第十条第二十三FB款第(b)项赋予该词的含义相同。

第三章 印度竞争委员会

第七条 委员会的设立

(1)为实施本法,设立“印度竞争委员会”,自中央政府公告之日起生效。

(2)委员会应是具有上述名称的法人团体,在不违反本法规定的情况下,有权加盖公章,以取得、持有和处置动产和不动产,并订立合同,且应以上述名称起诉或被起诉。

(3)委员会总部地址可由中央政府随时改变。

(4)委员会可以在印度其他地区设立办事机构。

第八条[①]委员会的组成

(1)委员会应由1名主席和不少于2名但不超过6名由中央政府任命的其他成员组成。

(2)主席和每一位其他成员应当能力出众、正直而有声望,并且在国际贸易、经济、经营、商业、法律、金融、会计、管理、工业、公共事务、竞争事务,包括中央政府认为对委员会可能有用的竞争法和竞争政策等方面拥有专业知识,并且拥有15年以上的工作经验。

(3)主席和其他成员应为专职成员。

第九条[②] 委员会主席及成员遴选委员会[③]

(1)委员会主席和其他委员由中央政府从遴选委员会推荐的人员名单中任命,遴选委员会由下列人员组成:

(a)印度首席大法官或其提名人——主席;

---

① 根据2007年《竞争法(修订)》,替代了:

(1)委员会应由1名主席和不少于2名但不超过10名由中央政府任命的其他成员组成。中央政府应于委员会成立第一年内委任主席成员1人。

(2)主席和每一位成员应当能力出众、正直而有声望,并曾担任或有资格担任高等法院法官,或在国际贸易、经济、经营、商业、法律、金融、会计、管理、工业,包括中央政府认为对委员会可能有用的竞争法和竞争政策等方面拥有专业知识,并拥有15年以上的工作经验。

(3)主席和其他成员应为专职成员。

② 根据2007年《竞争法(修订)》,替代了“主席及其他成员应按规定的方式遴选”。

③ 根据2007年《竞争法(修订)》,替代了“主席及成员遴选”。

(b)企业事务部秘书——成员；

(c)法律和司法部秘书——成员；

(d)在国际贸易、经济、商业、法律、金融、会计、管理、工业、公共事务或竞争事务(包括竞争法和竞争政策)方面有专门知识和专业经验的2位知名专家——成员。

(2)遴选委员会的任期和人员名单的选择方式，应按规定进行。

第十条　主席和其他成员的任期

(1)主席和其他成员自就职之日起任期应为5年，并且有资格连任。

但主席或其他成员年满65岁之后不得担任此类职务。①

(2)主席或者其他成员若因为第十一条规定的辞职或免职、死亡或其他情况而造成职位的空缺，则应按照第九条的规定重新任命。

(3)主席和每一位其他成员在就职前，应按照规定的形式、方式，在该当局面前宣誓并保密。

(4)如果主席因死亡、辞职或其他原因使主席职位出现空缺，则最高级别成员应履行主席职责，直至按照本法规定任命的新主席到任，以填补空缺。

(5)当主席因缺席、疾病或其他原因不能履行职责时，最高级别成员应履行主席职责，直至主席恢复履行职责之日。

第十一条　主席和其他成员职务的辞职、免职和停职

(1)主席和任何其他成员可以书面通知的方式向中央政府提出辞职。

除非中央政府允许主席或者其他成员提前离职，否则其应继续任职，直至接到此通知之日起3个月届满，或者直至正式任命的继任者就职，或者直至其任职期限届满，以最早日期为准。

(2)除第(1)款规定的内容外，如果主席或其他成员满足下列条件，则中央政府可视情况下令将主席或者其他成员免职：

(a)现在或曾经被判定为无偿债能力；或者

(b)在其任职期间从事过其他有偿工作；或者

---

① 根据2007年《竞争法(修订)》，替代了“但主席或其他成员不得在达到以下条件后担任此类职务：

(a)主席的年龄达到67岁；

(b)其他成员的年龄达到65岁”。

(c)被判定犯有中央政府认为涉及道德品质败坏的罪行;或者

(d)收受可能对其行使作为委员会成员职能有不利影响的财物或其他利益;或者

(e)滥用职权,使得其继续任职有损公共利益;或者

(f)身心状态无法胜任委员会成员工作。

(3)除第(2)款规定的内容外,不得依据第(2)款第(d)项或第(e)项指明的理由免职任何成员,除非最高法院在中央政府以此名义向其提出的请求中,根据最高法院为此规定的程序报告称,该成员应因该理由被撤职。

第十二条　主席和其他成员在特定情形下的从业限制

主席和其他成员自停止任职之日起2年内[①],不得接受任何企业的雇用,或者参与其经营或者行政管理,这些企业是根据本法提交委员会的诉讼的当事方。

但本条所载的任何规定均不适用于中央政府、国家政府、地方当局或任何法定当局,或者根据任何中央、国家或省级法律成立的任何公司,或者1956年《公司法》(1956年第1号)第六百一十七条所界定的任何政府公司的任何就业。

第十三条　主席的行政权力[②]

主席对委员会的所有行政事项具有一般监督、指挥和控制的权力,但主席可将其认为适当地与委员会行政事项有关的权力转授给委员会的任何其他成员或官员。[③]

第十四条　主席和其他成员的工资、补贴及其他服务条款与条件

(1)主席和其他成员的工资及其他服务条款与条件,包括差旅费用、房屋租赁补贴和交通设施、住房津贴和医疗设施,都应依法确定。

(2)主席和其他成员的工资、补贴及其他服务条款与条件在其任用后,不得因其不足而变化。

---

① 根据2007年《竞争法(修订)》,替代了"1年"。

② 根据2007年《竞争法(修订)》,替代了"管理部门的财政及行政权力"。

③ 根据2007年《竞争法(修订)》,替代了"中央政府应制定成员构成管理部门,管理部门行使中央政府规定赋予的财政及行政权力。但管理部门有权将其认为适当的财政及行政权力转授与委员会任何成员,条件是该成员须接受指示,并接受管理部门的监督和控制"。

第十五条　空缺等不能使委员会程序无效

委员会的任何行动或程序不能仅因下列原因而无效：

(a)委员会的职位空缺或者委员会组成过程中的任何瑕疵；或者

(b)主席或者其他成员人选任命上的任何瑕疵；或者

(c)不影响案件实质的程序上的不合规之处。

第十六条　局长的任命等

(1)中央政府可以通过公告任命局长，以协助委员会对违反本法任何规定的行为进行调查，并履行本法规定或可能规定的其他职能。

(1A)局长办公室的其他候补、联席、代理或者副职局长，此类官员或者其他雇员的数量，以及此类候补、联席、代理或者副职局长，此类官员或者其他雇员的任命方式，应遵守规定。①

(2)任何候补、联席、代理或者副职局长、此类官员或其他雇员②，应当在局长的控制、监督和指导下行使权力并履行职能。

(3)局长和候补、联席、代理或者副职局长、此类官员或其他雇员③的工资、补贴和其他服务条款和条件应遵守规定。

(4)局长和候补、联席、代理或者副职局长、此类官员及或其他雇员④，应当正直可靠，能力突出，具有调查经验以及会计、管理、商业、公共行政管理、国际贸易、法律或者经济等方面的知识，以及其他法律规定的资质。

第十七条⑤　委员会秘书、专家、专业人士、官员及其他雇员的任命⑥

(1)为有效履行本法规定的职能，委员会可以任命1名秘书、此类官员和其他其认为必要的雇员。

(2)委员会秘书、官员和其他雇员的应付工资和津贴，其他服务条款和条

---

① 根据2007年《竞争法(修订)》，替代了“中央政府可以通过公告任命1名局长和多名副局长、助理局长或其认为适当的专家、顾问或官员，以协助委员会对违反本法任何规定的行为进行调查，并履行本法规定或可能规定的其他职能”。

② 根据2007年《竞争法(修订)》，替代了“专家、顾问或官员”。

③ 根据2007年《竞争法(修订)》，替代了“专家、顾问或官员”。

④ 根据2007年《竞争法(修订)》，替代了“专家、顾问或官员”。

⑤ 根据2007年《竞争法(修订)》，替代了“(1)委员会可任命1名登记员，以及其认为有效履行本法规定所必需的官员和其他雇员；(2)委员会登记员、官员和其他雇员的应付工资和津贴，其他服务条款和条件，以及该等人员及其他雇员的人数均应遵守规定”。

⑥ 根据2007年《竞争法(修订)》，替代了“委员会登记员、官员及其他雇员的任命”。

件，以及此类官员和其他雇员的人数均应遵守规定。

(3)委员会可按照条例规定的程序，聘用其认为必要的具有正直和杰出能力的专家和专业人员，这些专家和专业人员在经济、法律、商业或其他与竞争有关的学科方面具有特殊知识和经验，以协助委员会履行本法规定的职能。

第四章　委员会的职责、权力和职能

第十八条　委员会的职责

根据本法的规定，委员会的职责应是在印度市场内，消除不利于竞争的行为，提高和维持市场竞争、保护消费者权益并保证其他市场参与者自由交易。

但委员会为了履行其职责或履行本法规定的职能，可经中央政府事先批准，与任何外国机构签订备忘录或协议。

第十九条　对特定协议和企业支配地位的调查

(1)委员会可以自行决定或者基于下列原因对被指控违反第三条第(1)款或者第四条第(1)款规定的事件进行调查：

(a)从任何人、消费者或其协会以及行业协会以条例规定的任何方式收到任何信息①，并附有条例规定的费用；

(b)中央政府、邦政府或者法定机构对其有所提及。

(2)在不损害第(1)款规定的情况下，委员会的权力和职能应包括第(3)款至第(7)款规定的权力和职能。

(3)在决定某项协议是否产生第三条规定的对竞争造成的明显不利影响时，委员会应适当考虑下列因素或其中之一：

(a)对新进入市场者设置壁垒；

(b)将现有竞争者逐出市场；

(c)通过阻碍市场准入而排斥竞争；

(d)消费者福利的累积；

(e)货物生产、分销或者服务提供的改进；

(f)通过货物生产、分销或者服务提供的方法促进科学技术和经济发展。

(4)在调查企业是否具有第四条规定的市场支配地位时，委员会应对下列

① 根据2007年《竞争法(修订)》，替代了“收到投诉”。

因素或其中之一予以适当考虑:

(a)企业的市场份额;

(b)企业的规模和资源;

(c)竞争者的规模和重要性;

(d)企业的经济实力,包括相对于竞争对手的商业优势;

(e)企业的纵向一体化,或者其销售或服务网络;

(f)消费者对企业的依赖性;

(g)垄断或者支配地位,无论是否因为任何法律、其政府公司身份、公共事业部门或通过其他手段获得;

(h)进入壁垒,包括监管壁垒、金融风险、高资本进入成本、市场进入壁垒和技术进入壁垒、规模经济、消费者的替代性产品或服务的高成本;

(i)抵销购买力;

(j)市场结构和市场规模;

(k)社会责任和社会成本;

(l)产生或可能对竞争产生明显不利影响的占支配地位的企业,通过对经济发展作出贡献而具有的相对优势;

(m)委员会认为与调查相关的任何其他因素。

(5)为实施本法,确定市场是否构成“相关市场”,委员会应适当考虑“相关地理市场”和“相关产品市场”。

(6)在确定“相关地理市场”时,委员会应对下列因素或其中之一予以适当考虑:

(a)管制性交易壁垒;

(b)当地的特殊需求;

(c)国内的采购政策;

(d)足够的分销设施;

(e)运输成本;

(f)语言;

(g)消费者偏好;

(h)对于可靠或有规律的供应,以及快速的售后服务的需求。

(7)确定“相关产品市场”时,委员会应对下列因素或其中之一予以适当考虑：

(a)产品的物理性质或最终用途；

(b)货物或者服务的价格；

(c)消费者偏好；

(d)对于内部产品的排斥；

(e)专业化生产者的存在；

(f)工业产品的分类。

第二十条　委员会对合并的调查

(1)委员会可以基于自己所掌握或了解的关于第五条第(a)款提及的并购、第五条第(b)款提及的控制权的取得、第五条第(c)款提及的吸收并购或者新设合并的知识或信息，调查该合并是否对印度国内竞争已造成或可能造成明显的不利影响。

但自合并生效之日起满 1 年后，委员会不能根据本款进行任何调查。

(2)如果收到第六条第(2)款规定的通知[①]，委员会应调查上述通知或参考中提及的合并是否对印度国内市场竞争已造成或者可能造成明显的不利影响。

(3)就本条而言，除第五条规定的内容外，中央政府应在本法生效之日起 2 年期满后，并在此后每 2 年，与委员会进行协商，并以公告方式，在批发价格指数或者卢比或外币汇率波动的基础上，增加或者减少资产价值或者营业额价值。

(4)为确定一项合并是否会或者可能会对相关市场竞争产生明显的不利影响，委员会应对下列因素或其中之一予以适当考虑：

(a)市场中实际或潜在的进口竞争水平；

(b)市场进入壁垒难易程度；

(c)市场内企业合并程度；

(d)市场抵销购买力的程度；

(e)合并将导致合并各方能够显著且持续增加价格和利润的可能性；

(f)市场中可能持续有效竞争的程度；

(g)市场上可替代品的存在程度或可能存在的可能性；

(h)参与合并的个人和企业，在相关市场中各自的市场份额以及合并之后

---

① 根据 2007 年《竞争法(修订)》，删除了“或在收到第二十一条第(1)款所指的文件后”。

的市场份额;

(i)合并将消除市场中有力且有效率的竞争对手的可能性;

(j)市场中纵向一体化的性质和程度;

(k)经营失败的可能性;

(l)创新的性质和程度;

(m)任何产生或可能对竞争产生明显不利影响的合并,通过对经济发展作出贡献而具有的相对优势;

(n)合并若能产生有利作用,则该有利作用是否大于不利影响。

第二十一条 法定机构的移送案件

(1)在向任何法定机构提起诉讼的过程中,若任何一方提出:该法定机构已作出、打算作出或将要作出违反本法任何规定的决定,则该法定机构可以就其向委员会移送案件。但任何法定机构可自行向委员会作出上述移送。①

(2)收到根据第(1)款规定移送的案件时,委员会应在收到该移送案件之日起60日内,向该法定机构给出其意见,且该法定机构应考虑委员会的意见。在此之后,还要给出调查结果并就上述意见所述问题记录原因。②

第二十一A条③ 委员会的移送案件④

(1)在向委员会提起诉讼的过程中,若任何一方提出:委员会在诉讼期间已采取或将要采取的任何决定违反了或将违反本法任何规定,该决定的执行委托给了法定当局,则委员会可就该事项向法定机构移送案件。但委员会可自行向法定机构作出上述移送。

(2)收到根据第(1)款规定移送的案件时,法定机构应在收到移送案件之日起60日内,向委员会给出其意见,且该法定机构应考虑法定机构的意见。在此之后,还要给出调查结果并就上述意见所述问题记录原因。

---

① 根据2007年《竞争法(修订)》插入。

② 根据2007年《竞争法(修订)》替代了"收到根据第(1)款规定移送的案件后,委员会应在听取诉讼各方的意见后,向该法定机构给出其意见,该法定机构应考虑委员会的意见。在此之后,还要给出调查结果并就上述意见所述问题记录原因"。

③ 根据2007年《竞争法(修订)》插入。

④ 根据2007年《竞争法(修订)》插入。

第二十二条[①] **委员会会议**[②]

(1)委员会会议应在上述时间和地点举行,并应遵守条例所规定的关于会议事务处理的规则及程序。

(2)如果主席因任何原因不能出席委员会会议,则出席会议的最高级成员应主持会议。

(3)在委员会任何会议之前提出的所有问题,均应由出席并参加表决的成员过半数决定,如票数均等,在主席或主席缺席的情况下,主持会议的成员有权进行第二次或决定性表决:

但此类会议的法定人数应为3名成员。

第二十三条 根据2007年《竞争法(修订)》删除。[③]

第二十四条 根据2007年《竞争法(修订)》删除。[④]

---

① 根据2007年《竞争法(修订)》替代了"(1)委员会的管辖范围、权力和权限可由委员会议席行使。

(2)议席应由主席以及不少于2名委员组成。

(3)每一议席须由至少1名司法委员组成。解释——在本款中,司法委员指现在有或曾经有资格成为高等法院法官的委员。

(4)主席主持的议席应为首议席,其他议席为附属议席。

(5)主席应设立一个或多个合并议席,专门处理第五条及第六条中涉及的事项。

(6)首议席、附属议席以及合并议席通常的所在地由中央政府规定。"

② 根据2007年《竞争法(修订)》替代了"委员会议席"。

③ 删除的第二十三条为"**议席间的职责分配**

(1)凡组成任何议席,主席可随时发布命令,就委员会实务在各议席之间的分配进行规定,并规定各议席可处理的事项。

(2)如果有涉及是否属于议席处理事项的问题,主席可就此作出最终决定。

(3)主席可以:

(i)将某议席中的成员调任至另一议席;

(ii)授权某议席成员处理另一议席事项的职能。

但主席须在中央政府事前批准后,将1名成员从一个城市的议席调往另一城市的另一个议席。

(4)主席在顾及所涉问题的性质后,如果认为或根据中央政府的规定,需要或必须由2名以上成员组成的议席处理任何个案或事项,可就此发布他认为适当的一般或特别命令。"

④ 删除的第二十四条为"**议席成员对案件持不同意见时的程序**

如果一个或多个议席成员就某一问题持有不同意见,他们应就此向主席提出,主席应当进行听取,或将案件提交一个或多个其他议席成员进行听讯,并根据大多数成员的意见进行裁决。"

第二十五条 根据2007年《竞争法(修订)》删除[①]。

第二十六条[②] 根据第十九条进行调查的程序[③]

(1)收到来自中央政府、邦政府或者法定机构的移送案件,或者基于自身掌握的知识,或者根据第十九条收到的信息,若委员会认为案件表面上证据确凿,则应命令局长对此事进行调查。

如果委员会认为所收到资料的主题与以往所收到的资料大致相同或已涵盖在以前的资料中,则新资料可与先前的资料合并。

(2)在收到来自中央政府、邦政府或者法定机构的移送案件或者根据第十九条收到的信息时,若委员会认为案件表面证据不确凿,则应立即结案并作出其认为适当的命令,并视情况将其命令副本送交中央政府、邦政府、法定机构或有关各方。

---

① 删除的第二十五条为“**议席管辖权**

应根据本法在其管辖范围内的地方议席进行调查或提出诉讼:

(a)对调查对象或每名调查对象展开调查或提起诉讼时,根据其实际及自愿的居住地、业务经营地或工作地决定;或者

(b)如果被调查对象多于1名,在对调查对象展开调查或提起诉讼时,根据其实际及自愿的居住地、业务经营地或工作地决定。如果议席得到授权,则可不再根据其实际及自愿的居住地、业务经营地或工作地决定;或者

(c)根据全部或部分诉讼事由决定。

解释——被调查对象是根据第二条第(1)款第(iii)项、第(vi)项、第(vii)项确定,应被视为其在印度的唯一或主要业务经营地,或其在印度的注册办事处开展业务,或在该地区也有附属办事处。”

② 根据2007年《竞争法(修订)》,替代了“**根据第十九条进行投诉调查的程序**

(1)委员会在接获中央政府、州政府或法定机构的投诉或转介,或根据第十九条自行知悉或提供的信息后,如认为案件表面上证据确凿,则应命令局长对此进行调查。

(2)在收到根据第(1)款发出的命令后,局长应在委员会规定的期限内就调查结果提交报告。

(3)如果委员会收到根据第十九条第(1)款第(a)项提出的投诉后,认为案件表面上证据不足,则可驳回该申诉,并可发出其认为适当的命令,包括在必要时征收诉讼费用。

(4)委员会可视情况将第(2)款所述报告的副本送交有关各方或中央政府、州政府或法定机构。

(5)如果局长的报告建议不违反本法的任何规定,则应给与申诉人反驳委员会调查结果的机会。

(6)在听取申诉人意见后,如果委员会同意局长的建议,则应驳回申诉。

(7)在听取申诉人意见后,如果委员会认为需要进一步调查,应通知申诉人继续进行申诉。

(8)如果局长提交的报告涉及第(1)款所述的转介,并且报告建议并没有违反本法,则委员会应邀请中央政府、州政府或法定机构对该报告发表意见;对无表面证据的案件,委员会须交还转介,对有表面证据的案件,委员会须将转介作为申诉处理。

(9)如果第(2)款中提到的局长的报告认为违反了本法的有关规定,而委员会认为需要进一步进行调查,则委员会应按照本法的规定对此类行为进行调查”。

③ 根据2007年《竞争法(修订)》,替代了“根据第十九条进行投诉调查的程序。”

(3)在收到第(1)款规定的命令时,局长应在委员会规定的期限内就其调查结果提交报告。

(4)委员会可以向第(3)款提及的有关各方提交报告副本。

根据具体情况,但如果调查是根据中央政府、邦政府或者法定机构移送的案件进行的,委员会应视情况将第(3)款所述的报告副本送交中央政府、邦政府或者法定机构。

(5)如果第(3)款所述的局长的报告认为案件没有违反本法规定,委员会应该视情况就局长的该报告征求中央政府、邦政府、法定机构或有关各方的反对意见和建议。

(6)如果审议了第(5)款所述反对意见和建议之后,委员会同意局长的建议,则应立即结案并作出其认为适当的命令,并视情况将其命令送交中央政府、邦政府、法定机构或有关各方。

(7)如果审议了第(5)款所述的反对意见和建议之后,委员会认为需要进一步调查,则委员会可根据本法的规定,命令局长就该事项进一步调查、对该事项进一步询问或者自身对该事项进一步调查。

(8)如果第(3)款所述的局长的报告认为案件违反了本法规定,且委员会认为需要进一步调查,则其应依本法规定调查该违反本法的行为。

第二十七条　委员会调查协议或者滥用市场支配地位结束后的指令

经调查后如果委员会发现第三条所述的任何协议或者处于支配地位的企业违反了本法第三条或第四条,委员会可视情况以发布下列全部或者部分指令:

(a)命令参与此类协议或滥用支配地位的任何企业、企业协会、个人或个人协会,终止或不再缔结该种协议,或者终止滥用支配地位的行为;

(b)对每一个此类协议或滥用行为的企业或者个人施加其认为适当的罚款,罚款数额不得超过其最近3个财务年度平均营业额的10%。

如果第三条所述的任何协议是由卡特尔订立,委员会可对卡特尔中的所有生产商、销售商、分销商、贸易商或者服务提供者施以罚款,罚款数额最高为卡特尔持续该种协议时每年所获利润的3倍,或者为持续该种协议时每年营业额的 10%,两者以较高者为准。①

(c)根据 2007 年《竞争法(修订)》删除。②

(d)指示协议应按委员会命令中规定的范围和方式进行修改。

(e)指示相关企业遵守委员会作出的其他指令,并遵从指示,包括支付费用。

(f)根据 2007 年《竞争法(修订)》删除。③

(g)通过其认为合适的方式发布该指令或此类指示。④

根据本条发出指令时,如果委员会发现违反本法第三条或第四条的企业是本法第五条第(b)款中所定义的集团成员,该集团其他成员亦须对这种违反行为负责或对此违法行为做过贡献,则委员会可根据本条对该集团成员发出指令。⑤

第二十八条　占市场支配地位企业的拆分

(1)无论当时生效的任何其他法律如何规定,委员会⑥可以书面形式命令拆分享有市场支配地位的企业,以保证不滥用其市场支配地位。

(2)在不违反前述权力普遍效力的前提下,第(1)款所述指令可规定下列全部或者部分事项,即:

(a)资产、权利、债务或者义务的转移或者授予;

(b)通过免除或减少债务或义务或者任何其他方式调整协议;

(c)股份、股票或者证券的创设、分配、让与或者注销;

(d)根据 2007 年《竞争法(修订)》删除;⑦

(e)设立或者终止企业,或者修改企业联合备忘录、公司章程或其他任何规范企业业务的工具;

---

① 根据 2007 年《竞争法(修订)》,替代了“如果第三条所述的任何协议是由卡特尔订立,委员会可对卡特尔中的所有生产商、销售商、分销商、贸易商或者服务提供者施以罚款,罚款数额最高为卡特尔持续该种协议时每年所获利润的 3 倍,或者为持续该种协议时过去 3 个财政年度平均营业额的 10%,两者以较高者为准。”

② 删除前的第二十七条第(c)款为“根据第三十四条的规定向当事人赔偿”。

③ 删除前的第二十七条第(f)款为“建议中央政府分拆具有支配地位的企业”。

④ 根据 2007 年《竞争法(修订)》,替代了“指令”。

⑤ 根据 2007 年《竞争法(修订)》插入。

⑥ 根据 2007 年《竞争法(修订)》,替代了“根据第二十七条第(f)款的建议,对中央政府”。

⑦ 删除前的第二十八条第(2)款第(d)项为“对因企业的支配地位遭受损失的人给予赔偿”。

(f)影响企业及其登记的命令的规定在多大程度上以及在何种情况下可以被企业更改;

(g)实现企业拆分所必需的其他任何事项。

(3)无论当时有效的任何其他法律、合同、合并时的备忘录或公司章程如何规定,因企业拆分而终止任职的公司职员,无权主张任何离职补偿。

第二十九条　合并的调查程序

(1)如果委员会初步①认为一项合并可能或已经对印度国内相关市场竞争产生显著的不利影响,则应发出通知,向合并各方说明原因,并责成其在收到通知之日起 30 日内作出答复,说明针对该项合并不进行调查的原因。

(1A)委员会在收到合并各方根据第(1)款的规定对合并的回复后,可以要求局长提交报告,并且局长应在委员会要求的时间内提交该报告。②

(2)委员会如果初步认为该合并对竞争产生了或者可能产生显著的不利影响,则应在收到该合并各方的答复后或者收到局长根据第(1A)款要求提交的报告的 7 个工作日内,两者以较迟者为准,③命令上述合并各方在该指令发布的 10 个工作日内,以其认为合适的方式公开合并细节,以使公众及受该合并影响或可能受该合并影响的人知悉该合并。

(3)委员会可以邀请受到或可能受到上述合并影响的任何个人或者公众成员,在根据第(2)款公开合并细节之日起 15 个工作日内,向委员会提交书面反对意见。

(4)委员会可以在第(3)款规定的期限届满之日起 15 个工作日内,要求上述合并各方提交其认为合适的补充或其他信息。

(5)根据第(4)款的规定,委员会要求的补充或其他信息,应由第(4)款所述的合并各方在规定的期限届满之日起 15 日内提交。

(6)在收到所有信息,且在第(5)款规定的期限届满之日起 45 个工作日内,委员会应当根据第三十一条的规定继续处理案件。

第三十条　根据第六条第(2)款发出通知的程序④

如果任何个人或企业已根据第六条第(2)款提交申报,则委员会应按照第

① 根据 2007 年《竞争法(修订)》插入。

② 根据 2007 年《竞争法(修订)》插入。

③ 根据 2007 年《竞争法(修订)》插入。

④ 根据 2007 年《竞争法(修订)》替代了“根据第六条第(2)款披露调查的程序”。

二十九条第(1)款审查该申报并形成初步意见,按该条规定行事。①

第三十一条　委员会关于特定合并的命令

(1)如果委员会认为合并对竞争不会或者可能不会产生明显的不利影响,则应通过指令批准该合并,包括已根据第六条第(2)款提出申报的合并。

(2)如果委员会认为合并对竞争具有或可能具有明显的不利影响,应下令宣布该合并无效。

(3)如果委员会认为合并对竞争具有或者可能具有明显的不利影响,但该不利影响可通过对该合并进行适当调整而消除,则其可向合并各方建议对合并进行必要而适当的调整。

(4)接受委员会根据第(3)款提出的调整建议的合并各方,应当在委员会指定的日期内执行该调整。

(5)若接受第(4)款调整建议的合并各方,没有在委员会指定的日期内执行该调整,该合并应被视为对竞争存在明显的不利影响,且委员会应当根据本法的规定处理该合并。

(6)如果合并各方不接受委员会根据第(3)款提出的调整建议,则合并各方应在委员会提出调整建议之日起30个工作日内,提交对上述调整建议的修改。

(7)如果委员会同意合并各方根据第(6)款提交的修改,其应下令批准该合并。

(8)如果委员会不同意合并各方根据第(6)款提交的修改,则应再给合并各方30个工作日的期限,在此期限内,合并各方应接受委员会根据第(3)款提出的修改建议。

(9)如果合并各方在第(6)款规定的30个工作日内,或者在第(8)款所述的另外,30个工作日内未接受委员会提出的修改建议,则该合并将被认定为对竞争具有明显的不利影响,并根据本法的规定处理该合并。

(10)如果委员会根据第(2)款规定命令该合并不得生效,或者根据第(9)款认定合并对竞争存在明显的不利影响,则在不影响根据本法可能实施的惩罚

---

① 根据2007年《竞争法(修订)》替代了“任何人或企业根据第六条第(2)款接收到通知后,委员会应询问:

(a)通知中披露的信息是否正确;

(b)这一合并是否对竞争产生或可能产生明显的不利影响”。

或者发起的任何诉讼的情况下，则委员会可以命令下列事项不得生效：

(a)第五条第(a)款规定的收购；或者

(b)第五条第(b)款规定的对于控制权的收购；或者

(c)第五条第(c)款规定的吸收合并或者新设合并。

但若委员会认为合适，可以制订计划以实施依本条所作的命令。

(11)如果委员会自根据第六条第(2)款向委员会发出通知之日起210日期限届满时[①]，未根据第(1)款、第(2)款或第(7)款规定通过指令或者发布命令，则视为委员会同意该合并。

本款中210[②]个工作日这一期间不包括第(6)款规定的30个工作日和第(8)款规定的另外30个工作日。

(12)如果合并各方请求延长期间，在扣除各方要求延长的时间后，应计为90个工作日。

(13)如果委员会已下令宣布合并无效，则第五条所述的收购、控制权的收购或者吸收合并或新设合并，应由有关机构按照其他任何现行法律进行，看作没有发生过该收购、控制权的收购，或者吸收合并或新设合并，并相应处理合并各方。

(14)本章的所有规定不得影响根据其他任何现行法律发起或者可能发起的任何程序。

第三十二条　印度境外发生的但对国内竞争产生影响的行为

下列任何情形下，如果该协议、市场支配地位或合并对印度国内相关市场竞争产生显著的不利影响，且根据本法规定下达其认为适当的命令，则委员会应有权根据本法第十九条、第二十条、第二十六条、第二十九条和第三十条[③]的规定调查该协议、对市场支配地位的滥用或者合并[④]：

(a)在印度境外缔结第三条所述的协议；或者

(b)该协议的任何一方在印度境外；或者

(c)滥用市场支配地位的任何企业在印度境外；或者

---

① 根据2007年《竞争法(修订)》替代了“自第二十九条第(2)款的报告发出90个工作日”。

② 根据2007年《竞争法(修订)》替代了“90日”。

③ 根据2007年《竞争法(修订)》插入。

④ 根据2007年《竞争法(修订)》插入。

(d)合并发生在印度境外;或者

(e)合并的任何一方在印度境外;或者

(f)上述协议、支配地位或合并产生的任何其他问题、实践或行动发生在印度境外。

第三十三条　发出临时命令的权力①

在调查期间,如果委员会认为一项违反第三条第(1)款、第四条第(1)款或第六条的行为已经发生并继续发生,或者该行为即将发生,则委员会可下令暂时禁止任何一方从事该行为,直至得出调查结论或者有进一步的命令,并在其认为适当的情况下无须向该方发出任何通知。②

第三十四条　根据2007年《竞争法(修订)》删除③

第三十五条　在委员会出庭

个人、企业④或者局长可以自己出庭,也可以授权1名或者多名特许会计师、公司秘书、成本会计师、法律从业人员,或其任何官员,代理其在委员会

---

① 根据2007年《竞争法(修订)》替代了“授予临时救济的权力”。

② 根据2007年《竞争法(修订)》替代了“(1)在委员会进行调查时,如果证明有违反第三条第(1)款或第四条或第六条第(1)款的行为已经实施,或该行为即将实施,委员会可通过指令授予临时禁令,禁止任何一方在调查结束之前或在进一步的指令之前实施该行为,并在其认为必要的情况下,无须向对方发出通知。

(2)在委员会进行调查时,如果证明任何商品的进口有可能违反第三条第(1)款、第四条第(1)款或第六条,委员会可通过指令授予临时禁令,禁止任何一方进口此类商品,直至此类调查结束或发出进一步的指令,并在其认为必要的情况下,无须向对方发出通知,并应将发出临时禁令的副本送交有关机构。

(3)1908年《民事诉讼法》(1908年第5号)附表1第XXXIX号法令第二A条至第五条的规定,应尽可能适用于委员会根据本法发出的临时禁令,一如适用于民事法院发出的临时禁令”。

③ 删除的第三十四条为“**赔偿权**

(1)在不损害本法任何其他规定的情况下,任何人可向委员会申请要求任何企业就其因违反第二章的规定而遭受的损失或损害进行赔偿。

(2)委员会可在就根据第(1)款提出的申请后进行调查,并发出指令,指示该企业向申请人付款,可由企业变现的金额中确定对该企业违反第二章规定而给申请人造成的损失或损害进行赔偿。

(3)凡第(1)款所述的任何损失或损害,是对多于1名具有相同权益的人造成的,则其中1人或多于1人,在委员会批准下,可根据该款为如此有权益的人提出申请,并代其提出申请,或为如此有权益的人的利益提出申请。而1908年《民事诉讼法》(1908年第5号)附表1第1号第八条的条款随即适用,但须作出修改,即该条中凡涉及诉讼或裁定之处,均须解释为在委员会前提出的申请及委员会就此作出的指令。”

④ 根据2007年《竞争法(修订)》替代了“申诉人或被告”。

出庭。

在本条中：

(a)“特许会计师”指获得1949年《特许会计师法》(1949年第38号)第六条第1款规定的执业证书且符合该法第二条第(1)款第(b)项定义的特许会计师；

(b)“公司秘书”指获得1980年《公司秘书法》(1980年第56号)第六条第1款规定的执业证书且符合该法第二条第(1)款第(c)项定义的公司秘书；

(c)“成本会计师”指获得1959年《成本与工厂会计法》(1959年第23号)第六条第1款规定的执业证书且符合该法第二条第(1)款第(b)项定义的成本会计师；

(d)“法律从业人员”指任何高等法院的辩护人、律师，包括实践中的辩护人。

第三十六条[①] 委员会规范自身程序的权力

(1)在履行职能时，委员会应秉承自然公正的指导原则，并且应遵从本法其他规定以及中央政府制定的任何规则，委员会有权规范自身程序。

(2)为履行本法规定的职能，委员会在审理下列事项时，应享有与1908年

① 根据2007年《竞争法(修订)》替代了“(1)委员会不受1908年《民事诉讼法》(1908年第5号)规定的程度约束，但应遵守自然公正的原则，并在符合本法和中央政府制定的任何规则和其他规定的情况下，委员会有权规范自己的程序，包括开庭时间、口头听证的期限和调查的时间。(2)为在本法下履行其职能，委员会在审理诉讼时，应具有与1908年《民事诉讼法》(1908年第5号)赋予民事法院权力相同的权力，涉及下列事项：(a)传唤和强制任何人出席并对其进行宣誓审查；(b)要求审查和制作文件；(c)接受可信的证据；(d)签发证人或文件审查委托书；(e)根据1872年《印度证据法》(1872年第1号)第一百二十三条和第一百二十四条的规定，向任何办公室索取任何公共记录或此类记录或文件的副本；(f)驳回委员申请或单方面决定；(g)其他可以规定的事项。(3)在委员会进行的每项法律程序，应被视同与《印度刑法》(1860年第45号)第一百九十三条及第二百二十八条指的司法程序，并且与第一百九十六条的目标相一致；委员会也应与1973年《刑事诉讼法》第一百九十五条(1974年第2号)以及第XXXVI章所指的民事法庭具备相同的职能。(4)委员会可邀请经济、商业、会计、国际贸易或其认为必要的其他学科的专家协助委员会进行任何调查或诉讼。(5)委员会可指示任何人：(a)向局长或登记员或其授权的人员出示指令中指明或描述的，由该人保管或控制的与行业有关的账簿或其他文件，为执行本法规定，可能需要对其进行审查；(b)向局长、登记员或其授权的人员提供本法规定的，与该人从事的贸易有关的或其掌握的其他信息。(6)如果委员会认为第三条提及的任何协议，或第四条提及的滥用市场支配地位或第五条提交的合并已经或可能对印度相关市场的竞争造成明显的不利影响，并且有必要立即进行干预，为了印度消费者和其他市场参与者的利益，它可以在向有关各方进行合理的口头听证后，对本法下的任何事项进行调查或作出决议。”

《民事诉讼法》（1908 年第 5 号）授予民事法庭同等的权力：

（a）传唤和强制任何个人出庭，并且通过宣誓进行查验；

（b）要求披露并出示文件；

（c）收到经宣誓的证据；

（d）发布任命以查验证人和文件；

（e）根据 1872 年《印度证据法》（1872 年第 1 号）第一百二十三条及第一百二十四条的规定，征用任何办事处的任何公共记录或文件、或该记录或文件的副本。

（3）委员会可以召集来自经济学、商业、会计学、国际贸易或者其认为必要的任何其他学科领域的专家，以协助委员会进行其展开的任何调查。

（4）委员会可以命令任何人：

（a）向局长、秘书或者经其授权的官员，出示在指令中指明或描述的由该人保管或控制的书籍或其他文件，这些文件为本法目的可能需要审查与任何贸易有关的文件；

（b）向局长、秘书或者经其授权的官员，提供其持有的由本法要求的上述人员实施的与贸易相关的信息或者其他信息。

第三十七条 根据 2007 年《竞争法（修订）》删除①

第三十八条 指令的修正

（1）为修正记录中的明显错误，委员会可修改其根据本法规定通过的任何命令。

（2）根据本法其他规定，委员会可以：

（a）根据第（1）款对其议案进行修正；

（b）修正命令的任何当事方提请注意的任何此类错误。

解释：为消除疑虑，特此声明：委员会在修正记录中的明显错误时，不得修订根据本法规定所发布指令的实质部分。

---

① 删除前的第三十七条“**对指令的审查**

任何人因本法允许上诉但未优先上诉的委员会指令感到不公正，可在指令发布之日起 30 日内向委员会申请对指令进行审查，委员会可就此作出其认为适当的决定：

如果委员会相信申请人有充分的理由无法按时提出申请对指令进行审查，则可在上述 30 日内期限届满后受理审核申请；

如果没有机会向作出该指令的局长或其他人作出说明，则不得加以修改或废止。”

第三十九条[①] 委员会罚款指令的执行[②]

(1)如果个人未支付根据本法对其施加的任何罚款,委员会应按条例可能规定的方式追偿该处罚。

(2)如果委员会认为根据1961年《所得税法》(1961年第43号)规定收回根据本法实施的罚款是有利的,则委员会可参照该法规定的有关所得税规定收回根据上述法案应缴纳的罚款。

(3)在委员会根据第(2)款所述收回罚款的情况下,根据1961年《所得税法》(1961年第43号),被处以罚款的人应被视为违约的被评估人,并且上述法令第二百二十一条至第二百二十七条、第二百二十八A条、第二百二十九条、第二百三十一条及第二百三十二条、该法令附表2以及根据该法令制定的任何规则应在可能的情况下适用,就像上述规定是本法令的规定一样,且上述规定指根据本法处以罚款而不是所得税的金额,是指根据1961年《所得税法》(1961年第43号)和向征收委员会征收而非向评估干事征收的利息。

解释1:在1961年《所得税法》(1961年第43号)的上述规定或根据该法制定的规则中,凡涉及第二百二十条第(2)款或第(6)款的,则均须解释为本法第四十三条至第四十五条所指含义。

解释2:为收回根据本法以罚款方式征收的款项,1961年《所得税法》(1961年第43号)所述的退税专员和税收征收官员,应被视为税务追缴专员和税务追缴官员。委员会根据第(2)款所提及的事项,就相当于根据该法提出的与处罚有关的要求,由税务恢复官员提取证书。

解释3:在1961年《所得税法》(1961年第43号)第XVIID章和附表2中提及的任何上诉,均应解释为根据本法第五十三B条向竞争上诉法庭提出上诉。

---

① 根据2007年《竞争法(修订)》替代了"委员会根据本法通过的每一项指令,其执行方式与高等法院或主要民事法院在未决诉讼中作出的命令或指令相同,委员会在无力执行指令的情况下,可向其管辖区内的高等法院或主要民事法院提起执行请求:

(a)本条适用于如果是针对第二条第(1)款第(iii)项、第(vi)项或第(vii)项所述人员的指令,该人员在印度的具有注册办事处或唯一或主要营业地,或者该人员具有附属办事处,该附属办事处位于印度;

(b)对其他任何人的指令,有关人员自愿居住或经营业务所在地即为其所在地,该指令所送交的法院须随即执行该指令,如同该指令是送交法院执行的命令或指令。"

② 根据2007年《竞争法(修订)》替代了"执行指令"。

第四十条 根据2007年《竞争法(修订)》删除[①]

第五章 局长的职责

第四十一条 局长调查违法行为

(1)在委员会要求下,局长应协助委员会调查任何违反本法规定或依本法制定的任何规则或规章的行为。

(2)局长应享有根据第三十六条第(2)款授予委员会的所有权力。

(3)在不违反第(2)款规定的前提下,1956年《公司法》(1956年第1号)第二百四十条和第二百四十A条,应尽可能适用于由局长或者经其授权的其他任何人进行的调查,因为上述规定适用于根据该法任命的检察员。

在本条中[②]:

(a)1956年《公司法》(1956年第1号)中第二百四十条的“中央政府”应解释为“委员会”;

(b)1956年《公司法》(1956年第1号)中第二百四十条第A项的“治安法官”应解释为“德里市首席大法官”。

第六章 处罚

第四十二条[③] 对委员会指令的违反

(1)委员会可对根据本法行使其权力时所发出的命令或指示的遵守情况进行调查。

---

① 删除前的第四十条为“任何人如对委员会的任何决定或指令感到不公正,可在委员会的决定或指令通知他之日起60日内,以1908年《民事诉讼法》(1908年第5号)第一百条所指明的一项或多项理由,向最高法院提出上诉。如果最高法院相信申请人有充分的理由不能在上述时间内提出申请,则允许申请人在不超过60日的另一段时间内提出;但如果申请是针对委员会在各方同意下作出的任何决议或指令而提出的,则不在此范围内。”

② 根据2007年《竞争法(修订)》插入。

③ 根据2007年《竞争法(修订)》替代的内容为“(1)在不损害本法规定的情况下,如果任何人没有任何合理理由的情况下违反委员会的任何指令,或任何条件或限制,而根据这些条件或限制,已就相关事项给予批准、制裁、指示或豁免,或未支付根据本法判处的罚款的,该人将被拘留在民事监狱,刑期可延长至1年,除非委员会同意释放,该人还可被处以不超过10万卢比的罚款。(2)委员会在根据本法作出指令时,可向任何人或机构发出其认为适当执行或执行指令所必需或适宜的指示,但不得与本法相抵触,并可将任何违反或不遵守该指示的人拘留在民事监狱,刑期可延长至1年,除非委员会同意释放,该人还可被处以不超过10万卢比的罚款。”

(2)若任何个人无正当理由违反委员会根据本法第二十七条、第二十八条、第三十一条、第三十二条、第三十三条、第四十二A条、第四十三A条发布的命令或指示,应对其处以违反期间每天10万卢比的罚款,最高限额为1亿卢比,该金额可由委员会确定。

(3)如果任何人不遵守根据第(2)款发布的命令或指示,或者未支付根据第(2)款处以的罚款,则在不损害第三十九条规定的程序的情况下,以治安法官认为合适的方式,可对其处3年以下有期徒刑或处以2.5亿卢比以下的罚款,或两者兼而有之。

但除委员会或其授权的任何人员提出的申诉外,德里大法官不得受理本条所规定的任何罪行。

第四十二A条① 对违反委员会命令的赔偿②

在不违反本法规定的情况下,任何人可由于下列原因而向上诉法庭提出申请,要求向任何企业追讨补偿:因上述企业违反委员会的指示而使个人遭受的损失或损害,或无正当理由违反委员会根据第二十七条、第二十八条、第三十一条、第三十二条、第三十三条作出的任何决定或命令,或与根据本法给予、指示或豁免的任何事项有关的任何批准、制裁、指示或豁免的任何条件或限制,或推迟执行委员会的命令或指示。

第四十三条③ 不遵守委员会和局长命令的处罚

若任何个人无正当理由未遵守下列指令,则应在未遵守持续期间对其处以每日10万卢比的罚款,最高限额为1000万卢比,罚款数额由委员会确定:

(a)由委员会根据第三十六条第(2)款和第(4)款规定发出的指令;或者

(b)局长行使第四十一条第(2)款规定赋予的权力发出的指令。

第四十三A条④ 因不提供合并信息而对其惩罚的权利⑤

若任何个人或企业未根据第六条第(2)款向委员会发出通知,委员会应向

---

① 根据2007年《竞争法(修订)》插入。

② 根据2007年《竞争法(修订)》插入。

③ 根据2007年《竞争法(修订)》,替代了"如果任何人不遵守由下列各方发出的指令:(a)委员会根据第三十六条第(5)款发出的指令;(b)局长行使第四十一条第(2)款规定赋予的权力发出的指令。

委员会将根据未遵守期每天10万卢比进行罚款。"

④ 根据2007年《竞争法(修订)》插入。

⑤ 根据2007年《竞争法(修订)》插入。

该个人或企业处以罚款,数额为合并后总营业额或总资产的1%,以较高者为准。

第四十四条　对虚假陈述或遗漏提供实质性信息的处罚

如果合并任何一方有下列行为,则应受到不少于500万卢比、不超过1000万卢比的罚款处罚,罚款数额由委员会确定:

(a)对任何重要细节作虚假陈述,或者故意作虚假陈述;或者

(b)遗漏陈述任何明知重要的重要细节。

第四十五条①　信息提供中违法行为的处罚

(1)在不违反第四十四条规定的前提下,若根据本法提供或被要求提供任何细节、文件或者信息的人有下列行为,则可对其处以不超过1000万卢比的罚款,罚款数额由委员会决定:

(a)对于其知道或应当知道重要细节是虚假的内容,依然作出陈述或提供文件;或者

(b)遗漏陈述明知重要的重要事实;或者

(c)故意更改、扣留或毁坏上述要求提供的任何文件。

(2)在不违反第(1)款规定的情况下,委员会也可发布其认为合适的其他命令。

第四十六条　施以较轻处罚的权力

如果任何卡特尔中被指控违反第三条的生产商、销售商、分销商、贸易商或者服务提供商已充分且真实地披露了与该指控有关的违法行为,且该披露是至关重要的,则委员会可对该生产商、销售商、分销商、贸易商或者服务提供商处以其认为合适的处罚,该处罚比本法或者其他规则或者规章规定的处罚更轻。

但若在上述披露前已收到根据第二十六条作出的调查报告,则委员会不得处以较轻处罚。②

---

①　根据2007年《竞争法(修订)》,替代了“(1)在不影响第四十四条规定的情况下,如果任何人根据本法提供或被要求提供任何细节、文件或信息:(a)作出任何他知道或有理由相信在要项上虚假的陈述或提供任何文件;(b)在明知是重大事实的情况下,省略陈述重大事实;(c)故意更改、封锁或销毁上述要求提供的任何文件,委员会应对该人处以10万卢比的罚款。”

②　根据2007年《竞争法(修订)》,替代了“如有违反本法或本规则任何规定,或在披露前已收到根据第二十六条作出的调查报告,则委员会不得处以较轻处罚”。

此外，委员会只能对卡特尔中已[①]作出充分、真实和关键性披露的生产商、销售商、分销商、贸易商或者服务提供商处以较轻处罚。

如果作出披露的个人在委员会完成诉讼前不继续与委员会合作，则委员会不得施加较轻的惩罚。[②]

如果委员会确信卡特尔中的上述生产商、销售商、分销商、贸易商或者服务提供商在诉讼过程中：

(a)不符合委员会处以较轻处罚的条件；或者

(b)曾提供虚假证据；或者

(c)所作披露并非至关重要。

那么，该生产商、销售商、分销商、贸易商或者服务提供商可因被处以较轻处罚的罪行而受到审判，如果没有处以较轻处罚，还应处以该人应判处的处罚。

第四十七条　以罚款形式获得的款项计入印度统一基金

所有根据本法以罚款形式获得的款项，均应计入印度统一基金。

第四十八条　公司违法

(1)若违反本法的任何规定或任何规则、规章，或者据此发布命令或者作出指令的主体是公司，则在违反本法时管理公司并对公司经营行为负责的任何个人，同公司一样，应被视为违法，并应受到起诉和相应的处罚。

若任何个人能够证明违反行为是在其不知情的情况下实施，或其已尽一切努力防止发生这种违反行为，则本小节所包含的任何内容均不得用来对任何人施加惩罚。

(2)尽管有第(1)款规定，但是若公司违反了本法的任何规定或任何规则、规章，或者据此发布的命令或者作出的指令，且能够证明违法行为是在公司的董事、经理、秘书或者其他高级管理人员的允许或者默许下或者由于其疏忽所致，则该主管、经理、秘书或者其他高级管理人员应视为违法，并应受到起诉和相应的处罚。

解释：在本条中：

(a)“公司”，指法人团体，且包括公司或其他个人协会；

(b)“董事”，就公司而言，指公司的合伙人。

---

① 根据2007年《竞争法(修订)》，替代了“第一个”。

② 根据2007年《竞争法(修订)》插入。

第七章　竞争倡导

第四十九条　竞争促进

(1)中央政府在制定竞争政策(包括审查有关竞争的法律)或其他任何事项时,以及邦政府在制定竞争政策(包括审查有关竞争立法)或其他任何事项时,均可向委员会征求其关于该政策对于竞争的可能影响方面的意见。委员会应在收到该要求60日内向中央政府或邦政府提交其意见,中央政府或邦政府若认为该意见合适,可采取进一步行动。①

(2)委员会根据第(1)款提交的意见在中央政府或邦政府②制定竞争政策时不具有拘束力。

(3)委员会应采取适当措施③促进竞争、增强竞争意识,提供竞争培训。

第八章　公共基金、会计和审计

第五十条　中央政府授权

中央政府可在议会依法适当拨款后,向委员会提供政府认为合适的、用于实施本法的资金。

第五十一条　基金的设立

(1)应设立“竞争基金”,下列款项应存入该基金:

(a)政府授权委员会接受的所有款项;

(b)根据2007年《竞争法(修订)》删除;④

(c)根据本法收到的费用;

(d)第(a)项和第(b)项⑤所涉款项产生的利息。

(2)基金应当被用于下列事项:

(a)支付主席和其他成员的薪金、补贴以及管理开支,包括支付局长、候补、

---

① 根据2007年《竞争法(修订)》,替代了“中央政府在制定竞争政策(包括审查与竞争有关的法律)时,可向委员会提出其对竞争政策可能产生的影响的意见,委员会应在收到该要求60日内向中央政府提交其意见,中央政府可以根据需要制定政策”。

② 根据2007年《竞争法(修订)》插入。

③ 根据2007年《竞争法(修订)》删除了“按规定”。

④ 删除前的第五十一条第(1)款第(b)项为“从委员会诉讼各方收到的作为费用的款项”。

⑤ 根据2007年《竞争法(修订)》,替代了“第(a)项至第(c)项”。

联席、代理或者副职局长、书记官和官员以及委员会其他雇员的薪金、补贴、养老金等。

(b)委员会与履行其职责及实施本法有关的其他开支。

(3)基金应由委员会主席任命的委员会成员组成的委员会管理。

(4)根据第(3)款任命的委员会应为实现基金设立而使用基金。

第五十二条　会计和审计

(1)委员会应当保存适当的账目及其他相关记录,并以中央政府与印度主计长、审计长经协商可能规定的形式编制年度账目报表。

(2)委员会的账目应由印度主计长和审计长审计,且审计时间由其确定。该审计发生的相关费用应由委员会向印度主计长和审计长支付。

解释:为了消除疑虑,特此声明,如果委员会的指令存在可向上诉法庭或最高法院①上诉的事项,则不应根据本条接受审计。

(3)印度主计长、审计长及其任命的与委员会账目审计有关的任何其他人,应享有同印度主计长、审计长在政府账目审计中所一般享有的同样权利、特权和权限,特别是有权要求出示账簿、账目、相关凭证或者其他文件及证件,且有权检查委员会任何办事处。

(4)经印度主计长、审计长及其任命的任何其他人审计过的委员会账目,连同审计报告,应每年向中央政府提交,政府应将其提交议会各院。

第五十三条　向中央政府提供报告书等

(1)委员会应按规定或者中央政府命令的时间、形式和方式,向中央政府提供与任何提议的或现行的促进竞争、增强竞争意识、提供竞争培训的措施有关的报告、陈述和细节。

(2)委员会应按规定的时间及形式,每年准备可以真实充分反映上一年度活动账目的年度报告,并应向中央政府提交该报告的副本。

(3)中央政府在收到第(2)款所述的报告副本后应尽快呈交议会各院。

---

① 根据2007年《竞争法(修订)》,替代了“最高法院”。

第八 A 章[①] 上诉法庭

第五十三 A 条 上诉法庭的设立

根据 2013 年《公司法》第四百一十条设立的公司法上诉法庭自 2017 年《金融法》第六章第十四条生效之日起,即为本法的上诉法庭,上述上诉法庭应:

(a)聆讯并处理针对委员会根据本法第二十六条第(2)款和第(6)款、第二十七条、第二十八条、第三十一条、第三十二条、第三十三条、第三十八条、第三十九条、第四十三条、第四十三 A 条、第四十四条、第四十五条或第四十六条作出的任何指示、决定或命令而提出的上诉。

(b)裁定因委员会的调查结果或上诉法庭针对委员会的任何调查结果或根据本法第四十二 A 条或第五十三 Q 条第(2)款提出上诉的命令而可能产生的赔偿要求,并根据本法第五十三 N 条发出收回赔偿的命令。

第五十三 B 条 向上诉法庭提出上诉

(1)中央政府、州政府、地方当局、企业或任何个人,若因第五十三 A 条第(a)款所述的任何指示、决定或命令受到损失,可向上诉法庭提出上诉。

(2)根据第(1)款提起的诉讼应在上述条款提及的中央政府、邦政府、地方当局、企业或任何个人收到委员会发出的指示、决定或命令的副本之日起 60 日内提出,并应采用规定格式和费用,但如果上诉法庭认为有足够理由不在该期限内提出上诉,则可在上述 60 日期限届满后受理上诉。

(3)在收到根据第(1)款提出的上诉后,上诉法庭可在给予上诉各方陈述意见的机会后,作出其认为适当的确认、修改或撤销上诉所针对的指示、决定或命令。

(4)上诉法庭应将其作出的每一项命令的副本送交委员会和上诉各方。

(5)对于根据第(1)款向上诉法庭提起的诉讼,上诉法庭应尽快处理,并尽量在收到上诉之日起 6 个月内处理。

第五十三 N 条 给予补偿

(1)在不影响本法任何其他规定的情况下,中央政府、邦政府、地方当局、任何企业或个人均可向上诉法庭提出申请,以裁定因委员会的调查结果或因上诉

---

① 第八 A 章根据 2007 年《竞争法(修订)》插入。

法庭针对委员会的任何调查结果或根据本法第四十二A条或第五十三Q条第(2)款提出上诉的命令而可能产生的赔偿要求,并根据本法第五十三N条发出收回赔偿的命令,并通过一项命令——要求中央政府、邦政府、地方政府、任何企业或个人因企业违反第二章规定而使其遭受的任何损失或损害向任何企业追偿。

(2)根据第(1)款提出的每项申请,均应附上该委员会的调查结果(如果有),并附上可能规定的费用。

(3)在对根据第(1)款提出的申请中所述的指控进行调查后,上诉法庭可作出命令,要求企业向申请人支付其确定可从企业获得的数额,作为因企业违反第二章规定而对申请人造成的损失或损害的赔偿。但上诉法庭可在作出赔偿命令之前获得委员会的建议。

(4)若第(1)款所述的任何损失或损害的对象是许多有相同利害关系的人,则其中1人或多人可在上诉法庭准许的情况下,根据该款为有利害关系的人提出申请、代表有利害关系的人提出申请,或为有利害关系的人的利益提出申请,1908年《民事诉讼法》(1908年第5号)附表1第1号第八条的规定适用,但其中所述诉讼或法令应解释为对上诉法庭的申请和上诉法庭对此作出的命令。为消除疑虑,特此声明:

(a)只有在委员会或上诉法庭根据本法第五十三A条第1款第(a)项确定在其审理的诉讼中发生了违反本法规定的行为后,或者如果本法第四十二A条或第五十三Q条第(2)款的规定被采纳,才可向上诉法庭申请赔偿。

(b)根据第(3)款进行的调查是为了确定申请赔偿的人的资格和赔偿数额,而不是重新审查委员会或上诉法庭关于是否发生任何违反该法行为的调查结果。

第五十三O条　上诉法庭的程序和权力

(1)上诉法庭虽不应受1908年《民事诉讼法》(1908年第5号)规定程序的约束,但应遵循自然公正原则,并遵守本法和中央政府制定的任何规则的其他规定。上诉法庭有权管理自己的程序,包括开庭地点。

(2)为履行本法规定的职能,上诉法庭在审理下列事项时,应享有1908年《民事诉讼法》(1908年第5号)赋予民事法院的相同权力:

(a)传召和强制任何人出席,并对其进行宣誓检查;

(b)要求显示证据并出示文件;

(c)获得关于宣誓书的证据;

(d)在符合1872年印度《证据法》(1872年第1号)第一百二十三条和第一百二十四条规定的情况下,从任何办事处征用任何公共记录或文件或此类记录或文件的副本;

(e)为审查证人或文件而发出佣金;

(f)审查其决定;

(g)因违约而驳回陈述或单方面决定;

(h)撤销因违约而撤销任何陈述的任何命令或单方面通过的任何命令;

(i)任何其他可规定的事项。

(3)就印度《刑法》(1860年第45号)第一百九十六条而言,上诉法庭的每项诉讼均应被视为印度《刑法》(1860年第45号)第一百九十三条和第二百二十八条指的司法程序;就1973年印度《刑事诉讼法》(1974年第2号)第一百九十五条和第二十六章而言,上诉法庭应被视为民事法院。

第五十三P条　执行上诉法庭的命令

(1)上诉法庭作出的每一项命令,应由上诉法庭执行,执行方式与法院在待决诉讼中所作的命令相同,如果上诉法庭不能执行该命令,则将该命令送交其管辖范围内的法院也是合法的:

(a)若是针对企业的命令,则该企业的注册办事处需位于管辖范围内;或者

(b)若是针对任何个人的命令,则该个人自愿居住或经营业务或为获得回报而其工作的地方需位于管辖范围内。

(2)尽管有第(1)款的任何规定,上诉法庭仍可将其作出的任何命令转交给具有地方管辖权的民事法院,且该民事法院应将该命令视为该法院作出的判决一样来执行。

第五十三Q条　违反上诉法庭的命令

(1)在不影响本法规定的情况下,如果任何个人无正当理由违反上诉法庭的任何命令,则应按德里首席治安法官认为合适的方式,对其处以不超过1000万卢比的罚款或不超过3年的监禁,或两者兼有。

但除非上诉法庭授权的官员提出申诉,否则德里首席治安法官不得受理根据本条应受处罚的任何罪行。

(2)在不影响本法规定的情况下,任何个人可向上诉法庭提出申请,要求就任何企业无正当理由违反上诉法庭的任何命令或推迟执行上诉法庭的命令而使其遭受的任何损失或损害向上述企业追偿。

第五十三 R 条 根据 2007 年《竞争法(修订)》删除。

第五十三 S 条 法律代理权

(1)向上诉法庭提出上诉的个人可出庭,或授权 1 名或多名特许会计师、公司秘书、成本会计师、法律从业人员或其他任何官员向上诉法庭陈述其案件。

(2)向上诉法庭提出上诉的中央政府、邦政府、地方当局或任何企业可授权 1 名或多名特许会计师、公司秘书、成本会计师、法律从业人员或其他任何官员担任代理人,经授权的每一人均可向上诉法庭陈述与任何上诉有关的案件。

(3)委员会可授权 1 名或多名特许会计师、公司秘书、成本会计师、法律从业人员或其他任何官员担任代理人,经授权的每一人均可向上诉法庭陈述与任何上诉有关的案件。

解释:"特许会计师"、"公司秘书"、"成本会计"或"法律从业者"等词分别对应第三十五条解释中的含义。

第五十三 T 条 向最高法院提出上诉

因上诉法庭的任何决定或命令而受到损害的中央政府、任何邦政府、委员会、任何法定当局、任何地方当局、任何企业或任何个人,可在上诉法庭的决定或命令通知之日起 60 日内向最高法院提出上诉。

但若最高法院确信申请人因充分理由在上述期间内不能提出上诉,则可准许其在上述 60 日期限届满后提出上诉。

第五十三 U 条 惩罚藐视法庭的权力

在藐视法庭方面,上诉法庭应拥有并行使与高等法院相同的管辖权、权力和权限,为此目的,1971 年《藐视法庭法》(1971 年第 70 号)的规定应在修改后生效:

(a)其中对高等法院的提及应解释为包括对上诉法庭的提及;

(b)上述法令第十五条中对总检察长的提及应解释为对中央政府以通知形式指明的法律官员的提及。

第九章 杂则

第五十四条 豁免权

在满足下列条件的情况下,中央政府可以公告方式豁免其在公告规定期限内适用本法或者本法中的任何规定:

(a)出于国家安全或公共利益考虑,有必要豁免的任何类型的企业;

(b)产生于或符合印度与其他国家签订的条约、协约和公约中所承担义务的行为或协议;

(c)任何代表中央政府或者邦政府行使主权职能的企业。

若企业从事的活动包括与政府主权职能相关的行为,中央政府只能对与主权职能相关的活动授予豁免。

第五十五条 中央政府发布命令的权力

(1)在不影响本法前述规定的前提下,委员会在根据本法行使其权力或者履行其职责时,应受到中央政府随时以书面形式作出的除技术和管理问题之外的有关政策性问题指令的约束。

在根据本款发出指令前,委员会应在切实可行的范围内,有机会发表其意见。

(2)中央政府对某一问题是否属于政策性问题的决定是终局的。

第五十六条 中央政府解散委员会的权力

(1)无论何时,如果中央政府认为:

(a)由于委员会无法控制的情况,使其不能履行本法规定或根据本法规定的职责;或者

(b)委员会一贯不遵守中央政府依本法发出的命令,或者不履行本法规定的职能或者职责,且该不履行影响了委员会的财务状况或行政管理;或者

(c)出于公共利益考虑,实施该行为是必需的。

中央政府可以基于这些原因公告解散委员会一段时间,具体的期间在公告中规定,但不得超过6个月。

发出上述公告前,中央政府应给予委员会合理机会使其对待议的解散作出陈述,且中央政府应考虑委员会意见(如果有)。

(2)根据本条第(1)款解散委员会的公告一经公布,则:

(a)主席和其他成员应当自委员会解散之日起离职;

(b)在委员会根据第(3)款重新成立前,应由中央政府或其为此指定的机构履行或行使依本法可由委员会执行或履行的所有权力、职能和职责;

(c)在委员会根据本条第(3)款重新建立之前,委员会拥有或者管理的所有资产归中央政府支配。

(3)在根据第(1)款发出的公告中规定的期限届满之前,中央政府应另行任命委员会主席和其他成员以重新设立委员会,在此情况下,所有根据第(2)款第(a)项离职的人,有资格被重新任命。

(4)中央政府应当尽快向议会各院提交根据第(1)款发布的公告、根据本条所采取行为的全面报告以及导致该行动的情况。

第五十七条　信息披露的限制

出于实施本法的目的,委员会或上诉法庭[①]或以两者名义获得的与任何企业相关的信息,在事先未征得该企业书面许可的情况下,不得予以披露。但遵守本法或当时有效的其他法律除外。

第五十八条[②]　作为公务员的主席、成员、局长、秘书、官员和其他雇员等[③]

委员会主席、其他成员以及局长、候补、联席、代理或副职局长以及秘书、官员和其他雇员,以及上诉法庭的主席、成员、官员和其他雇员,在依本法任何规定行事或者打算行事时,应当被视为印度《刑法》(1860年第45号)第二十一条中界定的公务员。

第五十九条　对善意行为的保护

不得因为根据本法或根据本法制定的规则或条例善意地进行或打算进行的任何活动,而对中央政府、委员会、中央政府的任何官员、主席、其他成员、局长、候补、联席、代理、副职局长、委员会秘书、委员会官员、委员会其他雇员,或者上诉法庭的主席、成员、官员和其他雇员[④]提出诉讼,起诉或其他法律程序。

---

① 根据2007年《竞争法(修订)》,替代了"委员会"。

② 根据2007年《竞争法(修订)》,替代了"委员会主席和其他成员以及局长、候补、联系、代理或副职局长、登记员、官员和其他雇员,在依本法任何规定行事或者打算行事时,应当被视为印度《刑法》(1860年第45号)第二十一条中界定的公务员"。

③ 根据2007年《竞争法(修订)》,替代了"作为公务员的委员会成员、局长、登记员、官员和其他雇员等"。

④ 根据2007年《竞争法(修订)》,替代了"委员会登记员或官员或其他雇员"。

第六十条　本法的绝对效力

任何其他有效法律中如有与本法不一致的规定,以本法规定为准。

第六十一条　民事法院管辖权的排除

对根据本法授权委员会或上诉法庭[①]决定的任何事项,民事法院无权受理任何诉讼或司法程序。对根据本法或根据本法授予的任何权力而采取或将要采取的任何行动,任何法院或其他当局不得发出禁令。

第六十二条　其他未禁止法律的适用

本法中任何规定应当加强而不得减损其他现行有效法律规定的效力。

第六十三条　制定规则的权力

(1)中央政府可以公告的方式,制定实施本法规定的规则。

(2)在不违反前述权力普遍效力的前提下,该规则可对下列事项作出规定:

(a)第九条第(2)款规定的推选委员会的任期和评选名单的方式;[②]

(b)第十条第(3)款规定的向有关机构作出的关于宣誓就职并保密的形式和方法;

(c)根据2007年《竞争法(修订)》删除;[③]

(d)第十四条第(1)款规定,主席和其他成员的工资和其他服务条款,包括差旅费、房屋租赁补贴、交通工具、生活补贴以及医疗设施等;

(da)[④]第十六条第(1A)款规定的,候补、联席、代理或副职局长、其他官员、或局长办公室的其他雇员的数量,以及候补、联席、代理或副职局长、此类官员或其他雇员的任命方式;

(e)第十六条第(3)款规定的局长、候补、联席、代理或副职局长及其他官员或其他雇员[⑤]的工资、补贴和其他服务条款;

(f)第十六条第(4)款规定的局长、候补、联席、代理或副职局长及其他官员或其他雇员[⑥]的任命资格;

---

① 根据2007年《竞争法(修订)》,替代了“委员会”。

② 根据2007年《竞争法(修订)》,替代了“第九条规定的选出主席及其他委员的方式”。

③ 删除前第六十三条第(2)款第(c)项为“根据第十三条可归属成员行政机构的财政及行政权力”。

④ 根据2007年《竞争法(修订)》插入。

⑤ 根据2007年《竞争法(修订)》,替代了“其他专家、顾问或官员”。

⑥ 根据2007年《竞争法(修订)》,替代了“其他专家、顾问或官员”。

(g)第十七条第(2)款规定的秘书[①]、官员及其其他雇员的工资、补贴和其他服务条款,以及该官员和其他雇员的人数;

(h)根据2007年《竞争法(修订)》删除[②];

(i)根据2007年《竞争法(修订)》删除[③];

(j)根据2007年《竞争法(修订)》删除[④];

(k)第五十二条第(1)款规定的年度账目报表的形式;

(l)第五十三条第(1)款规定的,委员会提交中央政府要求的报告、陈述和细节的时间、形式和方式;

(m)第五十三条第(2)款规定的年度报告的形式和时间;

(ma)[⑤]第五十三B条第(2)款规定的,可向上诉法庭处提出的上诉的格式及该上诉需缴付的费用;

(mb)第五十三N条第(2)款规定的提出申请所需的费用;

(mc)第五十三O条第(2)款第(i)项规定的,上诉法庭根据1908年《民事诉讼法》(1908年第5号)在受理诉讼时有权处理的其他事项;

(n)[⑥]第六十六条第(2)款第(4)项规定的,委员会或上诉法庭对转移至印度竞争委员会或上诉法庭的资产的处理方式(视情况而定);

(o)其他应当或可以由本法规定的事项或应当或可以由规则规定的相关事项。

(3)根据第二十条第(3)款和第五十四条发布的公告以及中央政府依本法制定的规则,在完成后应尽快呈交议会各院。在议会开会期间,共计30日,本期限可以包含在1次会议期间中,也可能包含在2次或者多次连续的会议期间中。如果在紧接前述一次或连续多次会议期限届满前,议会两院同意对该通知和规

---

① 根据2007年《竞争法(修订)》,替代了"登记员"。

② 删除前第六十三条第(2)款第(h)项为"为确保根据第二十三条第(4)款须由2名以上委员组成的议席决定的任何案件或事项"。

③ 删除前第六十三条第(2)款第(i)项为"委员会根据第三十六条第(2)款第(g)项有权处理的任何其他事项"。

④ 删除前第六十三条第(2)款第(j)项为"根据第四十九条第(3)款的规定,促进宣传、提高认识和提供有关竞争问题的培训"。

⑤ 根据2007年《竞争法(修订)》插入。

⑥ 根据2007年《竞争法(修订)》,替代了"根据第六十六条第(2)款,转交中央政府的款项由中央政府处理的方式"。

则进行修改,或者议会两院同意不应发布通知或者制定规则,则其后的通知或规则应以修改后的形式生效或无效。因此,任何此类修改或废止均不得损害先前根据该通知或规则所做的任何事情的有效性。

第六十四条 规章制定权

(1)委员会可以公告形式,制定与本法和依本法制定的规则相一致的规章,以实施本法。

(2)在不违反前述权力普遍效力的前提下,这些规章可对下列事项作出特别规定:

(a)第四条解释第(b)项确定的生产成本;

(b)第六条第(2)款规定的申报形式以及确定的费用;

(c)第六条第(5)款规定的提交收购详细情况的形式;

(d)[①]第十七条第(3)款规定的聘用专家和专业人员应遵循的程序;

(e)第十九条第(1)款第(a)项确定的费用;

(f)第二十二条第(1)款规定的委员会会议处理事务的议事规则;

(g)第三十九条第(1)款规定的追讨罚款的方式;

(h)任何其他由规章作出或可能作出规定的事项。

(3)根据本法制定的规章,应在完成后尽快呈交议会各院。在议会开会期间,总计30日,本期限可以包含在1次会议期间中,也可能包含2次或者多次连续的会议期间中。如果在紧接前述一次或连续多次会议期限届满前,议会两院同意对该规章进行修改,或者议会两院同意不应发布该规章,则该规章应以修改后的形式生效或无效(视情况而定)。因此,任何此类修改或废止均不得损害先前根据该通知或规则(视情况而定)所做的任何事情的有效性。

第六十五条 排除障碍的权力

(1)如果在实施本法规定时存在任何困难,中央政府可以通过在发布政府公报发布命令的方式,作出其认为消除困难所必需的且不与本法相抵触的规定。

自本法生效之日起2年期限届满后,中央政府不得再依本条发出指令。

(2)依本条作出指令后,应尽快呈交议会各院。

---

① 根据2007年《竞争法(修订)》,替代了“(d)根据第十九条第(1)款第(a)项确定的费用;第(e)项由或可由规章决定的任何其他事项”。

第六十六条　废止与保留

(1)[①] 1969 年《垄断与限制性贸易行为法》(1969 年第 54 号)现予废止,根据上述法律(以下简称废止法律)第五条第(1)款建立的垄断和限制性贸易委员会应当解散。

[* * *][②]

(1A)1969 年《垄断和限制性贸易行为法》(1969 年第 54 号)的废止并不影响:

(a)法令被废止之前的实施,或根据该法所作或遭受的一切;或者

(b)根据废止法律获得、产生或发生的任何权利、特权、义务或责任;或者

(c)因违反已废止法令而发生的任何罚款、没收或处罚;或者

(d)就上述任何权利、特权、义务、责任、罚款、没收或处罚而进行的任何法律程序或补救,以及任何该等法律程序或补救,均可建立、继续或强制执行,而任何该等罚款、没收或处罚,可予施加或提出,像该法令未予废止一样。

(2)由于垄断与限制性贸易行为委员会解散,被任命为垄断与限制性贸易行为委员会主席和其他成员的人、调查和登记局局长、候补、联席、代理、副职局长以及委员会或临时机构的任何官员和雇员,在解散委员会前应立即离职。主席和其他成员有权要求不超过 3 个月的薪金和补贴,作为其提前终止职务期限或者服务协议的补偿。

如果调查和登记局局长,以及候补、联席、代理、副职局长和任何官员以及其他雇员,是在垄断和限制性贸易委员会解散前不久委派到垄断与限制性贸易行为委员会的,应根据具体情况在解散后返回原主管领导、中央部委和其他工作部门中。

---

① 根据 2007 年《竞争法(修订)》,替代了“(1)1969 年《垄断和限制性贸易行为法》(1969 年第 54 号)(以下简称废止的法案)现予废止,而根据该法第五条第(1)款设置的垄断和限制性贸易行为委员会予以解散”。

② 2009 年第 39 号法令(2009 年 10 月 14 日起生效)第二(a)条删除了本条和解释,删除前的内容为“无论本款有何规定,根据已废止法令第五条第(1)款设立的垄断及限制性贸易惯例委员会,可自本法令生效之日起,继续根据已废止法令行使管辖权及权力,为期 2 年,在本法生效前提交的所有案件或程序,视同《垄断和限制性贸易行为法》尚未废止一样,在进行必要的变通后,适用于案件或法律程序,申诉、提及或申请,以及其他所有事项。”

解释:为消除疑问,特此声明,在本法生效时或之后,本款的规定均不得授予垄断和限制性贸易行为委员会任何管辖权或权力,以决定或裁决根据《垄断和限制性贸易行为法》启动任何程序。

此外,如果调查和登记局局长,以及候补、联席、代理、副职局长,或者在垄断和限制性贸易行为委员会解散之前一直由垄断和限制性贸易行为委员会定期雇用的任何官员或其他雇员,自垄断和限制性贸易行为委员会解散时起,应分别成为印度竞争委员会或上诉法庭的官员和雇员,其方式由中央政府指明。如果与此种垄断和限制性贸易行为委员会有关的权利没有移交并归属于印度竞争委员会或上诉法庭,则享有与其可接受的养老金、退休金和其他类似事项相同的权利和特权,且应继续依此行事,直至其在印度竞争委员会或上诉法庭的工作正式终止,或直至印度竞争委员会或上诉法庭正式改变其薪酬、雇用期限和条件。①

无论1947年《工业争端法》(1947年第14号)或者其他有效法律作何规定,调查和登记局局长,以及候补、联席、代理、副职局长,或者垄断和限制性贸易行为委员会的任何官员和其他雇员的服务移交给印度竞争委员会或上诉法庭②,此举不赋予调查和登记局局长,以及候补、联席、代理、副职局长,或者任何官员和其他雇员根据本法或者其他当时有效的法律要求赔偿的权利,任何法院、法庭或者其他机构不得受理此种赔偿要求。

如果垄断和限制性贸易行为委员会为调查和登记局局长,以及候补、联席、代理、副职局长和垄断和限制性贸易行为委员会的任何官员和其他雇员的利益建立了公积金、退休金、福利措施或者其他的基金,则根据本法或根据本法将其服务转交印度竞争委员会或上诉法庭的官员和其他雇员的款项③,在垄断和限制性贸易行为委员会解散时,应将上述公积金、退休金、福利措施或者其他的基金转移并归属于印度竞争委员会或上诉法庭,该款项的转移应由上述委员会或法庭按照规定方式处理。

---

① 根据2007年《竞争法(修订)》,替代了“进一步规定,在垄断和限制性贸易行为委员会解散之前,调查和登记局局长,以及候补、联席、代理、副局长,或者在垄断和限制性贸易行为委员会定期雇用的任何官员或其他雇员,自解散时起,即分别称为中央政府的官员和雇员,享有相同的退休金、酬金及其他类似事宜。如果与此种垄断和限制性贸易行为委员会有关的权利没有移交并归属该委员会,则中央政府将继续支付其酬金及其他事宜,除非直至其在中央政府的雇用正式终止,或直至其在中央政府的薪酬、雇用条款等被政府取消为止”。

② 根据2007年《竞争法(修订)》,替代了“中央政府”。

③ 根据2007年《竞争法(修订)》,替代了“中央政府应从现有的资金中”。

(3)[①]垄断和限制性贸易行为委员会审理的所有与垄断贸易行为或限制性贸易行为有关的待决案件(包括指控有任何不公平贸易行为的此类案件),都应自2009年《竞争法(修订)》实施之日起,一并转移至上诉法庭进行审理,并由上诉法庭依据废止法律进行审理,如同该法尚未被废止一样。

解释[②]:为了消除疑虑,特此声明,本款、第(4)款及第(5)款所述的所有案件,应视为包括根据1969年《垄断和限制性贸易行为法》(1969年第54号)第十二条第(B)项提出的所有损失或损害赔偿申请;

(4)根据第(3)款的规定,所有涉及不公平贸易行为的案件,但1969年垄断与限制性贸易行为法(1969年第54号)第三十六A条第(1)款第(x)项规定所述案件以及垄断和限制性贸易行为委员会在2009年《竞争法(修订)》生效之前的待决案件除外,应在2009年《竞争法(修订)》生效之日,转由根据1986年《消费者保护法》(1986年第68号)设立的邦委员会,邦委员会应当将该案件看作根据1986年《消费者保护法》提交的案件一样处理。

如果邦委员会认为和合适,可以将根据本款移交的任何案件,转由根据1986年《消费者保护法》第九条设立的任何邦委员会处理,邦委员会对于该案的处理,应将该案件视同根据1986年《消费者保护法》提交的其他案件一样进行处理。

在2009年《竞争法(修订)》获得总统批准之日或之前,根据本条提交邦委员会的所有与不公平贸易行为有关的待决案件,应在该日及自该日起,移交上诉法庭,并由上诉法庭根据废止法律的规定作出裁决,犹如该法令并没有被废止一样。[③]

(5)[④]1969年《垄断和限制性贸易行为法》第三十六A条第(1)款第(x)项所述的、垄断和限制性贸易行为委员会待决的、关于不公平贸易行为的所有

---

① 根据2007年《竞争法(修订)》,替代了"在本法生效之日或之前,属于垄断与限制性贸易行为有关的所有案件,包括被指控任何有不公平贸易行为的案件,应在本法生效之日,移交给印度竞争委员会,并由该委员会根据已废止的法令进行裁决,如同该法令未被废止一样"。

② 根据2009年第39号法令(2009年10月14日起生效)第二(b)(i)款增加的解释。

③ 根据2009年第39号法令(2009年10月14日起生效)第二(c)(ii)款插入。

④ 根据2007年《竞争法(修订)》,替代了"所有与1969年《垄断和限制性贸易行为法》(1969年第54号)第三十六A条第(1)款第(x)项有关的不公平贸易行为的案件,在本法生效时或之前,应移交给印度竞争委员会审理,印度竞争委员会应将此类案件视为根据该法提交的案件审理。

案件,[①]都应自2009年《竞争法(修订)》实施之日起,转由上诉法庭处理,上诉法庭对于该案的处理,应将该案件视同根据2009年《竞争法(修订)》提交的其他案件一样进行处理。

(6)所有调查或者程序,但关于不公平贸易且在本法实施之前或者之时,调查和登记局局长待决的除外,都应自本法实施之日起,转由印度竞争委员会处理,印度竞争委员会可以自己认为合适的方式,对该调查或者程序进行指挥,或者发出命令以进行指挥。

(7)所有关于不公平贸易行为的调查或程序,但1969年《垄断和限制性贸易行为法》(1969年第54号)第三十六A条第(1)款第(x)项规定且在截至本法实施之前或者之时,调查和登记局局长待决的除外,应当在本法开始实施之日起,转由根据1986年《消费者保护法》(1986年第68号)所建立的邦委员会处理,邦委员会可以其认为适当的方式,对该调查或者程序进行指挥,或者发出命令以进行指挥。[②]

但与邦委员会待决的不公平贸易行为有关的所有调查或诉讼,在2009年《竞争法(修订)》获得总统批准之日或之前,均应自该日起移交上诉法庭,上诉法庭可按其认为适当的方式处理或命令进行此类调查或诉讼。

(8)1969年《垄断和限制性贸易行为法》(1969年第54号)第三十六A条第(1)款第(x)项所述的、调查和登记局局长待决的、关于不公平贸易行为的所有调查或程序,应自本法开始实施之日起,转由印度竞争委员会处理,委员会可以其认为适当的方式指挥或发出命令,以指挥该调查。

(9)作为保留,除了本条第(3)款至第(8)款规定的情形之外,任何垄断和限制性贸易行为委员会待决的其他案件和法律程序,都应撤销。

(10)本条第(3)款至第(8)款所述的特殊情况,不得妨碍或影响1897年《一般条款法》(1897年第10号)第六条废止效力的普遍适用性。

---

① 根据2009年第39号法令(2009年10月14日起生效)第二条第(d)款,替代了“第(1)款规定的2年期届满后”。

② 根据2009年第39号法令(2009年10月14日起生效)第二条第(e)款插入。

俄罗斯联邦保护竞争法*

第一章 总则

第一条 本法的调节对象和目的

本法规定了保护竞争的组织和法律基础，以防止和限制：

(1)垄断行为和不公平竞争。

(2)联邦行政机构、俄罗斯联邦各组成领土的执行机构、地方自治机构，以及执行上述主体职能的主体或组织，以及公共预算外基金、俄罗斯联邦中央银行阻碍、限制以及消除竞争的行为。

(3)本法的目的是维护俄罗斯联邦境内统一的经济空间、商品的自由流动、保护竞争，以及经济行为的自由，创造条件促进商品市场有效运转。

第二条 俄罗斯联邦反垄断法以及其他保护竞争的法规

1. 俄罗斯联邦反垄断法(以下简称《反垄断法》)的基础是《俄罗斯联邦宪法》《俄罗斯联邦民法典》以及由本法律以及调节本法第三条内容的其他联邦法律。

2. 调节本法第三条内容的还有俄罗斯联邦政府决议，以及联邦反垄断机构在案件中直接为反垄断法提供的法规文件。

3. 若俄罗斯联邦签订的国际条约与本法有不同的规定，则适用国际条约。

第三条 本法的适用范围

1. 本法适用于与保护竞争有关的问题，包括阻止和限制以下主体的垄断行

---

* 本法2006年7月8日由国家杜马(俄罗斯联邦会议是俄罗斯的代表和立法机关，由联邦委员会和国家杜马两员组成。联邦委员会是由俄罗斯联邦每个主体的2名代表组成，按照规定俄罗斯联邦各主体立法机关和执行权力机关领导人成为联邦委员会委员。国家杜马由450名代表组成，国家杜马代表通过选举产生，每届任期4年。——译者注)通过；2006年7月14日由联邦委员会批准。2016年修订。

为与不公平竞争,即俄罗斯以及外国的法人和组织,联邦行政机构、俄罗斯联邦各组成领土的执行机构、地方自治机构、公共预算外资金,执行上述主体职能的主体或组织,以及公共预算外基金,俄罗斯联邦中央银行,包括个体经营者在内的自然人。

2. 本法的条款适用于俄罗斯和(或)外国自然人或组织间达成的协议,以及上述协议主体从事的对俄罗斯联邦境内竞争状态产生影响的行为。

3. 本法的条款不适用于由共同规则调节的跨境市场,跨境市场的调节遵守欧亚经济委员会的规定,并与俄罗斯联邦签订的国际条约相一致。跨境市场的认定标准与俄罗斯联邦签订的国际条约相一致。

第四条　本法使用的基本概念

本法使用的基本概念有:

(1)“商品”是指用于销售、交换或其他形式流通的民事权利客体(包括产品、服务以及金融服务)。

(2)“金融服务”是指银行服务、保险服务、证券市场服务、租赁服务,以及由金融机构向法人及自然人提供的资金存入及贷出服务。

(3)“替代商品”是指商品的功能、用途、质量、技术特征、价格以及其他指标具有可比较性,购买者在消费中以一种商品事实上或计划替代另一种商品(包括生产性消费)。

(4)“商品市场”是指商品流通领域(包括外国制造的商品),在该领域流通的商品不能为其他商品或替代商品(以下简称特定商品)所替代。在这一领域内(包括地理范围),由于经济、技术原因或其他可能性和合意性,购买者能够购得该商品,但在这一领域之外,购买者不具备购得该商品的可能性或合意性。

(5)“经济主体”是指依照联邦法律注册和(或)许可的商业组织,从事赢利活动的非商业组织,个体企业,没有注册为个体企业但从事创收活动的自然人,以及自治组织成员机构。

(6)“金融机构”是指提供金融服务的经济主体,包括信贷机构、小额信贷机构、信用消费合作社、保险公司、保险经纪公司、相互保险机构、证券交易所、外汇市场机构、典当公司、租赁公司、非政府养老基金、投资基金管理公司、共同投资基金、投资基金专业托管机构、共同投资基金专业托管机构、非政府养老基金专业托管机构、证券市场中的专业从业者。

(7)“竞争”是指经济主体之间的竞争行为,在竞争中每个经济主体独立的行为排除或限制了其他经济主体单方面影响相关产品市场中商品流通状况的能力。

(8)“歧视性条件”是指使某个经济主体或多个经济主体与其他经济主体或多个经济主体相比处于竞争不利地位的条件,包括产品市场的准入条件,产品生产、交换、消费、销售以及以其他方式转让商品的条件。

(9)“不公平竞争”是指经济主体(经济主体联合)采取的以获利为目的的商业行为,该行为违反了联邦法律、商业惯例、经营规范、经营的合理性和公平性,并对其他存在竞争关系的经济主体造成或可能造成损失,或者对其商业信誉造成或可能造成损害。

(10)“垄断行为”是指《反垄断法》所禁止的单个经济主体的滥用其市场支配地位行为,共同构成市场支配地位的经济主体的协议或协同行为,以及根据联邦法律认定的其他行为(或不作为)。

(11)“垄断行为的系统性实施”是指一个经济主体在 3 年内,依据联邦法律程序被发现的垄断行为事实超过 2 次以上。

(12)“金融服务的不合理高价格以及金融服务的不合理低价格”是指由具备市场支配地位的金融机构制定的金融服务价格,明显地背离金融服务的竞争性价格,且(或)阻碍其他金融机构进入产品市场,且(或)对竞争有着负面影响。

(13)“金融服务的竞争性价格”是指在竞争条件下形成的金融服务价格。

(14)“经济协调活动”是指由第三方实施的协调经济主体间的行为,其中第三方不与所协调的经济主体任一方存在关联关系,而且不受所协调经济主体在市场上行为的影响。若经济主体的行为作为“纵向”协议一部分的话,则不构成经济协调行为。

(15)“反垄断机构”是指联邦反垄断机构及其地方机构。

(16)“获得商业合作企业的股份”(授权资本份额)是指购买或通过其他机会获得商业合作企业股份(授权资本份额)以行使表决权,获得表决权的方式可通过资产委托协议、共同经营协议、委托合同以及其他交易或基于其他依据。

(17)“限制竞争的迹象”是指在一个产品市场上,属于非关联企业经济主体数量的减少;与市场上商品流通一般条件变化不相关的价格的上涨或下跌;限制非关联经济主体在产品市场上采取独立的行为;通过经济主体间的协议,或来自其他方有约束力的协议,或作为产品市场上非关联经济主体间协调行为的结果,或其他情形为一个或多个经济主体提供条件,使其能够单方面影响产品市场中的一般交易条件,或者为产品或经济主体设定相关资格要求,而这些资格要求并不是由俄罗斯联邦法律、政府机构、地方自治机构、参与提供公共或市政服务的组织等所规定的。

(18)“协议”是指以一个或数个以书面文件形式或口头形式达成的一致。

(19)“垂直协议”是指经济主体间的一种协议,其中协议一方购买商品,而另一方提供(销售)这一商品。

(20)“国家或地方自治体特惠”是指联邦行政机构、俄罗斯联邦各组成领土的执行机构、地方自治机构以及履行上述机构职能的机构或组织,通过转让国有或地方自治体所有的资产、其他民事权利客体,或提供资产补贴,向经济主体提供优先权,使其获得更为有利的竞争条件。

(21)“经济集中”是指能对市场竞争产生影响的交易和行为。

(22)“经济集中的目标方”是指一方其股份(授权资本份额)、资产、固定生产资本和(或)为注册资本所需要或包含在注册资本中的无形资产,和(或)根据本法第七章,对其权利有要求的一方。

(23)“消费者”是指购买产品的一个法人主体或自然人。

第五条　支配地位

1. 支配地位指在一个特定商品市场上,一个经济主体(含关联人)或多个经济主体(含关联人)的地位使其在相关产品市场上能够对商品流通的一般性条件产生决定性的影响,和(或)有能力将其他经济主体排除出这一市场,和(或)有能力阻止其他经济主体进入这一市场。下述经济主体(金融机构除外)可认定为占有支配地位:

(1)经济主体在特定产品市场中的份额超过了50%,而且只要在审理违反反垄断法案件或对经济集中实施国家干预的过程中,没有对该经济主体作出不具有市场支配地位认定。

(2)经济主体在特定产品市场中的份额低于50%,但反垄断机构可根据下述情形认定该经济主体具有支配地位:在这一市场中,与其竞争对手相比,该经济主体的市场份额稳定或只有微小的变化;新竞争者进入这一市场的可能性;或依据产品市场的其他特征。

2. 除本条第3部分以及第6部分的规定之外，经济主体（金融机构除外）在特定产品市场中的份额低于35%时不能被认定为市场支配地位。

2.1　经济主体的地位：法人实体，其创建者（成员）为一个自然人（包括注册为独资经营）或多个自然人，如果在上一个自然年度这一经济主体来自产品销售的收入没有超过400万卢布的话，除以下情形外，不能被认定为支配地位：

（1）根据本法第一章第九条的规定，一个与其他经济主体或多个经济主体有关联的经济主体。本例外不适用于本法第一章第九条第7款规定的与其他经济主体或多个经济主体有关联的经济主体；本法第一章第九条第7款规定的，与仅由有关联的自然人或主体构成的关联人有关联关系的经济主体；以及一个经济主体——独资经营。

（2）一个金融机构。

（3）自然垄断条件下商品市场上的一个自然垄断实体。

（4）一个拥有经济主体的经济主体——作为创建者或成员的法人主体。

（5）一个经济主体注册资本中包含俄罗斯联邦的份额、俄罗斯联邦所属主体的份额、市政部门的份额。

2.2　经济主体的地位：根据本法第一章第九条，与其他经济主体没有关联关系的独资经营企业，如果这一经济主体在上一个自然年度来自产品销售的收入没有超过400万卢布；以及根据本法第一章第九条，与其他经济主体存在关联关系，或者根据本法第一章第九条第7款规定的，与仅由有关联的自然人或主体构成的关联人有关联关系的独资经营企业，如果满足在上一个自然年度来自产品销售的收入没有超过400万卢布的条件，不能被认定为存在支配地位。

3. 如果同时满足以下条件，多个经济主体（金融机构除外）中的每一个都可被认定为占有支配地位：

（1）在相关产品市场上，3个及以内经济主体所占市场份额合计超过了50%，且其中任一经济主体所占份额都超过上述3个之外的经济主体；或5个及5个以内经济主体所占市场份额合计超过了70%，且其中任一经济主体所占份额都超过上述5个之外的经济主体（如果上述3个或5个经济主体中的任一个所占市场份额不超过8%，则不适用本规定）。

（2）在一个较长的时期中（指1年以上，或当与相关产品市场存续时间相同时可在1年以内），经济主体所占相应市场的份额保持稳定，或只有微小变化，此外新竞争者进入相关产品市场受到了阻碍。

(3)经济主体销售或购买的商品在使用过程中不能为其他商品所替代(包含生产性消费品),该商品价格的上涨并不构成这一商品需求下降的条件。只有特定的关联人才能够获得关于这一商品价格、销售以及购买的信息。

4. 经济主体有权向反垄断机构或者法院提供证据,证明其在产品市场上的地位不应被认定为支配地位。

5. 产品市场上处于自然垄断地位的自然垄断企业,是具有支配地位的经济主体。

6. 根据联邦法律规定,在一定条件下经济主体在一个特定商品市场中的份额不超过35%,也可被认定为占市场支配地位。

6.1　已废止。

6.2　已废止。

7. 结合本法的规定,俄罗斯联邦政府负责制定对金融机构(信贷机构除外)市场支配地位的认定标准。结合本法的规定,由俄罗斯联邦政府与俄罗斯中央银行协商制定对信贷机构市场支配地位的认定标准。反垄断结构按照俄罗斯联邦政府规定的方法认定金融机构(信贷机构除外)市场支配地位。对信贷机构市场支配地位的认定方法,由俄罗斯联邦政府与俄罗斯联邦中央银行协商制定。在俄罗斯联邦单一产品市场上,金融机构占市场份额不超过10%;或当在这一市场中流通的商品同时在俄罗斯联邦其他产品市场上流通时,其份额不超过20%,则不应被认定为占市场支配地位。

8. 根据本法第二十三条第2部分第3款的规定,反垄断机构应对影响市场竞争状态的因素进行评估,其中包括进入产品市场的条件,经济主体在特定产品市场中的份额,产品购买方和销售方所占市场份额,对产品市场上产品交易的一般条件产生决定性影响的持续时间。

9. 分析竞争状态的时间期限取决于研究目的、产品市场的具体情况和信息的可用性。为认定经济主体具备市场支配地位目的而分析的市场竞争状态最短期限为1年,不足1年的话为产品市场存续的期限。

第六条　产品的垄断高价

1. 产品的垄断高价指由占市场支配地位的经济主体制定的价格,而且这一价格超过了生产和销售该产品的必要成本和利润之和,也超过了俄罗斯联邦境内或境外,且在产品购买和销售方、产品交易条件、产品市场进入条件、国家对市场的调节政策(包括税收政策、关税政策)方面可比较的市场(下称可比较市场)在竞争条件下形成的价格。制定产品垄断高价的方式可以是:

(1)通过提高以前制定的产品价格,且同时符合下述情形:

(a)用于生产和销售产品的必要支出没有发生变化,或发生变化的程度与产品价格变化程度不相符;

(b)产品的购买方或销售方没有发生变化,或发生的变化不重要;

(c)产品市场上商品的流通条件,其中包括由政府设置的调节政策,包括税收与关税政策等,没有发生变化,或发生变化的程度与产品价格变化程度不相符。

(2)通过维持或不降低以前制定的产品价格,且同时符合下述情形:

(a)生产和销售产品的必要成本已经大幅下降;

(b)产品购买方或销售方的变化使产品的价格有可能下降;

(c)产品市场上商品的流通条件,其中包括由政府设置的调节政策,包括税收与关税政策等,为产品价格的下降提供了可能性。

2. 若本法第一章第十三条所列条件得以满足,如果产品是创新活动的结果时,则不应认定为垄断高价。创新活动是指创造出没有替代品的新产品的活动,或新产品具有替代品,但降低了生产成本和(或)提高了产品的质量。

3. 自然垄断经济主体在俄罗斯联邦法律规定的产品价格范围内制定的价格,不被认定为垄断高价。

4. 如果产品价格不超过在可比较产品市场竞争条件下形成的价格,则不被认定为垄断高价。

5. 如果产品价格在交易所形成,且同时符合下述情形,则不被认定为垄断高价:

(1)由在相关产品市场上占支配地位的经济主体生产和(或)销售的产品,其通过交易所销售的数量,不能低于联邦反垄断机构以及对这一领域活动有监管职能的联邦行政机构所规定的数量。

(2)交易由在相关产品市场上占支配地位的经济主体达成,交易过程要满足联邦反垄断机构以及对这一领域活动有监管职能的联邦行政机构设置的要求,特别是在一个交易时段中对最低交易者数量的要求。

(3)在相关产品市场上占支配地位的经济主体委托和(或)参加投标时(特别是向经纪人投标),要根据反垄断机构规定的程序向交易所提交一份关联人名单。

(4)在相关产品市场上占支配地位的经济主体和(或)其关联人行为不被认定为市场操纵。

(5)在相关产品市场上占支配地位的经济主体应定期在交易所销售产品,在一个日历月中的交易时段中,所销售产品的数量应均衡分布。对在交易所销售的特定产品,俄罗斯联邦政府有权力决定交易的频次以及数量的均衡分布等标准。

(6)在相关产品市场上占支配地位的经济主体应根据俄罗斯联邦政策规定的程序,就这一产品没有在交易所完成的交易进行申报。

(7)一个交易所的最小规模不会对相关产品市场的进入造成妨碍。

(8)在相关产品市场上占支配地位的经济主体在交易所销售产品要符合俄罗斯联邦在组织贸易方面法律的要求,包括对关于投标人信息保密的要求,特别是向经纪人进行的投标。

6. 经过反垄断机构批准,对在交易所销售的产品,如果是出于对产品制定保留价格的这一具体情形的考虑,则不认定为垄断高价。

7. 如果产品价格没有超过根据本条第(5)款和第(6)款要求在交易所制定的价格,则不应被认定为垄断高价。且据此规定,在所供应产品的数量和(或)体积、履行义务的最后期限、付款条件等通常适用于此类交易的条件,以及其他可能影响价格的合理条件等方面,交易的经济(商业)条款是具有可比性的。

8. 在本条第(1)款认定垄断高价过程中,应考虑类似产品在全球市场交易所和非交易所的价格指标。

第七条　产品的垄断低价

1. 产品的垄断低价指由占市场支配地位的经济主体制定的价格,而且这一价格低于生产和销售该产品的必要成本和利润之和,也低于俄罗斯联邦境内或境外,且在产品购买和销售方、产品交易条件、产品市场进入条件、国家对市场的调节政策(包括税收政策、关税政策)方面可比较的市场(下称可比较市场)在竞争条件下形成的价格。制定产品垄断低价的方式可以是:

(1)降低以前制定的产品价格,且同时符合下述情形:

(a)用于生产和销售产品的必要支出没有发生变化,或发生变化的程度与产品价格变化程度不相符;

(b)产品的购买方或销售方没有发生变化,或发生的变化并不重要;

(c)产品市场上商品的流通条件,其中包括政府设置的调节政策,包括税收与关税政策等,没有发生变化,或发生变化的程度与产品价格变化程度不相符。

(2)维持或不提高以前制定的产品价格,且同时符合下述情形:

(a)生产和销售产品的必要成本已经大幅上升;

(b)产品购买方或销售方的变化使产品的价格有可能提高;

(c)产品市场上商品的流通条件,其中包括由政府设置的调节政策,包括税收与关税政策等,为产品价格的提高提供了可能性。

2. 在下述情形下,不应被认定为垄断低价:

(1) 自然垄断经济主体在俄罗斯联邦法律规定的产品价格范围内制定的价格;

(2)产品价格不低于可比较市场上竞争条件下形成的价格;

(3)虽然在可比较市场上与提供产品的购买方或销售方并不构成关联人的经济主体数量减少,但产品销售方制定的价格没有或不可能对竞争形成限制。

第八条　经济主体的协同行为

经济主体的协同行为是指在一个产品市场上不存在协议的条件下经济主体的行为,且同时符合下述情形:

(1)这一行为的结果符合每一个经济主体的利益。

(2)由于其中的一个经济主体就实施这一行为发表了公开的声明,因此每一参与的经济主体都事前了解这一行为。

(3)上述每个经济主体行为的起因是其他经济主体的行为,且不是由在相关产品市场上对所有经济主体都有影响的共同因素造成的。这些因素,特别地,可能是关税水平的变化、生产产品所需原材料价格的变化、市场上产品价格的变化、在1年以上或相关产品市场存续期不足1年的时间范围内,产品的市场需求发生了重大变化。

第九条　关联人

1. 关联人是对符合下述一个或多个特征的自然人和(或)法人的总称:

(1)经济主体(合作企业)与自然人或法人,由于自然人或法人直接参与经济主体(合作企业),或依据从他人处获得的授权,特别是通过书面协议,从而持有该经济主体(合作企业)相当于注册(合股)资本 50% 股份(份额)的表决权;

(2)经济主体与自然人或经济主体,如果它们执行一个执行机构的职能;

(3)经济主体(合作企业)与自然人或法人,如果该自然人或法人按该经济主体(合作企业)的章程,或按与该经济主体(合作企业)的合同,有权向该经济主体(合作企业)发出有约束力的指令;

(4)多个经济主体,其中集体执行机构和(或)董事会(监事会,基金董事会)成员超过 50% 是同一部分自然人;

(5)经济主体(合作企业)和自然人或法人,如果是按照该自然人或该法人的建议,任命或选举该经济主体唯一的执行机构;

(6)经济主体与自然人或法人,如果按照该自然人或该法人的建议,有超过 50% 的人员选举为经济主体的执行机构或董事会(监事会);

(7)自然人及其配偶,父母(含养父母)、子女(含养子女),同血缘或非完全同一血缘的兄弟姐妹;

(8)自然人,其中每一自然人按照本部分第 1 ~ 7 款的情形与同一自然人组成同一团体,或其他自然人按照本部分第 1 ~ 7 款的情形与每一自然人组成同一团体;

(9)经济主体(合作企业)和自然人或法人,按照本部分第 1 ~ 8 款的情形组成关联人,而且这些自然人和法人由于共同持有该经济主体(合作企业)股份,或按照其他同一自然人或法人的授权,拥有与该经济主体(合作企业)注册资本股份(份额)比例相当的超过 50% 的表决权。

2. 由反垄断机构对经济主体行为(或不作为)所作的限制性规定同样适用于关联人行为(或不作为),除非联邦法律另有规定。

第二章　垄断行为

第十条　禁止经济主体滥用支配地位

1. 禁止占支配地位的经济主体导致或可能导致禁止、限制或消除竞争和(或)损害其他方利益的行为(或不作为),其中包括:

(1)制定及维持产品的垄断高价或垄断低价;

(2)从流通中撤回商品,并且导致了商品价格上升的结果;

(3)向客户强加对其不利或与合同标的无关的合同条款[没有经济或技术上的合理性,和(或)并非直接由联邦法律、俄罗斯联邦总统法定法律行为、俄罗斯联邦政府法定法律行为、得到授权的联邦行政机构或司法行为规定的转让金融资产、其他资产(包括产权)的要求,把与客户不感兴趣的商品以及其他要求列入合同,才同意签署合同的行为];

(4)如果对产品仍有市场需求,或已交付产品订单且按订单要求进行生产仍可获利的条件下,在经济上或技术上不合理地减少或停止该产品的生产,而且这一减少或停止该产品生产的行为并非由联邦法律、俄罗斯联邦总统法定法律行为、俄罗斯联邦政府法定法律行为、得到授权的联邦行政机构或司法行为所明确规定;

(5)在具备生产或供货的条件下,在经济上或技术上不合理地拒绝或回避与个别购买方(消费者)签订合同,而且这一拒绝或回避行为并非由联邦法律、俄罗斯联邦总统法定法律行为、俄罗斯联邦政府法定法律行为、得到授权的联邦行政机构或司法行为所明确规定;

(6)不存在经济、技术或其他正当的理由,且在没有联邦法律规定的条件下,不合理地对同一产品制定不同的价格;

(7)金融机构对金融服务制定不合理的高价或低价;

(8)制造歧视性的条件;

(9)对其他经济主体制造进入或退出产品市场的障碍;

(10)违反法定法律行为确定的定价程序;

(11)操纵电力(容量)批发和(或)零售市场价格。

2. 经济主体有权力提供证据,以证明根据本法第十三条第1部分的规定,本条第1款[除第(1)项、第(2)项、第(3)项、第(5)项、第(6)项、第(7)项以及第(10)项之外]所表述的其行为(或不作为)应被认定为是合理的。

3. 为防止出现歧视性条件,可由联邦法律或俄罗斯联邦政府规定无歧视进入产品市场的规则,并(或)按照1995年8月17日颁布的第147-FZ号联邦法律《自然垄断法》,制定对自然垄断企业生产或销售的产品,以及自然垄断企业直接用于为自然垄断领域提供服务的基础设施的规定。这些规定应包括:

(1)应提供非歧视性准入的产品及基础设施清单;

(2)使市场参与者能够比较产品市场上商品流通条件和(或)进入产品市场的信息,以及市场进入和(或)商品流通所必需的其他信息;

(3)第(2)项规定的信息披露程序,包括本条第1款中涉及经济主体生产或销售的产品的信息、产品价格、市场进入成本、产品生产或销售的可能规模以及提供产品的技术和工艺上的可能性;

(4)第(1)项中涉及经济主体生产和(或)销售相关产品和(或)进入市场产生的经济上合理成本的费用补偿程序;

(5)存在经济、技术和其他可能,以及在俄罗斯联邦法律没有对进入产品市场有规定的条件下,制定本条第1款中经济主体所在产品市场进入的投标程序;

(6)对于本条第1款中经济主体,关于进入该经济主体所在产品市场和(或)提供该产品有关的基本合同条件和(或)标准合同;

(7)根据保障居民权利和合法权益、保障国家安全、保护生态环境和文化价值的需要,决定接受合理服务消费者的程序,以便明确在不能全部满足本条第1款中经济主体生产和(或)销售产品的需求时,要对上述消费者必须保障提供服务和最低保障程度;

(8)进入第(1)项中经济主体所在产品市场,和(或)提供该产品和(或)基础设施的条件,以及在规定的情形下,对技术和(或)技术安排/措施,特别是技术连接等方面的要求;

(9)在没有其他俄罗斯联邦法律规定的情形下,对相关产品的要求。

4. 本条规定不适用于知识成果专有权利的使用行为,以及与专有权利相当的法人个性化资产,以及个性化的生产、设计以及服务提供。

5. 如果一个经济主体滥用支配地位的事实在已生效的反垄断机构决议中被发现及认定,为防止歧视性条件,俄罗斯联邦政府颁布了对占支配地位经济主体生产和(或)销售产品所在市场进入的非歧视性规定,其中该经济主体并非一个自然垄断企业,而且其市场份额超过了70%(俄罗斯联邦中央银行负责制定金融机构提供相关服务的非歧视性规定,并由联邦反垄断机构与俄罗斯联邦中央银行批准)。这些规定应包含:

(1)提供非歧视性准入的产品清单;

(2)使市场参与者能够比较产品市场上商品流通条件的信息,以及市场进入和(或)商品流通所必需的其他信息;

(3)第(2)项规定的信息披露程序,包括产品的信息、成本或决定产品价格及支付方式的信息、产品生产或销售的规模以及提供产品的技术和工艺上的可能性;

(4)基本合同条件和(或)提供产品的标准协议;

(5)根据保障居民权利和合法权益、保障国家安全、保护生态环境和文化价值的需要,决定接受合理服务消费者的程序,以便明确在不能全部满足需求时,要对上述消费者所提供服务的最低水平以及消费者获得产品的优先顺序。

6. 第十条第5款的规定可以包括通过交易所强制销售产品的条件。

7. 对进入以下经济主体所提供服务市场的非歧视性规定根据联邦法律“关于国家支付系统”规定的程序确定,其中包括国家支付卡系统运营商、国家支付卡系统基础设施服务运营商、俄罗斯联邦中央银行支付系统运营商、俄罗斯联邦中央银行支付系统基础设施服务运营商。

第十一条　禁止经济主体间限制竞争的协议

1. 相互竞争的经济主体间的协议,这些经济主体在同一市场上销售产品或相互之间销售产品,或在同一市场上购买产品。如果此类协议导致或可能导致以下结果,这些经济主体将被认定为卡特尔并予以禁止:

(1)固定或维持价格、折扣、价格加成以及(或)销售加价;

(2)在竞争性投标过程中提高、降低或维持价格;

(3)按地域、销售或购买产品规模、产品种类、购买方或销售方(消费者)的组成等因素划分产品市场;

(4)减少或停止产品的生产;

(5)与特定的销售方或购买方(消费者)拒绝签署合同。

2. 如果“纵向”协议导致下面的结果,将予以禁止(按照本法第十二条规定允许的“纵向”协议除外):

(1)导致或可能导致固定产品转售价格,除非如果销售方对购买方固定产品的最高转售价格。

(2)强制产品购买方不得销售存在竞争关系的其他经济主体的产品。这一限制不适用于规定购买方在产品市场上使用销售方或生产者名称的协议。

3. 经济主体间的协议如果导致电力(电能)批发及(或)零售市场上的价格操纵的话,应予以禁止。本款中的经济主体指电力(电能)批发及(或)零售市场中的参与人、商业基础设施组织、技术基础设施组织、网络组织等。

4. 经济主体间的其他协议如果导致或将导致限制竞争结果,应予以禁止(按照本法第十二条规定允许的“纵向”协议除外)。特别地,这些协议可能包括:

(1)将不利的合同条款强加给代理人或在合同标的中强加不相关的内容(不合理的转移金融资金或其他产权,特别是财产权的要求,以及要求在合同中包含代理人不感兴趣的有关产品的要求,以及其他要求);

(2)一个经济主体在经济上及技术上都不合理地对同一产品制定不同的价格;

(3)阻碍其他经济主体进入或退出产品市场;

(4)在行业组织或其他联合会中制定会员条件。

5. 禁止自然人、商业组织以及非商业组织协调经济主体的经济活动,如果这种协调将导致本条第1~3款规定的任何后果,这种协调活动为本法第十二条及第十三条所禁止的。

6. 一个经济主体可以根据本法第十二条或第十三条第1款的规定,提供证据证明其签署的协议或实施本条第2~4款涉及的协调行为,应认定为可被允许的。

7. 除非经济主体间协议所包含的活动类型同时为俄罗斯联邦法律所禁止,那么本条的规定不适用于属于关联人的经济主体间的协议,如果关联经济主体中的一个已经确立了对其他经济主体的控制权,或这些经济主体为一个自然人所控制。

8. 在本条以及本法第十一条第1款与第三十二条中,控制是指一个自然人或一个法人可通过一项或多项下列的行动直接或间接(通过一个法人或多个法人)决定其他经济主体作出决定的可能性:

(1)管理一个法人实体有投票权的股票总数超过了50%;

(2)行使一个法人实体执行机构的职能。

9. 本条不适用于提供和(或)让渡使用智力活动结果权利的协议、法人实体的个性化安排,以及产品、作品或服务的个性化安排。

10. 本条不适用于根据本法第七章获得反垄断机构事先同意的合资协议。

第十一.1条　禁止经济主体限制竞争的协同一致的行为

1. 竞争性经济主体间协同一致行为如果导致以下后果将被禁止:

（1）固定或维持价格、折扣、价格加成以及（或）销售加价；

（2）在竞争性投标过程中提高、降低或维持价格；

（3）按地域、销售或购买产品规模、产品种类、购买方或销售方（消费者）的组成等因素划分产品市场；

（4）减少或停止产品的生产；

（5）与特定的销售方或购买方（消费者）拒绝签署合同，如果拒绝交易并不为联邦法律直接允许。

2. 经济主体间协同一致的行动如果导致电力（电能）批发及（或）零售市场上的价格操纵的话，应予以禁止。本款中的经济主体指电力（电能）批发及（或）零售市场中的参与人、商业基础设施组织、技术基础设施组织、网络组织等。

3. 竞争性经济主体间在本条第 1 款及第 2 款中没有列出的协同一致的行动，如果导致了限制竞争结果，将予以禁止。特别地，这些协同一致的行动可能会导致以下结果：

（1）将不利的合同条款强加给代理人或在合同标的中强加不相关的内容（不合理地转移金融资金或其他产权，特别是财产权的要求，以及要求在合同中包含代理人不感兴趣的有关产品的要求，以及其他要求）；

（2）一个经济主体在经济上及技术上都不合理地对同一产品制定不同的价格；

（3）阻碍其他经济主体进入或退出产品市场。

4. 一个经济主体可以根据本法第十三条第 1 款的规定，提供证据证明其实施的第 1～3 款中所列协同一致的行为，应认定为可被允许的。

5. 如果实施协同一致的行为经济主体在产品市场上的共同市场份额不超过 20%，这里每一经济主体的市场份额不超过 8%，那么本条所禁止的协同一致的行为不再适用。

6. 本条不适用于有关联关系经济主体间协同一致的行动，如果关联经济主体中的一个确立了对其他经济主体的控制，或这些经济主体在一个第三方控制之下。

第十二条　协议的合规性

1. 如果协议为商业租让合同，则允许书面形式的“纵向”协议（金融机构间的“纵向”协议除外）。

2. 如果协议各方经济主体在产品市场上的份额不超过20%,则允许经济主体间存在“纵向”协议(金融机构间的“纵向”协议除外)。

3. 如果达成协议的经济主体在上一个自然年度总的销售额没有超过400万卢布,那么本法第十一条第4款中所规定的内容,即使其主体部分与被本法第五条第2.1款以及第2.2款有不一致的情况,经济主体间达成的协议也是被允许的。

第十三条　行为(或不作为)、协议、协同一致的行为,交易和其他行为的合规性

1. 本法第十条第1款中的经济主体的行为(或不作为)[本法第十条第1款第(1)项(固定和维持属于创新产品价格的情形除外)、第(2)项、第(3)项、第(5)项、第(6)项、第(7)项、第(10)项规定的情形除外],第十一条第(2)款至第(4)款规定的协议与协同一致的行为,第十一条第(1)款规定的交易,本法在第二十七条至第三十条规定的经济主体间的其他行为,可被认定为是被允许的,如果这些行为(或不作为)协议、协议和协同一致的行为、交易和其他行为没有使特定的自然人和经济主体获得排除相关产品市场上竞争的可能性,不限制参与方或其他第三方从事与这些行为(或不作为)、协议和协同一致的行为、交易和其他行为的目的不一致的行为,而且上述行为的结果是或可能是:

(1)完善产品的生产或销售条件,或刺激技术或经济进步,或提高俄罗斯产品在世界市场中的竞争力;

(2)行为(或不作为)协议、协议和协同一致的行为、交易和其他行为使得消费者获得与经济主体相当的利益(优势)。

2. 俄罗斯联邦政府有权规定协议以及协同一致的行为是否符合本条第1款第1部分及第2部分规定中的认定标准。俄罗斯联邦政府根据联邦反垄断机构的建议,制定适用于本法第十一条第2~4款中涉及的协议以及协同一致行为的一般豁免规定及豁免期限,并规定:

(1)协议或协同行为的形式;

(2)协议或协同行为不被认定为合规的条件;

(3)协议中应包括的强制性保护竞争的条件;

(4)被允许的协同行为应遵守的强制性条件。

3. 除本条第2款规定的条件外,可以规定协议和协同一致的行为应遵守的一般豁免条款。

第十四条 已废止。

第二(1)章 不正当竞争

第十四.1条 禁止通过诋毁的方式进行不正当竞争

禁止通过以诋毁的方式进行不正当竞争：散布可能对经济主体造成损失和(或)损害其商业声誉的虚假、不正确或失真的数据，特别是在以下方面：

(1)由其他经济主体(竞争对手)销售产品的质量以及消费者特征、产品的预期用途、制造或使用产品的方法或条件、使用产品的预期效果、产品对特定用途的适用性等；

(2)由其他经济主体(竞争对手)销售产品的数量，市场上产品的可得性，在特定条款和条件下获得产品的可能性，以及对产品的实际需求；

(3)由其他经济主体(竞争对手)销售产品的条件，特别是价格信息。

第十四.2条 禁止通过误导的方式进行不正当竞争

禁止通过以误导的方式进行不正当竞争，特别是在以下方面：

(1)所销售产品的质量以及消费者特征、产品的预期用途、制造或使用产品的方法或条件、使用产品的预期效果、产品对特定用途的适用性等；

(2)所销售产品的数量，市场上产品的可得性，在特定条款和条件下获得产品的可能性，以及对产品的实际需求；

(3)所销售产品的制造地点、产品的制造商，以及制造商或销售方的保证信息；

(4)所销售产品的条件，特别是价格信息。

第十四.3条 禁止通过不适当比较的方式进行不正当竞争

禁止通过对经济主体和(或)其产品与其他经济主体间以不适当比较的方式进行不正当竞争，包括：

(1)通过使用“最好”“首创”“第一”“最”“只有”“唯一”等词汇与其他经济主体(竞争对手)和(或)其产品进行比较，造成对产品和(或)经济主体优越性印象的其他作品和名称，但却并未给出具体的、客观证实的比较特征或参数，或如果对以上特征的描述是虚假的、不正确的或是歪曲的；

(2)在没有提供特定的比较标准或参数的情况下与其他经济主体(竞争对

手)和(或)其产品进行比较,或者如果比较的结果不能被客观核实;

(3)与其他经济主体(竞争对手)和(或)其产品的比较,是基于无关紧要或无法比较的事实进行的,并包含对竞争对手和(或)其产品的负面评估。

第十四.4条　禁止通过法人实体的个性化资产以及个性化的产品、设计或服务等获得以及使用排他性权力进行不正当竞争

1. 与获得和使用以法人实体的个性化资产以及个性化产品、设计或服务(下称个性化方式)相关的排他性权力进行不正当竞争是被禁止的。

2. 联邦反垄断机构关于在获得和使用商标专用权方面违反第十四.4条第1款规定的认定决议,由利益相关人送达联邦知识产权保护机构,用以认定对商标提供的法律保护无效。

第十四.5条　禁止与使用智力活动结果相关的不正当竞争

如果是智力活动结果被非法使用,导致一个经济主体通过销售、交换或以其他方式将产品引入流通领域的不正当竞争是被禁止的,但竞争对手拥有的个性化方式除外。

第十四.6条　禁止通过与混淆相关的不正当竞争

一个经济主体的行为(或不作为)可能导致竞争对手的经营,或对由竞争对手投放在俄罗斯境内流通领域中的产品或服务造成混淆的不正当竞争是被禁止的,其中包括:

(1)非法使用与竞争对手相同的商标、品牌名称、商业标记、产品原产地名称等符号,或与上述符号近似以致能够造成混淆,并将上述符号在俄罗斯境内销售或进入流通领域的产品、标签、包装或其他部位进行使用,以及将其在互联网信息和通信网络,特别是在域名和其他寻址方式中进行使用;

(2)复制或模仿产品的外观,并由竞争对手引入俄罗斯境内流通领域,另外还包括产品包装、标签、名称、颜色分布、一般的品牌风格(包括品牌服装、卖场以及商店橱窗装饰)或其他竞争对手和(或)其产品的个性化元素。

第十四.7条　禁止与非法获得、使用和披露构成商业秘密或其他依法保护秘密相关的不正当竞争

与非法获得、使用和披露构成商业秘密和其他依法保护秘密相关的不正当竞争是被禁止的,包括:

(1)未经有权控制信息的人同意,获取和使用由其他经济主体(竞争对手)

拥有的信息；

(2)违反与有权控制该信息的人订立的合同条件，使用或披露由其他经济主体(竞争对手)拥有的信息；

(3)在法定或合同保密期未满的情况下，使用或披露由其他经济主体(竞争对手)拥有的信息，而且该信息是从因履行职责而拥有或获得上述信息的人获得。

第十四.8条　禁止其他形式的不正当竞争

禁止其他形式的不正当竞争，以及本法第十四.1条至第十四.7条中规定的不正当竞争。

第三章　禁止俄罗斯联邦行政机构、俄罗斯联邦各组成领土的执行机构、地方自治机构、执行上述主体职能的机构或组织，以及公共预算外基金和俄罗斯联邦中央银行限制竞争的法规、行为(或不作为)、协议和协同一致的行为

第十五条　禁止俄罗斯联邦行政机构、俄罗斯联邦各组成领土的执行机构、地方自治机构、执行上述主体职能的机构或组织，以及公共预算外基金和俄罗斯联邦中央银行限制竞争的法规以及行为(或不作为)

1. 除联邦法律另有规定外，禁止俄罗斯联邦行政机构、俄罗斯联邦各组成领土的执行机构、地方自治机构、执行上述主体职能的机构或组织，以及公共预算外基金和俄罗斯联邦中央银行制定的法规和行为(或不作为)导致或可能导致禁止、限制、排除竞争，特别地，禁止的内容包括：

(1)对在任何经营活动领域设立经济主体进行限制，并对从事特定活动或生产某些类型产品实施禁令或进行限制；

(2)不合理地阻碍经济主体的经营活动，特别是对俄罗斯联邦法律未作规定的产品或经济主体提出要求；

(3)对产品在俄罗斯联邦境内产品的自由流通执行禁止性规定或实施限制性措施，限制经济主体的销售权、购买权以及商品的获取和交易；

(4)指令经济主体向特定的购买方(消费者)优先供给产品，或优先签订合同；

(5)对产品的购买方选择提供这一产品的经济主体的选择进行限制；

(6)向某经济主体优先提供获得信息的机会；

(7)提供国家或地方特惠时违反了本法第五章的规定;

(8)创造歧视性条件;

(9)未经联邦法律规定,固定和(或)收取提供公共或市政服务的价格,以及为提供公共或市政服务所必需和强制性服务的价格;

(10)除俄罗斯联邦法律规定的情形外,给予经济主体获得产品的指令。

2. 除联邦法律另有规定外,禁止俄罗斯联邦主体的权力机构、地方自治机构拥有导致或可能导致禁止、限制和排除竞争的权力。

3. 除联邦法律、俄罗斯联邦总统令和俄罗斯联邦政府决议另有规定,禁止俄罗斯联邦行政机构、俄罗斯联邦各组成领土的执行机构、地方自治机构的职能与经济主体的职能重合,以及禁止向经济主体授予上述机构的职能和权力,包括国家监督机构的职能和权力。

第十六条　禁止俄罗斯联邦行政机构、俄罗斯联邦各组成领土的执行机构、地方自治机构、执行上述主体职能的机构或组织,以及公共预算外基金和俄罗斯联邦中央银行限制竞争的协议和协同一致的行为

禁止俄罗斯联邦行政机构、俄罗斯联邦各组成领土的执行机构、地方自治机构、执行上述主体职能的机构或组织,以及公共预算外基金和俄罗斯联邦中央银行之间,以及上述机构与经济主体之间的协议,或实施协同一致的行为,如果这些协议或行为导致或可能导致禁止、限制和排除竞争。其中包括导致或可能导致的后果有:

(1)除联邦法律、俄罗斯联邦总统令和俄罗斯联邦政府决议另有规定外,抬高、降低或维持产品的价格;

(2)经济、技术或其他方面都不合理地对同一产品制定不同的价格;

(3)按照地域原则、产品销售或购买的数量以及所售产品的范围或销售方或购买方(消费者)的构成等进行市场的划分;

(4)进入一个产品市场(退出一个产品市场)的限制,或在产品市场中排除经济主体。

第四章　关于招标活动以及金融机构选择的反垄断要求

第十七条　对招标活动的反垄断要求,对产品报价的要求

1. 在进行招标以及产品报价(下称询价)过程中禁止导致或可能导致禁止、

限制或排除竞争的行为,其中包括:

(1)除俄罗斯联邦立法另有规定外,由投标组织者或委托人组织的投标参与方的协调活动或询价的协调,以及投标组织者和(或)委托人间的、投标参与方间的协议,如果这些协议的目标是导致或可能导致限制竞争的结果和(或)为任意参与方创造更好的条件;

(2)除联邦法律另有规定外,对一个或数个参与招标或询价方提供优惠的条件,其中包括优先获得信息;

(3)违反对投标或询价获胜方的认定规则;

(4)招投标组织者或委托机构和(或)招投标组织机构工作人员或委托机构工作人员参与招投标。

2. 除本条第 1 款对招投标的组织者为俄罗斯联邦行政机构、俄罗斯联邦各组成领土的执行机构、地方自治机构、执行上述主体职能的机构或组织以及公共预算外基金的限制性规定外,对上述组织者举行的国家及地方性产品、工程和服务采购,同样禁止其在联邦法律或其他法规规定之外再制定对参与招投标的限制性规定。

3. 除本条第 1 款及第 2 款对国家及地方性产品、工程和服务采购作出的招投标的限制性规定外,禁止通过下述方式限制竞争,即在招投标方提供、执行以及提交的产品、工程和服务中打包与标的在技术上及功能上不相关的内容。

4. 违反本条规定的行为,可以作为法院裁定相关招投标活动或根据相关招投标活动结果确定的交易无效的依据,其中包括依据反垄断机构的提起诉讼所作的法院裁定。依照本款规定,反垄断机构可受理招投标诉讼,并认定因该招投标而达成的交易是无效的,只要该招投标根据俄罗斯联邦法律是强制性的。

第十七.1 条　签署国家所有和地方自治体所有的资产使用协议的特别规定

1. 就属于国家所有或地方自治体所有的、不得用于商业或营利性管理用途资产的租赁合同、无偿使用合同、资产委托管理合同以及其他以该资产的占有和(或)使用权为目的的合同,只能通过公开举行的竞标或拍卖才能签署,除非上述资产权利的授予属于下面的情形:

(1)根据俄罗斯联邦签署的国际合约(包括政府间协议)、联邦法律规定的类似资产处置办法、俄罗斯联邦总统和俄罗斯联邦政府制定的法规文件规定的资产权利转移事项。

(2)向国家机构、地方自治机构以及公共预算外基金和俄罗斯联邦中央银行转移上述资产。

(3)向国家和地方自治体代理机构、国有企业和国有公司转让上述资产。

(4)向非营利性组织,如协会、联盟、宗教和自愿组织(团体),包括政党、志愿者组织、公共基金会、社区机构、社区自治机构、工会组织、工会联合会(团体)、基层工会组织、雇主协会、业主协会转让上述资产。

(5)向法律事务所、公证机构和工商协会转让上述资产。

(6)向所有商业法律结构形式的教育机构,包括本条第3款规定的国家和地方自治体的教育机构,以及私营医疗机构转让上述资产。

(7)为设置通信网络以及邮政设施转让上述资产。

(8)向有权占有和(或)使用工程支持网络的法人或自然人转让资产,所转让的资产应属于工程支持网络的一部分,而且按有关城市发展活动的法律,该工程支持网和网段在技术上是互联的。

(9)按照本法第五章规定的上述资产转移。

(10)按照2005年7月21日第94－FZ号联邦法律《国家和地方自治机构产品、工程和服务采购法》的规定组织的招标或拍卖结果,对由国家和地方自治机构与其签署协议的经济主体或自然人转移上述资产。该资产的使用权年限不能超过国家和地方自治机构合同的有效期。

(11)在连续6个日历月内资产权利转让不超过30个日历日(向一个法人或自然人提供这类资产权利的在连续6个日历月内时间总计超过30个日历日的,禁止采取不经招标形式提供资产权利)。

(12)由于拆迁或建筑物维修造成权利终止的不动产置换,被终止权利的资产可以全部或部分是不动产,或是因将不动产权利授予国家或地方自治机构的教育或医疗机构而终止。按照俄罗斯联邦法律关于资产评估的规定,转让这部分不动产的权利要与之前相同位置、空间和价值的不动产权利相一致。不动产与之前不动产权利相等的条件由联邦反垄断机构进行认定。

(13)向已经实行私有化的单一制企业的法定继承人转让资产,如果这部分资产不属于应予以私有化的企业资产,但在技术上和功能上与已经私有化的资产相关联,且被联邦法律列入民事权利客体,其流通受到禁止,或者只能在国家或地方自治机构中使用的设施。

(14)构成房屋、建筑、设施或设备的基本要素,如果转让的总面积不超过20平方米,并且不超过房屋、建筑、设施或设备总面积的10%,则属于资产转让人的权利。

(15)唯一参与投标或拍卖的自然人或经济主体,如果投标符合招标文件或拍卖文件中规定的要求、条款以及条件,以及这一自然人或经济主体被认定为唯一参与投标或拍卖的主体,根据在招标或拍卖或招标文件或拍卖文件规定的条件以及价格,但不得低于招标公告或拍卖公告中规定的最初(最低)合同(批次)价格。在这种情形下,根据本款规定,对竞争性投标的组织者来说,订立合同应构成其义务。

(16)转租或转让给他人免费使用,对受让人来说,如果竞争性投标结果被宣布无效,那么其仍可根据竞争性投标结果授予的权利拥有和(或)使用公共或地方性资产,或者如果上述权利是根据公共或地方性合同,或是根据本条第1款所授予的。

2. 本条第1款规定的合同签署程序,不适用于由俄罗斯联邦《土地法典》《水法典》《森林法典》《矿产法》《租让协议法》管理的资产转让。

3. 根据本条第1款规定的程序签署下述租赁合同、无偿使用协议、转让国家和地方性资产占有和(或)使用权的其他合同,这涉及:

(1)国家或地方自治机构的不动产转让,且这部分不动产的经济控制权或经营管理属于国家或地方自治机构的单一制企业;

(2)国家或地方自治机构的不动产转让,且这部分不动产的实际管理权属于国家或地方自治机构;

(3)国家或地方自治机构的资产转让,且这部分资产的实际管理权属于国家或地方自治机构预算和国有机构、公共机构和地方自治机构。

4. 按照本条第1款及第3款规定获得房屋、设施和建筑物的人,可经所有权人同意,不经招标或拍卖向第三方转让上述房屋、设施和建筑物的权利;同时向第三方转让占有和(或)使用权的全部或部分房屋、设施和建筑物的总面积不得超过按照本条第1款及第3款规定转让的上述房屋、设施和建筑物面积的10%,并且不能超过20平方米。

5. 联邦反垄断机构制定本条第1款及第3款规定的招标或拍卖协议的签署

程序,以及需经竞争性投标程序签订合同的合同标的资产清单。

5.1 根据本条第6款规定,投标通知应在投标截止日期前不少于30日发出,拍卖通知应在拍卖投标截止日期前不少于20日发出。

6. 自2011年1月1日起,关于举行本条第1款及第3款规定的招标或拍卖的信息在俄罗斯官方专门用于俄罗斯政府确定的招投标信息网站(下称官方竞争性投标网站)上公布。

7. 本条第1款及第3款规定的合同,不得早于招标或拍卖结果在官方竞争性投标网站上公布后10日内签订。

8. 签订和(或)执行本条第1款及第3款规定的合同,可在协商一致的条件下由合同双方根据合同规定的程序提高合同报价。

9. 本条第1款及第3款规定的租赁合同期满时,可不经组织招标或拍卖与承租人签订新一期的要求承租人履行其职责的合同,除非合同另有规定,或合同的期限受俄罗斯联邦法律限制,并同时要满足下列条件:

(1)租赁费的高低取决于设施的市场价值评估结果,评估过程按照俄罗斯联邦规范评估实务法律执行,除非俄罗斯其他法律另有规定。

(2)租赁合同重新谈判的最短期限应当不少于3年。这一期限只能在承租人声明的基础上减少。

10. 出租人不能拒绝承租人按照本条第9款规定的程序和条件,重新谈判租赁合同,但以下情况除外:

(1)根据既定的程序作出决定,该程序规定了管理此类资产的不同次序;

(2)承租人对这一资产租赁付款的债务,根据租赁合同的约定,应记罚没(罚金、罚息)规模超过了一个付款期应缴纳的租赁费用。

11. 如果出租人拒绝就新的合同期限对本条第1款及第3款规定的租赁合同进行重新谈判,根据本条第10款未提供的理由,租赁合同期满时1年内,承租人在租赁合同中及时履行合同义务的,可以要求将所订立合同中的权利和义务转让给自己,并按照《民法》的规定赔偿因拒绝续签合同而造成的损失。

第十八条 与金融机构签订合同的具体事项

1. 联邦行政机构、俄罗斯联邦各组成领土的执行机构、地方自治机构、公共预算外资金应与金融机构签订合同,合同的签订不基于交易总额,而仅能按照关于国家和地方自治机构采购产品、工程和服务的联邦法律而组织的招标或拍

卖的结果进行,签订合同的金融机构提供下列金融服务:

(1)吸收货币存款;

(2)开设和管理银行账户,并通过账户进行结算业务;

(3)已废止;

(4)证券信托管理;

(5)非国有养老金。

2. 根据本条组织公开招标或公开拍卖,联邦行政机构、俄罗斯联邦各组成领土的执行机构、地方自治机构、公共预算外资金可提出旨在评估金融机构财务健全性和偿付能力的要求,但下列要求除外:

(1)一定规模的特许资本、公司自有资金、资产,以及需满足一个金融机构的其他特征和(或)其在绝对指标中的活跃程度,除非需要满足的这些特征为俄罗斯联邦法律所要求;

(2)评级机构评定的等级;

(3)分支机构、代表机构以及提供金融服务地点之外的结构性单位。

2.1 根据该法第十八条组织公开投标时,联邦行政机构、俄罗斯联邦各组成领土的执行机构、地方自治机构、公共预算外资金可根据指标提出评估金融机构财务健全性和偿付能力的更高要求,这些指标由俄罗斯联邦立法规定,并基于提交给俄罗斯联邦中央银行的关于金融机构的金融和经济报告以及其他报告。只有当金融机构不满足财务健全性和偿付能力更高一级的要求时,联邦行政机构、俄罗斯联邦各组成领土的执行机构、地方自治机构、公共预算外资金可以根据俄罗斯立法规定的程序,对评级机构评定的某个等级提出要求。

3. 联邦行政机构、俄罗斯联邦各组成领土的执行机构、地方自治机构、公共预算外资金签订的提供金融服务合同的变更和终止,根据本条的规定,须根据2005年7月21日第94－FZ号联邦法律《国家和地方自治机构产品、工程和服务采购法》规定的情形和程序进行。

4. 根据本条第1款订立的提供金融服务合同的期限(非国有养老保险合同除外),不得超过5年,除非其他联邦法律另有规定。

5. 违反本条规定的,法院有理由认定某些竞争性投标或根据竞争性投标达成的交易无效,特别是根据反垄断机构的要求。

第十八.1条　反垄断机构关于违反竞争性投标以及签订合同程序的投诉程序

1. 根据本条的规定,反垄断机构可以考虑对以下情形进行起诉,即竞争性投标组织者的行为(或不作为)、电子站点的运营商、组织竞争性投标的投标或拍卖委员会、基于竞争性投标结果订立的合同、或根据俄罗斯联邦法律强制性的投标/拍卖被宣布无效。除起诉外,反垄断机构还可以对根据俄罗斯联邦法律进行的国家及地方性自治机构关于产品、工程和服务的采购进行审查。

2. 参与投标方可以对以下情形向反垄断机构提出上诉,即竞争性投标组织者的行为(或不作为)、电子站点的运营商、投标或拍卖委员会,而且如果上诉涉及违反竞争性投标发布信息的程序,或规范性法律规定的投标程序,也可由其他人(上诉人)提出上诉,如果其合法权益可能为违反竞争性招标组织程序的结果所侵犯(本条下称上诉人)。

3. 向反垄断机构就竞争性投标组织者的行为(或不作为)、电子站点的运营商、投标或拍卖委员会的上诉不妨碍同时就这些行为(或不作为)向法院进行上诉。

4. 除非本法另有规定,向反垄断机构就竞争性投标组织者的行为(或不作为)、电子站点的运营商、投标或拍卖委员会的上诉可根据本条规定的程序在竞争性投标结束后10日内进行,或者如果竞争性投标的结果必须在互联网站点上进行公布的话,那么时间从信息公布之日起。

5. 如果合同未按竞争性投标的结果签订,或者如果竞争性投标被宣布无效,根据本条规定的程序,可就竞争性投标组织者的行为(或不作为)、电子站点的运营商、投标或拍卖委员会在竞争性投标结束3个月内向反垄断机构进行上诉,或者如果竞争性投标的结果必须在互联网站点上进行公布的话,那么时间从信息公布之日起。

6. 对竞争性投标组织者的行为(或不作为)、电子站点的运营商、投标或拍卖委员的上诉应当以书面形式向反垄断机构提出,并应当包括:

(1)竞争性投标组织者或电子站点运营商的名称、所在地址、邮寄地址、联系电话号码;

(2)上诉人的姓名、所在地址(对法人来说)、姓氏、名字、居住地信息(对自然人来说),邮寄地址、电子邮件地址、联系电话号码以及传真号码;

(3)根据俄罗斯联邦法律,如果被诉竞争性投标的信息必须在互联网站点上进行公布的话,则发布信息网站地址的标示;

(4)对被诉竞争性投标组织者的行为(或不作为)、电子站点的运营商、投标或拍卖委员的说明以及相关论证;

(5)上诉所附文件的清单。

7. 上诉可通过邮政服务、传真、电子邮件或其他形式发送给反垄断机构。

8. 上诉书应由上诉人或上诉人代表签字。上诉人提出上诉时应附有确认上诉人代表职权范围的授权书或其他文件。

9. 有下列情形的,申诉将被退回给上诉人:

(1)申诉书中没有包含本条第6款所列明的信息;

(2)申诉书未经签字,或由未经文件确认其职权范围的人签字;

(3)关于被诉竞争性投标组织者的行为(或不作为)、电子站点运营商、投标或拍卖委员违反或不违反结果的司法判决已生效;

(4)反垄断机构对关于竞争性投标组织者的行为(或不作为)、电子站点运营商、投标或拍卖委员的上诉作出了决定。

10. 退回上诉的决定在反垄断机构收到上诉之日起3个工作日内作出,且须在作出退回上诉决定之日书面通知上诉人所作的决定,并说明退回申诉的理由。

11. 如果上诉被接受并进行调查,从收到上诉的3个工作日内,反垄断机构应将受理上诉的情况及内容的信息在竞争性投标官方网站上或反垄断机构网站上公布,通知上诉人、竞争性投标的组织者、电子站点运营商、投标或拍卖委员会上诉已被受理,并暂停竞争性投标,直至对上诉内容的调查结束(本条下称通告)。通告应包括关于上诉内容的简单描述(调查的主题),公布受理上诉信息的竞争性投标官方网站地址,或反垄断机构的网站地址,审查上诉的地点和时间。通告应通过邮政、传真或电子邮件发送。如果通告通过电子邮件发送,应根据竞争性投标通知中给出的电子邮箱地址、上诉中所列互联网信息网络上给出的电子站点运营商的电子信箱地址等发送给竞争性投标的组织者、电子站点运营商、投标或拍卖委员会。

12. 自收到通告之日起1个工作日内,其行为(或不作为)被诉的竞争性投标的组织者、电子站点运营商、投标或拍卖委员会必须就申诉被受理的事实、申诉的内容、检查的地点和时间通知投标人。

13. 竞争性投标的组织者、电子站点运营商、投标或拍卖委员会、上诉人以及投标人可以向反垄断机构提出抗辩或补充说明,并可亲自参加或通过代理人参加上诉调查。抗辩应包含本条第6款所规定的信息。抗辩应在调查上诉前2个工作日内送交反垄断机构。

14. 反垄断机构必须在收到上诉后7个工作日内审查上诉的内容。

15. 其行为(或不作为)被诉的竞争性投标的组织者、电子站点运营商、投标或拍卖委员会必须提交关于竞争性投标、招标文件的变更、拍卖文件、投标书、拍卖出价、开标协议、拍卖开标协议、投标报价以及比较协议、拍卖协议、音频和视频记录以及组织实施招标过程中编制的其他问价和资料,以用于对上诉的内容进行审查。

16. 对上诉内容的审查由反垄断机构的委员会执行。如果未能就上诉内容审查的时间和地点及时通知相关人员(由反垄断机构根据本条第11款规定发出通知),并不妨碍审查的进行。

17. 对上诉内容进行审查,反垄断机构的委员会应就被诉的竞争性投标的组织者、电子站点运营商、投标或拍卖委员的行为(或不作为)进行调查。如果在反垄断机构的委员会在对上诉的调查过程中发现了其他关于竞争性投标的组织者、电子站点运营商、投标或拍卖委员会违法的行为(或不作为),反垄断机构的委员会应根据所有被披露的违法行为作出决定。

18. 自本条第11款规定的通知发出之日起,竞争性投标应暂时停止,直到对被诉的竞争性投标的组织者、电子站点运营商、投标或拍卖委员的行为(或不作为)的审查结果作出为止。

19. 如果上诉被受理进行调查,根据本条第11款发出通知的竞争性投标组织者,在反垄断机构对上诉作出决定之前,不能订立合同。

20. 基于对上诉审查的结果,反垄断机构的委员会作出上诉正当或不正当的决定。如果上诉被认为是正当的,或者证实存在其他没有在上诉中列明的违法行为(违反竞争性投标的组织程序、基于竞争性投标的结果订立合同,或如果竞争性投标被宣布无效),则根据本法第二十三条第1款第3.1项的规定作出决定。

21. 在本条第9款第(3)项及第(4)项规定的情况下,委员会终止处理投诉。

22. 在对上诉作出决定的3个工作日内，反垄断机构应向其行为（或不作为）被诉的竞争性投标的组织者、电子站点运营商、投标或拍卖委员会发送根据对上诉审查结果作出的决定、裁定的副本，并将有关该决定、裁定的信息发布在竞争性投标官方网站或反垄断机构网站上。

23. 在作出决定或发出裁定之日起3个月内，可经由司法程序对反垄断机构的委员会作出的决定或裁定进行上诉。

24. 上诉人有权在对上诉作出决定之前撤回上诉。撤销上诉的上诉人不得根据本条规定的程序对竞争性投标的组织者、电子站点运营商、投标或拍卖委员会相同的行为（不作为）提出其他上诉。

25. 反垄断机构根据本条规定的程序，对按照联邦法律第178－FZ号《国家或地方资产私有化》进行国家或地方资产销售的销售方、国家或地方资产销售的组织者（在本条其他地方以及本法第二十三条第1款第3.1项为销售组织者）的行为（或不作为）进行上诉处理，根据以下规定：

（1）对国家或地方资产销售的销售方、国家或地方资产销售的组织者行为（或不作为）的上诉，在根据2001年12月21日联邦法律第178－FZ号《国家或地方资产私有化》第十五条规定的信息发布在官方网站之日起5个工作日内，可向反垄断机构提起；或者如果没有在网站上提供，则自签署认可申请人为投标人的协议之日起（关于承认申请人为通过公开销售或不公开价格销售形式销售国家或地方资产投标人的议定书）5个工作日内。或者签署销售私有化资产结果的协议在官方网站上发布之日起5个工作日内，或者如果没有在网站上提供，则自协议签署之日起5个工作日内，可向反垄断机构提起上诉。

（2）反垄断机构应在收到对国家或地方资产销售者和（或）销售组织者的上诉5个工作日内进行审议。

（3）如果对国家或地方资产销售者和（或）销售组织者的上诉在竞争性投标（申请参与通过公开销售或不公开价格销售形式销售国家或地方资产）截止日期前处理，反垄断机构的委员会不得作出裁定。

（4）对国家或地方资产销售者和（或）销售组织者的上诉，涉及认可申请人为竞争性投标的投标人（参与通过公开销售或不公开价格销售形式销售国家或地方资产）或拒绝认可，在本部分第1款规定的信息在官方网站上公布之日起5个工作日届满后不能提交，或者如果没有在网站上提供，则自签署认可申请人为投标人的协议之日起算起(关于承认申请人为通过公开销售或不公开价格销售形式销售国家或地方资产投标人的议定书)。

第五章　提供国家或地方特惠

第十九条　国家或地方特惠

1. 国家或地方特惠可以按照联邦行政机构、俄罗斯联邦主体的权力机构、地方自治机构,以及执行上述主体职能的主体或组织的法规文件进行,且只能用于下述目的:

(1)保障北极及邻近地区居民正常生活需要。

(2)发展教育和科学。

(3)进行科学研究项目。

(4)保护环境。

(5)保存、利用、宣传和保护俄罗斯联邦各族人民文化遗产设施(历史和文化遗迹)。

(6)发展艺术和文化,遗迹保存文化价值。

(7)发展体育运动。

(8)保障国防和国家安全。

(9)生产农产品。

(10)提供社会保障服务。

(11)提供劳动保护。

(12)保护国民健康。

(13)支持小微企业。

(13.1)根据1996年1月12日7-FZ号联邦法律《非商业组织法》的规定,支持非商业的社会组织。

(14)为达到其他联邦法律、俄罗斯联邦总统和俄罗斯联邦政府制定的法规的目的。

2. 禁止把国家或地方特惠用于与申报不符的目的。

3. 提供用于本条第1款规定目的的国家或地方特惠,必须在事前以书面形式向反垄断机构申请批准,以下情形除外:

(1)按照联邦法律、俄罗斯联邦总统的规范性法案、俄罗斯联邦政府的规范性法案、俄罗斯各组成领土预算法、地方自治主体关于预算的规范性法案，其中包括确定国家或地方特惠及其受益人范围的程序；

(2)根据俄罗斯联邦预算法的要求，通过向储备基金提供资金以补充不可预见资金支出的形式提供的国家或地方特惠；

(3)对同一对象1年内提供的国家或地方特惠不超过1次，且价值不超过俄罗斯联邦中央银行规定的法人间单笔现金结算限额；

(4)符合发展中小型企业的联邦规划、发展中小型企业的地区规划、地方政府以及地方政府间发展中小型企业的规划。

4. 国家或地方特惠不包括以下情形：

(1)根据俄罗斯联邦法律组织的投标结果，以及根据俄罗斯联邦关于国家或地方对产品、工程和服务采购的法律规定程序进行的投标结果所提供的资产和(或)其他民事权利客体；

(2)为消除特殊灾害、战争行为和反恐行动造成的后果，向部分对象转移、划拨、分配国家或地方资产；

(3)以经济主体的形式规范国家或地方资产的经济控制权或经营管理权；

(4)根据联邦法律或根据有效的法院裁决提供资产和(或)其他民事权利客体；

(5)平等地向产品市场中的每一参与者提供资产和(或)其他民事权利客体。

第二十条　提供国家或地方特惠的程序

1. 联邦行政机构、俄罗斯联邦主体的权力机构、地方自治机构，以及执行上述主体职能的主体或组织如果计划提供国家或地方特惠，要按照联邦反垄断机构规定的程序，向反垄断机构提出申请，由反垄断机构批准，并附以下文件：

(1)关于提供国家或地方特惠的决议草案，如以资产形式提供特惠，应说明特惠的目的与规模。

(2)提交申请前近2年内，作为计划提供国家或地方特惠接受对象的经济主体现在和(或)以往经营活动的清单。如果经济主体存续期不到2年，则提供其全部经营活动清单。按照俄罗斯联邦法律的规定，经济主体的经营活动需要特别批准的，则附相应经营权许可文件的复印件。

(3)计划提供国家或地方特惠的经济主体在提交申请前2年内生产和(或)

销售产品的类型以及数量,如果经济主体存续期不到2年,则注明产品代码。

(4)计划提供国家或地方特惠的经济主体需提交截至申请前最后1个会计日之前2年的财务报表。如果该经济主体不需向税务机构提供财务报表,则应附俄罗斯联邦税法规定的其他文件。

(5)计划提供国家或地方特惠的经济主体应附该经济主体关联人清单,并说明关联关系的基础。

(6)经公证的经济主体注册文件的复印件。

2. 反垄断机构审议上述相关机构提交的关于提供国家或地方特惠的申请文件,并应在受理申请文件的1个月内作出本条第3款规定的决议。如果提交的申请和(或)文件不符合本条第1款的规定,则反垄断机构在受理申请和(或)文件后10日内,按照联邦反垄断机构规定的程序,对所提交的申请和(或)文件作出不符合规定的决定,并将申请书以挂号邮件的形式退还给申请机构,并要求其签署收件回执。申请人收到反垄断机构以挂号邮件退还的申请书后14日内,反垄断机构负责保留申请文件,申请人在此期间有权对申请书文件进行修改。如果在审议过程中,反垄断机构认定申请批准的事项不属于国家或地方特惠范围,则要在受理申请后10日内,按照联邦反垄断机构规定的程序制定决议,认定所申请事项不需获得反垄断机构批准,并于决议当日以挂号邮件通知申请人,并要求签署收件回执。

3. 根据对提供国家或地方特惠申请的审议结果,反垄断机构要按照联邦反垄断机构规定的程序作出以下决议中的一种,并于决议当日以挂号邮件通知申请人决议内容,并要求签署收件回执:

(1)同意符合本法第十九条第1款规定目的的国家或地方特惠,且特惠的提供不会导致排除或限制竞争的结果。

(2)如果反垄断机构在审议过程中认定,同意提供特惠可能导致排除或限制竞争的结果,或认定所提供的特惠可能不符合本法第十九条第1款规定的目的,而且须获得本款第(1)项、第(3)项或第(4)项规定的补充信息才能作出决议,则可决定延长对申请的审议时间,但不得超过2个月。

(3)如果所申请的国家或地方特惠不符合本法第十九条第1款规定的目的,或批准该特惠会导致排除或限制竞争的结果,则可拒绝所申请的国家或地方特惠申请。

(4)批准提供国家或地方特惠,但同时引入限制性规定的决议。反垄断机构的决议中要说明作出限制性规定的原因,即为使所提供的国家或地方特惠符合本法第十九条第1款规定的目的,以及降低对竞争的消极影响。这些限制性规定可以是:

(a)提供国家或地方特惠的限定期限;

(b)国家或地方特惠受益者范围;

(c)国家或地方特惠的规模;

(d)提供国家或地方特惠的目的;

(e)其他可能对竞争产生影响的限制性规定。

4. 如果按照本条第3款第(4)项的规定,反垄断机构作出批准提供国家或地方特惠的决定,申请人须自特惠批准日后1个月内向反垄断机构提交遵守反垄断机构限制性规定的保证函。

第二十一条　违反本法有关批准和使用国家或地方特惠规定的后果

如果反垄断机构根据联邦反垄断机构规定的程序在对批准或使用国家或地方特惠的监督过程中发现违反本法第二十条规定程序给予特惠的事实,或特惠的使用不符合特惠申请时所陈述的目的,反垄断机构将向接受特惠的经济主体、联邦行政机构、俄罗斯联邦组成领土的权力机构、地方自治机构,以及执行上述主体职能的主体或组织,或接受特惠的组织作出裁定,如果国家或地方提供的特惠是作为国家或地方资产或其他民事权利的客体,则要求采取措施退回相应资产或其他民事权利的客体;如果国家或地方特惠的提供采取的是其他形式,则要求采取措施终止向已得到国家或地方特惠的经济主体提供特惠。

第六章　反垄断机构的职能和权限

第二十二条　反垄断机构的职能

反垄断机构履行下述主要职能:

(1)对联邦行政机构、俄罗斯联邦的公共机构、地方自治机构,以及执行上述主体职能的主体或组织、公共预算外基金、经济主体以及自然人对《反垄断法》的遵守情况实施国家监督,其中包括土地、矿产、水和其他自然资源使用领域的《反垄断法》遵守情况;

(2) 发现违反反垄断法的行为,采取措施制止违反反垄断法的现象,并追究

违法者责任;

(3)防止联邦行政机构、俄罗斯联邦的公共机构、地方自治机构,以及执行上述主体职能的主体或组织、公共预算外基金、经济主体以及自然人的垄断行为、不正当竞争行为和其他违反反垄断法的行为;

(4)对经济集中实施国家监督,其中包括土地、矿产、水和其他自然资源领域,以及按照本法对招投标活动实施国家监督。

第二十三条　反垄断机构的职权范围

1. 反垄断机构履行以下职权:

(1)对违反反垄断法的案件立案并审查。

(2)根据本法规定,向经济主体发出关于以下情形的有约束力的决议:

(a)终止限制竞争的协同行为和(或)限制竞争的协议,并采取措施保护竞争。

(b)终止经济主体滥用市场支配地位的行为,并采取措施保护竞争。

(c)终止违反非歧视性产品生产准入的行为。

(d)终止不正当竞争。

(e)禁止可能阻碍形成竞争的行为和(或)可能导致限制、排除竞争和违反反垄断法的行为。

(f)消除违反反垄断法所引起的后果。

(g)终止其他违反反垄断法的行为。

(h)恢复违反反垄断法之前的状态。

(i)如果在反垄断机构对违反反垄断法的审查过程中被侵犯或可能被侵犯其权利的人提出了相关申请,或在反垄断机构在对经济集中实施国家监督过程中可以指令订立合同、改变合同条款或终止合同。

(j)将违反反垄断法的非法所得上缴联邦预算。

(k)如果在反垄断机构对违反反垄断法的审查过程中被侵犯或可能被侵犯其权利的人提出了相关申请,或在反垄断机构在对经济集中实施国家监督过程中,可指令改变或限制品牌的使用。

(l)满足经济、技术、信息和其他要求以消除歧视性条件和防止出现歧视。

(m)采取支持竞争的措施,包括根据联邦法律或其他强制性法律规定的程序,保障获得生产设施或信息;根据联邦法律或其他强制性法律规定的程序,保障工业资产保护的权利；根据俄罗斯联邦政府规定的程序，保障财产权利的转让或禁止财产权利的转让，向反垄断机构初步告知履行决议规定的行为的意向，通过商品交易所销售特定数量的产品，反垄断机构初步批准商品交易所销售产品的起始价。

(3)向联邦行政机构、俄罗斯联邦的公共机构、地方自治机构、执行上述主体职能的主体或组织、公共预算外基金以及这些机构的官员，发出除本条第4款规定情形之外其他情形的有约束力的决议：

(a)撤销或修正违反反垄断法的行为；

(b)撤销或修正违反反垄断法的合同；

(c)终止其他违反反垄断法的行为，特别是采取措施归还作为国家或地方特惠转移的资产或其他民事权利客体；

(d)采取措施以维护竞争。

(3.1)对以下主体或情形发出有约束力的决议，即竞争性投标的组织者、投标或拍卖委员会、国家或地方资产的销售方、为消除破坏竞争性投标组织程序而采取行动的销售组织者、国家或地方资产的销售(本款下称竞争性投标)，根据竞争性投标结果订立的合同或如果竞争性投标被宣布无效，特别是关于取消竞争性投标过程中拟定的协议、对竞争性投标文件进行修改以及取消竞争性投标的决定。

(3.2)在本法规定的情况下，发出警告以制止有违反反垄断法迹象的行为(或不作为)。

(4)建议证券市场的联邦执行机构、俄罗斯联邦中央银行采取与反垄断法保持一致的行为，和(或)如果这些行为违反反垄断法时制止这些行为。

(4.1)如果以下实体公开宣布它们在产品市场中的行为，而且这些行为将违反反垄断法时，反垄断机构向以下主体发出由反垄断机构负责人或副负责人签署的关于禁止违反反垄断法的书面警告，也即经济主体、联邦行政机构、俄罗斯联邦各组成领土的执行机构、地方自治机构、提供公共或市政服务的组织、公共预算外资金。

(4.2)根据俄罗斯联邦关于竞争性投标以及销售国家或地方资产的法律，审议违反强制性程序的投诉。

(5)根据俄罗斯联邦法律规定的程序，追究商业组织和非商业组织及其领导人,联邦行政机构、俄罗斯联邦各组成领土执行机构、地方自治机构、其他履行上述机构职能的机构或组织的领导人,以及公共预算外资金领导人、自然人以及个体经营者违反反垄断法的责任。

(6)向仲裁法院提出有关违反反垄断法的诉讼和申请,其中包括:

(a)认定下述主体的行为全部或部分无效,或与反垄断法相抵触,特别是下述主体对企业活动造成不合理障碍的强制性法规或非法规文件,这些主体有联邦行政机构、俄罗斯联邦各组成领土执行机构、地方自治机构、其他履行上述机构职能的机构或组织,以及公共预算外资金与俄罗斯联邦中央银行;

(b)认定不符合反垄断法要求的合同完全或部分无效;

(c)关于强制订立合同;

(d)关于改变或取消合同;

(e)关于根据反垄断法的规定注销法人资格;

(f)关于将违反反垄断法的违法收入上缴联邦预算;

(g)对违反反垄断法的行为追究个人责任;

(h)认定招标结果无效;

(i)关于强制执行反垄断机构的决议和指令;

(j)反垄断立法规定的其他情形。

(7)参与法院或仲裁法院与实施反垄断法和(或)违反反垄断立法相关案件的审理。

(8)对违反反垄断法负有行政责任的人进行登记。包含登记在内的信息不能在大众媒体上发布,也不能在互联网上公布。登记的编制和保存程序由俄罗斯联邦政府制定。

(9)在反垄断机构的网站上公布涉及非确定范围人员利益的决议和指令。

(10)在对违反反垄断法案件的审理以及在实施对经济集中的国家监督过程中认定经济主体的支配地位。

(11)对商业组织、非商业组织、联邦行政机构、俄罗斯联邦各组成领土执行机构、地方自治机构、其他履行上述机构职能的机构或组织,以及公共预算外资金、自然人对反垄断法的遵守情况进行检查,从上述机构及人员处调取必要的文件和信息,以及书面或口头等形式的资料,并根据俄罗斯联邦法律要求的程序,向执行调查的机构提出请求后实施调查。

(12)根据俄罗斯联邦政府规定的程序，对相关经济活动进行控制，以确保特定产品市场中贸易的组织。例如，在政府停止价格管制的条件下的电力(电能)市场，以及对电力(电能)批发和(或)零售市场中的价格操纵实施控制。

(12.1)对批准和使用国家或地方特惠实施控制。

(13)履行本法、其他联邦法律、俄罗斯联邦总统令和俄罗斯联邦政府规定的权限。

2. 除本条第1款规定的权限外，联邦反垄断机构还具有以下权限：

(1)批准根据本法第三十二条规定的向反垄断机构提交的有关交易和(或)行为报告的形式；

(2)在与俄罗斯联邦中央银行协调后，批准认定信贷机构不合理高价或不合理低价的方法，以及认定占支配地位的信贷机构提供的其他金融机构无法提供的服务的不合理价格的方法；

(3)批准对竞争状况进行评估的方法，以认定经济主体所具有的支配地位，以及发现禁止、限制或竞争的现象(为认定金融机构支配地位的竞争状况评估方法由反垄断机构与俄罗斯联邦中央银行协商制定)；

(4)根据本法发布法律法规；

(5)对反垄断法的适用情况作出解释；

(6)按照规定的程序，对专项市场保护、反倾销和补贴措施或者改变关税税率对俄罗斯产品市场竞争状况等造成的后果提供结论；

(7)向经营许可管理机构提出撤销或收回违反反垄断法的经济主体的经营许可，或停止某些类型活动许可的权利；

(8)在保护市场竞争方面，与国际组织以及其他国家合作，参与制定和实施俄罗斯联邦参与的国际条约，参与政府间或跨部门协调俄罗斯对外国际合作，参与实施国际规划和项目；

(9)总结和分析反垄断法的执行情况，并提出相关的建议；

(10)每年向俄罗斯联邦政府提交关于俄罗斯联邦竞争状况的报告，并在反垄断机构网站上进行公布。

3. 为解决第二十三条第4款规定的问题，联邦反垄断机构成立专门机构，其成员由联邦反垄断局负责人批准。

4. 合议庭：

(1)审查关于研究和总结反垄断机构反垄断执法实践的材料,并就适用反垄断法的问题作出解释;

(2)审查联邦反垄断机构地区办公室(下称地区反垄断机构)就反垄断案件作出的决议和(或)裁定,如果这些决议和(或)裁定违反了反垄断机构适用反垄断法准则的一致性。

5. 审查地区反垄断机构就支付系统运营商、根据联邦法律《国家支付系统法》运行支付基础设施运营商,以及受俄罗斯联邦中央银行监管的金融机构反垄断案件作出的决议和(或)裁定,对于金融机构,合议庭应包括俄罗斯中央银行的代表,并占合议庭全体成员的一半。

6. 反垄断案件的当事人可就地区反垄断机构作出决议和(或)裁定违反反垄断机构适用反垄断法准则的一致性向联邦反垄断机构提起申诉。申诉应在形成决议或作出裁定之日起1个月内提出。

7. 对地区反垄断机构作出决议和(或)裁定所提出的申诉的处理进展以及申诉的处理结果,将通过在联邦反垄断机构官方网站上发布相关信息的方式通知反垄断案件的当事人以及地区反垄断机构。

8. 合议庭自收到申诉之日起2个月内作出决定。如果有必要额外研究所需要的文件(信息)以对申诉作出审查,这一期限可以延长;但延长的期限不得超过1个月。

9. 反垄断案件的当事人以及地区反垄断机构可以参加合议庭审查地区反垄断机构决议和(或)裁定的会议。反垄断案件的当事人以及地区反垄断机构可以通过视频会议系统参加合议庭审查地区反垄断机构决议和(或)裁定的会议,但须提交相关申请书,而且该地区在技术上能够进行视频会议。

10. 合议庭对地区反垄断机构的决议和(或)裁定进行审议后,可以:

(1)驳回申诉;

(2)撤销地区反垄断机构的决议和(或)裁定;

(3)变更地区反垄断机构的决议和(或)裁定。

11. 地区反垄断机构的决议,违反反垄断机构适用反垄断法准则一致性的,可以变更或撤销。

12. 合议庭在不少于半数成员出席的情况下作出决定。

13. 合议庭必须证实其决定。

14. 合议庭审查地区反垄断机构的决议和(或)裁定后的决定,必须在公布决定的实质性条款之日起5个工作日内做好准备,并在决定充分准备好之日起5个工作日内将决定公布在联邦反垄断机构官方网站上。

15. 合议庭审查地区反垄断机构的决议和(或)裁定后的决定,自在联邦反垄断机构官方网站上公布之时起生效。

16. 合议庭的议事规则由联邦反垄断机构确定。

第二十四条　反垄断机构工作人员在对反垄断法遵守情况进行监督时的权利

反垄断机构工作人员在对反垄断法的遵守情况进行监督时,在出示其工作证和反垄断机构负责人签署的关于对反垄断法的遵守情况进行检查的命令后,有权不受任何限制地进入联邦行政机构、俄罗斯联邦各组成领土的执行机构、地方自治机构、其他履行上述机构职能的机构或组织,以及公共预算外资金和非盈利组织,以获得反垄断机构认为必要的文件和信息。

第二十五条　向反垄断机构提供信息的义务

1. 商业组织和非商业组织(包含管理层)、联邦行政机构(包含领导人)、俄罗斯联邦各组成领土的执行机构(包含领导人)、地方自治机构(包含领导人)、其他履行上述机构职能的机构或组织,以及公共预算外资金(包含领导人)、自然人,包括个体经营者,根据反垄断机构的职权范围,有义务在规定的期限内按照反垄断机构的合理要求,以书面或口头的形式向反垄断机构提供文件、说明和信息(包括构成商业、行政和其他受法律保护的秘密),包括行为、合同、证书、商业函件,数字或电子格式的其他文件和资料。

2. 俄罗斯联邦中央银行有义务按照联邦反垄断机构的书面请求,提供评估信贷服务市场竞争状况以及对相应状况进行控制所需的相关法案和其他信息,除非这些信息构成了银行机密。

3. 构成了商业、行政和其他应受法律保护的秘密,根据联邦法律规定的方式向反垄断机构提供。

第二十五.1条　反垄断机构的检查

1. 为对遵守反垄断法的情况进行监督,反垄断机构有权对联邦行政机构、俄罗斯联邦各组成领土的执行机构、地方自治机构、其他履行上述机构职能的机构或组织,以及公共预算外资金、商业和非商业组织、自然人,包括个体经营者(下称被检查人)进行计划内和计划外检查。对非商业组织,在其从事经营活动或对其他经济主体的活动实施协调时,只对其遵守本法第十条、第十一条、第十四条至第十七.1条、第十九条至第二十一条的情况进行检查。本法没有规定对非商业组织的活动是否符合其注册文件规定的目的进行检查。计划内和计划外检查采取现场检查的形式。

2. 计划内检查应在下述日期3年以后进行:

(1)根据俄罗斯联邦法律规定的程序,法人或组织成立的日期,或个体经营者正式注册的日期;

(2)反垄断机构上一次对被检查人进行检查结束的日期。

3. 计划内检查每3年不得超过1次。计划内检查的目的是检查被检查人在实施经济活动时遵守反垄断法的情况。

4. 计划外检查的依据是:

(1)从执法机构、其他政府机构、地方自治机构、自愿协会等收到表明违反反垄断法的材料;

(2)自然人、法人实体提供的报告以及媒体的报道等,表明有违反反垄断法的情况;

(3)根据对违反反垄断法案件的审议结果发出的指令有效期结束,或者根据本法第七章的规定,正在对经济集中实施国家控制过程中;

(4)俄罗斯联邦总统和俄罗斯联邦政府的指示;

(5)反垄断机构披露的违反反垄断法的迹象。

5. 计划外检查的目的是检查被检查人在其活动中对反垄断法的遵守情况,或是根据本条第4款第(3)项的规定,检查被检查人对已发出指令的执行情况。

5.1 根据本条第2款和第5款所列的检查依据,经由地方检查机关同意,按照俄罗斯联邦检查机关负责人命令规定的程序,对中型商业实体进行计划外的现场检查,但对自然垄断实体的计划外现场检查和按照本法第十一条第1款规定进行的计划外现场检查除外。

6. 检查工作要按照反垄断机构负责人签署的命令进行。

7. 反垄断机构负责人关于组织检查的命令应包含以下信息:

(1)反垄断机构名称;

(2)实施检查人员以及参与检查的专家的姓、名、父姓以及职务;

(3)法人实体的名称,或被检查个体经营者的姓、名以及父姓,被检查人的地址或居住地;

(4)检查的对象、目的以及检查期限;

(5)检查工作的法律依据;

(6)为实现检查工作的目标所需的控制措施的清单,以及控制措施的时间;

(7)与检查有关的行政管制的清单;

(8)检查开始和结束的时间。

8. 组织检查命令的标准形式由联邦反垄断机构制定。

9. 检查工作自规定开始的日期后直到检查结论转达给被检查人或邮寄出检查结论,不得超过1个月。特殊情况下,可根据检查负责人的建议,由反垄断机构负责人签署命令延长检查时间2个月。

10. 延长检查时间的依据包括需要进行检验、研究或测试,将被检查人提交的外文文件翻译为俄文,以及其他必要的行为,否则将无法对被检查人是否遵守反垄断法的情况作出评估。延长检查时间的程序由联邦反垄断机构制定。

11. 作为检查的一部分,反垄断机构有权对被检查人下属机构的活动情况进行检查,包括分公司和代表处。

12. 被检查人应在不晚于开始检查日前3日收到计划内检查的通知,通知采取反垄断机构负责人签署的检查命令文件复印件,以挂号邮寄并要求签署收件回执的方式,或其他可能的方式送达被检查人。被检查人应在不晚于计划外检查开始时间前24小时收到以任何可行方式送达的检查通知。上述规定不适用于对本法第十一条遵守情况的计划外检查。

第二十五.2条 关于反垄断机构工作人员进入被检查区域和设施

1. 进行检查的反垄断机构工作人员进入被检查人的区域和设施时,需要出示本人工作证和反垄断机构负责人签署的对被检查人进行检查的命令。反垄断机构检查人员不得进入被检查人的住所。

2. 如果反垄断机构工作人员进入被检查人的区域和设施进行检查时受到阻碍,反垄断机构工作人员须按照反垄断机构制定的程序起草报告。如果被检查人拒绝在报告上签字,则应在报告中进行记录。

3. 联邦反垄断机构应制定报告。

第二十五.3条 查验

1. 为了解对全面检查来说重要的情况,反垄断机构的检查人员有权查验被检查人的区域、设施(被检查人的住所除外)、文件和物品。

2. 被检查人及其代表,以及反垄断机构检查的其他人员可以参加查验。查验应在不少于2个以上见证人员在场时进行。与检查结果没有利益关系的任何自然人都可以为见证人员。反垄断机构的工作人员不能作为见证人。如果查验过程需要专业性的知识,反垄断机构可邀请专业人士和(或)专家参与查验。

3. 如果有必要,查验过程可进行拍照、拍摄及录制视频,或复印文件以及拷贝电子格式的文件。

4. 根据查验结果做好纪要。纪要的格式由反垄断机构制定。

第二十五.4条　检查过程中对文件和信息的索取

1. 反垄断机构工作人员向被检查人或其代表出示签署后的要求对方提供文件和信息的调阅函,要求被检查人提供检查所必需的文件和信息。要求调阅函的格式由反垄断机构制定。

2. 所要求提交的文件复印件要按照俄罗斯联邦法律规定的程序进行认证。如果有必要,反垄断机构检查人员有权查阅原始文件。

3. 被检查人员在收到文件调阅函之日起3个工作日内提交相应的文件和信息。如果在3个工作日内被检查人没有条件提交相应的文件和信息,则应在收到调阅文件和信息的要求后次日内,书面通知反垄断机构工作人员,说明原因并注明提交文件和信息所需要的时间。在收到被检查人说明后2个工作日内,反垄断机构工作人员根据收到的说明和联邦反垄断机构的程序,重新作出提交文件和信息时间的合理决定,或者拒绝被检查人延期提交,并说明原因。反垄断机构工作人员书面决定的复印件根据规定的程序进行认证后,以任何可行的方式送交被检查人。

4. 如果被检查人未能在指定期限内提交或故意提交不正确的信息和数据,将根据俄罗斯联邦法律追究该被检查人的责任。

第二十五.5条　实施反垄断检查行动中对纪要制作的一般要求

1. 根据联邦法律的规定,在实施反垄断检查行动中(下称行动),反垄断机构需要制作纪要。纪要应使用俄文。

2. 纪要中应注明:

(1)行动的内容;

(2)行动的地点和时间;

(3)行动开始及结束的时间;

(4)纪要制作人的职务、姓、名以及父姓;

(5)参加行动或行动时在场人员的姓、名以及父姓,如果有必要,注明这些人员的地址、国籍以及是否熟练掌握俄文;

(6)行动的内容及后果;

(7)行动中发现的重要事实和情况。

3. 纪要需所有参加行动或行动时在场人员签字。纪要中包含的人员可以对纪要作出评论。

4. 纪要需制作纪要的反垄断机构工作人员以及所有参加行动或行动时在场人员签字。纪要复印件直接交于或以挂号信形式邮寄给被检查人,并由被检查人签收回执。

5. 在检查行动过程中的照片和底片、胶卷、视频记录以及其他资料应附在纪要中。

第二十五.6 条　登记检查结果

1. 检查发现的情况报告应一式两份,其中一份应直接交于或以挂号信形式邮寄给被检查人,并由被检查人签收回执。

2. 报告的形式由反垄断机构制定。

3. 检查报告中如果包含有国家、行政或其他受法律保护的秘密,应根据俄罗斯联邦法律的规定进行登记。

第二十五.7 条　对禁止违反反垄断法的告诫

1. 为防止违反反垄断法,反垄断机构应以书面形式向经济主体、联邦行政机构、俄罗斯联邦各组成领土的执行机构、地方自治机构、其他履行上述机构职能的机构或组织,以及公共预算外基金的官员发出告诫,禁止其可能导致违反反垄断法的行为(下称告诫)。

2. 对经济主体的高级职员发出告诫的依据是该职员就拟进行的行为发表了公开声明,且该行为可能违反反垄断法,但尚没有依据对该情形违反反垄断法发起调查。

2.1　对联邦行政机构、俄罗斯联邦各组成领土的执行机构、地方自治机构、其他履行上述机构职能的机构或组织,以及公共预算外基金官员发出告诫的依据是获得了这些机构行为(或不作为)可能违反反垄断法的信息,但尚没有依据对该情形违反反垄断法发起调查。

3. 当反垄断机构发现本条第 2 款以及第 2.1 款规定的情况之日起 10 日内,反垄断机构负责人应作出发出告诫的决定。

4. 告诫应包括:

(1)关于发出告诫的依据;

(2)经济主体、联邦行政机构、俄罗斯联邦各组成领土的执行机构、地方自治机构、其他履行上述机构职能的机构或组织,以及公共预算外基金可能违反反垄断法的行为;

(3)发出告诫的程序以及告诫的形式由反垄断机构制定。

第二十六条　反垄断机构保护商业、行政以及其他应受法律保护的秘密的责任

1. 反垄断机构在履行其职责过程中获得的包含商业、行政以及其他应受法律保护秘密的信息,除非联邦法律另有规定,否则不得公开。

2. 反垄断机构工作人员披露包含商业、行政以及其他应受法律保护秘密的信息,应承担民事、行政以及刑事责任。

3. 反垄断机构或反垄断机构工作人员披露包含商业、行政以及其他应受法律保护秘密的信息对自然人或法人造成损害的,应由俄罗斯联邦财政部进行赔偿。

第七章　对经济集中的国家控制

第二十六.1 条　受国家控制的交易和其他行为

1. 根据本章的规定,受国家控制的是与俄罗斯金融机构资产,位于俄罗斯联邦的与生产相关的固定资产与无形资产或相关的有表决权的股票(股份)、有关俄罗斯商业和非商业组织权利的交易以及其他行为,另一项构成受国家控制的是在交易日期之前 1 年内向俄罗斯联邦提供产品超过 10 亿卢布的外国人和(或)组织。

2. 本章的规定不适用于俄罗斯联邦中央银行根据 2012 年 7 月 10 日《俄罗斯联邦中央银行(俄罗斯银行)法》第 86 – FZ 号联邦法令执行的回购协议。

3. 已废止。

第二十七条　须经反垄断机构事前同意的商业组织设立和重组，有竞争关系的经济主体间的合资协议

1. 下述行为须事前得到反垄断机构的同意：

（1）商业组织间的合并（金融机构间的合并除外），如果在提交合并申请日前（集团资产）最后 1 个财务报告期内的资产负债表总值（下称最后资产负债表，向反垄断机构报备时仍以此方法确定资产负债表时间）超过 70 亿卢布，或商业组织（关联人）在合并前上 1 个自然年的销售收入合计超过 100 亿卢布；

（2）一个或数个商业组织（金融机构除外）合并到另一个商业组织（金融机构除外），其最后资产负债表价值超过 70 亿卢布，或商业组织（关联人）在合并前上 1 个自然年的销售收入合计超过 100 亿卢布；

（3）金融机构间的合并，或是一个或数个金融机构与另一个金融机构合并，这些金融机构最后的资产负债表价值总额超过了俄罗斯联邦政府规定的上限（信贷机构间并购或合并时，最后资产负债表价值上限由俄罗斯联邦政府与俄罗斯中央银行确定）；

（4）设立商业组织，其注册资本由其他商业组织（金融机构除外）以股票（股份）和（或）资产为出资形式，或设立的商业组织根据转让文件或资产负债分割文件，获得另一商业组织（金融机构除外）的股票（股份），并依据这些股票（股份）和（或）资产获得本法第二十八条规定权利的，并且新设立商业组织的注册人（关联人）和提供股票（股份）和（或）资产用于新设立商业组织注册资本的人（关联人）的最后资产负债表价值总额超过 70 亿卢布，或新商业组织（关联人）和提供股票（股份）和（或）资产用于新建商业组织注册资本的人（关联人）最近 1 个自然年销售收入合计超过 100 亿卢布；

（5）设立商业组织，如果其注册资本由金融机构（货币基金除外）的股票（股份）和（或）资产为出资形式，设立的商业组织依据这些股票（股份）和（或）资产获得本法第二十九条规定权利的，且金融机构最后的资产负债表价值及用于注册资本的股票（股份）和（或）资产的价值超过俄罗斯联邦政府规定上限的[信贷机构以股票（股份）和（或）资产（货币基金除外）作为新设立商业组织注册资本的，由俄罗斯联邦政府与俄罗斯中央银行确定上限]；

（6）一个金融机构并购一个商业组织（金融机构除外），如果金融机构最后资产负债表价值超过了俄罗斯联邦政府规定的上限；

(7)一个商业组织(金融机构除外)并购一个金融机构,如果金融机构最后资产负债表价值超过了俄罗斯联邦政府规定的上限(并购一个信贷组织时,由俄罗斯联邦政府与俄罗斯中央银行确定上限);

(8)在俄罗斯联邦领土范围内有竞争关系的经济主体间的合资协议,如果经济主体(关联人)最后资产负债表价值总额超过70亿卢布,或如果经济主体(关联人)上1个自然年的销售收入合计超过100亿卢布。

2. 按照本法第九条第1款第1部分的规定,本条第1款涉及事项的各主体属于关联人,或者本条第1款中涉及的交易是根据本法第三十一条规定的条件实施的,或者是按照俄罗斯联邦总统或俄罗斯联邦政府的法规实施的,则不适用本条第1款对交易须事前获得反垄断机构同意的规定。

第二十八条　须经反垄断机构事前同意的股份(所有权权益)、商业组织资产或权利交易

1. 如果获得股票(股份)、权利和(或)资产的人及其关联人、经济集中的目标人及其关联人最后资产负债表价值总额超过70亿卢布,或者如果上1个自然年的销售收入合计超过100亿卢布以及经济集中的目标人最后资产负债表价值总额超过4亿卢布,下述股票(股份)、权利和(或)资产的交易须事前经反垄断机构同意:

(1)经济主体(关联人)收购在俄罗斯联邦注册的股份公司的有表决权的股份时,如果该经济主体(关联人)获得了管理超过25%股份的权利,而在收购之前该经济主体(关联人)并不管理被收购公司有表决权的股份,或管理的有表决权股份的比例不超过25%。本规定不适用于公司成立时的创始人。

(2)经济主体(关联人)获得在俄罗斯联邦注册的有限责任公司的注册资本份额时,如果该经济主体(关联人)获得了管理超过1/3的注册资本份额,而在之前该经济主体(关联人)并不管理该有限责任公司的注册资本,或管理注册资本份额比例不超过1/3。本规定不适用于有限责任公司成立时的创始人。

(3)经济主体(关联人)获得在俄罗斯联邦注册的有限责任公司注册资本的份额时,管理着不少于1/3的股份和不超过50%的注册资本,如果该经济主体(管理人)获得管理50%以上股份的权利。

(4)由管理在俄罗斯联邦注册的股份公司不低于25%但不高于50%的经济主体(关联人)收购该股份公司有表决权的股份,如果该经济主体(关联人)获得管理超过 50% 有表决权的股份。

(5)由管理在俄罗斯联邦注册的有限责任公司不低于 50% 但不高于 2/3 注册资本的经济主体(关联人)收购该公司的注册资本份额,如果该经济主体(关联人)获得管理超过 2/3 的注册资本。

(6)由管理在俄罗斯联邦注册的股份公司不低于 50% 但不高于 75% 有表决权股份的经济主体(关联人)获得管理超过该公司 75% 比例份额有表决权的股份。

(7)一个经济主体(关联人)获得在俄罗斯联邦注册的其他经济主体固定生产性资产(地块和非工业建筑、构筑物、装置、营业场所和部分营业场所、未竣工的建筑物除外)和(或)无形资产的所有权、使用权或占有权,如果构成交易标的或相互关联交易的财产,其余额超过了让渡、转让财产的经济主体固定的生产性资产和无形资产账面价值的 20%。

(8)作为一次或数次交易的结果,这些交易包括信托管理、共同经营协议或代理合同,一个经济主体(关联人)获得了决定在俄罗斯联邦注册的经济主体实施商业活动的条件(金融机构除外),或者能够影响经济主体管理机构履行管理职能。

(9)由经济主体(关联人)收购了在俄罗斯境外成立的法人实体超过 50% 的有表决权的股票(股份),或获得了其他能够决定该法人实体实施企业活动的条件,或者能够行使该实体董事会的职能。

2. 如果本条第 1 款所述的行为是根据本法第三十一条规定的条件进行的,或者如果这些行为是根据俄罗斯联邦总统或俄罗斯联邦政府的指令实施的,或者交易是以金融机构的股票(股份)进行,则本条第 1 款规定的相关行为须事前得到反垄断机构同意的要求将不再适用。

3. 确定获得股票(股份)、权利和(或)资产的经济主体及其关联人、作为经济集中对象的经济主体,以及根据本条第 1 款规定不予考虑的关联人的总资产价值。确定出售(让渡)股票(股份)或权利的经济主体及其关联人的资产,如果作为交易的一个结果,出售者及其关联人丧失了能够决定实施企业活动的条件。

第二十九条　须经反垄断机构事前同意的股票(股份)、金融机构资产和权利的交易

1. 如果金融机构最近的资产负债表价值超过了俄罗斯联邦政府规定的上

限[当以股票(股份)进行交易时,信贷机构的资产或权利交易,由俄罗斯联邦政府与俄罗斯中央银行协商规定上限],下列与金融机构股票(股份)、金融机构资产或与金融机构相关的权利交易应事前征得反垄断机构同意:

(1)经济主体(关联人)获得股份公司有表决权的股票,由此获得该股份公司超过25%有表决权股票的支配权,如果之前该经济主体(关联人)并不持有该公司有表决权的股票。本规定不适用于金融机构成立时的创始人。

(2)经济主体(关联人)获得有限责任公司授权基金中的股份,如果该经济主体(关联人)获得管理超过1/3的该有限责任公司授权基金股份,那么在收购前该经济主体(关联人)管理的该有限责任公司授权基金股份比例不超过1/3。本规定不适用于金融机构成立时的创始人。

(3)由管理有限责任公司授权基金股份份额不低于1/3但低于50%的经济主体(关联人)获得有限责任公司授权基金股份,如果交易后经济主体(关联人)有权支配超过50%的上述股份。

(4)由持有股份公司不低于25%但不高于50%股票的经济主体(关联人)获得股份公司的股票,如果交易后经济主体(关联人)持有的股票份额超过了50%。

(5)由持有有限责任公司授权基金不低于50%但不高于2/3股票的经济主体(关联人)获得有限责任公司授权基金股份,如果交易后经济主体(关联人)持有的股票份额超过了2/3。

(6)由持有股份公司不低于50%但不高于75%股票的经济主体(关联人)获得股份公司的股票,如果交易后经济主体(关联人)持有的股票份额超过了75%。

(7)经济主体(关联人)通过一次或数次交易获得金融机构(货币基金除外)的资产,所获得资产的价值超过了俄罗斯联邦政府规定的上限。

(8)作为一次或数次交易的结果,这些交易包括信托管理、共同经营协议或代理合同,一个经济主体(关联人)获得了决定金融机构实施商业活动的条件,或者能够影响其管理机构履行管理职能。

2. 本条第1款规定的事前须获得反垄断机构同意的交易不适用于以下情形,本条第1款涉及的交易是由本法在第九条第1款第(1)项规定的关联人之间进行,或者本条第1款涉及的交易符合本法第三十一条的规定,或者交易根据俄罗斯联邦总统或俄罗斯联邦政府的指令进行的。

第三十条　应向反垄断机构报备的交易和其他行为

1. 应向反垄断机构报备的有：

（1）商业组织间并购（金融机构间的合并除外）形成的新商业组织，如果并购前其最后资产负债表总价值或合并前最后1个自然年度其销售总额超过4亿卢布的，那么应在并购之日起45日内向反垄断机构报备；

（2）商业组织与一个或多个商业组织合并（金融机构间的合并除外），如果合并前其最后资产负债表总价值或合并前最后1个自然年度其销售总额超过4亿卢布的，那么应在合并之日起45日内向反垄断机构报备；

（3）金融机构间并购形成新的金融机构，如果并购前其最后资产负债表总价值不超过俄罗斯联邦政府规定的上限（信贷机构之间的并购，上限由俄罗斯联邦政府与俄罗斯中央银行协商确定），那么应在并购之日起45日内向反垄断机构报备；

（4）金融机构与一个或多个金融机构合并，如果合并前其最后资产负债表总价值不超过俄罗斯联邦政府规定的上限（信贷机构之间的合并，上限由俄罗斯联邦政府与俄罗斯中央银行协商确定），那么应在合并之日起45日内向反垄断机构报备；

（5）通过本法第二十八条规定的交易或其他行为获得股票（股份）、权利和（或）资产［金融机构的股票（股份）、权利和（或）资产除外］的经济主体，如果经济主体及关联人最后的资产负债表价值，或获得股票（股份）、权利和（或）资产的经济主体及关联人以及股票（股份）、权利和（或）资产的出让方及关联人在交易前最后1个自然年度其销售总额超过4亿卢布，同时股票（股份）、权利和（或）资产的出让方及关联人的最后资产负债表总价值超过6000万卢布，应在交易之日起45日内向反垄断机构报备；

（5.1）一个商业组织（金融机构除外）并购一个金融机构时，如果金融机构的最后资产负债表总价值超过俄罗斯联邦政府规定上限的；

（6）通过本法第二十九条规定的交易或其他行为获得金融机构股票（股份）、权利和（或）资产的经济主体，如果其最后资产负债表总价值超过了俄罗斯联邦政府规定的上限［获得信贷机构股票（股份）、权利和（或）资产的情形，上限由俄罗斯联邦政府与俄罗斯中央银行协商确定］，那么应在交易之日起45日内向反垄断机构报备。

2. 根据本条第 1 款规定向反垄断机构进行的报备不适用于反垄断机构事前同意的交易或其他行为。

第三十一条　对关联人实施经济集中进行国家控制的特别规定

1. 本法第二十七条至第二十九条中规定的交易和其他行为无须经过反垄断机构的事前同意,但如果满足以下条件,则应根据本法第三十二条规定的程序向反垄断机构进行报备:

(1)本法第二十七条至第二十九条中规定的交易和其他行为由存在关联关系的经济主体实施;

(2)关联人中任一方在交易或其他行为实施前 1 个月,按照联邦反垄断机构规定的格式,向联邦反垄断机构提交关联人清单,并说明存在关联关系的基础;

(3)在实施交易或其他行为时,关联人清单与之前向反垄断机构提交的清单没有发生变化。

2. 联邦反垄断机构在收到关联人清单及对关联关系基础所作的说明后,向清单提供方发出包含以下内容之一的通知:

(1)如果该清单是以反垄断规定的格式提交的,通知其收到了清单并在反垄断官方网站上进行公布;

(2)违反了提交清单的格式以及不符合本条第 1 款所规定的要求。

3. 对实施本法第二十八条和第二十九条规定的交易和其他行为感兴趣的经济主体,或者因实施本法第二十七条规定的交易或其他行为而形成的经济主体,应在上述交易或行为实施后 45 日内向反垄断机构报备。

4. 联邦反垄断机构制定包括有关联内容的关联人清单格式。

5. 如果反垄断机构确认关于所提交的关联人清单信息不属实,联邦反垄断机构则要从官方网站上撤销所公布的信息。

第三十二条　关于实施受国家控制的交易和其他行为在合并前与合并后应向反垄断机构进行报备的经济主体,以及应报备的文件和信息

1. 为获得本法第二十七条至第二十九条规定事项为反垄断机构事前同意,或为对本法第三十条及第三十一条规定的事项向反垄断机构进行报备,下列经济主体应向反垄断机构提出申请:

(1)实施本法第二十七条第1款第(1)项至第(3)项、第(6)~(8)项所规定行为的经济主体;

(2)建立本法第二十七条第1款第(4)项及第(5)项、第三十条及第三十一条规定的商业组织,进行决策的经济主体或其中之一应向反垄断机构对所实施的交易及其他行为进行报备;

(3)实施本法第二十八条及第二十九条的交易,获得其他经济主体股票(股份)、资产和权利的经济主体;

(4)根据本法,对完成的交易和其他行为有义务向反垄断机构进行报备的经济主体。

2. 本条第1款第(1)~(3)项涉及的经济主体应向反垄断机构申请批准交易和其他行为。

3. 根据本法第三十条及第三十一条有义务向反垄断机构对实施交易和其他行为进行报备的经济主体,向反垄断机构对合并前实施此类交易和其他行为进行报备。

3.1 根据联邦反垄断机构规定的程序,报备或申请可以电子形式向反垄断机构提交。

4. 可由申请人的代表向反垄断机构提交关于合并前或合并后实施的交易和其他行为的报备。

5. 受反垄断控制的交易和行为在向反垄断机构提交申请或报备时须同时提交:

(1)法人实体须提交经公证机构公证的注册文件复印件,自然人须提交申请人的姓、名、父姓,以及能证明个人身份并在申请或报备时有效的文件[证明文件的编号和(或)号码]、文件发放日期和地点以及发放的机构。

(2)在提交申请时有效的、经公证机构公证的经济集中对象的注册文件复印件,或者关于申请人不具有此类文件的书面说明。

(3)受反垄断控制的交易和其他行为实施的对象和内容的文件和(或)信息。

(4)申请人提交申请或报备前2年的经营活动信息,如果存续期不足2年,则提交存续期内所有的经营活动信息,如果申请人从事的经营活动需要俄罗斯联邦法律的特别许可,还应附其有权从事这些经营活动证明文件的复印件。

(5)申请人提交申请或报备前 2 年生产、销售产品的品名,并注明产品代码,如果存续期不足 2 年则提交存续期内生产和销售的信息。

(6)向申请人提供根据本法第二十七条至第三十条规定的经济主体经营活动主要类型的信息,包括提交申请或报备之日前2 年中该经济主体产品的品名、生产与销售产品的数量以及产品代码,如果存续期不足2 年,则提交存续期内所有的经营活动信息,如果经济主体从事的经营活动需要俄罗斯联邦法律的特别许可,还应附其有权从事这些经营活动证明文件的复印件。

(7)提交截至申请之日前最后 1 个会计日的资产负债表,如果提交报备,则提交截至实施交易和其他行为前最后 1 个会计日的资产负债表。

(8)提交截至申请之日前最后 1 个会计日申请人及其关联人资产的总账面价值信息,如果提交报备,则提交截至实施交易和其他行为前最后 1 个会计日的总账面价值信息。

(9)提交截至申请之日前最后 1 个会计日经济集中对象及其关联人资产的总账面价值信息,如果提交报备,则提交截至实施交易和其他行为前最后 1 个会计日的总账面价值信息。

(10)如果申请人为金融机构,提交截至申请之日前最后 1 个会计日向俄罗斯中央银行及对金融市场有监管职能的联邦行政机构提交申请人的财务和经济核算,如果提交报备,则提交截至实施交易和其他行为前最后 1 个会计日的相关信息。

(11)如果金融机构的股票(股份)、财产和(或)资产以及(或)与之相关的权利被收购,经济集中对象的财务、经济以及其他核算应在提交截至申请之日前最后 1 个会计日向俄罗斯中央银行及对金融市场有监管职能的联邦行政机构提交,如果提交报备,则提交截至实施交易和其他行为前最后 1 个会计日的相关信息,如果不具备这些文件,则应提交相关情况的书面说明。

(12)截至提交申请或报备之日申请人以任何方式持有的超过 5% 股票(股份)的商业组织的清单,如果申请人并不持有商业组织的股票(股份),则应提交相关情况的书面说明。

(13)截至提交申请或报备之日作为经济集中对象的经济主体以任何方式持有的超过 5% 股票(股份)的商业组织的清单,如果该经济主体并不持有商业组织的股票(股份),则应提交相关情况的书面说明,或者书面说明申请人不掌握相关信息。

(14)截至提交申请或报备之日申请人以任何方式持有的超过5%股票(股份)的经济主体的清单。

(15)截至提交申请或报备之日作为经济集中对象的经济主体以任何方式持有的超过5%股票(股份)的经济主体的清单,或者书面说明申请人不掌握相关信息。

(16)截至提交申请之日申请人提交经反垄断机构批准的形式与申请人构成关联人的清单,并注明关联人之间的特征,如果提交报备,则提交截至实施交易和其他行为前最后1个会计日的相关信息。清单中应包括存在关联关系的团体中,由申请人控制的经济主体以及控制申请人的经济主体,与申请人存在关联关系并在同一产品市场上运行的经济主体,参与合并、收购和(或)构成经济集中对象的经济主体,以及在申请人及关联人控制下的经济主体。清单中不包括与申请人存在关联关系的自然人,除非其为个体经营者和(或)符合本法第九条第1款第(1)项至第(3)项、第(5)项、第(6)项规定的特征,并与申请人构成关联人。

(17)截至提交申请之日申请人提交经反垄断机构批准的形式,并满足本法第二十七条至第三十条规定特征,与申请人存在关联关系的经济主体清单,如果提交报备,则提交截至实施交易和其他行为前最后1个会计日的相关信息,或书面说明申请人不掌握相关信息。满足本法第二十七条至第三十条规定的并与申请人存在关联关系的经济主体清单应包括参与合并、并购和(或)作为经济集中对象的经济主体;控制参与合并、并购和(或)作为经济集中对象的经济主体;为作为经济集中对象控制的经济主体;与经济集中对象存在关联关系的经济主体,在产品市场上于申请人及经济集中对象同时运营的经济主体,以及受该经济主体控制的经济主体。满足本法第二十七条至第三十条规定的并与申请人存在关联关系的清单中不包括自然人,除非其为个体经营者和(或)符合本法第九条第1款第(1)项至第(3)项、第(5)项、第(6)项规定的特征,并与申请人构成关联人。

(18)名义上持有申请人超过5%股票(股份)经济主体的信息,包括在提供税收优惠的国家注册的经济主体和(或)其法律没有规定披露和提交关于一个法人实体的信息(离岸区)。

(19)作为经济集中的对象,并从事第57－FZ号联邦法律《外国资金对具有国防和国家安全战略意义商业实体投资的管理办法》(下称联邦法律《外国资金对具有国防和国家安全战略意义商业实体投资的管理办法》)第六条规定类型经营活动的许可证清单,或者书面说明申请人不掌握相关信息。

(20)证明已对受国家监督的交易和行为缴纳相应费用的文件。

5.1　如果申请人没有提交本条第5款规定的全部文件和信息,将认定申请人没有进行提交,反垄断机构将于10日内通知申请人。反垄断机构在申请人收到通知后14日内保存所提交的文件;在这段时间内申请人有权收回文件。

5.2　如果申请人未能提交本条第5款第(4)项规定的文件副本,以确认实施这类活动的权力(如果实施这类活动需要得到俄罗斯联邦法律的许可),相关机构应在反垄断机构提出跨部门的请求时,应提供关于此类许可的信息。

5.3　失效。

5.4　如果申请人未能提交本条第5款第(10)项及第(11)项规定的文件,根据反垄断机构、俄罗斯中央银行以及对金融市场有监管职能的联邦行政机构的要求,申请人应提交申请人财务、经济和其他的核算信息,或者其股票(股份)、财产和(或)资产以及(或)与之相关的权利被收购的经济主体的信息。

6. 商业组织间合并、一个商业组织对另一个或数个商业组织并购、非商业组织间合并、一个非商业组织并购另一个或数个非商业组织、建立一个商业组织或进行报备的申请,须由申请人以及参与合并、并购或建立人签名,上述合并或并购的报备只须申请人签字。本条第5款规定的关于参与合并、并购或建立新商业组织的其他经济主体的文件和信息也须与申请同时向反垄断机构提交。

7. 联邦反垄断机构根据本条第5款的规定制定所提交信息的格式。

8. 根据本法第二十七条至第三十一条的规定,如果交易和其他行为需要事前得到反垄断机构同意或事后报备需要多次进行,那么,每一交易和行为都需要单独进行申请或报备。

9. 向反垄断机构提交申请需要其批准的交易和其他行为的信息须在反垄断机构官方网站上进行公布。利害关系人可以就这些交易和其他行为对竞争状态的影响向反垄断机构提供信息。

10. 第三十二条第1款规定的经济主体有权在向反垄断机构提交合并前或合并后申请前,就即将进行的交易和其他行为向反垄断机构报备。这些经济主体有权向反垄断机构提交信息和文件，并有权提出支持竞争的实施条件。在行使对经济集中的控制权时，反垄断机构将对所提交的信息和文件予以考虑。

第三十三条　反垄断机构根据对申请审查的结果作出决议，并向申请人发出决议

1. 反垄断机构有义务对根据本法第三十二条所提交的申请进行审查，并在收到申请之日起30日内以书面形式通知申请人对申请的决议，并说明决议的依据。

2. 根据对应受国家监督的交易和其他行为申请的审查结果，反垄断机构可作出如下决议：

(1)如果申请中的交易和其他行为不会导致对竞争的限制，则申请将予以通过。

(2)如果申请中的交易和其他行为将导致对竞争的限制，包括使经济主体(关联人)获得或加强其支配地位的结果，则出于进一步审议的需要，以及为作出本款第(1)项、第(3)项、第(4)项及第(5)项规定的审查结论须获得更多的信息，延长申请审查的时间。

(3)如果出现本法第二十七条规定的情形，或本法第二十八条及第二十九条对交易规定的情形，延长批准商业组织和(或)非商业组织合并、一个商业组织并购一个或多个商业组织和(或)非商业组织，以及建立一个商业组织的申请审查时间。对参与合并、并购以及新建商业组织的申请人和(或)其他经济主体设定获得反垄断机构批准需要满足的条件，满足这些条件的期限不超过9个月。这些条件是作出延长审查申请期限决定的一个组成部分。

(3.1)如果申请中的交易和其他行为按照2008年4月29日通过的联邦法律《外国资金对具有国防和国家安全战略意义商业实体投资的管理办法》需要事前批准，则延长对申请的审查时间，直至按照联邦法律《外国资金对具有国防和国家安全战略意义商业实体投资的管理办法》作出对交易和其他行为的决议。

(4)批准本法第二十七条至第二十九条规定的交易和其他行为的申请，同时根据本法第二十三条第1款第(2)项的规定，同时向申请人和(或)申请人的关联人、和(或)其股票(股份)、财产、资产及其权利被收购的经济主体发出决议，要求上述主体在实施所申请的交易和其他行为时要采取实际措施以保护竞争。

(5)如果所申请的交易和其他行为导致或能够导致限制竞争(特别地,如果实施申请中的交易和其他行为将出现形成或加强经济主体的支配地位的结果),以及如果在对所提交的文件审查过程中,反垄断机构发现对作决定有重要影响的文件中包含的信息不真实,或如果申请人没有提交反垄断机构所要求的信息,而导致反垄断机构无法作出所申请事项是否会限制竞争的决定,反垄断机构将拒绝所提交的申请。

(6)如果根据联邦法律《外国资金对具有国防和国家安全战略意义商业实体投资的管理办法》,所申请的交易和其他行为没有得到事前同意,反垄断机构将拒绝所提交的申请。

3. 本条第 1 款规定的时间,可根据本条第 2 款第(2)项进行延长,但延长的期限不能超过 2 个月。在反垄断机构作出延长审查时间的情形下,反垄断机构要在官方网站上对拟进行交易和其他行为的内容进行公布。利益相关人有权向反垄断机构提供关于该交易和其他行为对竞争条件影响的信息。

4. 如果商业组织并购、商业组织间的合并、形成一个新的商业组织导致或可能导致对竞争的限制,包括通过以上行为形成的经济主体(关联人)具备了或加强了其市场支配地位,那么反垄断机构在这种情形下根据本条第 2 款第(3)项的规定,可以决定延长申请的审查时间。

5. 为保护竞争,本条第 2 款第(3)项规定的条件可以包含以下内容:

(1)使用申请人以及参与以下情形合并主体的基础设施、其他生产性设施以及信息的程序,这些情形包括商业组织并购、商业组织间的合并、形成一个新的商业组织等;

(2)对于申请人以及参与商业组织并购、商业组织间合并、形成一个新商业组织的经济主体管理的设施提供产权保护的程序;

(3)对申请人和(或)其他参与商业组织并购、商业组织间合并、形成一个新商业组织的经济主体将资产转让给予申请人和(或)其他经济主体不存在关联关系的经济主体的要求,以及上述申请人和(或)其他经济主体将行为和(或)义务选择权许可给予申请人和(或)其他经济主体不存在关联关系的经济主体的要求;

(4)对申请人以及其他参与商业组织并购、商业组织间合并、形成一个新商业组织的经济主体组成的要求。

6. 在满足本条第2款第(3)项规定的要求后，申请人向反垄断机构提交证明文件。在接收到文件之日起30日内，反垄断机构作出批准商业组织并购、商业组织间的合并、形成一个新的商业组织的决议，或者在规定时间内接收到的文件证明所规定的条件都得到了满足，则批准本法第二十八条及第二十九条规定的交易，否则作出拒绝批准的决议。

7. 如果申请书中的交易和其他行为导致或可能导致限制竞争的结果，那么，反垄断机构在对交易和其他行为的申请书进行批准的同时要根据本条第2款第(4)项的规定发出相应决议。

8. 自反垄断机构批准关于交易和其他行为的申请书之日起1年内，如果交易和其他行为没有进行，则反垄断机构作出的批准交易和其他行为申请的决议将失效。

9. 根据本法第三十条的规定，实施受国家控制的交易和其他行为的主体应向反垄断机构报备，该主体有权在实施这些交易和行为之前请求反垄断机构同意上述交易和其他行为，反垄断机构根据本条规定的程序由义务对申请进行审查。

9.1　对于签订协同一致行动协议的经济主体，如果其资产的总值不超过本法第二十七条第1款第(8)项规定的上限，有权在协议签订之前向反垄断机构提交申请，以寻求反垄断机构对特定协议的批准。反垄断机构须按照第三十三条规定的程序对申请予以考虑。

10. 如果根据本法第三十条和第三十一条实施的交易和其他行为导致或能够导致限制竞争的结果，包括使经济主体具备或加强了其市场支配地位，向反垄断机构提交申请书的申请人或申请人的关联人须根据本法第二十三条第1款第(2)项的规定，采取保护竞争的实际措施。

11. 根据本条对申请人发出决议的申请，或基于反垄断机构主动要求，反垄断机构可以根据出现的实质性情形，对申请的内容和执行程序重新进行考虑，这些情形是在决议发出后出现的，并且排除了全部或部分执行决议中内容的可能性和(或)权宜性。实质性情形包括改变产品或产品市场的地理边界、购买者或销售者组成以及经济主体支配地位的丧失。对决议再审查的申请书须在收到之日起1个月内进行审议。对决议再审查的程序由反垄断机构制定。更改决议不应损害被裁定人的地位。

第三十四条　违反所实施交易和其他行为须事前获得反垄断机构同意程序的后果,以及违反受控制的交易和其他行为须向反垄断机构报备的后果

1. 事前没有得到反垄断机构同意而成立的商业组织,包括本法第二十七条涉及的商业组织间合并和并购成立的商业组织,如果商业组织的成立导致或可能导致限制竞争的结果,包括出现具备或加强支配地位的结果,将注销所成立的商业组织,或按照反垄断机构的提起诉讼经司法程序对其实施剥离、分拆等重组措施。

2. 实施本法第二十八条及第二十九条涉及的交易和其他行为,但没有事前得到反垄断机构的同意,如果这些交易和其他行为导致或能够导致限制竞争的结果,包括出现具备或加强支配地位的结果,那么将按照反垄断机构的提起诉讼经司法程序认定为无效。

3. 有义务就所实施的本法第三十条第1款第(1)项至第(4)项规定的交易和其他行为向反垄断机构进行报备的商业组织,如果其违反了就所实施的交易和其他行为进行报备的规定,并且这些交易和其他行为导致或能够导致限制竞争的结果,包括出现具备或加强支配地位的结果,将注销所成立的商业组织,或按照反垄断机构的提起诉讼经司法程序对其实施剥离、分拆等重组措施。

4. 如果本法第三十一条和第三十条第1款第(5)项涉及的交易和其他行为在实施中违反了就所实施的交易和其他行为进行报备的规定,并且这些交易和其他行为导致或能够导致限制竞争的结果,包括出现具备或加强支配地位的结果,那么将按照反垄断机构的提起诉讼经司法程序认定为无效。

5. 不遵守根据本法第三十三条第2款第(4)项规定的程序所发出的决议,可以作为按照反垄断机构的提起诉讼经司法程序认定为无效的依据。

6. 不遵守根据本法第三十三条规定的程序所发出的决议,以及违反本法第二十七条至第三十二条规定的,除要承担本条规定的后果外,还要按照《俄罗斯联邦行政法》的规定追究相关责任。

第三十五条　经济主体限制竞争协议的国家监督

1. 经济主体计划签订为联邦法律所允许的协议,有权向反垄断机构以书面形式提交申请,请求反垄断机构对协议草案是否符合法律规定进行审查。

2. 计划签订协议的经济主体向反垄断机构提交申请时,须同时按反垄断机构的制定清单提供相关文件和信息。

3. 自收到对申请进行审查所需要的全部文件和信息之日起30日内，反垄断机构以书面形式对协议草案是否符合反垄断法的要求作出决议。

3.1 如果对申请进行审查所需要的文件和信息没有全部提交，则申请将被认定为没有进行提交，反垄断机构须在收到申请之日起10日内通知申请人。反垄断机构在申请人收到通知后14日内保存所提交的文件；在这段时间内申请人有权收回文件。

4. 对以书面形式作出协议草案不符合反垄断法规定的依据是：

(1)根据本法第十二条或第十三条接受的协议草案，不符合本法第十一条第1~4款规定的条件；

(2) 经济主体所提交的文件中包含不真实的信息，以及其他对作出决议重要的信息失真。

(3)未能按照本条第2款的规定提供信息和文件。

5. 如果有必要，反垄断机构可对本条第1款涉及的申请延长其审查时间，但延长的时间不能超过20日。反垄断机构要以书面形式通知申请人延长了审查的时间，并注明延长审查时间的原因。

6. 如果自收到相关决议起1年内没有签署协议，则反垄断机构作出的关于书面协议草案符合或不符合反垄断法的决议失效。

7. 反垄断机构在对书面协议草案作出符合反垄断法要求的决议时，有权向协议参与方发出采取措施保护竞争的指令。

8. 在以下情形中，反垄断机构有权取消书面协议草案符合反垄断法要求的决议：

(1)在反垄断机构作出决议后发现经济主体提交的供对协议进行审查的信息不真实；

(2)计划签订协议的经济主体没有履行本条第7款规定的内容；

(3)构成协议草案符合本法第十二条或第十三条规定的基础性条件发生了改变。

9. 根据反垄断机构认为其所提交的协议草案符合反垄断法规定的决议而签订协议的经济主体，须自收到反垄断机构根据本条第8款第(3)项的规定，作出取消批准协议草案的合理决议起1个月内，终止所签订的协议。如果协议参与方的市场份额发生了变化,此外如果协议参与方未能遵守协议的条款和条件,反垄断机构可以作出取消批准与反垄断法一致的协议草案的决议。

第八章 违反反垄断法须承担的责任

第三十六条 履行反垄断机构的决议和指令的义务

商业组织和非商业组织(包含管理层)、联邦行政机构(包含领导人)、俄罗斯联邦各组成领土的执行机构(包含领导人)、地方自治机构(包含领导人)、其他履行上述机构职能的机构或组织,以及公共预算外资金(包含领导人)、自然人,包括个体经营者,有义务在反垄断机构所发出决议和指令规定的时间内履行决议和指令规定的内容。

第三十七条 违反反垄断法须承担的责任

1. 联邦行政机构、俄罗斯联邦各组成领土的执行机构、地方自治机构以及其他履行上述机构职能的机构或组织的领导人、商业组织和非商业组织的管理层、自然人、包括个体经营者根据俄罗斯联邦法律的规定承担其责任。

2. 由于违反反垄断法其权益受到损害的人可以按照既定的程序提起诉讼,特别地,可就被侵害的权利,包括利益损失、财产损害赔偿等提起诉讼。

第三十八条 对商业组织以及从事营利性活动的非商业组织的强制性分拆或剥离

1. 对于占支配地位的商业组织实施系统性垄断行为,以及非商业组织实施获利行为的情形,法院有权根据反垄断机构的提起诉讼(对于信贷机构的提起诉讼,需要反垄断机构与俄罗斯联邦中央银行进行协商),作出将上述机构进行强制性分拆或从其中剥离出一个或多个机构的决议。由上述强制性分拆过程形成的机构之间不能存在关联关系。

2. 如果满足下面的条件,那么法院可以作出对商业组织进行强制性分拆或从其中剥离出一个或多个机构的决议以促进竞争:

(1)商业组织分拆后的结构性单位具备独立运营的可能;

(2)商业组织的结构性单位之间不存在技术上的相互依存关系[特别地,如果商业组织结构性单位生产的总产量中的30%或以下比例的产品(设计、服务)为该商业组织其他结构性单位所使用];

(3) 通过重组形成的法人实体在相关产品市场上存在能够独立运营的可

能性。

3. 法院在作出对商业组织进行强制性分拆或从中剥离出一个或多个商业组织的裁决后，或对从事营利性活动的非商业组织作出强制性分拆的决定后，上述组织的所有者或授权代表必须根据裁定的要求在裁决规定的时间内执行，法院裁决的执行时间不低于6个月。

第九章　对违反反垄断法案件的审议

第三十九条　启动违反反垄断法案件审查的依据，案件审查的地点，以及案件审查中发现行政违法的处理

1. 反垄断机构在其授权范围内对违反反垄断法的案件立案并启动审查，根据审查结果作出决议并发出相关指令。

2. 反垄断机构对违反反垄断法的案件立案（下称案件）并启动审查的依据可以是：

（1）收到来自国家机构或地方自治机构指证违反反垄断法的文件（下称文件）；

（2）收到来自法人或自然人指证违反反垄断法的举报（下称举报）；

（3）反垄断机构侦测到存在违反反垄断法的迹象；

（4）大众媒体的报道、自然人和法人的报告中指出存在违反反垄断法的迹象；

（5）在检查中发现商业组织、非商业组织、联邦行政机构、俄罗斯联邦各组成领土的执行机构、地方自治机构、公共预算外资金等存在违反反垄断法的事实。

3. 反垄断机构对违反反垄断法案件的审查可在违法行为发生的区域，或者反垄断案件举报人所在地（居住地）进行。联邦反垄断机构对以上情形的反垄断案件都可以进行立案审查，不受违法行为的区域或举报人所在地（居住地）的限制。

4. 反垄断机构向其他反垄断机构移交举报、违反反垄断法的文件和卷宗以进行审查的规定由联邦反垄断机构制定。

5. 如果在对违反反垄断法的审查过程中发现了行政违法的事实，反垄断机构将按照《俄罗斯联邦行政违法》的规定启动对行政违法的立案审查。

第三十九.1 条　对终止有违反反垄断法迹象的行为(或不作为)的警告

1. 为制止导致或能够导致阻碍、限制、消除竞争和(或)在商业活动领域侵害其他人(经济主体)利益或侵害消费者利益的行为(或不作为),反垄断机构以书面形式向经济主体、联邦行政机构、俄罗斯联邦主体的权力机构、地方自治机构,以及执行上述主体职能的主体或组织、提供国家或市政服务的机构、公共预算外基金进行警告,以终止上述行为(或不作为)、废止或修正包含违反反垄断法因素的行为,或消除造成这种违反反垄断法行为的原因和条件,并采取措施消除违法行为的后果(下称警告)。

2. 如果发现违反本法第十条第 1 款第(3)项、第(5)项、第(6)项、第(8)项的内容,或第十四.1 条、第十四.2 条、第十四.3 条、第十四.7 条、第十四.8 条、第十五条的内容,将向第三十九条第 1 款所列的人员发出警告。反垄断机构不得在未发出警告,以及在警告的执行期限之前,就违反本法第十条第 1 款第(3)项、第(5)项、第(6)项、第(8)项内容,第十四.1 条、第十四.2 条、第十四.3 条、第十四.7 条、第十四.8 条以及第十五条内容的行为作出启动违反反垄断法立案的决议。

3. 在调查违反反垄断法案件的过程中,如果发现了在立案时没有侦测到的违反本法第十条第 1 款第(3)项、第(5)项、第(6)项、第(8)项内容,以及第十四.1 条、第十四.2 条、第十四.3 条、第十四.7 条、第十四.8 条以及第十五条内容的迹象,由执行调查反垄断案件的委员会发出警告。

4. 警告的内容须包括:

(1)发出警告的原因;

(2)进行警告的成员其行为(或不作为)所违反的反垄断法标准;

(3)终止违反反垄断法的行为清单、消除导致违反反垄断法的原因和条件的行为清单、消除违反行为后果的行为清单,并应规定这些行为的执行期限。

5. 受到警告之人必须在警告规定的时间内强制性地对警告内容进行处理。执行警告的期限不得低于 10 日。基于受到警告之人合理的申请,如果有充分的理由证明警告的内容无法在规定的期限内完成,那么反垄断机构可以延长该期限。

6. 警告执行期届满之日起 3 日内,应通知反垄断机构警告的执行情况。

7. 如果警告中的内容得到了执行,那么将不再对该反垄断案进行立案,被警告人也因撤销警告将不再承担违反反垄断法的行政责任。

8. 如果警告没有在规定的期限内执行，并且存在违反反垄断法的迹象，那么反垄断机构应在警告执行期限终止之日起10日内作出启动违反反垄断法立案的决议。

9. 发出决议的程序由联邦反垄断机构制定。

第四十条　审查违反反垄断法的委员会

1. 为审查每一例违反反垄断法的案件，反垄断机构须按照本法规定的程序成立违反反垄断法案件的委员会（下称委员会）。委员会代表反垄断机构。委员会的成员及主席由反垄断机构核准。

2. 委员会由反垄断机构的工作人员组成。反垄断机构的负责人、副负责人或反垄断机构结构性单位的负责人可担任委员会主席。委员会成员不得少于3人。委员会的成员可根据反垄断委员会的决议进行调整。

3. 在对银行服务市场中信贷机构违反反垄断法案件的审查中，俄罗斯联邦中央银行的代表担任委员会的常任委员，且代表数应占委员会成员的半数。

4. 在对证券市场中由联邦行政机构发放许可证的金融机构（信贷机构除外）违反反垄断法案件的审查中，相应联邦行政机构的代表要进入委员会，且代表数应占委员会成员的半数。

5. 根据本条第3款及第4款规定成立的对违反反垄断法进行审查的委员会成员（含委员会主席）的数量应为偶数。

6. 如果出席委员会会议的人数不少于委员会成员总数的50%，同时不少于3名委员会成员，委员会有权对违反反垄断法的案件进行审查。

6.1　为违反反垄断法案件进行审查的委员会成员达不到法定人数的，出席会议的委员会成员应当作出延期审查的决议，并重新确定案件审查的日期，并以中间命令的形式记录。

7. 对违反反垄断法案件进行审查过程中出现的问题由委员会采取多数表决票的形式决定。如果赞成票和反对票的票数相等，委员会主席有权投决定票。委员会成员无权弃权，委员会主席最后投票。

第四十一条　委员会通过的法案

1. 委员会就案件的情况、警告、命令、决议和指令等发表声明。

2. 在完成对违反反垄断法案件的审查后，委员会在其会议上通过决议。委员会的决议应制备成一个独立的文件,并由出席作出决议会议的所有委员会成员签署。对委员会决议持不同意见的委员会成员也须签署委员会通过的决议文件,但以书面形式说明对决议文件的不同意见,该意见应装入密封的信封中且不得披露。委员会通过的决议文件应制作一份副本并归入相应的卷宗。

3. 对违反反垄断法案件的决议应包括导言、描述性部分、原因陈述以及实质性条款。

3.1　违反反垄断法案件决议的导言部分应包括调查案件的反垄断机构的名称、调查案件的委员会成员、案件编号、决议的实质性条款发布的日期、决议各部分准备的日期、作出决议的地点、案件的主要内容、案件的当事人、出席委员会会议成员的姓氏及其权限。

3.2　违反反垄断法案件决议的描述性部分须包含申诉(如果案件是基于对申请的调查结果立案的)、异议、解释、声明以及参与方申请的简要描述。

3.3　违反反垄断法案件决议的原因陈述应说明:

(1) 委员会立案的事实和其他情况,包括反垄断机构在分析竞争状态过程中查明的情况,以及核实是否符合反垄断规定的情况;

(2)委员会根据案件情况和判决理由作出结论的证据、委员会拒绝特定证据的理由、被接受或被拒绝的案件当事人证明其主张及异议所提出论点的证据;

(3)委员会在作出决议时所遵守的法律和其他法规。

3.4　违反反垄断法案件决议的实质性条款须包含:

(1)是否终止案件调查的结论;

(2)被审查人是否存在违反反垄断法的行为(或不作为);

(3)是否发出决议以及包含在决议中且可执行的行为的清单;

(4)反垄断机构是否有必要采取制止和(或)消除违反反垄断法后果的行为和保护竞争的措施(包括是否需要向法院提起诉讼、向执法机构转交案件材料以及向公共机构或地方自治机构提出采取保护竞争措施的建议)。

4. 委员会在决定的基础上作出决议。决议制作成独立的文件,并分别向有义务在决议规定的时间内执行决议的每一个人发出,决议应由委员会主席和所有参加会议的委员会成员签署。

5. 在本条规定的条件下,委员会主席或委员会可提出裁定文件。裁定文件应制作成独立的文件,由委员会主席和委员会成员签署,并送交案件的参与方以及本条规定的案件中的其他人员。

6. 委员会采取的文件的格式由联邦反垄断机构制定。

7. 本条提到的文件可由委员会主席和委员会成员以增强型加密数字签名的方式签署。

第四十一.1 条　对违反反垄断法案件的诉讼时效

违反反垄断法的行为实施 3 年后将不再对该行为立案审查,已经立案的则终止审查。对持续性违反反垄断法的行为,自该行为终止或被发现之日起 3 年后,不再对该行为立案审查,已经立案的则终止审查。

第四十二条　参与违反反垄断法案件的各方

1. 参与违反反垄断法案件的各方可以为:

(1)举报人是指进行举报的参与方,以及提出指证文件的国家机构或地方自治机构;

(2)被审查人是指举报以及指证文件针对的对象,或反垄断机构发现其行为(或不作为)有违反反垄断法迹象的参与方。该参与方自启动违反反垄断法审查起即为被审查人;

(3)利害关系人是指由于违反反垄断法的审查使其权利和合法权益受到影响的参与方。

2. 违反反垄断法案件审查的各参与方有权自行或通过其代表行使权利和义务。

3. 在违反反垄断法案件的审查过程中,如果委员或认为除被审查人之外的其他方的行为(或不作为)也存在违反反垄断法的可能,委员会有权将该方也列为被审查人或第二被审查人。如果委员会没有发现被审查人的行为存在违反反垄断法的事实,委员会将作出裁定,终止对该参与方的审查。终止违反反垄断法案件审查裁定的副本要立即送交案件的参与方。

4. 已废止。

第四十二.1 条　审查违反反垄断法案件的其他人员

1. 对于违反反垄断法的案件,委员会可以根据案件当事人的申请或主动聘请专家、翻译人员以及掌握委员会调查情况的人员。专家、翻译人员以及掌握委员会调查情况的人员不能作为案件的参与方。

2. 委员会聘请的参与违反反垄断法案件审查的专家是对有关案件有专门知识的人。

3. 专家的选择以及需要专家意见的问题范围由委员会决定。在委托专家证据时,案件参与方可向委员会就专家和专家组织的选择,以及需要专家意见的问题范围提出建议。

4. 如果专家和翻译人员提供服务的费用由联邦预算提供,上述人员的选择要根据2013年4月5日颁布的第44-FZ联邦法律《国家和市政所需产品、工程和服务的采购合同规定》进行。

5. 经委员会许可,专家熟悉案件材料,参加委员会会议,并可申请提供补充材料。

6. 如果问题涉及的内容超出了专家专门知识的范围,或提供给专家的材料不够充分,无法形成具体的意见,专家可以拒绝提供专家意见。

7. 根据俄罗斯联邦法律,如果专家故意作出错误的结论将予以处罚。

8. 委员会就聘请专家、翻译人员以及掌握委员会调查情况的人员参与案件调查作出决议,并在作出决定后3日内将决议的副本发送给上述人员。

9. 违反反垄断法案件的参与方如果存在对专家公正性的质疑,可以提出撤销专家资格的动议。撤销专家资格的决议由违反反垄断法案件中聘请专家的委员会作出。委员会将就所作出的决议发出指令。如果已经以同样的理由提议取消同一专家的资格,而且委员会已经作出决议,则应在公平原则下驳回对该专家提出质疑的反复动议。

第四十二.2条　取消违反反垄断案件审查委员会成员的资格

1. 委员会成员不得参与违反反垄断法案件的诉讼,如果委员会成员在案件审查中履行其职责能够导致利益冲突的结果,则须取消其资格。

2. 违反反垄断法案件的参与方可以请求回避。

3. 回避的决议由审查反垄断案件的委员会作出,被质疑的官员构成该委员会的成员。委员会将就所作出的决议发出指令。如果已经以同样的理由提议取消同一委员会成员的资格,而且委员会已经作出决议,则应在公平原则下驳回对该委员会成员提出质疑的反复动议。

第四十三条　违反反垄断法案件参与方的权利和义务

1. 从对违反反垄断法案件启动审查起,案件参与方有权开始熟悉案件材料,可以对案件材料进行摘录,有权提出证据并了解已被掌握的证据,向其他案件参与方提出问题,提交辩护材料,以书面或口头形式向委员会作出解释,对在案件审查过程中出现的所有问题陈述其理由,了解其他参与方提交的辩护材料,对案件其他参与方的辩护材料和证词提出反对意见。

2. 在对案件的审查过程中,案件的参与方有权以书面形式或使用录音对案件的审查进行记录。如果在案件审查过程中公布的信息构成受法律保护的秘密,委员会主席有权禁止案件的参与方对案件审查进行录音。

3. 经委员会主席许可,可对案件审查进行拍照、录像,也可对案件审查使用广播和电视播放。

4. 案件的各参与方必须在案件审查过程中合法行使其权利。

第四十四条　对举报及材料进行审查以及对违反反垄断法案件进行立案

1. 举报材料须以书面形式提交给反垄断机构,并且须包含以下内容:

(1)举报者的信息(姓、名、父姓,以及举报人为自然人的话,其居住地地址;举报人为法人实体的话,其名称及地点);

(2)举报人可获得的有关被举报者的资料;

(3)违反反垄断法情形的描述;

(4)举报人主张的核心信息;

(5)所附文件的清单。

2. 举报书应附有证明有违反反垄断法迹象的文件(下称文件)。如果无法提交上述文件,举报人应说明无法提交的原因,并注明可从中获得文件的个人或机构。

3. 如果举报书或提交的材料中没有包含本条第 1 款及第 2 款要求的信息,反垄断机构将不对举报书或提交的材料进行审议,并在收到举报书或提交的材料之日起 10 日内以书面形式通知举报人。

4. 反垄断机构在收到举报书或提交的材料后 1 个月内进行审查。如果证据不足或缺乏证据,无法作出是否违反反垄断法事实的结论,反垄断机构为了收集和分析更多证据,有权延长对举报书或提交的材料进行审查的时间,但延长的时间不得超过 2 个月。反垄断机构应以书面形式通知举报人延长了对举报书或提交的材料进行审查的时间。

5. 根据对举报书或提交的材料的审查,反垄断机构可以:

(1)决定审查的举报书或提交的材料是否属于其职权范围;

(2)确认是否有违反反垄断法的迹象,并确定应适用的标准。

6. 在对举报书或提交的材料进行审查过程中,反垄断机构可以向商业与非商业机构及其管理层、联邦行政机构及其官员、俄罗斯联邦各组成领土的执行机构及其官员、地方自治机构及其官员、其他履行上述机构职能的机构或组织及其官员,以及公共预算外资金及其官员、自然人,包括个体经营者,按照俄罗斯联邦国家保密法、银行秘密法、商业机密法或其他受法律保护的秘密的法律规定,向上述机构及人员以书面或口头形式调取与举报书或提交的材料相关的文件、信息以及说明材料。

7. 反垄断机构在对有违反本法第十条迹象的举报书或提交的材料进行审查中,反垄断机构应确定举报书或提交的材料中涉及的经济主体是否具有市场支配地位,除非反垄断机构根据本条第 9 款的规定作出不对违反反垄断法的案件进行立案的决议。

8. 基于对举报书或提交的材料进行审查的结果,反垄断机构可作出如下决议:

(1)对违反反垄断法的案件进行立案;

(2)对违反反垄断法的案件不予立案;

(3)根据本法第三十九条的规定发出警告。

9. 有下列情形之一的,反垄断机构可作出不予立案的决议:

(1)举报书及提交的材料中涉及的问题不属于反垄断机构的职权范围;

(2)不存在违反反垄断法的迹象;

(3)一个案件在举报书举报的事实之前已经立案;

(4)对反垄断机构根据举报书或提交的材料认定的违反反垄断法事实作出的决议即时生效,除非根据本款第 2 部分的规定,反垄断机构作出了对违反反垄断的案件不予立案的决议,或者反垄断机构根据本法第四十八条第 1 款第二部分的规定作出了不予立案的决议,或者举报人在作出决议时提交了反垄断机构之前并不了解的证据;

(5)举报书或提交的材料涉及的事实超过了本法第四十一 . 1 条规定的期限;

(6)根据法院或仲裁法院生效的判决,判定举报书或提交的材料涉及的行

为没有违反反垄断法;

(7)执行根据本法第三十九条规定的程序发出的警告,消除了违反反垄断法的迹象。

10. 反垄断机构应在本条第 3 款规定的期限内向举报人发送不对违反反垄断法案件进行立案的决议,并说明作出该决议的原因。

11. 如果反垄断机构、法院、仲裁法院或执法机构正在审查其他案件,且该案件的审查结果将对举报书或提交的材料涉及的案件有影响,可作出延长举报书或提交的材料的审查时间的决议,直到对其他案件作出判定并生效,延长审查时间的决议应由反垄断机构以书面形式通知举报人。

12. 如果作出对违反反垄断法的案件进行立案的决议,反垄断机构应发出立案的指令,并组成委员会。指令的副本须在发出指令 3 日内送交给案件的举报人以及被调查人。

13. 发出对违反反垄断法的案件立案指令 15 日内,委员会主席应发出对案件进行审查的中间命令,并将命令的副本发送给案件的涉案方。

14. 指令对反垄断案件进行审查的决议必须包括:

(1)案件涉案方的信息;

(2)对案件立案的原因;

(3)违反反垄断法要件的说明,证据、事实和其他进行旁证的描述;

(4)委员会举行会议的日期、时间和地点。

15. 指令对反垄断案件进行审查的决议还可要求涉案方在指定的时间内提交案件调查所必要的说明、文件和资料。

第四十五条　对违反反垄断法案件的审查

1. 自反垄断机构发出对案件进行立案审查之日起 3 个月内,委员会将对违反反垄断法的案件进行审查。在一些案件中,如果反垄断机构认为有必要获得更多信息,或在本章规定的情形下,委员会可延长规定的审查时间,但延长的时间不得超过 6 个月。委员会作出延长审查时间的指令,并将副本送交相关涉案人员。

2. 对违反反垄断案件的审查由委员会会议实施。案件涉案方应获知案件审查的时间和地点。如果案件涉案方被正式通知了案件审查的时间和地点,但未能出席会议,委员会有权在他们缺席的情况下进行审查。在案件审查期间,将保留由委员会主席签署的会议记录。委员会有权对会议进行速记或录音,以便在短时间内进行记录。

2.1 在案件涉案方提出申请或基于其主动要求,委员会可决定在有条件进行视频会议的情况下,使用视频会议系统对案件进行审查。联邦反垄断机构制定在反垄断案件调查中使用视频会议系统的程序。

3. 委员会主席负责:

(1)主持委员会会议;

(2)宣布委员会成员组成;

(3)宣布进行审查的案件,检查案件涉案方人员出席委员会会议的情况,审查出席人员的资格,确定应出席但未出席人员是否收到通知,以及是否有关于他们没有出席会议理由的资料;

(4)确定案件审查的可能性;

(5)向案件的涉案方解释其拥有的权力和义务,确定程序性行动的顺序;

(6)指导委员会会议,保障对案件证据和情况进行全面审查的条件,保障审议涉案方提出的声明和辩护内容;

(7)采取措施确保委员会会议的正常秩序;

(8)宣布对案件情况的调查结果。

3.1 对违反反垄断的案件进行公开审理。如果公开审理可能会导致泄露国家机密或需要受保护的商业机密、官方机密或其他受法律保护的机密,特别是需要满足反垄断案件涉案方提出的涉及必要性的请求的,可以不公开审理反垄断案件。联邦反垄断机构在与负责安全的联邦行政机构进行协调后,确定所审理的案件材料中包含构成国家机密的信息,决定反垄断案件的审理形式。委员会须对违反反垄断法案件进行非公开审理发出决议。

3.2 在对违反反垄断法案件进行非公开审理时,参会方应包括案件涉案方、涉案方代表,以及如果必要,还包括经委员会批准的专家、翻译人员以及掌握委员会调查情况的人员。

3.3 含有国家、商业、官方或其他受法律保护秘密的反垄断案件的材料,按照俄罗斯联邦法律进行安排和单独进行保存。

3.4 根据俄罗斯联邦法律,如果案件涉案方、其代表、专家、翻译人员披露构成国家机密、商业机密、官方或其他受法律保护机密的信息将受到制裁。

4. 在委员会会议上，委员会成员将：

（1）听取涉案方的陈述；

（2）听取和讨论辩护词，就辩护词通过决议，并反映在会议纪要中；

（3）审查证据；

（4）听取案件参与方对其提供的证据的意见和解释；

（5）听取讨论被邀请参加会议的专家的意见；

（6）听取掌握审查案件情况人员的陈述；

（7）根据案件参与方的辩护，或按照委员会的提议，讨论是否应该及是否有必要宣布休会、延期会议或停止对案件的审查。

5. 在对违反反垄断法案件进行审查过程中，委员会有权要求由案件涉案方调取文件和信息，以书面或口头形式对审查过程中所涉及问题的解释，以及有权邀请其他人员参与案件审查。

5.1 在对违反反垄断案件进行审查时，反垄断机构在作出违反反垄断法决议或没有违反反垄断法决议所必须的范围内对竞争状况进行分析。

6. 在对案件证据、案件涉案方的陈述、专家证词以及对掌握委员会调查情况的人员闻讯后，委员会主席宣布案件审查结束，并要求案件参与方以及协助案件审查的人员离开，以便委员会作出决定。

第四十五.1条 违反反垄断法的证据与证明

1. 违反反垄断法案件中的证据，是指根据本法制定的程序获得的、委员会据此认定违反或不违反反垄断事实的信息，案件涉案方提出观点的相关性以及其他对案件全面调查有意义的情况。

2. 案件参与方须在委员会指定的期限内，向案件其他各方披露作为其主张和反对理由的证据。

3. 反垄断案件中的证据可以是书面及实物物证、案件涉案方的说明、掌握委员会调查情况的人员的说明、专家意见、录音录像及其他文件和资料。

4. 反垄断案件中的书面证物，是指以数字、图形记录、特别是通过传真、电子或其他通信方式获得的行为、合同、证书、通信及其他文件和资料，应制作电子数据储存设备副本或通过其他方法以确保对包含反垄断案件调查重要信息文件的真实性。书面证物还包括根据联邦反垄断机构制定程序对竞争状况分析的结果。

5. 反垄断案件中的实物物证,是指因其外观、特征、位置或者其他性质,可以作为确定案件调查重要手段的物证。

第四十五.2条　违反反垄断法涉案方查阅包含国家机密材料的程序

1. 违反反垄断法的涉案方可以熟悉由案件发起方提出的确认违反反垄断法事实或不存在违反反垄断法事实的陈述、异议、说明和其他材料,《俄罗斯联邦行政违法行为法》第14.32条第1款及第3款规定的行政宽大处理申请和(或)《俄罗斯联邦刑法典》第一百七十八条规定的刑事宽大处理申请的情形除外。

2. 案件涉案方就违反反垄断法案件审理过程中出现的问题,以书面或口头形式提出的陈述、异议、说明和其他材料,不得不予以披露。

3. 经反垄断机构查询或其他要求提交的不得披露的以及构成反垄断案件材料的信息和文件,可提供给案件参与方,以供其在获得此类信息或文件持有人同意的条件下并签署确认书后进行熟悉。

4. 在反垄断案件调查过程中,包含商业机密信息的持有人应向委员会提交书面同意书,允许案件参与方对这些信息进行调阅。同意书应列入卷宗中。

5. 在反垄断案件调查过程中,案件参与方对不予披露的,包含商业机密的信息进行调阅前应向委员会提交书面确认书,确认书应列入卷宗中。

第四十六条　委员会会议休会

1. 根据违反反垄断法案件涉案方的申请或委员会的主动提议,委员会有权宣布委员会会议休会,休会时间不超过7日。

2. 休会期结束后委员会继续对违反反垄断法的案件进行审查,直至下次休会。委员会对在休会前审查过的证据不再进行复审。

第四十七条　延期和终止对违反反垄断法案件的审查

1. 委员会有权在以下情形延期对违反反垄断法案件的审查:

(1)应案件涉案方或其代表因正当理由无法出席委员会会议的请求,并经有关文件予以确认;

(2)有必要获取补充性证据;

(3)需要邀请有利于案件审查的人员以及委员会认为有必要参加案件审查的人员参加会议;

(4)已废止;

(5)本条规定的其他情形。

1.1　在下列情况下,委员会须暂停审议违反反垄断法的案件:

(1)在案件调查过程中发现,案件中的被调查对象在本案中的行为(或不作为)与立案时的违法行为具有不同的违反反垄断法的要件;

(2)如果本案的被调查对象先前以不同身份构成了本案的涉案方(掌握案件情况的参与方,申请人等)。

1.2　当违反反垄断法的案件根据第四十七条第1.1部分第1款及第2款的规定延期审理时,决议书必须包含所发现的违反反垄断法的要件、证据、事实以及其他表明该要件情形的说明。

2. 如果违反反垄断法的案件被延期审理,案件审查期限不中断。委员会在休会后新一届会议上从案件审查中断处开始继续审查。

第四十七.1条　合并或分立违反反垄断法的案件

1. 为全面、深入、客观地审理案件,反垄断机构根据案件涉案方的请求,或者根据反垄断机构规定的程序,主动合并两个以上违反反垄断法的案件,或将一宗案件分成数个案件单独进行审查。

2. 反垄断机构应就合并或分立案件作出解释。

3. 合并或分立案件的审查委员会成员应由反垄断机构发出的命令予以决定。

第四十八条　终止违反反垄断法案件的审查

1. 在下列情形中委员会可终止对违反反垄断法案件的审查:

(1)在委员会对行为(或不作为)的审查中未发现违反反垄断法的情况;

(2)本案唯一被审查的法人实体注销;

(3)本案唯一被审查的自然人死亡;

(4)基于委员会审查的行为(或不作为),反垄断机构认定违反反垄断法事实的决议生效;

(5)超出了本法第四十一.1条规定的期限。

2. 由委员会根据本法第四十一条的规定作出终止对违反反垄断法案件审查的决议。如果根据本条第1款第(4)项的规定终止对案件的审查,决议的结论部分应包括确认存在被审查人有违反反垄断法的事实。

3. 委员会可暂停对违反反垄断法案件的审查,在暂停期内:

(1)反垄断机构、法院、调查机关对其他案件进行审查,审查的结论将对违反反垄断法的本案审查具有重要的意义;

(2)进行专家审查。

4. 违反反垄断法案件的审查期限在案件审查中止期间中断,案件重新进行审查时恢复。对该案的审查从中止时的状态开始继续进行。

5. 委员会就对违反反垄断法案件的审查进行推迟、暂停或恢复发出指令,并在发出指令后3 日内将专家审查的副本发送给案件的参与方。关于专家审查指令的副本也将在发出指令后3 日内发送给专家。

第四十八.1 条　对案件情况的调查结果

1. 在反垄断案件被诉人的行为(或不作为)确定构成违反反垄断法之前,委员会将对案件的情况作出调查结果。

2. 对案件情况的调查结果作为由委员会主席和成员签署的单独文件进行起草。文件应包括:

(1)委员会立案的事实和其他情况,特别是反垄断机构在分析竞争状况过程中查明的情况和核查对反垄断法遵守情况过程中查明的情况。

(2)委员会获得对案件情况调查结果的证据;委员会拒绝特定证据、接受或驳回案件涉案方为证明其主张和反对所提出观点的理由。

3. 如果发布了案件情况的调查结果,那么违反反垄断法的案件必须延期审理。

4. 对违反反垄断法的案件,应在作出延期审理决定之日起5 个工作日内,将案件情况的调查副本送交案件涉案方。下次审议日期不得早于将案件情况调查结果副本送交案件涉案方之日起5 个工作日。

5. 案件涉案方可向委员会提供解释、证据,并就违反反垄断法案件定案前的案件情况调查结果概述以及在委员会会议上公布的案件决议的实质性条款提出书面形式的辩解。

6. 如果案件涉案方提供的解释、证据以及辩解显示案件被诉人的行为(或不作为)有不同于之前认定的违反反垄断法的其他违反要件,而基于之前认定的违反反垄断法要件的调查结果已经发出,则委员会将根据本法第四十七条第1.1 款第1 部分的规定,作出延期审查反垄断案件的决议。在这种情形下,对案件的审查根据本章的规定继续进行。

7. 如果案件涉案方就案件情况的调查结果提供的解释、证据以及辩解显示委员会调查的行为(或不作为)并不包含违反反垄断法的要件,委员会将根据本法第四十八条第 1.1 款第(1)项的规定终止反垄断法案件的审查过程。

第四十九条　委员会制定关于违反反垄断法案件的决议

1. 委员会在制定决议时:

(1)对案件参与方提交的证据及辩解进行评估;

(2)对专家以及掌握委员会调查情况的人员提供的结论和说明进行评估;

(3)确定委员会所审查的行为(不作为)违反的俄罗斯联邦反垄断法或其他法律的条款;

(4)确定案件参与方的权利和义务;

(5)决定发出决议及其内容,以及实施其他消除和(或)防止违反反垄断法实际措施的必要性,其中包括向执法机构提供材料,向法院提起诉讼和向国家机构或地方自治机构发出建议。

2. 对违反反垄断案件的决议部分,应在案件审查结束后进行公布;决议须由参加案件审查的委员会全体成员签名,并附在案宗中。决议应在宣布决议结论部分之日起 10 个工作日内全部完成。决议的副本应立即交送或移交给案件的参与方。决议全部完成的日期应视为案件判决完成的日期。

第五十条　违反反垄断法案件的指令

1. 根据对违反反垄断法案件的审查结果以及所作出的决议,委员会向案件的被审查人发出指令。

2. 对违反反垄断法的决议以及指令同时制定。指令的副本要立即交送或移交给指令中规定的执行方。

第五十一条　执行对违反反垄断法案件发出的指令。拒绝执行将通过垄断行为或不正当竞争行为所获收入转移到联邦预算的后果

1. 对违反反垄断法案件发出的指令须在指令规定的时间内执行。反垄断机构对指令的执行情况实施监督。

2. 未在规定时间内执行对违反反垄断法案件发出的指令将被追究行政责任。

3. 根据本法规定的程序认定其行为(或不作为)构成了垄断行为或不正当竞争行为的,并且与反垄断法不相容的实际行为人,须根据反垄断机构的指令将由上述行为中获得的收入上缴联邦预算。如果未能执行上述指令的话,由垄断或不正当竞争行为中获得的收入将按反垄断机构的诉讼被追缴入联邦预算。如果向上述实际行为人下达了垄断或不正当竞争行为中获得的收入上缴联邦预算的指令,若上述实际行为人执行了该指令,则上述实际行为人将不对违反与该指令有关的违反反垄断法情况承担行政责任。

4. 未按照规定时间执行对违反反垄断法案件的指令,指在指令规定的时间内部分执行了指令或没有执行指令。没有在指令规定的时间内执行指令是违反反垄断法的行为。

5. 委员会可以根据被调查方合理的申请延长指令执行的时间,如果申请中提出的原因有效,但延长的时间不得超过 6 个月。被调查人提出延长指令执行时间的申请必须在指令规定的时限前 20 个工作日内提出。

6. 关于同意延长或拒绝延长指令执行时间的裁决应由委员会主席及成员在接到申请后 10 个工作日内签署,裁决书应以挂号信形式寄给被调查人或其代表,并要求签署收件回执,或者直接交给被审查人签收。

7. 如果需追究未在规定期限内执行指令的被调查人的行政责任,委员会应在作出进行行政处罚决议的5 个工作日内重新作出指令执行期限的决议。决议书应由委员会主席及成员签署,并以挂号信形式寄给被调查人或其代表,并要求签署收件回执,或者直接交给被审查人签收。

第五十一.1 条　对违反反垄断法案件决议和(或)指令的解释。更正笔误、印刷以及计算错误

1. 对违反反垄断法案件作出决议和(或)指令的委员会,根据案件参与方的申请或出于其主动的行为,可以在不改变决议和(或)指令内容的前提下作出解释,并可对决议和(或)指令中的笔误、印刷以及计算错误进行更正。

2. 委员会应就对违反反垄断法案件决议和(或)指令的解释、更正的笔误、印刷以及计算错误发布中间命令。

3. 委员会应就对违反反垄断法案件决议和(或)指令的解释、更正的笔误、印刷以及计算错误发布的中间命令发布后 3 个工作日内,并不晚于收到申请后 15 个工作日内送交案件的参与方。

第五十一.2条　对新的和(或)新发现的违反反垄断法案件要件决议和(或)指令的再审查

1.根据对违反反垄断法案件作出的决议和(或)指令,可由作出该裁决的委员会根据新的和(或)新发现的情况和(或)案件参与方提出的申请重新进行审查,以及委员会是否根据本条规定确定了对决议和(或)指令进行再审查的依据。

2.对违反反垄断法案件作出的决议和(或)指令进行再审查的依据是:

(1)截至公布决议的结论部分之日,披露了之前不了解或无法了解的情况,但这些情况对正确作出案件的判决具有实质性重要意义;

(2)篡改证据、掌握案件情况的人故意歪曲事实、故意误导专家结论、故意错误翻译导致作出不合法的或不合理的决议和(或)指令。

3.基于对违反反垄断法案件新的和(或)新发现情况对反垄断机构所作出的决议和(或)指令进行重新审查的申请需向反垄断机构提交,由案件参与方中作出上述决议和(或)指令的人构成的委员会,须在他们发现或本应发现构成重新对决议和(或)指令进行重新审查的依据之日起3个月内提交申请。

4.基于提交申请人的请求,逾期提交的申请可由反垄断机构恢复受理,只要申请能够在确定对决议和(或)指令进行再审查的依据之日起6个月内提交,并且反垄断机构认为逾期的理由是有效的。

5.重新审查由反垄断机构作出的决议和(或)指令的申请书的形式和内容由联邦反垄断机构制定。

6.反垄断机构应在收到对违反反垄断法案件所作决议和(或)指令进行重新审查的申请之日起10日内,向申请人交还申请书,如果反垄断机构能够确定:

(1)不遵守申请书的形式和内容要求;

(2)申请书在规定的期限届满后提交,且没有请求延长期限,或者要求延长期限的请求被驳回。

7.对违反反垄断法案件所作决议和(或)指令进行重新审查的申请应由作出决议和(或)指令的委员会在反垄断机构收到申请之日起1个月内进行审查。

8.基于对申请书进行审议的结果对违反反垄断法案件所作决议和(或)指令进行重新审查后,委员会须作出下列决定之一:

(1)批准申请,对决议和(或)指令重新进行审查;

(2)驳回申请。

9. 委员会作出驳回对违反反垄断法案件所作决议和(或)指令进行重新审查申请的决定后3日内,应将决定送交申请人。

10. 如果决定对违反反垄断法案件所作决议和(或)指令进行重新审查,委员会应就对决议和(或)指令进行重新审查发布中间命令。中间命令的副本应自作出之日起3日内送交案件的参与方。

11. 对违反反垄断法案件作出的决议和(或)指令,应由作出审查决定的委员会重新审查,并(或)按照本章规定的程序作出审查决定。

第五十二条　对反垄断机构决议和指令提出申诉的程序

1. 对反垄断机构作出的决议和(或)指令,可在决议作出或指令发布之日起3个月内向仲裁法院提出申诉。对反垄断机构所作决议和(或)指令的申诉由仲裁法院管辖。对地区反垄断机构所作决议和(或)指令的申诉可向联邦反垄断机构的合议机构提出申诉。

1.1　在决议和(或)指令的申诉向联邦反垄断机构的合议机构提出申诉的情况下,在联邦反垄断机构的合议机构的决定生效之日起1个月内,与违反反垄断法案件有关的行为可向仲裁法院提出申诉。

2. 如果仲裁法院对申诉提起诉讼,那么反垄断机构的决议中止执行,直至仲裁法院的判决生效。

第十章　最后条款及本法生效

第五十三条　最后条款

1. 自本法生效日起,下列法律中的部分内容失效:

(1)俄罗斯联邦苏维埃社会主义共和国于1991年3月22日颁布的No. 948 -1号法令《产品市场中的竞争以及对垄断活动的限制》中第1~3条、第4条第1款第(1)~(25)项、第Ⅱ-Ⅶ部分(俄罗斯联邦苏维埃社会主义共和国人民代表大会和俄罗斯联邦苏维埃社会主义共和国最高苏维埃,1991年,No. 16,第499页);

(2)1999年6月23日颁布的No. 117 -FZ号法令《保护金融服务市场中的竞争》(《俄罗斯联邦法典》,1999年,No. 26,第3174页);

(3)1995年5月25日颁布的No. 83 -FZ号联邦法律《对俄罗斯联邦苏维

埃社会主义共和国法律〈产品市场中的竞争以及对垄断活动的限制〉进行修正和增加条款》中第1条第1~4款、第6~26款以及第30~34款(《俄罗斯联邦法典》,1995年,No.22,第1977页);

(4)1998年5月6日颁布的No.70-FZ号联邦法律《对俄罗斯联邦苏维埃社会主义共和国法律〈产品市场中的竞争以及对垄断活动的限制〉进行修正和增加条款》(《俄罗斯联邦法典》,1998年,No.19,第2066页);

(5)2000年1月2日颁布的No.3-FZ号联邦法律《对俄罗斯联邦苏维埃社会主义共和国法律〈产品市场中的竞争以及对垄断活动的限制〉进行修正和增加条款》(《俄罗斯联邦法典》,2000年,No.2,第124条);

(6)2001年12月30日颁布的No.196-FZ号联邦法律《关于行政侵权的俄罗斯联邦法》中第3条第2~5款、第38~42款(《俄罗斯联邦法典》,2002年,No.1,第2条);

(7)2002年3月21日颁布的No.31-FZ号联邦法律《关于〈法人的国家注册法〉与联邦法律相一致的法令》中第2条第2款(《俄罗斯联邦法典》,2002年,No.12,第1093条);

(8)2002年10月9日颁布的No.122-FZ号联邦法律《对俄罗斯联邦苏维埃社会主义共和国法律〈产品市场中的竞争以及对垄断活动的限制〉进行修正和增加条款》中第1~4条、第6~33条(《俄罗斯联邦法典》,2002年,No.41,第3969条);

(9)2005年3月7日颁布的No.13-FZ号联邦法律《对俄罗斯联邦苏维埃社会主义共和国法律〈产品市场中的竞争以及对垄断活动的限制〉进行修正和增加条款》(《俄罗斯联邦法典》,2005年,No.10,第761条);

(10)2006年2月2日颁布的No.19-FZ号联邦法律《关于对俄罗斯联邦的一些法律进行修订,承认俄罗斯联邦的法律中关于通过〈为国家和市政需要订购产品、工程和服务〉无效的单独规定》中第2条及第21条(《俄罗斯联邦法典》,2006年,No.6,第636条)。

2.自本法生效之日起,至其他与保护俄罗斯市场竞争、防止和制止垄断和不正当竞争行为相关的联邦法律和俄罗斯联邦法规按照与本法相一致的原则进行修改之前,这些法律法规只适用与本法不存在冲突的部分。

3.至本法第十七.1条第5款规定的签订本法第十七.1条第1款及第3款

的组织招标或拍卖合同前,此类招标合同的签订根据2005年7月21日通过的第115－FZ号联邦法律《关于租让协议》规定的程序进行,拍卖合同的签订根据2001年12月21日通过的第178－FZ号联邦法律《国家和地方自治体所有资产私有化》规定的程序进行。

4. 2015年7月1日之前,本法第十七.1条第1款和第3款规定的并在2008年7月1日之前与中小型企业签订的租赁合同,但2007年7月24日第209－FZ号联邦法律《关于发展俄罗斯联邦中小企业》第14条第3款规定的中小企业以及从事矿产开发的中小企业除外(不包含通用型矿产开采中小企业),可未经招标或拍卖程序签订新的期限合同,但续签合同的有效期不得超过2015年7月1日。

5. 2011年1月1日之前关于举行本法第十七.1条第1款及第3款规定的签订招标或拍卖活动的信息,须在由俄罗斯联邦政府、俄罗斯联邦各组成领土的执行机构以及地方自治机构授权的俄罗斯联邦官方网站、俄罗斯联邦各组成领土的执行机构官方网站以及自治机构官方网站上进行公布。同时,须在正式出版物中公布关于举行招标和拍卖的信息、招标和拍卖变更的信息、停止举行招标和拍卖的信息。正式出版物由俄罗斯联邦政府、俄罗斯联邦各组成领土的执行机构以及地方自治机构授权的联邦行政机构以竞争性方式确定。

6. 未经本法第十八条规定的提供金融服务合同的公开招标或拍卖过程,不得将合同延期和对新的期限进行重新谈判。

第五十四条　本法的生效

本法自正式公布之日起90日后生效。

波兰竞争与消费者保护法*

第一编　一般条款

第一条

1. 本法规定了促进和保护竞争的框架，并规定了为保护企业和消费者的利益而采取行动的原则。

2. 本法规定了对于限制竞争、侵犯消费者集体利益、在标准协议中使用滥用条款、企业及其协会反竞争集中等行为所适用的原则和程序，且上述行为、条款的滥用或集中会或可能会在波兰共和国境内造成影响。

3. 本法还规定了负责竞争与消费者保护事务的机构。

第二条

1. 本法不应该损害在知识产权和工业产权保护规定中所确认的任何权利，特别是关于保护发明、实用新型和工业模型、集成电路图、商标、地理标志、版权和邻近权利的规定。

2. 本法适用于企业之间的下列交易：

(1)合同，特别是许可证以及与行使本条第1款所述权利有关的非合同惯例。

(2)与下列事项有关的合同，未向公众披露，且已采取防止其披露的相关措施：

(a)技术或科技信息；

(b)组织和管理原则。

若此类合同会导致对各方商业活动自由的不合理限制，或是对市场竞争的重大限制，那么该等合同适用于本法。

---

* 2007年2月16日。

第三条 本法的规定不适用于因单独规定而被允许的竞争限制。

第四条 本法使用的相关术语:

(1)“企业”是指能够自由开展商业活动的企业,以及:

(a)组织或者提供公共事业服务,但不构成自由商业活动规定中所指的商业活动的自然人、法人和无法人资格的组织单位;

(b)以自己的名义、为自己的利益从事某一职业或者从事与该职业有关的商业活动的自然人;

(c)在本条第(4)款所指的范围内,至少拥有一个企业控制权的自然人,即使该自然人不进行在自由商业活动规定中所指的商业活动,如果该自然人采取了第十三条所指的控制集中的进一步行动,那么此人亦符合本款中对“企业”的定义;

(d)第(2)款所称的企业协会,但有关集中的法律规定的企业协会除外。

(2)“企业协会”是指第(1)款所指的企业所属的商会、团体和其他组织,以及这些组织的联合。

(3)“支配企业”是指在第(4)款规定的范围内对另一企业具有控制权的企业。

(3a)“管理人”是指经营企业的人,特别是在企业中担任管理职位或是属于企业管理机构的人。

(4)“接管控制”是指以任何形式直接或者间接地取得某企业的以下权力:该等权力使该企业能够在所有法律或者实际情况的允许下,单独或联合对另一企业或其他企业产生决定性影响。该等权力主要来源于:

(a)在股东大会或公司成员大会上,直接或间接持有多数投票权,其中包括以质权人或用益物权人的身份拥有该投票权,或在另一企业(附属企业)的管理委员会中基于与其他方的协议而直接或间接地拥有多数投票权;

(b)任命或罢免另一企业(附属企业)的管理委员会或监事会多数成员的权力(该任免权的拥有包括通过与其他方协议的方式);

(c)某一企业的管理委员会或监事会的成员,占另一企业(附属企业)的管理委员会的半数以上;

(d)在附属合伙或附属合作企业的股东大会上,持有直接或间接的多数表决权(该等多数表决权的拥有包括通过与其他方协议的方式);

(e)对另一企业(附属企业)全部或部分资产拥有所有权;

(f)管理另一企业(附属企业)或转移其利润的合同。

(5)“协议”是指:

(a)企业之间、协会之间以及企业与其协会之间所签订的某协议,或该协议中提及的某些规定;

(b)两个或多个企业或协会以任何形式采取的一致行动;

(c)企业协会或其法定机构的决定或其他行为。

(6)已废止。

(7)“商品”是指物品以及能源、证券和其他产权、服务,还包括建筑工程。

(8)“价格”是指与价格、贸易利润、佣金和加价相当的价格和费用。

(9)“相关市场”是指由于商品的预期用途、价格和特性(包括质量)而被买方视为替代品的市场,并且由于商品的性质和特性,在该市场上存在市场壁垒、消费者偏好,且在该市场上的价格和运输成本差异显著,竞争条件充分同质化。

(10)“支配地位”是指企业的市场地位,使其能够在很大程度上独立于竞争对手、缔约方和消费者行事,从而防止在相关市场上的有效竞争;假如一个企业在相关市场的市场份额超过40%,则称该企业拥有支配地位。

(11)“竞争者”是指同时在相关市场上投放或可能投放商品,或同时在相关市场购买或可能购买商品的企业。

(12)“消费者”是指1964年4月23日《民法典》(《法律期刊》第16期,第93项,经修订)所指的消费者。

(13)“消费者组织”是指独立于企业及其协会的社会组织,其法定任务包括保护消费者利益;消费者组织可根据普遍适用的规则开展商业活动,但该项活动的收入只能用于执行该组织的法定任务。

(14)“资本集团”是指由单个企业直接或间接控制的所有企业,同时包括该企业在内。

(15)已废止。

(16)“平均工资”是指竞争与消费者保护局局长发布决定日前一季度最后一个月的商业部门平均月薪,该平均月薪是由中央统计局局长按照单独规定发布的。

(16a)“财政年度”是指1994年9月29日《会计法》(《法律期刊》2013年第

330 项和第 613 项;2014 年第 768 项)第三条第 1 款第 9 项所指的财政年度。

(17)“商业秘密”是指 1993 年 4 月 16 日《打击不公平竞争法》(《法律期刊》2003 年第 153 号,第 1503 项,经修订)第十一条第 4 款中所指的商业秘密。

(18)“保护局局长”是指竞争与消费者保护局局长。

(19)已废止。

(20)“第 1/2003/EC 号法规”是指 2002 年 12 月 16 日关于执行《欧盟委员会条约》(2003 年 1 月 4 日《欧盟公报》第 L1 号,第 1 页;《欧盟公报》波兰特刊,第 8 章,第 2 卷,第 205 页)第八十一条和第八十二条中规定的竞争规则的委员会第 1/2003/EC 号法规。

(21)“第 139/2004/EC 号法规”是指 2004 年 1 月 20 日关于控制企业集中的委员会第 139/2004/EC 号法规(2004 年 1 月 29 日《欧盟公报》第 L024 号,第 1 页;《欧盟公报》波兰特刊,第 8 章,第 3 卷,第 40 页)。

(22)“第 2006/2004/EC 号法规”是指 2004 年 10 月 27 日关于负责实施消费者保护法的国家之间合作的委员会第 2006/2004/EC 号法规(《消费者保护合作法》)(2004 年 12 月 9 日《欧盟公报》第 L364 号)。

第五条 将欧元和其他外币兑换成波兰兹罗提,以及将波兰兹罗提兑换成欧元,应该按照波兰国家银行公布的平均外汇汇率来进行(该外汇汇率是指在集中意向申报或处以罚款的所在年份的前一自然年的最后一天所发布的外汇汇率)。

第二编 限制竞争行为的禁令

第一章 限制竞争协议的禁令

第六条

1. 通过消除、限制或任何其他形式来达到限制有关市场竞争的目的或效果的协议应当被禁止,特别是下列协议:

(1)直接或间接确定价格和其他交易条件;

(2)限制或控制生产或销售以及技术开发或投资;

(3)划分销售或购买市场;

(4)对与第三方签订的同等协议适用繁重或不一致的合同条款和条件,从而使这些缔约方处于差异化的竞争环境;

(5)订立一项协议,但须由另一缔约方接受或履行与协议标的物在实质上或习惯上没有联系的其他协议或义务;

(6)限制市场准入或将非本协议缔约方的企业逐出市场;

(7)参与投标的企业之间或这些企业与作为投标组织者的企业之间串通拟投标的条款和条件,尤其是在工程范围和价格方面的串通。

2. 除第七条和第八条另有规定外,第 1 款所指的协议应全部或部分无效。

第六 a 条 企业违反本法第六条第 1 款第(1)项至第(6)项或《欧洲联盟运作条约》(以下简称 TFEU)第一百零一条第 1 款第(a)项至第(e)项所述禁令的,且其管理人在确定该企业违反了相关禁令时通过作为或不作为故意允许企业违反此类禁令的,也应承担责任。

第七条

1. 第六条第 1 款所述的禁令不适用于下列各方之间订立的协议:

(1)竞争企业在本协议所涵盖的相关市场中的总份额不超过 5%;

(2)非竞争企业在本协议所涵盖的相关市场中的总份额不超过 10%。

2. 第六条第 1 款的禁令也不适用于在相关协议生效的连续 2 年在相关市场(由第 1 款定义的)上的份额不超过 2% 的情况。

3. 第 1 款和第 2 款中的规定也不适用于第六条第 1 款第(1)项至第(3)项以及第(7)项规定的情况。

第八条

1. 第六条第 1 款所述的禁令对同时存在下列情况的协议不适用:

(1)有助于改进商品的生产、分配或技术或经济进步;

(2)允许买方或用户公平地分享由此产生的利益;

(3)未向这些企业强加对实现这些目标所并非必不可少的障碍;

(4)不会使这些企业有就所述的大部分产品消除相关市场竞争的可能性。

2. 第 1 款所述情况的举证责任应由相关企业承担。

3. 考虑到这类协议所带来的惠益,部长理事会可通过一项条例,使符合上述第 1 款所提条件的某些类型的协议免于第六条第 1 款所述的禁令。在条例中,部长理事会应当具体规定:

(1)为使协议被视为免于禁令而必须满足的条件;

(2)在协议中插入的条款是对第六条规定的违反;

(3)适用豁免的期限,并指明协议中的条款不被视为对第六条规定的违反。

第二章　滥用支配地位的禁令

第九条

1. 禁止一个及以上企业在相关市场中滥用支配地位。

2. 滥用支配地位特别是可能包括:

(1)直接或间接强加不公平价格,包括过高或掠夺性定价、延迟付款期限或其他贸易条件;

(2)限制生产、销售或技术进步,进而损害缔约方或消费者;

(3)对与第三方签订的同等协议适用繁重或不一致的合同条款和条件,从而使这些缔约方处于差异化的竞争环境;

(4)订立一项协议,但须由另一缔约方接受或履行与协议标的物在实质上或习惯上没有联系的其他补充协议或义务;

(5)抵消竞争产生或发展所必需的条件的形成;

(6)施加繁重的协议条款和条件,使该企业产生不正当的利益;

(7)根据地域、产品或实体相关标准划分市场。

3. 构成滥用支配地位的法律交易,应当全部或者部分无效。

第三章　关于限制竞争行为的决定

第十条

1. 如果保护局局长发现违反本法第六条或第九条规定的禁令,或违反TFEU第一百零一条或第一百零二条规定的禁令,则他应当发布一项决定,认定相关行为会限制竞争。

2. 在第1款所述的决定中,如果有关的做法在决定发布前没有停止,则保护局局长应当下令停止违反本法第六条或第九条或TFEU第一百零一条或第一百零二条规定的禁令的行为。

3. 证明违反本法第六条或第九条规定的禁令的行为已经停止,或违反TFEU第一百零一条或第一百零二条规定的禁令的行为已经停止的责任在于该企业。

4. 在上文第1款所述的决定中,出于让某一行为停止或对该行为的后果进行补救的目的，保护局局长可命令采取相应的措施，特别是以下措施：

(1)在非歧视性条件下授予知识产权许可证；

(2)在非歧视性条件下允许使用特定的基础设施；

(3)修改合同；

(4)在非歧视性条件下保证其他实体供应特定产品或提供特定服务。

5. 如果上文第4款所述的措施对一企业可能无效或是有效但更为繁重，则保护局局长可在第1款所述的决定中命令在资本集团内或企业架构内的独立组织单位（该单位会开展具体业务活动，该活动包括其在不同贸易水平上的行为）以特别委托的形式采取一项措施。

6. 第4款和第5款所述的措施应与违反禁令的行为的性质和严重程度相称，并应是结束该项违反禁令行为或补救其后果所必需的。

7. 在第4款和第5款所述措施的决定命令应用之前，保护局局长应通知企业其意图命令的具体措施。企业可在该通知送达之日起14日内就实施的措施提出其立场。

8. 保护局局长在第1款所述的决定中可规定采取第4款和第5款所述措施的时限，同时考虑到违反禁令行为的严重程度和性质以及所采取的措施的适用性。

9. 如果已下令执行第4款和第5款所述的措施，则保护局局长在第1款所述的决定中应命令企业在规定的期限内提交关于这些措施已执行的程度的信息。

第十一条 已废止。

第十二条

1. 在反垄断诉讼过程中，如果根据特定案件的情况、申报中提供的信息或构成提起诉讼基础的信息，认为本法第六条或第九条，或TFEU第一百零一条或第一百零二条中提到的禁令被违反，鉴于被指控违反这些禁令的企业已同意采取或停止某些行为以终止此类违反禁令的行为或补救其后果，则保护局局长可通过一项决定，要求企业履行其承诺。如果企业已经停止违反本法的第六条或第九条，或TFEU第一百零一条或第一百零二条所述禁令的行为，并且同意对违反禁令行为的后果进行补救，则本款第一句话应相应地适用。

2. 在第1款所述的决定中，保护局局长可规定履行承诺的时限。

3. 在第 1 款所述的决定中,保护局局长应当规定企业有义务在固定时限内提供相关承诺执行阶段的信息。

4. 第 1 款所指的决定发布后,除第 7 款另有规定外,第十条、第一百零六条第 1 款第(1)项和第(2)项以及第一百零六 a 条均不适用。

5. 如有下列情况,则保护局局长可依职权撤销第 1 款所述的决定:

(1)该决定是根据虚假、不完整或误导性的信息或文件作出的;

(2)企业没有履行第 1 款至第 3 款所述的承诺或义务。

6. 如果在作出决定时主要考虑的情况已经发生了改变,则在得到企业同意之后,保护局局长可依职权撤销第 1 款所述的决定。

7. 如果撤销该决定,则保护局局长应当根据案情对该案件作出裁决。

第十二 a 条

第六 a 条所指的管理人故意以其作为或不作为,允许企业违反本法第六条第 1 款第(1)项至第(6)项,或是 TFEU 的第一百零一条第 1 款第(a)项至第(e)项所述的禁令,则保护局局长可要求其按照第十条第 1 款的决定缴纳第一百零六条第 1 款第(1)项或第(2)项所述的罚款。

第三编　企业的集中

第一章　集中控制

第十三条

1. 在下列情况下,计划进行的集中须以提交给保护局局长的申报为准:

(1)在该申报年度之前的财政年度内,参与该集中的企业的全球总营业额超过 1,000,000,000 欧元;或者

(2)在该申报年度之前的财政年度内,参与该集中的企业在波兰共和国领土内的总营业额超过 50,000,000 欧元。

2. 第 1 款规定的义务涉及以下情形:

(1)两个或两个以上独立的企业合并;

(2)一个或者多个企业,通过收购或者收购股票、其他有价证券或者股份,或者以其他方式直接或者间接控制一个或者多个企业;

(3)设立一个合营企业;

(4)由企业收购另一企业的部分或全部资产,并且在申报提交前的 2 个财

政年度内,企业通过该等资产在波兰共和国境内实现的营业额超过 10,000,000 欧元。

第十四条 在下列情况下,集中申报的义务不再适用:

(1)根据第十三条第 2 款第(2)项对其进行控制的企业在申报提交前的 2 个财政年度内在波兰共和国境内的营业额不超过 10,000,000 欧元。

(1a)第十三条第 2 款第(1)项或第(3)项所述的企业在申报提交前的 2 个财政年度内在波兰共和国境内的营业额都不超过 10,000,000 欧元。

(1b)集中导致对某个企业或属于同一个资本集团的某些企业的控制,并且同时收购该企业或是属于同一资本集团的某些企业的部分资产,但前提是接管控制权的一个或多个企业在申报提交之前的 2 个财政年度内在波兰共和国境内的营业额以及被收购资产产生的营业额总计不超过 10,000,000 欧元。

(2)金融机构的正常活动包括为其自身或他人投资于其他企业的股票和股份,出于转售的目的临时获得或占有股票和股份,但该转售须在收购或者接管之日起的 1 年内进行,并且:

(a)不行使附属于此类股票或股份的权利,但获得股息的权利除外;或者

(b)行使该等权利的唯一目的是准备将该企业的全部或部分资产或该等股票和股份转售;

(3)企业为担保债务而临时取得或占有股票和股份时,该企业不得行使附属于该等股票或股份的权利,但出售权除外;

(4)集中是由于破产程序而发生的,但不包括以下情况:控制权将被接管、竞争企业或资本集团参与者收购的部分资产,且该资本集团参与者归属于被收购企业或被收购资产的竞争企业;

(5)集中适用于参与同一资本集团的企业。

第十五条

附属企业实施的集中视为支配企业实施的集中。

第十六条

1. 第十三条第 1 款所述的营业额包括直接参与集中的企业的营业额,以及直接参与集中的企业所属资本集团的其他企业的营业额。

2. 在第十三条第 2 款第(2)项和第(4)项所指的情况下,第十三条第 1 款所述的营业额包括接管或取得部分资产的企业以及与接管企业属于同一资本集

团的其他企业的营业额,以及被收购的部分资产或被接管的企业及其附属企业所产生的营业额。

3. 第十三条第1款所述的营业额还应包括下列企业营业额的一部分:

(1)直接参与集中的企业或直接参与集中的企业所属资本集团的其余企业控制的企业与一个或多个企业的联合(与控制企业的数量成比例)所产生的营业额对第1款应相应适用;

(2)直接参与集中的企业所属的资本集团实施控制权的企业联合(与控制企业的数量成比例)所产生的营业额对本款第(1)项和第1款应相应适用。

4. 第十四条第1款所述的营业额,包括被接管企业及其附属企业的营业额。由被接管的企业或其附属企业与其他一个或多个企业形成的企业联合所产生的营业额也应相应地适用于第3款第(1)项。

5. 如果同时或在不超过2年的期间内:

(1)属于同一资本集团的至少2个企业,那么,第十四条第(1)项中所述的营业额应包括所有此类企业及其附属企业的总营业额;

(2)取得属于同一资本集团的一个或多个企业的一部分资产,那么第十三条第2款第(4)项中的营业额应包括由这些所有的资产形成的总营业额;

(3)接管属于同一资本集团的一个或多个企业,并从属于该资本集团的一个或多个企业中获得一部分资产,那么,第十四条第(1b)项中所述的营业额应包括被接管的企业及其附属企业的营业额以及被收购的所有资产所产生的营业额。

第十七条

部长理事会应通过一项条例规定计算营业额的方法,以便确定向保护局局长提交集中意向申报的义务,同时考虑到企业开展活动的具体性质以及适用于特定类别的企业(包括银行、保险公司和投资基金)的会计规则。

第二章　集中的决议

第十八条

保护局局长应通过一项决定,即当集中不会对市场竞争造成重大障碍时,特别是不会通过建立或加强市场的支配地位来对市场竞争造成重大障碍时,可允许实施集中。

第十九条

1. 当打算实施集中的企业在满足第2款所规定的条件后,市场竞争不会受到重大阻碍时，特别是不会通过建立或强化市场的支配地位来对市场竞争造成重大阻碍时，保护局局长应以决定的方式同意实施集中。

2. 保护局局长可对一个或多个计划实施集中的企业施加一项义务，或接受其承诺，特别是通过以下方式来施加义务或接受承诺：

(1)处置一个或多个企业的全部或部分资产；

(2)放弃对一个或多个特定企业的控制权，特别是通过处置一批特定的股票或股份，或者解雇一名或多名管理人在管理委员会或监事会的职务；

(3)给予竞争企业独家许可证，但该许可证需要满足第 1 款所述决定中规定的时间限制。

3. 在第 1 款所述的决定中，保护局局长应为一个或多个企业施加一项义务，即在决定规定的时限内提供关于满足这些要求的信息。

4. 应已对其规定履行第 2 款所述要求的企业的请求，保护局局长应发布一项决定，即在规定期限内，不披露第 1 款所述的决定：尽管不满足那些要求，但是未超过履行这些要求的最后期限。此时，保护局局长的决定不应受到投诉。

5. 在第 4 款所述的情况下，保护局局长不得在第 4 款规定的范围内向公众公布或以其他方式披露该决定。在上述范围内，也不得根据 2001 年 9 月 6 日《关于获取公共信息的法案》(法律期刊，2014 年，第 782 项)作出决定。

6. 第 4 款所述决定的发布不得免除企业在单独规定中所确定的信息义务。

第二十条

1. 保护局局长应该通过一项决定，即禁止将对市场竞争造成重大障碍的集中，特别是会通过建立或强化市场支配地位对市场竞争造成重大障碍的集中。

2. 如果有不禁止集中的正当理由，即使集中会对市场竞争造成重大障碍，特别是会通过建立或强化市场支配地位对市场竞争造成重大障碍，保护局局长也应该通过一项决定同意实施集中，特别是在下列情况中：

(1)集中预计会有助于经济发展或技术进步；

(2)集中可能会对国民经济产生积极影响。

第二十一条

1. 如果第十八条、第十九条第 1 款和第二十条第 2 款所述决定所依据的信息不可靠，且参与集中的企业对此负有责任，或企业不符合第十九条第 2 款和第 3 款所述的条件，则保护局局长可撤销这一决定。如果决定被撤销，则保护局局长应对该案件作出裁决。

2. 在第 1 款所述的情况下,如果集中已经实施,并且在其他方面不可能恢复市场竞争,则保护局局长可通过一项决定,为实施决定中规定的条件设定时间限制,特别是命令:

(1)根据决定中规定的条件分割已合并企业;

(2)处置企业的全部或部分资产;

(3)处置股票或股份,以确保对企业的控制,或解散企业共同控制的公司。

3. 第 2 款所述的决定,自集中实施之日起满 5 年后,不得发布。

4. 如果未按照第十三条第 1 款的规定向保护局局长提交计划集中的申报,且禁止集中的决定尚未执行,则第 2 款和第 3 款的规定应相应适用。

第二十二条

1. 第十八条和第十九条第 1 款或第二十条第 2 款所述的决定,若自发布之日起 2 年内未实施集中,则该决定终止。

2. 在参与集中的企业根据第 1 款所述期限届满前 30 日内提出申请时,如果企业证明集中可能对市场竞争造成重大障碍的情况没有发生变化,则经其请求,保护局局长可通过决定将有关期限延长 1 年。

3. 在发布延长第 1 款所述时限的决定之前,保护局局长可执行初步程序。

4. 如果发布了拒绝延长第 1 款所述时限的决定,一旦所述时限到期,则实施集中的企业应按照要求向保护局局长提交集中意向申报,并根据本法规定的规则和程序就实施集中获得局长同意。

第二十三条 经金融机构请求,如果该机构证明在股票或股份自取得之日起 1 年内进行转售不可行或在经济上不合理,则保护局局长可通过决定延长第十四条第(2)项所述的期限。

第三 A 编 禁止在标准协议中使用滥用条款

第一章 标准协议中的滥用条款

第二十三 a 条

禁止在与消费者签订的标准协议中使用 1964 年 4 月 23 日《民法典》第 385(1)条提及的滥用条款。

第二章　将标准协议中的条款归为滥用条款的决定

第二十三 b 条

1. 如果保护局局长认为第二十三 a 条规定的禁令已被违反，则保护局局长将作出一项决定：将标准协议中的某一条款归类为滥用条款，并禁止使用该条款。在该决定中，保护局局长应引用标准协议中被归类为滥用的条款的措辞。

2. 保护局局长可在第 1 款所述决定中具体说明补救措施，以弥补违反第二十三 a 条所述的禁令的持续影响，并特别要求该企业：

(1) 通知以第 1 款所述标准协议为基础的协议的缔约方消费者，该标准协议中的条款已被按照决定中规定的方式归类为滥用条款；

(2) 对决定中规定的措辞和形式作出单一或重复的陈述。

3. 保护局局长可在第 1 款所述的决定中命令将该决定的全部或部分公布，并以决定中指明的形式清楚地表明该决定是否具有法律约束力，费用由企业承担。

4. 第 2 款所述的措施应与违反禁令的严重程度和性质相称，并且对其后果进行补救。

第二十三 c 条

1. 如果一企业在发布第二十三 b 条第 1 款所述的决定之前作出承诺，即采取或停止某些行动，以制止违反第二十三 a 条所述的禁令的行为或补救其产生的任何后果，则保护局局长可通过第二十三 b 条第 1 款所指的决定，要求企业遵守这些承诺。

2. 在第 1 款所述的决定中，保护局局长可具体说明履行这些承诺的期限。

3. 在第 1 款所述的决定中，保护局局长应规定企业有义务在规定的时限内提供有关履行承诺程度的信息。

4. 第二十三 a 条第 2 款第(1)项和第一百零六条第 1 款第(3a)项的规定不适用于第 1 款所指的决定。

5. 如有下列情况，则保护局局长可以依职权撤销第 1 款所述关于承诺部分的决定，并处以第一百零六条第 1 款第(3a)项中所述的罚款：

(1) 该决定是根据虚假，不完整或误导性的信息或文件作出的；

(2) 该企业未遵守第 1 款至第 3 款所述的承诺或义务。

6. 保护局局长可在第5款所述的情况下,具体说明第二十三b条第2款所述的补救违反禁令的持续影响的措施。第二十三b条第3款不适用。

7. 如果对决定的发布有重大影响的情况已经改变,那么经企业同意,保护局局长可依职权撤销第1款中与承诺有关的决定。第6款也应相应适用。

第二十三d条

对于被确定使用滥用条款的企业,以及根据决定中规定的标准协议与该企业订立协议的所有消费者,将标准协议中的条款归类为滥用的具有法律约束力的决定是有效的。

第四编　禁止侵犯消费者集体利益的行为

第一章　侵犯消费者集体利益的行为

第二十四条

1. 禁止侵犯消费者集体利益的行为。

2. 侵犯消费者集体利益的行为是指违反既定习惯的非法企业活动,并且损害消费者的利益,特别是:

(1)已废止;

(2)违反向消费者提供可靠、真实和完整信息的义务的;

(3)不正当的商业行为或其他不正当的竞争行为;

(4)向消费者提供与那些消费者的需求不匹配的金融服务,这些金融服务是企业根据其可获得的有关这些消费者特征的信息所确定的,或者以不适合那些服务性质的方式提出购买服务的提议。

3. 单个消费者利益的累加汇总并非消费者集体利益。

第二十五条

本法规定的对消费者集体利益的保护不应影响其他法律中规定的保护行为,特别是关于打击不正当商业行为的规定和关于打击不正当竞争行为的规定。

第二章　关于侵犯消费者集体利益行为的决定

第二十六条

1. 如果保护局局长发现违反第二十四条所述禁令的行为,则他应作出决定,宣布该行为侵犯消费者集体利益,并命令停止该行为。

2. 保护局局长可在第 1 款所述的决定中，指明补救侵犯消费者集体利益的行为所造成的持续影响的措施，为确保遵守该命令，可特别要求企业发布一份单一或重复的声明，声明的内容和形式应符合该决定的规定。

3. 保护局局长可在第 1 款所述的决定中，命令将该决定全部或部分公布，并明确说明该决定是否具有法律约束力，其表述形式应符合决定的规定，费用由该企业承担。

4. 第 2 款所述的措施，应与违反禁令的严重程度和性质相称，并且应是补救其后果所必需的。

第二十七条

1. 如果有关企业已停止实施第二十四条中提及的行为，则第二十六条所述的决定不得被作出。

2. 在第 1 款所述的情况下，保护局局长应当作出决定，宣布某一行为侵犯了消费者的集体利益，并宣布停止该行为。

3. 对第 1 款所述情况的举证责任由相关企业承担。

4. 第二十六条第 2 款至第 4 款的规定应相应适用。

第二十八条

1. 在有关侵犯消费者集体利益的行为的诉讼程序中，如果根据给定案件的情况、第一百条第 1 款所述报告中所包含的信息以及诉讼程序所依据的信息，已认定相关企业违反了第二十四条所述的禁止性行为，鉴于该企业已经承诺采取或停止某些行为以终止此类违反禁令的行为，则保护局局长可通过一项决定，要求该企业履行其承诺。如果企业已经停止违反第二十四条所述禁令的行为并承诺对其违反禁令行为的后果进行补救，则本款第一句话应相应适用。

2. 在第 1 款所述的决定中，保护局局长可规定履行承诺的时限，或要求企业对该决定中规定的内容和形式作出单一或重复陈述，或由企业承担费用来全部或部分公布该决定，以明确表明该决定是否具有法律约束力。

3. 在第 1 款所述的决定中，保护局局长应规定该企业有义务在规定的时限内提供有关承诺执行阶段的信息。

4. 如果作出第 1 款所述的决定，则除第 7 款规定外，第二十六条和第二十七条以及第一百零六条第 1 款第(4)项均不适用。

5. 如有下列情况，则保护局局长可依职权撤销第 1 款所述决定：

(1)该决定是基于虚假、不完整或误导性的信息或文件发布的;

(2)该企业没有遵守第1款至第3款所述的承诺或义务。

6.在对发布决定有重大影响的情况发生变化的情况下,经企业同意,保护局局长可依职权撤销第1款所述的决定。

7.如果撤销该决定,则保护局局长应对此案件作出裁决。

第五编　竞争与消费者保护组织

第一章　保护局局长

第二十九条

1.保护局局长是主管竞争与消费者保护的中央政府行政机构。总理应当监督保护局局长的活动。

2.保护局局长应是:

(1)执行欧盟成员国根据TFEU第一百零四条和第一百零五条赋予的任务。特别是,保护局局长应当是第1/2003/EC号法规第三十五条所指的竞争主管机关;

(2)第2006/2004/EC号法规所指的唯一联络处,保护局局长的法定职权范围是第2006/2004/EC号法规第四条第1款所指的主管机关的职权。

3.总理应当从公开和竞争性征聘过程中选出的人员中任命保护局局长。

3a.保护局局长的职位可由拥有下列条件的人员担任:

(1)拥有硕士学位或同等学位;

(2)是波兰公民;

(3)享有充分的公共权利;

(4)未因故意犯罪或故意财政犯罪而通过具有法律约束力的判决定罪;

(5)拥有管理能力;

(6)至少拥有6年工作记录,其中包括至少3年的管理岗任职经验;

(7)有保护局局长所负责领域的资格和知识。

3b.关于保护局局长职位的招聘信息应当在保护局所在地的一个普遍可进入的地方公布,并在保护局的公共信息公报和总理府的公共信息公报上公布。公告应当载明:

(1)保护局的名称和地址;

(2)职务;

(3)法律规定的有关职务的要求;

(4)履行的职责范围;

(5)所需的文件;

(6)提交文件的最后期限和地点;

(7)招聘方法和技术信息。

3c. 第3b款第(6)项规定的最后期限,自总理府的公共信息公报刊登公告之日起,不得少于10日。

3d. 保护局局长职位招聘应当由总理府负责人指定的小组完成。该小组经总理授权,应至少由3人组成,他们的知识和经验将确保选出最佳候选人。在招聘过程中,应评估应聘者的专业经验、执行岗位任务所需的知识和管理能力。

3e. 第3d款所述的知识与管理能力的评估可由该小组任命1名小组成员之外的其他人来进行,但是这个人在实施评估方面应该具有足够的资质。

3f. 小组成员或第3e款所述的人员有义务对在招聘过程中可能获得的有关申请该职位人员的所有信息保密。

3g. 招聘过程中应最多选出3位候选人,提交到总理府。

3h. 这一小组须就招聘程序编制一份报告,指明:

(1)保护局的名称和地址;

(2)实施招聘程序的职位以及候选人人数;

(3)最多3位最佳候选人的姓名及地址,并按照他们满足招聘公告所规定的要求排序;

(4)关于应用的招聘方法和技术信息;

(5)候选人的选择或不选择的理由说明;

(6)小组成员。

3i. 招聘结果应及时在保护局的公共信息公报和总理府的公共信息公报上公布。招聘的结果应当载明以下信息:

(1)保护局的名称和地址;

(2)进行招聘工作的职位;

(3)所选候选人的姓名以及民法规定意义上的居住地,或关于落选候选人的信息。

3j. 在总理府的公共信息公报上公布招聘公告及其结果是免费的。

4. 保护局局长一职可由总理解除。在任命继任者之前,保护局局长应始终履行其职责。

5. 已废止。

6. 保护局局长应当履行竞争与消费者保护局(以下简称保护局)所负担的任务。

7. 已废止。

8. 已废止。

第三十条

1. 保护局副局长应该由总理从通过公开和竞争性征聘程序选出的人员中任命。经保护局局长的要求,可由总理解除副局长的任职。

2. 第 1 款所述的职位招聘小组应当提名保护局局长。

3. 第二十九条第 3a 款至第 3j 款规定应当适用于第 1 款所述职位的招聘。

第三十一条

保护局局长的活动范围应当包括:

(1)监测企业遵守本法的情况;

(2)针对所述的限制竞争行为、企业集中行为、侵犯消费者集体利益的行为作出决定,以及作出本法规定的其他决定;

(3)分析企业在经济中的集中程度和市场行为;

(4)拟定关于发展竞争的政府方案草案和政府消费者保护政策草案;

(5)与国内和国际的竞争和消费者保护机构和组织开展合作;

(6)执行第 1/2003/EC 号与第 139/2004/EC 号法规所确定的欧盟成员国竞争主管机构的任务和职责;

(7)执行第 2006/2004/EC 号法规所确定的欧盟成员国主管机构和唯一联络处的任务和职责;

(8)编写关于竞争与消费者保护的法律草案,并提交给部长理事会;

(9)向部长理事会提交关于政府竞争发展方案和消费者政策执行情况的定期报告;

(10)在《政府消费者政策》规定范围内与地方政府开展合作;

(11)已废止;

(12)编写并发行促进竞争和消费者保护意识的出版物和教育方案；

(13)就有关竞争和消费者保护的事项与企业联系；

(14)在竞争和消费者保护以及国家援助事项方面的合作和信息交流范围内履行波兰共和国的国际义务；

(15)收集并公布有关竞争和消费者保护案件的裁决和决定，特别是在保护局官方网站上发布由保护局局长作出的决定；

(16)在履行其法定任务范围内，与国家犯罪信息中心负责人合作；

(17)执行本法或单独规定中所规定的其他任务。

第三十一 a 条

保护局局长可就属于其职权范围内的问题，发表和宣布与适用法律条文有重大关系的说明及解释。说明和解释应在保护局的公共信息公报中发布。

第三十一 b 条

保护局局长应在保护局官方网站上将根据本法作出的决定的内容全面发布，而发布的理由说明不应包括商业秘密或其他受单独规定保护的信息。同时，公告应说明所发布的该决定是否具有法律约束力。

第三十一 c 条

保护局局长可与公共广播电视主管单位协商，按照商定的形式和时间免费在公共电视和广播电台上发布：

(1)关于可能对消费者利益构成严重威胁的行为或情况的信息；

(2)已发布的第七十三 a 条第 2 款所述决定的相关信息。

第三十一 d 条

在涉及竞争和消费者保护的案件中，如果保护局局长认为这符合公共利益，则他可向法院提出对该案件具有实质意义的立场。

第三十二条　已废止。

第三十三条

1. 保护局应由华沙中央局和位于比德戈什、格但斯克、卡托维兹、克拉科夫、卢布林、罗兹、波兹南、华沙和弗洛磁瓦夫的分局以及由保护局局长监管的实验室构成。

2. 分局应由各自的主管人员进行管理。

3. 总理通过一项条例规定各分局对于属于保护局局长活动范围内的案件

的管辖范围和职责权限,同时考虑在相关管辖范围内发生的案件性质和数量。

4. 除属于其职责范围内的案件之外,分局还可以处理保护局局长转交给他们的其他案件。

5. 在特别合理的情况下,保护局局长可接管属于某一分局职责内的案件,或将其交由另一分局处理,或将属于他自己职责范围内的案件交由某一指定分局来处理。

6. 分局主管范围内的决定和决议,以及分局主管按照上述第 5 款规定提交的决定和决议,应由分局主管代表保护局局长发布。

第三十四条

保护局的组织应在总理通过条例制定的法规中加以界定。

第三十五条

1. 已废止。

2. 已废止。

3. 保护局局长可命令贸易检查署进行检查,或执行属于其活动范围内的其他任务。

4. 已废止。

第三十六条　已废止。

第二章　地方政府与消费者组织

第三十七条

在本法和单独规定所确定的范围内保护消费者利益的任务,也应由地方政府当局以及消费者组织和其他机构执行,其法定或官方任务包括保护消费者利益。

第三十八条

地方政府当局在消费者保护方面的任务是提高人们对与消费者有关的问题的认识。

第三十九条

1. 区级地方政府有关保护消费者权益的工作,由区(市)消费者监察专员(以下简称消费者监察专员)负责。

2. 各区可通过协议,在各区任命 1 名消费者监察专员。

第四十条

1. 消费者监察专员应由区长或由区级城镇的市长雇用。

2. 消费者监察专员应持有大学学历,特别是有法律或经济学背景,并具有至少5年的专业经验。

3. 消费者监察专员应直接隶属于区长(市长)。

4. 消费者监察专员应在区长办公室(市政当局)的结构内组织上独立。在人口超过10万的地区,以及拥有区级地位的城镇中,消费者监察专员可在个体工作室的帮助下执行其任务。

5. 与消费者监察专员法律地位有关的其他事项,应适用2008年11月21日《地方政府工作人员法案》(《法律期刊》第223号,第1458项)。

第四十一条 已废止。

第四十二条

1. 消费者监察专员的任务包括:

(1)免费向消费者提供建议和有关保护消费者利益的法律信息;

(2)提出制定和修改有关保护消费者利益的地方法规的请求;

(3)就保护消费者权益事宜与企业联系;

(4)与属地主管分局、贸易检查署以及消费者组织合作;

(5)执行本法或其他法律规定的其他任务。

2. 消费者监察专员可代表消费者提起诉讼,并在征得消费者同意后,可加入有关保护消费者利益的案件诉讼中。

3. 在涉及损害消费者利益的轻微罪行的案件中,消费者监察专员应按照2001年8月24日《关于作为轻微罪行起诉的案件的程序守则》(《法律期刊》第106号,第1148项,经修订)的规定担任公诉人。

4. 根据第1款第(3)项的规定行事的消费者监察专员所联系的企业有义务向其提供所要求的解释和信息,并就监察专员提出的评论和意见表明其立场。

5. 1964年11月17日《民事诉讼法》第六十三条的规定应当相应于消费者监察专员。

第四十三条

1. 消费者监察专员应当在每年3月31日前向区长(市长)提交上一年度的活动报告,供其审批,并向主管分局提交报告副本。

2. 已废止。

3. 应要求消费者监察专员定期向分局提交有关需要在政府层面解决的消费者保护问题的结论和信息。

第四十四条

1. 全国消费者监察委员会(以下简称委员会)是一个协助保护局局长的机构。

2. 委员会是一个常设的提供意见和咨询的机构,它就有关政府层面上的消费者保护问题的事项向保护局局长提供意见。

3. 委员会的任务应当包括(特别是):

(1)就有关保护消费者权利的立法改革方向发表意见;

(2)就立法草案或政府消费者政策方面的相关事项发表意见;

(3)就保护局局长提交给委员会的其他有关消费者保护的相关事宜发表意见;

(4)在保护局局长指明的范围内传达有关消费者保护的信息。

4. 委员会应当由 9 名消费者监察专员组成,竞争与消费者保护局的各地分局分别指派 1 名。

5. 委员会的成员应当由保护局局长任免。可经第 4 款所述分局主管的要求,经推荐的消费者监察专员的书面同意作出任命。撤销消费者监察专员的任命应当导致他/她在委员会中的成员资格的届满。

6. 保护局应当向委员会提供行政支持。

7. 保护局应按照法律中规定的规则,向委员会成员支付出席委员会会议的差旅费,这些津贴是被国家或地方政府预算单位雇用的人员在波兰境内出差时有权享有。

8. 委员会的工作程序应在保护局局长所制定的条例中作出规定。

第四十五条

1. 消费者组织应当在中央和地方政府机关面前代表消费者利益,并可参与政府消费者政策的实施。

2. 第 1 款所述的组织有权:

(1)就有关消费者权益的立法草案和其他文件发表意见;

(2)制订和传播消费者教育计划;

(3)对产品与服务进行测试,并公布结果;

(4)发行期刊、研究文件、宣传册和宣传页;

(5)向追求索赔的消费者提供免费的消费者咨询服务和免费帮助,除非该组织的规章中另行规定应支付费用;

(6)参与标准化工作;

(7)执行国家有关消费者保护的任务,由中央和地方政府行政机构对他们进行委托;

(8)申请公共资金执行第(7)项规定的任务。

3. 中央和地方政府当局有义务就保护消费者利益的活动向消费者组织咨询。

第四十六条 根据《公共财政法》的规定,从国家预算中为执行第四十五条第2款第(7)项所述的任务分配的年度封闭式补助金数额,应在《预算法》中由保护局局长管理的国家预算部分来决定。

第六编 保护局局长的诉讼程序

第一章 一般条款

第四十七条

1. 向保护局局长提起的诉讼应作为初步诉讼、反垄断诉讼、关于将标准协议中的条款归为滥用条款的诉讼或关于侵犯消费者集体利益的诉讼进行。

2. 在提起反垄断诉讼、将标准协议中的条款归为滥用条款的诉讼或关于侵犯消费者集体利益行为的诉讼之前,可进行初步诉讼。

第四十八条

1. 如果相关情况表明某一特定经济部门可能会违反本法的规定,或者消费者利益会受到侵犯或者是存在任何可能会违反本法规定的其他情况,则保护局局长可依职权通过决定对此提起初步诉讼。

2. 特别是出于以下目的,可以进行初步诉讼:

(1)初步确定是否发生了违反本法规定的行为,例如可能有理由提起反垄断诉讼,包括该案件是否具有反垄断性质;

(1a)初步确定是否发生了侵权行为,例如可能有理由提起诉讼,将标准协议中的条款归类为滥用条款;

(2)初步确定是否发生了违反本法规定的情形,例如可能有理由对侵犯消费者集体利益的行为提起诉讼;

(3)对市场进行研究,包括确定其结构和集中程度;

(4)初步确定是否存在提交集中意向申报的义务;

(5)初步确定是否侵犯了受法律保护的任何消费者的利益,如可能证明采取单独法律行为中规定的行动是正当的。

3. 初步程序应以决定的方式结束。

4. 初步程序的期限不得超过 4 个月,对特别复杂的问题,从提出之日起不得超过 5 个月。

5. 在第 2 款第(3)项所述的情况下,第 4 款的规定和 1960 年 6 月 14 日《行政诉讼法》(《法律期刊》2000 年,第 98 号,第 1071 项,经修订)第三十五条的规定不适用。

第四十九条

1. 限制竞争行为的反垄断诉讼、侵犯消费者集体利益的反垄断诉讼,将标准协议中的条款归为滥用条款的反垄断诉讼以及涉及罚款的反垄断诉讼均应依职权提起。

2. 有关集中的反垄断诉讼应根据请求或依职权提起。

第四十九 a 条

1. 保护局局长可在有关竞争和消费者保护的事项上与企业联系,而不必提起诉讼。

2. 保护局局长联系的企业可在保护局局长规定的期限内,就与该企业有关的事项提交其立场声明。

3. 第 2 款所指的期限,自与企业联系之日起不得少于 14 日。

第五十条

1. 应保护局局长的要求,企业应当有义务提供一切必要的信息和文件。

2. 第 1 款所指的要求应当包括:

(1)此类信息的范围;

(2)要求的目的;

(3)提供信息的时间期限;

(4)关于因未提供信息或提供虚假或误导性信息而受到制裁的说明。

3. 任何人均有权主动或应保护局局长的要求，以书面形式就某一案件的基本情况作出解释。

第五十一条

1. 只有经公共行政机构、公证人、律师、法律顾问、税务顾问、专利律师或企业授权雇员认证的文件原件或副本，才可在保护局局长前的诉讼中作为书面证据。

2. 根据第3款的规定，在保护局局长前的诉讼中确定的证据应当由使用波兰语言书写的文件构成。

3. 如果该文件是以外国语言书写的，则还应提交该文件的波兰语译本或该文件中拟作为诉讼证据部分的波兰语译本，并经宣誓的翻译人员进行认证。

第五十二条

1. 提出证人证据的一方当事人，必须准确地阐明需要个别证人的证词来证实的事实，并提供有关证人的适当信息，以便对证人进行传唤。

2. 保护局局长在传唤证人时，应当在其传票中写明被传唤人的姓名、住所、审查的时间和地点、当事人和案件主题，并说明对虚假证词的刑事处罚规定。

第五十三条

1. 证人的证言一经记载，应在证人面前宣读其证词，并且根据证人的意见进行完善或核实。

2. 证人的讯问报告应由证人和进行讯问的保护局工作人员签名。

第五十四条

1. 在需要特别信息的情况下，保护局局长在听取了当事方关于专家人数及其甄选的动议后，可以召集1名或多名专家以征求他们的意见。

2. 第1款所指的专家还可以是专门从事相关领域的法人。

第五十五条　一方当事人可以请求将1名专家排除在诉讼程序之外，直至该专家的活动完成。其请求排除该专家的理由可与请求将该保护局的1名雇员排除在诉讼程序之外的理由相同。在专家开始活动后提出排除专家请求的一方，应被要求向不知情的一方说明排除的理由。

第五十六条　保护局局长可命令向专家出示案卷和审查主题。第七十一条第1款的规定应相应适用。

第五十七条

1. 专家发表的意见必须说明理由。

2. 多位专家提交一份联合意见。

第五十八条

1. 除第3款另有规定外,保护局局长应当根据在法庭诉讼中获得专家证据费用的规定,给予专家报酬。

2. 保护局局长可要求提出引入专家证据动议的一方预付专家费用。

3. 若未作出限制竞争或侵犯消费者集体利益的决定,则专家的报酬应当由国家财政承担。

第五十九条

1. 保护局局长可根据《科学基金资助规则》的规定要求科学研究所发表意见。

2. 科学研究所应在其意见书中指明进行研究和发表意见的人员。

3. 第五十四条至第五十八条的规定应相应适用。

第六十条

1. 在诉讼过程中,保护局局长可举行听证会。

2. 除第4款另有规定外,第1款所指的听证会应为公开会议。

3. 保护局局长可为听证会传唤证人,并讯问当事人和证人以及征求专家意见。

4. 如果第1款所指的听证会涉及商业秘密或受单独规定保护的其他秘密,则应采取非公开会议的形式。1964年11月17日《民事诉讼法》第一百五十三条和第一百五十四条的规定应当相应适用。

第六十一条

如因证据的性质或考虑到引入证据的重大不便或相当大的费用而有此必要,则保护局局长可要求具有属地管辖权的地区法院对证人进行讯问或取得专家意见。保护局局长在要求法庭提供证据时,应发出一项决定具体说明:

(1)提供证据的法庭;

(2)证据的形式;

(3)待确定的事实。

第六十二条 已废止。

第六十三条 已废止。

第六十四条 已废止。

第六十五条 已废止。

第六十六条 已废止。

第六十七条 已废止。

第六十八条 已废止。

第六十九条

1. 保护局局长可应请求或依职权,并以决定的方式,在必要的范围内限制查阅案件档案中证据的权力,但是该项限制的前提是如果准许查阅这些证据将有可能泄露商业秘密或受相关单独规定保护的其他任何类型的秘密。

2. 第1款所述的限制亦适用于第七十三条第5款规定的程序中所述的证据。

3. 根据第1款所发布的决定可受到投诉。

4. 提出限制证据获取的申请的一方,应向保护局局长提交理由陈述书和不包括受第1款所述各项限制的任何信息的文件文本,并随附相关说明。

4a. 如果该项申请不符合第4款所述的要求,则保护局局长须要求申请人在指定时限内提供与该请求有关的其他材料或信息。如果第4款所述的文件文本未在规定的时限内提交,则不应审查该请求。

5. 不包含受第1款所述限制的任何信息的文件文本应当提供给有关各方和实体,并随附相关说明。

第七十条

1. 保护局局长就第八十九a条和第一百一十三a条至第一百一十三k条的适用而取得的任何信息和证据,包括关于企业或管理人申请全面豁免的信息以及在结算程序中获得的信息,在第2款和第3款的规定下不得提供获取权利。

2. 保护局局长应在作出决定前,准许相关各方查阅第1款所述的信息和证据。

3. 如果要求免除或减少罚款的企业或管理人,或进入结算程序的企业或管理人书面同意提供第1款所述的信息和证据,则第1款的规定不适用。

4. 载有构成企业或管理人所作陈述的信息和证据的文件,只有在该企业或管理人已经提出全面豁免罚款或减少罚款的请求,或者企业或管理人已经进入结算程序时,并在其书面同意的情况下方可复制。

5. 可以对第4款所述信息和证据进行手写记录,但作出该等记录的一方须承诺,只将其所取得的信息用于在保护局局长前进行的法律程序或因有关个案的上诉而在法庭进行的法律程序。

6. 根据2001年9月6日《公共信息获取法》的规定,不得提供第1款所述的信息和证据。

第七十一条

1. 保护局员工应当保护商业秘密和在诉讼过程中可能获得的其他受单独规定保护的信息。

2. 第1款的规定不适用于公开提供的信息、有关诉讼程序的信息或关于在此类诉讼程序结束时作出的决定及其内容的信息。

3. 第1款和第2款的规定也应适用于贸易检察署的员工和参与第一百零五a条第2款所述检查的其他人员。

第七十二条 公共行政机构有义务向保护局局长提供其掌握的文件以及与在保护局局长前进行的诉讼程序有关的信息。

第七十三条

1. 除第2款至第4款另有规定外,在保护局局长前的诉讼程序中收到的信息不得用于根据单独规定进行的任何其他诉讼。

2. 第1款规定不适用于:

(1)通过公共申诉程序进行的刑事诉讼,或财政刑事诉讼;

(2)保护局局长进行的其他诉讼;

(3)根据第1/2003/EC号法规与欧盟委员会和欧盟成员国竞争主管机构共享的信息;

(4)根据第2006/2004/EC号法规与欧盟委员会和欧盟成员国竞争主管机构共享的信息;

(5)向竞争主管机构提供可能表明任何违反单独规定的信息。

3. 保护局局长应向负责电信和邮政服务市场以及燃料与能源管理市场的监管机构(以下简称监管机构)提供信息,包括这些机构进行诉讼程序所需的市场分析和市场研究结果,但不包括以下信息:

(1)因国际承诺而产生保密义务的信息,特别是根据TFEU提起的诉讼过程中获得的信息;

(2)从企业获得的与适用本法第八十九a条和第一百一十三a条至第一百

一十三 k 条规定有关的信息。

4. 监管机构有义务保护根据第 3 款获得的信息，特别是此类信息不得用于监管机构进行的诉讼之外的其他诉讼。第六十九条和第七十一条的规定应相适应。

5. 在诉讼过程中从欧盟成员国竞争主管机构获得的信息，可在上述诉讼过程中根据该主管机构提供此类信息的条款予以使用，包括在此类信息不得用于对特定人员实施制裁的条件下使用。

6. 保护局局长在其进行的任何其他诉讼过程中获得的信息如果被列入证据库，则应该通知相关各方。

第七十三 a 条

1. 如果在诉讼过程中收集到有关侵犯消费者集体利益行为的信息，并且该信息显示，有理由怀疑该企业正在实施侵犯消费者集体利益的行为，且这些行为可能会对广大消费者造成重大损失或产生有害影响，则保护局局长应该向公众披露在诉讼过程中收集到的与企业行为及其可能后果有关的信息，披露的方式包括在保护局官方网站上公布。

2. 第 1 款所述的信息应根据决定向公众披露。有关决定可以受到投诉。

第七十四条

保护局局长在作出结束诉讼的决定时，应只考虑有关各方能够回应的指控。

第七十五条

1. 在下列情况中，保护局局长应以决定的方式中止诉讼程序：

(1) 企业已经撤回拟议集中的申报；

(2) 尚未施加第一百零六条第 2 款以及第一百零七条和第一百零八条所述的罚款；

(3) 案件已由欧盟委员会根据共同体法律接管。

2. 如果有关案件已由欧盟成员国的竞争主管机构作出裁决，则保护局局长可通过决定中止诉讼程序。

第七十六条

除第九十三条、第九十九 f 条和第一百零五条另有规定外，自下列情况发生之年年底起 5 年后，不得再对其提起诉讼：

(1)违反本法规定;

(2)施加罚款的决定开始具有法律约束力。

第七十七条

1. 如果保护局局长的诉讼结果认为本法的规定已经被违反,则违反规定的企业以及第六 a 条所述的管理人有义务承担诉讼费用。

2. 在理由特别充分的情况下,保护局局长可命令一方只偿还部分费用或不收取此类费用。

第七十八条

无论案件的结果如何,保护局局长可命令一方偿还因其粗心大意或明显不当的行为而产生的费用,特别是由于其给出的解释含糊其词或不真实,或由于隐瞒或延迟提供证据而产生的费用。

第七十九条

集中案件中专家、科研机构提出必要意见的费用,由参与集中的企业承担。

第八十条

保护局局长应以决定方式就费用作出决定,且该决定可列入结束诉讼的决定中。

第八十一条

1. 对于保护局局长的决定,可在该决定送达之日起的 1 个月内向华沙地区的竞争与消费者保护法院(以下简称竞争与消费者保护法院)提出上诉。

2. 如果有人对保护局局长作出的决定提出上诉,则保护局局长应当立即(在不迟于该上诉之日起的 3 个月之内)将该决定连同案件卷宗一并提交给竞争与消费者保护法院。

3. 如果保护局局长认为上诉有正当理由,则他/她可在不将案件卷宗移交法院的情况下,撤销或修改其作出的全部或部分决定,并应立即将新的决定通知当事方,该决定亦可上诉。在撤销或修改该决定时,保护局局长应同时说明该决定是在没有法律依据的情况下作出的,还是在严重违反法律的情况下作出的。

3a. 如果对允许一方当事人就结算程序作出最后陈述的决定提出上诉,则保护局局长应在不向法院移交档案的同时:

(1)如果上诉被认为是正当的:

(a)根据第3款规定的规则撤销保护局局长的决定;或者

(b)根据第3款规定的规则修改保护局局长的决定的全部或部分,同时修改关于罚款的决定;罚款数额应为当事人未进入结算程序时本应适用的数额。

(2)如果上诉被认为是不正当的,则应修改保护局局长关于罚款的决定,并以当事方未进入结算程序时本应适用的数额征收罚款,且应立即通过发送新的决定的方式将该决定通知当事方,并且该决定可接受上诉。

4. 在将该上诉提交竞争和消费者保护法院之前,或在根据第3款或第3a款规定撤销或修改这一决定前,保护局局长还可在有正当理由的情况下,为解决上诉中的反对意见而进行额外的活动。

5. 第1款至第4款的规定应该相应地适用于保护局局长的决定,这些决定可接受上诉,并且此类投诉应在决定送达之日起的1周内提出。

第八十二条

1.《行政诉讼法》中关于恢复诉讼、撤销、修改或者宣告无效的决定,其反驳的法律手段不适用于保护局局长作出的决定。

2. 第1款的规定应当相应适用于保护局局长作出的决定。

第八十三条

本法未作规定的事项,在保护局局长前的诉讼应适用1960年6月14日《行政诉讼法》的规定,但须符合第八十四条的规定。

第八十四条

在本法未规定的范围内,针对向保护局局长提出诉讼的证据问题,1964年11月17日《民事诉讼法》第二百二十七条至第三百一十五条应相应适用。

第八十五条

本法的规定应当相应适用于因违反本法规定而被处以罚款的案件。

第二章　关于限制竞争行为的反垄断诉讼

第八十六条

1. 任何人均可就涉嫌实施限制竞争的行为向保护局局长提交书面报告,并随附理由。

2. 第1款所指的报告可特别说明:

(1)被指控实施限制竞争行为的企业;

(2)作为报告依据的实际状况的描述;

(3)提交报告的人说明受到违反本法的法令或 TFEU 的规定;

(4)违反本法或 TFEU 规定的事实;

(5)提交报告的人的身份信息。

3. 任何可能构成违反本法规定的证据的文件均应附在报告书之后。

4. 保护局局长应当在 1960 年 6 月 14 日《行政诉讼法》第三十五条至第三十七条规定的期限内,向提交报告的人提供书面信息,说明该报告的审议方式以及理由陈述。

第八十七条

1. 保护局局长应根据第 1/2003/EC 号法规第十一条第 6 款的规定,在下列情况下拒绝提出反垄断诉讼:

(1)欧盟委员会正在就同一案件提起诉讼;

(2)该案件已由欧盟委员会解决。

2. 保护局局长可根据第 1/2003/EC 号法规第十三条的规定,在下列情况下拒绝提出反垄断诉讼:

(1)欧盟另一成员国的竞争主管机构正在就同一案件提起诉讼;

(2)该案件已由欧盟另一成员国的竞争主管机构解决。

3. 如在第 2 款第(1)项所述的案件中,保护局局长已就给定案件提起反垄断诉讼,则他/她可通过决定的方式中止诉讼,直至欧盟另一成员国的竞争主管机构解决这一案件。

第八十八条

1. 诉讼的一方当事人是就限制竞争行为提起诉讼的任何人。

2. 保护局局长应就提出的反垄断诉讼问题作出一项决定,并将此事实通知有关各方。

3. 关于本法第六条第 1 款第(1)项至第(6)项或 TFEU 第一百零一条第 1 款第(a)项至第(e)项所指的限制竞争的协议,保护局局长应在单个反垄断案件中就下列事项提起诉讼:

(1)企业违反这些规定中所述的禁令;

(2)允许企业违反有关禁令的管理人员。

4. 第 3 款也适用于以下情况:保护局局长已获得有关信息,该信息表明企业违反本法第六条第1款第(1)项至第(6)项或TFEU第一百零一条第1款第(a)项至第(e)项所述的禁令的行为,是由管理人员在对企业违反此类禁令提起反垄断诉讼后允许发生的。

第八十九条

1. 如果在反垄断诉讼过程中,任何进一步实施所指控的做法都可能对竞争造成严重威胁,且这种威胁难以补救,则保护局局长可在反垄断诉讼结束前通过一项决定,要求被指控的企业停止具体行为,以防止这些威胁的发生。上诉的提出不得中止上述决定的执行。在作出决定前,有关当事方无权根据1960年6月14日《民事诉讼法》第十条的规定就其所述收集的证据和材料或提出的要求表达其立场。

2. 在第1款所述的决定中,保护局局长应当指明该决定具有约束力的期限。该决定在作出结束有关案件的诉讼程序的决定后不再具有约束力。

3. 保护局局长可通过一项决定延长第1款所述决定具有约束力的期限。第2款中的第二句应当相应适用。

4. 对第1款所述的决定,不得处以第一百零六条第1款第(1)项和第(2)项中的罚款。

5. 如果有人就第1款所述决定提出上诉,则保护局局长须在接获上诉后的10日内,将上诉连同案件卷宗送交法院。

6. 竞争和消费者保护法院应在保护局局长提交上诉之日起的2个月内复审该项上诉。

第八十九a条

1. 在反垄断诉讼结束之前,如果保护局局长认为应用结算程序将有助于加快诉讼程序,则保护局局长可依职权或应一方的请求,向所有当事方提出加入该程序的建议。

2. 凡一方当事人提出第1款所述的请求时,保护局局长应在14日内通知该方该结算程序已经开始或该程序的开始已经被拒绝。

3. 在适用第1款所述程序的情况下,对在决定内容中已考虑到第7款所述最终立场的一方当事人可处以的罚款数额应较原罚款数额[在当事人未参加结算程序时应按第一百零六条第1款第(1)项或第(2)项或第一百零六a条第1款的规定处以罚款数额]减少10%。

4. 当事方应在第1款所述的保护局局长的提议送达之日起14日内就该提议表达其立场。

5. 在当事方同意加入结算程序的情况下,保护局局长应通知同意的一方有关该方的反垄断诉讼的初步调查结果,以及根据第一百零六条第1款第(1)项或第(2)项或第一百零六a条第1款对该方规定的设想内容,包括根据第3款减少的罚款数额,以及第八十一条第3a款规定的提出上诉的结果。第4款的规定应相应适用。

6. 保护局局长在复查当事方的立场后,应考虑到当事方提供的信息和证据,再次向当事方提供第5款所指的范围内的信息。第4款的规定应相应适用。

7. 保护局局长在审查了当事方对第6款所述信息的立场后,应要求该当事方在规定的结算期限(不少于14日)内表达其最终立场。

8. 第7款所指的最终立场应包括结算一方所作的陈述,并确认:

(1)该方接受的罚款数额;

(2)当事人已被告知其被指控实施的违反禁令的行为,且已表明其立场,并被告知若根据第八十一条第3a款提出上诉的后果。

9. 在第十条所述决定的内容中,除第10款和第11款另有规定外,保护局局长应考虑到第7款所述的最终立场。

10. 保护局局长可在任何阶段中止结算程序,并将迅速通知参与该程序的一方,但前提是他/她认为适用该程序无助于加快诉讼程序。

11. 该方可以在任何阶段通知保护局局长停止参与结算程序。

12. 保护局局长就结算程序获得的任何及所有信息和证据,如果构成了参与该程序的一方当事人的陈述,则不得在有关法律程序、保护局局长进行的其他法律程序中将其用作证据,也不得在第10款和第11款所述的案件根据单独规定进行的诉讼中用作证据。

第九十条

如果在保护竞争或消费者利益方面有重要的需要,则保护局局长可裁定一项决定,且该决定可立即全部或部分强制执行。

第九十一条

1. 如果有合理的理由认为,执行公共任务的实体的运营信息化法规所指的任何物品、档案、记录、文件和数据载体被存放在住宅或任何其他房舍、不动产或交通工具中，并且这些物品可能影响对未决诉讼至关重要的事实的确定，则竞争和消费者保护法院可在保护局局长的要求下，同意警方在这些场所实施搜查，包括扣押可在诉讼中用作证据的物品。第一百零五 n 条第 3 款和第 4 款的规定应相应适用。

2. 第一百零五 a 条第 2 款所指保护局的获授权雇员或其他人也应参加第 1 款所述的搜查。

3. 在竞争与消费者保护法院的指示下，警察应当执行第 1 款所述的行为。

4. 关于本法中没有规定的任何问题，1997 年 6 月 6 日《刑事诉讼法》（《法律期刊》第 89 号，第 555 项，经修订）应相应地适用于第 1 款所指的搜查。

第九十二条

关于限制竞争行为的反垄断诉讼，应当自提起之日起 5 个月内完成。1960 年 6 月 14 日《行政诉讼法》第三十五条至第三十八条规定应当相应适用。

第九十三条

1. 自限制竞争行为停止的当年年末开始已经超过 5 年，不得对此提起反垄断诉讼。

2. 自管理人停止第六 a 条所述行为的当年年末开始已经超过 5 年，不得就此对管理人提起反垄断诉讼。

第三章 关于集中的反垄断诉讼

第九十四条

1. 根据第 2 款提交集中意向申报的任何人应是诉讼的一方。

2. 计划进行集中应通过以下方式申报：

（1）企业合并——按第十三条第 2 款第（1）项所述规定进行申报；

（2）企业接管控制另一企业——按第十三条第 2 款第（2）项所述规定进行申报；

（3）参与创建合营企业的所有企业联合——按第十三条第 2 款第（3）项所述规定进行申报；

（4）企业获得另一企业的部分资产——按第十三条第 2 款第（4）项所述规定进行申报。

3. 支配企业通过 2 个以上附属企业实施集中的，支配企业应当提交集中意向申报。

4. 对于在集中案件中申请提交反垄断诉讼的情况,企业应当缴付费用。如果已提交申请但尚未缴付费用,则保护局局长须在7日内通知申请人,要求其缴付费用,同时告知申请人,如不缴付费用,将不会考虑该申请。

4a. 第4款所指的费用,在有关集中的反垄断诉讼申请被退回或者诉讼中止的情况下,不予退还。

5. 第4款所述的费用应当构成国家财政收入。

6. 部长理事会应当通过一项条例确定:

(1)集中意向申报应满足的详细条件,包括该申报应当包含的信息和文件清单,同时考虑到各类企业开展的商业活动的特殊性,特别是金融机构开展活动的特殊性;

(2)第(4)项所述的费率以及收费程序,同时确保这些收费不构成企业实施集中的障碍。

第九十五条

1. 保护局局长:

(1)如果不需要申报集中意向,则保护局局长应返还集中意向的申报;

(2)如果集中意向申报不符合适用要求,则可在14日内驳回集中意向申报;

(3)可要求提交集中意向申报的一方在规定的时间期限内提供所需的缺失信息和补充信息;

(4)如果已经根据第(3)项要求其提交缺失的信息和补充信息,但提交集中意向申报的一方未能在规定时限内提交上述信息,则可退回集中意向申报。

第九十六条

1. 集中案件中的反垄断诉讼,应在提起之日起的1个月内终结。

2. 下列事项的等待期,不计算在第1款规定的期限内:

(1)其他集中参与方的申报;

(2)提供第九十五条第1款第(3)项所述的遗漏信息或补充信息;

(3)支付第九十四条第4款规定的费用。

第九十六a条

1. 在下列情况中:

(1)特别复杂的情况;

(2)从集中意向申报中包含的信息或从其他信息(包括保护局局长在进行诉讼过程中获得的信息)来看,有合理的理由认为可能会由于集中而阻碍市场竞争的情况;

(3)如果需要进行市场研究,则结束诉讼程序的期限应延长4个月。

2. 在第1款规定的情况下,保护局局长应以决定的方式延长结束诉讼程序的期限,且不得对该决定提出上诉。该决定应包括理由陈述。

3. 如果有理由认为市场竞争因集中而明显受阻,则保护局局长应就集中向参与的一个或多个企业提出反对意见。提出的反对意见应包括理由陈述。

4. 企业可在该反对意见送达之日起的14日之内,就该反对意见提出自己的立场。应企业的合理要求,保护局局长应将这一期限最多延长14日。

5. 保护局局长可向参与集中的一个或多个企业提出第十九条第2款中所述的条件。第4款的规定应相应适用。

6. 参与集中的企业可以提出第十九条第2款所指的条件,并承诺履行这些条件。这些条件也可以在企业就其对保护局局长提出的条件的立场声明中提出。

7. 如果一个企业未能表明其立场,或者该企业对保护局局长提出的条件的立场是否定的,或者保护局局长不接受该企业提出的条件,则应作出第二十条第1款所述的决定。

8. 下列情况的等待期不应计算在第11款规定的期限内:

(1)提供第九十五条第1款第(3)项规定所需的缺失或补充信息;

(2)就第3款中提到的保护局局长提出的反对意见或第十九条第2款中提到的条件作出立场声明。

9. 企业具有第十九条第2款规定的条件的,第1款规定的期限应当延长14日。

第九十七条

1. 受提交集中意向申报义务约束的企业,在保护局局长作出决定或作出决定的期限届满之前,不得实施集中。

2. 实施集中的法律行为,可以由保护局局长以决定的方式签发集中许可,或者在第九十六条或第九十六a条规定的期限届满后进行。

第九十八条

根据第十三条第 1 款规定的程序通知保护局局长的公开购买或交换股份的要约的实现,不应构成对第九十七条第 1 款所述义务的违反,但前提是买方不行使被收购股票所附的表决权或行使这些表决权仅是为了保持其资本投资的全部价值或防止参与集中的企业可能遭受的重大损害。

第九十九条

如果第二十一条第 1 款或第 4 款所述的决定尚未执行,则保护局局长可通过一项决定,对这一企业进行分割。2000 年 9 月 15 日《商业合作伙伴与公司法》(《法律期刊》2013 年,第 1037 项,经修订)第五百二十八条至第五百五十条对企业的分割作出了相应的规定。保护局局长有参与该分割的企业机构的权力。保护局局长还可向法院申请废止协议或采取其他法律补救措施,以恢复其先前的地位。

第三 A 章　关于将标准协议中的条款归类为滥用条款的案件的诉讼

第九十九 a 条

1. 消费者、消费者监察专员、波兰保险监察专员、消费者组织或在欧洲联盟成员国有权提出诉讼请求的组织名单上登记的外国组织,要求对标准协议中的条款进行滥用条款归类,并在《欧洲共同体公报》上公布,如果外国组织活动的对象要求其提交一份关于在波兰共和国使用的标准协议的报告,而该标准协议危及该组织所在成员国的消费者集体利益,则该组织可以书面的形式向保护局局长提交关于涉嫌违反第二十三 a 条所述禁令的报告。

2. 第 1 款所述的报告应该说明:

(1)被指称在标准协议中使用了滥用条款的企业;

(2)该报告的事实依据;

(3)标准协议中违反第二十三 a 条所述禁令的条款;

(4)可能违反第二十三 a 条规定的禁令的事实;

(5)标明提交报告的一方的详细信息。

3. 第八十六条第 3 款和第 4 款适用。

第九十九 b 条

1. 提起关于将标准协议中的条款归类为滥用条款的诉讼的任何人,应为诉讼的一方当事人。

2. 保护局局长发布一项决定，对标准协议中的条款归类为滥用条款提起诉讼，并将此通知各方。

第九十九 c 条

1. 如果保护局局长认为有权提出诉讼的一方当事人参与诉讼可能有助于案件的调查，则保护局局长可接纳该方当事人为利害关系方。

2. 应有权提交报告的实体的请求，准许其作为利害关系方进入诉讼程序。

3. 如果一项决定表明，一方当事人可被拒绝或被允许以利害关系方的身份进入诉讼程序，则该决定可被投诉。

4. 保护局局长应将诉讼的利害关系方通知当事人。

5. 利害关系方有权就案件的事实提出文件和解释。

6. 利害关系方有权查阅案件档案。

7. 保护局局长应将处理案件的方式通知利害关系方。此类当事人无权针对裁决提出上诉。

第九十九 d 条

如果有重要的消费者权益的需要，则保护局局长可裁定一项决定立即全部或部分强制执行。

第九十九 e 条

关于将标准协议中的条款归类为滥用条款的案件，诉讼程序的持续时间不应超过 4 个月，对于特别复杂的问题，诉讼程序的持续时间不应超过 5 个月。1960 年 6 月 14 日《行政诉讼法》第三十五条至第三十八条应相应适用。

第九十九 f 条

如果标准协议中的条款被归类为滥用条款，则自该滥用条款停止适用的年度终了之日起满 3 年的，不得再就此提起诉讼。

第四章　对侵犯消费者集体利益的行为的诉讼

第一百条

1. 任何人均可就涉嫌实施侵犯消费者集体利益的行为向保护局局长提交书面报告。

2. 如果在欧盟成员国有权提出诉讼申请的组织名单上登记的外国组织要

求其活动的对象提交一份关于因在波兰共和国实施的非法不作为或作为而造成的侵权行为的报告,且该侵权行为危及了该组织所在成员国的消费者集体利益,则第 1 款所述的报告也可由该外国组织提交,并在《欧洲共同体公报》上公布。

3. 第八十六条第 2 款至第 4 款的规定应相应适用。

第一百零一条

1. 对侵犯消费者集体利益的行为提出诉讼的任何人均是诉讼的当事方。

2. 保护局局长应发布一项决定,对涉嫌实施侵犯消费者集体利益的行为提起诉讼,并且他/她应将这一事实通知相关各方。

第一百零一 a 条

1. 如果在有关侵犯消费者集体利益的行为的诉讼中,有人认为进一步适用所控行为可能对消费者集体利益造成严重威胁,而这种威胁很难补救,则保护局局长可在有关侵犯消费者集体利益的行为的诉讼程序完成之前,通过一项决定,要求被指控实施某一特定行为的企业停止具体行为,以防止上述威胁的发生。上诉的提出不得中止上述决定的执行。在作出决定之前,有关当事方无权就 1960 年 6 月 14 日《行政诉讼法》第十条所述的证据和收集的材料提出要求或表明立场。

2. 在第 1 款所述的决定中,保护局局长应指明该决定具有约束力的期限。该决定在结束有关案件的诉讼的决定发布之后不再具有约束力。

3. 保护局局长可通过一项决定延长第 1 款所述决定具有约束力的期限。第 2 款第二句应相应适用。

4. 第 1 款所述的决定,不适用第一百零六条第 1 款第(4)项所指的罚款。

5. 第八十九条第 5 款和第 6 款应相应适用。

第一百零二条 已废止。

第一百零三条

如有重要的消费者利益的需要,则保护局局长可裁定一项决定立即全部或部分强制执行。

第一百零四条

对侵犯消费者集体利益的行为的诉讼,应当在提起诉讼之日起 4 个月内结束,对于特别复杂的,应当在提起诉讼之日起 5 个月内结束。1960 年 6 月 14 日

《行政诉讼法》第三十五条至第三十八条的规定应相应适用。

第一百零五条

对侵犯消费者集体利益的行为，自停止实施该行为的年度终了之日起满3年的，不得再就此提起诉讼。

第五章　在保护局局长诉讼过程中的检查和搜查

第一百零五a条

1.在保护局局长的诉讼过程中，保护局或贸易检查署的授权雇员可对诉讼范围内的任何企业（以下称为被检查方）进行检查。

2.保护局局长可授权下列人员参加检查：

（1）在第1/2003/EC号法规中第二十二条所述的情况下，成员国竞争主管机构的雇员；

（2）在本法第六条第3款所提及的实例中，第2006/2004/EC号法规第三条第f项所述的申请机构中的雇员；

（3）拥有专业信息的人员（如果需要此类信息进行检查）。

3.关于属于分局职权范围内的事项，或关于保护局局长根据第三十三条第4款和第5款委托给分局的事项，分局雇员应根据分局主管签发的授权进行检查。

4.实施或参与检查的授权应注明：

（1）检查机构。

（2）法律依据。

（3）签发日期、地点。

（4）进行检查的一方的姓名和职务以及该方的正式证件号码；如果第2款中提及的人员被授权参与检查，则提供这些人员的姓名、护照编号或其他身份证明。

（5）被检查方。

（6）关于其标的物的检查范围，包括检查所涵盖的期限。

（7）检查开始的日期与预期完成的日期。

（8）签发授权书的授权人的签章，以及该人的职位或职能的详细信息。

（9）被检查方的权利和义务。

5. 第 1 款所述的检查授权可酌情由保护局局长签发,也可根据保护局局长的要求,由贸易检查署的区域检查员签发。

6. 进行检查的一方应将进行检查的授权书送达被检查方或其授权人员,并出示其官方身份证明,而第 2 款所述的被授权参与检查的人员应出示其个人身份证明、护照,或其他身份证明文件。

7. 如果被检查方或被检查方授权的人员不在,则检查授权书以及官方身份证明、个人身份证明、护照或其他形式的身份证明可提交给被检查方的另一名雇员,该雇员可被视为 1964 年 4 月 23 日《民法典》第九十七条中所指的人,或提交给非该检查机构雇员的公职人员。在这种情况下,授权书可不立即送达被检查方,但须在检查开始之日起的 3 日内送达。

第一百零五 b 条

1. 为了获得可能构成案件证据的信息,进行检查的一方应被授权:

(1)进入被检查方的场所和建筑物、被检查方拥有的其他场所或交通工具;

(2)要求查阅档案、记录、各种正式信函和文件,以及副本和摘录、电子通信,执行公共任务的实体的运营信息化法规所指的信息技术数据载体,包含信息技术数据的其他设备或信息技术系统,包括在被检查方有权使用的范围内,使用另一方拥有的信息技术系统,其中该载体载有与检查标的有关的属于被检查方的数据;

(3)在第 2 款所述的材料和通信中做记录;

(4)要求被检查方复印或打印第 2 款所提及的材料、信件,以及在第 2 款所述的数据载体、设备或系统中收集的信息;

(5)要求第一百零五 d 条第 1 款所述人员就检查主题提供口头解释;

(6)要求第一百零五 d 条第 1 款所述人员提供接触和移交本案中可能作为证据的其他物品的权限。

2. 根据第一百零五 a 条第 2 款被授权参与检查的人员,在进入被检查方的场所和建筑物、检查方所拥有的其他场所和交通设施以及在获取第 1 款第(2)项所述的载体、设备或系统中收集的材料、信件和信息方面,应与进行检查的一方拥有相同的权力,并记录其内容。并有权与实施检查的一方共同参与第九十一条和第一百零五 n 条所述的检查。

3. 在检查过程中,检查方可得到其他国家检查机构工作人员或警局工作人员的协助。国家检查机构或警局应当按照检查人员的指导进行协助。

4. 在有正当理由的情况下,检查期间的程序或检查期间采取的任何具体行动都可以用录像或音频设备记录。检查报告应附有执行公共任务的实体的运营信息化法规所规定的信息技术数据载体,其中该载体中记录了检查期间的程序或检查期间进行的任何具体行动。

第一百零五 c 条 已废止。

第一百零五 d 条

1. 被检查方、获检查方授权的人、第九十一条第 1 款所指的住宅单元公寓、不动产、建筑物或交通工具的所有人有义务:

(1)提供所要求的信息:

提供进入被检查方的场所和建筑物、被检查方拥有的其他场所以及交通工具的信息;

(2)提供获取和移交第一百零五 b 条第 1 款第(2)项所述材料或其他可能构成案件证据的其他物品的权限;

(3)提供对第一百零五 b 条第 1 款第(2)项所指的计算机数据载体、设备或计算机系统的访问权限,涉及在这些载体、设备或系统中存储的信息(包括电子通信的信息)。

2. 第 1 款所指的人只有在可能导致其本人或其配偶、长辈、后代、兄弟姐妹或同系或同级亲属,以及被领养、照料或监护的人或生活伴侣承担刑事责任的情况下,才可拒绝在检查期间提供信息或提供合作。在检查期间拒绝提供信息或合作的权利应在婚姻或收养或监护关系存续期间有效。

第一百零五 e 条

1. 被检查方应向进行检查的一方和被授权参加检查的人员提供进行有效检查所需的条件和设施,特别是被检查方应:

(1)根据检查人的要求自行准备第一百零五 b 条第 1 款第(2)项所指的材料和信件的副本或打印件,以及该条款所指的在载体、设备或系统中存储的信息;

(2)在可能的情况下,提供一个单独的可上锁的房间(如果进行检查需要);

(3)提供一个单独的场所储存文件和担保物;

(4)在执行检查相关的行动所需的范围内,提供其可支配的通信器材。

2. 被检查方应确认文件和打印件的副本为原件的真实副本。如果拒绝提供此类确认,则应由进行检查的一方进行验证,并在检查报告中注明这一事实。

第一百零五 f 条

1. 进行检查的各方或被授权参加检查的人员应根据检查期间收集的证据,特别是根据文件、现场勘察、口头或书面解释和陈述以及其他数据载体,来查明事实。

2. 第 1 款所述的证据可通过以下方式担保:

(1)将该等证据储存在被检查方提供的已封闭或单独可上锁并已加盖印章的处所;

(2)向被检查方签发经签字确认的收据并提交存放在贸易检查署或属地保护局的文件。

第一百零五 g 条

1. 在第一百零五 a 条第 1 款所述的检查期间,保护局局长可发布一项决定,命令扣押第一百零五 b 条第 1 款第(2)项所述档案、记录、任何种类的信函和文件及其副本和摘录、电子通信或数据载体以及可能构成案件证据的其他物品,但是扣押时间不得超过 7 日。

2. 进行检查的一方应要求拥有第 1 款所述物品的人自愿交出这些物品,如果其拒绝交出,则可根据《行政执法程序》规定的程序扣押这些物品。

3. 权利受到侵犯的人有权就下令没收物品的决定提出上诉。提出上诉不应中止决定的执行。

4. 第 1 款至第 3 款的规定不适用出于在检查期间采取行动的目的而在检查现场保护第一百零五 b 条第 1 款第(2)项所述的文件、记录、任何其他类型的信函、文件、账簿、信息技术数据载体和装置以及可能构成本案证据的其他物品,也不适用于被检查方存放这些文件或物品的场所。

第一百零五 h 条

1. 在进行了目视检查并起草了扣押报告之后,第一百零五 g 条第 1 款所述的被扣押物品应被移走或存放在一个可信赖的人处,但须遵守执行诉讼当局要求出示这些物品的义务的规定。

2. 扣押报告应说明与扣押有关的案件、行动开始和完成的确切时间、被扣押物品的准确清单,在必要的情况下对这些物品进行描述,并引用保护局局长为执行扣押而发布的决定。报告应由执行扣押的各方和被检查方的一名代表签字。

3. 执行扣押的人有义务立即向有关各方提供收据确认书,具体说明被扣押的物品和被谁扣押,并迅速通知被扣押物品的企业。

4. 被扣押物品在被确定为诉讼不需要时,或在竞争和消费者保护法院撤销扣押此类物品的决定时,应立即归还该扣押物,且不得超过第一百零五 g 条第 1 款所述的时限。

第一百零五 i 条

1. 在第 1/2003/EC 号法规第二十二条和第 139/2004/EC 号法规第十二条所述的情况下,在不提起单独诉讼时,保护局局长可根据第一百零五 n 条进行检查或搜查,或应欧洲联盟委员会或欧洲联盟另一成员国竞争主管机构的要求,同意根据第九十一条进行搜查。

2. 在第 1 款所述的情况下,保护局局长可授权下列人员参加检查或搜查:

(1)保护局雇员;

(2)欧盟委员会或欧盟成员国竞争主管机构的雇员;

(3)具有特殊知识的人员(如果此类信息是执行检查所必需的)。

3. 如果企业或被授权代表企业的人,或拥有第九十一条第 1 款所述的住宅单位、房产或交通工具的人,反对欧盟委员会在根据第 1/2003/EC 号法规或第 139/2004/EC 号法规规定进行的程序中进行检查,则保护局局长授权参加检查的人[如第 2 款第(1)项和第(3)项所述]在检查过程中,应具有第一百零五 b 条、第一百零五 f 条至第一百零五 h 条、第一百零五 n 条和第一百零五 o 条所述的权力。第九十一条的规定相应适用。

第一百零五 ia 条

1. 为了获得可能构成侵犯消费者集体利益行为证据的信息,应授权进行检查的一方采取措施购买产品。

2. 完成第 1 款所述活动后,应立即向被检查方或被检查方授权的人员出示被授权进行检查活动的官方身份证明,并向其提供第 4 款所述的检查授权和法院许可。

3. 第 1 款所指的程序可使用视听设备记录,而无须通知被检查方。检查报告中应附有信息技术数据载体,该信息技术数据载体属于执行公共任务的实体的运营信息化法规所规定的范围,检查期间的程序或检查期间执行的任何具体行动都记录在该信息技术数据载体上。被检查方应被告知,第1款所指的程序在第一句所指的行动完成后会立即得到记录。

4. 第1款和第3款中提到的行动需要竞争和消费者保护法院应保护局局长的要求给予同意。

5. 竞争和消费者保护法院应在48小时内发布第4款中提到的决定。这种决定是不接受上诉的。

第一百零五j条

1. 检查过程中的行动应由进行检查的一方记录在检查报告中。

2. 检查报告应特别说明:

(1)被检查方的姓名和地址;

(2)检查开始和完成的日期;

(3)检查方的姓名和职务;

(4)检查主题与范围;

(5)检查中查明的事实;

(6)关于附件的信息;

(7)向被检查方发出的关于其对报告提出异议的权利和拒绝在报告上签字的权利的说明。

3. 检查过程中所收集的证据应附在检查报告中。

第一百零五k条

1. 检查报告应由进行检查的一方和被检查方签字。

2. 被检查方在收到报告后的7日内,可在签署报告前就该报告提出书面反对意见。

3. 如果提出第2款所指的异议,则进行检查的一方应对此进行分析,并在必要时采取额外的相关检查措施;如果认为异议是合理的,则进行检查的一方应以报告附件的形式修改或补充报告的相关内容。

4. 如果异议被全部或部分驳回,则进行检查的一方应以书面形式通知被检查方。

5. 拒绝在报告上签字的,应由进行检查的一方在报告中注明此情况。

6. 该报告应一式两份,其中一份应由被检查方保存,但不包括检查方保存的证据。

第一百零五 l 条

对企业经营活动的检查应遵守 2004 年 7 月 2 日《商业活动自由法》(《法律期刊》2007 年,第 155 号,第 1095 项,经修订)第 5 章的规定。

第一百零五 m 条

1. 第一百零五 b 条第 1 款第(2)项所指的实体,若其权利在检查过程中受到侵犯,则可在检查活动进行后的 7 日内向竞争和消费者保护法院就检查活动超出检查主题或其他违反法律的检查活动提出上诉。

2. 提起的上诉不应中止检查。

3. 上诉应通过保护局局长提交给竞争和消费者保护法院,保护局局长应在收到上诉之日起的 7 日内向法院提交该上诉及其答复。

4. 竞争和消费者保护法院应在保护局局长提交上诉之日起的 7 日内对该上诉进行审查。法院应在其依职权作出的裁决中附加一份理由陈述。可以向二审法院对该法院的裁决提出上诉。

5. 在竞争和消费者保护法院允许上诉的情况下,通过在与上诉相关的检查活动中获得的证据不得在相关诉讼、由保护局局长进行的其他诉讼以及根据单独规定进行的诉讼中用作证据。

第一百零五 n 条

1. 在限制竞争的情况下,在初步诉讼和反垄断诉讼的过程中,为了从档案、记录、公函、任何种类的文件或信息技术数据载体、系统和设备以及可能成为本案证据的其他物品中找到和获取信息,如果有理由认为有关信息或物品在企业的房产、场所等地方,则保护局局长可以对这些地方进行搜查。

2. 搜查应要求竞争和消费者保护法院应保护局局长的要求给予同意。

3. 只有在有合理的理由认为有违法行为存在的情况下,特别是在证据可能丢失的情况下,保护局局长才可以在初步诉讼过程中提出进行搜查的要求。

4. 竞争和消费者保护法院应在 48 小时内就第 2 款所述的案件作出裁决。不得对竞争和消费者保护法院的裁决提出上诉。

第一百零五 o 条

为了获得可能构成案件的证据的信息,进行搜查的一方应有权在第一百零五 b 条第 1 款第(2)项所述的材料和通信(包括其复印件和打印件)中,以及在有关规定所述的载体和设备或系统储存的信息(包括其复印件和打印件)中作出记录。

第一百零五 p 条

被搜查的一方和在搜查过程中其权利遭到侵犯的人,可在开始搜查活动后的7日内向竞争和消费者保护法院提出上诉,上诉的内容涉及超出搜查主题的搜查活动,或违反法律进行的其他相关搜查活动。第一百零五条第2款至第5款的规定应相应适用。

第一百零五 q 条

下列规定适用于第一百零五 n 条所指的搜查:

(1)第一百零五 a 条第2款至第7款,第一百零五 b 条,第一百零五 d 条至第一百零五 h 条,第一百零五 j 条和第一百零五 k 条;

(2)2004年7月2日的《商业活动自由法》第八十 a 条第1款和第八十 b 条第一句话中涉及的关于本法未作规定的问题;

(3)1997年6月6日《刑事诉讼法》第一百八十条、第二百二十四条第1款、第二百二十五条、第二百二十六条和第二百三十六 a 条;就实施这些条款而言,具有管辖权的法院应为竞争和消费者保护法院。

第七编　罚款

第一章　征收罚款

第一百零六条

1. 如果企业有以下行为,即使该行为是无意中作出的,则保护局局长可通过一项决定,对企业处以罚款年度之前的财政年度产生的营业额的10%的最高罚款:

(1)违反第六条规定的禁令,且并未排除在第七条和第八条范围之外,或违反第九条规定的禁令;

(2)违反 TFEU 第一百零一条或第一百零二条的规定;

(3)未经保护局局长同意进行集中;

(3a)违反第二十三 a 条规定的禁令;

(4)违反第二十四条规定的禁令。

2. 如果企业有以下行为,即使该行为是无意中作出的,则保护局局长可通

过一项决定,对企业处以50,000,000欧元的罚款:

(1)在第二十三条所述的申请中或在第九十四条第2款所述的申报中提供了不正确的数据;

(2)未能根据第十条第9款、第十二条第3款、第十九条第3款、第二十三c条第3款、第二十八条第3款,或第五十条提供保护局局长要求的信息,或提供了虚假或误导性的信息;

(3)阻止或阻碍了根据第一百零五a条或第一百零五i条的规定所开始或进行的检查,包括未能遵守第一百零五d条第1款或第一百零五e条第1款规定的义务;

(4)阻止或阻碍了根据第九十一条或第一百零五n条的规定所开始或进行的搜查,包括未遵守第一百零五d条第1款或第一百零五e条第1款规定的义务。

3. 第1款所述的营业额应计算为:

(1)记录在损益表中的收入——如果企业是根据会计准则编制这种账目的;

(2)在年度财务报表中记录的收入,相当于根据会计准则编制的损益表,或在总结财政年度所获收入的其他文件中记录的收入,包括预算报表——如果企业没有根据会计准则编制损益表;

(3)记录在财政年度内产生的收入,特别是来自产品、商品或材料的销售收入、财政收入、根据法规或规定企业活动范围的其他文件开展的活动的收入,以及企业因其活动获得的补贴金额——在缺乏第(1)项和第(2)项所述的文件的情况下;

(4)就地区而言,个人因税收而减少的收入。

4. 如果企业是通过合并或改造其他企业而建立的,则在计算第1款所述的营业额时,保护局局长应考虑这些企业在被处以罚款的年度的前一个财政年度内的营业额。

5. 如果企业在被处以罚款的年度的前一个财政年度内没有实现营业额或实现的营业额不超过100,000欧元,则在根据第1款处以罚款时,保护局局长应考虑企业在被处以罚款的年度前3个连续财政年度内实现的平均营业额。

6. 如果在第5款所述的3年期内,企业没有实现营业额或实现的营业额不超过 100,000 欧元,则保护局局长可通过一项决定对该企业处以不超过 10,000 欧元的罚款。

7. 如果企业在作出决定之前无法提供必要的财务数据以确定被处以罚款的年度的前一财政年度内的营业额,则保护局局长在根据第 1 款处以罚款时,应考虑到:

(1)该企业在有关年度的前一个财政年度内实现的营业额;

(2)在第 5 款所述的情况下——该企业在有关年度之前的连续 3 个财政年度内实现的平均营业额。第 6 款所述的规定应相应适用。

第一百零六 a 条

1. 如果第六 a 条所述管理人故意允许企业违反本法第六条第 1 款第(1)项至第(6)项或 TFEU 第一百零一条第 1 款第(a)项至第(e)项规定的禁令,则保护局局长可对其处以最高 2,000,000 兹罗提的罚款。

2. 只有在对企业实施第一百零六条第 1 款第(1)项或第(2)项规定的罚款的决定时,才可以对管理人处以第 1 款所述的罚款。

3. 如果作为企业家的管理人因违反本法第六条第 1 款第(1)项至第(6)项或 TFEU 第一百零一条第 1 款第(a)项至第(e)项所述的禁令而被根据第一百零六条第 1 款第(1)项或第(2)项所述规定处以罚款,则不得再被处以第 1 款所述的罚款。

第一百零七条

当某一企业在执行保护局局长按照第十条、第十二条第 1 款、第十九条第 1 款、第二十条第 1 款、第二十一条第 2 款和第 4 款、第二十三 b 条、第二十三 c 条第 1 款、第二十六条、第二十七条第 2 款、第二十八条第 1 款、第八十九条第 1 款和第 3 款、第一百零一 a 条第 1 款和第 3 款规定所作出的决定及按照第一百零五 g 条第 1 款规定所作出的决定时,或在执行与限制竞争、侵犯消费者集体利益、在标准协议中使用滥用条款以及集中有关的案件的裁决时,其每延迟一天,保护局局长可对其处以 10,000 欧元的最高罚款;该罚款应从决定中规定的日期开始计算。

第一百零八条

1. 保护局局长可通过一项决定,对担任管理职位的人或企业管理机构的成员处以平均薪酬 50 倍的最高罚款,如果此人故意或无意地不进行下述行为:

（1）执行第一百零七条所述的任何决定、决议或裁决；

（2）提交第十三条所述的集中意向申报。

2. 在下列情况下，保护局局长可通过一项决定，对担任管理职位的人或企业管理机构的成员处以第1款所述数额的罚款：

（1）阻止或妨碍根据第一百零五a条或第一百零五i条的规定开始或进行的检查；

（2）阻止或妨碍根据第九十一条或第一百零五n条的规定开始或进行的搜查。

3. 保护局局长可通过一项决定，对下列人员处以第1款所述数额的罚款：

（1）第一百零五a条第6款所述的由被检查方或被搜查方授权的人员，第九十一条第1款所述的住宅单元、场所及其他不动产或交通工具的所有者，当他们出现下列情况时：

（a）在检查或搜查的过程中，向保护局局长提交不真实或误导性的信息；

（b）阻止或阻碍根据第一百零五a条或第一百零五i条的规定开始或进行的检查，包括未能遵守第一百零五d条第1款或第一百零五e条第1款所述的义务；

（c）阻止或阻碍根据第九十一条或第一百零五n条的规定开始或进行的搜查，包括未能遵守第一百零五d条第1款或第一百零五e条第1款所述的义务。

（2）第一百零五a条第7款所指的人，作为被检查方的雇员，阻止或妨碍提交该条款规定的文件。

4. 如果第一百零五a条第6款所述的由被检查方或被搜查方授权的人，或第一百零五a条第7款所述的被检查方的雇员、担任管理职位或作为企业管理机构的成员，则第3款应构成保护局局长对其处以罚款的依据。

5. 当某些人在没有经企业或管理人根据第七十条第4款规定的书面同意的情况下，复制该条款所述的文件或由于进行诉讼程序以外的目的而访问此类文件获得二手信息，或将这些文件或信息用于在此类案件提起上诉后进行的诉讼或法庭诉讼以外的目的（出于刑事诉讼或财政刑事诉讼的目的而使用这些信息的除外），则保护局局长可通过决定的方式，对这类人处以20,000兹罗提的最高罚款。

6. 保护局局长可通过一项决定，对以下人员处以5000兹罗提的最高罚款：

(1)因无正当理由拒绝作证,或因无正当理由在保护局局长传唤时不出庭;

(2)1 名专家,因无正当理由拒绝提交意见,或因无正当理由在保护局局长传唤时不出庭。

第一百零九条

已废止。

第一百一十条

已废止。

第一百一十一条

1. 在确定以下情况中的罚款数额时,保护局局长应特别考虑违反本法规定的情况和以前违反本法规定的情况:

(1)第一百零六条第 1 款和第一百零八条第 1 款第(2)项——违反本法规定的持续时间、程度和市场后果,以及在第一百零六条第 1 款第(1)项至第(3)项和第一百零八条第 1 款第(2)项提及的情况下,发生违反禁令行为的市场的具体性质。其中,违反禁令行为的程度由保护局局长根据违反禁令行为的性质进行评估,企业的商业活动是违反禁令的标的;

(2)第一百零六 a 条——管理人的行为对企业实施的违反禁令行为的影响程度,管理人在该企业中获得的收入,并应考虑到违反禁令行为的发生时期,以及违反禁令行为的持续时间和市场后果;

(3)第一百零六条第 2 款和第一百零八条第 2 款和第 3 款——违反禁令行为对诉讼过程和结束日期的影响;

(4)第一百零七条和第一百零八条第 1 款第(1)项——未能遵守第一百零七条所指的决定、决议或裁决的市场后果。

2. 在根据第 1 款确定罚款数额时,保护局局长应考虑案件的减轻或加重情况。

3. 第 2 款所指的减轻的情况应特别是:

(1)在违反限制竞争行为的禁令的情况下:

(a)对违反禁令的行为后果自愿补救;

(b)在提起诉讼之前或之后立即停止违反禁令的行为;

(c)主动开展活动以停止违反禁令的行为或补救其产生的后果;

(d)在诉讼过程中与保护局局长合作,特别是促进诉讼的迅速有效进行;

(e)企业在限制竞争协议上产生消极作用,包括企业避免执行限制竞争协议中的规定;

(f)其违反限制竞争的禁令的行为是被迫作出的。

(2)在违反侵犯消费者集体利益行为的禁令或在标准协议中使用滥用条款的情况下,第1款第(a)项至第(d)项所述情况应同样适用。

(3)如果管理人允许企业违反本法第六条第1款第(1)项至第(6)项或TFEU第一百零一条第1款第(a)项至第(e)项所述的禁令,但其:

(a)在胁迫下行事;

(b)作出有助于企业对违反禁令的后果的自愿补救;

(c)作出有助于企业在提起诉讼之前或之后立即主动停止该违反禁令行为的活动;

(d)第(1)项中(c)和(d)所指的情况。

(4)如果未能提交第十三条所述的集中意向申报,则应告知保护局局长已经进行了集中以及第(1)项中(d)所述的情况。

4.第2款所指的加重的情况是:

(1)在违反限制竞争行为的禁令的情况下:

(a)该企业是限制竞争协议的领导者或发起者,或诱使其他企业参与该协议;

(b)对其他企业或个人施加压力或实施报复措施,以实施或继续该违反禁令的行为;

(c)以前的类似违反禁令的行为;

(d)故意违反该禁令。

(2)在违反侵犯消费者集体利益行为的禁令或在标准协议中使用滥用条款的情况下:

(a)违反禁令的行为所涉及的范围大或其影响大;

(b)企业从违反禁令的行为中获得了相当大的利润;

(c)第(1)项中(c)和(d)所指的情况。

(3)在管理人允许企业违反本法第六条第1款第(1)项至第(6)项或TFEU第一百零一条第1款第(a)项至第(e)项所述禁令的情况下:

(a)该管理人是限制竞争协议的组织者或发起者,或诱使其他企业或个人

参与该协议;

(b)管理人从违反该禁令的行为中获得了相当大的利润;

(c)第(1)项中(b)和(c)所指的情况。

(4)如果未能申报第十三条所述的集中意向,则第(1)项中(c)和(d)所指的情况同样适用。

第一百一十二条

1. 已废止。

2. 第一百零六条至第一百零八条所述罚款的资金应构成国家预算收入。

3. 罚款应自保护局局长所发布的决定具有法律约束力之日起 14 日内支付。

4. 在第 3 款规定的期限届满仍未支付的情况下,应当按照行政强制执行程序所规定的程序收缴罚款。

5. 逾期缴纳罚款的,不得收取利息。

6. 如果关于罚款的具有法律约束力的决定被撤销或修改,则应在提出退还罚款的要求之日起 14 日内退还全部或部分已付罚款,同时附上法院的裁决,并酌情确认该裁决具有法律约束力。在退还罚款的情况下,不得收取利息。

第一百一十三条

1. 应企业、管理人或第一百零八条所指的其他人的请求,保护局局长可出于申请人的重要利益的考虑,推迟支付罚款或制订支付罚款的分期付款计划。

2. 请求书中应附有说明申请人重要利益的理由陈述。

3. 如果罚款被延期或确定了支付罚款的分期付款计划,则保护局局长应根据 1997 年 8 月 29 日《税务条例》(法律期刊,2012 年,第 749 项,经修订)第五十六条第 3 款的规定,从提出申请的次日起,按未支付金额的 50% 的罚息利率收取年度利息。

4. 如果制订了支付罚款的分期付款计划,则第 3 款所指的利息应在每笔分期付款中分别收取。

5. 在延期支付罚款的期限或支付每笔分期付款的期限到期之前,应收取利息。

6. 如果发现与案件的解决有关的新情况或以前未知的情况,或在时限内未支付分期付款,则保护局局长可宣布推迟支付罚款或分期付款计划的决定无效。

7. 保护局局长应决定以不可上诉的决定的形式延期罚款或制订分期付款计划。

第二章　在限制竞争协议的情况下完全的罚款豁免权或减少罚款权

第一百一十三 a 条

1. 已签订本法第六条第 1 款或 TFEU 第一百零一条所述协议的企业,可向保护局局长提交一份申请,请求完全免除罚款或减少罚款,以下简称申请。

2. 该申请书应载有对协议的说明,特别是:

(1)该协议所包含的企业;

(2)该协议涵盖的商品或服务;

(3)该协议所覆盖的区域;

(4)该协议的目标;

(5)该协议中所达成的条目;

(6)该协议履行的情况和方式;

(7)该协议的期限;

(8)参与该协议的特定企业的作用;

(9)在该协议中扮演关键角色的人员的名字、姓氏和职务以及对角色的说明;

(10)该申请是否也提交给了欧盟成员国竞争主管机构或欧盟委员会。

3. 第 1 款所指的企业不得披露提交申请的意图。

4. 保护局局长应确认提出申请的日期和时间。

5. 从提交申请之日起,申请人有义务与保护局局长充分合作,特别是:

(1)主动并应保护局局长的要求,迅速提供其持有或可能持有的与案件有关的所有证据或信息;

(2)在作出说明时,不得妨碍企业的雇员和管理人或属于企业管理机构的人员;

(3)不得毁灭、伪造或隐匿与案件有关的证据或信息;

(4)未经保护局局长同意,不得披露申请已经提交的事实。

6. 提交申请之前未停止参与该协议的申请人有义务在提交申请后立即停

止参与。

第一百一十三 b 条

如第一百零六条第 1 款第(1)项或第(2)项所述,保护局局长应给予已签署本法第六条第 1 款或 TFEU 第一百零一条所述协议的企业完全豁免权,但前提条件是该企业已满足以下所有要求:

(1)该企业是协议的参与者中第一个提交符合第一百一十三 a 条第 2 款规定的申请的企业,并且是满足第一百一十三 a 条第 3 款、第 5 款和第 6 款规定的特定条件的企业。

(2)它已经提交了:

(a)足以提起反垄断诉讼的证据,或使保护局局长能够获得此类证据的信息;或

(b)如果该申请是在反垄断诉讼程序开始之后提交的,但它提交的证据将大大有助于发布第十条所述的决定,或应保护局局长的要求提供使获得此类证据成为可能的信息,但前提是保护局局长当时不掌握此类信息或证据。

(3)未胁迫其他企业参加该协议。

第一百一十三 c 条

1. 如果已签署本法第六条第 1 款或 TFEU 第一百零一条所述协议的企业没有满足第一百一十三 b 条规定的所有要求,但如果它满足以下所有要求,则保护局局长应减少对其处以的罚款:

(1)提交了符合第一百一十三 a 条第 2 款所述要求的申请;

(2)符合第一百一十三 a 条第 3 款、第 5 款和第 6 款规定的特定条件;

(3)提交了与正在审理的案件有关的证据,但该证据并非保护局局长所掌握的。

2. 在第 1 款所述的情况下,保护局局长应按以下方式减少罚款:

(1)与未提交申请的企业相比,将对该提交申请的企业本应处以的罚款减少 30% ~50%——对第一个满足第 1 款所述特定条件的企业;

(2)与未提交申请的企业相比,将对该提交申请的企业本应处以的罚款减少 20% ~30%——对第二个满足第 1 款所述特定条件的企业;

(3)与未提交申请的企业相比,将对该提交申请的企业本应处以的罚款最高减少 20%——对其他满足第 1 款所述特定条件的企业。

第一百一十三 d 条

1. 如果第一百一十三 c 条第 1 款所指的企业在其已提交申请的案件发布决定之前，说明其是另一项未提起反垄断诉讼或初步诉讼的协议的一个参与者，并且就该另一项协议提交了申请并向保护局局长提交了第一百一十三 b 条第(2)项中的(a)所述的证据或信息，则保护局局长可按以下方式减少罚款：

(1)第一个协议的申请——按第一百一十三 c 条第 2 款的规定，保护局局长可对该企业本应处以的罚款减少 30%；

(2)对于另一项协议的申请——应给予该企业第一百零六条第 1 款第(1)项或第(2)项所述的罚款完全豁免权，但是前提是该企业已满足第一百一十三 b 条规定的所有条件。

2. 对于第 1 款第(2)项所指的另一项协定，凡已提出第一百一十三 e 条所指的申请，则保护局局长应该减少对第 1 款第(1)项中所述的内容提出第一次申请的企业所施加的罚款，但前提是该企业已经在第一百一十三 e 条第 2 款规定的时间内提供了缺失的信息或证据。

第一百一十三 e 条

1. 如果企业没有第一百一十三 a 条第 2 款所述范围内的信息，或没有第一百一十三 b 条第(2)项或第一百一十三 c 条第 1 款第(3)项所述的证据或信息，则该企业可向保护局局长提交申请的标记版本，至少提供第一百一十三 a 条第 2 款第(1)项至第(4)项、第(7)项和第(9)项所述的信息。

2. 一旦企业提交了申请，保护局局长应立即具体说明必须提交的信息、证据的范围以及提交的期限。

3. 在第 2 款规定的期限内提交信息或证据的，其申请应被视为在提交标记版本之日提交。

4. 未在规定的期限内提交信息和证据，其申请不予审查。

第一百一十三 f 条

1. 如果企业针对其参与的禁止性协议（该协议在 3 个以上的欧盟成员国中属于禁止的范围）向欧盟委员会提交了第 1/2003/EC 号法规第二十三条第 2 款第(a)项所述的豁免申请，则企业也可向保护局局长提交简要申请。

2. 第 1 款所指的申请应说明以下内容：

(1)缔结该协议的企业；

(2)该协议所涵盖的商品或服务;

(3)该协议覆盖的区域;

(4)该协议的目标;

(5)该协议的期限;

(6)存在此类协议证据的欧盟成员国。

3. 简要申请还应包含企业在欧盟其他成员国或欧盟委员会提交或将要提交的申请的信息。

4. 在就简要申请中所述的协议提起诉讼的情况下,保护局局长应要求企业在规定时限内提交第一百一十三 a 条第 2 款所述的信息以及第一百一十三 b 条第(2)项或第一百一十三 c 条第 1 款第(3)项所述的证据或信息。

5. 如果在第 4 款所述的期限内提交了信息或证据,则该申请应被视为在简要申请提交之日提交。

第一百一十三 g 条

如果申请被保护局局长拒绝或由企业撤回,则应在 7 日内将申请退回企业。

第一百一十三 h 条

第一百一十三 a 条至第一百一十三 e 条和第一百一十三 g 条应相应地适用于第六 a 条所指的管理人,但须遵守第一百一十三 i 条和第一百一十三 j 条的规定。

第一百一十三 i 条

管理人应根据其在企业中的职位及其在协议中的角色,在其可支配的范围内,在申请书中提供申请所需的信息。

第一百一十三 j 条

1. 符合第一百一十三 a 条第 2 款规定要求的企业申请,要附有第一百一十三 b 条第(2)项或第一百一十三 c 条第 1 款第(3)项所述的证据或信息,还应包括第六 a 条所述的企业的管理人。

2. 如果管理人在得知已按照第一百一十三 a 条第 5 款所述的方式提交申请后与保护局局长合作,则保护局局长应根据减少企业罚款的相同规则减少对该管理人的罚款。

3. 尽管由于提交申请的企业未能满足第一百一十三 a 条第 3 款、第 5 款和第 6 款或第一百一十三 b 条第(3)项规定的条件而没有给予其罚款的完全豁免权或部分豁免权，但是保护局局长应给予符合第 2 款规定条件的管理人罚款的完全豁免权或部分豁免权。

第一百一十三 k 条

部长会议应通过一项决定，确定企业或管理人提交申请的详细方式和程序，同时考虑对申请实体的分类，以确保对第一百一十三 b 条和第一百一十三 c 条第 1 款规定的条件的满足情况进行可靠评估。

第八编　刑罚条款

第一百一十四条

1. 任何人违反第四十二条第 4 款的规定，违反向消费者监察专员提供解释和信息的义务，或违反就消费者监察专员的评论和意见表达观点的义务，应被处以至少 2000 兹罗提的罚款。

2. 涉及第 1 款所述行为的案件应根据 2001 年 8 月 24 日《轻微犯罪案件的刑事诉讼法》的规定进行审查。

第九编　修订、过渡性和最终条款

第一百一十五条至第一百二十九条　（略）。

第一百三十条

在确定第一百一十一条所述的罚款数额时，还应考虑违反 2000 年 12 月 15 日《竞争与消费者保护法》（《法律期刊》2005 年，第 244 号，第 2080 项）规定的情况。

第一百三十一条

1. 根据 2000 年 12 月 15 日《竞争与消费者保护法》的规定提起的诉讼，在本法生效之日尚未完成的，应受迄今存在的规定的约束。

2. 如果计划进行的集中并未遵守本法所规定的申报义务，则根据 2000 年 12 月 15 日《竞争与消费者保护法》提起的有关集中的反垄断诉讼应予以中止。

3. 根据 2000 年 12 月 15 日《竞争和消费者保护法》提出的对限制竞争的行为和侵犯消费者集体利益的行为提起诉讼的请求，但尚未根据该请求对限制竞争的行为或侵犯消费者集体利益的行为提起反垄断诉讼的，在本法规定的意义上，应当作为涉嫌实施此种行为的申报进行处理。

第一百三十二条

在根据第二十九条规定的程序任命保护局局长之前,这一职能应由根据现有规定任命的保护局局长来履行。

第一百三十三条

根据2000年12月15日《竞争和消费者保护法》的规定设立的国家消费者监察委员会的成员,在本法生效后,将根据其中规定的规则保留委员会成员的资格。

第一百三十四条

1. 根据现有规定任命的消费者监察专员应当履行其职能,直至根据本法第四十条规定的程序被解雇。

2. 消费者监察专员的雇用和报酬的现有条件将继续有效,直到区长具体规定消费者监察专员的雇用和报酬的新条件。

第一百三十五条

1. 自本法开始生效之日起,保护局将承担根据迄今存在的规定设立的竞争与消费者保护机构的所有权利和义务。

2. 自本法开始生效之日起,按照迄今存在的规定设立的竞争与消费者保护机构的资产,将依法成为保护局的资产。

3. 根据现有规定设立的竞争与消费者保护机构的权利和资产应免费移交给保护局,且无须缴纳任何税收或费用。

4. 自本法开始生效之日起,按照迄今存在的规定设立的竞争与消费者保护机构的雇员,将依法成为保护局的雇员。

第一百三十六条

1. 根据2000年12月15日《竞争和消费者保护法》第十六条、第二十八条第3款、第五十七条第6款、第七十七条第6款、第九十四条第5款和第一百零三a条第5款发布的决定,应在根据本法第十七条、第三十三条第3款、第六十三条第5款、第九十四条第6款和第一百零九条第5款所发布的决定生效之前一直有效。但是,根据第2款所发布的决定的有效期,不得超过本法生效之日起的12个月。

2. 根据2000年12月15日《竞争和消费者保护法》第七条发布的决定将一直有效,直至该决定到期。

第一百三十七条

2000 年 12 月 15 日《竞争和消费者保护法》(法律期刊,2005 年,第 244 号,第 2080 项)将停止生效。

第一百三十八条

本法自公布之日起 30 日内生效。

捷克经济竞争保护法*

第一编　保护竞争

第一章　一般条款

第一条　一般条款

(1)本法对保护产品和服务(以下简称商品)市场的竞争作出了规定,以应对由以下行为造成的对市场竞争的消除、限制、其他扭曲或危害(以下简称扭曲):

(a)企业之间的协议[第三条第(1)款];

(b)企业滥用支配地位;

(c)企业的集中;或者

(d)国家行政机关进行国家行政管理,地方政府机构行使自治或被移交的国家行政事项,以及自治机构行使移交的国家行政事项(以下简称公共部门)。

(2)进一步,本法规范了捷克共和国官方机构应用"欧洲联盟运作条约"(以下简称"条约")第一百零一条和第一百零二条的适用程序,以及这些机构与欧洲委员会(以下简称委员会),与欧盟成员国官方机构在关于依据"条约"第八十一条和第八十二条规定的,执行竞争规则的理事会规制条例(EC ,以下简称规制条例)规定的程序相关方面的合作事项的适用程序,以及在控制企业之间集中方面(以下简称合并规制)的适用程序。

(3)本法适用于一些根据某项特殊法令或法令的决议,提供具有一般经济利益的服务的企业,只要本法的应用不妨碍企业提供这些服务。

(4)相似地,本法也应同样适用于企业经营案件中的诉讼程序,若这些企业

---

* 2001 年 4 月 143/2001 号法案。

的行为可能影响依据“条约”第一百零一条和第一百零二条规定的，欧洲联盟成员国之间的贸易。

(5)本法也适用于在国外进行的、扭曲或可能扭曲捷克共和国境内的竞争的企业行为。

(6)本法不适用于其效力仅发生在外国市场上的第(1)款所述的行为，除非在捷克共和国有一项有约束力的国际条约另行规定。

(7)该法案不适用于为了应对不公平竞争而进行的竞争保护行为。

第二条　某些术语的定义

(1)本法中所述的企业系指自然人或法人，或其组成的协会、此类协会的协会和其他组织。甚至当实际上该协会和组织不是法人时，只要他们通过自己的活动参与竞争或影响竞争，尽管不是企业家，也应纳入此术语的定义范围。

(2)相关市场系指就其特性、价格及意图使用的区域范围而言是相同、可比较或有互换性的货品的市场，且在意图使用的区域范围中，竞争条件充足够同质且可以与相邻区域清楚地区分。

第二章　扭曲竞争的协议

第三条

(1)企业之间的所有协议、由企业协会作出的决议和一致行动(以下简称协议)，以扭曲竞争为目的或效果的，将予以禁止和无效化，除非本法令或某特定法令另有规定，或除非竞争保护办公室(以下简称办公室)通过实施规制，准予免除这一禁令。对竞争影响不大的协议不受禁止。

(2)第(1)款所指的载有以下条款的，目的或效果是扭曲竞争的特定协议，将予以禁止：

(a)直接或间接制定限价或其他业务条款和条件；

(b)限制或控制生产、销售、研究，以及开发或投资；

(c)分割市场或供应来源；

(d)订立须接受另一项约定的合同，而根据其性质或在商业惯例及公平的商业实践中，该项约定的履行与合同对象无关；

(e)对于同类或同等交易，对不同企业制定不同的条件，从而使他们处于竞

争劣势;

(f)使协议缔约方产生不与非本协议缔约方的企业进行贸易或其他经济合作的义务,或以其他方式损害非缔约方企业的条款(联合抵制)。

(3)如果予以禁止的理由仅与本协议的一部分有关,则只有该部分的特定部分被予以禁止和无效,如果禁止理由是从协议的性质、内容和目的,或被认定为处于不能从其剩余内容中分离的部分推断而来,则整个协议将被禁止,无效化。

(4)根据第(1)款作出的禁止不适用于下列协议:

(a)促进改进商品的生产或分配,或促进技术或经济进步,同时使消费者能够公平地分享由此产生的利益的协议;

(b)协议不施加对于实现(a)项规定中的事项不可缺少的经营限制;

(c)协议不使企业承担在产品市场某一重要部分减少竞争的可能性,或承担为了达成此协议而减少供给或购买的可能性。

第四条　整体豁免

(1)第三条第(1)款规定的禁止情形不包括不会影响欧洲联盟成员国之间贸易的,根据“条约”第一百零一条规定的交易。此类交易满足以相关委员会或理事会规制条例(EC)(以下简称欧盟集体豁免)通过的“条约”第一百零三条第(1)款为基础而列举的,集体豁免的其他条件,“条约”第一百零三条第(1)款的设立目的是执行“条约”第一百零三条第(3)款。对农业部门的豁免不包括在禁止情形。

(2)办公室还可对其他类别的协议给予整体豁免,前提条件是此豁免将导致的竞争扭曲被为特定市场参与者,特别是为消费者带来的利益所弥补。

(3)如果作为市场发展的结果,满足豁免的协议将不满足第三条第(4)款所述的条件,办公室将撤销因第(1)款或第(2)款所述的豁免而产生的利益。

第五条　横向协议与纵向协议

(1)横向协议指发生在同一层级产品市场的企业之间达成的协议。

(2)纵向协议指发生在不同层级产品市场的企业之间达成的协议。

(3)同时发生在同一层级和不同纵向层级产品市场的企业之间的混合协议将被视为形成了横向协议,如有疑问,任何此类协议将被视为横向协议。

第六条　已废止。

第七条

(1)如果办公室在第三条至第五条所规定的诉讼程序框架内发现一项已缔结的被禁止协定,则委员会应在一项决议中公开这一事项,以此来禁止未来协定的执行。

(2)在被诉讼团体向办公室作出有利于恢复有效竞争,足以保护竞争,消除有害情况的联合提议,且被禁止的协议并没有导致竞争的严重扭曲时,办公室可以决定中止诉讼,不作出第一例所述的决定。在这种决议中,办公室可规定确保履行这些承诺所必需的条件和义务。如果检察官办公室认为这些提议不够充分,应以书面形式向诉讼各方说明理由,并应继续进行诉讼。

(3)诉讼各方可在检察官办公室向其提交书面陈述的15日内,以书面形式向检察官办公室提交第(2)款所述的提议。在办公室的书面陈述中,办公室提供案件的基本情况、法律评估和依据的政府文件中的主要证据(以下简称异议陈述)。只有在值得特别关注的情况下,办公室才会考虑在此期间之后提出的任何提议。诉讼各方受其与办事处,与彼此或与第三方的提议的约束,且按照该提议,在办公室作出决定之前,他们不得以提议陈述履行协议。

(4)根据第(2)款终止诉讼后,办公室可重新开启诉讼程序。如果满足以下情况之一:

(a)根据第(2)款通过一项决议的决定性情况发生了重大变化;

(b)企业行为违背了它们根据第2款作出的承诺;或者

(c)决议是根据不正确或不完整的文件、数据或信息作出的。

第八条 已废止。

第九条 已废止。

第三章 支配地位及其滥用

第十条

(1)一个企业或多个企业的联合(联合支配),如其市场力使其能够在很大程度上独立于其他企业或消费者,则应视为在有关市场上具有支配地位。

(2)办公室将根据所涉货物在相关市场上确定的销售量或购买量(市场份额)估计第一条定义的市场影响力,此销售量或购买量包括根据本法审查期间有关企业或具有共同支配地位的企业。估计市场影响力时也应依据其他指标,特别是企业的经济、财务能力,合法的或其他阻碍其余企业进入市场能力。企业纵向一体化水平、市场结构和直接竞争对手的市场份额。

(3)除非根据上文第2款的指数另有证明,一个企业或拥有联合支配地位的多个企业,如果其在审查期间估计得到的相关市场份额不超过40%,应视为不处于支配地位。

第十一条

(1)禁止滥用支配地位,损害其他企业或者消费者的利益。滥用市场支配地位特别包括:

(a)直接或间接地加入与其他市场参与者达成的协议中的不公平条款,尤其是在订立合同时与提供的履行义务明显不匹配的条款。

(b)订立要求接受附带补充的履行义务的合同,此履行义务按性质或依据商业惯例与合同标的物无关。

(c)对与其他市场参与者的相同或同等交易制定不同条件,从而使其处于竞争劣势。

(d)终止或限制生产、销售或研究开发,目的是对消费者实行歧视。

(e)从始至终采取不公平的低价来提供和销售货物,导致或可能导致竞争的扭曲。

(f)拒绝授权其他企业以合理条件进入自有的传输网络或相似的配送网络或其他自有的,或因其他法律理由被处于支配地位的企业使用的基础设施,使此相关企业在不联合使用时,无法以法律上或其他理由使用该基础设施,且这些占主导地位的企业,并且具有支配地位的企业不能证明共同使用行为由于可操作性上、其他原因或不能被合理怀疑的原因而不可行。同样情况也适用于拒绝其他企业以合理条件作为对价,使用知识产权或进入自有的,或因其他法律理由被处于支配地位企业使用的网络,而使用此知识产权或网络对于与主导企业参与的相同的市场,或任何其他市场的竞争是必要的。

(2)如果办公室在有关第(1)款所述事项的诉讼过程中发现涉及滥用支配地位的行为,则办公室应在决议中宣布这一事实,且禁止在未来实行此行为。

(3)在被诉讼团体向办公室作出有利于恢复有效竞争,足以保护竞争,消除有害情况的联合提议,且被禁止的协议并没有导致竞争的严重扭曲时,办公室可以决定中止诉讼,不作出第(2)款所述的决定。在这种决议中,办公室可规定确保履行这些承诺所必需的条件和义务。如果检察官办公室认为这些提议不够充分,应以书面形式向诉讼各方说明理由,并应继续进行诉讼。

(4)诉讼各方可在检察官办公室向其提交书面陈述的 15 日内,以书面形式向检察官办公室提交第(3)款所述的提议。在办公室的书面陈述中,办公室提供异议陈述。只有在值得特别关注的情况下,办公室才会考虑在此期间之后提出的任何提议。诉讼各方受其与办事处,与彼此或与第三方的提议的约束,且按照该提议,在办公室根据第(3)款作出决定之前,他们不得按照此提议履行协议。

(5)根据第(3)款终止诉讼后,检察官办公室可根据第(2)款重新启动诉讼并作出决议,如果:

(a)根据第(3)款通过一项决定的决定性情况发生了重大变化;

(b)企业违反了根据第(3)款作出的承诺;或

(c)此决议是根据不正确或不完整的文件、数据或信息通过的。

第四章　企业集中

第十二条　术语定义

(1)企业集中源于一家或多家以前在市场上独立经营的企业合并而成。

(2)根据本法定义的企业集中应包括一名或多名企业家或一名或多名不是企业家,但至少是控制一家企业的人,获得直接或间接控制另一企业或其部分的可能性的情况,特别是通过获得股权、业务或会员权益,或通过合同或其他方式容许他们控制此企业或其部分。

(3)出于制定本法的目的,企业的一部分也应被视为企业的资产,这类资产用于企业的活动,并通过在相关市场出售商品实现的营业额可以明确分配到这些资产上,即使它不构成企业的独立组织单位。

(4)出于本法的目的,控制被视为在法律或法律事项的基础上对另一企业或其部分的活动产生决定性影响的可能性,特别是基于:

(a)对受控制企业或其一部分企业的财产权或使用权;或

(b)对受控企业机构的组成、投票和决策产生决定性影响的权利或其他法律事项。

(5)如果一个企业由多个企业联合控制的企业,在持续经营的前提下建立且执行自主经济主体的全部职能,则此企业的建立将被视为经营者集中。

(6)根据第(5)款定义的被联合控制的企业,其目标或作用是协调在市场上独立的被联合控制的多家企业的竞争性行为的,这种协调应按照第三条规定的标准进行评估。

(7)两个或更多在物质、时间及人员层面相关的,且相互制约的企业集中,应评定为一个企业集中。

(8)通过支付股份发行价格与银行的应收账款相抵销,结果使银行拥有从一个法人处持有合法利益的,若此合法利益持有时间是在企业法人进行整顿或金融重组期间且不超过 1 年,则不属于组成经营者集中。提供投资服务的企业从另一个企业处暂时获得不超过 1 年期的,以出售为目的权益工具的,只要该企业没有实行此权益工具所赋予的投票权并决定或影响到被控制企业的竞争性行为,则不视作第二例所述的形成企业集中。只要申请人能证明由于客观原因,其参与另一个企业经营行为的目的在最初的时期内是不可能实现,则办公室可以在银行或提供投资服务的企业的请求下,延长本条例中所述的 1 年期限。

(9)此外,将企业法定机构的某些特定权力授权给根据特别法律条例从事经营活动的人,如清算人或破产托管人,则不当作构成经营集中。

第十三条　经办公室批准的企业集中

如果满足下列条件之一,一项企业集中行为须经过办公室批准:

(a)在上一个会计期间捷克共和国市场上所有涉事企业的总净营业额超过 15 亿捷克克朗,且其中至少两家经营公司都在上一个会计期间在捷克共和国市场取得的净营业额超过 2.5 亿捷克克朗;或者

(b)在捷克共和国市场上一个会计期间的净营业额高于 15 亿捷克克朗,同时,在最近一个会计年度,另一家涉事企业实现的全球净营业额超过了 15 亿捷克克朗。且此事项属于:

1. 符合根据第十二条第(1)款规定进行的企业集中,并至少由一个参与合并的当事方进行;

2. 符合根据第十二条第(2)款规定进行的企业或其获得控制权的一部分所进行的集中;或

3. 符合根据第十二条第(5)款规定,由至少一个建立联合控制的企业进行的集中。

第十四条　营业额计算

(1)企业的净营业额指个别企业单独通过构成其业务收益的活动实现的净营业额,在企业不是承包商时,净营业额应仅指企业建立的或经常进行的活动所实现的营业额。

(2)总净营业额应包括由以下法人或个人实现的净营业额:

(a)所有的相关企业;

(b)在实施集中后控制企业的人员,以及受相关企业控制的人员;

(c)在实施集中后会控制有关企业的人所控制的人;及

(d)由第(a)项至第(c)项所述两人或两人以上共同控制的人。

(3)相关企业的联合净营业额不应包括通过在有关企业与在第(2)款第(b)项、第(c)项和第(d)项所述人员之间销售货物而实现的部分营业额。

(4)如果只有企业的一部分参与企业集中,则只应将此部分所实现的营业额包括在净营业额内。

(5)如果2年期间,相同的企业实施了更多的企业集中,则这些集中应算作一个企业集中。

(6)对于银行、信贷和其他金融机构,除保险公司外,营业额净额应视为收入项目的总和,特别是来自利息证券和资产份额、费用和佣金以及金融业务利润的收入。保险公司的净营业额应视为根据所有签订的保险合同规定的保险费的总和。

第十五条　提起诉讼

(1)应根据申请启动集中批准程序。

(2)对于第十二条第(1)款、第(2)款和第(5)款规定的企业集中,应由计划通过合并实现集中的缔约方共同提交1份企业集中申请,以获得准许直接或间接控制另一企业或其部分,或建立联合控制企业的可能性。

(3)企业集中申请。

(a)也可以在订立确定集中的协议之前或在以任何其他方式取得对另一企业的控制权之前提交;

(b)应包括证明对集中起决定性作用的事实的证据和文件;细节由本法[第二十六条第(1)款]制定。

(4)企业集中申请程序在办公室收到附有第(3)款中的所有必要事项的集

中申请那一天开始。如果集中申请没有包含上述必要事项,办公室只能在收到的信息的基础上发出 1 份书面意见,说明此企业集中是否符合本法案的批准条件,以及此申请是否完整。

第十六条　司法程序

(1)在没有延迟的情况下,办公室应以电子信息的方式通过公共数据网络,在商务公告中公布集中批准程序的开始,并且应在公告中规定提交反对此企业集中异议的截止日期。

(2)一旦启动诉讼程序,检察官办公室应评估该集中是否须经其批准,如果此集中不须经办公室批准,该办公室应在提起诉讼后 30 日内作出不受理的决议。如果该集中须经批准,且不会造成竞争的重大扭曲,则该办公室应在上述最后期限之前发布一项批准上述集中的决议。如果办公室认为此集中引起了对竞争的严重障碍,主要是因为它将形成或加强相关企业或相关企业之一的主导地位,办公室应在规定的期限内以书面通知当事人关于这一事实的程序,并通知他们办公室进行此程序。

(3)如办公室未在第(2)款规定的最后期限内就集中申请作出决定,或未书面通知各方办公室正在基于第(2)款规定的原因进行这一程序,应视为办公室已批准在所述最后期限结束后进行集中。

(4)根据“合并条例”中提到的条款,办公室可请求委员会自行进行诉讼和评估集中度。直到委员会就是否自行评估集中度作出决定之前,办公室应暂时中止程序。如果委员会决定自行评估集中度,办公室应终止其程序。

(5)如果办公室根据第(2)款书面通知当事人,其正在继续进行集中审批程序,则办公室有义务在 5 个月内作出决定。如果办公室未在规定期限内就是否批准集中作出决定,应视为在上述最后期限结束之后已批准集中。

(6)检察官办公室可要求当事方以书面形式提供对作出关于集中批准的决定来说必要的、进一步的事实,或提供进一步的证据证明这些事实。在当事方收到这一请求之日至履行这一义务之日之间的时间内,应暂时中止累计根据第(2)款和第(5)款规定的最后期限。如果办公室的集中决定被办公室主席或法院撤销,根据第(2)款和第(5)款规定的最后期限应从办公室主席或法院院长的决定生效之日起恢复。

(7)只有在办公室批准集中的决议生效后,该集中才可在商业登记册内登记。

第十六a条　简化程序

(1)简化的集中申请(以下简称简化程序)需包含第十五条第(3)款第(b)项中列举的全部必要事项,在满足以下情况之一时可以提交此简化的集中申请:

(a)涉事企业均未在同一相关市场经营,或其在该市场的合计占有率不超过15%,且涉事企业无一家在与相关市场纵向相关的,且另一家涉事企业也在经营的市场经营,或者它们在每一个此类市场合计所占的份额不超过25%;或

(b)该企业获得对另一企业或其部分的唯一控制权,而在此之前被控制企业已参与联合控制。

(2)办公室应不拖延时间并通过公共数据网络,以电子信息方式公布简化程序的启动,并规定提交反对此集中的意见的截止日期;第十六条第(1)款将不适用。

(3)如果此集中不需由办公室批准,办公室将在程序开始进行的20日内作出决议。当集中需由办公室批准,但不造成竞争的重大扭曲,办公室应在相同的最后期限内作出批准集中的决议。决议的理由应当包含相关企业的认定、企业参与经营的相关市场或部门的认定,以及批准此简化程序的原因。如果办公室认为此集中可能引起对竞争的严重扭曲,则应要求程序的涉事各方在20日内提交一份完整的集中申请文件。根据第十六条第(2)款规定的发布决议的截止日期应从向办公室提交完整的集中申请之日起算。

(4)如果办公室没有作出决议拒绝批准企业集中,允许集中或不要求涉事各方在第(3)款规定的最后期限内提交一份完整的集中申请,应被视为意味着办公室已批准在上述最后期限过后实行企业集中。

(5)办公室可要求当事方以书面形式提供通过关于集中批准的决定所必需的事实,或就这一事实提供证明性证据。从当事方收到这一请求之日起至履行本义务之日止,根据第(3)款规定的最后期限应暂时中止累计。

(6)除非本法另有规定,关于集中评估的一般规定适用于简化程序。

第十七条　集中的评估

(1)在决定是否批准集中申请时,办公室应首先评估保持和进一步促进有效竞争的必要性,所有受企业集中影响的市场结构,相关企业在这些市场中的

份额、其经济和财务实力、进入这些市场的法律上的和其他层面的障碍。可供有关企业的供应商和客户使用的替代品、消费者的需求和利益,以及有利于消费者,并且不构成有效竞争的障碍的研究和开发 。

(2)关于集中批准的决定,也适用于经营者在集中申请中公布的,与集中直接相关,对其实施是不可或缺的竞争限制。

(3)如果某一集中将导致有关市场竞争的严重扭曲,特别是如果它将导致或将加强相关企业的支配地位,则办公室不应批准此集中。如果所有相关企业在相关市场上的合计份额不超过25%,则假定它们的集中不会造成竞争的严重扭曲,除非在评估集中度时,被证明事实与假定相反。

(4)办公室可在企业履行其在启动集中审批程序之前或在其过程中提出的,有利于维持有效竞争的提议的条件下,批准集中。但提交提议的时间不得迟于最后一位程序的涉事方收到其否定陈述之日的第 15 日。办公室只有在存在值得特别注意的情况时,才应考虑到批准超过规定日期提出的提案或对其内容进行修改,前提是在截止日期中断后,企业能够在 15 日内,根据本例第一句将提议提交给办公室。如果涉事各方是在程序的第一个 30 日内提出这些提议,则可以将第十六条第(2)款规定的最后期限延长 15 日。如果涉事方在收到办公室根据第十六条第(2)款继续进行程序的通知后,提出这些提议,作出第十六条第(5)款所述决议的最后期限可以延长 15 日。如果办公室批准企业在履行提议的条件下进行集中,则办公室可对企业规定一些确保履行提议所必要的条件和义务。

第十八条　暂停集中的执行

(1)企业不得在依照第十五条第(1)款提交集中申请之日和在本办公室就集中作出决定批准生效之日之前实施企业集中。

(2)第 1 款所规定的禁止不适用于将导致多家实体获得控制权的,基于公开竞购股权的,或基于交易在欧洲受监管市场交易的股票和证券的一系列操作的集中的实施。而如果根据第十五条第(1)款启动的程序的申请被立即提交,并且此股份及证券所附带的表决权没有被行使,则第(3)款和第(4)款的规定不会受到影响。

(3)经企业申请后,办公室可决定豁免对第(1)款所述的集中的禁止,如果此禁止决议有可能对有关的企业或第三方造成持续和严重的损害或任何其他重大损害。企业可在程序进行中的任何时间，或在提交第十五条第(3)款第(b)项所述的、完整的集中申请时，一起提出豁免申请。申请应以书面形式提出，并应说明所要求豁免的范围。办公室可要求涉事各方以书面形式提供同意豁免所需的进一步事实，或提供能证明此类事实的进一步证据，最后期限应在提出请求之日至履行本义务之日止暂停累计。

(4)办公室应在不超过收到申请之日起 30 日内，作出第(3)款所述的批准豁免申请的决议，且不应故意拖延批准时间。在作出决议时，办公室除了要考虑上述损害或其他危害外，还应考虑此豁免对相关市场竞争的影响。若办公室未在规定期限内作出决议，则视为申请已获批准。办公室也可决定通过申请，但对申请所包括的某些行为给予附加条件。在其余情况，办公室应拒绝申请。在规定的附加条件时，办公室可以规定有利于维持有效竞争的条件和限制。

(5)如果该办公室发现集中的执行有悖办公室的强制决议，办公室将决定实行在有关市场上重新建立有效竞争所必需的措施。基于此目的，办公室有权特别要求企业义务出售其可能控制的一个子公司或其一部分业务，或要求撤销一份合同，在此基础上实现集中；或实施其他必要的充分措施，以便在有关市场上重新建立有效的竞争。若办公室认为集中没有按照第十五条第(1)款所述的集中申请进行，则有权作出上述措施。上述旨在重新建立竞争的措施的执行，可以与根据第二十二条第(1)款第(d)项、第(e)项或第(f)项或第二十二 a 条第(1)款第(d)项、第(e)项或第(f)项的罚款或其他措施同时执行。

第十九条　撤销批准集中度的决定

(1)当办公室依据涉事方提供的信息、数据和文件的完整性、准确性和真实性作出了批准集中的决议，而这些信息，数据和文件被证实全部或一部分是不准确的或不完整的，或者这些信息，数据或文件误导了办公室，使其作出批准决议，或者涉事方未能履行办公室批准集中时所施加的条件、限制或承诺。则办公室可撤销关于批准集中度的决定。

(2)在发现第(1)款所述事实后的 1 年内，办公室可启动撤销批准集中决议的程序。但启动程序的时间不能超过此事实发生后 5 年。

第四a章　对公共部门的监督

第十九a条

(1)公共当局不得在没有正当理由的情况下使用权力扭曲竞争,特别是下列理由:

(a)使某企业或企业集团获利;

(b)消除某一企业或企业集团面临的竞争;或

(c)消除在相关市场的竞争。

(2)办公室不对第(1)款所述的公共部门的一些活动进行监督,这些活动包括:

(a)根据《行政诉讼法》和《税法》中规定的决议或其他法令的内容进行的活动;或

(b)以国家援助的形式提供的活动,包括提供最低限度的国家援助。

(3)如果办公室在与第(1)款所述事项有关的程序框架内发现了扭曲竞争的发生,则应在决议中公布这一事实。

(4)如果地方政府机关在行使自治或者被转移的国家行政管理事项中扭曲竞争,办公室应向根据特定法律负责监督的主管部门发出第(3)款所述的最后决议,如有要求,办公室应发出行政文件。

第五章　办公室

第二十条

(1)办公室的职权范围由特殊法律规定。除了本法其他条款规定的权力外,办公室:

(a)监督企业是否以及如何履行本法规定的义务或根据本法通过的办公室的决议;

(b)监督公共部门是否扭曲竞争;

(c)发布集中申请及申请已生效的决议。

(2)如果特定市场的情况显示竞争受到扭曲,办公室应对这些市场的竞争程度进行调查(以下简称调查),并应提出改进措施,特别是办公室应发布载有改进竞争建议的报告。

(3)在进行第1条第(a)项或第(b)项所述的监督和进行第(2)款所述的部门调查时,办公室应依照第二十一e条、第二十一f条和第二十一g条的规定适当行事,并可依职权提起诉讼。

(4)如果发现违反了第三条第(1)款、第十一条第(1)款、第十八条第(1)款或第十九a条第(1)款规定的义务,办公室可采取补救措施,其目的是恢复市场的有效竞争,并规定履行这些措施的合理期限。采取的补救措施不与第二十二条第(1)款第(b)项、第(c)项或第(d)项,第二十二a条第(1)款第(b)项、第(c)项、第(d)项或第二十二aa条第(1)款第(b)项所述的罚款和措施相排斥。

(5)在一项国际条约同时也是捷克立法的一部分的基础上,出于使提出请求的国家执行竞争法的目的,办公室应向提出请求的国家的竞争机构提供文件和信息。上述文件和信息包括含有商业或银行机密的信息或类似的同类机密信息,但提出请求的国家对这类信息的保护程度应与捷克共和国的类似。

第二十a条

(1)如果企业的行为可能影响"条约"第一百零一条和第一百零二条所述的成员国之间的贸易,办公室将被授权对个别案件使用"条约"第一百零一条和第一百零二条,并且出于此目的,办公室有权:

(a)要求终止侵权行为;

(b)采取临时措施;

(c)接受提议;

(d)处以罚款。

(2)如果协议在某特殊情形下,在捷克共和国或其部分领土内具有不符合"条约"第一百零一条第(3)款的效果,且此协议具有单独的地理市场的所有特点,办公室可根据其决定,从个别企业中撤回从欧盟获得的集体豁免的利益或部分利益。

(3)办公室进一步有权:

(a)提请委员会向其提供评估案件所需的文件的副本;

(b)就涉及适用欧盟法律的任何案件与欧盟委员会协商;

(c)与委员会和成员国的其他竞争主管机构交流,并使用任何事实或法律事项,包括机密信息作为证据;

(d)提请委员会将其处理的案件列入限制性行为咨询委员会的议程;

(e)就“条约”第一百零一条和第一百零二条的事项向法院提出意见,并请相关法院转交评估案件所需的任何文件;

(f)根据任何其他成员国的竞争管理机构的请求进行调查;

(g)就委员会根据合并条例进行的进程提出意见;

(h)在根据“条约”第一百零三条至第一百零六条通过的欧洲联盟规制条例授权办公室通过一项决议的情况下作出决议;

(i)采取其中条件和细节由委员会决定的,委员会授权成员国根据“条约”第一百零五条第(2)款采取的补救措施。

(4)办公室有义务:

(a)向委员会提供一切必要的资料,使委员会能够执行规制条例和合并条例所赋予的职责。

(b)向委员会提供必要的协助,以防止企业反抗或阻碍根据规制条例或合并条例进行的检查。

(c)以书面形式通知委员会和其他会员国的竞争机构“条约”第一百零一条或第一百零二条所述的进程的启动。

(d)在一项决议通过之前的 30 日内,向委员会提供案件摘要、所预计作出的决议和评估案件所需的任何其他文件。这些信息也可提供给其他成员国的竞争主管机构。

(e)任命其在限制性行为咨询委员会和企业集中咨询委员会中的代表。

(f)应委员会的请求进行委员会认为有必要进行的调查。

(5)在合并条例的规定程序中,办公室有权:

(a)在公告之前对移交案件的提议发表意见;

(b)提请委员会移交案件;

(c)根据“合并条例”所述的条件,请委员会审理案件;

(d)对委员会所指的案件作出决议。

第六章　办公室程序

第二十一条　启动程序

(1)启动集中批准程序和禁止实施集中的豁免的批准法律程序,应在有申请的基础上开始。对于根据本法规定的其他法律程序,应当依职权启动程序。

(2)如果公共利益没有由于过低的竞争程度而受到影响，办公室可决定在对第二十条第(1)款第(a)项所述的事项进行初步审查后，不依职权提起诉讼；办公室应特别考虑行为的性质及其执行方式、相关市场的重要性和受影响消费者的数量。办公室应以书面形式记录不启动程序的情况，并说明理由。

第二十一a条　程序涉及当事者

(1)在批准集中的程序和对禁止实施集中批准豁免的程序中，有义务提交集中申请[第十五条第(2)款]的人是程序的当事方。

(2)在其他情况下，程序的当事方应是本法所述的其具有的权利和义务受办公室的措施和决议制约的一方。

(3)在有关协定由于垂直协定的累积影响，出于分配同质、可比或可替代的商品的目的，扭曲竞争的程序中。如果该协议的一方始终是同一企业，并与其他企业订立合同，则办公室可仅对此当事人启动程序进行限制。

(4)如果被怀疑缔结违禁协定，滥用支配地位或被禁止实施集中的法人不再存在，根据本法进行的程序应对其法定继承者进行。

第二十一b条　否定陈述

办公室发出的否定声明还应通知各涉事方，并将处以罚款的预定数额通知各涉事方。在否定声明之后，办公室应允许诉讼各方了解该决定的依据，并且办公室应规定涉事方提出对依据进行修正的合理期限。此最后期限不得少于15日。超过期限提供的事实和证据将不被考虑在内，除非这些事实或证据不能提前按时提交。

第二十一c条　行政档案和提供查阅

(1)文件中含有受法律保护的商业、银行上的或类似的受法律保护的保密部分，不能包含到提供给程序涉事方的行政档案中。除此之外，行政档案应包括已移除上述秘密的文件或不包含此秘密信息的足够详细的摘要。

(2)应办公室要求，其业务、银行上的或类似的机密受法律保护的人有义务向办公室提供附有此类秘密的文件，此类秘密被移除的文件以及不包括此类秘密的对文件的摘要。如果此人没有这样做，则认为所提交的文件不包含任何商业、银行上的或类似的受法律保护的秘密。

(3)在第三条第(1)款、第十一条第(1)款、第十八条第(1)款或第十九a条第(1)款中提起的侵权或禁止行为的程序中，在否定陈述后，与程序相关的企业或其代表可以评估该文件中包含商业、银行上的或类似受法律保护的秘密的部分,前提是他们事先被告知这些事实违反保密规定的后果,并签署一份关于这一通知的报告。《行政诉讼法》第三十八条第(4)款的规定不适用。

(4)直到发出反对陈述时,对第二十二 ba 条第(5)款所述的罚款和减免罚款的申请,以及提交给办公室的,与此申请相关的其他文件和资料才将纳入行政档案之内,此规定也适用于办公室发出的与申请有关的请求和通知。

(5)此外,行政档案中载有撤销第二十二 ba 条第(5)款所述的罚款和减少罚款的申请的部分,或减少第二十二 ba 条第(6)款所述罚款的部分(以下简称撤销或减少罚款的申请),以及为提交申请而起草,向办公室提交的与申请相关的其他文件和资料,不应纳入行政档案内。此规定也适用于办公室就此申请向申请人发出的请求和信函。只有当事方或其代表才能检查档案的这些部分。《行政诉讼法》第三十八条第(4)款不适用。

第二十一 ca 条　对档案中包含的信息的披露

(1)申请撤销或者减少罚款的内容,应当视为保密信息。除向法院披露此类信息,以便法院对办公室的活动进行司法审查外,办公室不得披露此类信息。此条款不适用于申请人对撤销第二十二 ba 条第(6)款所述罚款的申请。

(2)出于在保护竞争领域进行行政程序的目的,以及办公室进行第二十条第(1)款所述监督的目的而起草和提交的文件和资料,以及办公室起草的出于上述目的的文件和信息,在终止调查后或者行政程序的终止决议生效后,应向公共部门披露。

(3)如果法院出于核实其不披露的理由是否基于其内容并且合理的目的,要求办公室披露撤销或减少罚款的申请,则办公室应允许政府官员向法院提交这种申请。获授权政府官员应起草一份报告,报告包含法庭对申请内容,以及对不披露申请的理由是否合理的裁决。

第二十一 d 条　提供证据的责任

(1)如果关于被禁止协议的程序的涉事方声称他们符合第三条第(4)款或第四条所述的豁免对象,他们有义务提供能证明自己符合此豁免条件的证据。如果没有提供此证据,办公室将认为此豁免条件不合理。

(2)如果涉事方提出第七条第(2)款或第十一条第(3)款或第十七条第(4)款所述的提议,他们有义务提供证据证明履行这些提议足以恢复或维持有效的竞争。如果没有提交此证据，则办公室没有义务说明认为这种提议不足以恢复或维持有效的竞争的理由。

(3)如果办公室要求，则程序的涉事方有义务提供证据证明其已经履行第七条第(2)款或第十一条第(3)款或第十七条第(4)款所述的提议，第十八条第(5)款所述的措施，以及第二十条第(4)款所述的补救措施。如果涉事方没有指出此证据，办公室将认为此提议或措施没有履行。

第二十一e条　已删除的标题

(1)向办公室提供文件和信息时，应包括业务簿和其他业务记录或其他可能对澄清程序主题重要的记录(以下简称业务记录)，每个人应提供完整、正确和真实的文件和信息。

(2)应办公室的书面请求，企业有义务提供文件和信息，包括带有由办公室规定的截止日期的业务记录。在要求提供文件和资料时，办公室应说明调查的法律依据和目的，以及说明如果企业未能提供或不允许核查文件资料，可能会受到办公室根据第二十二c条规定实施的罚款。

第二十一f条　营业场所的检查

(1)企业有义务接受办公室调查在其经营活动中使用的土地和所有房地、房间和运输工具(以下简称营业场所)。

(2)在调查范围内，办公室的雇员或办公室授权的其他人员有权：

(a)进入被调查企业的营业场所；

(b)核实文件和记录是否为业务记录；

(c)审查营业场所内出现或可得的，以任何形式储存的业务记录；

(d)复制或获取任何形式的业务记录的副本或摘要；

(e)调查期间查封营业场所或营业场所内的柜子、档案或业务记录，并在必要的范围内进行检查；

(f)要求企业或其雇用人员或其他与企业有类似关系的人员，或由企业授权代表其开展某些活动的人，对开展调查和解释业务记录给予必要的配合。

(3)在调查的过程中，企业有义务遵守并按照第(2)款所述的事项，向办公室提供必要的合作。

(4)出于在营业处所进行调查的目的，办公室的雇用人员有权进入这些场所打开柜子或档案，获得任何其他形式的业务记录。任何职务设立在营业场所的人员,有义务配合对营业场所的调查,如果这些人员没有履行此义务,办公室雇用人员有权进入这些营业场所。

(5)调查基于办公室主席或根据该办公室内部条例授权的另一人签发的书面授权进行。授权书应特别包括被授权签发许可的人的姓名、姓氏、职位和签名,授权日期,办公室公章,与实行检查相关的法律条文,被检查的企业的营业场所的认定,调查的主题及其开始日期,以及办公室雇用员工或其他授权进行调查的人员的名称和姓氏。

(6)调查开始前,办公室应将检查的法律理由和检查目通知将在其营业场所进行调查的企业。此外,还应告知企业其根据本法案拥有的权利和应履行义务,包括处以罚款的可能性。

(7)企业可以针对在其商业场所进行的检查提起诉讼。

(8)第(1)款至第(7)款同样适用于在公共部门活动场所进行的调查。

第二十一 g 条　对非营业场所的检查

(1)如果存在合理的怀疑,认为业务记录被保存在营业场所以外的其他地方,包括企业或其成员的法定机构的自然人的住宅,或被企业雇佣的,或与企业组成相似关系的人的住宅(以下简称非营业场所),则可在法院事先授权的情况下,对这些场所进行调查。

(2)第二十一 f 条第(2)款第(e)项和第(8)款的规定也适用于对非营业场所的检查。

第二十一 h 条　与欧盟有关的程序

(1)如果办公室展开与违反“条约”第一百零一条或第一百零二条相关的程序,则办公室将根据本法第六章进行开展程序和调查,并根据第七条和第十一条第(2)款至第(5)款作出决定。

(2)如果办公室根据“条例”第二十条第(6)款、第二十一条第(4)款、第二十二条第(1)款或第(2)款,或根据“合并条例”第十二条第(1)款或第十三条第(6)款进行调查,则办公室应执行本法第六章和第七章。

(3)如果办公室启动了与违反“条约”第一百零一条和第一百零二条的行为相关的程序,同时委员会启动程序根据规制条例第Ⅲ章对同一件事项通过一项决议,则办公室应终止程序。

(4)如果办公室启动了与违反“条约”第一百零一条和第一百零二条的行为

相关的程序，且成员国的竞争机构也在处理同一事项，办公室应终止或暂停其程序，直至此竞争机构作出决议为止。

（5）在根据第（1）款和第（2）款在调查或程序中处以罚款和施加补救措施时，办公室应根据第二十条第（4）款和本法第七章行事。

（6）如果委员会决定根据“规制条例”第二十一条进行检查，则委员会或办公室应向法院提交一份提案，要求启动与保护竞争相关的程序。

第二十一i条　公共行政信息系统的数据使用

（1）当办公室在行使本法规定的权力时，可使用居住登记册中的下列数据：

（a）姓氏。

（b）名字。

（c）住所地址。

（d）出生日期、地点和地区：

在国外出生的人的出生日期、地点和国家。

（e）死亡日期、地点和地区：

如果在捷克共和国境外死亡的死亡日期、地点和国家；如被法院宣布死亡，则此决议所指明的死亡日期为死亡日期，此决议日期为被强制履行的日期。

（f）单一国籍或多重国籍。

（2）当办公室在行使本法规定的权力时，可使用人口登记信息系统中的下列数据：

（a）姓名、姓氏；出生时的姓氏。

（b）出生日期、地点和地区。

（c）出生身份号码。

（d）永久居住地。

（e）单一国籍或多重国籍。

（3）办公室在行使本法规定的权力时，可使用为外国国民服务的信息系统中下列数据：

（a）姓名、姓氏；出生时的姓氏。

（b）出生日期、地点和国家。

（c）国籍或居住地。

（d）居住地的类型和地址。

(e)居住开始日期和居住终止日期(如可以适用)。

(4)对于第(1)款至第(3)款所述的数据,仅可在特定情况下使用对完成被指派的任务来说必要的特定数据。

(5)居民基本登记中保存为参考数据的数据,只有在这些数据处于当前状态之前时,才应当从人口登记册信息系统或外国国民信息系统中提取使用。

第七章 违法

第二十二条 违法

(1)自然人将被视为如同企业一样犯罪,如果:

(a)在第二十一f条第(2)款第(e)项所述调查过程中破坏查封;

(b)缔结违反第三条第(1)款的协议;

(c)违反第十一条第(1)款,滥用支配地位;

(d)违反第十八条第(1)款,进行集中;

(e)不依据第七条第(2)款、第十一条第(3)款或第十七条第(4)款的规定履行提议,也不依据第十八条第(5)款的规定开展措施;

(f)不履行办公室根据第二十条第(4)款的规定施加的补救措施或该办公室决议中规定的其他义务;或

(g)未能向办事处提供第二十一e条第(1)款所述的完整、正确和真实的业务记录;

(h)在办公室对第二十一f条第(3)款所述的营业场所或非一营业场所进行检查时,未向办公室提供必要的配合;或

(i)违反遵守在第二十一f条第(4)款所述的营业场所或非一营业场所进行检查的义务。

(2)对于违反第(1)款第(a)项、第(g)项、第(h)或第(i)项的行为,可处最高达300,000捷克克朗的罚款;对于违反第(1)款第(b)项、第(c)项、第(d)项、第(e)项或第(f)项的行为,可处最高达10,000,000捷克克朗的罚款;除非下文说明,不得对第(1)款第(b)项所述违法行为处以罚款。

第二十二a条 法人和自然人企业家的违法

(1)法人或自然人企业家的违法行为将视同一家企业的违法行为,如果其:

(a)在第二十一f条第(2)款第(e)项所述调查过程中破坏查封;

(b)缔结违反第三条第(1)款的协议；

(c)违反第十一条第(1)款,滥用支配地位；

(d)违反第十八条第(1)款,进行集中；

(e)不依据第七条第(2)款、第十一条第(3)款或第十七条第(4)款的规定履行提议,也不依据第十八条第(5)款的规定实施；

(f)不履行办公室根据第二十条第(4)款的规定施加的补救措施或该办公室决议中规定的其他义务;或

(g)未能向办公室提供第二十一e条第(1)款所述的完整、正确和真实的业务记录；

(h)在办公室对第二十一f条第(3)款所述的营业场所或非一营业场所进行检查时,未向办公室提供必要的配合;或

(i)违反遵守在第二十一f条第(4)款所述的营业场所或非一营业场所进行检查的义务。

(2)如果企业违反第(1)款第(a)项、第(g)项、第(h)项或第(i)项的规定,办公室可以处以最高可达30万捷克克朗的罚款,或最高可达上一个会计期间该企业净营业额的1%的罚款。如果企业违反第(1)款第(b)项、第(c)项、第(d)项、第(e)项、第(f)项的规定,办公室可以处以最高可达100万捷克克朗的罚款,或最高可达上一个会计期间该企业净营业额的10%的罚款,除非下文说明,不得对第(1)款第(b)项所述罪行处以罚款。

(3)如果第(2)款所述的罚款是对企业协会处罚的,则可处以相当于该协会所有成员在上一会计期间实现的总净营业额的10%的罚款。即本协会的每一成员均有责任支付在上一会计期间达到的最高为其净营业额的10%的罚款。

(4)如果企业违反与公共采购有关的第(1)款第(b)项所述的罪行,办公室可以处以第(2)款所述的罚款,以及最长期限为3年的禁止订立公共合同,除非另有说明。

(5)禁止订立公共合同是指禁止参加投标、提交申请参加动态采购制度和禁止缔结和执行小规模的公共合同。禁止公共合同的期限自禁止公共合同的决议生效之日起算。

(6)办公室应当对被禁止执行公共合同的人实行公开登记,登记内容应包括被禁止执行公共合同的法人或自然人企业家的身份证明,详细信息、禁令开

始的日期、禁令结束的日期,决定实施禁止公共合同的决议的识别信息和详细信息。登记册应以允许远程访问的形式公开。

第二十二 aa 条　公共部门违法

(1)如果公共部门实施以下行为,则构成违法:

(a)在第二十一 f 条第(2)款第(e)项所述调查过程中破坏查封;

(b)违反第十九 a 条第(1)款规定,扭曲竞争;

(c)没有履行办公室根据第二十条第(4)款作出的决议中规定的补救措施,或办公室决议中规定的其他义务;

(d)未能向办事处提供第二十一 e 条第(1)款所述的完整、正确和真实的业务记录;

(e)在办公室对第二十一 f 条第(3)款所述的营业场所或非一营业场所进行检查时,未向办公室提供必要的配合;或

(f)违反其应遵守在第二十一 f 条第(4)款所述的营业场所或非一营业场所进行的检查的义务。

(2)如果公共部门违反第(1)款第(a)项、第(d)项、第(e)项或第(f)项的规定,办公室可以处以最高 30 万捷克克朗的罚款,如果企业违反第(1)款第(b)项、第(c)项的规定,办公室可以处以最高 100 万捷克克朗的罚款。

第二十二 b 条　关于违法的一般规定

(1)当对法人或者公共部门规定罚款数额,对禁止公共合同实行和规定期限时,办公室应考虑到违法的严重性,特别是犯罪的方式,以及违法的后果及违法时的环境情况。法人或公共部门在办公室进行程序的过程中的行为以及他们为消除违法的有害后果所作的努力都应被考虑。

(2)除第二十条第(1)款和第(2)款、第二十条第(4)款第(a)项和第(b)项和第二十条第(5)款外,与“犯罪责任和诉讼责任法”相关的第二十条和第二十一条应适用于自然人企业家的对犯罪的责任。

(3)办公室在向法人的法定继承人确定罚款数额时,还应考虑到违法的收益、利益和其他好处转移给法定继承者的程度,以及是否有任何合法继承人继续从事构成违法的行为。

(4)本法规定的违法行为应由办公室处理。

(5)处理多个犯罪嫌疑人的联合程序,以办公室向其中第一人发出启动程

序的通知为标准来视为程序启动。

(6)如办公室在实施行政制裁时考虑实施分别单独的程序作出行政处罚，则本应根据法律在联合程序中应处理的违法，可由该办公室分别单独处理。

(7)至少应有一名参与调查办公室违法的程序的被授权官员，持有至少相当于在捷克共和国的一所大学的法学学位的硕士学位。与获授权人员的教育规定有关的，与违法相关的法律程序方面的条文，不适用于办公室根据本法有权处理的程序。

(8)第十三条第(2)款和第(3)款、第十六条、第十七条、第二十条第(5)款、第二十四条至第二十七条、第二十九条第(c)项、第三十五条第(a)项和第(d)项、第三十六条、第三十七条、第三十九条第(b)项、第四十二条、第四十三条、第四十五条、第四十八条、第四十九条、第五十一条第(b)项、第五十三条、第五十四条、第六十八条第(b)项和第(c)项、第七十条、第七十一条、第七十六条第(1)款第(h)项和第(k)项、第七十六条第(5)款、第七十八条第(2)款第三句、第八十条第(2)款和第(3)款、第八十一条、第八十二条第(1)款、第八十五条第(3)款、第八十七条、第八十九条至第九十二条、第九十三条第(1)款第(g)项和第(h)项、第九十三条第(3)款、第九十四条、第九十五条第(2)款、第九十六条第(1)款第(b)项、第九十六条第(2)款和第(3)款、第九十八条第(2)款、第九十九条第(2)款和第一百零一条对与此有关的犯罪和程序，不适用于根据本法进行的法律程序。

第二十二 ba 条　撤销征收罚款以及减少罚款

(1)如果办公室发现企业对第二十二条第(1)款第(b)项或第二十二 a 条第(1)款第(b)项所述的违法行为负有责任，则

(a)如果企业满足所有状况，则可以撤销罚款的实施：

①其首先向办公室提交关于横向协议的信息和文件，且此横向协议还没有被办公室发现，并且办公室有理由对其进行第二十一 f 条或第二十一 g 条所述的针对性调查，或者其首先向办公室证明了本法所述的横向协议的存在。

②承认其对参与协议负有责任。

③没有强迫其他企业参与协议；且

④在行政诉讼过程中积极与办公室配合，特别是向办公室提供了有关协议的所有文件和资料。

(b)如果企业向办公室提交关于保密的横向协议的信息和文件,此信息和文件对办公室已经搜集的相关文件和信息具有显著的增加价值,且符合第(1)款第(a)项中条例2)到4)的情况,则办公室可以减少对企业的罚款,可减少金额为被通知的否定陈述的程序中的金额,最多可减少此金额的50%。办公室应考虑申请罚款减免的企业的顺序、向办公室提交关于秘密横向协议的信息和文件的时间,以及此信息和文件加强办公室证明保密水平协议存在的可能性的程度。

(2)如果办公室发现企业对第二十二条第(1)款第(b)项、第(c)项或第(d)项或第二十二a条第(1)款第(b)项、第(c)项或第(d)项所述的违法事项负有责任,则该办公室可减少罚款,金额为办公室在否定陈述书中通知涉事各方的20%。前提是企业承认对违法行为的责任,并且办公室认为考虑到违法行为的性质和严重性,此处罚程度足够适合。

(3)如果办公室依据第(1)款第(a)项撤销罚款,或根据第(1)款第(b)项或第(2)款减少罚款,则不得依据受罚企业的同一违法行为实施公共合同禁令。

(4)只有在企业提交减免申请时,办公室才可根据第(1)款第(a)项的规定撤销罚款,或依据第(1)款第(b)项或第(2)款减少罚款。

(5)对于根据第(1)款第(a)项不处以罚款的申请,最迟应在第二十一b条中的反对声明送交企业之日提出。根据第(1)款第(b)项的规定减少罚款的申请,最迟应在第二十一b条所述的否定声明发出之日起15日内提交。申请可在截止日期15日内撤回。被撤回的申请以及所附文件和资料将不会在程序过程中考虑。

(6)根据第(2)款要求减少罚款的申请,最迟应在否定陈述送交第二十一b条所述企业之日起15日内提交。

(7)对于在第(5)款和第(6)款规定的期限后递交给办公室的任何申请,在存在值得特别注意的情况下,办公室会予以考虑。

(8)如发现公共部门对第二十二aa条第(1)款第(b)项所述违法行为负有责任,则办公室可以减少罚款,减少罚款的数额为在程序中通知到涉事方的罚款金额的20%。前提是公共部门承认对该违法行为负有责任,而且办公室认为处罚就其违法的性质和严重程度而言是足够的。第(4)款、第(6)款和第(7)款应同样适用于公共部门减少罚款的申请。

第二十二c条 纪律罚款

(1)如果企业未能履行第二十一e条第(2)款规定的义务,则可对企业处以最高10万捷克克朗的或上一个会计期间的企业实现的净营业额的1%的纪律罚款。

(2)办公室可以多次重复处以违纪罚款。重复罚款总额不得超过100万捷克克朗,或不超过最后企业上一个会计期间实现的净营业额的10%。

第二十三条 时效期,时效期的中断和暂时停止

(1)本法的时效期限为10年。

(2)破坏第二十一f条第(2)款第(e)项所述的查封;未能提供完整、正确和真实的第二十一e条第(1)款所述的业务记录;在办公室根据第二十一f条第(3)款在营业场所或非一营业场所进行检查时,未能提供必要的配合;不履行办公室在根据第二十一f条第(4)款规定,在营业场所或者非一营业场所进行检查时的义务的,时效期应为3年。

(3)时效期限不应包括就违法行为向行政法院提起的诉讼所进行的期限。

(4)在以下情况下,时效期限将被中断:

(a)通知程序的启动;

(b)发出否定陈述;

(c)作出决议,认定被告实体有罪;

(d)委员会或成员国竞争主管机构将案件转交办公室。

(5)新的时效期限将以上一个时效期的中断时间为起点开始运行。

(6)如果时效期限被中断,则该违法行为的赔偿责任在其发生后不迟于14年后的时间内终止,第(2)款所述的违法行为的责任在其发生后不迟于6年内终止。此期限可按照第(3)款的规定予以延长。

第八章 职业秘密与商业秘密的保护

第二十四条

任何受雇于或与办公室有任何其他关系的,并在此基础上为办公室开展活动的人,不得披露此人所获悉的,构成商业秘密或机密资料的任何事实。这一义务应在此关系终止后继续有效。

第九章

第二十五条 已废止。

第十章 一般的、被授权的、暂时的以及被废止的条文

第二十五a条 行政程序法的使用

除非本法另有规定,《行政程序法》适用于行政机关的诉讼程序,但关于进行诉讼程序的行政机关;与决策者处理事项有关的,受影响行政机关之间解决冲突的条文除外,关于禁止改变对上诉方不利的上诉决定的规定除外,关于发布决议的法定期限的规定除外,关于称谓程序的特点和抗议委员会的组成,以及关于终止称谓程序的可能方式的规定除外,关于程序涉事方的规定,和怀疑某一实体是否为程序涉事方的程序的规定除外。但是,《行政程序法》的规定适用于根据特殊法律进行程序的各方。

第二十五b条

关于国家检查的法律规定不适用于办公室根据本法规定的程序。

第二十六条 标题已删除

(1)办公室应通过制定法律条例的方式,规定能证明对第十五条第(3)款第(b)项和第十六a条第(1)款所述的集中具有决定性作用的事实的理由和文件的细节。

(2)办公室可根据第四条第(2)款通过的法律条例,对根据第三条第(2)款被禁止的协议给予集体豁免。

第二十七条 暂时条例

(1)根据本法修订前的规定给予的豁免被视为根据本法给予的豁免。

(2)本法生效前启动的诉讼程序应按照当时的规定完成。

第二十八条 废止条文

下列法律规定将予废止:

1. 关于保护竞争的第63/1991号法律。

2. 关于保护竞争的第495/1992号法令,第63/1991号的修正法令。

第二编　对第286/1993号法的修正

第二十九条

在第286/1993号法案中，修正经第495/1992号法和第513/1991号法修正的关于保护竞争的第63/1991号法案，并修正经第264/1992号法，第600/1992号法和第591/1992号法修订的《商法》。第Ⅰ条、第Ⅱ条和第Ⅳ条已废止。

第三编　对第132/2000号法的修正

第三十条

在第132/2000号法令中，修正和废止与《区域法》《市政法》《区办事处法》《布拉格首都法》有关的某些法令，第XⅥ条已废止。

第四编　生效

第三十一条

本法将于2001年7月1日生效。

匈牙利关于禁止不公平市场行为和限制竞争法*

维护市场竞争以保障经济效益和社会进步的共同利益，符合商业公平要求的企业利益和消费者利益，都要求国家依法保护经济竞争的公平和自由。为此，有必要采用竞争规则禁止违反公平竞争要求或限制经济竞争的市场行为以及不利于竞争的经营者集中，同时提供必要的制度和程序保障。为了实现这些目标——考虑到欧洲共同体法律的类似要求和匈牙利竞争法的惯例——议会通过了以下法案。

第一编　核心条款

第一章　本法适用范围

第一条

(1)本法适用于在匈牙利境内由自然人和法人进行的市场行为，除第六章规定的行为外，适用于在境外企业(以下统称企业)在匈牙利的分支机构，法律另有规定的除外。

(2)在适用欧盟运行条约(原"建立欧洲共同体条约"第八十一条和第八十二条)第一百零一条和第一百零二条的任何诉讼中，本法规定的诉讼规则也适用于匈牙利竞争管理局或匈牙利法院根据理事会条例(EC)第1/2003号条例进行的市场行为。

第二章　禁止不正当竞争

第二条　禁止从事不正当的经济活动，特别是侵害或损害顾客、购买者、接

* 1996年第17号法案。

受者、使用者(以下统称交易方)或竞争对手的合法利益,或者违反商业公平要求。

第二/A 条 已废止。

第三条 禁止通过捏造、散布虚假指控、伪造事实或者其他行为伤害或损害竞争对手的名誉或信誉。

第四条 已废止。

第五条 禁止向其他人提出不公平的申诉,意图破坏与第三方现存的经济关系,或阻止建立这种关系。

第六条 如果可销售动产(以下简称产品)或服务有特征展示、包装、标志(包括原产地的指定)、名称,或者禁止使用竞争对手或其产品或服务被公认的名称、标识或其他标志,则禁止在未经竞争对手同意的情形下制造、分销、宣传此类产品或服务。

第六/A 条

(1)禁止为促进销售或以销售以外的其他任何方式使用可作为财产、不动产、证券、金融工具或无形资产(以下统称商品)的产品、服务、自然力量,或者为了与此相关的目的而发表任何声明或作出沟通,用以宣传企业的名称、标志或活动,或者提高商品或品牌名称的知名度,这些商品或品牌名称明确或含蓄地标识竞争对手或竞争对手生产、分销或引进的商品具有与所展示商品相同或相似的用途(以下简称比较广告),如果:

(a)这可能导致从竞争对手的名誉或该竞争对手的名称、商品、标识和其他标志中获得的任何不公平的优势;

(b)这可能损害竞争对手或该竞争对手的名称、商品、标识和其他标志的声誉;

(c)它将商品以带有商标或其他保护标志的其他商品的仿制品或复制品的形式呈现;或者

(d)这可能导致市场参与者误认为该企业是其竞争对手,或将该企业的名称、商品、标识或其他标志与其他竞争对手的名称、商品、标识或其他标志混为一谈。

(2)任何在市场自律框架内订立的协议或规则,如为接受对自己有约束力的规则(以下简称行为守则)的企业就商业惯例或部门订立行为规则,均不得助长任何违反第(1)款的行为。负责起草行为准则的人员以及行为准则中指定的负责修订和监督遵守行为准则的人员应对违反本规定的行为负责。

第七条 禁止以任何方式违反任何招标过程的公正性,特别是在竞争性招标、拍卖或证券交易所交易方面。这项禁令仅适用于本法任何其他条款或其他具体条款未规定的行为。

第三章 禁止不公平操纵商业决策

第八条

(1)禁止在经济竞争中欺骗交易方。

(2)欺骗交易方是指任何商业交流,包括任何交流信息,不论其发布方式,以及与由企业或者以企业名义或代表该企业行事的人的销售、供应或促销商品直接相关的其他行为,作为或不作为(以下统称商业惯例):

(a)就重要信息而言,包含不正确的事实或根据其提交的所有情形以一种欺骗性的方式提出事实,或者可能欺骗所针对或所涉及的交易方。

(b)考虑所有事实情形和通信媒介的限制,隐藏或隐瞒在特定情形下交易方作出商业决策所必需的信息,以及为此这些信息应被视为重要信息,或以一种不清楚、难以理解、模棱两可或不及时的方式提供信息,从而影响或可能影响贸易方或潜在贸易方的经济行为。

(3)就第(2)款而言,重要信息特指与下列一个或多个因素有关的任何信息:

(a)商品的基本特征,特别是:

(aa)效果、成分和技术特征;

(ab)数量;

(ac)地理或商业来源;

(ad)制造或供应的方法和日期;

(ae)可用性、交付;

(af)用法、使用和维护所需的知识;

(ag)适用范围、预期使用结果;

(ah)遵守相关国家立法或任何直接和普遍适用的欧洲联盟立法的要求,或在没有此类规定的情形下,符合商品通常应满足的要求;

(ai)危险或风险;

(aj)对健康的影响;

(ak)对环境的影响,能源效率特性;以及

(al)进行的测试或检查,或其结果。

(b)商品的价格或费用,或者计算价格或费用的方式。

(c)除第(b)项所述内容外,与商品购买或使用有关的任何其他合同条件。以及

(d)该企业或其代理人,该企业的属性和权利,特别是其法律地位、资产、商业或知识产权、资格、奖励和荣誉。

第九条 禁止采用过度限制贸易方选择自由的商业行为,特别是在其影响或可能影响交易方或潜在交易方的经济行为的情形下,创造一种对商品或要约的现实评价,或者与另一商品或要约的客观比较变得困难的环境。

第十条 只有在以下情形下才允许进行比较广告:

(a)专门比较旨在达到相同目的或满足相同需求的商品。

(b)比较商品的相关性、决定性、代表性和可检验的特征,并且必须是客观的,包括价格方面,也是一种可比较的要素。

(c)对于指定原产地的产品,只涉及具有相同名称的产品。

第十/A条

(1)如果有关商业行为仅影响出于与其职业或经济活动有关的目的而行事的人,则适用于第八条和第九条的规定。

(2)在评估商业行为时,应充分了解商业事务并在此情形下合理谨慎且谨慎行事的交易方的行为作为参考。

(3)在确定信息是否具有误导性时,应将业务中通常接受的术语的含义作为指南。

第十/B条 行为守则不得促进不遵守第八条至第十条规定的行为。

第十/C条

(1)不遵守第八条和第十条规定的责任,除与所涉及商业惯例有关的商品销售、供应或促销有直接利益关系的企业外(以下简称商业惯例的使用者),应由通过适当渠道披露其商业行为范围内的商业交流的人以及在独立经济活动范围内负责进行商业交流或提供其他相关服务的人承担,如果侵权是由与提交

商业通信有关的原因造成的,不应被视为执行商业惯例使用者的明确指示的结果。

(2)负责制定行为守则的人以及行为守则中指定的负责修订和负责监督遵守准则情形的人,应对任何违反第十/B 条规定的行为负责。

第四章　禁止限制经济竞争的协定

第十一条

(1)根据结社自由设立的企业组织、公营公司、协会或其他类似的企业组织(以下统称为企业协会)之间的协议或一致做法和决定(以下统称为协议),禁止以防止、限制或者扭曲竞争为目的或者具有潜在或者实际效果。不相互独立的经营者之间订立的协议不属于此类协议。

(2)该禁令特别适用于:

(a)直接或间接地确定购买或出售价格或其他商业条款和条件;

(b)限制或控制生产、分销、技术发展或投资;

(c)供应来源的分配,或者限制从中选择的可能性,以及禁止特定交易方购买某些商品;

(d)市场分配,不包括销售或限制选择市场经销点;

(e)已废止;

(f)阻碍市场进入;

(g)在具有相同价值或性质的交易中,交易方之间存在歧视的情形,包括适用价格、付款期限、歧视性销售或购买条款或方法,会使某些交易方处于竞争劣势;

(h)订立合同时必须接受义务,而这些义务在性质上或根据商业惯例,与这些合同的标的无关。

(3)本法对违反第(1)款规定的法律后果,应与《民法》所附的那些违反法律的合同一并适用。

第十二条　已废止。

第十三条　已废止。

(1)不应禁止次要协议。

(2)在下列情形下,协议应被视为次要的:

(a)对于竞争者之间的协议,在任何相关市场上,参与企业和不独立于参与企业的共同份额不超过10%。

(b)对于除竞争者以外的实体之间的协议,在任何相关市场上,参与企业和不独立于参与企业的共同份额不超过15%。

(2a)竞争对手之间的协议,是指在任何相关市场上是实际或潜在竞争对手的企业之间的协议。

(2b)只要协议有效,或者如果按自然年度有效期超过1年,则必须满足市场份额不超过第(2)款第(a)项或第(b)项规定的要求。

(3)第(1)款不适用于以妨碍、限制或扭曲竞争为目的的竞争对手的协议或一致做法,特别是直接或间接地确定购买或出售价格或其他商业条款和条件、限制生产或分销、包括招投标在内的市场分配和进出口的限制(以下简称卡特尔),也不适用于直接或间接地以确定购买或出售价格为目的的其他协议或一致做法。

(4)尽管有第(1)款至第(3)款的规定,但如果一项协议和其他类似协议在有关市场的累积影响明显妨碍、限制或扭曲了竞争,则应禁止该协定。

第十四条

(1)相关市场的界定应考虑受协议约束的商品和相关地理区域。

(2)除受协议约束的商品外,考虑到预期用途、价格、质量和性能条款(需求侧可替代性),以及供应方可替代性方面,任何可以合理替代受协议约束商品的商品均应考虑在内。

(3)地理区域是指下列区域以外的领土:

(a)交易方无法购买商品或只能在特别不利的条件下购买商品;或者

(b)商品的卖方无法出售商品或只能在特别不利的条件下出售商品。

第十五条

(1)属于同一集团的企业或受同一企业控制的企业,应视为彼此不独立。

(2)一个企业与下列企业同属于同一集团企业:

(a)如第二十三条第(2)款或第(3)款所述,受其唯一控制;

(b)如第(a)项所述,对其进行控制;

(c)如上述第(a)项所述,受第(b)项所述企业的控制;

(d)受第(a)项至第(c)项所述及相关的两个或以上的企业的共同控制。

(3)第二十五条所述的企业与多数为州或市所有的企业，以及在决定其市场行为方面具有自主决策权的企业[第二十七条第(3)款]，应视为企业之间是相互独立的。

第十六条 在政府法令中，某些类别的协议可由政府使其免除第十一条的禁令。政府可以根据本法第十七条的规定，对集团协议的豁免采取法令。

第十六/A条

(1)由于协议和类似的其他协议在相关市场的累积影响不符合第十七条规定的条件，集体豁免竞争限制的规定不适用于该协议。

(2)匈牙利竞争管理局可在其诉讼过程中确定，就上述第(1)款规定而言，适用集体豁免的利益不适用于未来的此类协议。

第十七条 根据第十一条的规定，如果协议满足以下条件，则协议不受禁止：

(a)有助于更合理地组织生产或分销，促进技术或经济进步，提高竞争力或保护环境；

(b)允许不参加协议的交易方公平地分享所产生的利益；

(c)随之而来的限制或排除竞争不超过实现经济上合理的共同目标所必需的程度；以及

(d)不能排除相当比例的有关商品的竞争。

第十八条 已废止。

第十九条 已废止。

第二十条 根据第十六条或第十七条规定免除禁止的证明责任应由要求豁免利益的人承担。

第五章 禁止滥用支配地位

第二十一条 禁止滥用支配地位，特别是：

(a)设定不公平的购买或出售价格或以任何其他方式获得不公平的优势，或强迫另一方接受商业关系中的不利条件，包括适用标准合同条款；

(b)限制生产、分销或技术发展，以损害最终交易方；

(c)无正当理由拒绝建立或维持适合所涉交易类型的业务关系；

(d)影响另一方的经济决策，以获得不公平的优势；

(e)在价格上涨之前,以引起价格上涨为目的或以可能产生不正当利益或造成竞争劣势的任何其他方式,无正当理由撤回流通中的商品或扣留贸易中的商品;

(f)使商品的供应或接受受制于其他商品的供应或接受,并使合同的订立受制于根据其性质或商业惯例与此类合同的标的无关的义务的接受;

(g)就其价值或性质而言相等的交易,无正当理由歧视交易方,包括适用价格、付款期限、歧视性销售或购买条款或方法,从而使某些交易方处于竞争劣势;

(h)设定极低的价格,该价格不是基于与竞争对手相比更高的效率,并且可能将竞争对手驱逐出相关市场或阻碍其进入市场;

(i)无正当理由以任何其他方式阻碍市场进入;或者

(j)无正当理由为竞争对手创造不利的市场条件,或影响他们的经济决策,以获得不正当利益。

第二十二条

(1)对于在很大程度上独立于其他市场参与者而进行经济活动,并且在决定市场行为时,无须实质性地考虑其供应商、竞争对手、客户与其他交易方的市场反应的人,将视为其在有关市场上占有支配地位(第十四条)。

(2)在评估是否存在支配地位时,应特别考虑以下因素:

(a)进入和退出相关市场的成本和风险,以及必须满足的技术、经济和法律条件;

(b)企业或企业集团的资产、财务实力和盈利能力[第十五条第(2)款]及其发展的趋势;

(c)相关市场结构、相对市场份额、市场参与者的行为以及企业或企业集团对市场发展的经济影响。

(3)支配地位可以由单个企业或企业集团占有,也可以由一个以上企业联合占有或由多个企业集团联合占有。

第六章　对经营者集中的管制

第二十三条

(1)在以下情形下应视为发生了集中者经营:

(a)两个或两个以上之前独立的企业发生合并,或者一个企业被另一企业兼并,或者一个企业的一部分成为独立于第一企业的另一企业的一部分;或者

(b)一个企业取得或一个以上企业共同取得,或直接或间接控制独立于其本身的企业,或控制一个以上独立于其本身但彼此不独立的其他企业;或者

(c)一个以上的独立企业共同创建一个由其控制的企业,该企业能够持久地履行独立企业的所有职能。

(2)就本法而言,直接控制是由一个单独企业或一个以上的企业共同行使的,这些企业:

(a)拥有使其有权行使多数表决权的另一企业的业务或股份的所有权,或拥有超过50%的表决权;或者

(b)有权任命、选举或罢免另一企业的大多数执行官;或者

(c)有权通过合同对另一企业的市场行为施加决定性影响;或者

(d)获得对另一企业的市场行为施加决定性影响的实际能力。

(3)就本法而言,企业对另一企业具有间接控制权,另一企业:

(a)由该企业直接控制的企业直接控制,无论是与该企业共同控制还是由其单独控制;

(b)由该企业直接控制的一些企业共同直接控制;

(c)根据第(a)项或第(b)项由该企业间接控制的企业控制,该控制方式与第(2)款或第(a)项或第(b)项一致;或者

(d)根据第(a)项至第(c)项由该企业间接控制的企业控制,该控制方式与第(a)项至第(c)项一致。

(4)就本法而言,任职者与企业清盘和解散有关的活动不应视为行使控制权。

(5)就本法而言,“企业的一部分”系指资产或权利,包括企业的客户基础,其单独或连同由收购企业支配的资产和权利的收购足以进行市场活动。

第二十四条

(1)如果所有有关企业集团[第二十六条第(5)款]以及由有关企业集团的成员和其他企业所共同控制的企业在上一营业年度中总的净营业额超过150亿福林,并且至少两个有关的企业集团中的每一个企业在上一营业年度的净营业额,加上由各自企业集团和其他企业集团的企业所共同控制的企业在上一营业

年度的净营业额之和超过10亿福林则经营者集中应告知匈牙利竞争管理局。

(2)评估集中是否满足10亿福林的门槛值时,对于发生在取得控制与因集中而停止控制的企业集团之间的所有集中,若其在发生之前的2年内没有进行竞争监督程序,则对有关集中也应考虑在内,但根据第四十三/N条第(1)款第(b)项通知和确认的集中除外。

(3)应考虑下列项目,以代替净营业额:

(a)对于保险企业,毛保费的价值;

(b)对于投资企业,投资服务的收入;

(c)对于商品交易服务提供者、支付机构、电子货币机构或金融中介,销售收入净额与金融业务收入之和;

(d)对于证券交易所,交易商支付的来自交易活动收入的年费总和;

(e)对于基金,捐款收入;

(f)对于金融机构,应收利息和类似收入项下的收入、证券收入[用于交易目的的股票收入、持股收入(股息、股份)、具有实质所有权参与的企业的收入(股息、股份)、具有其他持股性质的企业收入(股利、股份)]、应收佣金、财务业务的净收入和商业经营的其他收入。

(4)如果这种集中不会显著减少相关市场(第十四条)竞争的迹象不明显,特别是由于建立或加强了支配地位,或者所有有关的企业集团与由有关企业集团的成员和其他企业共同控制的企业在上一营业年度的净营业额之和超过50亿福林,则根据第(1)款至第(3)款无须通知的经营者,集中也应告知匈牙利竞争管理局(下称集中控制阈值)。

第二十四/A条 为了公共利益,特别是为了保护就业机会和确保供应安全,政府可以在国家一级宣布一项企业集中具有战略重要性。根据第二十四条,这种集中无义务告知匈牙利竞争管理局。

第二十五条

(1)作为对第二十四条的减损,保险企业、信贷机构、金融控股公司、混合经营控股公司、投资企业或资产管理组织暂时取得控制权或所有权的,如果其目的是准备转售,以及取得控制的企业并未行使控制权或只在为实现这些目标所绝对必要的范围内行使这些权利,且取得控制权或所有权的期限不超过1年,则不受通知要求的约束。

(2)如果在1年内未发生转售,则最迟应在1年过渡期结束后15日内将该集中告知匈牙利竞争管理局。如果没有告知,应将其视为违反第二十九条禁止实施的集中。

第二十六条

(1)有关企业是直接或间接参与集中的企业。

(2)直接参与者是:

(a)在第二十三条第(1)款第(a)项规定的情形下,合并企业、被吸收企业和吸收企业,以及吸收企业一部分的企业;

(b)根据第二十三条第(1)款第(b)项获得直接控制的企业,和根据第二十三条第(1)款第(b)项通过取得间接联合控制与另一个企业集团的一个或多个成员共同控制的企业,以及取得控制权的企业;和

(c)根据第二十三条第(1)款第(c)项设立合资企业的企业。

(3)间接参与者是直接参与者所属企业集团的其他成员。

(4)为确定间接参与者,不应考虑因合并而终止控制权以及由该企业控制的直接参与者以外的企业。

(5)有关的企业集团是指由第(2)款规定的直接参与者以及第(3)款、第(4)款规定的与其有关的间接参与者组成的一组企业。

第二十七条

(1)就第二十四条而言,在计算营业额净额时,不应考虑属于同一有关企业集团的企业之间或这些企业中的部分企业的销售额。

(2)在计算企业的净营业额时,应考虑在匈牙利境内上一营业年度销售中实现的净营业额。

(3)在计算多数州或市政所有权的企业的净营业额时,应考虑到那些构成经济单位的企业在决定其市场行为时具有自主决策权。

(4)对于一个企业的一部分,应考虑到在上一营业年度通过使用构成企业的那部分资产和权力而实现的净营业额。

(5)由两个或以上的企业共同控制的企业的净营业额应平均分摊至对其有控制权的每一个企业;就此分摊而言,应将属于同一企业集团的企业视为一个企业。

(6)净营业额应根据第二十八条第(2)款所定义的集中创建日期之前的年

度报告中经审计的上一营业年度采用的年度账目或简化的年度账目中包含的净营业额来确定,或者如果已经实施集中,则采用集中的实施日期。

(7)以外币表示的金额应按匈牙利国家银行在有关企业营业年度结束时实际公布的中央汇率折算为福林。

第二十八条

(1)在合并、吸收和设立合资企业的情形下,直接参与者有义务根据第二十四条的规定告知其集中情形。在所有其他情形下,该义务由企业部分收购方、直接控制的收购方或控制前者的企业承担。

(2)集中通知可以在公开招标公告、订立合同,或因集中而获得控制权之后提交,以最早发生者为准。

第二十九条

(1)第二十四条规定的经营者集中,不得在第四十三/N 条第(1)款规定的处理集中通知的期限届满之前实施,或者如果根据在该期限内通知的集中来启动竞争监督诉讼以调查集中,不得在决议结束诉讼之前但不迟于适用于诉讼的行政期限届满之时实施,特别是不得行使投票权或由于集中而取得的执行官的选举权或任命权;在企业或正在合并、被吸收或以前独立的企业的一部分作出决定的过程中。此外,在参与集中的企业之间的业务关系中,应适用集中之前的情形。

(2)第(1)款规定的禁令不适用于合同订立或引起集中的公开招标的制定,也不适用于与前者有关的进行集中所需的行为或法律声明,只要这些行为或法律声明不会导致控制权的购买者行使控制权。

第二十九/A 条

(1)根据第二十八条第(1)款所述企业的合理要求,在考虑到案件的所有情形,特别是通过评估第二十九条规定的关于有关企业和其他企业以及集中对竞争的潜在不利影响的禁令的影响,匈牙利竞争管理局通过减损第二十九条,在采用结束竞争监督诉讼的决议之前,尤其是如果这对于保护投资价值是必需的,可以同意控制权的购买者行使控制权。

(1a)根据第(1)款提出的请求应在决议开启竞争监督诉讼的来文之日起 5 日内提出以调查集中,或在采用结束调查集中的竞争监督诉讼的决议之前,自了解行使控制权的必要性时起 8 日内同辩护申请一并提交,否则,逾期不得提交辩护申请。不允许以获取知识的时间较晚为理由对辩护申请提出补救，并且不得针对拒绝此类申请的决议寻求单独的法律补救措施。

(1b)在根据第(1)款提出的请求中，申请人应提供证据，说明在作出结束集中的调查诉讼的决议之前有必要行使控制权的情形，此外，申请人还必须在作出结束诉讼的决议之前，说明如何以及在多大程度上行使控制权。

(a)行使控制权的方式实现的目标以及为实现被认为是必要的目标所选择的方式的正当理由；

(b)控制权对有关企业和其他企业的可能影响；

(c)由于行使控制权而可能发生改变的竞争条件是如何恢复的。此外，如何消除集中产生的不利竞争影响。

(2)如果根据第(1)款给予同意，匈牙利竞争管理局可以为了保持集中之前存在的竞争条件或减轻集中对竞争的潜在不利影响，并考虑到有关企业的利益，为行使控制权设定条件或规定义务(以下统称控制限制条款)，以确保控制权的行使不会导致市场条件的变化，从而阻止或严重阻碍集中之前存在的竞争条件的恢复和消除集中产生的竞争损害效应。实施控制限制条款的同时，第二十八条第(1)款所述的企业可能有义务提供关于行使控制权的信息，特别是有关具体决定或法律声明的信息。

(3)匈牙利竞争管理局也应在诉讼进行期间撤销其同意行使根据第(1)款授予的控制权，或者如果行使控制权会阻止或严重阻碍修改集中之前存在的竞争条件的恢复和消除集中对竞争的不利影响，也应修改控制限制条款。

(4)如果匈牙利竞争管理局禁止集中，任何违反第二十九条规定的禁令或第(2)款规定的控制限制条款而行使控制权引起的任何法律事务或法律声明均无效。然而，企业如果违反第二十九条规定的禁令或违反控制限制条款而行使控制权，则不得以本条款为理由。此外，该企业应承担因适用本条款规定的无效法律后果而造成的损失。

(5)如果在企业清算过程中产生的集中导致了取得或改变对具有优先地位的大型企业或其一部分的控制，该清算企业由于具有1991年关于破产诉讼和清算诉讼的第XLIX号法)第六十五条定义的战略重要性而被授予了优先地位，则行使第(1)款定义的控制权无须征得匈牙利竞争管理局的同意；该条款不影响第(2)款至第(4)款的适用。

第三十条

(1)匈牙利竞争管理局应禁止集中,因为根据第(2)款的规定,该集中会显著减少相关市场的竞争,特别是由于建立或加强了支配地位。

(2)评估集中时,应同时考虑利弊,在考虑过程中应特别考虑以下因素:

(a)相关市场的结构,相关市场上的现有或潜在竞争,采购和营销的可能性,市场进入和退出的成本、风险以及技术、经济和法律条件,集中相关市场竞争的预期影响;

(b)有关企业的市场地位和策略、经济和财政能力、商业行为、内部和外部竞争力及其可能的变化;

(c)集中对供应商和交易方的影响。

(3)如果满足某些前置条件或后置条件——特别是企业某些部分或特定资产的转让或终止对间接参与者的控制——或者如果遵守了某些行为规则,并且与这方面有关的企业承诺根据此类条件对集中进行修正,或者一旦集中得到实施,表现出适当的行为,可以防止因集中而导致相关市场竞争显著减少的情形,匈牙利竞争管理局不是禁止集中,而是可以强加遵守此类承诺的义务,或者强加实施集中的前置条件或后置条件。

(4)如果根据第二十三条第(1)款第(c)项设立合资企业的目的或影响是协调企业创始集团的市场行为,则应根据第十七条对此类集中进行评估。

(5)在施加前置条件的情形下,只有在满足此条件后才能实施集中。在施加后置条件且未满足此条件的情形下,应实行第三十一条规定的法律后果,以消除集中的不利影响或恢复集中前存在的竞争条件。

(6)在评估集中的过程中,还应考虑因根据第二十九/A条行使控制权而对竞争产生的影响。匈牙利竞争管理局在其决定中也应确认取得控制的一方行使控制权是否符合控制限制条款。

(7)第十一条不适用于集中所必需的限制,且因此不会随着集中发生。

第三十一条 如果执行第三十条第(1)款规定的集中,或者执行的集中违反了匈牙利竞争管理局禁止集中的规定或不符合决议规定的条件,或者如果没有履行第三十条第(3)款规定的义务,匈牙利竞争管理局为了消除集中的不利影响或恢复在执行集中之前存在的竞争条件,应在其决定中设定适当的期限,规定终止集中——特别是对企业或由于集中或终止共同控制而被另一企业合并、吸收或取得的企业的一部分、资产、权益或股份的剥离或转让——或终止实现该目标所必需的另一项适当义务,或者如果考虑到相关市场上条件的性质、目前的竞争条件以及已经履行义务的程度,这是更有利的做法,则命令执行根据第三十条第(3)款规定的义务。

第三十二条

(1)已废止。

(2)如果根据第三十条通过的决定未经行政法庭审查,是基于隐瞒或不正确披露对通过决定至关重要的事实而作出的(以下统称误导信息),匈牙利竞争管理局也应撤销该决定。

(3)已废止。

(4)匈牙利竞争管理局也应修改其根据第三十条作出的授权集中的决定:

(a)应受决定约束的企业的请求,如果该请求在为履行义务或条件规定的期限结束之前提交,并且如果受决定约束的企业不能履行决定中规定的义务或条件;或者

(b)由于市场条件或竞争条件的变化导致决定中规定的义务的履行不再合理,应受决定约束的企业的请求或自行决定,并且可以通过某种其他方式或不履行该义务的方式消除使实施该义务有正当理由的集中的不利影响。

(5)该决定可在履行义务的期限届满之日起 5 年内自行修改,如果是持续性义务,则可在违反义务的情形下自行修改。

第二编　匈牙利竞争管理局

第七章　匈牙利竞争管理局

第三十三条

(1)匈牙利竞争管理局是一个自治的国家行政机构,负责竞争监督以及本法和其他法令规定的进一步职能。此外,匈牙利竞争管理局执行欧洲联盟法律授予成员国竞争管理机构权限的所有职责。

(2)匈牙利竞争管理局在履行其职能时只受法律约束,不受指示的约束,并且应独立于其他机构履行职能,不受任何干涉。匈牙利竞争管理局的所有职责应由法律规定。

(2a)匈牙利竞争管理局在适用欧盟运行条约第一百零一条或第一百零二

条时,应以理事会条例第1/2003号条例所述的方式与欧盟委员会和加入欧洲经济区协定的国家的竞争管理机构,包括欧洲自由贸易联盟监督机构(以下简称成员国的竞争管理机构)进行合作。

(2b)为利于促进双方履行其职责的能力,匈牙利竞争管理局可与外国竞争管理机构订立合作协议。

(3)匈牙利竞争管理局应就监管概念和立法草案发表意见,但市政法令除外,这与其职责范围和能力相关,此外,还限制竞争(特别是通过开展某些活动,确定进入市场的条件或授予专有权利),或影响竞争条件,包括针对侵犯自由竞争行为采取的行动,或包含关于价格或销售条件的规定。市政办事员可以就市政法令草案征求匈牙利竞争管理局的意见。

(4)为了促进公众接受竞争、企业遵守法律以及创造一个确保消费者知情决策的有竞争力的监管环境,此外,为了提高消费者意识,特别是通过支持竞争法、竞争政策和消费者保护领域的学术和教育项目,并支持竞争法、竞争政策和消费者保护政策领域的专家教育,以及通过提高对竞争政策、消费者决策和保护的认识,匈牙利竞争管理局应促进竞争文化的发展和消费者有意识的决策文化的发展,以及关于竞争和有意识的消费者决策的经济和法律方面的专业论述的发展。

第三十三/A条

(1)匈牙利竞争管理局是一个自治的、公共的预算机构,设有专门的财务管理部门,构成中央预算中一个单独的分部;控制该分部机构的负责人的权力属于匈牙利竞争管理局主席。根据这一设计,匈牙利竞争管理局主席应在重新分配优先预算估计数的框架内也有权增加有关个人应享权利的优先预算。

(2)匈牙利竞争管理局应自行编制预算提案并报告其预算执行情形,并由政府将其作为关于中央预算与其实施情形的提案的一部分提交议会,不作任何修改。议会应享有减少匈牙利竞争管理局本年度支出和收入账户本金的专有权利。

(3)匈牙利竞争管理局的诉讼应支付的行政费用总额应视为匈牙利竞争管理局的自有收入,并由该局用来支付与其职能和运作有关的支出。匈牙利竞争管理局可在以后年度使用前一年结转的任何金额。匈牙利竞争管理局主席应决定结转金额的使用。

(4)匈牙利竞争管理局的所在地应该是布达佩斯。

第三十三/B条 每年从8月20日之前的第十个工作日开始至8月20日结束,以及12月24日开始至1月1日结束,匈牙利竞争管理局均不开放,也不得由消费者支配。

第三十四条 匈牙利竞争管理局主席和副主席,以及竞争理事会成员的法律地位应受2011年关于公务人员CXCIX法(以下简称《公职人员法》)的规定管辖,但受本法规定的减损约束。

第三十四/A条 不得任命具有如下特征的任何人担任匈牙利竞争管理局的主席或副主席,或竞争理事会的成员:

(a)有犯罪记录。

(b)没有犯罪记录,但法院就下列罪行在其最终不可上诉的判决中确定了其刑事责任:

(ba)滥用绝密、机密信息,滥用保密信息,滥用限制性信息,诬告、误导主管部门,作伪证,唆使他人作伪证,压制无罪情节,协助和教唆;根据1978年生效直至2013年6月30日的《刑法》第四号法中的定义,第十五章第七条定义的危害公共生活完整罪,第十五章第八条定义的危害国际公共生活完整罪或参与犯罪组织罪,第十六章第三条中定义的危害公众信心罪,第十七章中定义的经济罪,第十八章中定义的危害财产罪。

(bb)滥用机密资料、诬告、误导主管部门、作伪证、唆使他人作伪证、压制无罪情节、协助和教唆,犯有第二十七章规定的任何贪污罪或参与犯罪组织罪、第三十三章规定的任何危害公众信心罪,2012年《刑法》中法条C定义的第三十五章至第四十三章规定的任何犯罪。或者

(bc)对于在犯罪组织中犯下的任何罪行。

根据第(b)款,需排除以下几种情形:对因故意犯罪判处5年或5年以上监禁的,定罪所带来的不利后果(以下简称改过自新)期满之日起12年内;对因故意犯罪判处5年以下监禁的,自改过自新起10年内;对因故意犯罪处以社区服务工作或罚款的,自改过自新起5年内;对因故意犯罪判处缓刑的,自改过自新起8年内;对因故意犯罪判处罚金缓期执行的,自改过自新起3年内。

第三十五条

(1)匈牙利竞争管理局由总统领导。

(2)匈牙利竞争管理局主席由总理提名,并由匈牙利总统任命。匈牙利竞争管理局主席向总理推荐匈牙利竞争管理局的2位副主席,如果总理同意,将提名提交匈牙利总统。副主席由匈牙利总统任命,并同时委托2位副主席中的1位担任竞争理事会主席。主席和副主席任期6年。6年期满后,可以继续此类任命,但理事会主席只能连任1次。

(3)在总理提名前,候选人应在总理的倡议下参加议会主管委员会的公开听证会。

(4)已废止。

(5)已废止。

(6)已废止。

(7)已废止。

(8)匈牙利竞争管理局主席和副主席应在其前任任期届满之日前的3个月内提名,而且其任命所需诉讼应在其前任任期届满之日前1个月结束。

第三十五/A条

(1)在提名之前,匈牙利竞争管理局主席和副主席职位的候选人;此外,竞争理事会成员的候选人应分别向总理或总统提供官方证书,证明没有根据第三十四/A条取消资格的理由。

(2)总理可要求匈牙利竞争管理局主席和副主席,以及匈牙利竞争管理局主席可要求竞争理事会成员,在其任期内以书面形式——对不遵守规定的法律后果提出警告——证明没有根据第三十四/A条取消资格的理由。

(3)如果匈牙利竞争管理局主席或副主席,或竞争理事会成员应根据第(2)款提出的要求,在该请求提出之日起20个工作日内证明,或者如果由于该人无法控制的原因而无法遵守该期限,则在该原因终止后.若没有根据第三十四/A条取消资格的理由,匈牙利竞争管理局应立即向上述官员偿还在申请犯罪记录办公室颁发的官方证书时为诉讼支付的行政费用。

(4)总理应管理根据第(1)款和第(3)款取得的匈牙利竞争管理局主席和副主席的人信息,匈牙利竞争管理局主席应管理竞争理事会成员的此类信息,直至其任期结束。

第三十六条

(1)匈牙利竞争管理局主席应:

(a)指导匈牙利竞争管理局的活动;

(b)代表匈牙利竞争管理局;

(c)制定匈牙利竞争管理局的组织和运作规则,批准竞争理事会的组织和运作规则,设定分配的职位数量以及在匈牙利竞争管理局中印发正式副本的诉讼;

(d)本法规定的除外,对匈牙利竞争管理局副主席、竞争理事会成员、公务员、公务员行政支持人员和匈牙利竞争管理局雇员行使雇主权利,并履行公职人员法赋予行政组织负责人的职责;

(e)任命匈牙利竞争管理局在理事会条例第 1/2003 号条例设立的关于限制性行为和支配地位的咨询委员会中和理事会条例第 139/2004 号条例设立的关于集中的咨询委员会中的代表;以及

(f)指导匈牙利竞争管理局发展竞争文化和消费者知情决策文化的活动。

(2)匈牙利竞争管理局主席:

(a)可出席议会会议;

(b)应要求,就与经济竞争有关的问题应向议会提供专家咨询意见;

(c)应向议会提交年度报告,并应要求向议会主管委员会提交关于匈牙利竞争管理局活动的报告,以及根据其执法经验,提交关于如何遵守公平和竞争自由的报告;以及

(d)应以顾问身份参加政府会议,讨论与匈牙利竞争管理局的职责范围有关的问题。

(3)已废止。

(4)已废止。

(5)应政府、部长或国际组织的要求,匈牙利竞争管理局应报告其在与经济竞争有关的活动中取得的经验以及与经济竞争有关的问题。

(6)匈牙利竞争管理局主席和竞争理事会主席可联合发布通知,说明匈牙利竞争管理局执法实践的基本原则。通知没有约束力;其唯一作用是提高执法的可预见性。

(7)匈牙利竞争管理局主席根据其关于设立的决定,可授予为了发展匈牙利和欧洲联盟的竞争文化和促进该地区竞争执法体制而创建的匈牙利竞争管理局部门独立法人资格。

第三十六/A条 匈牙利竞争管理局秘书长应根据有关立法和专业要求，履行匈牙利竞争管理局的组织和运作规则的规定和在主席监督下的与匈牙利竞争管理局组织方向有关的职责。

第三十七条

(1)竞争理事会由主席和成员组成。竞争理事会立履行本法规定的职责。竞争理事会主席和成员应根据法律和自己的信念独立作出决定,并且在作出决定时不得受到影响或指示。

(2)竞争理事会主席:

(a)应组织竞争理事会的活动;

(b)监督遵守诉讼期限;

(c)应编制并提交竞争理事会的组织和运作规则[第三十六条第(1)款第(c)项]供批准;

(d)应规定竞争理事会决议(第八十条)的公布;以及

(e)可作为诉讼竞争理事会的成员。

(3)经匈牙利竞争管理局主席提名后,竞争理事会成员由匈牙利总统任命和免职,任期6年。任命的成员可在其任期结束后连任1次。

(4)匈牙利竞争管理局公务员进入竞争理事会的任命不应影响其公共服务状况。如果该竞争理事会该成员的任期因其任期届满而终止,则应根据晋升规则将该公务员重新分类,并恢复任职前的职务或者提供与其学历、资格、资历相适应的其他职务。如果公务员因调任而要求辞退的,就《公职人员法》第四十八条第(7)款而言,其在竞争理事会的成员资格应视为新任命之前的职位。

第三十八条

(1)除第三十七条第(4)款规定的情形外,匈牙利竞争管理局主席和副主席以及竞争理事会成员的任期和公务关系应在下列情形下终止:

(a)任期届满时;

(b)年满70岁时;

(c)死亡时;

(d)辞职时;

(e)确定利益冲突时;

(f)解雇时。

(2)在第(1)款第(a)项至第(c)项规定的情形下,匈牙利竞争管理局主席和副主席以及竞争理事会成员的任期的终止,应由匈牙利总统根据总理关于主席的提议确定,在其他情形下应根据总统的提议确定终止。

(3)匈牙利竞争管理局主席和副主席以及竞争理事会成员的辞职,应由主席通过总理以书面形式向匈牙利总统提交,或在其他情形下通过主席提交匈牙利总统。如果辞职,任期结束的时间应由匈牙利总统根据总理关于总统的提议作出决定,或在其他情形下应由总统提议,但这一时间不得迟于就主席向总理提交辞呈及在其他情形下向总统提交辞呈后 60 日,否则,辞呈无须确认接受即可生效。

(4)匈牙利竞争管理局主席和副主席以及竞争理事会成员的任何利益冲突,应由匈牙利总统根据总理关于总统的提议以及其他情形下总统的提议确定。

(5)匈牙利竞争管理局主席和副主席以及竞争理事会成员:

(a)应由匈牙利总统根据总理关于总统的提议以及其他情形下总统的提议予以免职,如果:

(aa)他或她由于其本身难辞其咎的原因,不能在超过 90 日的期限内完成由于其职责而产生的任务;

(ab)他或她不符合公职人员法或本法规定的建立公共服务关系的条件;或者

(ac)他或她拒绝或未提交人财富申报,或在人财富申报中故意披露虚假数据或信息。或者

(b)可以由匈牙利总统根据总理关于总统的提议以及其他情形下总统的提议予以免职,如果他或她由于超过其控制范围的原因,不能在超过 180 日的期限内完成由于其职责而产生的任务。

(6)在提交匈牙利总统之前,关于主席、副主席或竞争理事会成员的利益冲突的确定或免职的提议就总统而言,应由总理送交或其他情形下由总统送交有关人员,其可以根据适用于公务员纠纷的规定在 8 日内向法院提出申请。有关人员应立即将索赔书副本送交给有权提议确定利益冲突或免职的人。

(7)确定利益冲突或解雇的提议,可在向法院寻求补救的期限届满后,或者如果向法院提起诉讼,则在法院作出最后裁决后,提交匈牙利总统。不得对匈

牙利总统的决定提出上诉,也不得提出公务员申诉。

第三十九条 案件处理人员是行使匈牙利竞争管理局的职责和权限的公务员,负责对部门调查,与正式和非正式投诉或通知有关的诉讼以及竞争监督诉讼进行调查,或参与此类诉讼以确保其有效性。案件处理人员的职位应在匈牙利竞争管理局的组织和运作规则中规定。

第四十条

(1)匈牙利竞争管理局主席和副主席、竞争理事会成员、秘书长和案件处理人员不得订立任何其他法律关系,但与科学、教育、艺术、文案编辑、编辑活动、与受版权保护的智力活动有关的法律关系、出于公共利益的义务工作、促进家庭就业(利益冲突)有关的法律关系除外。

(2)已废止。

(3)已废止。

(4)匈牙利竞争管理局主席和副主席以及竞争理事会成员应在其任命后30日内,根据有关议员的规则,首次提交人财富申报声明。与议员人财富申报的登记、控制和处理有关的规则应适用于有关人财富申报的登记、控制和处理。

(5)已废止。

第四十一条

(1)与核查任命要求的遵守情形、要求出示符合任命要求的证据、报告引起利益冲突的原因及消除利益冲突有关的权力,由总理对主席行使,以及主席对副主席和竞争理事会成员行使。

(2)秘书长应负责总统文件的管理,《公职人员法》第一百一十五条规定的有关总统的数据的登记,以及与总统的雇佣关系有关的行政任务。

第四十二条

(1)匈牙利竞争管理局主席、副主席和秘书长有权享有分别与部长、国务秘书和副国务秘书同等的薪资和福利;并且主席、副主席和秘书长有权获得相当于其基本工资的分别为110%、100%和90%的行政薪资补贴;此外,主席和副主席有权领取相当于其基本工资的80%的薪资补助费,秘书长有权领取相当于其基本工资70%的薪资补助费。竞争理事会成员有权获得相当于公务员薪酬基数10倍和相当于其基本工资80%的行政人员薪资补贴的基本工资。

(2)匈牙利竞争管理局主席、副主席和秘书长以及竞争理事会成员,有权在一个自然年中享受40个工作日的带薪休假,但条件是他们选择的时候,应在1年内给予他们16个工作日以减损休假时间表。

(3)如果匈牙利竞争管理局主席或副主席或竞争理事会成员的任期在其任职至少3年之后终止,他/她有权获得相当于他/她3个月以上月薪的津贴,该津贴应视为须缴纳社会贡献税、健康保险、失业保险和养老金的收入,但他/她的任期由于第三十八条第(1)款第(d)项或第(e)项规定的原因或第三十八条第5款第(a)项规定的免职原因而终止的情形除外。

(4)如果他或她自任职之日起3年后任期终止,上述第3款规定的福利应每多任职1年增加1个月的薪资,但合计不得超过12个月工资总额。

(5)因死亡而终止任期的,遗孀(鳏夫)或者,如果没有,继承人有权获得该福利。此类付款应免缴健康保险,失业和养老金缴款。就发放遗属抚恤金而言,此类付款不应被确认为月平均工资的一部分。

(6)如果根据第三十七条第(4)款继续雇佣竞争理事会的任何成员,上述第(3)款或第(4)款应适用于减损,而非这些条款中规定的福利,如果先前的薪资较高,则该公务员有权享有其中所规定期间内的先前工资与新工资之间的差额。

第四十二/A条

(1)匈牙利竞争管理局雇用的任何具有高等教育机构学位的公务员,应视情形而定,根据其在公共服务关系中的任职时间长短,分为第(2)款规定的等级,并根据《公职人员法》第一百一十八条、第一百一十九条、第一百二十条第(1)款、第一百二十一条和第一百二十二条的规定,在其中规定的情形下分为第(3)款规定的薪酬等级。

(2)公务员应分类为:

(a)作为职业起步者的实习生;

(b)在公共服务关系中工作1年后的助理;

(c)在公共服务关系中工作3年后的顾问;

(d)在公共服务关系中工作8年后的高级顾问;

(e)在公共服务关系中工作16年后的执行顾问;

(f)在公共服务关系中工作25年后的高级执行顾问。

(2a)实习生或助理等级的案件处理人员的公共服务关系期限为1年,可以在任职期满前变更为无限期法律关系。

(3)根据第(2)款到第(a)项和第(b)项分类的公务员不受任何薪资等级的限制,而根据第(2)款第(c)项至第(f)项分类的公务员的工资等级为Ⅰ级和Ⅱ级。分类为第(2)款第(c)项规定的顾问级公务员,在公共服务关系中工作5年后应提升为顾问Ⅱ级工资,分类为第(2)款第(d)项规定的高级顾问级公务员,在公共服务关系中工作12年后应提升为高级顾问Ⅱ级工资,分类为第(2)款第(e)项规定的执行顾问级公务员,在公共服务关系中工作20年后应提升为执行顾问Ⅱ级工资,分类为第(2)款第(f)项规定的高级执行顾问级公务员,在公共服务关系中工作60年后应提升为高级执行顾问Ⅱ级工资。

第四十二/B 条

(1)公务员可被任命为科长、副科长或单位负责人,以领导匈牙利竞争管理局的独立组织单位。每个组织单位可任命不多于一个副科长担任科长的副手,而无须负责领导一个特定的组织单位。

(2)除本法另有规定外,《公职人员法》中关于部门负责人、副的部门负责人和部门主管的规定应比照适用于科长、副科长和单位负责人。

(3)在任命为匈牙利竞争管理局顾问或高级顾问职位的公务员的分类过程中,应分别适用本法规定的执行顾问和高级执行顾问;执行顾问等级的公务员应享有与副科长相同的薪资,高级执行顾问等级的公务员应享有与科长相同的薪资。

第四十二/C 条

(1)匈牙利竞争管理局雇用的获得高等教育机构学位的公务员的基本工资应为:

(a)就实习生而言,薪酬基数乘以4。

(b)就助理而言,薪酬基数乘以4.5。

(c)就顾问而言:

(ca)Ⅰ级薪酬基数乘以5.5;

(cb)Ⅱ级薪酬基数乘以6。

(d)就高级顾问而言:

(da)Ⅰ级薪酬基数乘以6.5;

(db)Ⅱ级薪酬基数乘以7。

(e)就执行顾问而言:

(ea)Ⅰ级薪酬基数乘以7.6;

(eb)Ⅱ级薪酬基数乘以7.9。

(f)就高级执行顾问而言:

(fa)Ⅰ级薪酬基数乘以8.4;

(fb)Ⅱ级薪酬基数乘以8.6。

(2)执行人员的基本工资应为:

(a)就单位负责人而言,薪酬基数乘以8.6;

(b)就副科长而言,薪酬基数乘以8.7;

(c)就科长而言,薪酬基数乘以9。

(3)行政人员薪金补贴应为:

(a)就单位负责人而言,基本工资的20%;

(b)就副科长而言,基本工资的40%;

(c)就科长而言,基本工资的90%。

(4)实习生、助理、顾问、高级顾问、执行顾问和高级执行顾问每年应分别享有3个、5个、10个、11个、12个和13个额外带薪假期的工作日。行政人员的额外休假时间应为单位负责人12日,科长和副科长13日。

(5)匈牙利竞争管理局主席可以向担任特殊职责的受雇为案件处理人的公务员奖励一笔案件处理人补贴。支付案件处理人补贴的职位应由匈牙利竞争管理局公共行政规则在分析和评估有关活动范围后确定。案件处理人补贴不得超过公务员等级基本工资的30%,但条件是,如果公务员的基本工资已经调整,案件处理人补贴和调整数额的总和不得超过有关公务员等级基本工资的50%。

(6)非高等教育机构毕业且受雇于支持匈牙利竞争管理局基本活动的公务员,有权获得相当于其基本工资的80%的薪资补助费。

(7)通过减损本法和《公职人员法》中规定的工资结构,匈牙利竞争管理局主席可以为通过评估报告或在没有该报告时,通过评估专业表现证明其业绩突出的公务员建立人薪资,该薪资从人应享权利概算中支付。人薪资最多可授予分配给匈牙利竞争管理局的职位数量的20%,3月1日至次年2月底的月薪不得超过中央统计局上一年度正式公布的国民经济月平均工资总额的6倍。授予的人薪资有效期为1年,直至次年2月底。

第四十三条

(1)竞争理事会成员应是相关领域高等教育机构的毕业生。具有法律学位的竞争理事会成员应已通过匈牙利的专业法律考试。

(2)在匈牙利竞争管理局担任案件处理人员职位的公务员应是相关领域高等教育机构的毕业生。

(3)就第(1)款和第(2)款而言,在相关领域被认定为较高资格的学历和资历应在匈牙利竞争管理局的组织和运作规则中予以规定。

第四十三/A条

(1)匈牙利竞争管理局应为其雇员提供公共服务关系方面的培训和职业培训,包括管理培训。培训和职业培训详细规则应在匈牙利竞争管理局的公共管理规则中予以规定。

(2)匈牙利竞争管理局雇员在公共服务关系下的评价和职业绩效评估的方案、诉讼和水平,选择诉讼、方案和条件,以及竞赛的计划、组织和实施的详细规则应在匈牙利竞争管理局的公共管理规则中予以规定。

(3)匈牙利竞争管理局主席应确定适用于匈牙利竞争管理局雇用的公务员的其他福利的详细规则,包括目标奖金和休假,包括这些福利与法律规定薪资的原始预算估计数的比率。

(4)匈牙利竞争管理局没有义务传送与人力资源有关的行政活动的数据。

第四十三/B条

(1)除法律规定提供或披露信息外,匈牙利竞争管理局主席和副主席、竞争理事会成员以及匈牙利竞争管理局在公共服务关系或任何其他与工作有关的合同关系下雇用的人员,在受雇期间和终止后应保密,而不得非法发布、使用或向第三方披露任何据其了解与匈牙利竞争管理局的活动和职责有关的受限访问数据或非公共领域的任何其他数据。

(2)受限访问数据是指被认定为与职业实践有关的秘密或根据单独的法律而被视为其他类型的秘密的数据(以下统称特权信息),以及人数据和在访问文件过程中根据本法限制访问的其他信息,除了出于公共利益而必须由公众访问的信息之外。

第三编　匈牙利竞争管理局除竞争监督诉讼以外的诉讼

第八章　市场分析和行业调查

第四十三/C 条

(1)为了更有成效和更有效率地履行其法定职责,匈牙利竞争管理局可进行市场分析,在此框架内,它依靠公共领域的信息、在自愿响应基础上收集的数据和必要时外部专家或顾问的参与,调查和分析特定市场的运作、市场过程、市场趋势的发展以及多个行业或某一行业的特定行业采用的特定市场行为,及其对竞争和交易方,特别是最终交易方的影响。

(2)匈牙利竞争管理局应在其网站上宣布市场分析的开展、具体市场、所涵盖的市场行为和问题以及拟议的期限。

(3)在市场分析结束后,匈牙利竞争管理局应编写一份报告,说明调查的问题、发现的事实和调查结果、需要采取的任何进一步措施以及采用的方法,并应将该报告公布在其网站上。

第四十三/D 条

(1)如果价格变动或其他市场情形表明某一特定行业内的某个市场的竞争可能受到扭曲或限制,匈牙利竞争管理局应通过强制令展开行业调查,以探索和评估市场过程。展开行业调查的强制令的理由应指明需要展开调查的市场环境。展开调查的强制令应通过公告方式传达。

(2)行业调查应比照适用:

(a)第五十三/A 条,第五十三/B 条,第五十四条第(1)款至第(3)款,第五十四/A 条第(4)款,第五十五条第(1)款、第(3)款和第(4)款、第五十五/A 条,第五十五/B 条第(1)款、第(2)款和第(7)款,第五十五/C 条,第五十五/D 条,第五十六条,第六十二/B 条第(6)款、第(8)款至第(10)款,第六十四条,第六十四/A 条,第六十四/B 条第(1)款至第(3)款、第(5)款至第(7)款,第六十四/C 条,第六十四/E 条和第七十八条第(2)款。以及

(b)除非本章另有规定,2016 年第 CL 号法关于行政诉讼通则(以下简称 GRAP 法)的规定适用于:

(ba)合法性原则,效率原则,有关当事人的原则以及诚信原则和信任原则;

(bb)代表和授权的一般规则;

(bc)调查;

(bd)对于诉讼参与人关于该诉讼的申请,申请、其内容、提交和评估、补救任何缺陷、申请的驳回、根据申请启动的诉讼终止;

(be)提出正当理由的申请;

(bf)诉讼措施的通知;

(bg)诉讼措施的记录;

(bh)强制令、决定的内容和形式、其终局性、通知、更正、补充、修订和撤回;

(bi)有权提出上诉的人,可以通过单独的上诉抗辩的强制令,上诉的暂缓效力,上诉的提出;以及

(bj)执行,但以上述规定为目的,当事人是指在市场上进行经济活动但须接受行业调查的企业(以下简称在该行业经营的企业),“上诉”是指第(4)款规定的法律救济。

(3)任何人如不遵守信息请求或者数据或文件的提交,遵守延误,提供虚假信息,或者由于他或她的原因而不履行其披露义务,可处以诉讼罚款。诉讼罚款最低额应是每例5万福林,最高额应是在采用强制执行罚款的强制令之前的财政年度的企业净营业额的1%。在违反规定期限的情形下,可处以按日计算的诉讼罚款,其最高额应是在采用强制执行诉讼罚款的强制令之前的营业年度内的每日净营业额的1%。

(4)在行业调查期间采用的、可根据GRAP法单独上诉或可根据本法采取单独的法律救济进行抗辩的强制令,可以在接到通知之日起15日内进行行政诉讼。

第四十三/E条

(1)匈牙利竞争管理局应在合理的时间内编写一份关于其行业调查结果的报告。

(2)在报告通过之前,在该行业经营的企业应有机会就报告的内容提出书面意见。为促进这一进程,应将删除了受限访问数据的报告草稿及时送交在该行业经营的企业征求意见,以便至少有30日提交其意见。

(3)如果无法清楚识别在该行业经营的企业,或者由于该类数量众多,如果以人为基础联系,这些企业会给匈牙利竞争管理局造成不合理的负担,或者为征求其他有关各方对报告草稿的意见而认为必要时,匈牙利竞争管理局应举行

公开听证会。公开听证会的地点和时间,以及关于其主题的信息,最迟应于听证会前45日在匈牙利竞争管理局网站公布;此外,应通过公告向在该行业经营的企业提供该信息。匈牙利竞争管理局应在其网站公布报告草稿,以及如果意见的提出者有要求,同时公布对该草稿提出的任何最迟于听证会前10日删除受限访问数据的意见。匈牙利竞争管理局应在听证会上编写总结或会议记录。

(4)匈牙利竞争管理局应在其网站公布关于行业调查结果的报告,书面评论听证会的总结或会议记录,以及应要求公布载有在该行业经营的企业提出的实质性意见的文件,并已删除受限访问数据。

第四十三/F条 如果通过市场分析或行业调查发现无法通过竞争监督诉讼全部或部分补救的市场失灵,匈牙利竞争管理局:

(a)应当通知议会主管委员会或主管部长或主管部门;

(b)可就益于维持和促进公平及有效竞争、并向交易各方提供充足信息的最佳做法和推荐的市场行为,向市场参与者发布不具约束力的公开建议;或者

(c)如认为必要,可与主管部门发起立法的制定或修订。

第九章 正式和非正式投诉

第四十三/G条

(1)任何人都可以向匈牙利竞争管理局提出正式或非正式的投诉,涉及属于匈牙利竞争管理局权限范围内的任何侵权行为,包括违反第三十一条禁令而实施的集中行为。

(2)与正式或非正式投诉有关的诉讼不应成为竞争监督诉讼的一部分。除本章另有规定外,在与正式或非正式投诉有关的诉讼中,应比照适用以下规定:

(a)第四十五条、第五十三/A条、第五十三/B条、第五十四条第(1)款至第(3)款、第五十五/A条和第五十九条,但在适用这些规定时,当事人是指提出正式或非正式投诉的人,以及受投诉的实体以及其行为与该非正式投诉有关的实体;此外

(b)在与正式投诉有关的诉讼中,第四十八条第(2)款,第五十五/B条第(1)款、第(2)款和第(7)款,第五十五/C条,第五十五/D条,第五十六条,第六十三条第8款的第(1)项、第(10)项、第(17)项,第六十四条,但在适用第六十三条第8款第(10)项时,当事人是指提交正式投诉的人;以及

(c)在与非正式投诉有关的诉讼中,第五十五/C条第(1)款。

(3)应提交正式或非正式投诉的人的要求,匈牙利竞争管理局应对其向匈牙利竞争管理局提交正式或非正式投诉的事实保密。

(4)与正式或非正式投诉诉讼有关的文件,只能在关于正式投诉的决定通过之后或在非正式投诉诉讼结束之后,分别由作出正式或非正式投诉的人访问,但条件是,只有在请求访问文件的人可以证明满足管理有关数据保护规定的特殊条件下,才可以披露受限访问数据。

(5)匈牙利竞争管理局有权在关于正式投诉的决定通过之后或在非正式投诉诉讼结束之后的3年内,管理在与正式或非正式投诉有关的诉讼中获得的受限访问数据。

(6)如果就正式或非正式投诉中的做法开启竞争监督诉讼,则关于竞争监督诉讼的规则应适用于文件的访问和数据的管理。

(7)匈牙利竞争管理局可以使用在与正式或非正式投诉有关的诉讼过程中合法获得的文件、数据和其他证据,也可使用在与正式或非正式投诉有关的其他诉讼中获得的文件、数据和其他证据。

第四十三/H条

(1)可以通过提交填好的表格向匈牙利竞争管理局提出正式投诉,该表格可从匈牙利竞争管理局网站获得。该表格必须包含评估正式投诉所需的所有相关事实,特别包括鉴定投诉人和被投诉企业所需的数据、鉴定涉嫌侵权、描述涉嫌侵权就是通过其来实施的特殊行为、界定相关市场所需的基本信息、说明涉嫌侵权的持续时间,以及支持所作关于涉嫌侵权陈述的事实和证据。

(1a)根据电子管理和信托服务一般规则法(以下简称EA法)可获得的文件或其他文件或者数据,但鉴定投诉人或被投诉人所需的数据除外,公开的或必须列入依法建立的公共登记册的,不应附在投诉中。

(2)除非本法另有规定,GRAP法中与下列有关的规定,应比照适用于与正式投诉有关的诉讼,但条件是,当事人是指提交正式投诉的人,或就第(a)项、第(b)项和第(e)项及与交付代理人有关的规则而言,正式投诉所针对的实体,诉讼的其他参加者是指正式投诉所针对的当事人。

(a)合法性原则,效率原则,有关当事人的原则以及诚信原则和信任原则;

(b)代表和授权的一般规则;

(c)调查;

(d)未成年人、无法律行为能力人或限制法律行为能力人和残疾人的诉讼保护一般规则;

(e)诉讼措施的记录;

(f)决定的内容和形式、其终局性、通知、更正和补充;

(g)针对强制令的法律救济;以及

(h)诉讼费用的计算。

(3)在诉讼过程中发生的事项,案件处理人应当采取强制令。

(4)案件处理人有权获得评估正式投诉所需的信息;为此,案件处理人可在必要的范围内,要求任何人或组织提供信息以及与调查主题有关的数据和文件,也可以访问投诉人和被投诉实体。如果被请求的人或实体在诉讼过程中拒绝合作,则不得施加诉讼罚款或其他强制性措施。

(5)除第(7)款规定的针对强制令的法律救济外,对于案件处理人在正式投诉诉讼过程中针对强制令采取的,并可根据 GRAP 法或本法单独提出抗辩的法律救济,应适用于第八十二条第(1)款、第(3)款和第(4)款。

(6)诉讼费用应由国家临时承担,如果竞争监督诉讼确定正式投诉中所指的做法构成侵权,或违反第二十九条规定的禁令实施第二十四条规定的集中,关于正式投诉的诉讼费用应由确定侵权的一方或根据第二十八条第(1)款有义务通知集中的一方予以偿还。

(7)自收到正式投诉之日起 2 个月内,案件处理人应:

(a)根据第六十七条第(2)款、第(3)款或第(5)款下令展开调查。

(b)基于正式投诉中包含的数据或在基于正式投诉进行的诉讼中获得的数据,确定不满足根据第六十七条第(2)款、第(3)款或第(5)款启动竞争监督诉讼的条件。

(c)就正式投诉的主题而言,如果发生下列事项,应终止诉讼:

(ca)针对被投诉实体的竞争监督诉讼已经在进行中;或者

(cb)匈牙利竞争管理局已经基于相同的事实和相同的法律条例审议了正式投诉的主题;或者

(d)因缺乏权限,将案件移交具有适当权限和管辖权的另一主管部门。

(8)匈牙利竞争管理局主席可在第(7)款规定的期限届满前,在有正当理由的情形下，一次将该期限延长至多2个月。

（9）根据第（7）款第（b）项及第（c）项发出的强制令应交付给投诉人，如果被投诉人参与该诉讼，亦须交付给被投诉人。根据第（7）款第（a）项和第（d）项应将强制令通知投诉人，如果被投诉人参与该诉讼，亦须根据第（7）款第（d）项将强制令通知被投诉人。

（10）根据第（7）款第（b）项和第（c）项通过的强制令，只能由投诉人在交付之日起8日内，在行政诉讼中提出异议。在行政诉讼中，关于法院诉讼的规定应适用，但如果法院认为第（7）款第（a）项适用时，应责成案件处理人在30日内下令展开调查。在本款规定的诉讼中，利害关系人，不得参加诉讼；自然人投诉人不得利用法定代表人，不得申请修改法院判决。

（11）如果欧盟委员会根据理事会条例（EC）第1/2003号条例启动了自己的诉讼程序，则案件处理者应终止与正式投诉有关的诉讼。如果另一成员国的竞争管理机构在该案件中启动自己的诉讼程序，则可以终止与正式投诉有关的诉讼。对于根据本款终止诉讼的强制令，不得寻求法律救济。

（12）如果案件处理人要求根据欧洲议会和理事会第2006/2004号条例（EC）第8条采取执行措施，则案件处理人可根据这一事实决定终止基于正式投诉发起的诉讼。对于根据本款终止诉讼的强制令，不得寻求法律救济。

第四十三/I条

（1）匈牙利竞争管理局应将任何提交的不被视为第四十三/H条第（1）款所指的正式投诉的文件，视为本条规定的非正式投诉。

（2）案件处理人应采取非正式投诉内容证明合理的必要措施。不需要对重复的非正式投诉采取行动，其包含的内容与先前由同一人提出的另一非正式投诉相同，也不需要对明显未经证实的非正式投诉或匿名提出的非正式投诉采取行动。

（3）案件处理人可以访问提交非正式投诉的人以及被投诉的人，并且案件处理人可以要求他们提供额外的说明和信息。

（4）在另一主管部门有权处理涉及受到非正式投诉的行为的情形下，匈牙利竞争管理局应在确定事实后的8日内，将非正式投诉移交具有适当权限和管辖权的主管部门，同时通知提出非正式投诉的人这一措施。

（5）如果匈牙利竞争管理局决定针对非正式投诉中所投诉的行为开启竞争

监督诉讼,或竞争监督诉讼正在进行中或在收到非正式投诉时已经关闭,则应就该结果通知作出非正式投诉的人。如果不需要就非正式投诉采取进一步行动,则不需要具体告知投诉人,在这种情形下,与非正式投诉有关的诉讼应在收到投诉之日起1年后视为已结束。

第九/A章　集中通知

第四十三/J条

(1)根据第二十四条进行的集中通知应通过填好匈牙利竞争管理局在其网站公布的关于集中通知的表格来提交。该集中通知应包含使通知得以处理所需的所有事实和数据,并且应附上表格中规定的文件。

(1a)根据电子管理和信托服务法可能获得的文件或其他文件或者数据,但鉴定提交通知的人或第五十二条第(a)项(aa)中规定的其他企业所需的数据除外,公开的或必须列入依法建立的公共登记册的,不应要求附在集中通知中。

(1b) 除第四十三/M条规定的支付费用义务外,本法规定的法律后果不适用于第二十八条第(1)款规定的人以外的人或在第二十八条第(2)款规定的日期之前提交的集中通知。

(2)匈牙利竞争管理局应在其网站公布关于集中通知的通知,以及不包含受限访问数据的集中的简要说明,除非申请中包含在实施前将集中作为商业机密的要求,但这并不妨碍匈牙利竞争管理局采取必要的诉讼措施,以澄清在对集中进行调查的诉讼过程中的案件事实,特别是利用第六十四/B条规定的证据。

第四十三/K条

(1)与集中通知的处理有关的诉讼不属于竞争监督诉讼的一部分。在与集中通知的处理有关的诉讼中,应比照适用以下规定:

(a)第四十五条,第四十八条第(2)款,第四十九条至第五十一条,第五十三条第(1)款,第五十四/A条,第五十三/B条,第五十四条,第五十五/A条,第五十五/C条,第五十五/D条,第五十九条,第六十二/A第(2)款、第(5)款和第(6)款以及第六十四条;此外

(b)在本法规定的减损情形下,根据GRAP法的规定,适用于代表和授权的一般规则,决议通知的一般规则——不包括决议的口头通知——交付,交付代

理人,决议的更正和补充,以及官方文件,但条件是:在适用这些规定时,当事人是指第五十二条第(a)项(aa)中规定的企业。

(2)第五十二条第(a)项(aa)中规定的企业可随时访问与处理集中通知有关的诉讼文件,而其他人只可以在处理通知之后访问此类文件,但条件是,只有在请求访问该文件的人能够证明有关数据保护规定的特殊条件得到满足时,才可披露受限访问数据。

(3)在第四十三/N 条第(1)款第(b)项规定的情形下,匈牙利竞争管理局有权在该措施实施后的 5 年内,管理在与集中通知有关的诉讼中向其提供的受限访问数据。

(4)如果启动竞争监督诉讼以对所通知的集中进行调查,竞争监督诉讼的规则应适用于访问该文件,以及管理和使用数据。

第四十三/L 条

(1)在提交集中通知之前,有义务提交此类集中通知的企业可要求在通知前与匈牙利竞争管理局联系,以澄清必须与各方已商定的集中通知一起提交的数据和文件的范围。

(2)在要求通知前联系时或在进行通知前联系期间提供的文件和披露的数据只可用于此类联系,以及用于与作为调查对象和处理通知前联系对象的集中通知有关的竞争监督诉讼中。

第四十三/M 条

(1)处理集中通知时,随集中通知一起应支付 100 万福林行政费。除非各方另有协议,否则该费用应由提交集中通知的企业支付。

(2)如果在一个集中通知中通知了一个以上集中,则每一集中都应支付第(1)款规定的行政费。

第四十三/N 条

(1)自收到集中通知之日 8 日内,或随后支付的第四十三/M 条第(1)款规定的费用的支付之日起 8 日内,案件处理人应:

(a)根据第六十七条第(4)款命令进行集中调查。

(b)在没有必要根据第六十七条第(4)款下令进行调查的情形下,与本法中的竞争理事会一致,向通知集中的人颁发官方文件。

(c)即使未达到第二十四条第(4)款规定的集中调查阈值,也拒绝所提交的

集中通知。或者

(d)与本法中的竞争理事会一致,拒绝第二十八条第(1)款规定的人以外的人或在第二十八条第(2)款规定的日期之前提交的集中通知。在这种情形下,应退还第四十三/M 条第(1)款所规定并已支付的费用的一半。

(2)如果第(1)款规定的措施均没有在其规定的期限内实施,则可以实施根据第二十四条第(1)款通知的集中。调查机关应根据通知集中的人的要求颁发文件。在这种情形下,第四十三条第(1)款所规定的并已支付的费用应予以偿还。

第四编　竞争监督诉讼

第十章　匈牙利竞争管理局竞争监督诉讼的一般规则

竞争监督诉讼、匈牙利竞争管理局的权力和权限

第四十四条

(1)竞争监督诉讼旨在确定违反本法规定的正式诉讼,不包括第二章,或者旨在根据本法调查经营者集中的正式诉讼,以及在单独的法律规定中规定的此类诉讼。

(2)竞争监督诉讼应由匈牙利竞争管理局进行。不能剥夺匈牙利竞争管理局处理其管辖范围内案件的权限。

第四十五条　匈牙利竞争管理局有权在匈牙利全境开展工作。

行政程序一般规则的适用

第四十六条

(1)本法的规定适用于竞争监督诉讼。如果本法有明确规定,则 GRAP 法的规定应适用于竞争监督诉讼。

(2)根据本法的规定,GRAP 法的规定应适用于:

(a)程序的基本原则;

(b)代表和授权的一般规则;

(c)审查管辖权,任何管辖争执;

(d)调查;

(e)对未成年人、无法律行为能力人或限制法律行为能力人和残疾人，辩护律师的诉讼保护；

(f)诉讼参与人关于诉讼、申请、内容、提交和评估、补救任何缺陷、拒绝申请以及终止或中止基于该申请启动的诉讼而提出的申请；

(g)程序措施的通知；

(h)程序措施的记录；以及

(i)决定和强制令、决议的终局性及其更正和补充。

(3)为适用 GRAP 法的规定：

(a)一审决议是指竞争监督诉讼中案件处理人的强制令，或者第(b)项所涉及的情形以外的情形下竞争理事会的决议；

(b)二审决议是指在针对案件处理人的强制令进行的诉讼中竞争理事会的强制令。

竞争监督诉讼的阶段；诉讼实体；排除

第四十七条

(1)竞争监督诉讼应包括调查和竞争理事会诉讼的各个阶段。

(2)当第七十一条第(1)款所述案件处理人的报告提交竞争理事会时，调查阶段即告结束。如果诉讼竞争理事会根据第七十二条第(1)款或第七十三条第(6)款作出决定，则调查阶段应继续；该案件的竞争理事会也可以在调查完成之前就调查方法和方向向案件处理人提出建议。

第四十八条

(1)除非本法另有规定，在调查阶段由案件处理人作出决议并采取必要措施，在竞争理事会诉讼中则由此案的竞争理事会作出决议并采取必要措施。

(2)竞争理事会应根据竞争理事会的组织和运作规则，在竞争理事会主席从竞争理事会成员中任命的 3～5 名成员组成的小组中通过其决议，但条件是：指定为报告员的竞争理事会成员可自行通过强制令，对其不得寻求法律救济或采取其他必要措施。

第四十九条

(1)预计不能对案件形成客观意见的人不得参加案件的处理。

(2)这些人不得参与案件处理：

(a)其权利或合法利益受到案件的直接影响;

(b)其在该案中作了证人陈述或曾被命令作为证人接受访问;

(c)其曾在该案中担任专家或曾被命令作为专家接受访问;

(d)其曾在该案中担任正式证人,是检查标的的持有人或辩护律师。

(3)以下人员不得参与特定案件的处理:

(a)根据第(2)款被排除在案件处理之外的人的代表;以及

(b)民法定义的亲属(以下简称亲属)和根据第(2)款被排除在案件处理之外的人的前配偶,以及第(a)项中规定的代表的前配偶。

(4)除了第(1)款至第(3)款中的内容外,参与通过被上诉的强制令的人及其亲属或前配偶,不得参与针对案件处理人的强制令进行的上诉。

第五十条

(1)本法的案件处理人和竞争理事会成员,在得知被排除的原因后,如果存在任一上述将其排除在诉讼之外的理由,应立即分别通知匈牙利竞争管理局主席和竞争理事会主席。本法的案件处理人和竞争理事会成员应受到纪律处分,并因其未能作出此类通知或延迟作出此类通知而承担经济责任。

(2)一方当事人也可以通知排除理由;但是,在竞争理事会的诉讼过程中,只有他或她立即证明其在当时了解有正当理由通知的事实,当事人才可以依赖这种理由。

第五十一条

(1)对于排除案件处理人或本法中竞争理事会成员的情形,匈牙利竞争管理局主席或竞争理事会主席应分别在通知排除理由之日的次日起15日内作出决定,并且在必要时,应任命新的案件处理人或本法中竞争理事会的新成员,以及决定是否需要重复被排除在外的案件处理人或竞争理事会成员采取的诉讼措施。如果排除理由由一方当事人通知,则应以强制令的形式通过排除决定,并通知当事人。

(2)如果本法的案件处理人或竞争理事会成员本人已通知排除理由,则在裁定通知之前,他或她不得参加该诉讼。在任何其他情形下,他或她都可以继续审理该案,但不得通过导致该案结案的决议。这一限制不适用当事人针对同一人反复作出的通知。

(3)已废止。

(4)已废止。

(5)在竞争理事会主席担任本法竞争理事会成员的情形下,适用于排除案件处理人的相同规则也应适用于他或她的排除。

当事人

第五十二条　在竞争监督诉讼中,当事人是指:

(a)关于调查集中的诉讼:

(aa)在启动关于集中通知的诉讼中,通知集中的实体、集中的直接参与者以及——第二十三条第(1)款第(a)项定义的合并——企业的一部分在集中之前所属的企业;

(ab)在没有集中通知的情形下启动的诉讼中,(aa)中所述企业,以及——在第二十三条第(1)款第(c)项规定的集中的情形下——由集中设立的合资企业。

(b)在第(a)项未包含的诉讼中,案件处理人根据第六十七条向其发起诉讼的任何人,或者被案件处理人或该案的竞争理事会作为案件当事人一方被传唤进入诉讼程序的任何人。

第五十三条

(1)在调查集中的竞争监督诉讼中,通知集中的人的法定继承人可最迟在继承后30日内,申请确立继承事实。

(2)如果诉讼不属于第(1)款规定范围,当事人的法定继承人可被传唤进入诉讼程序。

(3)如果根据现有信息可以确定是对错误企业提起了诉讼,案件处理人可以在原当事人同时释放的情形下,传召正确的企业进入诉讼程序。

(4)如果现有资料可以推定证明另一企业也参与了正在调查的行为,或者另一企业也可能对正在调查的行为负有责任,则案件处理人应当传召此类其他企业进入诉讼程序。

(5)在调查集中的诉讼中,需对不是该诉讼参与人的企业施加条件或义务,该企业可应案件处理人或该案的竞争理事会的邀请作为当事人进入诉讼程序。

交流的共同规则

第五十三/A 条

(1)匈牙利竞争管理局应与参与竞争诉讼的各方和参与者进行交流:

(a)以书面形式;

(b)通过 EA 法中定义的电子方式;

(c)通过不符合书面条件的电子方式;或者

(d)当面。

(2)通信方式由匈牙利竞争管理局确定。匈牙利竞争管理局应在其网站发布的通信中,规定在各种竞争监督诉讼中使用的交流方式。

语言的使用

第五十三/B 条

(1)在竞争监督诉讼中,官方语言应为匈牙利语。

(2)以英文发布的文件可以其原始语言提交;在这种情形下,本法的案件处理人或的竞争理事会可依职权或应其他当事方要求,要求提交匈牙利文摘要或文件是匈牙利文译本。

(3)GRAP 法有关口译员的规定应适用于口译员。

数据管理

第五十四条

(1)匈牙利竞争管理局有权访问和管理竞争监督诉讼的当事人和其他参与人的身份资料和家庭住址,以及澄清案件事实所必需的其他个人数据,以确认其身份。

(2)匈牙利竞争管理局有权访问和管理对于成功进行诉讼所必需的特权信息,除非受到关于保护此类数据的行为的阻碍。

(3)如果证据包含个人数据或特权信息,其超出了对澄清案件事实至关重要的个人数据和成功进行诉讼所必需的特权信息,以及如果在不损害该证据的证明价值的情形下,不可能将此类资料和信息分开,则匈牙利竞争管理局应有权访问和管理所有受证据影响的个人数据和特权信息,除非受到关于保护相关数据的法律行为的阻碍。匈牙利竞争管理局应有权审查对澄清案件事实不重要的个人数据,或仅在规定时间内审查成功进行诉讼所不必需的特权信息,以确定有关资料和信息是不是澄清案件事实或成功进行诉讼所必需的。经该审查后,对与澄清案件事实不重要的个人数据或成功进行诉讼所不必需的特权信息,应根据第五十五/C 条第(3)款对其进行管理。

(4)匈牙利竞争管理局可以使用在部门调查、与非正式或正式投诉有关的诉讼、与处理集中通知有关的诉讼或其他竞争监督诉讼中的竞争监督诉讼的过程中合法获得的文件、数据和其他证据。

数据的保密处理

第五十四/A 条

(1)在合理请求下,如果提交请求的人推断其可能由于参与竞争监督诉讼而遭受重大不利后果,则本法的案件处理人或竞争理事会应下令保密处理诉讼的当事人和其他参与人的身份资料和家庭住址。

(2)根据第(1)款,当事人可能只要求对他们的不能从属于其业务活动的公开登记册中公开获得的身份资料和家庭地址进行保密处理,专家可能只要求对他们的在医学专家登记册中未公开的身份资料和家庭地址进行保密处理。

(3)匈牙利竞争管理局应以机密方式分别处理案件文件中的身份资料和家庭住址,并确保在诉讼措施期间不能访问受到保密处理的数据。

(4)在合理的请求下,如果提交请求的法人推断其可能由于参与竞争监督诉讼而遭受重大不利后果,则本法的案件处理人或竞争理事会应下令保密处理以另一参与人身份参与诉讼或被命令提供信息的法人的名字、注册办事处和法定代表人的名字。关于自然人信息的保密处理规定,应比照适用于有关法人信息的保密处理。

访问文件和诉讼期间生成的数据

第五十五条

(1)当事人有权访问竞争监督诉讼过程中产生的文件。

(2)证人应有权访问包含其证人陈述的文件;检查标的的持有人应有权访问有关检查的文件。

(3)除诉讼当事人和其他参与人外的第三方,包括证人和检查标的的持有人,分别涉及除包含证人陈述之外的文件和与检查有关的文件,应在结束诉讼的决定成为最终决定时允许其访问文件;在此之前,只有该第三方能够证明访问此类数据对于行使法定权利或履行由法律、司法或行政决定引起的义务是必需的,才有可能访问文件。

(4)如果披露此类文件将危及匈牙利竞争管理局的合法运作、在不受任何不当外部影响的情形下履行其职责和权限、其为公共利益针对本法第十一条或第二十一条或欧盟运行条约第一百零一条或第一百零二条禁止的行为而采取行动的效率,特别是根据第七十八/A 条适用宽大处理的行为而采取行动的效率,则可拒绝根据第(3)款访问这些文件的要求。

(5)根据第(1)款至第(3)款有权访问文件的人,一旦根据第七十三条向当事人提交了本法的竞争理事会的初步立场或如果已经提交的话,提交完成调查的报告,则只可以在调查结束之后行使访问竞争监督诉讼文件的权利,但条件是:根据第(1)款和第(2)款有权访问文件的当事人可在该时间之前访问文件,了解该文件对其针对在寻求单独法律救济期间采用的强制令行使法律救济权力至关重要。

(6)应当事人的请求,在不影响诉讼的有效性的前提下,本法的竞争理事会可在向当事方提交完成调查的报告或初步立场之前,以第(5)款所述原因外的其他理由授权访问文件。

(7)已废止。

第五十五/A 条

(1)即使符合第五十五条规定的条件,有权访问文件的人也不得获悉:

(a)任何文件或文件的任何部分,其中可能包含任何涉及个人身份的信息,该人的身份资料和家庭住址,或名字、注册办事处和法人的法定代表人的名字被给予保密处理,或者——应有关人员的要求——文件中可能包含任何涉及该人向匈牙利竞争管理局提出正式或非正式投诉的事实。

(b)第(a)项未包括的人的个人数据,除了:

(ba)在一方当事人访问文件的情形下;或

(bb)满足另一规范有关数据保护规定的访问数据的特殊条件。

(c)未经许可使用或检查机密信息。

(d)其他特权信息,除非:

(da)缺乏对此类信息的了解将妨碍当事人行使其法定权利,而有关数据保护的单独规定并不妨碍对数据的访问;或

(db)满足有关数据保护规定的访问数据的特殊条件。

(e)匈牙利竞争管理局、欧盟委员会和国家竞争管理局的内部文件,包括根据理事会条例第1/2003号条例第十一条和第十四条规定的文件,以及匈牙利竞争管理局、欧盟委员会和其他国家竞争管理局之间的通信或者后者之间的通信,其中包含的文件或资料在确定案件事实时被用作证据的除外,但条件是不能获得此类文件或信息将妨碍当事人行使其法定权利。

(f)根据第六十五/B条或第六十五/C条的规定,搜索副本、临时工作副本和调查工作副本,除非本法另有规定。

(2)以商业秘密或隐私为由访问某些文件,如果满足了与这些数据有关的该分类的其他法定条件,只有在提供数据的人或匈牙利竞争管理局从其处获得数据的人(以下统称提供资料的人)在提供数据时可以被确定,或数据是由匈牙利竞争管理局以第六十五/B条所述方式获得、在案件处理人传票规定的期限内数据应被视为商业秘密或私人秘密,以及秘密的拥有人与提供资料的人不同的情形下,上述行为才可能会受到限制。

(3)如果有合理的理由相信某些数据构成提供数据的人以外的人的商业秘密或私人秘密,并且可以确定这些数据的所有者的身份,则该案件的案件处理人或竞争理事会应与该资料所有者联系,除非提供数据的人已经根据第(2)款作出关于该数据的陈述,以要求他或她陈述该数据是否构成商业秘密或私人秘密。如果数据所有者未能在强制令规定的期限内作出此种陈述,不得以其中包含数据的商业秘密或私人秘密的性质为由限制访问档案。如果未能遵守作出此类陈述的期限,则不得提出申辩。

(4)根据第(2)款或第(3)款所作的陈述,应明确说明将这些数据视为商业秘密或私人秘密,以及对每项数据分别处理的原因,特别是如果将数据披露给未经授权的人,将损害要保护的利益。

(5)在本法的案件处理人或竞争理事会的传唤下,提供数据的人或在根据第(3)款规定的情形下的数据所有者,应提供不包含任何商业秘密或私人秘密的文件版本。

第五十五/B 条

(1)应第五十五条规定有权访问文件的人的请求,本法的案件处理人或竞争理事会应在评估根据第五十五条、第五十五/A 条和下文第(2)款和第(3)款提出的条件在审议准入请求时是否得到满足之后,禁制令中决定是准予访问文件还是拒绝访问文件的请求。

(2)如果不满足与处理根据第五十五/A 条第(2)款或第(3)款被确定为商业秘密或个人秘密的数据有关的其他法定要求,包括陈述不符合第五十五/A 条第(4)款规定的要求的情形,本法的案件处理人或竞争理事会应在必要时从数据所有者处获得陈述后,在强制令中决定终止将有关数据视为特权信息处理,并应允许访问文件。

(3)在第五十五/A 条第(1)款第(d)项、第(da)项或第(e)项规定的情形下,本法的竞争理事会应准许访问文件,但前提是:在权衡了请求访问文件的当事人获取数据知识的利益和数据所有者对数据保密的利益后,作出载有数据保密义务的书面声明。

(4)在根据第(3)款准许访问文件的强制令中,如果有必要为了防止未经授权的人访问数据,本法的竞争理事会——以确保尽可能缩小数据的披露范围和向尽可能少的人披露数据——应确定访问文件的详细规则,以及

(a)可限制从该文件取得副本或摘要;以及

(b)在特殊情形下,当事人的法定权利只有通过允许访问数据才能得到保证,请求访问的当事人确切了解该数据可能会直接且不可逆地损害数据所有者对数据保密的利益,可规定只能通过代表当事人的律师或当事人聘请的专家来行使文件的访问,但条件是:不得向当事人披露由此获得的受限访问数据。

(5)已废止。

(6)根据第(3)款披露的数据应当专门用于有关的竞争监督诉讼和有关的行政诉讼。

(7)数据所有者可以根据第(2)款寻求针对该强制令的单独的法律救济。基于该强制令,在提起行政诉讼的期限届满之前,或者如果先前已放弃寻求法律救济的权利,则在收到最后一份弃权书之前或在法院的判决成为最终判决之前,不得允许访问相关数据。

第五十五/C 条

(1)包含受限访问数据的文件应在案卷中单独处理,以使除了参与采取诉

讼措施案件处理的案件处理人和其他公务人员、本法竞争理事会成员，以及匈牙利竞争管理局主席和副主席、有权以法律行为规定的方式和范围管理或了解此类数据的法院、其他机构或个人之外的任何人都不能访问该文件。

(2)决议应有措辞，为确保访问文件的权利，应以不包含决议的收件人和有权访问文件的人根据本法可能无法获悉的受限访问数据的方式编写文件摘要。为此，参与诉讼的人应按其职责识别，但如果这不能阻止对该人的识别，则应以不妨碍确定案件事实的方式删除任何能够识别的数据。该决议应包含在不披露确切细节或损害引起访问限制的受保护利益的情形下，无法识别的其他受限访问数据的内容。

(3)在结束诉讼的决定成为最终决定后，应停止访问在该诉讼过程中管理的所有受限访问数据，应明确说明访问这些数据的限制性质，并应确保将其与其他信息分开处理。已停止访问的数据可以存储，直到该诉讼程序所涉及案件的文件被废弃或存档为止；除根据第五十四条第(4)款使用这些数据外，这些数据可以专门为了用于执行最终决议、监督最终决议或法律救济的实现或审查最终决议而管理，并且可以按照法律规定的方式和范围专门向有权管理或访问此类数据的法院、其他机构或个人披露。

第五十五/D条 除非根据第五十五/B条第(3)款在授予访问权的禁令中施加了限制，否则在访问文件的过程中，有权力的人可以制作副本或做笔记，或者在偿还政府法令中规定的与访问文件有关的费用和支付此费用时，可以要求提供文件副本或其部分，匈牙利竞争管理局可以在要求之后予以证实。

不作为的理由

第五十六条 如果本法的案件处理人或竞争理事会，应义务人在期限或最后期限结束前提出的合理要求，延长期限或为履行义务设定新的最后期限，则不构成为弥补缺陷、提供数据或文件，或者作出陈述而设定的期限或最后期限的遗漏。对于逾期提交延期请求的，不得提出不作为的正当理由的申请。

第五十七条

(1)关于申请正当理由的决议，如果不作为发生在调查阶段，应由案件处理人作出；如果遗漏发生在竞争理事会的诉讼中，应由本法的竞争理事会作出。对于由案件处理人发出的拒绝正当理由申请的强制令，可寻求单独的法律救济。

(2)否则,GRAP 法的规定应适用于正当理由申请。

第五十八条 已废止。

决议通知

第五十九条

(1)对于在匈牙利没有任何家庭住址或注册办事处的当事人,如果他们在匈牙利没有家庭住址或注册办事处的代表,则其应指定 1 名送达通知书的代理人。

(2)如果在匈牙利没有任何家庭住址或注册办事处的当事人未能指定一个在匈牙利有家庭住址或注册办事处的代表或送达通知书的代理人,尽管在第一次接触时被邀请这样做,则本法的案件处理人或竞争理事会可作出决定,特别是如果这是为防止诉讼不合理地拖延且不损害诉讼的顺利进行,决定通过公告向上述人员送达通知书,直到指定 1 名在匈牙利有家庭住址或注册办事处的代表或送达通知书的代理人。首次联系时,应通过简短的英语摘要告知当事人。

(3)对于在国外通过邮寄送达,如果其满足国家法律关于公文送达的规定或者送达地适用的法律和法规,应将其视为判例。

(4)否则,GRAP 法的规定应适用于相应的决议通知。

中止诉讼

第六十条

(1)如果对案件是非曲直的决定取决于对属于另一机构职权范围的问题的事先裁决,或者如果没有匈牙利竞争管理局作为与所涉案件密切相关的主管部门的另一项决定,就不可能作出有充分根据的决定,则可以中止竞争监督诉讼。

(2)仅在根据第六十七条第(4)款启动的竞争监督诉讼中,才可针对诉讼中止的强制令寻求单独的法律救济。

终止诉讼

第六十/A 条

(1)在下列情形下,本法的案件处理人或者竞争理事会应终止竞争监督诉讼:

(a)在管辖权争端中,在与有关当局协商后或根据公共行政法院的决定,已指定另一当局处理该案件;

(b)在诉讼过程中获得的证据不能确定有关行为是否构成侵权,并且预计继续诉讼不会产生进一步的结果;

(c)该诉讼已无标的;或者

(d)集中不符合集中控制阈值。

(2)如果所涉交易不是第二十三条所指的集中,包括第二十八条第(2)款所述事件尚未发生的情形,本法的竞争理事会应终止竞争监督诉讼。

(3)根据第(1)款第(a)项至第(c)项终止竞争监督诉讼的强制令也应通知根据第四十三/G 条提交正式投诉的人。

诉讼罚款及其他妨碍诉讼的后果

第六十一条

(1)对从事某项行为或证明某项行为有拖延诉讼或妨碍案件事实成立的目的或结果的人,或不履行义务的人,可对其处以诉讼罚款。严重不履行义务的,由本法的案件处理人或竞争理事会责令其支付由此产生的额外费用。

(2)如果他或她违反了控制限制规定,可以对任何一方处以诉讼罚款。

(3)最低诉讼罚款额,对于企业是 20 万福林,对于不具有经营资格的自然人是 5 万福林;对于企业,最高罚款额为通过执行诉讼罚款的强制令的前一营业年度净营业额的 1%,对于不具有经营资格的自然人是 50 万福林。

(4)在已设定履行诉讼义务期限且未履行该义务的情形下,债务人由于未达到规定期限而必须支付诉讼罚款,该罚款也可以按日计算,自施加罚款的强制令成为最终判决之日起,并在履行义务之日止。自施加罚款的强制令成为最终判决之日起计算的与任何不履行月份有关的诉讼罚款,应在该月的下一天到期并支付;与履行月份有关的诉讼罚款应在履行之日到期并支付。在本款所述的情形下,程序罚款的每日最高金额应为通过执行诉讼罚款的强制令的前一财政年度净营业额的 1%,对于企业每日按比例分配,对于不具有经营资格的自然人每天 5 万福林。

(5)第七十八条第(2)款相应地适用于计算诉讼罚款的最高数额。

(6)在处以诉讼罚款时,应考虑:

(a)侵权的严重性;

(b)相关信息可获得的有关实体的财务状况和收入;以及

(c)如果在同一诉讼中反复处以诉讼罚款,则应考虑先前罚款的数量和水平。

行政费用和诉讼费用

第六十二条

(1)对于在通知集中后启动的竞争监督诉讼,应按以下费率支付行政费:

(a)在根据第六十七条第(4)款第(a)项提起的诉讼中,或者如果案件处理人根据第六十九条下令对集中进行全面调查,为1500万福林;

(b)在第(a)项未涵盖的诉讼中,为300万福林。

(2)如果案件处理人根据集中通知来下令调查集中,案件处理人应责令在强制令中通知集中的当事人,强制令中应注明8日期限以及法律后果警告,责令其根据发起诉讼的原因,按照第(1)款第(a)项或第(b)项的规定支付行政费用。

(3)如果案件处理人根据第六十九条下令对集中进行全面调查,案件处理人应责令在强制令中通知集中的当事人,强制令中应注明8日期限以及法律后果警告,责令其根据第(1)款第(a)项支付部分行政费用,该部分超出了根据第(2)款已支付的款项。

(4)行政费用应包括所有诉讼费用。

第六十二/A条

(1)除非企业另有约定,行政费应由通知集中的当事人支付。

(2)行政费应通过转入匈牙利国家财政部、竞争管理局的特别拨款账户的方式支付。转让命令应包含通知集中的当事人的名字,集中的直接参与者的名字,以及在适用第六十二条第(2)款的情形下,根据第六十七条第(4)款命令启动集中调查的强制令的注册号,或者在适用第六十二条第(3)款的情形下,根据第六十九条发出的强制令的注册号。

(3)第四十三/M条第(2)款应相应地适用于行政费用。

(4)即使本法的案件处理人或竞争理事会因第六十/A条第(1)款第(c)项或第(d)项或者第六十/A条第(2)款规定的原因而终止竞争监督诉讼,仍应保留支付费用的义务。

(5)如果必须退还行政费用或其中的一部分,那么匈牙利竞争管理局应立即将退还的款项转至最初支付行政费用的付款账户。

(6)政府法令关于公共财政会计的规定应比照适用于行政费用的处理、核算和记录。

(7)除根据第二十四条第(4)款发出集中通知后启动的竞争监督程序应支付的管理费外,不得免除支付行政费。对于根据第二十四条第(4)款提交集中通知的企业,可免除支付费用,这可以证明支付行政费用会对他们造成不合理的负担,同时要考虑所通知交易的价值。

第六十二/B条

(1)根据第六十七条第(3)款启动的竞争监督诉讼中发生的诉讼费用,应由根据第二十八条第(1)款本应有义务通知集中的当事人支付。

(2)在根据第六十七条第(5)款启动的竞争监督诉讼中,如果本法的竞争理事会禁止集中或强加义务,那么应命令根据第二十八条第(1)款本应有义务通知集中的当事人支付诉讼费用。

(3)根据第六十七条第(7)款或第(8)款启动的竞争监督诉讼中发生的诉讼费用,应由在集中通知中提供误导性信息或撤回的决定依据其误导性信息的当事人支付。

(4)根据第六十七条第(2)款、第(6)款或第(9)款启动的竞争监督诉讼中发生的诉讼费用,在确定侵权的情形下,应下令由侵权方支付该费用。如果一个以上的经营者共同构成侵权,则应对诉讼费用的支付承担连带责任。

(5)由根据第七十五条作出的承诺而结束的诉讼所产生的诉讼费用应由作出承诺的一方承担。如果有多个企业提供承诺,则他们应对诉讼费用的支付承担连带责任。

(6)通过减损第(1)款至第(5)款,由诉讼参与人在诉讼期间的非法行为引起的任何费用应由该参与人承担。

(7)在第(1)款至第(3)款、第(6)款规定的情形下,不得免除支付诉讼费用的义务。

(8)匈牙利竞争管理局应偿还匈牙利竞争管理局联系的、以要求他们提供意见的机构或个人在诉讼过程中发生的任何诉讼费用。

(9)不得命令任何人承担的诉讼费用,应由国家承担。

(10)GRAP法的规定应适用于诉讼费用的计算、诉讼费用的预付和关于承担诉讼费用的决定。

支付便利

第六十二/C条

(1)如果义务性质允许,可授权分期付款。

(2)在通过强制履行义务的决议的案件中,债务人可请求本法的案件处理人或竞争理事会,在履行期限届满前提交的申请中,准予延长其付款义务或分期付款(以下统称付款便利),同时提供证据,证明其无法控制的原因使其无法在最后期限前付款,或此种付款将给债务人带来不适当的困难。

(3)履行具体行为的义务,应比照适用有关支付便利的规则。

(4)履行期限届满后,当事人可根据第(2)款规定的理由,通过同时提交正当理由申请而请求支付便利,前提是尚未下达执行命令。如果本法的案件处理人或者竞争理事会驳回了正当理由申请和支付便利申请,应当同时决定发布执行命令。

行政期限

第六十三条

(1)行政期限应自提起诉讼之日起开始计算。

(2)行政期限应为:

(a)因违反第三章规定而提起的诉讼为3个月;

(b)因本法第十一条或第二十一条或欧盟运行条约第一百零一条或第一百零二条所禁止的行为而提起的诉讼为6个月;

(c)根据第六十七条第(3)款、第(6)款或第(8)款提起的诉讼为6个月;

(d)根据第六十七条第(4)款第(a)项或第(5)款提起的诉讼为4个月;

(e)根据第六十七条第(4)款第(b)项提起的诉讼为30日,但应根据第(3)款予以减损;

(f)根据第六十七条第(7)款提起的诉讼为60日;

(g)根据第六十七条第(9)款提起的诉讼中第(a)项或第(b)项规定的时

限,视撤回的决定所依据的案件的主题而定。

(3)如果案件处理人根据第六十九条下令对某一集中进行全面调查,则行政时限应为第(2)款第(d)项规定的期限。

(4)在根据第七十/A条第(1)款对竞争监督诉讼进行分离的情形下,分离前适用的行政期限应适用于分离后的诉讼。

(5)如果根据第七十/A条第(2)款加入竞争监督诉讼,则适用于最早启动的诉讼的行政期限应适用于合并诉讼后的诉讼。

(6)在没有单独的关于执行诉讼措施的期限、本法的案件处理人或竞争理事会的立法规定的情形下,而且除非本法的案件处理人或竞争理事会规定了不同的期限,诉讼的当事人或其他参与人应立即规定诉讼措施的执行或强制令的通过,但不迟于8日之内。

(7)在通过决议的行政期限或其他期限内,还应采取通知决议的行动。

(8)行政期限的计算不应包括以下内容:

1. 解决管辖争执和任命主管当局的时间;

2. 自当事人解散之日起直到提交建立合法继承的申请期限届满为止的时间,或者在有关期限内提交申请的情形下,直到根据第五十三条第(1)款对案件作出裁决为止,或者直到根据第五十三条第(2)款将合法继承人列入案件诉讼中;

3. 在调查集中的诉讼中,从要求最初不是诉讼当事人的企业进入诉讼起直到该企业作为一方当事人进入诉讼为止的时间,但不迟于要求进入诉讼的期限;

4. 在当事人的法定代表人死亡的情形下,如果该当事人没有授权的代表,直到宣布当事人新的法定代表人的期限;

5. 特别当局诉讼的时间;

6. 诉讼中止的时间;

7. 从根据第六十五/A条第(3)款或第六十五/C条第(10)款启动非诉讼程序起,直到通知法院最终可执行的判决为止的时间;

8. 准备专家意见所需的时间;

9. 从要求补救缺陷到补救的时间;

10. 从要求当事人提供澄清案件所需的数据、文件或其他文件直到该要求得

到履行的时间;

11. 从根据第六十四/B 条第(6)款请求资料或请求提供数据或文件直到提供资料、数据或文件的时间,但不得迟于履行期限届满;

12. 从根据第五十五/B 条第(2)款传唤特权信息所有者作出陈述或根据第六十五/C 条第(6)款传唤当事人作出陈述之日起,直到作出声明之日为止,但不得迟于规定的期限届满;

13. 从由与访问文件有关案件的案件处理人或竞争理事会通过的强制令通知之日起,直到寻求针对该强制令的法律救济的期限届满为止的时间,或者——如果先前已放弃寻求法律救济的权利——直到收到最后一份弃权书之日为止,或者如果已对案件处理人的强制令提出了上诉,则直到本法的竞争理事会发出最终决议的通知为止,或者如果本法的竞争理事会的强制令在行政诉讼中受到争议,则直到法院发出最终不可上诉的命令的通知为止;

14. 从将本法的竞争理事会的初步立场或完成调查的报告根据第七十三条发送给当事人之日起,直到当事人作出陈述的时间,但不迟于作出该陈述规定的期限届满;

15. 从根据第七十五/A 条第(1)款发出通知之日起,直到提交意见的期限届满为止的时间;

16. 在根据第六十七条第(4)款提起的集中调查诉讼中,如果未及时支付管理费,则为从根据第六十二条第(1)款第(a)项或第(b)项管理费支付的期限届满,直到支付应付费用为止的时间;或者

17. 从管理局的请求或决议邮寄之日起直到交付为止的时间,或者通过公告或通过送达诉讼文书的代理人或通过送达诉讼文书的管理人交付的时间。

(9)在合理的情形下,行政期限可在其到期前由匈牙利竞争管理局主席延长,或者在竞争理事会诉讼阶段,由竞争理事会主席延长该期限。

(a)在根据第(2)款第(a)项进行的诉讼中,两次且每次最多 2 个月;

(b)在根据第(2)款第(b)项进行的诉讼中,两次的情形下,每次最多延长 6 个月;

(c)在根据第(2)款第(c)项和第(d)项进行的诉讼中,一次的情形下,最多延长 2 个月;

(d)在根据第(2)款第(e)项和第(f)项进行的诉讼中,一次的情形下,最多

延长20日；

(e)在根据第(2)款第(g)项进行的诉讼中，根据第(a)项或第(b)项的规定确定延长期限，这取决于撤回的决定所依据的案件的标的；

(f)根据第(3)款，在另一情形下，最多延长2个月。

第六十三/A条

(1)在根据第六十七条第(4)款或第(5)款提起的诉讼中，在行政期限届满后，不得禁止集中，不得施加第三十条规定的条件或者义务，并可以实施集中。在这种情形下，根据第四十三/M条第(1)款或第六十二条第(1)款第(a)项或第(b)项已支付的管理费应予以偿还，并应通知集中的当事人的要求，应签发一份官方证书以表明可以实行集中。GRAP法的规定应适用于官方证书。

(2)在根据第六十七条第(7)款提起的诉讼中，在行政期限届满后，不得撤回该决定或官方证书。

期限的计算

第六十四条

(1)以天数表示的期限，不应包括引起该期限开始的行为或情形发生的日期，以及通知、交付、公告的张贴和撤销的日期。

(2)以月或年表示的期限，应在其编号与开始日期相对应的那一天届满，如果该日期不在有关月份内，则在该月的最后一天届满。

(3)以天数表示的期限，不应包括第三十三/B条规定的行政休假期限。如果以月表示的期限在行政休假期间到期，则该期限在行政休假的第一天届满。

(4)如果期限的最后一天是匈牙利竞争管理局不营业的一天，则期限应在下一个工作日到期。

(5)邮寄的文件和查询应视为在邮寄当天提交。与特定日期相关的权利的取得发生在该日的开始。未满足期限或延迟的法律后果应在期限的最后一天结束后累积。

(6)如有疑问，应视为已遵守期限。

澄清案件事实

第六十四/A条

(1)任何适用于澄清案件事实的证据均可用于竞争监督诉讼。匈牙利竞争管理局或任何其他主管部门因违反任何法律规定而获得的证据均不得作为证据。

(2)匈牙利竞争管理局或公共领域正式了解的事实无须证明。

(3)案件处理人和本法的竞争理事会应自行选择证据,并通过自由审议对现有证据进行评估。

第六十四/B 条

(1)在案件处理人或本法的竞争理事会的传唤下,当事人应有义务披露澄清案件事实和成功完成诉讼所必需的数据,包括个人数据以及——除非受有关数据保护的法律行为禁止——特权信息。

(2)如果某些文件或其他文件对于澄清案件事实是必要的,且根据 EA 法无法获得,则案件处理人或本法的竞争理事会可以邀请当事人提交该文件或其他文件。除确定当事人所需的资料外,不得邀请当事人提交公开的或者必须列入依法建立的公开登记册的资料。

(3)当事人没有义务作出承认违反法律的陈述;但他们不得拒绝提供任何其他种类的控诉证据、数据或文件。

(4)在因违反第八条而进行的诉讼中,商业惯例的使用者应在本法的案件处理人或竞争理事会的传唤下,证明构成商业惯例一部分的任何事实陈述的有效性。如果商业惯例的使用者未遵守该义务,则有关事实陈述应被视为不真实。应在传票中将此推定告知商业惯例的使用者。

(5)接受查询以提供数据或文件的当局、政府或市政机构应向匈牙利竞争管理局提供遵从查询所需的个人数据或特权信息,除非有关数据保护的法律行为禁止这样做。

(6)案件处理人或本法的竞争理事会可在澄清案件事实和成功完成诉讼所必需的必要范围和程度内,要求任何人或组织提供信息或提供与调查主题有关的数据或文件。与证人有关的规定应比照适用于被要求者访问档案和费用的权利,以及自然人拒绝提供数据的权利,所提供的数据和文件作为证据的可接受性、语言的使用和识别数据和家庭地址的保密处理的权利,以及排除在案件处理之外的权利。

(7)如果对在另一国家发行的公共契据的原创性或内容有任何疑问,本法的案件处理人或竞争理事会应邀请当事人或被要求者出示在该另一国家发出的已核证文件的公证副本。

第六十四/C 条 传票的一般规则和被传唤人出庭的义务应相应地受GRAP 法规定的约束。在竞争监督诉讼过程中,匈牙利竞争管理局可随时传唤人员到其注册办事处。

第六十四/D 条

(1)根据第六十四/B 条第(6)款联系的证人和任何其他人,也可就个人数据和特权信息接受访问,而且他们有义务向匈牙利竞争主管局提供这些数据和信息,除非有关数据保护的法律行为禁止这样做。对于特权信息,除机密信息外,应视为已授予保密豁免。

(2)案件处理人或本法的竞争理事会可应证人的要求,在面谈之后以书面形式或以书面形式代替面谈提供证据。以书面形式提供证人证词的事实,并不妨碍传唤证人进行面谈。

(3)否则,GRAP 法的规定应相应地适用于证人和证人访谈。

第六十四/E 条

(1)应将执行任务所需的所有数据告知专家;在执行任务所需的范围内,专家也可以了解到不被视为机密的个人或识别资料,以及——除非有关数据保护的法律行为禁止这样做——特权信息。

(2)当事人有义务在专家评估方面进行合作。

(3)在其他方面,GRAP 法的规定应相应地适用于专家的任命和专家评估。

第六十四/F 条 相应地,检查应遵守 GRAP 法的规定。

第六十五条

(1)在案件处理人或本法的竞争理事会的传唤下,计算机系统或电子数据存储设备(以下统称数据存储)所记录的数据应由该数据存储的拥有者以能够读取和复制的格式提供。

(2)案件处理人或本法的竞争理事会应有权复制存储在数据存储中的文件和数据。案件处理人有权制作数据存储的医学副本,并且如果该法医副本可能包含在适当使用计算机过程中无法检索到的与所调查行为有关的数据,则有权使用该法医副本检查其内容。

(3)在制作存储在数据存储上的数据的电子副本的过程中,应以一种防止随后对数据进行操作的方式记录数据,或者——如果由于数据存储的类型而无法这样做——应使用一种确保在以后阶段可以控制数据性质不变的技术来记录数据。

(4)案件处理人可以将财产存放在适合对其保护的容器中或者放在单独的房间内以保护财产,然后对其上锁并密封。

(5)如果财产在现场不可用,案件处理人可以通过责成财产持有人在指定地点和时间以不变的格式将其提供给匈牙利竞争管理局以将该财产收押。

(6)否则,保管和扣押应比照 GRAP 法的规定,但条件是:对免予保密的特权信息,应视为已授予财产持有人,但机密信息除外。

第六十五/A 条

(1)案件处理人:

(a)在因本法第十一条或第二十一条或者欧盟运行条约第一百零一条或第一百零二条所禁止的行为而启动的竞争监督诉讼中;

(b)在根据第六十七条第(3)款、第(6)款至第(8)款而启动的竞争监督诉讼中;或者

(c)在根据第六十七条第(4)款而启动的竞争监督诉讼中,当违反第二十九条规定的禁令或在集中通知中误导性地提交重要事实的情形可能发生时,为了找到关于被调查的侵权或集中的证据,可以搜查任何场所、车辆或数据存储,以及可以在他或她本人授权下,违反所有者(拥有者)或在场的任何其他人的意愿进入这些场所,并可为此目的打开任何封闭区域、建筑或场所(以下简称突击检查)。

(1a)匈牙利竞争管理局可要求警方协助,以便成功、安全地进行突击检查。

(2)对未注册为当事人的注册办事处或机构且不用于当事人经济活动的为私人目的服务或使用的房地产、车辆或数据存储进行的突击检查,只有在被调查期间当事人的执行官、雇员或对该当事人行使实际控制权的代理人或个人使用该房地产、车辆或数据存储的情形下,才有可能进行。

(3)只有在事先取得司法搜查令的情形下,才能进行突击检查。匈牙利竞争管理局申请此类搜查令,应由布达佩斯首都地方法院根据本法规定的规则,在收到申请的 72 小时内,在行政非诉讼程序中进行裁决。

(3a)在根据第(3)款进行的非诉讼程序中,有关人员不得成为共同被告。不得请求法院修改命令。

(4)如果匈牙利竞争管理局在其申请中推定证明其他调查措施不太可能产生结果,并有合理理由推测与调查中的侵权有关的证据在申请书中指明的地点,而且该证据不会被自愿交出,否则将无法使用,则法院应授权进行突击检查。法院可授权部分进行突击检查,指定目标人员和所允许的调查措施类型。

(5)突击检查应在送达司法搜查令之日起3个月内进行。

(6)竞争监督诉讼最迟应在突击检查开始时同时启动。下令进行调查的强制令应在现场送达在场的当事人,包括在场的当事人的雇员,并且除了根据与决议送达方式有关的一般规则启动送达外,也应通过电话或传真送达至其他当事人。

(7)在搜查开始时,应将突击检查口头告知受影响人,包括在场的当事人的雇员以及——在第(2)款规定的情形下——受影响人的达到法定年龄的家庭成员,以及授权突击检查的法院命令和调查措施的目的,应在调查措施开始前告知受影响人。

(7a)只要有可能,突击检查应在受影响的人在场的情形下进行。如果无法确保受影响的人在场,则应要求官方证人参加突击检查。GRAP法的规定应适用于官方证人。

(7b)在突击检查过程中,案件处理人可以强制受影响人提供书面或口头的信息或解释,并可以任何其他方式在现场收集信息。

(8)突击检查应在工作日的8:00至20:00进行,除非需要其他时间以确保检查成功。在第(2)款规定的情形下,应进行突击检查,以免对受影响的人的隐私造成不成比例的干扰,并最小可能地减少对受影响的人的工作和正常活动造成的干扰。

(9)在突击检查过程中,案件处理人应有权复制、扣押或保管任何表明违反本法第十一条或第二十一条或者欧盟运行条约第一百零一条或第一百零二条的证据,即使此类证据与调查标的无关且不包括在司法搜查令范围内。对于这种证据,应随后根据第(3)款取得司法搜查令;在没有随后的司法搜查令的情况下发现的证据不得作为证据。

(10)根据第(9)款提出的后续司法搜查令的申请应不迟于60日内提交:

(a)自进行突击检查时起;

(b)如果在根据第六十五/B条第(1)款进行的突击检查期间,搜索副本是

用证据制作的,则自根据第六十五/B 条第(3)款编写调查工作副本之日起;或者

(c)如果根据第六十五/C 条第(9)款采取的任何诉讼措施或根据第六十五/C 条第(10)款进行的任何诉讼都是围绕证据进行的,涉及受该诉讼措施或制约的文件,则自匈牙利竞争管理局获得证据时起。

第六十五/B 条

(1)如果在突击检查期间,无法在不相称的时间段内不干扰受影响人员的正常活动过程的情况下就地检查数据存储,或者如果受影响人员同意,则案件处理人应复制在数据存储上发现的数据和文件(以下简称搜索副本)。

(2)突击检查的备忘录应包含用于记录副本的数据存储类型及单独识别所必需的数据、数据和复印文件的性质,以及能够对数据的不变性质进行单独识别副本和后续控制的其他必要数据。

(3)案件处理人应使用基于搜索副本的数据和文件根据第六十五条第(3)款制作的工作副本(以下简称调查工作副本),进行证据的搜索。案件处理人应准备拟供使用的证据的单独电子或纸质副本(以下简称证据概要),并将能够单独识别其中数据和文件的描述发送给以前拥有数据存储或与根据第六十五/A 条第(2)款制作搜索副本的网站相关的人员(受影响者),或者发送给数据所有者,命令他们根据第五十五/A 条第(2)款或第(3)款在 8 日内作出陈述,说明证据概要中的证据是否包含任何商业秘密或私人秘密。如果未遵守提出该陈述的期限,则不得提交正当理由申请。

第六十五/C 条

(1)为辩护目的而准备的任何文件不得在竞争监督诉讼中用作证据,而且除根据本条规定的情况外,不得被占有(检查、扣押、保管或复制)以及其提交、交出或查询可能被拒绝。当事人可以放弃应用本禁令。

(2)为辩护目的而准备的文件,系指在作为律师的人与作为前者客户的当事人之间的通信过程中,为了行使在任何公共当局的诉讼中辩护权或在任何公共机关局的诉讼中辩护权而创建的文件或其一部分,或者指对此类通信内容的记录,但前提是,文件的这种性质从其本身来看是显而易见的。不属于当事人或作为律师的有关人员的文件不得作为为辩护目的而准备的文件,除非该当事人或律师能够证明该文件已被非法或在刑事诉讼过程中从他或她手中转移。

(3)在不损害本条所保护的权利和严格必要的范围内,案件处理人应有权访问文件,以确定作为为辩护目的而准备的文件的资格要求是否显然没有根据。

(4)在检查或突击检查的过程中,如果符合以下条件,则可以获得文件的实际拥有权:

(a)搜索副本已制备;

(b)只有就文件作为为辩护目的而准备的文件的资格作出声明的无权代表当事人或律师的受影响者出席了诉讼措施;以及

(c)案件处理人对关于文件作为为辩护目的而准备的文件的资格的陈述提出质疑。

(5)在第(4)款规定的情况下,文件或包含该文件的搜索副本应存放在一个容器中,而该容器可防止查阅数据和后续操作,并由相关人员和案件处理人以一种防止在不损坏密封的情况下打开容器(以下简称密封容器)的方式在该容器上盖章并签名。

(6)在第(4)款第(a)项和第(b)项规定的情形下,应邀请受影响者就任何实际拥有的文件是否应作为为辩护目的而准备的文件作出陈述,并明确指出受影响的文件或文件的一部分。应同时通知受影响者,由他或她确定的任何文件应根据第(9)款采取调查措施。该通知应说明该调查措施的日期、预计持续时间和地点,并应在给予当事人至少8日进行沟通。

(7)仅在根据第(6)款作出的声明所规定的期限届满后,可以打开密封容器,并可检查存放在其中的文件或搜索副本。如果当事人在期限内声明容器中有为辩护目的而准备的文件或者搜索副本中包含此类文件,则只能在根据第(9)款或第(13)款采取调查措施的过程中打开密封容器,并在调查措施完成后将搜索副本再次存放在密封容器内。

(8)如果受影响者在匈牙利竞争管理局拥有该文件时或随后在根据第(6)款作出陈述的时限内未能就此作出陈述,则不应将该文件视为为辩护目的而准备的文件。如果未能遵守根据第(6)款作出陈述的期限,则不得提交正当理由申请。

(9)如果根据受影响者的陈述,实际拥有的文件包括为辩护目的而准备的文件,应在受影响者在场的情况下将此类文件分开,如果通过使用能够分离数据的副本(以下简称临时工作副本)来检索副本,则为辩护目的而准备的文件应发给受影响者,且不包含为辩护目的而准备的文件的调查工作副本应由临时工作副本制作而成,以及随后应立即通过物理破坏包含副本的数据存储或采用使数据不可恢复的程序擦除数据来销毁临时工作副本。如果与当事人的陈述相反,案件处理人认为该文件不是为辩护目的而准备的文件,则有争议的文件以及包含有关文件的临时工作副本应存放在密封容器中。受影响者在正式通知后未能出庭不应妨碍调查措施的执行。

(10)在根据第(4)款第(c)项规定的情况下,而且如果在根据第(9)款进行的调查措施期间,案件处理人对为辩护目的而准备的文件的资格提出异议时,应由布达佩斯首都地方法院在15日内,根据匈牙利竞争管理局的要求并听取受影响者的意见后,在行政非诉讼程序中对争议作出裁决。匈牙利竞争管理局应根据其要求,附上包含该文件的密封容器及其制成的临时工作副本。

(11)如果法院确定该文件或其部分不符合为辩护目的而准备的文件的资格,则应将其交给匈牙利竞争管理局。如果法院作出相反判决,则应将文件或者其部分交给受影响者。

(12)作为对第(11)款的减损,对于包含在临时工作副本中的文件,或者如果在不损害证据的证明价值的情况下不能对文件进行分割,法院应通过命令具体说明哪些文件或文件的哪一部分符合为辩护目的而准备的资格,并应将临时工作副本或文件放在密封的容器中交给匈牙利竞争管理局。

(13)可以打开根据第(12)款交给匈牙利竞争管理局的密封容器,而其中包含的数据,只可在受影响者在场的情况下,并且为了从删除为辩护目的而准备的文件的临时工作副本中制作调查工作副本以及检查文件中不符合为辩护目的而准备的部分的目的,才可以被检查,此后应将文件交给当事人,并应立即通过物理破坏包含副本的数据存储或采用使数据不可恢复的程序删除数据来销毁临时工作副本。应至少提前3日通知当事人此类调查措施的日期、预期期限和地点。当事人在正式通知后未能出庭不应妨碍调查措施的执行。

第六十五/D条 作为对第五十五/C条第(3)款的减损,在根据第六十五/C条第(13)款准备调查工作副本或完成诉讼措施之后,应停止查阅搜索副本,并且只允许法院出于核实证据概要的有效性和其中所载数据作为证据的可接受性的目的,查阅其中所载数据。如果管理搜索副本和调查工作副本不再是出于与最终决定有关的法律救济的目的,应立即通过物理破坏包含副本的数据存储或采用使数据不可恢复的程序删除数据来将其销毁。

保护措施

第六十五/E 条 否则,保护措施应相应地受 GRAP 法规定的约束,但条件是应在 5 日内采取临时保护措施。

听证会

第六十六条

(1)如果为澄清案件事实,有必要同时采访参与诉讼的人,则本法的案件处理人或者竞争理事会应举行听证会。

(2)听证会应向公众开放;但是案件处理人或者本法的竞争理事会应根据请求采取行动,将公众排除在听证会或其一部分之外,或者,如果这对于保护机密处理的个人或识别数据、特权信息,或其他受限访问数据是必不可少的,那么,公众可依职权被排除在外。

(3)否则,GRAP 法的规定应适用于听证会。

第十一章　开展匈牙利竞争管理局的竞争监督程序

启动竞争监督程序

第六十七条

(1)竞争监督诉讼应在发出关于启动调查的强制令的当天依职权开始。

(2)如果出于对公共利益的保护需要进行竞争监督诉讼,则案件处理人应发布强制令,以对匈牙利竞争管理局职权范围内的可能构成侵权的行为进行调查。

(3)如果第二十四条第(1)款至第(3)款规定的集中很可能是在违反第二十九条规定的情况下实施的,则案件处理人应在强制令中命令启动调查。

(4)以根据第二十四条规定发出的集中通知为依据,在下列情况下,案件处理人经与本法的竞争理事会一致协商,应发布命令调查集中的强制令:

(a)集中不会明显导致相关市场竞争程度大幅下降;或者

(b)集中通知不符合第四十三/J 条第(1)款规定的条件,或在第二十四条第(1)款所述的集中的情况下,必须根据2010年关于媒体服务和大众媒体的CLXXXV法第171条,获得国家媒体和信息通信管理局的媒体理事会(以下简称媒体理事会)的立场声明,并且无法获得作为特别机构的媒体理事会对于在不强加任何条件或义务的情况下允许集中的初步同意。

(5)案件处理人经与本法的竞争理事会一致协商,如果集中很可能达到调查集中的临界值但尚未得到通知,并且其不会明显导致相关市场竞争程度大幅下降,则还应发出强制令,命令调查须申报的集中。

(6)如果基于集中的通知,案件处理人认为该集中很可能是在违反第二十九条规定的情况下实施的,则他或她应启动单独的竞争监督诉讼,以调查违反第二十九条规定的禁令的情况。

(7)如果下列情况很可能发生,则案件处理人经与本法的竞争理事会一致协商,应发出启动调查的强制令:

(a)在集中通知中,通知方歪曲了有关事实,且这是未根据第(4)款对集中进行调查的原因;

(b)根据第三十条通过但未由行政法院裁定的决定,是基于当事方提供的对通过该决定至关重要的事实的歪曲;或者

(c)根据第七十五条第(1)款通过但未由行政法院裁定的决定,是基于对企业提供的事实的歪曲,但该企业须遵守对通过该决定至关重要的义务。

(8)如果在根据第(7)款第(a)项或第(b)项提起的诉讼中,本法的竞争理事会根据第七十六条第(1)款第(b)项或第(c)项作出决定,案件处理人应通过强制令命令重新调查集中。

(9)如果本法的竞争理事会发生下列情况,则案件处理人应通过强制令命令重新检查行为:

(a)因第七十五条第(6)款规定的理由撤销其决定;或者

(b)在根据第(7)款第(c)项提起的诉讼中,通过第七十六条第(1)款第(n)项规定的决定。

(10)命令调查的强制令应说明竞争监督诉讼的主题,包括在第(2)款所述情况下调查的期限。

(11)如果案件的严重性或受侵权指控影响的消费者的数量是合理的,则可以公布已经开始调查的事实。

第六十八条

(1)如果发生下列情形，除因法律救济而重复的诉讼外，不得启动竞争监督诉讼：

(a)自违反第三章的规定起已过去3年。

(b)自违反第四章或第五章的规定起已过去5年。

(c)在调查集中的诉讼中：

(ca)自实施受完全依照第二十四条第(4)款规定的通知义务约束的集中以来，已过去6个月；

(cb)自实施第(ca)项未包含的集中起已过去5年；

(d)自实施第六十七条第(7)款第(a)项和第(b)项所涵盖的案件中的集中起，已过去5年；

(e)在第六十七条第(7)款第(c)项所涵盖的案件中，自判决变成终局判决起已过去5年。

(2)为适用第(1)款第(a)项和第(b)项：

(a)凡侵权行为性质上是连续的，则期限应自该行为终止时开始；

(b)凡因未终止特定情形或状态而实施侵权行为的，只要该情形或状态盛行，则期限不应开始。

(3)第(1)款不适用：

(a)根据第五十三条第(4)款将新企业引入竞争监督诉讼；

(b)扩大竞争监督诉讼的范围，以涵盖与根据第七十条第(2)款发起调查的强制令中规定的行为有关的任何行为；以及

(c)在第六十七条第(8)款和第(9)款规定的情形下。

第六十九条 如果从根据第六十七条第(4)款第(b)项发起的竞争监督诉讼中获得的信息中判断，集中不会明显导致相关市场竞争程度大幅下降，则案件处理人——经与本法的竞争理事会一致协商——应通过强制令命令全面调查该集中的市场影响。

第七十条

(1)如果在启动调查的强制令中规定的行为，除强制令中规定的行为之外，还构成了匈牙利竞争管理局有权处理的另一侵权行为，则案件处理人应通过强制令扩大调查范围。

(2)调查范围也可以扩大,以涵盖与启动调查的强制令中规定的行为有关的任何行为。

第七十/A 条

(1)如果对于个别当事人或侵权行为,可以对案件进行独立评估,则案件处理人可以将针对若干当事人或针对同一方或多方的若干侵权行为而提起的竞争监督诉讼分为若干诉讼。

(2)出于共同评估的目的,案件处理人可以在诉讼标的相关的情形下,命令正在进行中的竞争监督诉讼合并。

案件处理人的报告

第七十一条

(1)完成调查后,案件处理人应准备报告,连同文件一起提交竞争理事会。

(2)报告应包含:

(a)调查的标的;

(b)案件的既定事实和佐证;以及

(c)案件处理人关于诉讼的进一步程序和必要时下令采取临时措施的建议。

(3)在有正当理由的情况下,案件处理人还可在调查结束前提交的单独报告中提议:

(a)已废止;

(b)在结束诉讼的最后决议通过之前,根据第二十九/A 条给予或拒绝同意行使控制权,并在必要时提供控制限制条款;以及/或者

(c)下令采取临时措施。

第七十一/A 条　已废止。

竞争理事会的诉讼

第七十二条

(1)在收到案件处理人的报告后,如认为有下列情况,则本法的竞争理事会可以将文件交回办案人:

(a)对案件事实的澄清需要根据第七十条进一步调查或延长诉讼程序;

或者

(b)根据第五十三条第(3)款或第(4)款的规定,要求将新企业引入诉讼程序。

(2)本法的竞争理事会应自收到基于案件处理人报告的申请之日起15日内,直到通过关于诉讼是非曲直的决议以及必要时通过关于适用控制限制规定的决议为止,就根据第二十九/A条行使控制权的申请作出决定。如果本法的竞争理事会在期限届满前就集中问题作出决定或终止诉讼,则不得根据第二十九/A条就申请书单独通过决议。

(3)已废止。

第七十二/A条

(1)根据案件处理人的报告,本法的竞争理事会可以通过临时措施:

(a)如果迫切需要保护有关各方的法律或经济利益,并且竞争的发展、维持或改善受到威胁,则可以禁止可能构成侵权的行为继续进行;

(b)为了减轻集中对竞争的不利影响或为了确保根据第三十一条采取的措施的可执行性,可在必要范围内,命令在根据第三十条第(1)款可能被禁止的集中的情况下使用控制限制规定;以及

(c)如果集中可能导致相关市场上的竞争显著减少,可根据第二十九/A条第(1)款撤回其根据第二十九/A条第(1)款授予的同意,或者修改命令的控制限制规定。

(2)根据第(1)款第(c)项采取的临时措施,也可由其控制权将因集中而终止的当事人提出要求,在申请中说明临时措施命令的必要性和权宜性的合理性的事实或情况。本法的竞争理事会应在采访被告之后,就命令在优先程序中采用临时措施的申请作出决定。

(3)可针对下令采取临时措施的强制令寻求单独的法律救济。即使在没有违反法律的情况下,本法的竞争理事会也可以修改或撤回其依职权下令采取临时措施的强制令,但前提是有必要采取临时措施的情况发生了合理变化。

(4)已废止。

第七十三条

(1)如果根据完成调查的报告,没有必要采取第七十二条第(1)款规定的措施或者无须终止诉讼程序,并且不能确定该行为不构成侵权,则本法的竞争理

事会应向当事人发送关于案件的初步立场,其中应包括已确立的案件事实、支持该案件的证据、对事实的评估、对作出决定所用的考虑和结论的实质内容的描述以及在相关情况下出于罚款目的而计划予以考虑的因素的描述。当事人可以在本法竞争理事会规定的时限内,就初步立场作出陈述或评论,但条件是:如果当事人先前有机会根据第(3)款就案件处理人的报告作出陈述,则应为此目的规定不超过30天的期限。

(2)如果不需要禁止集中或适用第三十条第(3)款或第七十八条第(1)款第(c)项或第(d)项,则在为调查集中而启动的竞争监督诉讼中不需要准备初步文件。

(3)如果本法的竞争理事会认为有必要成功完成该诉讼,则在第(1)款规定的情况下,可以在其提供初步立场之前将案件处理人的报告发送给当事人以征求意见或要求陈述,并为此设定期限,以及应阐明其初步立场并根据第(1)款将其送交当事人。

(4)发送初步立场和报告时,应比照适用第五十五/C条第(2)款的规定。

(5)在发送初步立场或报告的同时,本法的竞争理事会应根据第五十五条第(5)款通知当事人其有资格行使其查阅档案的权利。

(6)由于当事人对初步立场作出的评论而引起第七十二条第(1)款规定的情形的,本法的竞争理事会可以将文件交回案件处理人,以便采取必要的措施。

和解程序

第七十三/A条

(1)如果在因本法第十一条或第二十一条或者欧盟运行条约第一百零一条或第一百零二条所禁止的行为而提起的诉讼中,在完成调查的报告的基础上,并考虑到已发现的案件事实和支持证据,本法的竞争理事会认为应迅速且有效地结束诉讼程序,则可以邀请当事人以书面形式表明其是否有兴趣按照第(2)款参与和解程序。

(2)如果应根据第(1)款发出的邀请,当事人在本法的竞争理事会规定的不超过15日的期限内以书面形式表明愿意参加和解程序,则本法的竞争理事会应询问当事人,在此过程中其应通知当事人可能会发现的侵权行为、引起这种发现的行为和潜在证据以及可能施加的罚款,包括其最小和最大数额以及确定该数额时要考虑的因素。如果在不影响迅速有效结束诉讼的期限内,本法的当事人和竞争理事会就上述因素达成共识,则本法的竞争理事会应邀请当事人不超过15日的期限内提交第(3)款规定的和解书。如果未遵守依据本条提交和解书的期限,则不得提出正当理由申请。

(3)根据第(2)款中的共识,和解书应包括:

(a)当事人明确承认参与侵权的陈述;

(b)对行为及其法律评估、行为目的、实施方式、持续时间以及当事人参与的方式和程度的真实简洁的说明;

(c)当事人认为可接受的最高罚款数额;

(d)当事人的陈述,大意是他或她已由本法的竞争理事会适当告知有关第(2)款的规定,以及给予他或她充分的机会提出自己的论点;

(e)当事人的陈述,大意是如果初步立场和决定的内容与和解书的内容相符,则他或她将不再申请进一步的诉讼行动,特别是访问文件或听证会;以及

(f)载有他或她放弃对该决定寻求法律救济的权利的当事人的陈述。

(4)作为对第七十三条第(1)款的减损,提出和解书的当事人应在初步立场起最多15日内明确表明,基于案情的初步立场的内容与和解书的内容相符或者他或她撤回了和解书。

(5)只有在本法竞争理事会基于案情的初步立场或后续决定的内容与和解书中规定的内容不符的情况下,包括罚款数额超过第(3)款第(c)项所规定数额的情况,才可以在寻求针对该决定的法律救济期限届满前撤回和解书。在这种情况下,第(3)款第(a)项所指的承认的陈述不得作为证据。

(6)参与和解程序的当事人应对此事实以及在和解程序中获得的任何信息保密,直至竞争监督诉讼结束为止。

(7)在第五十五条第(5)款规定的期限之前,应将提交的和解书和事实视为受限访问数据。在第五十五条第(5)款规定的期限之后,其他当事人只能查阅和解书,但不得复制和解书;只能做笔记。第五十五条第(3)款所指的第三方不得查阅和解书;他们不得复制或做笔记。如果撤回和解书,则该提交文件及其任何副本均应退还提出该提交文件的企业。

决定通过前竞争理事会的听证会

第七十四条

(1)在作出决定之前,如果当事人要求或本法的竞争理事会认为有必要,本法的竞争理事会应举行听证会。如果未准备好初步立场,则无须举行听证会。

(2)在发出其初步文件的同时,本法的竞争理事会应邀请当事人就是否要求举行听证会作出陈述。

(3)听证会的安排应使当事人有足够的时间为听证会作准备。

承诺

第七十五条

(1)对于根据第六十七条第(2)款启动的竞争监督诉讼中所调查的行为,在当事人承诺以指定方式使其行为符合适用的法律规定,并且如果以这种方式能够确保对公共利益的有效保护,则本法的竞争理事会可在其决定中责成当事人遵守这些承诺,在该决定中不确定是否存在侵权行为。如果当事人同时停止了被调查的行为,则可以作出遵守透明和可核查的行为规则的承诺,以确保此类行为不再发生。

(2)已废止。

(3)在下列情况下,本法的竞争理事会也应根据第(1)款修改其决定:

(a)应受义务约束的企业的要求,如果该企业由于其无法控制的不可避免的原因而无法履行该决定施加的任何义务;或者

(b)应受制于该决定的企业的要求或应企业主动要求,如果由于情况的变化,特别是市场条件或竞争条件的变化,使履行决定中规定的任何义务不再合理,以及旨在通过承诺实现的结果也可以通过其他方式实现。

(4)根据第(3)款第(a)项提出的要求,可以在自获悉阻止义务履行的原因之日起15 日内提交,但不得迟于发生该原因之日起2 个月。

(5)如果根据第(1)款作出的决定是基于有义务的企业所作的与对通过该决定至关重要的事实有关的误导性陈述,则本法的竞争理事会也应根据第(1)款撤回其行政法院尚未裁决的决定。

(6)如果企业未能履行根据第(1)款或根据第(3)款修正的决定中规定的

义务,则本法的竞争理事会应撤回该决定,或者应在权衡规定所作承诺的决定所依据的公共利益的有效执行时处以罚款,也应考虑承诺所影响的市场条件的性质、现行竞争条件、到那时为止承诺的履行程度以及企业关于侵权行为的责任。

(7)该决定可在以下日期的5年内撤回:

(a)已废止;

(b)在第(6)款规定的情况下,履行义务的期限届满或者在连续义务的情况下,违反义务。

(8)已废止。

与利益相关者协商

第七十五/A条

(1)本法的竞争理事会:

(a)在根据第三十条第(3)款对强制施加前置或后置条件或者义务的集中进行调查的程序中作出决定之前;或者

(b)在作出根据第七十五条作出的承诺具有强制性的决定之前认为有必要时,可以在向各方发送初步立场的同时,通过在匈牙利竞争管理局网站上公布其计划采取的条件或义务和(或)删除受限访问数据的承诺启动与利益相关者的协商,同时邀请利益相关者提交意见,以获得他们的意见,特别是在相关市场经营的企业和受案件影响的其他人的意见。

(2)自根据第(1)款发出邀请之日起20日内,任何人都可以向匈牙利竞争管理局书面提出其对设想中的决定的看法,建议或评论。

决定

第七十六条

(1)竞争理事会在其决定中:

(a)关于集中调查的竞争监督诉讼:

(aa)应确定集中不会显著减少相关市场的竞争;

(ab)应对集中施加前置或后置条件或者义务;或者

(ac)应禁止集中。

(b)应在根据第六十七条第(7)款第(a)项提起的诉讼中,确定重大事实以一种影响集中调查的启动的方式被歪曲,并应撤回案件处理人根据第四十三/N条第(1)款第(b)项签发的官方证书。

(c)应在根据第六十七条第(7)款第(b)项提起的诉讼中,确定根据第三十条通过的决定是基于对事实的误导性陈述,而该事实对通过该决定至关重要,并应撤回该决定。

(d)应根据第十三条第(4)款确定该协议受第十一条规定的禁令的约束。

(e)应根据第十六/A条确定适用团体豁免的好处不适用于该协议。

(f)应确定侵权事实。

(g)应命令终止侵权状态。

(h)应禁止继续进行侵权行为。

(i)在确定存在侵权的情况下,如果不合理地拒绝为有关类型交易建立或维持适当的业务关系,则应施加义务,特别包括合同义务。

(j)应命令就任何侵权的信息交流发表更正声明。

(k)应处以罚款,或者

(l)除规定当事人有义务制定内部诉讼规则,以确保遵守竞争法规定和防止侵权行为之外,还应根据第七十八条第(8)款发出警告。

(m)应责成企业履行根据第七十五条作出的承诺。

(n)应在根据第六十七条第(7)款第(c)项提起的诉讼中确定,根据第七十五条第(1)款作出的决定是基于义务的企业对事实的误导性陈述,而该事实对通过该决定至关重要,并应撤回该决定。或者

(o)应确定一项行为不构成侵权。

(2)在禁止集中的决定中,在适用的情况下,本法的竞争理事会还应根据第三十一条决定措施的应用。

(3)根据第(1)款第(d)项或第(e)项的规定,不得与机构同时处以罚款。

后续调查

第七十七条

(1)匈牙利竞争管理局应依职权进行后续调查,以监督本法竞争理事会就以下方面的可执行决定的遵守情况:

(a)履行第三十条第(3)款规定的前置或后置条件;

(b)履行第三十条第(3)款规定的义务;

(c)履行根据第七十五条作出的承诺;

(d)如果无法从现有信息中确定遵守情况,则履行为执行指定行为、证明或避免某种行为而设定的义务,但第(a)项至第(c)项包含的义务除外。

(2)根据第三十二条第(4)款或第七十五条第(3)款修改决定的请求,应在后续调查的框架内加以评估。

(3)在后续调查过程中,关于竞争监督诉讼的规定应比照适用,但应遵守本条规定的减损。

(4)后续调查可在自本法竞争理事会的决定中规定的执行期限届满之日起5年内展开,或者在第三十条第(3)款规定的连续义务或后置条件的情况下,自决定中规定的义务或条件的期限的最后一天起,或者在没有任何此类义务或条件的情况下,自决定成为最终决定之日起。该期限不包括不能执行决定的任何期限。

(5)后续调查的行政时限应为3个月;在合理的情况下,可由匈牙利竞争管理局主席或竞争理事会主席在竞争理事会诉讼阶段,在其届满前延长一次,最多延长3个月。

(6)根据案件处理人关于后续调查的报告,如果可以确定施加的条件已经满足或所施加的义务已经履行,则本法的竞争理事会应通过强制令终止后续调查,否则,应

(a)在第(1)款第(a)项规定的情况下,在决定中确定不满足该条件,并且如果实施集中,应根据第三十一条采取措施并可处以罚款;

(b)在第(1)款第(b)项规定的情况下,如果未根据第三十二条第(4)款第(b)项修改决定,应根据第三十一条采取措施并可处以罚款;

(c)在第(1)款第(c)项规定的情况下,根据第七十五条第(3)款第(b)项修改其根据第七十五条第(1)款作出的决定、根据第七十五条第(6)款撤回该决定或处以罚款;

(d)在第(1)款第(d)项规定的情况下,命令履行义务或处以罚款。

罚款、警告

第七十八条

(1)本法的竞争理事会可对下列行为或人处以罚款:

(a) 任何侵权行为,第六章规定的属于匈牙利竞争管辖范围内的行为除外;

(b)实施违反本法竞争理事会的决定中规定的禁令的集中;

(c)不遵守关于集中的决定中规定的义务,或者在不满足本法竞争理事会的决定中施加的条件的情况下实施集中;或者

(d)实施违反第二十九条规定的禁令的集中,即使本法竞争理事会在其决定中确定集中不会明显减少相关市场上的竞争;

(e)在集中通知中,严重歪曲影响集中调查启动的重要事实的人,并因此必须撤回根据第四十三/N 条第(1)款第(b)项签发的官方证书;或者

(f)在竞争监督诉讼中,严重歪曲对决定的通过至关重要的事实的人,并因此必须撤回根据第三十条或第七十五条第(1)款通过的决定。

(1a)本法的竞争理事会应在规定的期限内对未做到下列行为的人处以罚款:

(a)根据第七十五条履行承诺,除非由于撤回根据第七十五条第(6)款作出此种承诺的决定而重新启动竞争监督诉讼;

(b)履行为执行指定行为、证明某种行为或避免某种行为而设定的义务,该义务是在确定侵权的决定中施加的,并且尚未下令执行。

(1b)罚款不得超过决定中指明的、被处以罚款的企业是其成员的企业或企业集团,在决定通过前一营业年度所实现的净营业额的 10%。对企业协会的罚款不得超过属于该协会成员的企业在前一营业年度净营业额的 10%。

(1c)在不影响第(1b)款的情况下,第(1)款第(d)项所规定的罚款数额,在下列期间内应为每天最低 5 万福林、最高 20 万福林,该期间自公开招标公告、订立合同或取得导致集中的控制权三者最早发生之日起,直至有关该集中的集中通知之日为止,或者如果这尚未发生,则直至根据第六十七条第(3)款启动调查集中的竞争监督诉讼之日为止。

(2)在确定罚款的最大数额时,应根据作出决定前一营业年度的年度账目或简化的年度账目来确定净营业额。如果企业在有关年度经营少于 1 年,则该

数字应按比例在全年计算。如果在该决定通过之日前一年没有关于该企业净营业额的可靠信息,则应考虑上一个营业年度的净营业额和经审计的年度报告。对于新成立的没有可用的年度账户的企业,则应考虑启动该程序年份的业务计划,或者在没有该计划的情况下,应考虑企业在本法的案件处理人或竞争理事会的传唤下提交的、根据会计法临时资产负债表编制规则、以程序启动之日为登记日计算的净营业额。在其他方面,第二十四条第(3)款和第二十七条第(7)款的规定应比照适用净营业额的计算。

(3)罚款数额的确定应考虑到案件的所有情况,特别是侵权的严重性、侵权情况的持续时间、侵权所获得的利益、侵犯法律的当事人的市场地位、行为的罪责、企业在诉讼过程中的合作以及侵权行为的重复和频率。侵权的严重性应特别根据对经济竞争的威胁程度以及对最终交易方利益损害的范围和程度来确定。

(4)根据第(1)款第(c)项和第(1a)款规定的罚款数额的确定应考虑到案件的所有情况,特别是违反义务的严重性、市场的性质和受义务影响的经济条件、现有的竞争条件、作出对企业的市场地位负有义务的承诺的决定所依据的公共利益、违背义务的罪责以及到那时为止履行承诺的程度。违反义务的严重性应特别根据对经济竞争的威胁程度以及对交易方和竞争者利益损害的范围和程度来确定。

(5)在实施侵权行为的企业集团成员未自愿支付罚款以及执行程序未导致罚款总额的征收的情况下,本法的竞争理事会应通过单独的强制令,责令在决定中确定的有关企业集团的成员共同和分别支付罚款或其未收部分。

(6)在企业协会未自愿支付罚款以及执行程序未导致罚款总额的征收的情况下,本法的竞争理事会应通过单独的强制令,责令参与达成侵权决定并在决定中被认定为侵权的企业协会成员,共同和分别支付罚款。

(7)可针对根据第(5)款或第(6)款作出的强制令寻求单独的法律救济。

(8)2004 年第三十四号法关于中小企业的规定以及对其发展撤销由官方管制机构规定的罚款的支持,在竞争监督诉讼中不适用。在第一次侵权不违反欧盟运行条约第一百零一条或第一百零二条的情况下,如果基于诉讼过程中企业的行为可以合理地认为,企业未来行为的合法性以及避免额外的侵权行为可以通过下列方式得以确保,则本法的竞争理事会可以向微型、小型或中型企业(以下统称中小型企业)发出警告而不是处以罚款。

(9)在下列情况下,本法的竞争理事会不得撤销根据第(8)款处以的罚款:

(a)侵权采取协议的形式,以在公共采购程序中确定价格或分享市场;或者

(b)侵权行为是针对那些由于年龄、易受骗、精神或身体残疾而属于特别脆弱、易于识别的人。

(10)在确定罚款数额时,如果在通过决定之前,侵权的企业根据在任何非诉讼程序中达成的和解向受害方支付了赔偿(以下简称替代性纠纷解决机制),则本法的竞争理事会可以考虑作为一种减轻因素。

宽大政策

第七十八/A 条

(1)如果企业以本法规定的方式,向匈牙利竞争管理局披露竞争者之间的协议或一致做法违反本法第十一条或欧盟运行条约第一百零一条,并且构成旨在直接或间接确定购买或出售价格的卡特尔或者其他协议或一致做法(就第七十八/A 条至第七十八/C 条而言,以下简称侵权),以及其参与其中,则本法的竞争理事会应授予罚款豁免或减少罚款。

(2)任何罚款的豁免,都应由本法的竞争理事会授予第一个提出豁免申请并提供证据的企业:

(a)使匈牙利竞争管理局可以事先获得司法搜查令,以执行与侵权有关的突击检查,但前提是匈牙利竞争管理局在提出申请时没有足够的信息来证实突击检查的司法搜查令;

(b)使匈牙利竞争管理局能够证明侵权,但前提是在提供证据时没有足够的证据证明侵权行为以及任何企业均不符合第(a)项规定的条件。

(3)在申请时,如果不满足第(2)款规定的豁免条件,但该企业向匈牙利竞争管理局提供了侵权证据,这表明了匈牙利竞争管理局在此类证据被提供时已获得证据的重大附加价值,则本法的竞争理事会应减少罚款。

(4)如果申请是在根据第七十三条送达初步文件或案件处理人报告的前一日之后提交的,或者在任何一方访问文件的起始日期(以较早日期为准)的前一日之后提交,则只有在企业提出与对侵权评估有重大影响且匈牙利竞争管理局以前不知道的事实或情况有关的明确证据的情况下,才可以减少罚款。

(5)罚款的减少率应为：

(a)对于符合第(3)款规定的条件的第一个企业,30%至50%；

(b)对于符合第(3)款规定的条件的第二个企业,20%至30%；

(c)对于符合第(3)款规定的条件的第三个及其后的企业,最高为20%。

(6)如果企业提供与匈牙利竞争管理局以前不知道的事实或情况有关的明确证据,并且在根据第(3)款确定对侵权行为处以罚款的数额时应予以考虑,如果这一事实或情况实质上增加了要处以的罚款数额,则在确定对该企业处以的罚款数额时,不应考虑有关事实或情况。

(7)为了有资格获得任何罚款的豁免或减少罚款数额,或者享受第(6)款的利益,提交申请的企业除应满足上述条件外,还应满足下列条件：

(a)在其提交申请后立即终止对侵权行为的参与,除非匈牙利竞争管理局在强制令中要求以确保突击检查成功所必需的程度和方式继续该参与；

(b)在整个竞争监督诉讼中,与匈牙利竞争管理局真诚、全面且持续地合作；以及

(c)未经匈牙利竞争管理局的明确同意,不以任何方式披露其已提交豁免或减轻罚款的申请或者在此情况下提交的证据的内容,但向其他竞争管理机构提交的类似申请除外。匈牙利竞争管理局不得拒绝同意根据法律规定或主管机构施加的义务,允许查阅必要的相关信息。

(8)积极参与强迫其他企业参与侵权的企业,不具备免征罚金的资格。

(9)独立企业不得联合提出豁免或减少罚款的申请,并且在提出此类申请时不得担任彼此的代表。在没有任何明确授权的情况下,企业可以就其控制下的企业提出豁免或减少罚款的申请。

第七十八/B条

(1)第七十八条第(2)款或第(3)款规定的豁免或减少罚款的申请应至少包含：

(a)申请企业的名称及注册办事处；

(b)对申请人指出的第七十八/A条第(1)款涵盖的行为的描述,包括其性质、持续时间、受影响的货物和地理区域以及参与其中的企业的识别；

(c)可能发现与侵权有关证据的欧洲经济区协定的缔约国；

(d)申请人已向或打算向其提交豁免或减少罚款申请的其他成员国的竞争

管理机构的名称。

(2)所有与侵权有关并在提交申请时可供申请人使用的证据,均须附于申请书内。

(3)在满足所有其他条件的前提下,而且如果在提交相关申请时,申请人不能提交所有匈牙利竞争管理局可获得的与侵权有关的证据,但其承诺在匈牙利竞争管理局规定的期限内补充申请(以下简称非最终豁免申请),并提供所有证据证明其在规定期限内免于罚款的申请,则可根据第七十八/A 条第(2)款第(a)项豁免罚款。除第(1)款和第(2)款所载内容外,非最终豁免申请应包括延迟提供证据的理由,以及申请人以证据补充申请的明确承诺。

(4)如果对于与欧盟委员会完全有能力根据其关于竞争主管机构网络内合作的通知进行诉讼有关的侵权行为,申请人在向欧盟委员会提交豁免或减少罚款申请的同时,也向完全有能力根据委员会通知行事的匈牙利竞争管理局提出相同申请,且该申请未附有所有可用证据,但是如果匈牙利竞争管理局启动侵权诉讼,申请人应匈牙利竞争管理局的要求在规定的期限内补充申请并提供所有可供其使用的证据(以下简称非最终初步申请),则可豁免或减少罚款。非最终初步申请也可以用英文提交。

(5)如果申请人在规定期限内通过提供必要证据来补充第(3)款或第(4)款规定的非最终申请,则应将收到非最终申请的日期视为收到有关申请和提交有关证据的日期。

(6)对于豁免或减少罚款的申请,不允许弥补不足;并且不得提交未满足第(3)款或第(4)款规定的非最终申请的补充期限的正当理由申请。

(7)根据第七十八/A 条第(2)款第(a)项提出的豁免罚款的申请,可在根据第七十八/C 条第(2)款对其进行评估之前撤回,或者在拒绝的情况下,则自包含此类拒绝的案件的竞争理事会的强制令送达之日起8 日内撤回;否则,不得撤回豁免或减少罚款的申请。

第七十八/C 条

(1)本法的竞争理事会应按其收到申请的顺序评估豁免罚款的申请,并应考虑收到顺序对减少罚款的申请进行评估。本法竞争理事会决议的准备工作应由案件处理人执行;在此过程中,案件处理人应审查申请并给出其对申请的意见,并向诉讼竞争理事会提交匈牙利竞争管理局可获得的与侵权行为有关的信息。

(2)如果豁免罚款的申请符合第七十八/A条第(2)款规定的条件，则本法的竞争理事会应通过其强制令，证明其提供根据第七十八/A条第(2)款第(a)项或第(b)项授予豁免罚款的理由。只有在企业不符合第七十八/A条第(7)款规定的条件或适用第七十八/A条第(8)款规定的拒绝理由的情况下，本法的竞争理事会才可以在其作出决定的过程中违背该强制令。本法的竞争理事会应以强制令的形式，驳回任何不提供获得豁免罚款理由的申请。

(3)如果豁免罚款的申请被驳回，则应将其评估为减少罚款的申请，但申请人根据第七十八/B条第(7)项撤回的除外。

(4)如果减少罚款的申请符合第七十八/A条第(3)款规定的条件，则本法的竞争理事会应通过其强制令，证明其提供根据第七十八/A条第(3)款减少对申请人施加罚款的理由。只有在企业不符合第七十八/A条第(7)款规定的条件的情况下，本法的竞争理事会才可以在其作出决定的过程中违背该强制令。本法的竞争理事会应以强制令的形式，驳回任何不提供减少罚款理由的申请。

(5)本法的竞争理事会应根据第(2)款和第(4)款通过其强制令：

(a)在根据第七十八/A条第(2)款第(a)项申请豁免罚款的情况下，考虑到评估该申请所需的时间，不得拖延；

(b)在根据第七十八/A条第(2)款第(b)项申请豁免罚款的情况下，在将初步立场送交当事人时；

(c)在根据第七十八/A条第(3)款申请减少罚款的情况下，在将初步立场送交当事人时，或在其后提交申请的情况下，考虑到评估该申请所需的时间，不得拖延。

第七十八/D条

(1)在根据第七十八/C条第(2)款发出强制令之前，根据第七十八/A条第(2)款第(a)项提出豁免罚款的申请，以及所附的或与由申请人提供的该申请有关的任何证据，应专门用于评估该申请或根据第六十五/A条申请司法令；而查阅该等文件的权限，应只授予获委任处理该案的案件处理人、本法的竞争理事会和法院。如果申请被撤回，则申请人提交的申请以及任何证据，连同其中的任何副本，均应退还申请企业。

(2)在豁免或减少罚款的申请中，应将申请企业作出的与该申请特别有关的自愿声明(以下简称宽大处理声明)、申请已经提交的事实以及所提交的与该申请有关的证据的性质视为受限访问数据,直到第五十五条第(5)款规定的时间为止。在第五十五条第(5)款规定的时间之后,当事人可以专门查阅豁免或减少罚款的申请和宽大处理声明,但不得复制宽大处理申请书和宽大处理声明书,只能做记录。第五十五条第(3)款规定的第三方既不能查阅豁免或减少罚款的申请,也不能查阅宽大处理声明;不得复制或者做记录。

(3)如果根据第(2)款对已提交豁免或减少罚款的申请这一事实或在这方面提供的证据的各自性质的保护在采访过程中不能得到保证,则诉讼的当事人或其他参加人不得出席证人的采访。在这种情况下,应进行不公开的面谈,并且不应通知当事人。

第七十九条 对于根据第七十三/A 条提交和解书的企业,本法的竞争理事会应在其决定中减少根据本法其他条款规定的罚款数额,至少为 10%,但不得超过 30%。

提供必要证据的奖励

第七十九/A 条

(1)向匈牙利竞争管理局披露了符合本法第十一条或欧盟运行条约第一百零一条规定的建立卡特尔侵权行为必不可少的书面证据的自然人应有权获得奖励。

(2)必不可少的证据还应包括信息,在法院根据该信息签发搜查令进行突击检查的过程中,匈牙利竞争管理局拥有第(1)款规定的证据。如果所提供的证据可以被匈牙利竞争管理局随后获得的其他证据所取代,则所提供的证据也是必不可少的。

(3)本条规定的奖励数额应为本法竞争理事会判处罚款的 1%,但不得超过 5000 万福林。如果不止一个自然人提供必不可少的证据,则每个人都有权获得全部奖励。任何自然人只能获得一次奖励。

(4)企业的执行官、成员、监事会成员、雇员或代理人,如果先前已根据第七十八/A 条就同一行为提交豁免或减少罚款的申请,则无权获得奖励。

(5)因犯罪或违法行为而取得证据的,不得给予奖励。如果与犯罪或违法行为有关的诉讼是在支付奖励之前启动的,应暂停支付奖励,直至最终、不可上诉的违法行为诉讼结束、法院最终强制性决定或非强制性裁决结束刑事诉讼为止，或者直至检察官办公室或调查机构的决议被通过以终止诉讼为止，这无须进一步补救。如果有关犯罪或违法行为最终、不可上诉的判决是在支付奖励后作出的，则应将该奖励退还给匈牙利竞争管理局。

（5a）如果由于违反匈牙利竞争管理局要求的合法合作而获得证据，则不得给予奖励。

（6）如果根据现有数据可以确定有关证据来自单一来源，且仅以获得多重奖励为目的而将其分割，则不得将奖励支付给一个以上的人。在这种情况下，单笔奖励应平均分给有权获得奖励的人。

（7）如果因为法院减少了罚款数额或驳回了罚款的征收，或使证据改变本法竞争理事会的决定，则无须偿还奖励，但因信息提供人提供的证据不合法而改变决定的案件除外。

（8）奖励应免征个人所得税。

第七十九/B 条

（1）匈牙利竞争管理局应确保根据第七十九/A 条第（1）款声称拥有证据的人能够在不透露其个人身份的情况下询问对此类证据的可能评估。应警告进行这种询问的人，匈牙利竞争管理当局不受初步评估的约束，并应将适用于奖励的规则告知他或她。

（2）应将第七十九/A 条有关奖励的规则告知提供根据第七十九/A 条第（1）款推定有资格作为证人的人。提供证据的人应在提供此类信息之日起 5 日内将其奖励要求告知匈牙利竞争管理局。应警告要求奖励的人，其可以依法作为证人接受询问，并且可以要求保密处理其个人识别数据。不得拒绝该请求；但是，应警告提出要求的人，对其个人识别数据的保密处理可能会影响所提供证据的证明价值。

（3）如果案件处理人或本法的竞争理事会认为，在竞争监督诉讼过程中提供的证据不适合证明第七十九/A 条第（1）款所规定的侵权，则应就上述意见采取单独的强制令，并应将该强制令专门传达给提供这种证据的人。作为对第五十五条的减损，只有提供证据的人才有权使用上述强制令。

（4）本法的竞争理事会应最迟在其决定结束该诉讼后 30 日内，对于每一个提交第（2）款所规定的请求的人，就奖励支付问题分别发布决议。要求奖励的人可针对该强制令寻求单独的法律救济。

(5)奖励应在第(4)款规定的决议成为最终决议后30日内到期。奖励应从包括中央国家预算法罚款和处罚收入账户的一章中所列的支出预算估计数中支付。

(6)本法的竞争理事会应在单独的强制令中命令,自确定还款原因的官方或司法裁决成为最终决定之日起最多30日内偿还费用。要求奖励的人可针对该强制令寻求单独的法律救济。要求偿还的信息提供人的奖励有资格作为公共债务,并应像税收一样被征收。

决议的公布

第八十条

(1)匈牙利竞争管理局应在受限访问数据无法识别后,在其网站上公布:

(a)最终决定;

(b)结束根据第六十七条第(11)款开始的诉讼的最终强制令,以及撤销此类一审强制令的最终命令,指示发出此类强制令的案件处理人重新审理案件。

(2)任何第(1)款未涵盖的、规定与执法有关原则的最终强制令,在其中的受限访问数据变得不可识别之后,可以在匈牙利竞争管理局的网站上公布。

(3)决议可被公布,而不考虑针对该决议提起的任何行政诉讼;但是,公布该决议后,应当表明已经提起行政诉讼的事实。

(4)第五十五/C条第(2)款应比照适用于在决议中无法识别的受限访问数据。

(5)如果在公布本法竞争理事会的决定时未满足与根据第五十五/a条第(2)款或第(3)款确定为商业秘密或个人秘密数据的保密处理有关的其他法定要求,以及在没有这些数据的情况下公布决定可能损害该案的既定事实,则本法的竞争理事会在必要时从数据所有者处获取声明后,应在强制令中决定终止将有关数据作为特权信息处理。数据所有者可以针对该强制令寻求单独的法律救济,第五十五/B条第(7)款应比照适用。

第十一/A章　欧盟竞争规则的适用

第八十/A条

(1)在适用欧盟运行条约第一百零一条或第一百零二条的任何诉讼中,应适用本法的规定与本章及理事会条例(EC)第1/2003号条例的减损。

(2)在与欧盟法律所涵盖的企业集中控制有关的诉讼中,本法的规定应在理事会条例(EC)第139/2004号条例时适用。在这种情况下,第八十/D条第(4)款至第(8)款、第八十/E条和第八十/F条应适用于诉讼。

第八十/B条 在根据第七十四条安排听证会之前,本法的竞争理事会应将其初步立场告知欧盟委员会,并在适当情况下通知有关成员国的竞争主管机构。听证会的安排不得早于向欧盟委员会通知初步立场后的30日。在这种情况下,适用于竞争监督诉讼的行政期限应再延长30日。

第八十/C条 如果在竞争监督诉讼中使用了来自欧盟委员会或另一成员国竞争主管机构的证据,则本法的竞争理事会应通过证明已满足理事会条例(EC)第1/2003号条例的条件,在其对决议的推理中证实此类证据的可采性。

第八十/D条

(1)如果欧盟委员会已经启动自己的诉讼程序,则案件处理人或本法的竞争理事会应终止竞争监督诉讼。

(2)如果另一成员国竞争主管机构已启动自己的诉讼程序,则案件处理人或本法的竞争理事会可中止或终止竞争监督诉讼。

(3)对于根据第(1)款或第(2)款终止诉讼的强制令,不得寻求单独的法律救济。

(4)如果欧盟委员会在其根据理事会条例(EC)第139/2004号条例第九条规定通过的决定中,决定将案件提交给匈牙利竞争管理局以评估具有欧盟规模的集中,则提交给欧盟委员会的通知应视为集中通知,且应下令对集中进行调查;根据第六十七条第(4)款第(a)项发起的诉讼的规则应适用于此类竞争监督诉讼。根据理事会条例(EC)第139/2004号条例第九条第(6)款第(2)项规定的提供信息的义务,应通过命令调查的强制令的通知来履行。

(5)如果匈牙利竞争管理局根据理事会条例(EC)第139/2004号条例第二十二条第(1)款向欧盟委员会提出请求,则案件处理人应中止旨在调查集中的竞争监督诉讼。如果欧盟委员会应匈牙利竞争管理局的请求决定对集中进行审查,则案件处理人应终止旨在调查集中的竞争监督诉讼。如果欧盟委员会决定不审查集中,案件处理人应终止竞争监督诉讼的中止并继续该诉讼。

(6)如果与竞争监督诉讼中调查的集中有关,欧盟委员会根据理事会条例

(EC)第139/2004号条例第二十二条第(2)款的规定,向匈牙利竞争管理局通知根据理事会条例(EC)第139/2004号条例第二十二条第(1)款已从另一成员国收到的请求,则案件处理人或本法的竞争理事会应中止旨在调查集中的竞争监督诉讼。如果匈牙利竞争管理局决定不加入该请求,则案件处理人或本法的竞争理事会在通知欧盟委员会之后,应终止竞争监督诉讼的中止并继续该诉讼。如果匈牙利竞争管理局决定加入该请求,且欧盟委员会决定调查集中,则案件处理人或本法的竞争理事会应终止旨在调查集中的竞争监督诉讼。如果匈牙利竞争管理局决定加入该请求,但欧盟委员会决定不调查集中,则案件处理人或本法的竞争理事会应终止竞争监督诉讼的中止并继续该诉讼。

(7)对于根据第(5)款或第(6)款通过的终止诉讼的强制令,不得寻求单独的法律救济。

(8)如果根据第(5)款或第(6)款终止了旨在调查集中的竞争监督诉讼,则根据第六十二条第(1)款支付费用的义务也应适用。

第八十/E条

(1)如果在欧盟委员会的诉讼过程中,需要根据理事会条例(EC)第1/2003号条例第二十条或理事会条例(EC)第139/2004号条例第十三条进行检查,则应事先获得此类检查的司法搜查令。在这种情况下,对于事先获得与理事会条例(EC)第1/2003号条例第二十条规定的检查有关的司法搜查令,应适用第六十五/A条规定的程序。

(2)司法搜查令的申请应由欧盟委员会直接或通过匈牙利竞争管理局提交法院。

(3)如果执行欧盟委员会的调查措施需要警察的协助,则应欧盟委员会的请求,匈牙利竞争管理局应着手确保提供这种协助。

第八十/F条 当欧盟委员会、另一成员国竞争主管机构根据理事会条例(EC)第1/2003号条例、或欧盟委员会根据理事会条例(EC)第139/2004号条例要求匈牙利竞争管理局执行调查措施时,为此目的应启动竞争监督诉讼。在这种情况下,诉讼应通过案件处理人关于移交所获证据的强制令予以结束,以及在理事会条例(EC)第1/2003号条例第二十二条第(1)款规定的情况下,应通过案件处理人关于由匈牙利竞争管理局提出且在诉讼过程中产生的费用的说明的强制令结束诉讼。

第十一/B章　欧洲议会和理事会(EC)第2006/2004号条例的适用程序

第八十/G条

(1)对于欧盟内部违反国家立法的侵权行为,匈牙利竞争管理局应负责执行欧洲议会和理事会(EC)第2006/2004号条例,取代:

(a)1993年4月5日关于消费者合同中不公平条款的第93/13/EEC号理事会指令,以及

(b)欧洲议会和理事会第2006/114/EC号指令。

(2)在相互协助过程中,匈牙利竞争管理局应按照委员会决定第2007/76/EC号决定行事,该决定经委员会第2008/282/EC号决定和委员会第2011/141/EU号决定修正。

(3)供参考之用,司法部部长应在其领导下的司法部网站公布取代欧洲议会和理事会第2006/114/EC号指令的立法规定清单。

第八十/H条

(1)在欧洲议会和理事会(EC)第2006/2004号条例的任何适用程序中,本法的规定应受本条规定的减损约束。

(2)如果要求匈牙利竞争管理局根据欧洲议会和理事会(EC)第2006/2004号条例第六条提供信息,则应为此目的启动竞争监督诉讼。在这种情况下,诉讼应通过案件处理人关于传输所收集信息的强制令予以结束。

(3)如果案件处理人或本法的竞争理事会要求根据欧洲议会和理事会(EC)第2006/2004号条例第八条采取强制措施,则可以参照这一事实,通过强制令终止竞争监督诉讼。

(4)案件处理人应有权确定是否符合欧洲议会和理事会(EC)第2006/2004号条例第八条第(4)款规定的条件,而且如果未满足这些条件,则应根据第八条第(5)款通知该信息。

第十二章　匈牙利竞争管理局竞争监督诉讼中的法律救济

行政诉讼规则的适用

第八十/I条　对于本章未作规定的事项,在法律救济方面,应相应地适用

GRAP 法的规定。

反对调查

第八十一条 当事人对调查程序中的任何违规行为,可以在采取所称违规行为8日内提出异议。案件处理人或本法的竞争理事会应分别在报告中或结束诉讼的决议中说明不予理会的理由。

针对诉讼过程中产生的强制令的法律救济

第八十二条

(1)关于上诉的规则应适用于针对案件处理人的强制令而寻求的法律救济,该强制令可以通过单独的法律救济来抗辩,但条件是,申诉应由本法的竞争理事会进行评估。

(2)针对案件处理人的强制令的上诉也可以由提出正式投诉的人提出,并且如果强制令必须根据本法通知他或她,则其可以在行政诉讼中就本法竞争理事会的强制令提出异议。在本款管辖的诉讼中,自然人申诉人没有义务使用法律代理。

(3)针对案件处理人的强制令的上诉可自强制令通知之时起8日内提出。本法的竞争理事会应在30日内对上诉作出裁决;在合理的情况下,该期限可由竞争理事会主席在该期限届满前延长一次,最多可延长30日。

(4)如果在上诉程序中没有足够的信息来通过一项决定,或者如果在案件处理人通过强制令后披露了新事实,或者需要进一步澄清案件的事实,则本法的竞争理事会应取消案件处理人的强制令,同时应通过强制令命令案件处理人开启新诉讼或自行实施补充证据程序,并在此基础上作出决定。

(5)对于本法竞争理事会的,可由单独的法律救济对其提出异议的强制令,可在该强制令通知之时起8日内,在行政诉讼中对其提出异议。

(6)法院应在15日内,根据第五十五/B条第(1)款和第(7)款以及第八十条第(5)款,就针对本法竞争理事会的强制令提起的任何诉讼作出决定。

对判决的法律救济

第八十三条 匈牙利竞争管理局应在收到针对因欧盟运行条约第十一条

或第一百零一条所禁止的行为而启动的竞争监督诉讼中的判决而提交的索赔书30日内,将该索赔书和案卷,连同其辩护声明一并送交法院。如果索赔书中还载有立即获得法律保护的申请,则应在收到索赔书15日内将该索赔书和案卷送交法院。

第八十四条

(1)如果行政法院的最终和可执行的判决认定,本法竞争理事会的决定违反了法律规定,且因此法院改变、废止或撤销了设置罚款数额的规定,则匈牙利竞争管理局应退还违反法律规定且已由当事人支付的罚款,并应支付每个日历日应退还金额的利息,相当于罚款之日起生效的中央银行基准利率的1/365。

(2)第(1)款规定的付款义务应在针对法院最终和可执行的判决而提出特别上诉的期限届满时到期,或者如果已经针对最终和可执行的判决提出特别上诉,则应在向匈牙利竞争管理局提交结束诉讼的法院裁决之日到期。

(3)本法的竞争理事会应命令按照第(1)款以单独注资方式支付利息。

第十二/A章　匈牙利竞争管理局决议的执行

第八十四/A条　对于本章未作规定的事项,GRAP法的规定应相应地适用于执行。

第八十四/B条

(1)如果特定行为的实施不能通过任何其他方式来有效执行,则本法的竞争理事会应在命令执行实施该特定行为义务以说明或不采取其决议规定的某种行为(以下合称特定行为)的同时,处以执行罚款。

(2)可以对企业及其法定代表人同时处以执行罚款。

(3)义务人应支付规定的执行罚款,该罚款应自命令执行之日起直至确认特定行为实施之日为止,按日计算。每日最低执行罚款,对于企业应为5万福林,对于不具有经营资格的自然人应为1万福林,以及最高执行罚款,对于企业应为通过施加执行罚款的强制令前一营业年度净营业额的1%,每日按比例分配,对于不具有经营资格的自然人应为5万福林。

(4)一次性执行罚款最低额,对于企业应为20万福林,对于不具有经营资格的自然人应为5万福林,以及最高额,对于企业应为通过施加执行罚款的强制令前一营业年度净营业额的1%,对于不具有经营资格的自然人应为50万福林。

(5)第七十八条第(2)款相应地适用于最高执行罚款额的计算。

(6)如果执行罚款是按日计算,则与执行命令下达后的任何不履行月份有关的执行罚款应在该月份的次日到期并应支付。在履行的月份,与当月初至履行日期之间的期间有关的执行罚款应在履行之日到期并应支付。

第八十四/C条 如果义务人未在期限内履行其支付义务,或者对于国家在预付款期间预付的费用,则应按照以税收程序法规定的违约附加费方式计算的费率支付违约附加费。

第八十四/D条

(1)匈牙利竞争管理局应规定执行在期限内尚未支付的程序费用,以及与那些未付的尚未支付程序费用有关的违约附加费。

(2)匈牙利竞争管理局应实施特定行为的执行,但本法的竞争理事会对其处以执行罚款的情况除外。第六十一条第(3)款应适用于在执行特定行为的执行程序中可能处以的诉讼罚款。

第八十四/E条

(1)对于在执行过程中采取的任何非法决议或措施,可在获悉该决定或措施后3日内,或者自消除障碍之时起,但不迟于自决定通知之日起或自采取措施之日起1个月内,对执行提出异议。

(2)本法的竞争理事会应在8日内评估针对案件处理人的决议或措施提出的执行异议。

(3)在针对执行程序中通过的本法竞争理事会的决议而提起的行政诉讼中,法院应在15日内通过其判决。

(4)第八十二条第(1)款、第(3)款和第(4)款应相应地适用于对执行提出的异议,但应受本条规定减损的约束。

第八十四/F条 在针对本法竞争理事会关于执行命令的强制令而提起的行政诉讼中,不得下令暂停生效。

第五编 匈牙利竞争管理局发起的诉讼

第十三章 针对违反竞争自由的公共当局活动的措施

第八十五条

(1)如果匈牙利竞争管理局在其权限范围内认定公共行政机构的公共行政

活动违反了竞争自由,则应要求该公共行政机构对其活动所造成的竞争损害作出补救,特别是通过修改或撤回其决定。在考虑修改或撤回该决定的可能性时,不应将限制竞争自由所产生的利益视为善意获得和行使的权利。

(2)如果公共行政机构在30日内未能遵守第(1)款所述警告,匈牙利竞争管理局可针对违反竞争自由的行政活动发起行政诉讼。自个别决议生效起1年后,不得发起此类诉讼。如果未能遵守期限,则不得提出正当理由申请。

(3)在第(2)款所述的诉讼中,布达佩斯首都地方法院应有权进行诉讼。

(4)匈牙利竞争管理局可要求从事违反竞争自由的行政活动的机构或其监管机构,提供关于与有争议的行政活动的主题事项类似的其他行政活动的信息。根据所提供的信息,匈牙利竞争管理局可以要求将个别决议和其中规定的其他文件发送给它。

第十三/A章　为公共利益采取的行动

第八十五/A条

(1)如果属于匈牙利竞争管理局权限范围内的企业侵权行为,涉及可以根据侵权情况来界定的一大群人,则匈牙利竞争管理局可以出于公共利益而提起诉讼,以执行消费者的民事索赔。根据本条提起的诉讼,应依照民事诉讼法关于公共利益行动的规定进行。

(2)匈牙利竞争管理局只有在对有关行为启动竞争监督诉讼之后,才有权提起此类诉讼。如果竞争监督诉讼正在进行中,则法院应根据匈牙利竞争管理局的要求暂停其诉讼,直到竞争监督诉讼结束。

(3)自侵权行为发生之日起3年后,不得提起诉讼。不遵守该期限将丧失提起诉讼的权利。如果行为本质上是连续的,则期限应在行为终止时开始。如果侵权行为是由于未能终止特定情况或状态而实施的,则期限不应在这种情况或状态普遍存在的情况下开始。在计算提起诉讼的期限时,不应考虑竞争监督诉讼的持续时间。

(4)对于受侵权行为影响的消费者,如果在不考虑受影响消费者的个人情况的情形下,可以明确地确定在此方面提出索赔时索赔的法律依据和损害赔偿额,或者提出其他索赔时索赔的内容,则匈牙利竞争管理局可以要求法院在其判决中责成有关企业满足这些要求,或以其他方式确定该行为的侵权类型,其效力适用于索赔中所指的所有消费者。如果法院确定侵权类型影响索赔中所指的所有消费者,则这些消费者只应验证损害赔偿额、任何其他索赔的内容以及侵权行为与所遭受损害之间的因果关系,或者他们对有关企业提起诉讼时的任何其他索赔。

(5)法院在其判决中可授权匈牙利竞争管理局,以侵害企业利益为代价在全国发行的日报上公布此类判决,或者以侵权行为性质为由以任何其他形式将其公开。

(6)如果除了确定行为的侵权类型外,法院在其判决中还责令企业满足特定要求,则被要求的企业应满足根据判决属于判决中所定义的合格人员的消费者的要求。在没有自愿遵守的情况下,有资格的消费者可以要求司法执行判决。法院在签发可执行文件的诉讼过程中,应根据判决中规定的条件评估消费者的资格。

(7)就本条而言,“消费者”是指出于其自营职业和经济活动以外的目的而行事的任何自然人。

第六编　索赔的私人执行

第十四章　针对违反第二章所载规定的诉讼

第八十六条

(1)法院应有权对违反第二章所载规定的行为提起诉讼。

(2)在诉讼中,利害关系人可要求:

(a)确立侵权行为;

(b)终止侵权行为,并禁止违法实体的任何进一步侵权行为;

(c)违法实体通过公告或任何其他适当方式赔罪,并且在必要时,由违法实体或以牺牲违法实体的利益为代价对此赔罪充分宣传;

(d)终止损害情况,恢复侵权前的原状,并剥夺因侵权而生产或分销的商品的侵权特征,或者在不可能的情况下销毁这些货物,并销毁用于生产此类货物的任何特殊设施;

(e)损害赔偿,以及在违反了与人格损害赔偿有关权利的情形下,依照民法规则;以及/或者

(f)违法实体提供有关参与生产和销售侵权所涉货物的人的信息,以及为

宣传该类货物而建立的商业关系的信息。

(2a)如果根据2015年关于公共采购的第CXLIII号法(以下简称PP法)第九条第(1)款第(c)项的国际条约要求适用本条,则本条应与第九十三/B条一起适用。

(2b)对于根据PP法第九条第(1)款第(c)项进行的采购,不得通过临时措施中止基于投标邀请而启动的诉讼。

(2c)对于根据PP法第九条第(2)款第(c)项进行的采购,如果已经启动了采购程序,则从第(2)款规定的法律后果中取消投标邀请、禁止订约方根据民法订立合同或确立合同无效以及恢复原状,均不适用。

(3)在因违反第六条规定而提起的诉讼中,利害关系人除第(2)款中规定的内容外,还可在诉讼中要求:

(a)补偿因侵权而获得的收益;

(b)扣押专门或主要用于侵权的装置和材料,以及受侵权影响的产品,将其移交给某些人,将其召回或退出商业流通,或予以销毁;以及

(c)以牺牲违法实体的利益为代价公布决定。

(4)就第(3)款第(c)项而言,公布决定,特别指在全国性日报上或通过互联网公布。

第八十七条 法院的诉讼程序还应扩大到根据第七十八条处以罚款。

第八十七/A条 如果法院发现发布任何尚未发布的比较广告,会构成第六/A条第(1)款规定的侵权行为,则法院应禁止发布该广告。禁止公布也可以作为临时措施被下令实施。

第八十八条

(1)对违反第二章规定的行为,可在其出现之日起6个月内提起诉讼;自行为出现之日起满3年后,不得提起诉讼。

(2)如果被投诉行为本质上是连续的,则第(1)款所指的期限应从该行为终止之时开始。如果被投诉行为是由于未能终止特定情况或状态而实施的,则期限不应在这种情况或状态普遍存在的情况下开始。

(3)地方法院应对根据本章提起的诉讼具有管辖权。

(4)在因违反第六条规定而提起的诉讼中,如果利害关系人推定证明对其损害赔偿或补偿因侵权而获得的收益的要求的满足随后受到威胁,则利害关系

人除提出民事索赔外,还可以请求法院在适用于临时措施的条件下,下令按照司法执行法的规则采取保护措施;此外,他或她可以要求违反法律的当事人有义务披露或出示其银行、财务和商业数据以及任何包含此类数据的文件,以便下令采取上述保护措施。如果利害关系人同意继续实施涉嫌违反第六条规定的行为,则可以请求法院强制涉嫌违法的当事人提供担保,而不是要求其终止侵权行为。即使在利害关系人未提出任何要求的情况下,法院也可以命令提供担保,但条件是利害关系人已提交要求终止侵权的请求,且法院拒绝执行该请求。

(5)因违反第六条规定而提起诉讼的当事人,已经在合理范围内推定证明其事实陈述的,法院可应提供证据的当事人的请求,责成对方当事人:

(a)出示由其控制的文件和其他实物证据,并允许在检查过程中查阅;

(b)披露银行、财务和商业数据,并出示由其控制的包含此类数据的文件。

(6)如果利害关系人在合理范围内推定证明了违反第六条的事实或威胁,则可以在提起诉讼之前出示初步证据。

(7)涉嫌违反第六条规定的,即使没有民事诉讼法中规定的关于提起诉讼前临时措施的附加条件,也可以在提交索赔书之前提出临时措施的请求。本法另有规定的除外,与临时措施有关的非诉讼程序应受民事诉讼法一般规则的管辖,但因非诉讼程序的特殊特征而有所减损,以及受民事非诉讼司法程序规则法和法院管辖非诉讼民事司法程序的若干非诉讼程序法共同规定的管辖。如果申请人因违反第六条规定而提起诉讼,依照第(8)款的规定,应支付的诉讼费用应为超出非诉讼程序所支付费用的数额。

(8)法院应最迟在提出临时措施请求之日起 15 日内,在优先程序中就临时措施作出判决。对与临时措施有关的判决提出的上诉,应由二审法院最迟在提出上诉的 15 日内,在优先程序中作出判决。

(9)如果受害方未能在判决书送达之日起 15 日内,因违反第六条与由临时措施执行的索赔或打算通过初步证据予以证实的索赔有关的规定而提起诉讼,则应对方当事人的请求,法院应撤销与临时措施有关的判决,包括第(4)款规定的任何保护措施,或者与提交索赔书之前要求的初步证据有关的判决。法院应在提出此类请求 15 日内,就与撤销关于临时措施的决定或在优先程序中初步证据的命令有关的请求,作出判决。

(10)如果任何延误会造成不可弥补的损害,则应将其视为极端紧急情况,而下令采取临时措施,包括第(4)款规定的任何保护措施,可以省略对对方当事人的询问。如果任何延误会造成不可弥补的损害,或者证据很有可能被销毁,则应将其视为紧急情况,因此,就初步证据的命令而言,可以省略对对方当事人的询问。在对方当事人没有被询问的情况下作出的判决应在执行时送达这些当事人。送达判决后,对方当事人可以要求接受询问,或者要求作出下令采取临时措施或修改或废止初步证据的决定。

(11)除第(4)款第二句和第三句规定的情况外,法院可作出临时措施或初步证据的命令,但须抵押担保。如果有权根据本款或第(4)款要求清偿担保的当事人,自撤销与初步证据或判决有关命令的判决或结束诉讼的其他判决成为最终判决之日起,或者自诉讼结束之日起3个月内,未执行其要求,则担保人可以请求法院返还担保。

(12)在因违反第六/A条第(1)款规定而提起的法庭诉讼中,与构成比较广告一部分的任何事实陈述的有效性有关的举证责任由商业惯例的使用者承担。

第十四/A章　因违反第四章或第五章的规定或者欧盟运行条约第一百零一条或第一百零二条的规定而在法庭上执行民事索赔一般规则

第八十八/A条

(1)由本法第四十四条第(2)款设立的匈牙利竞争管理局根据第六十七条第(2)款规定执行公共利益的权限,不得妨碍在法庭上直接执行因违反第四章或第五章的规定或者欧盟运行条约第一百零一条或第一百零二条规定的禁令而提出的民事索赔(就本章而言,以下简称《竞争法侵权》)。

(2)在第(1)款所述的诉讼中,《民事诉讼法》的规定应与本章规定的减损一起适用。

(3)地方法院应对根据本章提起的诉讼具有管辖权。

第八十八/B条

(1)如果在诉讼中有必要适用本法第四章或第五章的规定,则法院应立即通知匈牙利竞争管理局。

(2)匈牙利竞争管理局可以在审判结束之前,就关于适用第四章或第五章规定的问题提交书面评论。匈牙利竞争管理局评论中提供的信息对法院没有约束力。

(3)匈牙利竞争管理局应在收到法院命令后且如该命令所指明的至少45日内,将其在适用第四章或第五章规定的法律立场通知法院。

(4)根据请求,法院应分别根据第(2)款和第(3)款向匈牙利竞争管理局发送为准备评论或形成其法律立场所必需的诉讼文件。根据匈牙利竞争管理局的请求,法院可以准许匈牙利竞争管理局查阅这些文件,而不是将它们送交匈牙利竞争管理局。

(5)匈牙利竞争管理局的代表可以口头陈述第(2)款中定义的意见或第(3)款规定的法律立场。如果匈牙利竞争管理局打算行使其口头陈述的权利,则应在15日内将这一事实通知法院。

(6)关于准备第(2)款所述的评论或就第(3)款所述的法律观点形成意见,匈牙利竞争管理局可以参加审判,可以向证人或专家提出问题。此外,可以指出任何进一步证据程序的必要性。

(7)如果在诉讼的任何阶段,匈牙利竞争管理局通知法院它已经对有关案件启动了竞争监督诉讼,则法院应中止其诉讼程序,直至对在竞争监督诉讼中通过的判决提起诉讼的期限届满为止,或者如果已提起诉讼,直至司法诉讼最终、不可上诉的决定作出为止,除非匈牙利竞争管理局已对该案作出最终裁决或者以其他方式终止了具有最终效力的诉讼,而且匈牙利竞争管理局的裁决未在法院受到争议,或者司法诉讼已由一项最终的、不可上诉的裁决结束。在后一种情况下,匈牙利竞争管理局应将其最终裁决或最终的、不可上诉的裁决送交法院。

(8)在匈牙利竞争管理局继续处理有关案件的情况下,如果没有通过诉讼对该案件提出异议,则匈牙利竞争管理局的裁决中包含侵权认定的部分对法院具有约束力,或者如果判决在法院受到争议,则法院的裁决中包含侵权认定的部分对法院具有约束力。

(9)在诉讼中,证明违反本法的事实的举证责任应由声称违反第四章或第五章规定的当事人承担,但第(8)款所指的认定侵权的决定所确定的事实除外。证明第十三条规定的情形存在的责任、满足根据第十六条申请集体豁免的利益的条件或第十七条规定的条件,应由提出此类要求的当事人承担。

(10)如果援引此类规定的当事人能够证明本法规定的情形适用,则法院也可以根据第十三条第(4)款或第十六/A 条第(2)款作出判决。

在因违反竞争法而要求赔偿的情况下
对民法规定的减损;特别议事规则

第八十八/C 条

(1)因违反竞争法而造成的任何损害的责任,应受本章规定的减损的民法的约束。

(2)为了适用违反竞争法所造成损害的规则,违反竞争法应包括违反欧洲经济区协定其他缔约国的法律规定,这些规定禁止反竞争、企业的协同行为、企业协会的限制性决定或者禁止滥用支配地位,根据理事会条例(EC)第 1/2003 号条例第三条第(1)款上述规定与欧盟运行条约第一百零一条或第一百零二条同时适用。

(3)只要符合法律规定的条件,法院应下令将因违反竞争法而引起的损害赔偿要求的强制执行诉讼合并审理,以待法院审理(以下简称与违反竞争法有关的损害赔偿诉讼)。

(4)如果匈牙利竞争管理局或欧盟委员会已对涉及违反竞争法的损害赔偿诉讼的案件提起诉讼,则法院应中止其诉讼程序,直至针对该诉讼中通过的决定提起诉讼的期限届满,或者如果已提起诉讼,则直至在行政案件中行事的法院作出诉讼最终的、不可上诉的结论为止。

(5)如果双方之间正在进行替代性纠纷解决机制,法院应在双方共同请求下,暂停其诉讼,直到争议解决诉讼结束,期限不超过 2 年。

违反竞争法所造成损害的责任

第八十八/D 条

(1)任何因违反竞争法而造成损害的人都有义务根据损害赔偿责任赔偿由此造成的损害。

(2)任何因违反竞争法而受到损害的人,不论其在生产—分销链中的地位如何,均可要求对这种损害给予全额赔偿。

(3)任何限制或排除因违反竞争法而造成损害的责任的合同规定均无效。

(4)除非另有证明,如果索赔人证明违反竞争法的行为构成卡特尔,则应假定侵权行为造成损害。

赔偿因违反竞争法所造成损害的责任范围

第八十八/E 条 《民法》第 6:522 条第(4)款不适用于因违反竞争法而提出的赔偿要求。

第八十八/F 条

(1)如果由于替代性纠纷解决机制使受害方与侵权企业,就因违反竞争法引起的索赔而支付一定数额的损害赔偿金达成协议,参与此类协议的受害方可以仅要求对损害负有责任但不是和解当事人的其他企业,对索赔的剩余部分进行损害赔偿。在这种情况下,非和解侵权企业不得要求赔偿因解决侵权行为而对其提出的索赔。

(2)受害方可要求和解侵权企业全额赔偿其所遭受的超过第(1)款所述和解中规定的损害赔偿金,但条件是,该损害赔偿金不能从非和解企业处得到赔偿。在第(1)款所指的和解中,当事人可以排除本规定的适用。

(3)在没有和解的情况下,第(1)款所界定的达成和解的受害方的损害赔偿要求,应减少和解侵权者应支付的索赔的部分,即使该企业根据和解向受害方支付的实际赔偿少于该金额。

(4)在计算一个侵权企业可向另一侵权企业要求按其对违反竞争法所造成损害的各自责任比例偿还的金额时,法院应考虑根据先前的和解而支付的赔偿金,该和解产生于侵权企业参与达成的替代性纠纷解决机制,但须支付赔偿金,因此由和解侵权者支付的赔偿总额不超过其侵权行为所造成损害的责任范围。

适用于因违反竞争法而引起的价格差异所造成损害的特殊规则

第八十八/G 条

(1)证明支持转嫁因货物价格(包括任何所有权下的任何对价)和在没有违反竞争法的情况下在有关市场上普遍存在的价格之间的差异(以下简称价格差异)而导致的任何贬值、收入损失或任何其他财务损失的事实的责任,应由援引这种抗辩的当事人承担。

(2)如果损害是由价格差异引起的,则侵权者有权援引受害方部分或全部转嫁因违反竞争法而造成的价格差异的抗辩。在这方面,证明转嫁的发生和程度的责任应由侵权者承担。如果无法确定转嫁的程度,法院应在评估了案件的所有情况后,通过估算确定其水平。

(3)除非另有证明,否则如果间接购买者证明以下事实,则应假定侵权产生的价格差异转嫁给了间接购买者:

(a)侵权者违反竞争法;

(b)违反竞争法导致对于侵权者的直接购买者的价格差异;以及

(c)间接购买者购买了作为违反竞争法的对象的货物,或者购买了源自或包含这些货物的货物。

(4)关于价格差异及其程度,法院可考虑其所知的关于由受害方根据竞争法就与竞争法下赔偿诉讼标的相关的生产—分销链的另一层次而提出的其他赔偿诉讼的信息,这些信息不得与在该法庭面前进行的诉讼相结合,特别是在此类诉讼中通过的任何最终和可执行的判决。

(5)法院应将其打算考虑的数据通知当事人,并在要求这样做的情况下,听取当事人的意见或就提交关于数据的书面陈述提供选择。

(6)如果卡特尔造成对竞争法的违反,除非另有证明,否则应假定违反竞争法对侵权者适用的价格产生10%的影响。

(7)就本章而言,直接购买者是指直接从侵权者处获得受违反竞争法所影响的、作为对价的产品的当事人,而间接购买者是指从直接购买者处或随后的购买者处获得作为对价的产品的当事人,该产品是作为违反竞争法的对象或者源自或包含这些产品。

多个侵权者

第八十八/H条

(1)在本条和第八十八/I条规定的减损情况下,违反竞争法所造成的损害应适用连带责任规则。

(2)如果在整个侵权期间内将侵权者视为中小型企业,则应仅要求对其直接或间接购买者或供应者受到的损害进行赔偿,但条件是:

(a)在整个侵权期间,其在有关市场的份额低于5%;以及

(b)如果适用关于连带责任的一般规则,其将在财务上无法生存而且其资产将失去所有价值。

(3)如果无法从另一个对同一侵权行为负有责任且不是中小型企业的侵权

者处获得全部或部分赔偿,则第(2)款不适用。

(4)第(2)款不适用于以下情况:

(a)中小型企业已违反竞争法,或强迫其他企业参与其中;或者

(b)中小型企业已作出了违反在匈牙利竞争管理局或欧盟委员会成员国的竞争主管机构(以下统称欧盟竞争主管机构)的一项明确和可执行的决定中确立的先前竞争法的侵权行为,或者如果主管机构的决定在法庭上受到质疑,则在法院的最终和可执行的判决中。

(5)就本章而言,欧盟竞争主管机构或法院针对其决定作出程序性补救裁决的最终决定,是指该机构或法院的决定,不得根据适用于有关机构或法院的规则以普通方式对其提出上诉。

第八十八/I条

(1)在欧盟或成员国的法律下,根据事先在立法中规定的规则或者因通过其他方式,自愿向竞争主管机构披露其对卡特尔的了解,或其在卡特尔中的作用,或在竞争主管机构的诉讼中予以合作(以下简称宽大处理方案所涵盖的企业)而免于缴纳罚款的企业,应仅承担对其自己直接或间接购买者或供应者所造成损害的赔偿的连带责任,而对于其他受害方,只有不能从其他对同一侵权行为负有责任的侵权者处获得全部或部分赔偿时,其才承担该连带责任。

(2)如果负有连带责任的侵权者向受害方提供了超出其责任范围的服务,则可向宽大处理方案下豁免的企业要求赔偿,但仅限于对宽大处理方案下豁免企业的直接或间接购买者或供应者所造成的损害。

(3)如果违反竞争法对侵权者的直接或间接购买者或供应者以外的当事人造成了损害,则应根据《民法》第6:524条第(3)款确定宽大处理方案所涵盖的企业赔偿其他侵权者的义务的程度。

(4)《民法》第6:524条第(2)款不适用于因违反竞争法而造成的损害的赔偿要求。

竞争法规定的损害赔偿诉讼中的证据披露

第八十八/J条

(1)如果请求披露证据的当事人满足下列条件,则根据当事人的合理请求,在根据竞争法提出的赔偿要求中,法院可以责令任何人出示或披露特定文件或

其现有的其他证据、其中特定范围或类别、特定数据、或数据的特定范围或类别（以下简称证据披露）：

（a）不拥有该文件、证据或数据；以及

（b）表明请求披露的证据可能适合证明与评估索赔有关的事实或情况。

（2）应索赔人的请求，如果除第（1）款之外，鉴于现有的合理证据和已知事实，索赔人已推定证明其索赔和有关的事实索赔的有效性，则法院应下令披露证据。

第八十八/K 条

（1）法院应命令在最小的范围内披露证据，尽可能精确地界定证据类型的范围或类别，特别是考虑到对有义务披露证据的当事方造成的损害，不得超过考虑另一当事人和其他利益相关者的合法利益时相应的利益。

（2）在适用第（1）款时，法院应特别评估。

（a）当事人的要求和立场在多大程度上受到了所提交的证据和已知事实的支持，以及在多大程度上可用作请求披露证据的正当理由；

（b）特别是如果针对非诉讼当事人的人下达命令——拟议的证据披露所涵盖的证据和数据的数量与范围以及伴随的费用，以防止对推定为与诉讼无关的信息的任何一般请求；

（c）要求在动议中披露的证据是否包括受限访问数据，特别是有关非诉讼当事人的任何人的数据，以及是否能够确保对这些数据的适当保护。

第八十八/L 条

（1）关于第八十八/J 条第（1）款规定的动议，法院应在优先程序中作出裁决。有义务披露证据的人可对法院的裁决提出单独上诉。上诉对下令披露证据的决定的执行具有中止效力。上诉应由二审法院在优先程序中进行裁决。

（2）在通过关于披露证据的决定之前，法院应听取当事人和被提议有义务在有要求时披露证据的人的陈述，或者提供作出书面陈述的选择。未遵守听证会的最后期限或作出书面陈述的期限的任何理由都是不可接受的。法院应事先将此事通知利害关系人。

（3）任何有义务披露证据的非诉讼当事人，应作为证人进行听证，并在听证会中有义务出示要披露的证据。

第八十八/M 条

（1）在裁决索赔所严格规定的范围内，法院还可命令披露含有受限访问数据的证据,但机密信息除外,即使被授权免除保密义务的实体作出相反陈述。当事人、其他诉讼参与人及其代表仅可以将以这种方式披露的数据,专门用于根据竞争法要求披露含有受限访问数据的证据的赔偿诉讼中。

(2)在第(1)款所述情况下,当事人、其他诉讼参与人及其代表可以根据诉讼法官制定的安排和规则,在作出载有对未经授权的人维护数据机密性的义务的书面陈述之后,行使查阅关于受限制查阅数据的文件的权利,但条件是:如果有权免除保密义务的人已声明其不同意披露数据,则不得使用包含此类数据的文件制作副本或摘要。

第八十八/N条

(1)不得就下列事项命令披露证据:

(a)能够就第五十五/A条第(1)款第(a)项或第(f)项规定的数据得出结论的证据;

(b)宽大处理声明或和解声明——除非已撤回和解声明——或者能够就这类文件的内容得出结论的证据;

(c)为第六十五/C条所界定的辩护目的而编制的文件,以及任何其披露将损害法律专业特权的事实或数据,除非文件所有者已同意披露;以及

(d)在刑事诉讼中,被告的陈述导致适用2012年刑法C法第四百二十条第(4)款至第(6)款。

(2)在第(1)款中未提及的证据中,只有在结束欧盟竞争主管机构涉及违反竞争法的程序的决定通过之后,才可以下令披露关于此类欧盟竞争主管机构文件的证据的任何文件或其他证据,但独立于欧盟竞争主管机构程序存在或创建的文件或其他证据除外。

(3)对于刑事诉讼过程中产生的案件文件,包括法院、检察官办公室、调查机关或进行初步诉讼的机构所获得的任何文件,或者参与刑事诉讼的人提交或者附呈的文件,在调查结束前,不得下令披露证据。

(4)关于证据披露,根据欧盟法律或者与宽大处理声明或和解声明具有相同目的或类似功能,且被有关欧盟竞争主管机构视为此的成员国,在欧盟竞争主管机构正在进行的违反竞争法的诉讼中提交的文件,应与宽大处理声明或和解声明享有同等待遇。

(5)法院应根据请求,根据第(1)款第(b)项或第(d)项决定是否将文件视

为证据。在对此类请求作出裁决之前,法院应听取文件发起者的意见;但是,在评估证据的过程中,法院只能联系欧盟竞争主管机构以征求其意见。即使在上述案件中,法院也不应授权查阅这些证据。

(6)如果要求披露的证据中只有一部分被视为宽大处理声明或和解声明,应当对不含被视为宽大处理声明或和解声明部分证据制作摘要。在强制令中,要求披露的证据中被视为宽大处理声明或和解声明的部分应在不披露其细节的情况下提及。对披露不含宽大处理声明或和解声明部分的证据的请求的评估,应比照适用关于披露此类证据的一般规定。

(7)第(6)款也应比照适用于第(1)款第(d)项所涵盖的证据。

第八十八/O 条

(1)如果不能期望任何其他人披露有关证据,则可要求欧盟竞争主管机构披露证据。

(2)如果已提出动议,对于其在诉讼中的任何竞争监督诉讼的文件中所载的证据事项规定披露证据的义务,则法院应立即通知相关的欧盟竞争主管机构。

(3)有关欧盟竞争主管机构可随时,就自行披露证据的动议的必要性或相称性,或者就其任何竞争监督诉讼文件中的证据提出意见。

(4)在对欧盟竞争主管机构施加披露证据的义务的动议作出决定的过程中,除第八十八/K 条第(2)款规定的考虑因素外,法院还可以评估该动议是否:

(a)已以适合其识别的方式描述了要求披露的证据;

(b)根据竞争法提出的损害赔偿要求提出的;

(c)通过监管手段,在对违反竞争法的行为采取的有效行动中,会造成对公共利益不成比例的损害,这些违反竞争法的行为涉及第八十八/N 条第(2)款规定的证据,这些证据载于欧盟竞争主管机构的诉讼文件中且不是独立于该诉讼产生的,或者如果欧盟竞争主管机构在第(3)款所述的意见中提出了这一点。

(5)第(1)款至第(4)款应比照适用,即使在针对竞争主管机构的决定进行法律救济的诉讼中,要求披露作为证据的竞争监督诉讼的文件摆在法院面前。

第八十八/P 条

(1)第八十八/N 条第(1)款第(b)项和第(c)项定义的只能通过查阅竞争主管机构的诉讼文件而获得的证据,不得在诉讼中用作证据。

(2)第八十八/N 条第(2)款定义的只能通过查阅竞争主管机构的诉讼文件而获得的证据,只有在通过结束欧盟竞争主管机构诉讼的决定之后,才能在诉讼中用作证据。

(3)仅通过查阅欧盟竞争主管机构的诉讼文件而获得的证据,只能由合法获得该证据的人或其合法继承人在诉讼中用作证据。

竞争法规定的损害赔偿诉讼的处罚

第八十八/Q 条

(1)法院可对参与诉讼且作出如下行为的当事人、代表或其他人处以罚款:

(a)无正当理由未遵守为披露证据而规定的期限,或拒绝披露证据;

(b)销毁与诉讼裁决有关的证据,而披露动议与该诉讼是针对该证据披露而提出的,并且他或她知道或有合理理由知道关于证据动议的情况;

(c)违反了他或她保护法院施加的受限访问数据的义务;

(d)违反第八十八/M 条至第八十八/P 条规定的对证据使用的限制。

(2)根据第(1)款可处的最高罚款额为 5000 万福林。

(3)第(1)款所指的罚款可在诉讼过程中重复判处。

(4)法院除处以罚款外,还可以责令第(1)款所述的其行为导致了不必要费用的、参与诉讼的当事人、代表或其他人支付该费用。

(5)如果当事人或其代表展示了第(1)款第(a)项或第(b)项所述的行为,则由法院下令披露的证据证明的事实索赔应视为有效,除非另有证明。

欧盟竞争主管机构根据竞争法在损害赔偿诉讼中的裁决

第八十八/R 条

(1)如果匈牙利竞争管理局或欧盟委员会继续处理有关案件,则:

(a)匈牙利竞争管理局或欧盟委员会的决定中在法庭上没有争议的部分;或者

(b)如果该决定有争议,对匈牙利竞争管理局或欧盟委员会的决定作出裁决的法院的最终决定,应对法院有约束力。

(2)除非另有证明,否则在根据竞争法进行的赔偿诉讼中,法院应接受下列内容的部分为事实:

(a)未在法庭上提出异议的另一成员国竞争主管机构的决定;或者

(b)如果该决定有争议,对另一成员国竞争主管机构的决定作出裁决的法院的最终决定。

该部分确定了违反竞争法的行为。

竞争主管机构参与竞争法规定的损害赔偿诉讼

第八十八/S 条

(1)在根据竞争法提起的损害赔偿诉讼中,法院可以要求匈牙利竞争管理局披露其对损害的发生和程度以及因果关系的存在的立场。法院在其请求中,应将需要评论的问题以及为此目的而认为必要的数据告知匈牙利竞争管理局。

(2)匈牙利竞争管理局应在法院根据第(1)款提出的请求中规定的至少 45 日的期限内,将其立场通知法院,除非其在收到该请求后 15 日内表明不愿发布这一立场。匈牙利竞争管理局无须证明其拒绝发布立场的正当性。

(3)匈牙利竞争管理局根据第(2)款发布的立场应向当事人披露,当事人可以在法院规定的期限内就该立场发表意见。

(4)匈牙利竞争管理局根据第(2)款发布的立场对法院不具有约束力。

(5)第八十八/B 条第(4)款至第(6)款应比照适用于匈牙利竞争管理局根据第(2)款发布立场的制定和陈述。

竞争法规定的赔偿请求的时效期限的特别规则

第八十八/T 条

(1)违反竞争法引起的赔偿请求的时效期限,应自构成违反竞争法的行为结束且受害人知道或有合理理由知道下列内容时开始:

(a)侵权行为以及其构成违反竞争法的事实;

(b)侵权行为造成的损害;以及

(c)侵权企业的身份。

(2)如果欧盟竞争主管机构提起与侵权有关的诉讼,时效期限应自诉讼开始之日起暂停,直至通过竞争主管机构的最终决定后 1 年为止,或者如果竞争主管机构的决定在法庭上受到质疑,则应暂停至通过法院的最后裁决后 1 年为止。

(3)如果当事人利用任何替代性纠纷解决机制来解决与违反竞争法引起的

损害赔偿要求有关的法律争端,则对于参与替代性纠纷解决机制的企业而言,时效期限应暂停,直至该程序结束。

欧盟竞争规则的适用

第八十八/U 条

(1)关于对匈牙利竞争管理局的调查,第八十八/A 条和第八十八/B 条,应比照适用理事会条例(EC)第 1/2003 号条例规定的减损,也适用于因执行违反欧盟运行条约第一百零一条或第一百零二条规定的禁令引起的民事索赔而提起的诉讼。

(2)在应适用欧盟运行条约第一百零一条或第一百零二条对案件进行评估的诉讼中,根据理事会(EC)第 1/2003 号条例第十五条,法院应要求欧盟委员会以命令的形式发表评论或者澄清事实或法律问题。

(3)第八十八/B 条第(1)款、第(2)款、第(4)款至第(7)款应比照适用从欧盟委员会获得的意见或获得意见的过程以及诉讼的中止。

(4)在法院将欧盟运行条约第一百零一条或第一百零二条应用于案件评估的诉讼中,为了履行理事会条例(EC)第 1/2003 号条例规定的向欧盟委员会提供信息的义务,法院应立即将其判决转交负责司法事务的部长。负责司法事务的部长应将这一判决送交匈牙利竞争管理局供参考。

第十四/B 章　在法庭上强制执行违反第三章规定的民事索赔

第八十八/V 条

(1)由本法第四十四条第(2)款确定的匈牙利竞争管理局根据第六十七条第(2)款执行公共利益的权限,不得妨碍在法庭上对违反第三章规定的民事索赔的强制执行。

(2)在因任何违反第八条规定而提起的法庭诉讼中,与构成商业惯例一部分的任何事实陈述的有效性有关的举证责任由商业惯例的使用者承担。

(3)如果在诉讼中认为有必要适用竞争法第三章中的规定,则应比照适用第八十八/B 条第(1)款至第(8)款。

第十五章

第八十九条至第九十一条　已废止。

第十六章

第九十一/A 条至第九十一/G 条　已废止。

第九十一/H 条　已废止。

第十七章

第九十一/I 条至第九十一/K 条　已废止。

第七编　最后条款

第十八章　最后条款

杂项规定

第九十二条　如果法院由于其缺乏权限而将案件转交给匈牙利竞争管理局，则案件处理人应根据第四十三/G 条至第四十三/I 条或第四十三/J 条至第四十三/N 条进行处理。

第九十三条　因违反本法规定而产生的法律后果和强制民事索赔，不影响适用其他民法后果或者启动具体其他立法规定的轻罪或刑事诉讼的可能性。

第九十三/A 条

(1)就农产品而言，如果根据第十一条达成的协议所造成的对竞争的扭曲、限制或防止未超过获得经济上合理的合法收入所需的程度，并且受协议影响的市场参与者也不排除获得此类收入的可能，则不应认定违反了第十一条规定的禁令。

(2)负责农业政策的部长应确定是否满足第(1)款规定的豁免条件。

(3)在调查违反第十一条规定的关于农产品的禁令的过程中，匈牙利竞争管理局应获得负责农业政策的部长根据第(2)款作出的陈述并应按此行事。负责农业政策的部长应自收到匈牙利竞争管理局的询问起 60 日内提供其陈述，在此期间匈牙利竞争管理局应中止其诉讼。

(4)如果违反第十一条的协议是针对农产品实施侵权的，则本法的竞争理事会应暂停处以罚款。在这种情况下，本法的竞争理事会通过规定期限，要求协议当事人或一致行动的当事人使其行为与立法保持一致。如果期满无效，本法的竞争理事会应处以罚款。

(5)第(1)款至第(4)款仅在不需要适用欧盟运行条约第一百零一条的情况下适用。匈牙利竞争管理局应在通过最终决议之前,根据理事会条例(EC)第1/2003号条例第三条第(1)款,在其竞争监督诉讼中确定适用欧盟运行条约第一百零一条的必要性。

第九十三/B条 就PP法第九条第(1)款第(c)项所涵盖的采购程序而言,仅就第七条而言,违反公约中规定的特定程序(采购规则)、违反招标条款或适用与采购标的无关的资格条件,均应视为侵犯竞争公平的行为。

第九十四条 与外国竞争主管机构合作的程序规则载于国际协定或具体的其他立法中。

第九十四/A条 公众关注的投诉和通知法的规定不适用于本法所涵盖的事项。

关于生效的规定

第九十五条

(1)本法自1997年1月1日起生效。

(2)本法在其他法律法规中称为《竞争法》。

(3)~(4)已废止。

过渡性条文

第九十五/A条

(1)本法的规定:

(a)根据2009年关于行政程序和服务一般规则的2004年第CXL号法修正案的2008年第CXI号法生效修正案和关于内部市场服务的2006/123/EC号指令的转换的第LVI号法的规定,应适用于这些规定生效后启动的诉讼以及重复诉讼;

(b)根据2010年关于与计算日历日期限有关的某些法案修正案的第CLII号法的规定,应适用于这些规定生效后启动的诉讼以及重复诉讼;

(c)根据2010年关于匈牙利金融监管机构的第CLVIII号法的规定,应适用于这些规定生效后启动的诉讼以及重复诉讼。

(2)已废止。

(3)根据2009年关于修订1996年关于禁止不公平和限制性市场行为的第LVII号法的第XIV号法所确立的本法的规定中:

(a)第三十条第(2)款和第七十九条应适用于其生效后产生的集中;

(b)第七十八/A条和第七十八/B条应适用于其生效后提出的申请;

(c)第八十六条第(3)款和第八十八条第(5)款至第(12)款应适用于在其生效后实施的侵权行为;

(d)第八十八/C条应适用于在其生效后提起的民事诉讼;

(e)第八十八/D条应适用于在其生效后造成损害的行为。

(4)根据2011年第CXV号法关于具有国民经济优先地位的主要经济经营者破产与清算程序的特别规定以及相关修正案所确立的本法的规定,应适用于生效后启动的诉讼。

第九十五/B条

(1)根据2011年关于修订2004年关于行政程序和服务的一般规则及其他相关法案的第CXL号法案以及关于修订某些与部长监管权限审查有关的法案的第CLXXIV号法案(以下简称行政程序修订法)第十九条所确立的本法的规定,适用于这些规定生效后提起的诉讼,但条件是:可以针对因未缴行政费而终止诉讼的强制令,以及——对其执行具有暂停效力——规定诉讼费的强制令,寻求单独的法律救济。

(2)根据行政程序修正法第二十条至第二十二条所确立的本法的规定,除第(3)款规定的情况外,应适用于这些规定生效后提起的诉讼和重复诉讼。

(3)根据行政程序修正法第二十条至第二十二条所确立的本法的规定,也适用于这些规定生效后启动的执行程序。

第九十五/C条

(1)根据2013年关于修订1996年关于禁止不公平和限制性市场行为的第LVII号法的第CCI号法案以及与匈牙利竞争管理局的诉讼有关的某些法规(以下简称修订法)所确立的本法的第三十七条第(4)款、第三十八条、第四十一条和第四十二条的规定也应适用于这些规定生效时存在的法律关系。

(2)在根据修订法所确立的本法的第四十二/A条至第四十二/C条生效后30日内,应按照第四十二/A条至第四十二/C条规定将匈牙利竞争管理局雇用的公务员和公务员行政支持人员分成等级和薪资等级。在不影响根据《公职人员法》第一百三十三条进行调整的情况下，匈牙利竞争管理局雇用的公务员和公务员行政支持人员的工资和带薪休假不得因第四十二/A 条至第四十二/C 条的适用而减少，只要他们仍然受雇于第四十二/A 条至第四十二/C 条生效前的职位。

(3)在符合第(4)款和第(5)款规定的减损的情况下，根据修订法所确立的本法的程序规则应适用于竞争监督诉讼，与正式或非正式投诉有关的诉讼以及在这些规定生效后启动或重复的部门调查；根据修订法所确立的本法的第七十八/A 条至第七十九条应适用于在这些规定生效后提交的豁免或减少罚款的申请。

(4)根据修订法所确立的本法的第二十九条、第二十九/A 条和第七十八条第(1)款第(c)项应适用于这些规定生效后产生的集中。

(5)根据修订法所确立的本法关于管理受限访问数据、访问文件和公布决议的规定，也应适用于这些规定生效时正在进行的诉讼，但条件为对于在这些规定生效时已通过最终、不可上诉的决议对其进行限制访问的数据，经以商业秘密保密性为由提出的限制访问文件的请求，不得根据第五十五/B 条第(2)款通过任何决议，以及在这些规定生效时尚待处理的、在提出限制访问请求时被确定为商业秘密或个人秘密的任何数据，均应视为已根据第五十五/A 条第(2)款规定指明。

(6)(a)对于任何违反 2008 年第 XLVIII 号法第十二条或第十三条第(2)款关于适用于商业广告行为的基本要求和某些限制的规定的行为，以及在修订法第一百零五条至第一百零七条生效前实施或适用的任何煽动该行为的行为准则，匈牙利竞争管理局应根据第三章有关侵权行为的规定行事。

(b)对于任何违反 2008 年第 XLVIII 号法第十三条第(1)款关于适用于商业广告行为的基本要求和某些限制的规定的行为，以及在修订法第一百零五条至第一百零七条生效前实施或适用的任何煽动该行为的行为准则，法院有权根据第二章有关侵权行为的规定处理。

(7)根据 2012 年关于技术性放松对某些法案的管制的第 LXXVI 号法第三十六条和旨在消除对法律制度不必要的过度管制的其他立法所确立的本法第九十五/A 条第(2)款的规定，应继续适用其在生效时正在审理的案件。

第九十五/D 条

(1)根据2015年关于修订1996年关于禁止不公平和限制性市场行为的第LVII号法以及与匈牙利竞争管理局诉讼有关的某些法规的第LXXVIII号法(以下简称修订法2)所确立的本法第四十四条第(1)款、第七十六条第(1)款第(1)项、第七十八条第(8)款和第(9)款的规定,应适用于这些规定生效后启动的诉讼和重复诉讼。

(2)根据修订法2确立的本法第二十七条第(1)款和第(6)款、第二十八条第(2)款、第二十九/A条第(1a)款和第(1b)款、第六十二条第(4)款、第六十二/A条第(5)款和第七十二条第(2)款的规定,应适用于这些规定生效后产生的集中。

(3)根据修订法2确立的本法第五十五条第(7)款、第五十五/B条第(3)款和第(7)款、第七十三/A条第(5)款和第(7)款以及第七十八/D条第(2)款的规定,也应适用于在这些规定生效之时仍在进行的诉讼,在该诉讼中,本法竞争理事会的初步立场或完成调查的报告尚未根据第七十三条送交当事人。

(4)经修订法2废止的本法第五十五/B条第(5)款的规定,不适用于在该诉讼中尚未根据第七十三条将本法竞争理事会的初步立场或完成调查的报告送交当事人的诉讼。

(5)根据修订法2所确立的本法第九十三/A条的规定,也适用于在这些规定生效时正在进行的诉讼和重复诉讼。

第九十五/E 条

(1)根据2016年关于修订1996年关于禁止不公平和限制性市场行为的第LVII号法以及2008年关于禁止不公平的企业对消费者的商业行为的第XLVII号法的第CLXI号法案(以下简称修订法3)所确立的本法的规定,应适用于这些规定生效后产生的集中。

(2)经修订法3废止的本法的规定,应继续适用于与这些规定生效前实施的集中有关的诉讼。

(3)根据修订法3所确立的本法第七十八条第(10)款、第七十八/A条第(1)款和第七十九条的规定,应适用于在这些规定生效之前,在该诉讼中尚未根据第七十三条将本法竞争理事会的初步立场或完成调查的报告送交当事人的诉讼。

(4)根据修订法 3 确立的本法第八十八/C 条第(1)款和第(2)款、第八十八/D 条至第八十八/I 条以及第八十八/T 条的规定,应适用于在修订法 3 生效后因违反竞争法而造成损害的行为。

(5)根据修订法 3 确立的本法第八十八/C 条第(3)款和第(4)款、第八十八/J 条至第八十八/S 条以及第九十一/H 条的规定,应适用于 2014 年 12 月 26 日之后根据竞争法向法院提出的损害赔偿诉讼。

第九十五/F 条

(1)根据 2017 年关于修订 1996 年关于禁止不公平和限制性市场行为的第 LVII 号法以及某些相关立法规定的第 CXXIX 号法(以下简称修订法 4)所确立的本法的程序规则,在第(2)款规定的减损情况下,应适用于在这些规定生效后启动的诉讼和重复诉讼。

(2)在修订法 4 中确立的本法关于强制执行的规定,也应适用于下列情形下的强制执行诉讼:

(a)在这些规定生效时尚未下令;以及

(b)在这些规定生效时正在进行。

(3)就修订法 4 所确立的本法第六十五/C 条第(2)款而言,在 2018 年 1 月 1 日前编写的文件或其部分,如果不是在当事人与其聘请律师之间的通信过程中创建的,或不是此类通信内容的记录,则不应被视为为辩护目的而准备的文件。

第九十六条　应授权政府通过法令的形式,对某些协议组在本法第十一条所规定禁令中的豁免进行管制。

第九十七条　出于公共利益考虑,应授权政府通过法令的形式,宣布特定的企业集中对国民经济具有战略意义。

关于遵守欧盟立法要求的规定

第九十八条

(1)第六/A 条、第八条、第十条、第十/A 条第(1)款、第十/B 条、第十/C 条、第六十四/B 条第(4)款、第七十二/A 条第(1)款第(a)项、第七十六条第(1)款第(j)项、第八十六条第(1)款、第八十七/A 条、第八十八条第(12)款和第八十八/V 条第(2)款旨在遵守 2006 年 12 月 12 日欧洲议会和理事会(EC)关于误导性和比较性广告的第2006/114/EC号指令。

(2)第七十八条第(10)款、第八十八/C条至第八十八/T条和第九十五/E条第(3)款至第(5)款旨在遵守2014年11月26日欧洲议会和理事会关于违反成员国和欧盟竞争法规定的国内法下损害赔偿诉讼的某些规则的第2014/104/EU号指令。

(3)本法的下列规定载有执行以下所示欧盟立法的条例:

(a)2002年12月16日关于执行条约第八十一条和第八十二条规定的竞争规则的理事会条例(EC)第1/2003号条例第一条第(2)款、第三十三条第(1)款和第(2a)款、第三十六条第(1)款第(e)项、第四十三/H条第(11)款、第八十/A条第(1)款、第八十/B条、第八十/C条、第八十/D条第(1)款至第(3)款、第八十/E条和第八十/F条;

(b)2004年1月20日关于控制企业间集中的理事会条例第139/2004号条例第三十六条第(1)款第(e)项、第八十/A条第2款、第八十/D条第(4)项至第(7)项和第八十/F条;

(c)在匈牙利竞争管理局的职责和诉讼范围内,2004年10月27日欧洲议会和理事会(EC)关于负责执行消费者保护法的国家主管机构之间合作的第2006/2004号条例第四十三/H条第(12)款和第XI/B章;

(d)在匈牙利竞争管理局的职责和诉讼范围内,2006年12月22日执行欧洲议会和理事会(EC)关于在互助方面负责执行消费者保护法的国家主管机构之间合作的第2006/2004号(EC)条例的委员会决定第2007/76/EC号决定第八十/G条第(2)款,经2008年3月17日委员会决定第2008/282/EC号决定和2011年3月1日第2011/141/EU号决定修订。